Schriftenreihe
Recht der Internationalen Wirtschaft
Band 32

Die Multilaterale Investitions-Garantie-Agentur

Kommentar zum MIGA-Übereinkommen

von

Prof. Dr. jur. Dr. rer. pol. Carsten Thomas Ebenroth

Universität Konstanz

und

Dr. jur. Joachim Karl

Bonn

Verlag Recht und Wirtschaft GmbH
Heidelberg

CIP-Kurztitelaufnahme der Deutschen Bibliothek

Ebenroth, Carsten Thomas:

Die Multilaterale Investitions-Garantie-Agentur : Kommentar zum MIGA-Übereinkommen / Von Carsten Thomas Ebenroth u. Joachim Karl. – Heidelberg : Verl. Recht u. Wirtschaft, 1989

(Schriftenreihe Recht der Internationalen Wirtschaft ; Bd. 32)
ISBN 3-8005-1022-7

NE: Karl, Joachim:; GT

ISBN 3-8005-1022-7

© 1989 Verlag Recht und Wirtschaft GmbH, Heidelberg

Das Werk einschließlich aller seiner Teile ist urheberrechtlich geschützt. Jede Verwertung außerhalb der engen Grenzen des Urheberrechtsgesetzes ist ohne Zustimmung des Verlages unzulässig und strafbar. Das gilt insbesondere für Vervielfältigungen, Übersetzungen, Bearbeitungen, Mikroverfilmungen und die Einspeicherung und Verarbeitung in elektronischen Systemen.

Lichtsatz und Offsetdruck: HVA – Grafische Betriebe, Heidelberg
Buchbinderische Verarbeitung: W. Fischer, 6900 Heidelberg
Umschlaggestaltung: Atelier Warminski · 6470 Büdingen 8

Printed in Germany

Vorwort

Am 12. April 1988 ist die Konvention zur Errichtung der Multilateralen Investitions-Garantie-Agentur (MIGA) in Kraft getreten. Die MIGA hat den Auftrag, durch Garantien gegen nichtkommerzielle Risiken sowie durch sonstige Maßnahmen zur Verbesserung des Investitionsklimas die Vornahme von ausländischen Direktinvestitionen in den Entwicklungsländern zu fördern. Hierdurch sollen den Entwicklungsländern neue produktive Erlösquellen erschlossen und dem in den letzten Jahren festzustellenden Nettokapitalabfluß entgegengewirkt werden. Zugleich soll die MIGA als neues Mitglied der Weltbankgruppe deren Aktivitäten im Rahmen einer Gesamtstrategie zur Überwindung der Verschuldungskrise ergänzen. Die MIGA ist die erste global operierende Versicherungsagentur auf multilateraler Ebene. Mit ihrer Gründung ist es außerdem zum ersten Mal seit der Errichtung des International Centre for the Settlement of Investment Disputes im Jahre 1965 wieder gelungen, eine internationale Organisation auf dem Gebiete des Investitionsschutzes zu schaffen. Die MIGA hat ihre Tätigkeit mittlerweile aufgenommen. Über vierzig Industrie- und Entwicklungsländer sind ihr bereits beigetreten.

Die vorliegende Arbeit untersucht Inhalt und Bedeutung der Konvention in Form eines Kommentars. Sie wendet sich vor allem an deutsche Direktinvestoren, die eine günstige Absicherung ihrer Investitionsrisiken suchen. Der Erfolg der MIGA wird davon abhängen, ob die Zentralisierung des Versicherungsschutzes in der Weltbankgruppe günstigere Ergebnisse erbringt als bilaterale Exportversicherungssysteme. Die Multilateralisierung führt notwendigerweise zu einer verbindlichen Beschreibung des Versicherungsfalles und seiner Entschädigung für alle Mitgliedsländer. Die Bundesrepublik Deutschland ist der drittgrößte Beitragszahler. Sie hat deswegen ein besonderes Interesse daran, daß die MIGA auch für deutsche Investoren Chancen und Erfolgsmöglichkeiten bietet.

Die Studie beabsichtigt insbesondere, die Chancen und Risiken aufzuzeigen, die von der MIGA für Investoren, Gaststaaten, andere Versicherungsgesellschaften und den Investitionsschutz im allgemeinen ausgehen. Sie will deutlich machen, daß es für den Eintritt der von der MIGA erwarteten positiven Effekte im hohen Maße darauf ankommt, wie die MIGA bestimmte, ihr durch die Konvention eröffnete Entscheidungsspielräume auszufüllen versteht. Ein weiterer Schwerpunkt der Untersuchung liegt bei der Frage, inwieweit auf staatlicher und privater Ebene Kooperationsmöglichkeiten mit der MIGA bestehen.

Die Verfasser danken der Weltbank, der MIGA und dem zuständigen Referat im Bundesministerium für Wirtschaft für die bei der Materialbeschaffung gewährte Unterstützung. Für den Inhalt des Kommentars tragen gleichwohl die Verfasser die alleinige Verantwortung. Besonderer Dank gilt auch Frau Pascale Schmitt für die schreibtechnische Unterstützung bei der Erstellung des Kommentars.

Konstanz/Bonn, im November 1988

Carsten Thomas Ebenroth/Joachim Karl

Inhaltsverzeichnis

Abkürzungsverzeichnis 12

Gesetz zu dem Übereinkommen vom 11. Oktober 1985 zur Errichtung der Multilateralen Investitions-Garantie-Agentur (MIGA-Übereinkommen) . . . 17

Präambel 73

Kapitel I: Errichtung, Rechtsstellung, Zweck und Begriffsbestimmungen . . 86
   Artikel 1: Errichtung und Rechtsstellung der Agentur 86
   Artikel 2: Ziel und Zweck 89
   Artikel 3: Begriffsbestimmungen 92

Kapitel II: Mitgliedschaft und Kapital 94
   Artikel 4: Mitgliedschaft 94
   Artikel 5: Kapital 95
   Artikel 6: Zeichnung und Anteile 97
   Artikel 7: Aufteilung und Abruf des gezeichneten Kapitals 98
   Artikel 8: Zahlung auf gezeichnete Anteile 99
   Artikel 9: Bewertung der Währungen 100
   Artikel 10: Rückzahlungen 101

Kapitel III: Geschäftstätigkeit 103
   Artikel 11: Gedeckte Risiken 103
   Artikel 12: Berücksichtigungsfähige Investitionen 136
   Artikel 13: Berücksichtigungsfähige Investoren 163
   Artikel 14: Berücksichtigungsfähige Gastländer 167
   Artikel 15: Genehmigung des Gastlandes 168
   Artikel 16: Bedingungen 170
   Artikel 17: Befriedigung von Forderungen 182
   Artikel 18: Abtretung 189
   Vorbemerkung zu Artikeln 19–21 195
   Artikel 19: Verhältnis zu nationalen und regionalen Rechtsträgern . . 197
   Artikel 20: Rückversicherung nationaler und regionaler Rechtsträger . . 209
   Artikel 21: Zusammenarbeit mit privaten Versicherern und mit
             Rückversicherern 212
   Artikel 22: Höchstbeträge für Garantien 218
   Artikel 23: Investitionsförderung 224
   Artikel 24: Garantien für geförderte Investitionen (Sponsored Investments) . 236

Inhaltsverzeichnis

Kapitel IV: Finanzbestimmungen 243

Artikel 25: Verwaltung der Finanzen 243
Artikel 26: Prämien und Gebühren 244
Artikel 27: Zuteilung der Nettoeinnahmen 263
Artikel 28: Haushalt 264
Artikel 29: Rechnungslegung 267

Kapitel V: Organisation und Geschäftsführung 270

Artikel 30: Aufbau der Agentur 270
Artikel 31: Der Rat 271
Artikel 32: Das Direktorium 275
Artikel 33: Präsident und Personal 281
Artikel 34: Verbot der politischen Betätigung 283
Artikel 35: Beziehungen zu internationalen Organisationen 284
Artikel 36: Hauptsitz 294
Artikel 37: Hinterlegungsstellen für Vermögenswerte 295
Artikel 38: Verbindungsstelle 295

Kapitel VI: Abstimmung, Anpassung der Zeichnungsbeträge und Vertretung . 297

Artikel 39: Abstimmung und Anpassung der Zeichnungsbeträge 297
Artikel 40: Abstimmung im Rat 301
Artikel 41: Wahl der Direktoren 303
Artikel 42: Abstimmung im Direktorium 304

Kapitel VII: Vorrechte und Immunitäten 307

Artikel 43: Zweck des Kapitels 307
Artikel 44: Gerichtliche Verfahren 308
Artikel 45: Vermögenswerte 312
Artikel 46: Archive und Nachrichtenverkehr 313
Artikel 47: Steuern 314
Artikel 48: Amtsträger der Agentur 315
Artikel 49: Anwendung dieses Kapitels 317
Artikel 50: Aufhebung 318

Kapitel VIII: Austritt, Suspendierung der Mitgliedschaft und Beendigung der Geschäftstätigkeit 319

Artikel 51: Austritt 319
Artikel 52: Suspendierung der Mitgliedschaft 319
Artikel 53: Rechte und Pflichten der Staaten, deren Mitgliedschaft erlischt . 322
Artikel 54: Einstellung der Geschäftstätigkeit 323
Artikel 55: Auflösung 325

Inhaltsverzeichnis

Kapitel IX: Beilegung von Streitigkeiten 327
Artikel 56: Auslegung und Anwendung des Übereinkommens 327
Artikel 57: Streitigkeiten zwischen der Agentur und Mitgliedern 328
Artikel 58: Streitigkeiten, an denen Garantie- oder Rückversicherungs-
nehmer beteiligt sind 333

Kapitel X: Änderungen 336
Artikel 59: Änderungen durch den Rat 336
Artikel 60: Verfahren 337

Kapitel XI: Schlußbestimmungen 338
Artikel 61: Inkrafttreten 338
Artikel 62: Eröffnungssitzung 341
Artikel 63: Verwahrer 341
Artikel 64: Registrierung 342
Artikel 65: Notifikation 342
Artikel 66: Räumlicher Geltungsbereich 343
Artikel 67: Regelmäßige Überprüfungen 344

Annex I: Commentary on the Convention Establishing the Multilateral Investment Guarantee Agency 345
Introduction 345
I.   Status, Establishment and Purposes 346
II.   Membership and Capital 347
      Membership 347
      Capital 347
III. Operations 348
      Scope of Covered Risks and Eligibility 349
      Host Country Approval and Subrogation 351
      Payment of Claims 352
      Relationship to National and Regional Entities as well as Private
      Political Risk Insurers 352
      Reinsurance 353
      Limits of Guarantee 354
      Investment Promotion 355
      Guarantees of Sponsored Investments 356
IV.   Financial Provisions 357
V.   Organization and Management 358
VI.   Voting, Adjustment of Subscriptions and Representation 359
VII. Privileges and Immunities 360
VIII. Withdrawal, Suspension of Membership and Cessation of Operations . 361
IX.   Settlement of Disputes 362
X.   Amendments 363

Inhaltsverzeichnis

XI. Final Provisions 363
    Entry into Force 363
    Territorial Application 363

Annex II: Operational Regulations of the Multilateral Investment Guarantee Agency 364
Definitions 368
Part I: Guarantee Operations 369
  Chapter 1: Eligibility Requirements 369
    Section I: Eligible Investments 369
    Section II: Eligible Investors 373
    Section III: Eligible Host Countries 374
    Section IV: Eligible Risks 375
  Chapter 2: Contracts of Guarantee 382
    Section I: Scope of Contracts of Guarantee 382
    Section II: Period of Guarantee; Termination and Adjustment . . . 383
    Section III: Amount and Currency of Guarantee; Standby Coverage . . 383
    Section IV: Warranties and Undertakings of the Guarantee Holder . . . 385
    Section V: Disputes and Applicable Law 386
  Chapter 3: Underwriting 387
    Section I: Scope 387
    Section II: Project Assessment 388
    Section III: Risk Assessment 389
    Section IV: Procedures Relating to Underwriting Decisions 391
    Section V: General Principles of Premiums and Fees 395
    Section VI: Premiums 396
    Section VII: Fees 398
    Section VIII: Guarantee Capacity and its Allocation 399
    Section IX: Portfolio Diversification 401
  Chapter 4: Claims 401
    Section I: Objectives 401
    Section II: Claims Administration 402
    Section III: Subrogation and Assignment 405
    Section IV: Recovery from Host Countries 406
  Chapter 5: Parallel and Joint Underwriting, Reinsurance and Administrative Cooperation 407
    Section I: General Principles 407
    Section II: Cooperation with other Guarantors/Insurers 407
    Section III: Administrative Cooperation with the World Bank and the IFC 410
  Chapter 6: Guarantees of Sponsored Investments 410

Part II: Consultative and Advisory Activities 411
  Chapter 7: Investment Promotion, Advisory and Consultative Programs . 411
    Section I: Mandate 411
    Section II: Programs 411

Section III: General Principles and Priorities 412
Section IV: Organization. 413
Anhang zu den Operational Regulations: Guidelines for Determination of
Premium Rates 414

Annex III: By-Laws of the Multilateral Investment Guarantee Agency 423

Annex IV: Financial Regulations of the Multilateral Investment Guarantee Agency 429

Annex V: Rules of Procedure for Meetings of the Board of Directors of the Multilateral Investment Guarantee Agency 432

Literaturverzeichnis 435

Sachregister 449

Abkürzungsverzeichnis

a.A.	anderer Ansicht
a.a.O.	am angegebenen Ort
abgedr.	abgedruckt
ABl.	Amtsblatt
Abs.	Absatz
AG	Die Aktiengesellschaft (Zeitschrift)
AKP	Afrika, Karibik, Pazifik
AktG	Aktiengesetz
al.	alii
All E.R.	All England Law Reports
Am. J. Int'l L.	American Journal of International Law
Anh.	Anhang
Anm.	Anmerkung
AöR	Archiv des öffentlichen Rechts
App.	Appeal Cases
Arb.	Arbitration
Art.	Artikel (auch Plural)
Aufl.	Auflage
AVR	Archiv des Völkerrechts
AZ	Aktenzeichen
BAnz.	Bundesanzeiger
BB	Betriebs-Berater
Bd.	Band
Beil.	Beilage
BerGesVR	Berichte der Deutschen Gesellschaft für Völkerrecht
BFHE	Amtliche Entscheidungssammlung des Bundesfinanzhofs
BGB	Bürgerliches Gesetzbuch
BGBl.	Bundesgesetzblatt
BGH	Bundesgerichtshof
BGHZ	Amtliche Entscheidungssammlung des Bundesgerichtshofes in Zivilsachen
BHaushaltsG	Bundeshaushaltsgesetz
bzw.	beziehungsweise
B.Y.I.L.	British Yearbook of International Law
C.A.	Court of Appeal(s)
C.A.D.C.	Court of Appeal for the Destrict of Columbia
ca.	circa
Cal.	California
Cir.	Circuit
Co.	Company

Abkürzungsverzeichnis

Col. J. Transnat'l L.	Columbia Journal of Transnational Law
Col. L. Rev.	Columbia Law Review
Corp.	Corporation
dass.	dasselbe
DB	Der Betrieb
D.C.	District of Columbia
D.C.Cir.	District of Columbia Court of Appeals Cases, auch: U.S. Court of Appeals, District of Columbia Circuit
ders.	derselbe
dies.	dieselbe(n)
d. h.	das heißt
Doc.	Document(s)
DRiZ	Deutsche Richterzeitung
Ed.	Edition
EG	Europäische Gemeinschaft
EGBGB	Einführungsgesetz zum Bürgerlichen Gesetzbuch
Einl.	Einleitung
etc.	et cetera
e.V.	eingetragener Verein
EWG	Europäische Wirtschaftsgemeinschaft
EWGV	EWG-Vertrag
F.R.	Federal Reporter
f.	folgend
FAO	Food and Agriculture Organization of the United Nations
FAZ	Frankfurter Allgemeine Zeitung
ff.	fortfolgend
F.I.L.J.	Foreign Investment Law Journal
Fn.	Fußnote
F. Supp.	Federal Supplement
gem.	gemäß
GewO	Gewerbeordnung
GG	Grundgesetz
GmbH	Gesellschaft mit beschränkter Haftung
GRIP	Guaranteed Recovery of Investment Principal
GWB	Gesetz gegen Wettbewerbsbeschränkungen
Harv. Int'l L. J.	Harvard International Law Journal
Harv. L. R.	Harvard Law Review
HGB	Handelsgesetzbuch
h.M.	herrschende Meinung
Hrsg.	Herausgeber
hrsg.	herausgegeben
ICC	International Chamber of Commerce
I.C.J.	International Court of Justice

Abkürzungsverzeichnis

I.C.J.Rep.	International Court of Justice Reports
ICSID	International Centre for the Settlement of Investment Disputes
IFC	International Finance Corporation
ILA	International Law Association
ILM	International Legal Materials
ILR	International Law Reports
IMF	International Monetary Fund
Inc.	incorporated
insbes.	insbesondere
Int.	International
Int'l & Comp.L.Q.	International and Comparative Law Quarterly
Int'l L.	International Law
Int'l L. & Pol.	International Law and Policy
Int. Lawyer	International Lawyer
IPRax	Praxis des internationalen Privat- und Verfahrensrechts
IPRspr.	Die deutsche Rechtsprechung auf dem Gebiete des Internationalen Privatrechts
i.S.v.	im Sinne von
i.V.m.	in Verbindung mit
IWF	Internationaler Währungsfonds
J.D.I.	Journal du Droit International
J.W.T.L.	Journal of World Trade Law
Jg.	Jahrgang
Jr.	Junior
JuS	Juristische Schulung
JZ	Juristenzeitung
LAG	Landesarbeitsgericht
LDC's	Lower Developed Countries
LG	Landgericht
lit.	litera
Lit.	Litigation
L. & Pol'y Int'l Bus.	Law and Policy in International Business
ltd.	limited
MIGA	Multilateral Investment Guarantee Agency
Mio.	Millionen
Mrd.	Milliarden
MünchKomm.	Münchener Kommentar
m.w.N.	mit weiteren Nachweisen
n.a.	nicht angegeben
NJW	Neue Juristische Wochenschrift
No.	numero
Nr.	Nummer
N.Y.R.	New York Reports
N.Y.S.	New York Supplement

NZZ	Neue Zürcher Zeitung
OECD	Organization for Economic Cooperation and Development
Österr. Zs. f. öff. Recht u. Völkerrecht	Österreichische Zeitschrift für öffentliches Recht und Völkerrecht
OGH	Oberster Gerichtshof
OLG	Oberlandesgericht
OPEC	Organization of Petroleum Exporting Countries
OPIC	Overseas Private Investment Corporation
Para.	Paragraph
RabelsZ	Zeitschrift für ausländisches und internationales Privatrecht, gegründet von Rabel
RdA	Recht der Arbeit
RdC	Recueil des Cours
RdNr.	Randnummer
Rep.	Report
Res.	Resolution
Rev.	Review
Rev.belg.dr.int'l	Revue belge de droit international
RIAA	Reports of International Arbitral Awards
RIW	Recht der Internationalen Wirtschaft
RIW/AWD	Recht der Internationalen Wirtschaft/Außenwirtschaftsdienst des Betriebs-Beraters
S.	Seite, Satz
s.	siehe
S.D.N.Y.	United States District Court for the Southern District of New York
sog.	sogenannt
StbJb	Steuerberater-Jahrbuch
Supp.	Supplement
SZR	Sonderziehungsrecht
u.a.	unter anderem
UN	United Nations
UN-Doc.	United Nations Documents
UN-EcoSoc	United Nations Economic and Social Council
UNCITRAL	United Nations Commission on International Trade Law
UNCTAD	United Nations Conference on Trade and Development
UNCTC	United Nations Centre for Transnational Corporations
UNDP	Development Programme of the United Nations
UNIDO	United Nations Industrial Development Organization
Urt.	Urteil
U.S.	United States Supreme Court Reports
USA	United States of America
U.S.C.	United States Code

Abkürzungsverzeichnis

U.S.C.A.	United States Code Annotated
u.U.	unter Umständen
UWG	Gesetz gegen den unlauteren Wettbewerb
v.	versus
Va. J. Int'l L.	Virginia Journal of International Law
Vand. J. Transnat'l L.	Vanderbilt Journal of Transnational Law
Verf.	Verfasser
vgl.	vergleiche
VVDStRL	Veröffentlichungen der Vereinigung der Deutschen Staatsrechtslehrer
WA	Weltwirtschaftliches Archiv
W.L.R	Weekly Law Reports
WM	Wertpapier-Mitteilungen
WuW	Wirtschaft und Wettbewerb
ZaöRV	Zeitschrift für ausländisches öffentliches Recht und Völkerrecht
z. B.	zum Beispiel
ZfbF	Zeitschrift für betriebswirtschaftliche Forschung
ZGR	Zeitschrift für Unternehmens- und Gesellschaftsrecht
Ziff.	Ziffer

Gesetz
zu dem Übereinkommen vom 11. Oktober 1985 zur Errichtung der Multilateralen Investitions-Garantie-Agentur (MIGA-Übereinkommen)
Vom 20. August 1987

Der Bundestag hat mit Zustimmung des Bundesrates das folgende Gesetz beschlossen:

Artikel 1

Dem Beitritt der Bundesrepublik Deutschland zu dem Übereinkommen vom 11. Oktober 1985 zur Errichtung der Multilateralen Investitions-Garantie-Agentur (MIGA-Übereinkommen) wird zugestimmt. Das Übereinkommen wird nachstehend mit einer amtlichen deutschen Übersetzung veröffentlicht.

Artikel 2

Zur Erfüllung der Verbindlichkeiten, die der Bundesrepublik Deutschland aus dem Beitritt zur Multilateralen Investitions-Garantie-Agentur erwachsen, wird die Bundesregierung ermächtigt, vom Grundkapital einen Anteil von 50 710 000 Sonderziehungsrechten (in Worten: fünfzig Millionen siebenhundertzehntausend Sonderziehungsrechten) zu zeichnen.

Artikel 3

Dieses Gesetz gilt auch im Land Berlin, sofern das Land Berlin die Anwendung dieses Gesetzes feststellt.

Artikel 4

(1) Dieses Gesetz tritt am Tage nach seiner Verkündung in Kraft.

(2) Der Tag, an dem das Übereinkommen nach seinem Artikel 61 für die Bundesrepublik Deutschland in Kraft tritt, ist im Bundesgesetzblatt bekanntzugeben.

Gesetzestext

Das vorstehende Gesetz wird hiermit ausgefertigt und wird im Bundesgesetzblatt verkündet.

Bonn, den 20. August 1987

Der Bundespräsident
Weizsäcker

Für den Bundeskanzler
Der Bundesminister der Finanzen
Stoltenberg

Der Bundesminister
für wirtschaftliche Zusammenarbeit
Hans Klein

Der Bundesminister des Auswärtigen
Genscher

Der Bundesminister für Wirtschaft
Martin Bangemann

Übereinkommen zur Errichtung der Multilateralen Investitions-Garantie-Agentur

Convention Establishing the Multilateral Investment Guarantee Agency

(Übersetzung)

Preamble

The Contracting States

Considering the need to strengthen international cooperation for economic development and to foster the contribution to such development of foreign investment in general and private foreign investment in particular;

Präambel

Die Vertragsstaaten –

im Hinblick auf die Notwendigkeit, die internationale Zusammenarbeit für die wirtschaftliche Entwicklung zu stärken und den Beitrag ausländischer Investitionen im allgemeinen und privater ausländischer Investitionen im besonderen zu dieser Entwicklung zu fördern,

Recognizing that the flow of foreign investment to developing countries would be facilitated and further encouraged by alleviating concerns related to non-commercial risks;

Desiring to enhance the flow to developing countries of capital and technology for productive purposes under conditions consistent with their development needs, policies and objectives, on the basis of fair and stable standards for the treatment of foreign investment;

Convinced that the Multilateral Investment Guarantee Agency can play an important role in the encouragement of foreign investment complementing national and regional investment guarantee programs and private insurers of non-commercial risk; and

Realizing that such Agency should, to the extent possible, meet its obligations without resort to its callable capital and that such an objective would be served by continued improvement in investment conditions,

Have Agreed as follows:

Chapter I
Establishment, Status Purposes and Definitions

Article 1
Establishment and Status of the Agency

a) There is hereby established the Multilateral Investment Guarantee Agency (hereinafter called the Agency).

b) The Agency shall possess full juridical personality and, in particular, the capacity to:

    i) contract;

    ii) acquire and dispose of movable and immovable property; and

    iii) institute legal proceedings.

in der Erkenntnis, daß der Fluß ausländischer Investitionen in die Entwicklungsländer durch Beseitigung der Besorgnisse in bezug auf nichtkommerzielle Risiken erleichtert und weiter gefördert würde,

in dem Wunsch, den Kapital- und Technologiefluß in die Entwicklungsländer für produktive Zwecke zu Bedingungen, die ihren Entwicklungsbedürfnissen, -richtlinien und -zielen entsprechen, auf der Grundlage gerechter und dauerhafter Normen für die Behandlung ausländischer Investitionen auszuweiten,

in der Überzeugung, daß die Multilaterale Investitions-Garantie-Agentur eine wichtige Rolle bei der Förderung ausländischer Investitionen als Ergänzung nationaler und regionaler Investitionsgarantie-Programme und privater Versicherer nichtkommerzieller Risiken spielen kann, und

in der Erkenntnis, daß diese Agentur soweit möglich ihren Verpflichtungen ohne Rückgriff auf ihr abrufbares Kapital nachkommen sollte und daß diesem Ziel durch ständige Verbesserung der Investitionsbedingungen gedient würde –

sind wie folgt übereingekommen:

Kapitel I
Errichtung, Rechtsstellung, Zweck und Begriffsbestimmungen

Artikel 1
Errichtung und Rechtsstellung der Agentur

a) Hiermit wird die Multilaterale Investitions-Garantie-Agentur (im folgenden als Agentur bezeichnet) errichtet.

b) Die Agentur besitzt volle Rechtspersönlichkeit und namentlich die Fähigkeit,

    i) Verträge zu schließen;

    ii) bewegliches und unbewegliches Vermögen zu erwerben und darüber zu verfügen;

    iii) vor Gericht zu stehen.

Gesetzestext

Article 2
Objective and Purposes

The objective of the Agency shall be to encourage the flow of investments for productive purposes among member countries, and in particular to developing member countries, thus supplementing the activities of the International Bank for Reconstruction and Development (hereinafter referred to as the Bank), the International Finance Corporation and other international development finance institutions.

To serve its objective, the Agency shall:

a) issue guarantees, including coinsurance and reinsurance, against non-commercial risks in respect of investments in a member country which flow from other member countries;

b) carry out appropriate complementary activities to promote the flow of investments to and among developing member countries; and

c) exercise such other incidental powers as shall be necessary or desirable in the furtherance of its objective.

The Agency shall be guided in all its decisions by the provisions of this Article.

Article 3
Definitions

For the purposes of this Convention:

a) "Member" means a State with respect to which this Convention has entered into force in accordance with Article 61.

b) "Host country" or "host government" means a member, its government, or any public authority of a member in whose territories, as defined in Article 66, an investment which has been guaranteed or reinsured, or is considered for guarantee or reinsurance, by the Agency is to be located.

Artikel 2
Ziel und Zweck

Ziel der Agentur ist es, den Fluß von Investitionen für produktive Zwecke unter den Mitgliedstaaten, insbesondere in die in der Entwicklung befindlichen Mitgliedstaaten, zu fördern und dadurch die Tätigkeit der Internationalen Bank für Wiederaufbau und Entwicklung (im folgenden als Bank bezeichnet), der Internationalen Finanz-Corporation und anderer internationaler Entwicklungsfinanzierungsinstitutionen zu ergänzen.

Zur Erreichung ihres Zieles wird die Agentur

a) Garantien einschließlich Mitversicherung und Rückversicherung für nichtkommerzielle Risiken in bezug auf Investitionen in einem Mitgliedstaat, die aus anderen Mitgliedstaaten kommen, gewähren;

b) geeignete zusätzliche Tätigkeiten zur Förderung des Flusses von Investitionen in die in der Entwicklung befindlichen Mitgliedstaaten und zwischen ihnen durchführen und

c) sonstige Befugnisse ausüben, die sich aus ihrer Tätigkeit ergeben und zur Erreichung ihres Zieles notwendig oder wünschenswert sind.

Die Agentur läßt sich in allen ihren Beschlüssen von den Bestimmungen dieses Artikels leiten.

Artikel 3
Begriffsbestimmungen

Im Sinne dieses Übereinkommens

a) bedeutet „Mitglied" einen Staat, für den das Übereinkommen nach Artikel 61 in Kraft getreten ist;

b) bedeutet „Gastland" oder „Gastregierung" ein Mitglied, die Regierung oder jede Behörde eines Mitglieds, in dessen Hoheitsgebiet im Sinne des Artikels 66 eine von der Agentur garantierte oder rückversicherte beziehungsweise für eine Garantie oder Rückversicherung in Betracht gezogene Investition vorgenommen werden soll;

c) A "developing member country" means a member which is listed as such in Schedule A hereto as this Schedule may be amended from time to time by the Council of Governors referred to in Article 30 (hereinafter called the Council).

d) A "special majority" means an affirmative vote of not less than two-thirds of the total voting power representing not less than fifty-five percent of the subscribed shares of the capital stock of the Agency.

e) A "freely usable currency" means (i) any currency designated as such by the International Monetary Fund from time to time and (ii) any other freely available and effectively usable currency which the Board of Directors referred to in Article 30 (hereinafter called the Board) may designate for the purposes of this Convention after consultation with the International Monetary Fund and with the approval of the country of such currency.

Chapter II
Membership and Capital

Article 4
Membership

a) Membership in the Agency shall be open to all members of the Bank and to Switzerland.

b) Original members shall be the States which are listed in Schedule A hereto and become parties to this Convention on or before October 30, 1987.

Article 5
Capital

a) The authorized capital stock of the Agency shall be one billion Special Drawing Rights (SDR 1,000,000,000). The capital stock shall be divided into 100,000 shares having a par value of SDR 10,000 each, which shall be available for subscription by members. All payment obligations of members with respect to capital stock shall be settled on the basis of the average

c) bedeutet ein „in der Entwicklung befindlicher Mitgliedstaat" ein Mitglied, das als solches in Anhang A in seiner von Zeit zu Zeit von dem in Artikel 30 genannten Gouverneursrat (im folgenden als Rat bezeichnet) geänderten Fassung aufgeführt ist;

d) bedeutet eine „besondere Mehrheit" eine Zustimmung durch mindestens zwei Drittel der Gesamtstimmenzahl, die mindestens fünfundfünfzig v. H. der gezeichneten Anteile des Grundkapitals der Agentur vertreten;

e) bedeutet eine „frei verwendbare Währung" i) jede vom Internationalen Währungsfonds von Zeit zu Zeit als solche bezeichnete Währung und ii) jede sonstige frei verfügbare und tatsächlich verwendbare Währung, die das in Artikel 30 genannte Direktorium für die Zwecke des Übereinkommens nach Konsultationen mit dem Internationalen Währungsfonds und mit Zustimmung des Landes der betreffenden Währung als solche bezeichnen kann.

Kapitel II
Mitgliedschaft und Kapital

Artikel 4
Mitgliedschaft

a) Die Mitgliedschaft in der Agentur steht allen Mitgliedern der Bank sowie der Schweiz offen.

b) Gründungsmitglieder sind die in Anhang A aufgeführten Mitglieder, die am oder vor dem 30. Oktober 1987 Vertragsparteien dieses Übereinkommens werden.

Artikel 5
Kapital

a) Das genehmigte Grundkapital der Agentur beträgt eine Milliarde Sonderziehungsrechte (1 000 000 000 SZR). Das Grundkapital ist in 100 000 Anteile mit einem Nennwert von je 10 000 SZR aufgeteilt, die von den Mitgliedern gezeichnet werden können. Alle Zahlungsverpflichtungen der Mitglieder hinsichtlich des Grundkapitals werden auf der Grundlage des Durch-

value of the SDR in terms of United States dollars for the period January 1, 1981 to June 30, 1985, such value being 1.082 United States dollars per SDR.

b) The capital stock shall increase on the admission of a new member to the extent that the then authorized shares are insufficient to provide the shares to be subscribed by such member pursuant to Article 6.

c) The Council, by special majority, may at any time increase the capital stock of the Agency.

Article 6
Subscription of Shares

Each original member of the Agency shall subscribe at par to the number of shares of capital stock set forth opposite its name in Schedule A hereto. Each other member shall subscribe to such number of shares of capital stock on such terms and conditions as may be determined by the Council, but in no event at an issue price of less than par. No member shall subscribe to less than fifty shares. The Council may prescribe rules by which members may subscribe to additional shares of the authorized capital stock.

Article 7
Division and Calls of Subsribed Capital

The initial subscription of each member shall be paid as follows:

i) Within ninety days from the date on which this Convention enters into force with respect to such member, ten percent of the price of each share shall be paid in cash as stipulated in Section (a) of Article 8 and an additional ten percent in the form of non-negotiable, non-interest-bearing promissory notes or similar obligations to be encashed pursuant to a decision of the Board in order to meet the Agency's obligations.

ii) The remainder shall be subject to call by the Agency when required to meet its obligations.

Article 8
Payment of Subscription of Shares

a) Payments of subscriptions shall be made in freely usable currencies except that payments by developing member countries may be made in their own currencies up to twenty-five percent of the paid-in cash portion of their subscriptions payable under Article 7 (i).

b) Calls on any portion of unpaid subscriptions shall be uniform on all shares.

c) If the amount received by the Agency on a call shall be insufficient to meet the obligations which have necessitated the call, the Agency may make further successive calls on unpaid subscriptions until the aggregate amount received by it shall be sufficient to meet such obligations.

d) Liability on shares shall be limited to the unpaid portion of the issue price.

Article 9
Valuation of Currencies

Whenever it shall be necessary for the purposes of this Convention to determine the value of one currency in terms of another, such value shall be as reasonably determined by the Agency, after consultation with the International Monetary Fund.

Article 10
Refunds

a) The Agency shall, as soon as practicable, return to members amounts paid on calls on subscribed capital if and to the extent that:

ii) Der Rest unterliegt einem Abruf durch die Agentur, wenn er zur Erfüllung ihrer Verbindlichkeiten benötigt wird.

Artikel 8
Zahlung auf gezeichnete Anteile

a) Zahlungen auf Zeichnungsbeträge erfolgen in frei verwendbaren Währungen mit der Ausnahme, daß von in der Entwicklung befindlichen Mitgliedstaaten Zahlungen bis zu fünfundzwanzig v. H. ihrer nach Artikel 7 Ziffer (i) in bar erfolgenden Zahlungen auf ihre gezeichneten Anteile in ihrer eigenen Währung geleistet werden können.

b) Abrufe auf Teile nicht eingezahlter Zeichnungsbeträge erfolgen einheitlich für alle Anteile.

c) Reicht der bei der Agentur auf einen Abruf eingegangene Betrag nicht aus, um ihre den Abruf bedingenden Verbindlichkeiten zu erfüllen, so kann die Agentur weitere aufeinanderfolgende Abrufe nicht eingezahlter Zeichnungsbeträge vornehmen, bis der bei ihr eingegangene Gesamtbetrag zur Erfüllung ihrer Verbindlichkeiten ausreicht.

d) Die Haftung aus den Anteilen ist auf den nicht eingezahlten Teil des Ausgabepreises der Anteile beschränkt.

Artikel 9
Bewertung der Währungen

Erweist es sich für die Zwecke dieses Übereinkommens als notwendig, den Wert einer Währung gegenüber einer anderen festzustellen, so ist ein von der Agentur nach Konsultationen mit dem Internationalen Währungsfonds in angemessener Weise festgesetzter Wert zugrunde zu legen.

Artikel 10
Rückzahlungen

a) Die Agentur zahlt den Mitgliedern so bald wie möglich die auf Abrufe auf das gezeichnete Kapital eingezahlten Beträge zurück, sofern und soweit

Gesetzestext

i) the call shall have been made to pay a claim resulting from a guarantee or reinsurance contract and thereafter the Agency shall have recovered its payment, in whole or in part, in a freely usable currency; or

ii) the call shall have been made because of a default in payment by a member and thereafter such member shall have made good such default in whole or in part; or

iii) the Council, by special majority, determines that the financial position of the Agency permits all or part of such amounts to be returned out of the Agency's revenues.

b) Any refund effected under this Article to a member shall be made in freely usable currency in the proportion of the payments made by that member to the total amount paid pursuant to calls made prior to such refund.

c) The equivalent of amounts refunded under this Article to a member shall become part of the callable capital obligations of the member under Article 7 (ii).

i) der Abruf zur Zahlung einer Forderung aus einem Garantie- oder Rückversicherungsvertrag erfolgte und die Agentur danach ihren ausgezahlten Betrag ganz oder teilweise in einer frei verwendbaren Währung zurückerhalten hat,

ii) der Abruf wegen des Zahlungsverzugs eines Mitglieds erfolgte und das Mitglied danach seinen Zahlungsverpflichtungen ganz oder teilweise nachgekommen ist oder

iii) der Rat mit besonderer Mehrheit feststellt, daß die finanzielle Lage der Agentur eine Rückzahlung aller oder eines Teiles der Beträge aus den Einnahmen der Agentur zuläßt.

b) Jede aufgrund dieses Artikels vorgenommene Rückzahlung an ein Mitglied erfolgt in frei verwendbarer Währung in dem Verhältnis, in dem die Zahlungen des betreffenden Mitglieds zu dem Gesamtbetrag der Zahlungen stehen, die vor dieser Rückzahlung auf frühere Abrufe hin erfolgten.

c) Der Gegenwert der aufgrund dieses Artikels an ein Mitglied zurückgezahlten Beträge wird Teil der abrufbaren Kapitalverbindlichkeiten des Mitglieds nach Artikel 7 Ziffer ii.

Chapter III
Operations

Article 11
Covered Risks

a) Subject to the provisions of Sections b) and c) below, the Agency may guarantee eligible investments against a loss resulting from one or more of the following types of risk:

i) Currency Transfer
any introduction attributable to the host government of restrictions on the transfer outside the host country of its currency into a freely usable currency or another currency acceptable to the hol-

Kapitel III
Geschäftstätigkeit

Artikel 11
Gedeckte Risiken

a) Vorbehaltlich der Buchstaben b und c kann die Agentur für berücksichtigungsfähige Investitionen eine Garantie gegen Verlust übernehmen, der sich aus dem Eintritt einer oder mehrerer der folgenden Risikoarten ergibt:

i) Transfer von Währungsbeträgen
jede der Gastregierung zurechenbare Einführung von Beschränkungen hinsichtlich des Transfers ihrer Währung außerhalb des Gastlands in eine frei verwendbare Währung oder eine andere für

der of the guarantee, including a failure of the host government to act within a reasonable period of time on an application by such holder for such transfer;

ii) Expropriation and Similar Measures
any legislative action or administrative action or omission attributable to the host government which has the effect of depriving the holder of a guarantee of his ownership or control of, or a substantial benefit from, his investment, with the exception of non-discriminatory measures of general application which governments normally take for the purpose of regulating economic activity in their territories;

iii) Breach of Contract
any repudiation or breach by the host government of a contract with the holder of a guarantee, when (a) the holder of a guarantee does not have recourse to a judicial or arbitral forum to determine the claim of repudiation or breach, or (b) a decision by such forum is not rendered within such reasonable period of time as shall be prescribed in the contracts of guarantee pursuant to the Agency's regulations, or (c) such a decision cannot be enforced; and

iv) War and Civil Disturbance
any military action or civil disturbance in any territory of the host country to which this Convention shall be applicable as provided in Article 66.

b) Upon the joint application of the investor and the host country, the Board, by special majority, may approve the extension of coverage under this Article to specific non-commercial risks other than those referred to in Section (a) above, but in no case to the risk of devaluation or depreciation of currency.

den Garantienehmer annehmbare Währung, einschließlich des Versäumnisses der Gastregierung, dem Antrag dieses Garantienehmers auf einen solchen Transfer innerhalb einer angemessenen Frist zu entsprechen;

ii) Enteignung und ähnliche Maßnahmen
jede der Gastregierung zurechenbare Gesetzgebungs- oder Verwaltungsmaßnahme oder -unterlassung, die bewirkt, daß dem Garantienehmer das Eigentum an seiner Investition oder seine Kontrolle darüber beziehungsweise ein erheblicher Nutzen aus seiner Investition entzogen wird; ausgenommen sind allgemein anwendbare, nicht diskriminierende Maßnahmen, welche die Regierungen üblicherweise zur Regelung der Wirtschaftstätigkeit in ihrem Hoheitsgebiet treffen;

iii) Vertragsverletzung
jede Nichtanerkennung oder jede Verletzung eines Vertrags mit dem Garantienehmer durch die Gastregierung, wenn a) der Garantienehmer kein Gericht oder Schiedsgericht anrufen kann, um einen Anspruch wegen der Nichtanerkennung oder Verletzung feststellen zu lassen, oder b) eine Entscheidung dieses Gerichts nicht innerhalb einer angemessenen Frist ergeht, wie sie in den Garantieverträgen aufgrund der Vorschriften der Agentur bestimmt ist, oder c) eine solche Entscheidung nicht durchgesetzt werden kann, und

iv) Krieg und zivile Unruhe
militärische Handlungen oder zivile Unruhen in einem Hoheitsgebiet des Gastlands, auf das dieses Übereinkommen nach Artikel 66 anwendbar ist.

b) Auf gemeinsamen Antrag des Investors und des Gastlands kann das Direktorium mit besonderer Mehrheit die Ausweitung der Deckung aufgrund dieses Artikels auf bestimmte andere nichtkommerzielle Risiken als die unter Buchstabe a bezeichneten genehmigen, keinesfalls jedoch auf das Risiko der Währungsabwertung oder -entwertung.

c) Losses resulting from the following shall not be covered:

i) any host government action or omission to which the holder of the guarantee has agreed or for which he has been responsible; and

ii) any host government action or omission or any other event occurring before the conclusion of the contract of guarantee.

Article 12

Eligible Investments

a) Eligible investments shall include equity interests, including medium- or long-term loans made or guaranteed by holders of equity in the enterprise concerned, and such forms of direct investment as may be determined by the Board.

b) The Board, by special majority, may extend eligibility to any other medium- or long-term form of investment, except that loans other than those mentioned in Section (a) above may be eligible only if they are related to a specific investment covered or to be covered by the Agency.

c) Guarantees shall be restricted to investments the implementation of which begins subsequent to the registration of the application for the guarantee by the Agency. Such investments may include:

i) any transfer of foreign exchange made to modernize, expand, or develop an existing investment; and

ii) the use of earnings from existing investments which could otherwise be transferred outside the host country.

---

c) Verluste, die sich aus folgenden Vorkommnissen ergeben, sind nicht abgedeckt:

i) jede Handlung oder Unterlassung der Gastregierung, der der Garantienehmer zugestimmt hat oder für die er verantwortlich ist, und

ii) jede Handlung oder Unterlassung der Gastregierung vor Abschluß des Garantievertrags oder jedes andere vor diesem Zeitpunkt eintretende Ereignis.

Artikel 12

Berücksichtigungsfähige Investitionen

a) Zu den berücksichtigungsfähigen Investitionen gehören Kapitalbeteiligungen, einschließlich der von Anteilseignern des betreffenden Unternehmens gewährten oder garantierten mittel- oder langfristigen Darlehen, sowie die vom Direktorium gegebenenfalls festgelegten Formen von Direktinvestitionen.

b) Das Direktorium kann mit besonderer Mehrheit festlegen, daß auch andere mittel- oder langfristige Investitionsformen berücksichtigungsfähig sind; jedoch dürfen andere als die unter Buchstabe a genannten Darlehen nur berücksichtigt werden, wenn sie mit einer bestimmten Investition in Zusammenhang stehen, die von der Agentur abgedeckt ist oder abgedeckt werden soll.

c) Die Garantien sind auf Investitionen beschränkt, deren Durchführung nach der Eintragung des Garantieantrags durch die Agentur beginnt. Diese Investitionen können folgendes umfassen:

i) jeden Devisentransfer zum Zweck der Modernisierung, Erweiterung oder Entwicklung einer vorhandenen Investition und

ii) die Verwendung der Erträge aus vorhandenen Investitionen, die sonst aus dem Gastland transferiert werden könnten.

d) In guaranteeing an investment, the Agency shall satisfy itself as to:

i) the economic soundness of the investment and its contribution to the development of the host country;

ii) compliance of the investment with the host country's laws and regulations;

iii) consistency of the investment with the declared development objectives and priorities of the host country; and

iv) the investment conditions in the host country, including the availability of fair and equitable treatment and legal protection for the investment.

Article 13

Eligible Investors

a) Any natural person and any juridical person may be eligible to receive the Agency's guarantee provided that:

i) such natural person is a national of a member other than the host country;

ii) such juridical person is incorporated and has its principal place of business in a member or the majority of its capital is owned by a member or members or nationals thereof, provided that such member is not the host country in any of the above cases; and

iii) such juridical person, whether or not it is privately owned, operates on a commercial basis.

b) In case the investor has more than one nationality, for the purposes of Section (a) above the nationality of a member shall prevail over the nationality of a non-member, and the nationality of the host country shall prevail over the nationality of any other member.

d) Bei der Übernahme einer Garantie für eine Investition muß sich die Agentur vom Vorliegen folgender Tatsachen vergewissern:

i) die wirtschaftliche Solidität der Investition und ihren Beitrag zur Entwicklung des Gastlands;

ii) die Übereinstimmung der Investition mit den Gesetzen und sonstigen Vorschriften des Gastlands;

iii) die Übereinstimmung der Investition mit den erklärten Entwicklungszielen und -prioritäten des Gastlands und

iv) die Investitionsbedingungen im Gastland, einschließlich der Verfügbarkeit einer gerechten und angemessenen Behandlung und eines Rechtsschutzes für die Investition.

Artikel 13

Berücksichtigungsfähige Investoren

a) Jede natürliche Person und jede juristische Person kann als Empfänger einer Garantie der Agentur berücksichtigt werden,

i) sofern die natürliche Person Staatsangehöriger eines Mitglieds mit Ausnahme des Gastlands ist;

ii) sofern die juristische Person in einem Mitglied gegründet ist und dort ihren Hauptsitz hat oder sofern ihre Kapitalmehrheit einem oder mehreren Mitgliedern oder deren Staatsangehörigen gehört; in keinem der genannten Fälle darf jedoch das Mitglied das Gastland sein;

iii) sofern die juristische Person, gleichviel ob sie sich in Privateigentum befindet oder nicht, auf kommerzieller Grundlage arbeitet.

b) Hat der Investor mehr als eine Staatsangehörigkeit, so geht für die Zwecke des Buchstabens a die Staatsangehörigkeit eines Mitglieds der Staatsangehörigkeit eines Nichtmitglieds und die Staatsangehörigkeit des Gastlands der Staatsangehörigkeit jedes anderen Mitglieds vor.

Gesetzestext

c) Upon the joint application of the investor and the host country, the Board, by special majority, may extend eligibility to a natural person who is a national of the host country or a juridical person which is incorporated in the host country or the majority of whose capital is owned by its nationals, provided that the assets invested are transferred from outside the host country.

c) Auf gemeinsamen Antrag des Investors und des Gastlands kann das Direktorium mit besonderer Mehrheit festlegen, daß auch eine natürliche Person, die Staatsangehöriger des Gastlands ist, oder eine juristische Person, die im Gastland gegründet ist oder deren Kapitalmehrheit seinen Staatsangehörigen gehört, berücksichtigungsfähig ist; das investierte Kapital muß in diesem Fall jedoch aus einem Land außerhalb des Gastlands transferiert werden.

Article 14
Eligible Host Countries

Investments shall be guaranteed under this Chapter only if they are to be made in the territory of a developing member country.

Artikel 14
Berücksichtigungsfähige Gastländer

Für Investitionen wird eine Garantie nach diesem Kapitel nur gewährt, wenn sie im Hoheitsgebiet eines in der Entwicklung befindlichen Mitgliedstaats vorgenommen werden sollen.

Article 15
Host Country Approval

The Agency shall not conclude any contract of guarantee before the host government has approved the issuance of the guarantee by the Agency against the risks designated for cover.

Artikel 15
Genehmigung des Gastlands

Die Agentur darf einen Garantievertrag erst schließen, wenn die Gastregierung die Gewährung der Garantie durch die Agentur gegen die von ihr bezeichneten Risiken, die gedeckt werden sollen, genehmigt hat.

Article 16
Terms and Conditions

The terms and conditions of each contract of guarantee shall be determined by the Agency subject to such rules and regulations as the Board shall issue, provided that the Agency shall not cover the total loss of the guaranteed investment. Contracts of guarantee shall be approved by the President under the direction of the Board.

Artikel 16
Bedingungen

Die Bedingungen jedes Garantievertrags werden von der Agentur nach Maßgabe der vom Direktorium erlassenen Regeln und Vorschriften festgelegt; die Agentur darf jedoch nicht den gesamten Verlust der garantierten Investition abdecken. Garantieverträge werden vom Präsidenten gemäß den Weisungen des Direktoriums genehmigt.

Article 17
Payment of Claims

The President under the direction of the Board shall decide on the payment of

Artikel 17
Befriedigung von Forderungen

Der Präsident entscheidet gemäß den Weisungen des Direktoriums entsprechend

claims to a holder of a guarantee in accordance with the contract of guarantee and such policies as the Board may adopt. Contracts of guarantee shall require holders of guarantees to seek, before a payment is made by the Agency, such administrative remedies as may be appropriate under the circumstances, provided that they are readily available to them under the laws of the host country. Such contracts may require the lapse of certain reasonable periods between the occurrence of events giving rise to claims and payments of claims.

dem Garantievertrag und den vom Direktorium gegebenenfalls erlassenen Richtlinien über die Befriedigung von Forderungen eines Garantienehmers. In den Garantieverträgen wird den Garantienehmern auferlegt, sich um Abhilfen im Verwaltungsweg zu bemühen, die den Umständen angemessen sind, bevor eine Zahlung durch die Agentur erfolgt, sofern ihnen solche Abhilfen nach den Rechtsvorschriften des Gastlands ohne weiteres zur Verfügung stehen. Die Verträge können den Ablauf bestimmter angemessener Fristen zwischen dem Eintritt eines die Forderung begründenden Ereignisses und der Befriedigung der Forderung vorschreiben.

Article 18

Subrogation

a) Upon paying or agreeing to pay compensation to a holder of a guarantee, the Agency shall be subrogated to such rights or claims related to the guaranteed investment as the holder of a guarantee may have had against the host country and other obligors. The contract of guarantee shall provide the terms and conditions of such subrogation.

b) The rights of the Agency pursuant to Section (a) above shall be recognized by all members.

c) Amounts in the currency of the host country acquired by the Agency as subrogee pursuant to Section (a) above shall be accorded, with respect to use and conversion, treatment by the host country as favorable as the treatment to which such funds would be entitled in the hands of the holder of the guarantee. In any case, such amounts may be used by the Agency for the payment of its administrative expenditures and other costs. The Agency shall also seek to enter into arrangements with host countries on other uses of such currencies to the extent that they are not freely usable.

Artikel 18

Abtretung

a) Bei Zahlung oder bei Zustimmung zur Zahlung einer Entschädigung an einen Garantienehmer werden etwaige Rechte oder Forderungen des Garantienehmers gegenüber dem Gastland und anderen Schuldnern in bezug auf die garantierte Investition an die Agentur abgetreten. Die Bedingungen für die Abtretung werden im Garantievertrag festgelegt.

b) Die Rechte der Agentur nach Buchstabe a werden von allen Mitgliedern anerkannt.

c) Von der Agentur als Rechtsnachfolger nach Buchstabe a erworbene Beträge in der Währung des Gastlands genießen hinsichtlich der Verwendung und des Umtausches eine ebenso günstige Behandlung durch das Gastland, wie sie solchen Mitteln im Besitz des Garantienehmers zustünden. Diese Beträge können von der Agentur auf jeden Fall zur Deckung ihrer Verwaltungsausgaben und sonstigen Kosten verwendet werden. Die Agentur bemüht sich auch, mit den Gastländern Vereinbarungen über andere Arten der Verwendung dieser Währungen zu treffen, soweit diese nicht frei verwendbar sind.

Article 19

Relationship to National and Regional Entities

The Agency shall cooperate with, and seek to complement the operations of, national entities of members and regional entities the majority of whose capital is owned by members, which carry out activities similar to those of the Agency, with a view to maximizing both the efficiency of their respective services and their contribution to increased flows of foreign investment. To this end, the Agency may enter into arrangements with such entities on the details of such cooperation, including in particular the modalities of reinsurance and coinsurance.

Article 20

Reinsurance of National and Regional Entities

a) The Agency may issue reinsurance in respect of a specific investment against a loss resulting from one or more of the non-commercial risks underwritten by a member or agency thereof or by a regional investment guarantee agency the majority of whose capital is owned by members. The Board, by special majority, shall from time to time prescribe maximum amounts of contingent liability which may be assumed by the Agency with respect to reinsurance contracts. In respect of specific investments which have been completed more than twelve months prior to receipt of the application for reinsurance by the Agency, the maximum amount shall initially be set at ten percent of the aggregate contingent liability of the Agency under this Chapter. The conditions of eligibility specified in Articles 11 to 14 shall apply to reinsurance operations, except that the reinsured investments need not be implemented subsequent to the application for reinsurance.

Artikel 19

Verhältnis zu nationalen und regionalen Rechtsträgern

Die Agentur arbeitet mit nationalen Rechtsträgern der Mitglieder und mit regionalen Rechtsträgern, deren Kapitalmehrheit Mitgliedern gehört und die in ähnlicher Weise wie die Agentur tätig sind, zusammen und versucht, deren Geschäftstätigkeit zu ergänzen, um sowohl die Leistungsfähigkeit ihrer jeweiligen Dienste als auch ihren Beitrag zu einem verstärkten Fluß ausländischer Investitionen auf ein Höchstmaß zu verstärken. Zu diesem Zweck kann die Agentur mit diesen Rechtsträgern Vereinbarungen über die Zusammenarbeit im einzelnen treffen, insbesondere die Modalitäten der Rückversicherung und Mitversicherung.

Artikel 20

Rückversicherung nationaler und regionaler Rechtsträger

a) Die Agentur kann für eine bestimmte Investition eine Rückversicherung gegen Verluste aus einem oder mehreren nichtkommerziellen Risiken gewähren, die von einem Mitglied oder einer Agentur desselben oder von einer regionalen Investitions-Garantie-Agentur, deren Kapitalmehrheit Mitgliedern gehört, übernommen worden sind. Das Direktorium schreibt mit besonderer Mehrheit von Zeit zu Zeit Höchstbeträge für Eventualverpflichtungen vor, die von der Agentur in bezug auf Rückversicherungsverträge übernommen werden können. Für bestimmte, mehr als zwölf Monate vor Eingang des Rückversicherungsantrags bei der Agentur abgeschlossene Investitionen wird der Höchstbetrag zunächst auf zehn v. H. der gesamten Eventualverpflichtung der Agentur aufgrund dieses Kapitels festgesetzt. Die Voraussetzungen für die Berücksichtigungsfähigkeit nach den Artikeln 11 bis 14 gelten für Rückversicherungsgeschäfte; rückversicherte Investitionen brauchen jedoch nicht erst nach Stellung des Antrags auf Rückversicherung durchgeführt zu werden.

b) The mutual rights and obligations of the Agency and a reinsured member or agency shall be stated in contracts of reinsurance subject to such rules and regulations as the Board shall issue. The Board shall approve each contract for reinsurance covering an investment which has been made prior to receipt of the application for reinsurance by the Agency, with a view to minimizing risks, assuring that the Agency receives premiums commensurate with its risk, and assuring that the reinsured entity is appropriately committed toward promoting new investment in developing member countries.

c) The Agency shall, to the extent possible, assure that it or the reinsured entity shall have the rights of subrogation and arbitration equivalent to those the Agency would have if it were the primary guarantor. The terms and conditions of reinsurance shall require that administrative remedies are sought in accordance with Article 17 before a payment is made by the Agency. Subrogation shall be effective with respect to the host country concerned only after its approval of the reinsurance by the Agency. The Agency shall include in the contracts of reinsurance provisions requiring the reinsured to pursue with due diligence the rights or claims related to the reinsured investment.

Article 21

Cooperation with Private Insurers and with Reinsurers

a) The Agency may enter into arrangements with private insurers in member countries to enhance its own operations and encourage such insurers to provide

b) Die gegenseitigen Rechte und Pflichten der Agentur und eines rückversicherten Mitglieds oder einer rückversicherten Agentur werden unter Einhaltung der vom Direktorium erlassenen Regeln und Vorschriften in einem Rückversicherungsvertrag festgelegt. Das Direktorium genehmigt jeden Rückversicherungsvertrag, der sich auf eine vor Eingang des Antrags auf Rückversicherung bei der Agentur erfolgte Investition bezieht, mit dem Ziel, Risiken auf ein Mindestmaß zu beschränken, zu gewährleisten, daß die Agentur ihren Risiken entsprechende Prämien erhält, und zu gewährleisten, daß der rückversicherte Rechtsträger sich in angemessener Weise verpflichtet hat, neue Investitionen in den in der Entwicklung befindlichen Mitgliedstaaten zu fördern.

c) Die Agentur gewährleistet in größtmöglichem Umfang, daß sie oder der rückversicherte Rechtsträger Rechte in bezug auf Abtretung und Schiedsgerichtsbarkeit haben, die denen entsprechen, welche die Agentur hätte, wenn sie ursprünglicher Garantiegeber wäre. Die Rückversicherungsbedingungen schreiben vor, daß Abhilfen im Verwaltungsweg nach Artikel 17 angestrebt werden müssen, bevor eine Zahlung durch die Agentur erfolgt. Eine Abtretung wird in bezug auf das betroffene Gastland erst wirksam, nachdem dieses die Rückversicherung durch die Agentur genehmigt hat. Die Agentur nimmt in die Rückversicherungsverträge Bestimmungen auf, die von dem Rückversicherten verlangen, daß er die mit der rückversicherten Investition zusammenhängenden Rechte oder Forderungen mit gebührender Sorgfalt verfolgt.

Artikel 21

Zusammenarbeit mit privaten Versicherern und mit Rückversicherern

a) Die Agentur kann mit privaten Versicherern in den Mitgliedstaaten Absprachen treffen, um ihre eigene Geschäftstätigkeit auszuweiten und diese Versicherer dazu zu

Gesetzestext

coverage of non-commercial risks in developing member countries on conditions similar to those applied by the Agency. Such arrangements may include the provision of reinsurance by the Agency under the conditions and procedures specified in Article 20.

b) The Agency may reinsure with any appropriate reinsurance entity, in whole or in part, any guarantee or guarantees issued by it.

c) The Agency will in particular seek to guarantee investments for which comparable coverage on reasonable terms is not available from private insurers and reinsurers.

bewegen, in den in der Entwicklung befindlichen Mitgliedstaaten Versicherungsschutz für nichtkommerzielle Risiken zu ähnlichen Bedingungen wie den von der Agentur angewendeten zu gewähren. Diese Absprachen können eine Rückversicherung durch die Agentur nach den in Artikel 20 vorgesehenen Bedingungen und Verfahren umfassen.

b) Die Agentur kann jede von ihr gewährte Garantie ganz oder teilweise bei einem geeigneten Rückversicherer rückversichern.

c) Die Agentur wird sich insbesondere bemühen, Investitionen zu garantieren, für die ein vergleichbarer Versicherungsschutz zu angemessenen Bedingungen von privaten Versicherern und Rückversicherern nicht erhältlich ist.

Article 22

Limits of Guarantee

Artikel 22

Höchstbeträge für Garantien

a) Unless determined otherwise by the Council by special majority, the aggregate amount of contingent liabilities which may be assumed by the Agency under this Chapter shall not exceed one hundred and fifty percent of the amount of the Agency's unimpaired subscribed capital and its reserves plus such portion of its reinsurance cover as the Board may determine. The Board shall from time to time review the risk profile of the Agency's portfolio in the light of its experience with claims, degree of risk diversification, reinsurance cover and other relevant factors with a view to ascertaining whether changes in the maximum aggregate amount of contingent liabilities should be recommended to the Council. The maximum amount determined by the Council shall not under any circumstances exceed five times the amount of the Agency's unimpaired subscribed capital, its reserves and such portion of its

a) Sofern der Rat nicht mit besonderer Mehrheit etwas anderes bestimmt, darf der Gesamtbetrag der Eventualverpflichtungen, die von der Agentur aufgrund dieses Kapitels übernommen werden können, einhundertfünfzig v. H. des Betrags des unverminderten gezeichneten Kapitals der Agentur und ihrer Reserven zuzüglich des vom Direktorium bestimmten Teiles ihrer Deckungsansprüche aus Rückversicherungen nicht übersteigen. Das Direktorium überprüft von Zeit zu Zeit das Risikoprofil des Bestands der Agentur angesichts ihrer Erfahrungen mit Forderungen, des Ausmaßes der Risikostreuung, der Deckungsansprüche aus Rückversicherungen und anderer einschlägiger Faktoren, um festzustellen, ob dem Rat Änderungen des Höchstgesamtbetrags der Eventualverpflichtungen empfohlen werden sollen. Der vom Rat festgelegte Höchstbetrag darf unter keinen Umständen das Fünffache des

reinsurance cover as may be deemed appropriate.

b) Without prejudice to the general limit of guarantee referred to in Section a) above, the Board may prescribe:

i) maximum aggregate amounts of contingent liability which may be assumed by the Agency under this Chapter for all guarantees issued to investors of each individual member. In determining such maximum amounts, the Board shall give due consideration to the share of the respective member in the capital of the Agency and the need to apply more liberal limitations in respect of investments originating in developing member countries; and

ii) maximum aggregate amounts of contingent liability which may be assumed by the Agency with respect to such risk diversification factors as individual projects, individual host countries and types of investment or risk.

Betrags des unverminderten gezeichneten Kapitals der Agentur, ihrer Reserven und eines als geeignet erachteten Teiles ihrer Deckungsansprüche aus Rückversicherungen übersteigen.

b) Unbeschadet der unter Buchstabe a bezeichneten allgemeinen Höchstbeträge für Garantien kann das Direktorium folgendes vorschreiben:

i) Höchstgesamtbeträge der Eventualverpflichtung, die von der Agentur aufgrund dieses Kapitels für alle an Investoren jedes einzelnen Mitglieds vergebenen Garantien übernommen werden kann. Bei der Festlegung dieser Höchstbeträge berücksichtigt das Direktorium gebührend den Anteil des betreffenden Mitglieds am Kapital der Agentur und die Notwendigkeit, liberalere Begrenzungen in bezug auf Investitionen anzuwenden, die aus in der Entwicklung befindlichen Mitgliedstaaten stammen, und

ii) Höchstgesamtbeträge der Eventualverpflichtung, die von der Agentur in bezug auf Faktoren der Risikostreuung wie einzelne Vorhaben, einzelne Gastländer und Arten von Investitionen oder Risiken übernommen werden kann.

Article 23

Investment Promotion

a) The Agency shall carry out research, undertake activities to promote investment flows and disseminate information on investment opportunities in developing member countries, with a view to improving the environment for foreign investment flows to such countries. The Agency may, upon the request of a member, provide technical advice and assistance to improve the investment conditions in the territories of that member. In performing these activities, the Agency shall:

Artikel 23

Investitionsförderung

a) Die Agentur führt Forschungsarbeiten durch, übt Tätigkeiten zur Förderung des Investitionsflusses aus und verbreitet Informationen über Investitionsmöglichkeiten in den in der Entwicklung befindlichen Mitgliedstaaten mit dem Ziel, das Umfeld für den Fluß ausländischer Investitionen in diese Staaten zu verbessern. Die Agentur kann auf Ersuchen eines Mitglieds fachlichen Rat und fachliche Hilfe zur Verbesserung der Investitionsbedingungen im Hoheitsgebiet dieses Mitglieds zur Verfügung stellen. Bei der Ausübung dieser Tätigkeit wird die Agentur

Gesetzestext

i) be guided by relevant investment agreements among member countries;

ii) seek to remove impediments, in both developed and developing member countries, to the flow of investment to developing member countries; and

iii) coordinate with other agencies concerned with the promotion of foreign investment, and in particular the International Finance Corporation.

b) The Agency also shall:

i) encourage the amicable settlement of disputes between investors and host countries;

ii) endeavor to conclude agreements with developing member countries, and in particular with prospective host countries, which will assure that the Agency, with respect to investment guaranteed by it, has treatment at least as favorable as that agreed by the member concerned for the most favored investment guarantee agency or State in an agreement relating to investment, such agreements to be approved by special majority of the Board; and

iii) promote and facilitate the conclusion of agreements, among its members,' on the promotion and protection of investments.

c) The Agency shall give particular attention in its promotional efforts to the importance of increasing the flow of investments among developing member countries.

i) sich von einschlägigen Investitionsübereinkünften zwischen Mitgliedstaaten leiten lassen;

ii) versuchen, sowohl in den entwickelten als auch in den in der Entwicklung befindlichen Mitgliedstaaten Hindernisse für den Investitionsfluß in die in der Entwicklung befindlichen Mitgliedstaaten zu beseitigen;

iii) sich mit anderen mit der Förderung ausländischer Investitionen befaßten Stellen abstimmen, insbesondere der Internationalen Finanz-Corporation.

b) Die Agentur wird auch

i) die friedliche Beilegung von Streitigkeiten zwischen Investoren und Gastländern fördern;

ii) sich bemühen, Übereinkünfte mit den in der Entwicklung befindlichen Mitgliedstaaten zu schließen, insbesondere mit potentiellen Gastländern, in denen gewährleistet wird, daß die Agentur hinsichtlich der von ihr garantierten Investitionen eine mindestens ebenso günstige Behandlung erfährt, wie sie von dem betreffenden Mitglied für die meistbegünstigte Investitions-Garantie-Agentur oder den meistbegünstigten Staat in einer Investitionsübereinkunft gewährt wird; diese Übereinkünfte müssen vom Direktorium mit besonderer Mehrheit genehmigt werden;

iii) den Abschluß von Übereinkünften zwischen ihren Mitgliedern über die Förderung und den Schutz von Investitionen fördern und erleichtern.

c) Die Agentur berücksichtigt bei ihren Förderungsbemühungen insbesondere die Notwendigkeit, den Investitionsfluß zwischen den in der Entwicklung befindlichen Mitgliedstaaten zu verstärken.

Article 24

Guarantees of Sponsored Investments

In addition to the guarantee operations undertaken by the Agency under this Chapter, the Agency may guarantee investments under the sponsorship arrangements provided for in Annex I to this Convention.

Chapter IV
Financial Provisions

Article 25

Financial Management

The Agency shall carry out its activities in accordance with sound business and prudent financial management practices with a view to maintaining under all circumstances its ability to meet its financial obligations.

Article 26

Premiums and Fees

The Agency shall establish and periodically review the rates of premiums, fees and other charges, if any, applicable to each type of risk.

Article 27

Allocation of Net Income

a) Without prejudice to the provisions of Section (a) (iii) of Article 10, the Agency shall allocate net income to reserves until such reserves reach five times the subscribed capital of the Agency.

b) After the reserves of the Agency have reached the level prescribed in Section (a) above, the Council shall decide whether, and to what extent, the Agency's net income shall be allocated to reserves, be distributed to the Agency's members or be

Artikel 24

Garantien für geförderte Investitionen (sponsored investments)

Neben den von der Agentur aufgrund dieses Kapitels durchgeführten Garantiegeschäften kann die Agentur Garantien für Investitionen aufgrund der in Anlage I vorgesehenen Fördervereinbarungen (sponsorship arrangements) übernehmen.

Kapitel IV
Finanzbestimmungen

Artikel 25

Verwaltung der Finanzen

Die Agentur übt ihre Tätigkeit in Übereinstimmung mit den Gepflogenheiten einer vernünftigen Geschäftsführung und einer umsichtigen Verwaltung der Finanzen aus, um unter allen Umständen in der Lage zu bleiben, ihre finanziellen Verpflichtungen zu erfüllen.

Artikel 26

Prämien und Gebühren

Die Agentur setzt die für jede Art von Risiko geltenden Sätze für Prämien-, Gebühren- und etwaige sonstige Zahlungen fest und überprüft sie regelmäßig.

Artikel 27

Zuteilung der Nettoeinnahmen

a) Unbeschadet des Artikels 10 Buchstabe a Ziffer iii führt die Agentur Nettoeinnahmen so lange den Reserven zu, bis diese Reserven das Fünffache des gezeichneten Kapitals der Agentur erreicht haben.

b) Nachdem die Reserven der Agentur den unter Buchstabe a vorgeschriebenen Umfang erreicht haben, entscheidet der Rat, ob und inwieweit die Nettoeinnahmen der Agentur den Reserven zugeführt, an die Mitglieder der Agentur verteilt oder ander-

used otherwise. Any distribution of net income to the Agency's members shall be made in proportion to the share of each member in the capital of the Agency in accordance with a decision of the Council acting by special majority.

Article 28

Budget

The President shall prepare an annual budget of revenues and expenditures of the Agency for approval by the Board.

Article 29

Accounts

The Agency shall publish an Annual Report which shall include statements of its accounts and of the accounts ot the Sponsorship Trust Fund referred to in Annex I to this Convention, as audited by independent auditors. The Agency shall circulate to members at appropriate intervals a summary statement of its financial position and a profit and loss statement showing the results of its operations.

Chapter V

Organization and Management

Article 30

Structure of the Agency

The Agency shall have a Council of Governors, a Board of Directors, a President and staff to perform such duties as the Agency may determine.

Article 31

The Council

a) All the powers of the Agency shall be vested in the Council, except such powers as are, by the terms of this Convention,

weitig verwendet werden. Jede Verteilung von Nettoeinnahmen an die Mitglieder der Agentur erfolgt im Verhältnis des Anteils jedes Mitglieds am Kapital der Agentur nach einem mit besonderer Mehrheit gefaßten Beschluß des Rates.

Artikel 28

Haushalt

Der Präsident stellt einen jährlichen Haushalt der Einnahmen und Ausgaben der Agentur zur Genehmigung durch das Direktorium auf.

Artikel 29

Rechnungslegung

Die Agentur veröffentlicht einen Jahresbericht, der eine von unabhängigen Rechnungsprüfern geprüfte Aufstellung ihrer Konten sowie der Konten des in Anlage I bezeichneten Fördertreuhandfonds enthält. Die Agentur verteilt an die Mitglieder in angemessenen Abständen eine zusammengefaßte Darstellung ihrer finanziellen Lage und eine Gewinn- und Verlustrechnung, welche die Ergebnisse ihrer Geschäftstätigkeit ausweisen.

Kapitel V

Organisation und Geschäftsführung

Artikel 30

Aufbau der Agentur

Die Agentur hat einen Gouverneursrat, ein Direktorium, einen Präsidenten und das Personal, das zur Erfüllung der von der Agentur bestimmten Aufgaben erforderlich ist.

Artikel 31

Der Rat

a) Alle Befugnisse der Agentur liegen beim Rat mit Ausnahme derjenigen, die aufgrund dieses Übereinkommens ausdrück-

specifically conferred upon another organ of the Agency. The Council may delegate to the Board the exercise of any of its powers, except the power to:

i) admit new members and determine the conditions of their admission;

ii) suspend a member;

iii) decide on any increase or decrease in the capital;

iv) increase the limit of the aggregate amount of contingent liabilities pursuant to Section (a) of Article 22;

v) designate a member as a developing member country pursuant to Section (c) of Article 3;

vi) classify a new member as belonging to Category One or Category Two for voting purposes pursuant to Section (a) of Article 39 or reclassify an existing member for the same purposes;

vii) determine the compensation of Directors and their Alternates;

viii) cease operations and liquidate the Agency;

ix) distribute assets to members upon liquidation; and

x) amend this Convention, its Annexes and Schedules.

b) The Council shall be composed of one Governor and one Alternate appointed by each member in such manner as it may determine. No Alternate may vote except in the absence of his principal. The Council shall select one of the Governors as Chairman.

c) The Council shall hold an annual meeting and such other meetings as may be determined by the Council or called by the Board. The Board shall call a meeting of the Council whenever requested by five members or by members having twenty-five percent of the total voting power.

lich einem anderen Organ der Agentur zugewiesen sind. Der Rat kann die Ausübung jeder seiner Befugnisse auf das Direktorium übertragen, jedoch mit Ausnahme der Befugnis,

i) neue Mitglieder aufzunehmen und die Bedingungen für ihre Aufnahme festzulegen;

ii) ein Mitglied zu suspendieren;

iii) die Erhöhung oder Herabsetzung des Kapitals zu beschließen;

iv) die Grenze des Gesamtbetrags der Eventualverpflichtungen nach Artikel 22 Buchstabe a heraufzusetzen;

v) ein Mitglied als einen in der Entwicklung befindlichen Mitgliedstaat nach Artikel 3 Buchstabe c zu bezeichnen;

vi) ein neues Mitglied für Zwecke der Abstimmung nach Artikel 39 Buchstabe a in Kategorie Eins oder Kategorie Zwei einzustufen und ein vorhandenes Mitglied für dieselben Zwecke neu einzustufen;

vii) die Vergütung für die Direktoren und ihre Stellvertreter festzulegen;

viii) die Geschäftstätigkeit zu beenden und die Agentur aufzulösen;

ix) bei der Auflösung die Vermögenswerte an die Mitglieder zu verteilen;

x) dieses Übereinkommen, seine Anlagen und Anhänge zu ändern.

b) Der Rat setzt sich aus je einem Gouverneur und je einem Stellvertreter zusammen, die von jedem Mitglied in der von ihm bestimmten Weise bestellt werden. Stellvertreter nehmen nur bei Abwesenheit des von ihnen Vertretenen an der Abstimmung teil. Der Rat wählt einen der Gouverneure zum Vorsitzenden.

c) Der Rat hält eine Jahrestagung sowie diejenigen anderen Tagungen ab, die er bestimmt oder die das Direktorium einberuft. Das Direktorium beruft eine Tagung des Rates ein, wenn fünf Mitglieder oder Mitglieder, die fünfundzwanzig v. H. der Gesamtstimmenzahl vertreten, dies beantragen.

Gesetzestext

Article 32
The Board

a) The Board shall be responsible for the general operations of the Agency and shall take, in the fulfillment of this responsibility, any action required or permitted under this Convention.

b) The Board shall consist of not less than twelve Directors. The number of Directors may be adjusted by the Council to take into account changes in membership. Each Director may appoint an Alternate with full power to act for him in case of the Director's absence or inability to act. The President of the Bank shall be *ex officio* Chairman of the Board, but shall have no vote except a deciding vote in case of an equal division.

c) The Council shall determine the term of office of the Directors. The first Board shall be constituted by the Council at its inaugural meeting.

d) The Board shall meet at the call of its Chairman acting on his own initiative or upon request of three Directors.

e) Until such time as the Council may decide that the Agency shall have a resident Board which functions in continuous session, the Directors and Alternates shall receive compensation only for the cost of attendance at the meetings of the Board and the discharge of other official functions on behalf of the Agency. Upon the establishment of a Board in continuous session, the Directors and Alternates shall receive such remuneration as may be determined by the Council.

Article 33
President and Staff

a) The President shall, under the general control of the Board, conduct the ordinary

Artikel 32
Das Direktorium

a) Das Direktorium ist für die allgemeine Geschäftstätigkeit der Agentur verantwortlich; bei der Erfüllung dieser Verantwortung trifft es jede Maßnahme, die aufgrund dieses Übereinkommens erforderlich oder zulässig ist.

b) Das Direktorium besteht aus mindestens zwölf Direktoren. Die Anzahl der Direktoren kann vom Rat unter Berücksichtigung von Veränderungen in der Mitgliedschaft angepaßt werden. Jeder Direktor kann einen Stellvertreter ernennen, der die Vollmacht hat, bei Abwesenheit oder Handlungsunfähigkeit des Direktors für ihn zu handeln. Der Präsident der Bank ist von Amts wegen Vorsitzender des Direktoriums; er hat aber, abgesehen von der entscheidenden Stimme bei Stimmengleichheit, kein Stimmrecht.

c) Der Rat legt die Amtszeit der Direktoren fest. Das erste Direktorium wird vom Rat auf seiner Eröffnungssitzung eingesetzt.

d) Das Direktorium tritt auf Veranlassung seines Vorsitzenden zusammen, der von sich aus oder auf Antrag von drei Direktoren tätig wird.

e) Bis zu dem Zeitpunkt, zu dem der Rat beschließt, daß die Agentur ein ständiges Direktorium haben muß, das kontinuierlich tagt, erhalten die Direktoren und Stellvertreter nur eine Vergütung für die Kosten ihrer Teilnahme an den Sitzungen des Direktoriums und die Erfüllung anderer amtlicher Aufgaben für die Agentur. Nach Errichtung eines kontinuierlich tagenden Direktoriums erhalten die Direktoren und Stellvertreter eine vom Rat festgelegte Vergütung.

Artikel 33
Präsident und Personal

a) Der Präsident führt die laufenden Geschäfte der Agentur unter der allgemeinen

business of the Agency. He shall be responsible for the organization, appointment and dismissal of the staff.

b) The President shall be appointed by the Board on the nomination of its Chairman. The Council shall determine the salary and terms of the contract of service of the President.

c) In the discharge of their offices, the President and the staff owe their duty entirely to the Agency and to no other authority. Each member of the Agency shall respect the international character of this duty and shall refrain from all attempts to influence the President or the staff in the discharge of their duties.

d) In appointing the staff, the President shall, subject to the paramount importance of securing the highest standards of efficiency and of technical competence, pay due regard to the importance of recruiting personnel on as wide a geographical basis as possible.

e) The President and staff shall maintain at all times the confidentiality of information obtained in carrying out the Agency's operations.

Article 34

Political Activity Prohibited

The Agency, its President and staff shall not interfere in the political affairs of any member. Without prejudice to the right of the Agency to take into account all the circumstances surrounding an investment, they shall not be influenced in their decisions by the political character of the member or members concerned. Considerations relevant to their decisions shall be weighed impartially in order to achieve the purposes stated in Article 2.

Aufsicht des Direktoriums. Er ist für die Organisation sowie für die Einstellung und Entlassung des Personals verantwortlich.

b) Der Präsident wird vom Direktorium auf Vorschlag seines Vorsitzenden ernannt. Der Rat legt das Gehalt und die Bedingungen des Anstellungsvertrags des Präsidenten fest.

c) Bei der Erfüllung ihrer Pflichten sind der Präsident und das Personal nur der Agentur und keiner anderen Behörde verantwortlich. Jedes Mitglied der Agentur achtet den internationalen Charakter dieser Verpflichtung und enthält sich aller Versuche, den Präsidenten oder das Personal bei der Erfüllung ihrer Pflichten zu beeinflussen.

d) Bei der Einstellung des Personals achtet der Präsident, vorausgesetzt, daß ein Höchstmaß an Leistungsfähigkeit und fachlichem Können gewährleistet ist, gebührend darauf, daß die Auswahl des Personals auf möglichst breiter geographischer Grundlage erfolgt.

e) Der Präsident und das Personal wahren jederzeit die Vertraulichkeit der bei der Durchführung der Geschäftstätigkeit der Agentur erlangten Informationen.

Artikel 34

Verbot der politischen Betätigung

Die Agentur, ihr Präsident und ihr Personal dürfen sich nicht in die politischen Angelegenheiten eines Mitglieds einmischen. Unbeschadet des Rechts der Agentur, alle Umstände im Zusammenhang mit einer Investition zu berücksichtigen, dürfen sie sich in ihren Beschlüssen nicht von der politischen Ausrichtung des oder der betreffenden Mitglieder beeinflussen lassen. Die für ihre Entscheidungen maßgebenden Erwägungen sind unparteiisch gegeneinander abzuwägen, um die in Artikel 2 dargelegten Zwecke zu erreichen.

Gesetzestext

Article 35
Relations with International Organizations

The Agency shall, within the terms of this Convention, cooperate with the United Nations and with other inter-governmental organizations having specialized responsibilities in related fields, including in particular the Bank and the International Finance Corporation.

Article 36
Location of Principal Office

a) The principal office of the Agency shall be located in Washington, D.C., unless the Council, by special majority, decides to establish it in another location.

b) The Agency may establish other offices as may be necessary for its work.

Article 37
Depositories for Assets

Each member shall designate its central bank as a despository in which the Agency may keep holdings of such member's currency or other assets of the Agency or, if it has no central bank, it shall designate for such purpose such other institution as may be acceptable to the Agency.

Article 38
Channel of Communication

a) Each member shall designate an appropriate authority with which the Agency may communicate in connection with any matter arising under this Convention. The Agency may rely on statements of such authority as being statements of the member. The Agency, upon the request of a member, shall consult with that member with respect to matters dealt with in Articles 19 to 21 and related to entities or insurers of that member.

Artikel 35
Beziehungen zu internationalen Organisationen

Die Agentur arbeitet im Rahmen der Bestimmungen dieses Übereinkommens mit den Vereinten Nationen und anderen zwischenstaatlichen Organisationen, die auf verwandten Gebieten besondere Aufgaben haben, insbesondere der Bank und der Internationalen Finanz-Corporation, zusammen.

Artikel 36
Hauptsitz

a) Der Hauptsitz der Agentur befindet sich in Washington, D.C., sofern nicht der Rat mit besonderer Mehrheit beschließt, ihn an einem anderen Ort zu errichten.

b) Die Agentur kann andere für ihre Arbeit notwendige Geschäftsstellen errichten.

Artikel 37
Hinterlegungsstellen für Vermögenswerte

Jedes Mitglied bestimmt seine Zentralbank als Hinterlegungsstelle für Guthaben der Agentur in seiner Währung oder andere Vermögenswerte der Agentur; hat es keine Zentralbank, so bestimmt es hierfür ein anderes der Agentur genehmes Institut.

Artikel 38
Verbindungsstelle

a) Jedes Mitglied bezeichnet eine geeignete Stelle, mit der sich die Agentur in jeder sich aus diesem Übereinkommen ergebenden Angelegenheit in Verbindung setzen kann. Die Agentur kann sich auf Erklärungen dieser Stelle als Erklärungen des Mitglieds verlassen. Die Agentur konsultiert auf Antrag eines Mitglieds dieses Mitglied in bezug auf die in den Artikeln 19 bis 21 behandelten Angelegenheiten, die sich auf Rechtsträger oder Versicherer dieses Mitglieds beziehen.

b) Whenever the approval of any member is required before any act may be done by the Agency, approval shall be deemed to have been given unless the member presents an objection within such reasonable period as the Agency may fix in notifying the member of the proposed act.

b) Ist die Genehmigung eines Mitglieds erforderlich, bevor die Agentur tätig werden kann, so gilt die Genehmigung als erteilt, wenn das Mitglied nicht innerhalb einer angemessenen Frist, die von der Agentur bei der Unterrichtung des Mitglieds über die vorgesehene Handlung festgelegt wird, Widerspruch erhebt.

Chapter VI

Voting, Adjustments of Subscriptions and Representation

Article 39

Voting and Adjustments of Subscriptions

a) In order to provide for voting arrangements that reflect the equal interest in the Agency of the two Categories of States listed in Schedule A of this Convention, as well as the importance of each member's financial participation, each member shall have 177 membership votes plus one subscription vote for each share of stock held by that member.

b) If at any time within three years after the entry into force of this Convention the aggregate sum of membership and subscription votes of members which belong to either of the two Categories of States listed in Schedule A of this Convention is less than forty percent of the total voting power, members from such a Category shall have such number of supplementary votes as shall be necessary for the aggregate voting power of the Category to equal such a percentage of the total voting power. Such supplementary votes shall be distributed among the members of such Category in the proportion that the subscription votes of each bears to the aggregate of subscription votes of the Category. Such supplementary votes shall be subject to automatic adjustment to ensure that such percentage is maintained and shall be cancelled at the end of the above-mentioned three-year period.

Kapitel VI

Abstimmung, Anpassung der Zeichnungsbeträge und Vertretung

Artikel 39

Abstimmung und Anpassung der Zeichnungsbeträge

a) Um Abstimmungsregelungen zu treffen, welche die gleichberechtigten Interessen der in Anhang A aufgeführten zwei Kategorien von Staaten sowie die Bedeutung der finanziellen Beteiligung jedes Mitglieds widerspiegeln, hat jedes Mitglied 177 Mitgliedschaftsstimmen zuzüglich einer Stimme für jeden von dem Mitglied gezeichneten Anteil.

b) Beträgt zu irgendeiner Zeit innerhalb von drei Jahren nach Inkrafttreten dieses Übereinkommens die Gesamtsumme der Mitgliedschafts- und Anteilsstimmen der Mitglieder, die einer der in Anhang A aufgeführten zwei Kategorien von Staaten angehören, weniger als vierzig v. H. der Gesamtstimmenzahl, so erhalten die Mitglieder dieser Kategorie so viele zusätzliche Stimmen, wie notwendig sind, um die Gesamtstimmenzahl der Kategorie auf diesen Hundertsatz der Gesamtstimmenzahl zu bringen. Diese zusätzlichen Stimmen werden unter den Mitgliedern der Kategorie im Verhältnis der Anteilsstimmen jedes einzelnen zu den gesamten Anteilsstimmen der Kategorie aufgeteilt. Die zusätzlichen Stimmen werden automatisch angepaßt, um sicherzustellen, daß dieser Hundertsatz aufrechterhalten bleibt; nach Ablauf der obengenannten Dreijahresfrist werden sie gestrichen.

c) During the third year following the entry into force of this Convention, the Council shall review the allocation of shares and shall be guided in its decision by the following principles:

i) the votes of members shall reflect actual subscriptions to the Agency's capital and the membership votes as set out in Section a) of this Article;

ii) shares allocated to countries which shall not have signed the Convention shall be made available for reallocation to such members and in such manner as to make possible voting parity between the above-mentioned Categories; and

iii) the Council will take measures that will facilitate members' ability to subscribe to shares allocated to them.

d) Within the three-year period provided for in Section b) of this Article, all decisions of the Council and Board shall be taken by special majority, except that decisions requiring a higher majority under this Convention shall be taken by such higher majority.

e) In case the capital stock of the Agency is increased pursuant to Section c) of Article 5, each member which so requests shall be authorized to subscribe a proportion of the increase equivalent to the proportion which its stock theretofore subscribed bears to the total capital stock of the Agency, but no member shall be obligated to subscribe any part of the increased capital.

f) The Council shall issue regulations regarding the making of additional subscriptions under Section e) of this Article. Such regulations shall prescribe reasonable time limits for the submission by members of requests to make such subscriptions.

c) Im Verlauf des dritten Jahres nach Inkrafttreten dieses Übereinkommens überprüft der Rat die Zuteilung der Anteile; in seinem Beschluß läßt er sich von folgenden Grundsätzen leiten:

i) Die Stimmen der Mitglieder müssen die tatsächlichen Zeichnungen auf das Kapital der Agentur und die Mitgliedschaftsstimmen nach Buchstabe a widerspiegeln;

ii) Anteile, die Ländern zugeteilt werden, die das Übereinkommen nicht unterzeichnet haben, werden zur Neuverteilung an solche Mitglieder und in einer solchen Weise zur Verfügung gestellt, daß Stimmengleichheit zwischen den obengenannten Kategorien möglich wird;

iii) der Rat wird Maßnahmen ergreifen, die es den Mitgliedern erleichtern, die ihnen zugeteilten Anteile zu zeichnen.

d) Innerhalb der unter Buchstabe b vorgesehenen Dreijahresfrist werden alle Beschlüsse des Rates und des Direktoriums mit besonderer Mehrheit gefaßt; Beschlüsse, für die aufgrund dieses Übereinkommens eine größere Mehrheit erforderlich ist, werden jedoch mit der größeren Mehrheit gefaßt.

e) Wird das Grundkapital der Agentur nach Artikel 5 Buchstabe c erhöht, so wird jedes Mitglied auf Antrag ermächtigt, einen Teil der Erhöhung zu zeichnen, der dem Verhältnis seines vorher gezeichneten Kapitals zum Grundkapital der Agentur entspricht; die Mitglieder sind jedoch nicht verpflichtet, einen Teil des erhöhten Kapitals zu zeichnen.

f) Der Rat erläßt Vorschriften über die zusätzlichen Anteilszeichnungen nach Buchstabe e. Diese Vorschriften sehen angemessene Fristen für die Vorlage der Anträge auf diese Zeichnungen durch die Mitglieder vor.

Article 40
Voting in the Council

a) Each Governor shall be entitled to cast the votes of the member he represents. Except as otherwise specified in this Convention, decisions of the Council shall be taken by a majority of the votes cast.

b) A quorum for any meeting of the Council shall be constituted by a majority of the Governors exercising not less than two-thirds of the total voting power.

c) The Council may by regulation establish a procedure whereby the Board, when it deems such action to be in the best interests of the Agency, may request a decision of the Council on a specific question without calling a meeting of the Council.

Article 41
Election of Directors

a) Directors shall be elected in accordance with Schedule B.

b) Directors shall continue in office until their successors are elected. If the office of a Director becomes vacant more than ninety days before the end of his term, another Director shall be elected for the remainder of the term by the Governors who elected the former Director. A majority of the votes cast shall be required for election. While the office remains vacant, the Alternate of the former Director shall exercise his powers, except that of appointing an Alternate.

Article 42
Voting in the Board

a) Each Director shall be entitled to cast the number of votes of the members whose votes counted towards his election. All the votes which a Director is entitled to cast shall be cast as a unit. Except as otherwise specified in this Convention, decisions of the Board shall be taken by a majority of the votes cast.

Artikel 40
Abstimmung im Rat

a) Jeder Gouverneur ist berechtigt, die Stimme des von ihm vertretenen Mitglieds abzugeben. Sofern in diesem Übereinkommen nichts anderes bestimmt ist, werden die Beschlüsse des Rates mit der Mehrheit der abgegebenen Stimmen gefaßt.

b) Der Rat ist beschlußfähig, wenn auf der Sitzung die Mehrheit der Gouverneure anwesend ist, die mindestens zwei Drittel der Gesamtstimmenzahl innehaben.

c) Der Rat kann durch Verordnung ein Verfahren festlegen, wonach das Direktorium, wenn es der Ansicht ist, daß diese Maßnahme im Interesse der Agentur liegt, einen Beschluß des Rates über eine bestimmte Frage verlangen kann, ohne eine Sitzung des Rates anzuberaumen.

Artikel 41
Wahl der Direktoren

a) Die Direktoren werden in Übereinstimmung mit Anhang B gewählt.

b) Die Direktoren bleiben so lange im Amt, bis ihre Nachfolger gewählt sind. Wird das Amt eines Direktors mehr als neunzig Tage vor Ablauf seiner Amtszeit frei, so wird für den Rest der Amtszeit von den Gouverneuren, die den früheren Direktor gewählt haben, ein anderer Direktor gewählt. Für die Wahl ist die Mehrheit der abgegebenen Stimmen erforderlich. Solange das Amt unbesetzt ist, übt der Stellvertreter des früheren Direktors dessen Befugnisse mit Ausnahme der Befugnis zur Ernennung eines Stellvertreters aus.

Artikel 42
Abstimmung im Direktorium

a) Jeder Direktor ist berechtigt, die Stimmen der Mitglieder abzugeben, deren Stimmen bei seiner Wahl anfielen. Alle Stimmen, die ein Direktor abgeben kann, sind als Block abzugeben. Sofern in diesem Übereinkommen nichts anderes bestimmt ist, werden Beschlüsse des Direktoriums mit der Mehrheit der abgegebenen Stimmen gefaßt.

Gesetzestext

b) A quorum for a meeting of the Board shall be constituted by a majority of the Directors exercising not less than one-half of the total voting power.

c) The Board may by regulation establish a procedure whereby its Chairman, when he deems such action to be in the best interests of the Agency, may request a decision of the Board on a specific question without calling a meeting of the Board.

b) Das Direktorium ist beschlußfähig, wenn auf einer Sitzung die Mehrheit der Direktoren anwesend ist, die mindestens die Hälfte der Gesamtstimmenzahl innehaben.

c) Das Direktorium kann durch Verordnung ein Verfahren festlegen, wonach sein Vorsitzender, wenn er der Ansicht ist, daß diese Maßnahme im Interesse der Agentur liegt, einen Beschluß des Direktoriums über eine bestimmte Frage verlangen kann, ohne eine Sitzung des Direktoriums anzuberaumen.

Chapter VII
Privileges and Immunities

Article 43
Purposes of Chapter

To enable the Agency to fulfill its functions, the immunities and privileges set forth in this Chapter shall be accorded to the Agency in the territories of each member.

Kapitel VII
Vorrechte und Immunitäten

Artikel 43
Zweck des Kapitels

Um der Agentur die Erfüllung ihrer Aufgaben zu ermöglichen, werden ihr im Hoheitsgebiet jedes Mitgliedes die Vorrechte und Immunitäten gewährt, die in diesem Kapitel vorgesehen sind.

Article 44
Legal Process

Actions other than those within the scope of Articles 57 and 58 may be brought against the Agency only in a court of competent jurisdiction in the territories of a member in which the Agency has an office or has appointed an agent for the purpose of accepting service or notice of process. No such action against the Agency shall be brought i) by members or persons acting for or deriving claims from members or ii) in respect of personnel matters. The property and assets of the Agency shall, wherever located and by whomsoever held, be immune from all forms of seizure, attachment or execution before the delivery of the final judgment or award against the Agency.

Artikel 44
Gerichtliche Verfahren

Klagen gegen die Agentur, ausgenommen solche aus dem Geltungsbereich der Artikel 57 und 58, können nur vor einem zuständigen Gericht im Hoheitsgebiet eines Mitglieds erhoben werden, in dem die Agentur eine Geschäftsstelle besitzt oder einen Vertreter für die Entgegennahme gerichtlicher Urkunden ernannt hat. Klagen gegen die Agentur können nicht erhoben werden i) von Mitgliedern oder von Personen, die für Mitglieder handeln oder aus diesen Rechte ableiten, oder ii) in bezug auf Personalangelegenheiten. Das Eigentum und die Vermögenswerte der Agentur, gleichviel wo und in wessen Besitz sie sich befinden, sind jeder Form der Beschlagnahme, Pfändung oder Vollstreckung entzogen, solange nicht ein rechtskräftiges Urteil oder ein rechtskräftiger Schiedsspruch gegen die Agentur ergangen ist.

Article 45
Assets

a) The property and assets of the Agency, wherever located and by whomsoever held, shall be immune from search, requisition, confiscation, expropriation or any other form of seizure by executive or legislative action.

b) To the extend necessary to carry out its operations under this Convention, all property and assets of the Agency shall be free from restrictions, regulations, controls and moratoria of any nature; provided that property and assets acquired by the Agency as successor to or subrogee of a holder of a guarantee, a reinsured entity or an investor insured by a reinsured entity shall be free from applicable foreign exchange restrictions, regulations and controls in force in the territories of the member concerned to the extent that the holder, entity or investor to whom the Agency was subrogated was entitled to such treatment.

c) For purposes of this Chapter, the term "assets" shall include the assets of the Sponsorship Trust Fund referred to in Annex I to this Convention and other assets administered by the Agency in furtherance of its objective.

Article 46
Archives and Communications

a) The archives of the Agency shall be inviolable, wherever they may be.

b) The official communications of the Agency shall be accorded by each member the same treatment that is accorded to the official communications of the Bank.

Artikel 45
Vermögenswerte

a) Das Eigentum und die Vermögenswerte der Agentur, gleichviel wo und in wessen Besitz sie sich befinden, sind der Durchsuchung, Beschlagnahme, Einziehung, Enteignung oder jeder sonstigen Form des Zugriffs durch die vollziehende oder die gesetzgebende Gewalt entzogen.

b) Soweit es die Durchführung der Geschäftstätigkeit aufgrund dieses Übereinkommens erfordert, sind das gesamte Eigentum und alle Vermögenswerte der Agentur von Beschränkungen, Verwaltungsvorschriften, Kontrollen und Moratorien jeder Art befreit; Eigentum und Vermögenswerte, welche die Agentur als Rechtsnachfolger (successor or subrogee) eines Garantienehmers, eines rückversicherten Rechtsträgers oder eines bei einem rückversicherten Rechtsträger versicherten Investors erwirbt, sind von anwendbaren Devisenbeschränkungen, Verwaltungsvorschriften und Kontrollen, die im Hoheitsgebiet des betreffenden Mitglieds in Kraft sind, befreit, soweit der Garantienehmer, Rechtsträger oder Investor, an dessen Stelle die Agentur getreten ist, Anspruch auf eine solche Behandlung hatte.

c) Im Sinne dieses Kapitels umfaßt der Ausdruck „Vermögenswerte" die Vermögenswerte des in Anlage I genannten Fördertreuhandfonds sowie andere von der Agentur zur Erreichung ihres Zieles verwaltete Vermögenswerte.

Artikel 46
Archive und Nachrichtenverkehr

a) Die Archive der Agentur sind unverletzlich, wo immer sie sich befinden.

b) Jedes Mitglied gewährt dem amtlichen Nachrichtenverkehr der Agentur dieselbe Behandlung wie dem amtlichen Nachrichtenverkehr der Bank.

Gesetzestext

Article 47
Taxes

a) The Agency, its assets, property and income, and its operations and transactions authorized by this Convention, shall be immune from all taxes and customs duties. The Agency shall also be immune from liability for the collection or payment of any tax or duty.

b) Except in the case of local nationals, no tax shall be levied on or in respect of expense allowances paid by the Agency to Governors and their Alternates or on or in respect of salaries, expense allowances or other emoluments paid by the Agency to the Chairman of the Board, Directors, their Alternates, the President or staff of the Agency.

c) No taxation of any kind shall be levied on any investment guaranteed or reinsured by the Agency (including any earnings therefrom) or any insurance policies reinsured by the Agency (including any premiums and other revenues therefrom) by whomsoever held: i) which discriminates against such investment or insurance policy solely because it is guaranteed or reinsured by the Agency; or ii) if the sole jurisdictional basis for such taxation is the location of any office or place of business maintained by the Agency.

Article 48
Officials of the Agency

All Governors, Directors, Alternates, the President and staff of the Agency:

i) shall be immune from legal process with respect to acts performed by them in their official capacity;

ii) not being local nationals, shall be accorded the same immunities from immigration restrictions, alien registration re-

Artikel 47
Steuern

a) Die Agentur, ihre Vermögenswerte, ihr Eigentum und ihre Einnahmen sowie ihre durch dieses Übereinkommen zugelassenen Geschäfte und Transaktionen sind von allen Steuern und Zöllen befreit. Die Agentur ist ferner von der Verpflichtung zur Einziehung oder Entrichtung von Steuern oder Abgaben befreit.

b) Außer im Fall von Inländern unterliegen die von der Agentur den Gouverneuren oder ihren Stellvertretern gezahlten Aufwandsentschädigungen oder die von ihr dem Vorsitzenden des Direktoriums, den Direktoren, ihren Stellvertretern, dem Präsidenten oder dem Personal der Agentur gezahlten Gehälter, Aufwandsentschädigungen oder sonstigen Vergütungen keiner Art von Besteuerung.

c) Von der Agentur garantierte oder rückversicherte Investitionen (einschließlich etwaiger Erträge) oder von der Agentur rückversicherte Versicherungspolicen (einschließlich etwaiger Prämien und sonstiger Erträge), gleichviel in wessen Besitz sie sich befinden, unterliegen keiner Art von Besteuerung, i) die eine solche Investition oder Versicherungspolice nur deshalb benachteiligt, weil sie von der Agentur garantiert oder rückversichert wurde, oder ii) deren rechtliche Grundlage allein der Sitz einer Geschäftsstelle oder eines Büros der Agentur ist.

Artikel 48
Amtsträger der Agentur

Alle Gouverneure, Direktoren, Stellvertreter, der Präsident und das Personal der Agentur

i) genießen Immunität von der Gerichtsbarkeit hinsichtlich ihrer in amtlicher Eigenschaft vorgenommenen Handlungen;

ii) genießen, wenn sie nicht Inländer sind, die gleiche Befreiung von Einwanderungsbeschränkungen, von der Melde-

quirements and national service obligations, and the same facilities as regards exchange restrictions as are accorded by the members concerned to the representatives, officials and employees of comparable rank of other members; and

iii) shall be granted the same treatment in respect of travelling facilities as is accorded by the members concerned to representatives, officials and employees of comparable rank of other members.

pflicht für Ausländer und von den Verpflichtungen zur nationalen Dienstleistung sowie die gleichen Erleichterungen in bezug auf Devisenbeschränkungen, wie sie die betreffenden Mitglieder den in vergleichbarem Rang stehenden Vertretern, Amtsträgern und Bediensteten anderer Mitglieder gewähren;

iii) genießen in bezug auf Reiseerleichterungen die gleiche Behandlung, wie sie die betreffenden Mitglieder den in vergleichbarem Rang stehenden Vertretern, Amtsträgern und Bediensteten anderer Mitglieder gewähren.

Article 49

Application of this Chapter

Each member shall take such action as is necessary in its own territories for the purpose of making effective in terms of its own law the principles set forth in this Chapter and shall inform the Agency of the detailed action which it has taken.

Artikel 49

Anwendung dieses Kapitels

Jedes Mitglied trifft diejenigen Maßnahmen, die in seinem Hoheitsgebiet erforderlich sind, um entsprechend seinen eigenen Rechtsvorschriften den in diesem Kapitel enthaltenen Grundsätzen Wirksamkeit zu verleihen, und unterrichtet die Agentur über die einzelnen von ihm getroffenen Maßnahmen.

Article 50

Waiver

The immunities, exemptions and privileges provided in this Chapter are granted in the interests of the Agency and may be waived, to such extent and upon such conditions as the Agency may determine, in cases where such a waiver would not prejudice its interests. The Agency shall waive the immunity of any of its staff in cases where, in its opinion, the immunity would impede the course of justice and can be waived without prejudice to the interests of the Agency.

Artikel 50

Aufhebung

Die in diesem Kapitel vorgesehenen Immunitäten, Befreiungen und Vorrechte werden im Interesse der Agentur gewährt; sie können in dem Maße und zu den Bedingungen, welche die Agentur bestimmt, in den Fällen aufgehoben werden, in denen die Aufhebung die Interessen der Agentur nicht beeinträchtigen würde. Die Agentur hat die Immunität eines Mitglieds ihres Personals in den Fällen aufzuheben, in denen nach ihrer Auffassung die Immunität verhindern würde, daß der Gerechtigkeit Genüge geschieht, und in denen sie ohne Beeinträchtigung der Interessen der Agentur aufgehoben werden kann.

Gesetzestext

Chapter VIII
Withdrawal, Suspension of Membership and Cessation of Operations

Article 51
Withdrawal

Any member may, after the expiration of three years following the date upon which this Convention has entered into force with respect to such member, withdraw from the Agency at any time by giving notice in writing to the Agency at its principal office. The Agency shall notify the Bank, as depository of this Convention, of the receipt of such notice. Any withdrawal shall become effective ninety days following the date of the receipt of such notice by the Agency. A member may revoke such notice as long as it has not become effective.

Article 52
Suspension of Membership

a) If a member fails to fulfill any of its obligations under this Convention, the Council may, by a majority of its members exercising a majority of the total voting power, suspend its membership.

b) While under suspension a member shall have no rights under this Convention, except for the right of withdrawal and other rights provided in this Chapter and Chapter IX, but shall remain subject to all its obligations.

c) For purposes of determining eligibility for a guarantee or reinsurance to be issued under Chapter III or Annex I to this Convention, a suspended member shall not be treated as a member of the Agency.

d) The suspended member shall automatically cease to be a member one year from the date of its suspension unless the Council decides to extend the period of suspension or to restore the member to good standing.

Kapitel VIII
Austritt, Suspendierung der Mitgliedschaft und Beendigung der Geschäftstätigkeit

Artikel 51
Austritt

Jedes Mitglied kann nach Ablauf von drei Jahren nach Inkrafttreten dieses Übereinkommens für dieses Mitglied jederzeit durch eine an die Hauptgeschäftsstelle der Agentur gerichtete schriftliche Anzeige aus der Agentur austreten. Die Agentur unterrichtet die Bank als Verwahrer des Übereinkommens von dem Eingang einer solchen Anzeige. Ein Austritt wird neunzig Tage nach Eingang der Anzeige bei der Agentur wirksam. Ein Mitglied kann die Anzeige widerrufen, solange sie noch nicht wirksam geworden ist.

Artikel 52
Suspendierung der Mitgliedschaft

a) Kommt ein Mitglied einer nach diesem Übereinkommen bestehenden Verpflichtung nicht nach, so kann der Rat mit der Mehrheit seiner Mitglieder, welche die Mehrheit der Gesamtstimmen innehaben, dessen Mitgliedschaft suspendieren.

b) Während der Suspendierung hat ein Mitglied keine Rechte aus diesem Übereinkommen mit Ausnahme des Austrittsrechts und anderer in diesem Kapitel und in Kapitel IX vorgesehener Rechte; es hat jedoch weiterhin allen seinen Verpflichtungen nachzukommen.

c) Für die Zwecke der Feststellung, ob eine Garantie oder Rückversicherung nach Kapitel III oder Anlage I erteilt werden kann, wird ein suspendiertes Mitglied nicht als Mitglied der Agentur behandelt.

d) Die Mitgliedschaft des suspendierten Mitglieds erlischt automatisch ein Jahr nach dem Zeitpunkt seiner Suspendierung, sofern nicht der Rat beschließt, die Zeit der Suspendierung zu verlängern oder das Mitglied wieder in den vorigen Stand einzusetzen.

Article 53

Rights and Duties of States Ceasing to be Members

a) When a State ceases to be a member, it shall remain liable for all its obligations, including its contingent obligations, under this Convention which shall have been in effect before the cessation of its membership.

b) Without prejudice to Section a) above, the Agency shall enter into an arrangement with such State for the settlement of their respective claims and obligations. Any such arrangement shall be approved by the Board.

Article 54

Suspension of Operations

a) The Board may, whenever it deems it justified, suspend the issuance of new guarantees for a specified period.

b) In an emergency, the Board may suspend all activities of the Agency for a period not exceeding the duration of such emergency, provided that necessary arrangements shall be made for the protection of the interests of the Agency and of third parties.

c) The decision to suspend operations shall have no effect on the obligations of the members under this Convention or on the obligations of the Agency towards holders of a guarantee or reinsurance policy or towards third parties.

Article 55

Liquidation

a) The Council, by special majority, may decide to cease operations and to liquidate the Agency. Thereupon the Agency shall forthwith cease all activities, except those incident to the orderly realization, conservation and preservation of assets and settle-

Artikel 53

Rechte und Pflichten der Staaten, deren Mitgliedschaft erlischt

a) Erlischt die Mitgliedschaft eines Staates, so bleibt er für alle seine Verbindlichkeiten einschließlich der Eventualverpflichtungen aufgrund dieses Übereinkommens haftbar, die vor Erlöschen seiner Mitgliedschaft wirksam waren.

b) Unbeschadet des Buchstabens a trifft die Agentur eine Vereinbarung mit dem betreffenden Staat zur Regelung ihrer jeweiligen Forderungen und Verbindlichkeiten. Eine solche Vereinbarung bedarf der Genehmigung des Direktoriums.

Artikel 54

Einstellung der Geschäftstätigkeit

a) Das Direktorium kann, wenn es dies für gerechtfertigt hält, die Übernahme neuer Garantien für eine bestimmte Zeit einstellen.

b) In einer Notlage kann das Direktorium die gesamte Tätigkeit der Agentur für eine Zeit einstellen, die nicht länger dauern darf, als die Notlage besteht; jedoch müssen die notwendigen Regelungen zum Schutz der Interessen der Agentur und Dritter getroffen werden.

c) Der Beschluß, die Geschäftstätigkeit einzustellen, hat keine Auswirkung auf die Verbindlichkeiten der Mitglieder aufgrund dieses Übereinkommens oder auf die Verbindlichkeiten der Agentur gegenüber Garantie- oder Rückversicherungsnehmern oder gegenüber Dritten.

Artikel 55

Auflösung

a) Der Rat kann mit besonderer Mehrheit beschließen, die Geschäftstätigkeit zu beenden und die Agentur aufzulösen. Danach beendet die Agentur sofort ihre gesamte Tätigkeit mit Ausnahme der Arbeiten, welche die ordnungsgemäße Verwertung, Si-

ment of obligations. Until final settlement and distribution of assets, the Agency shall remain in existence and all rights and obligations of members under this Convention shall continue unimpaired.

b) No distribution of assets shall be made to members until all liabilities to holders of guarantees and other creditors shall have been discharged or provided for and until the Council shall have decided to make such distribution.

c) Subject to the foregoing, the Agency shall distribute its remaining assets to members in proportion to each member's share in the subscribed capital. The Agency shall also distribute any remaining assets of the Sponsorship Trust Fund referred to in Annex I to this Convention to sponsoring members in the proportion which the investments sponsored by each bears to the total of sponsored investments. No member shall be entitled to its share in the assets of the Agency or the Sponsorship Trust Fund unless that member has settled all outstanding claims by the Agency against it. Every distribution of assets shall be made at such times as the Council shall determine and in such manner as it shall deem fair and equitable.

cherstellung und Erhaltung der Vermögenswerte sowie die Regelung der Verbindlichkeiten betreffen. Bis zur endgültigen Regelung und Verteilung der Vermögenswerte bleibt die Agentur bestehen, und alle Rechte und Verpflichtungen der Mitglieder aufgrund dieses Übereinkommens bleiben unberührt.

b) Eine Verteilung der Vermögenswerte an die Mitglieder erfolgt erst, wenn alle Verbindlichkeiten gegenüber Garantienehmern und anderen Gläubigern erfüllt sind oder hierfür Vorsorge getroffen ist und wenn der Rat beschlossen hat, die Verteilung vorzunehmen.

c) Vorbehaltlich der vorstehenden Bestimmungen verteilt die Agentur ihre verbleibenden Vermögenswerte an die Mitglieder im Verhältnis des Anteils jedes Mitglieds am gezeichneten Kapital. Die Agentur verteilt auch etwaige verbleibende Vermögenswerte des in Anlage I genannten Fördertreuhandfonds an die fördernden Mitglieder im Verhältnis der von jedem von ihnen geförderten Investitionen zu den gesamten geförderten Investitionen. Ein Mitglied hat erst dann Anspruch auf seinen Anteil an den Vermögenswerten der Agentur oder des Fördertreuhandfonds, wenn es alle ausstehenden Forderungen der Agentur ihm gegenüber beglichen hat. Jede Verteilung der Vermögenswerte erfolgt zu vom Rat bestimmten Zeiten und in der von ihm als recht und billig erachteten Weise.

Chapter IX
Settlement of Disputes

Article 56
Interpretation and Application of the Convention

a) Any question of interpretation or application of the provisions of this Convention arising between any member of the Agency and the Agency or among members of the Agency shall be submitted to the Board for its decision. Any member which is particu-

Kapitel IX
Beilegung von Streitigkeiten

Artikel 56
Auslegung und Anwendung des Übereinkommens

a) Alle Fragen der Auslegung oder Anwendung dieses Übereinkommens, die zwischen einem Mitglied der Agentur und der Agentur oder zwischen Mitgliedern der Agentur auftreten, werden dem Direktorium zur Entscheidung vorgelegt. Ein von

larly affected by the question and which is not otherwise represented by a national in the Board may send a representative to attend any meeting of the Board at which such question is considered.

b) In any case where the Board has given a decision under Section a) above, any member may require that the question be referred to the Council, whose decision shall be final. Pending the result of the referral to the Council, the Agency may, so far as it deems necessary, act on the basis of the decision of the Board.

Article 57

Disputes between the Agency and Members

a) Without prejudice to the provisions of Article 56 and of Section b) of this Article, any dispute between the Agency and member or an agency thereof and any dispute between the Agency and a country (or agency thereof) which has ceased to be a member, shall be settled in accordance with the procedure set out in Annex II to this Convention.

b) Disputes concerning claims of the Agency acting as subrogee of an investor shall be settled in accordance with either i) the procedure set out in Annex II to this Convention, or ii) an agreement to be entered into between the Agency and the member concerned on an alternative method or methods for the settlement of such disputes. In the latter case, Annex II to this Convention shall serve as a basis for such an agreement which shall, in each case, be approved by the Board by special majority prior to the undertaking by the Agency of operations in the territories of the member concerned.

der Frage besonders betroffenes Mitglied, das sonst nicht von einem Staatsangehörigen im Direktorium vertreten ist, kann einen Vertreter zur Teilnahme an jeder Sitzung des Direktoriums entsenden, auf der die Frage beraten wird.

b) Hat das Direktorium eine Entscheidung nach Buchstabe a getroffen, so kann jedes Mitglied verlangen, daß die Frage dem Rat vorgelegt wird; dessen Entscheidung ist endgültig. Bis die Entscheidung des Rates vorliegt, kann die Agentur, soweit sie dies für notwendig hält, auf der Grundlage der Entscheidung des Direktoriums handeln.

Artikel 57

Streitigkeiten zwischen der Agentur und Mitgliedern

a) Unbeschadet des Artikels 56 und des Buchstabens b des vorliegenden Artikels wird jede Streitigkeit zwischen der Agentur und einem Mitglied oder einer Agentur desselben und jede Streitigkeit zwischen der Agentur und einem Land (oder einer Agentur desselben), dessen Mitgliedschaft erloschen ist, in Übereinstimmung mit dem in Anlage II festgelegten Verfahren beigelegt.

b) Streitigkeiten über Forderungen der Agentur als Rechtsnachfolger eines Investors werden entweder i) nach dem in Anlage II festgelegten Verfahren oder ii) nach einer zwischen der Agentur und dem betreffenden Mitglied zu schließenden Übereinkunft über andere Methoden der Beilegung solcher Streitigkeiten beigelegt. Im letzteren Fall dient Anlage II als Grundlage für eine solche Übereinkunft, die im Einzelfall vom Direktorium mit besonderer Mehrheit genehmigt wird, bevor die Agentur im Hoheitsgebiet des betreffenden Mitglieds eine Geschäftstätigkeit durchführt.

Article 58

Disputes Involving Holders of a Guarantee or Reinsurance

Any dispute arising under a contract of guarantee or reinsurance between the parties thereto shall be submitted to arbitration for final determination in accordance with such rules as shall be provided for or referred to in the contract of guarantee or reinsurance.

Chapter X
Amendments

Article 59

Amendment by Council

a) This Convention and its Annexes may be amended by vote of three-fifths of the Governors exercising four-fifths of the total voting power, provided that:

i) any amendment modifying the right to withdraw from the Agency provided in Article 51 or the limitation on liability provided in Section d) of Article 8 shall require the affirmative vote of all Governors; and

ii) any amendment modifying the loss-sharing arrangement provided in Articles 1 and 3 of Annex I to this Convention which will result in an increase in any member's liability thereunder shall require the affirmative vote of the Governor of each such member.

b) Schedules A and B to this Convention may be amended by the Council by special majority.

c) If an amendment affects any provision of Annex I to this Convention, total votes shall include the additional votes alloted under Article 7 of such Annex to sponsoring members and countries hosting sponsored investments.

Artikel 58

Streitigkeiten, an denen Garantie- oder Rückversicherungsnehmer beteiligt sind

Jede Streitigkeit, die sich aus einem Garantie- oder Rückversicherungsvertrag zwischen den daran beteiligten Parteien ergibt, wird einem Schiedsverfahren zur endgültigen Entscheidung entsprechend den Vorschriften unterworfen, die in dem Garantie- oder Rückversicherungsvertrag vorgesehen oder bezeichnet sind.

Kapitel X
Änderungen

Artikel 59

Änderungen durch den Rat

a) Dieses Übereinkommen und seine Anlagen können mit den Stimmen von drei Fünfteln der Gouverneure, die vier Fünftel der Gesamtstimmenzahl innehaben, geändert werden; jedoch

i) bedarf jede Änderung des Rechts zum Austritt aus der Agentur nach Artikel 51 oder der Haftungsbeschränkung nach Artikel 8 Buchstabe d der Zustimmung aller Gouverneure und

ii) bedarf jede Änderung der Verlustaufteilungsregelung nach den Artikeln 1 und 3 der Anlage I, die eine Erhöhung der Haftung eines Mitglieds nach jenen Bestimmungen zur Folge hat, der Zustimmung des Gouverneurs jedes solchen Mitglieds.

b) Die Anhänge A und B können vom Rat mit besonderer Mehrheit geändert werden.

c) Berührt eine Änderung eine Bestimmung der Anlage I, so sind der Gesamtstimmenzahl die zusätzlichen Stimmen hinzuzurechnen, die nach Artikel 7 der Anlage den fördernden Mitgliedern und den Gastländern von geförderten Investitionen zugeteilt worden sind.

Article 60

Procedure

Any proposal to amend this Convention, whether emanating from a member or a Governor or a Director, shall be communicated to the Chairman of the Board who shall bring the proposal before the Board. If the proposed amendment is recommended by the Board, it shall be submitted to the Council for approval in accordance with Article 59. When an amendment has been duly approved by the Council, the Agency shall so certify by formal communication addressed to all members. Amendments shall enter into force for all members ninety days after the date of the formal communication unless the Council shall specify a different date.

Chapter XI
Final Provisions

Article 61

Entry into Force

a) This Convention shall be open for signature on behalf of all members of the Bank and Switzerland and shall be subject to ratification, acceptance or approval by the signatory States in accordance with their constitutional procedures.

b) This Convention shall enter into force on the day when not less than five instruments of ratification, acceptance or approval shall have been deposited on behalf of signatory States in Category One, and not less than fifteen such instruments shall have been deposited on behalf of signatory States in Category Two; provided that total subscriptions of these States amount to not less than one-third of the authorized capital of the Agency as prescribed in Article 5.

c) For each State which deposits its instrument of ratification, acceptance or approval after this Convention shall have entered

Artikel 60

Verfahren

Alle Vorschläge zur Änderung dieses Übereinkommens, gleichviel ob sie von einem Mitglied, einem Gouverneur oder einem Direktor ausgehen, sind dem Vorsitzenden des Direktoriums zuzuleiten, der sie dem Direktorium vorlegt. Wird der Änderungsvorschlag vom Direktorium empfohlen, so wird er dem Rat zur Genehmigung nach Artikel 59 vorgelegt. Ist die Änderung vom Rat ordnungsgemäß genehmigt worden, so bestätigt die Agentur dies in einer an alle Mitglieder gerichteten amtlichen Mitteilung. Änderungen treten für alle Mitglieder neunzig Tage nach dem Tag der amtlichen Mitteilung in Kraft, sofern nicht der Rat einen anderen Zeitpunkt festlegt.

Kapitel XI
Schlußbestimmungen

Artikel 61

Inkrafttreten

a) Dieses Übereinkommen steht allen Mitgliedern der Bank sowie der Schweiz zur Unterzeichnung offen; es bedarf der Ratifikation, Annahme oder Genehmigung durch die Unterzeichnerstaaten nach Maßgabe ihrer verfassungsrechtlichen Verfahren.

b) Dieses Übereinkommen tritt an dem Tag in Kraft, an dem mindestens fünf Ratifikations-, Annahme- oder Genehmigungsurkunden für die Unterzeichnerstaaten in Kategorie Eins und mindestens fünfzehn solcher Urkunden für die Unterzeichnerstaaten in Kategorie Zwei hinterlegt sind; die Gesamtzeichnungsbeträge dieser Staaten müssen jedoch mindestens ein Drittel des in Artikel 5 vorgeschriebenen genehmigten Kapitals der Agentur ausmachen.

c) Für jeden Staat, der seine Ratifikations-, Annahme- oder Genehmigungsurkunde nach Inkrafttreten dieses Übereinkommens

Gesetzestext

into force, this Convention shall enter into force on the date of such deposit.

d) If this Convention shall not have entered into force within two years after its opening for signature, the President of the Bank shall convene a conference of interested countries to determine the future course of action.

Article 62
Inaugural Meeting

Upon entry into force of this Convention, the President of the Bank shall call the inaugural meeting of the Council. This meeting shall be held at the principal office of the Agency within sixty days from the date on which this Convention has entered into force or as soon as practicable thereafter.

Article 63
Depository

Instruments of ratification, acceptance or approval of this Convention and amendments thereto shall be deposited with the Bank which shall act as the depository of this Convention. The depository shall transmit certified copies of this Convention to States members of the Bank and to Switzerland.

Article 64
Registration

The depository shall register this Convention with the Secretariat of the United Nations in accordance with Article 102 of the Charter of the United Nations and the Regulations thereunder adopted by the General Assembly.

Article 65
Notification

The depository shall notify all signatory States and, upon the entry into force of this Convention, the Agency of the following:

hinterlegt, tritt das Übereinkommen am Tag der Hinterlegung in Kraft.

d) Ist dieses Übereinkommen zwei Jahre nach dem Zeitpunkt, an dem es zur Unterzeichnung aufgelegt wurde, nicht in Kraft getreten, so beraumt der Präsident der Bank eine Konferenz der interessierten Länder an, um das weitere Vorgehen festzulegen.

Artikel 62
Eröffnungssitzung

Nach Inkrafttreten dieses Übereinkommens beraumt der Präsident der Bank die Eröffnungssitzung des Rates an. Diese Sitzung findet innerhalb von sechzig Tagen nach Inkrafttreten des Übereinkommens oder so bald wie möglich danach am Hauptsitz der Agentur statt.

Artikel 63
Verwahrer

Die Ratifikations-, Annahme- oder Genehmigungsurkunden zu diesem Übereinkommen und Änderungen desselben werden bei der Bank hinterlegt; diese ist Verwahrer des Übereinkommens. Der Verwahrer übermittelt den Mitgliedstaaten der Bank sowie der Schweiz Abschriften des Übereinkommens.

Artikel 64
Registrierung

Der Verwahrer läßt dieses Übereinkommen nach Artikel 102 der Charta der Vereinten Nationen und den dazu von der Generalversammlung erlassenen Vorschriften im Sekretariat der Vereinten Nationen registrieren.

Artikel 65
Notifikation

Der Verwahrer notifiziert allen Unterzeichnerstaaten und nach Inkrafttreten dieses Übereinkommens der Agentur folgendes:

a) signatures of this Convention;

b) deposits of instruments of ratification, acceptance and approval in accordance with Article 63;

c) the date on which this Convention enters into force in accordance with Article 61;

d) exclusions from territorial application pursuant to Article 66; and

e) withdrawal of a member from the Agency pursuant to Article 51.

Article 66

Territorial Application

This Convention shall apply to all territories under the jurisdiction of a member including the territories for whose international relations a member is responsible, except those which are excluded by such member by written notice to the depository of this Convention either at the time of ratification, acceptance or approval or subsequently.

Article 67

Periodic Reviews

a) The Council shall periodically undertake comprehensive reviews of the activities of the Agency as well as the results achieved with a view to introducing any changes required to enhance the Agency's ability to serve its objectives.

b) The first such review shall take place five years after the entry into force of this Convention. The dates of subsequent reviews shall be determined by the Council.

Done at Seoul, in a single copy which shall remain deposited in the archives of the International Bank for Reconstruction and Development, which has indicated by its signature below its agreement to fulfill the functions with which it is charged under this Convention.

a) die Unterzeichnungen des Übereinkommens;

b) die Hinterlegungen von Ratifikations-, Annahme- und Genehmigungsurkunden nach Artikel 63;

c) den Tag des Inkrafttretens des Übereinkommens nach Artikel 61;

d) die Ausschlüsse vom räumlichen Geltungsbereich nach Artikel 66;

e) den Austritt eines Mitglieds aus der Agentur nach Artikel 51.

Artikel 66

Räumlicher Geltungsbereich

Dieses Übereinkommen gilt für alle Hoheitsgebiete, die der Hoheitsgewalt eines Mitglieds unterstehen, einschließlich der Hoheitsgebiete, für deren internationale Beziehungen ein Mitglied verantwortlich ist, mit Ausnahme derjenigen, die das Mitglied entweder im Zeitpunkt der Ratifikation, Annahme oder Genehmigung oder später durch schriftliche Mitteilung an den Verwahrer des Übereinkommens ausgeschlossen hat.

Artikel 67

Regelmäßige Überprüfungen

a) Der Rat führt regelmäßig umfassende Überprüfungen der Tätigkeit der Agentur sowie der erzielten Ergebnisse durch zu dem Zweck, etwa erforderliche Änderungen vorzunehmen, um die Agentur bei der Erreichung ihrer Ziele zu unterstützen.

b) Die erste Überprüfung findet fünf Jahre nach Inkrafttreten dieses Übereinkommens statt. Der Zeitpunkt späterer Überprüfungen wird vom Rat festgelegt.

Geschehen zu Seoul in einer Urschrift, die im Archiv der Internationalen Bank für Wiederaufbau und Entwicklung hinterlegt wird; die Bank hat durch ihre nachstehende Unterschrift ihr Einverständnis bekundet, die ihr durch dieses Übereinkommen übertragenen Aufgaben zu erfüllen.

Annex I

Guarantees of Sponsored Investments Under Article 24

Article 1

Sponsorship

(a) Any member may sponsor for guarantee an investment to be made by an investor of any nationality or by investors of any or several nationalities.

(b) Subject to the provisions of Sections (b) and (c) of Article 3 of this Annex, each sponsoring member shall share with the other sponsoring members in losses under guarantees of sponsored investments, when and to the extent that such losses cannot be covered out of the Sponsorship Trust Fund referred to in Article 2 of this Annex, in the proportion which the amount of maximum contingent liability under the guarantees of investment sponsored by it bears to the total amount of maximum contingent liability under the guarantees of investments sponsored by all members.

(c) In its decisions on the issuance of guarantees under this Annex, the Agency shall pay due regard to the prospects that the sponsoring member will be in a position to meet its obligations under this Annex and shall give priority to investments which are co-sponsored by the host countries concerned.

(d) The Agency shall periodically consult with sponsoring members with respect to its operations under this Annex.

Article 2

Sponsorship Trust Fund

(a) Premiums and other revenues attributable to guarantees of sponsored invest-

Anlage I

Garantien für geförderte Investitionen nach Artikel 24

Artikel 1

Förderung

a) Jedes Mitglied kann Garantien für eine Investition fördern (sponsor of guarantee), die von einem Investor mit einer beliebigen Staatsangehörigkeit oder von Investoren mit einer oder mehreren beliebigen Staatsangehörigkeiten vorgenommen werden soll.

b) Vorbehaltlich des Artikels 3 Buchstaben b und c dieser Anlage trägt jedes fördernde Mitglied gemeinsam mit den anderen fördernden Mitgliedern die Verluste aufgrund von Garantien für geförderte Investitionen, sofern und soweit die Verluste nicht aus dem in Artikel 2 bezeichneten Fördertreuhandfonds gedeckt werden können, in dem Verhältnis, in dem der Betrag der höchsten Eventualverpflichtung aufgrund der Garantien für die von ihm geförderten Investitionen zu dem Gesamtbetrag der höchsten Eventualverpflichtung aufgrund der Garantien für die von allen Mitgliedern geförderten Investitionen steht.

c) In ihren Beschlüssen über die Gewährung von Garantien aufgrund dieser Anlage berücksichtigt die Agentur gebührend, ob das fördernde Mitglied voraussichtlich in der Lage sein wird, seinen Verpflichtungen aus dieser Anlage nachzukommen, und gibt den Investitionen Vorrang, die von den betroffenen Gastländern mitgefördert sind.

d) Die Agentur führt regelmäßige Konsultationen mit den fördernden Mitgliedern über ihre Geschäftstätigkeit aufgrund dieser Anlage.

Artikel 2

Fördertreuhandfonds
(Sponsorship Trust Fund)

a) Prämien und sonstige auf Garantien für geförderte Investitionen entfallende Ein-

ments, including returns on the investment of such premiums and revenues, shall be held in a separate account which shall be called the Sponsorship Trust Fund.

(b) All administrative expenses and payments on claims attributable to guarantees issued under this Annex shall be paid out of the Sponsorship Trust Fund.

(c) The assets of the Sponsorship Trust Fund shall be held and administered for the joint account of sponsoring members and shall be kept separate and apart from the assets of the Agency.

Article 3

Calls on Sponsoring Members

(a) To the extent that any amount is payable by the Agency on account of a loss under a sponsored guarantee and such amount cannot be paid out of assets of the Sponsorship Trust Fund, the Agency shall call on each sponsoring member to pay into such Fund its share of such amount as shall be determined in accordance with Section (b) of Article 1 of this Annex.

(b) No member shall be liable to pay any amount on a call pursuant to the provisions of this Article if as a result total payments made by that member will exceed the total amount of guarantees covering investments sponsored by it.

(c) Upon the expiry of any guarantee covering an investment sponsored by a member, the liability of that member shall be decreased by an amount equivalent to the amount of such guarantee; such liability shall also be decreased on a pro rata basis upon payment by the Agency of any claim related to a sponsored investment and shall otherwise continue in effect until the expiry of all guarantees of sponsored investments outstanding at the time of such payment.

künfte, einschließlich der Erträge aus der Investition solcher Prämien und Einkünfte, werden auf einem Sonderkonto geführt, das als Fördertreuhandfonds bezeichnet wird.

b) Alle Verwaltungsausgaben und Zahlungen für Forderungen, die auf die aufgrund dieser Anlage gewährten Garantien entfallen, werden aus dem Fördertreuhandfonds gezahlt.

c) Die Vermögenswerte des Fördertreuhandfonds werden für gemeinsame Rechnung der fördernden Mitglieder geführt und verwaltet und von den Vermögenswerten der Agentur getrennt und gesondert geführt.

Artikel 3

Aufforderung an fördernde Mitglieder

a) Soweit die Agentur wegen eines Verlusts aufgrund einer geförderten Garantie einen Beitrag zu zahlen hat, der nicht aus den Vermögenswerten des Fördertreuhandfonds gezahlt werden kann, fordert die Agentur jedes fördernde Mitglied auf, seinen nach Artikel 1 Buchstabe b dieser Anlage festgesetzten Anteil an dem Betrag in den Fonds einzuzahlen.

b) Ein Mitglied ist nicht verpflichtet, aufgrund einer Aufforderung nach diesem Artikel einen Betrag zu zahlen, wenn infolgedessen die Gesamtzahlungen dieses Mitglieds den Gesamtbetrag der Garantien für von ihm geförderte Investitionen übersteigen werden.

c) Bei Erlöschen einer Garantie für eine von einem Mitglied geförderte Investition verringert sich die Haftung des Mitglieds um einen der Höhe der Garantie entsprechenden Betrag; die Haftung verringert sich auch anteilmäßig, wenn die Agentur eine Forderung im Zusammenhang mit einer geförderten Investition bezahlt; sie bleibt im übrigen bis zum Erlöschen aller im Zeitpunkt dieser Zahlung bestehenden Garantien für geförderte Investitionen weiter bestehen.

Gesetzestext

(d) If any sponsoring member shall not be liable for an amount of a call pursuant to the provisions of this Article because of the limitation contained in Sections (b) and (c) above, or if any sponsoring member shall default in payment of an amount due in response to any such call, the liability for payment of such amount shall be shared pro rata by the other sponsoring members. Liability of members pursuant to this Section shall be subject to the limitation set forth in Sections (b) and (c) above.

(e) Any payment by a sponsoring member pursuant to a call in accordance with this Article shall be made promptly and in freely usable currency.

Article 4
Valuation of Currencies and Refunds

The provisions on valuation of currencies and refunds contained in this Convention with respect to capital subscriptions shall be applied *mutatis mutandis* to funds paid by members on account of sponsored investments.

Article 5
Reinsurance

(a) The Agency may, under the conditions set forth in Article 1 of this Annex, provide reinsurance to a member, an agency thereof, a regional agency as defined in Section (a) of Article 20 of this Convention or a private insurer in a member country. The provisions of this Annex concerning guarantees and of Articles 20 and 21 of this Convention shall be applied *mutatis mutandis* to reinsurance provided under this Section.

(b) The Agency may obtain reinsurance for investments guaranteed by it under this Annex and shall meet the cost of such reinsurance out of the Sponsorship Trust Fund. The Board may decide whether and

d) Haftet ein förderndes Mitglied wegen der unter den Buchstaben b und c vorgesehenen Beschränkung nicht für einen Betrag, für den eine Aufforderung nach diesem Artikel ergangen ist, oder gerät ein förderndes Mitglied mit der Zahlung eines nach einer derartigen Aufforderung fälligen Betrags in Verzug, so wird die Haftung für die Zahlung des Betrags von den anderen fördernden Mitgliedern anteilmäßig übernommen. Die Haftung der Mitglieder nach diesem Buchstaben unterliegt der unter den Buchstaben b und c vorgesehenen Beschränkung.

e) Jede Zahlung eines fördernden Mitglieds aufgrund einer Aufforderung nach diesem Artikel erfolgt sofort und in frei verwendbarer Währung.

Artikel 4
Bewertung von Währungen und Rückzahlungen

Die in diesem Übereinkommen enthaltenen Bestimmungen über die Bewertung von Währungen und über Rückzahlungen in bezug auf Kapitalzeichnungen gelten sinngemäß für die von Mitgliedern für geförderte Investitionen gezahlten Mittel.

Artikel 5
Rückversicherung

a) Die Agentur kann unter den in Artikel 1 dieser Anlage genannten Bedingungen einem Mitglied, einer Agentur desselben, einer in Artikel 20 Buchstabe a dieses Übereinkommens bezeichneten regionalen Agentur oder einem privaten Versicherer in einem Mitgliedstaat eine Rückversicherung gewähren. Die Bestimmungen dieser Anlage über Garantien und der Artikel 20 und 21 des Übereinkommens gelten sinngemäß für aufgrund dieses Buchstabens gewährte Rückversicherungen.

b) Die Agentur kann Rückversicherung für von ihr aufgrund dieser Anlage garantierte Investitionen erlangen und die Kosten dieser Rückversicherung aus dem Fördertreuhandfonds bestreiten. Das Direktorium

to what extent the loss-sharing obligation of sponsoring members referred to in Section (b) of Article 1 of this Annex may be reduced on account of the reinsurance cover obtained.

kann beschließen, ob und inwieweit die in Artikel 1 Buchstabe b dieser Anlage vorgesehene Verpflichtung der fördernden Mitglieder zur gemeinsamen Übernahme von Verlusten wegen der erhaltenen Rückversicherungsdeckung verringert werden kann.

Article 6

Operational Principles

Without prejudice to the provisions of this Annex, the provisions with respect to guarantee operations under Chapter III of this Convention and to financial management under Chapter IV of this Convention shall be applied *mutatis mutandis* to guarantees of sponsored investments except that (i) such investments shall qualify for sponsorship if made in the territories of any member, and in particular of any developing member, by an investor or investors eligible under Section (a) of Article 1 of this Annex, and (ii) the Agency shall not be liable with respect to its own assets for any guarantee or reinsurance issued under this Annex and each contract of guarantee or reinsurance concluded pursuant to this Annex shall expressly so provide.

Artikel 6

Geschäftsführungsgrundsätze

Unbeschadet dieser Anlage gelten die Bestimmungen über die Geschäftstätigkeit im Zusammenhang mit Garantien nach Kapitel III dieses Übereinkommens und über die Verwaltung der Finanzen nach Kapitel IV des Übereinkommens sinngemäß für Garantien für geförderte Investitionen; jedoch i) müssen diese Investitionen die Voraussetzungen für eine Förderung erfüllen, falls sie im Hoheitsgebiet eines Mitglieds, insbesondere eines in der Entwicklung befindlichen Mitglieds, von Investoren vorgenommen werden, die nach Artikel 1 Buchstabe a dieser Anlage berücksichtigungsfähig sind, und ii) haftet die Agentur nicht in bezug auf ihre eigenen Vermögenswerte für die aufgrund dieser Anlage gewährten Garantien oder Rückversicherungen, und jeder aufgrund dieser Anlage geschlossene Garantie- oder Rückversicherungsvertrag muß dies ausdrücklich vorsehen.

Article 7

Voting

For decisions relating to sponsored investments, each sponsoring member shall have one additional vote for each 10,000 Special Drawing Rights equivalent of the amount guaranteed or reinsured on the basis of its sponsorship, and each member hosting a sponsored investment shall have one additional vote for each 10,000 Special Drawing Rights equivalent of the amount guaranteed or reinsured with respect to any sponsored investment hosted by it. Such additional votes shall be cast only for decisions

Artikel 7

Abstimmung

Bei Beschlüssen im Zusammenhang mit geförderten Investitionen hat jedes fördernde Mitglied eine zusätzliche Stimme je 10 000 Sonderziehungsrechte entsprechend dem auf der Grundlage der Förderung garantierten oder rückversicherten Betrag, und jedes eine geförderte Investition aufnehmende Mitglied hat eine zusätzliche Stimme je 10 000 Sonderziehungsrechte entsprechend dem garantierten oder geförderten Betrag hinsichtlich jeder von ihm aufgenommenen geförderten Investition.

Gesetzestext

related to sponsored investments and shall otherwise be disregarded in determining the voting power of members.

Diese zusätzlichen Stimmen dürfen nur bei Beschlüssen im Zusammenhang mit geförderten Investitionen abgegeben werden; sie bleiben im übrigen bei der Festlegung der Stimmenzahl der Mitglieder unberücksichtigt.

Annex II
Settlement of Disputes Between A Member and the Agency Under Article 57

Anlage II
Beilegung von Streitigkeiten zwischen einem Mitglied und der Agentur nach Artikel 57

Article 1
Application of the Annex

All disputes within the scope of Article 57 of this Convention shall be settled in accordance with the procedure set out in this Annex, except in the cases where the Agency has entered into an agreement with a member pursuant to Section (b) (ii) of Article 57.

Artikel 1
Anwendung der Anlage

Alle Streitigkeiten im Rahmen des Artikels 57 dieses Übereinkommens werden nach dem in dieser Anlage festgelegten Verfahren beigelegt, außer in den Fällen, in denen die Agentur eine Übereinkunft mit einem Mitglied nach Artikel 57 Buchstabe b Ziffer ii geschlossen hat.

Article 2
Negotiation

The parties to a dispute within the scope of this Annex shall attempt to settle such dispute by negotiation before seeking conciliation or arbitration. Negotiations shall be deemed to have been exhausted if the parties fail to reach a settlement within a period of one hundred and twenty days from the date of the request to enter into negotiation.

Artikel 2
Verhandlungen

Die Parteien einer Streitigkeit im Rahmen dieser Anlage versuchen, diese Streitigkeit durch Verhandlungen beizulegen, bevor sie sich um ein Vergleichs- oder Schiedsverfahren bemühen. Die Verhandlungen gelten als erschöpft, wenn die Parteien innerhalb einer Frist von einhundertzwanzig Tagen nach dem Ersuchen um Aufnahme von Verhandlungen keine Beilegung erreicht haben.

Article 3
Conciliation

(a) If the dispute is not resolved through negotiation, either party may submit the dispute to arbitration in accordance with the provisions of Article 4 of this Annex, unless the parties, by mutual consent, have decided to resort first to the conciliation procedure provided for in this Article.

(b) The agreement for recourse to conciliation shall specify the matter in dispute, the

Artikel 3
Vergleichsverfahren

a) Wird die Streitigkeit nicht durch Verhandlungen geregelt, so kann jede Partei die Streitigkeit einem Schiedsverfahren nach Artikel 4 dieser Anlage unterwerfen, es sei denn, die Parteien haben im gegenseitigen Einvernehmen beschlossen, zunächst das in diesem Artikel vorgesehene Vergleichsverfahren in Anspruch zu nehmen.

b) In der Vereinbarung über die Inanspruchnahme eines Vergleichsverfahrens

claims of the parties in respect thereof and, if available, the name of the conciliator agreed upon by the parties. In the absence of agreement on the conciliator, the parties may jointly request either the Secretary-General of the International Centre for Settlement of Investment Disputes (hereinafter called ICSID) or the President of the International Court of Justice to appoint a conciliator. The conciliation procedure shall terminate if the conciliator has not been appointed within ninety days after the agreement for recourse to conciliation.

(c) Unless otherwise provided in this Annex or agreed upon by the parties, the conciliator shall determine the rules governing the conciliation procedure and shall be guided in this regard by the conciliation rules adopted pursuant to the Convention on the Settlement of Investment Disputes between States and Nationals of Other States.

(d) The parties shall cooperate in good faith with the conciliator and shall, in particular, provide him with all information and documentation which would assist him in the discharge of his functions; they shall give their most serious consideration to his recommendations.

(e) Unless otherwise agreed upon by the parties, the conciliator shall, within a period not exceeding one hundred and eighty days from the date of his appointment, submit to the parties a report recording the results of his efforts and setting out the issues controversial between the parties and his proposals for their settlement.

(f) Each party shall, within sixty days from the date of the receipt of the report, express in writing its views on the report to the other party.

werden der Streitgegenstand, die Forderungen der Parteien im Zusammenhang damit und gegebenenfalls der Name des Vermittlers, auf den sich die Parteien geeinigt haben, angegeben. Kann eine Einigung über den Vermittler nicht erzielt werden, so können die Parteien gemeinsam entweder den Generalsekretär des Internationalen Zentrums zur Beilegung von Investitionsstreitigkeiten (im folgenden als „ICSID" bezeichnet) oder den Präsidenten des Internationalen Gerichtshofs ersuchen, einen Vermittler zu bestellen. Das Vergleichsverfahren ist beendet, wenn der Vermittler nicht innerhalb von neunzig Tagen nach der Einigung über die Inanspruchnahme eines Vergleichsverfahrens bestellt worden ist.

c) Sofern in dieser Anlage nichts anderes vorgesehen oder von den Parteien nichts anderes vereinbart ist, legt der Vermittler die Verfahrensordnung für das Vergleichsverfahren fest und stützt sich in dieser Hinsicht auf die aufgrund des Übereinkommens zur Beilegung von Investitionsstreitigkeiten zwischen Staaten und Angehörigen anderer Staaten beschlossene Vergleichsordnung.

d) Die Parteien arbeiten in redlicher Absicht mit dem Vermittler zusammen und stellen ihm insbesondere alle Informationen und Unterlagen zur Verfügung, die ihm bei der Erfüllung seiner Aufgaben helfen können; sie prüfen seine Empfehlungen äußerst sorgfältig.

e) Sofern von den Parteien nichts anderes vereinbart wird, legt der Vermittler innerhalb einer Frist von einhundertachtzig Tagen nach seiner Bestellung den Parteien einen Bericht vor, in dem er die Ergebnisse seiner Bemühungen, die zwischen den Parteien bestehenden strittigen Fragen und seine Vorschläge zu deren Beilegung darlegt.

f) Jede Partei nimmt gegenüber der anderen Partei innerhalb von sechzig Tagen nach Eingang des Berichts schriftlich dazu Stellung.

Gesetzestext

(g) Neither party to a conciliation proceeding shall be entitled to have recourse to arbitration unless,

    i) the conciliator shall have failed to submit his report within the period established in Section (e) above; or

    ii) the parties shall have failed to accept all of the proposals contained in the report within sixty days after its receipt; or

    iii) the parties, after an exchange of views on the report, shall have failed to agree on a settlement of all controversial issues within sixty days after receipt of the conciliator's report; or

    iv) a party shall have failed to express its views on the report as prescribed in Section (f) above.

(h) Unless the parties agree otherwise, the fees of the conciliator shall be determined on the basis of the rates applicable to ICSID conciliation. These fees and the other costs of the conciliation proceedings shall be borne equally by the parties. Each party shall defray its own expenses.

Article 4
Arbitration

(a) Arbitration proceedings shall be instituted by means of notice by the party seeking arbitration (the claimant) addressed to the other party or parties to the dispute (the respondent). The notice shall specify the nature of the dispute, the relief sought and the name of the arbitrator appointed by the claimant. The Respondent shall, within thirty days after the date of receipt of the notice, notify the claimant of the name of the arbitrator appointed by it. The two parties shall, within a period of thirty days from the date of appointment of the second arbitrator, select a third arbitrator, who shall act as President of the Arbitral Tribunal (the Tribunal).

g) Eine Partei eines Vergleichsverfahrens ist nicht berechtigt, ein Schiedsverfahren in Anspruch zu nehmen, es sei denn,

    i) der Vermittler hat seinen Bericht nicht innerhalb der unter Buchstabe e festgesetzten Frist vorgelegt,

    ii) die Parteien haben nicht alle in dem Bericht enthaltenen Vorschläge innerhalb von sechzig Tagen nach dessen Eingang angenommen,

    iii) die Parteien haben sich nach einem Meinungsaustausch über den Bericht nicht innerhalb von sechzig Tagen nach Eingang des Berichts des Vermittlers über eine Beilegung aller strittigen Fragen einigen können, oder

    iv) eine Partei hat nicht wie unter Buchstabe f vorgeschrieben zu dem Bericht Stellung genommen.

h) Sofern die Parteien nichts anderes vereinbaren, wird das Honorar des Vermittlers auf der Grundlage der für das ICSID-Vergleichsverfahren anwendbaren Sätze festgelegt. Dieses Honorar und die anderen Kosten des Vergleichsverfahrens werden von den Parteien zu gleichen Teilen getragen. Jede Partei bestreitet ihre eigenen Auslagen.

Artikel 4
Schiedsverfahren

a) Das Schiedsverfahren wird durch eine Mitteilung der das Schiedsverfahren begehrenden Partei (betreibende Partei) an die andere Streitpartei oder anderen Streitparteien (Gegner) eingeleitet. In der Mitteilung werden die Art der Streitigkeit, das Schiedsklagebegehren und der Name des von der betreibenden Partei bestellten Schiedsrichters angegeben. Der Gegner teilt der betreibenden Partei innerhalb von dreißig Tagen nach Eingang der Mitteilung den Namen des von ihm bestellten Schiedsrichters mit. Die beiden Parteien wählen innerhalb von dreißig Tagen nach der Bestellung des zweiten Schiedsrichters einen dritten Schiedsrichter aus, der als Obmann des Schiedsgerichts (Gericht) tätig wird.

(b) If the Tribunal shall not have been constituted within sixty days from the date of the notice, the arbitrator not yet appointed or the President not yet selected shall be appointed, at the joint request of the parties, by the Secretary-General of ICSID. If there is no such joint request, or if the Secretary-General shall fail to make the appointment within thirty days of the request, either party may request the President of the International Court of Justice to make the appointment.

(c) No party shall have the right to change the arbitrator appointed by it once the hearing of the dispute has commenced. In case any arbitrator (including the President of the Tribunal) shall resign, die, or become incapacitated, a successor shall be appointed in the manner followed in the appointment of his predecessor and such successor shall have the same powers and duties of the arbitrator he succeeds.

(d) The Tribunal shall convene first at such time and place as shall be determined by the President. Thereafter, the Tribunal shall determine the place and dates of its meetings.

(e) Unless otherwise provided in this Annex or agreed upon by the parties, the Tribunal shall determine its procedure and shall be guided in this regard by the arbitration rules adopted pursuant to the Convention on the Settlement of Investment Disputes between States and Nationals of Other States.

(f) The Tribunal shall be the judge of its own competence except that, if an objection is raised before the Tribunal to the effect that the dispute falls within the jurisdiction of the Board or the Council under Article 56 or within the jurisdiction of a judicial or arbitral body designated in an agreement under Article 1 of this Annex and the Tribunal is satisfied that the objection is genuine, the objection shall be refer-

b) Ist das Gericht nicht innerhalb von sechzig Tagen nach dem Tag der Mitteilung gebildet, so wird der noch nicht bestellte Schiedsrichter oder der noch nicht ausgewählte Obmann auf gemeinsamen Antrag der Parteien vom Generalsekretär des ICSID bestellt. Liegt ein gemeinsamer Antrag nicht vor oder nimmt der Generalsekretär die Bestellung nicht innerhalb von dreißig Tagen nach dem Antrag vor, so kann jede der Parteien den Obmann des Internationalen Gerichtshofs ersuchen, die Bestellung vorzunehmen.

c) Eine Partei hat nicht das Recht, nach Eröffnung der Verhandlung über die Streitigkeit den von ihr bestellten Schiedsrichter zu wechseln. Tritt ein Schiedsrichter (einschließlich des Obmanns des Gerichts) zurück, stirbt er oder wird er unfähig, sein Amt auszuüben, so wird ein Nachfolger in derselben Weise bestellt wie der Vorgänger; der Nachfolger hat dieselben Befugnisse und Aufgaben wie der Schiedsrichter, dessen Nachfolger er ist.

d) Das Gericht tritt zuerst zu dem Zeitpunkt und an dem Ort zusammen, die der Obmann festlegt. Danach legt das Gericht Ort und Zeit seiner Sitzungen fest.

e) Sofern in dieser Anlage nichts anderes vorgesehen oder von den Parteien nichts anderes vereinbart ist, legt das Gericht seine Verfahrensordnung fest und stützt sich in dieser Hinsicht auf die aufgrund des Übereinkommens zur Beilegung von Investitionsstreitigkeiten zwischen Staaten und Angehörigen anderer Staaten beschlossene Schiedsordnung.

f) Das Gericht entscheidet selbst über seine Zuständigkeit; wird jedoch vor dem Gericht die Einrede erhoben, daß die Streitigkeit in die Zuständigkeit des Direktoriums oder des Rates nach Artikel 56 oder in die Zuständigkeit eines in einer Übereinkunft nach Artikel 1 dieser Anlage bezeichneten Rechtsprechungs- oder Schiedsgremiums fällt, und hat sich das Gericht davon überzeugt, daß die Einrede richtig ist, so wird

red by the Tribunal to the Board or the Council or the designated body, as the case may be, and the arbitration proceedings shall be stayed until a decision has been reached on the matter, which shall be binding upon the Tribunal.

(g) The Tribunal shall, in any dispute within the scope of this Annex, apply the provisions of this Convention, any relevant agreement between the parties to the dispute, the Agency's by-laws and regulations, the applicable rules of international law, the domestic law of the member concerned as well as the applicable provisions of the investment contract, if any. Without prejudice to the provisions of this Convention, the Tribunal may decide a dispute *ex aequo et bono* if the Agency and the member concerned so agree. The Tribunal may not bring a finding of *non liquet* on the ground of silence or obscurity of the law.

(h) The Tribunal shall afford a fair hearing to all the parties. All decisions of the Tribunal shall be taken by a majority vote and shall state the reasons on which they are based. The award of the Tribunal shall be in writing, and shall be signed by at least two arbitrators and a copy thereof shall be transmitted to each party. The award shall be final and binding upon the parties and shall not be subject to appeal, annulment or revision.

(i) If any dispute shall arise between the parties as to the meaning or scope of an award, either party may, within sixty days after the award was rendered, request interpretation of the award by an application in writing to the President of the Tribunal which rendered the award. The President shall, if possible, submit the request to the Tribunal which rendered the award and shall convene such Tribunal within sixty days after receipt of the application. If this shall not be possible, a new Tribunal shall be constituted in accordance with the provisions of Sections (a) to (d) above. The Tri-

die Einrede vom Gericht an das Direktorium, den Rat beziehungsweise das bezeichnete Gremium verwiesen, und das Schiedsverfahren wird so lange ausgesetzt, bis eine Entscheidung in der Frage herbeigeführt ist; diese ist für das Gericht bindend.

g) Bei Streitigkeiten im Rahmen dieser Anlage wendet das Gericht die Bestimmungen dieses Übereinkommens, einschlägige Übereinkünfte zwischen den Streitparteien, die Satzung und Vorschriften der Agentur, die anwendbaren Regeln des Völkerrechts, das innerstaatliche Recht des betreffenden Mitglieds sowie die anwendbaren Bestimmungen eines etwaigen Investitionsvertrags an. Unbeschadet des Übereinkommens kann das Gericht bei Einwilligung der Agentur und des betroffenen Mitglieds ex aequo et bono entscheiden. Das Gericht kann eine Entscheidung nicht mit der Begründung ablehnen, daß das Recht zu dem streitigen Punkt schweigt oder unklar ist.

h) Das Gericht gewährt allen Parteien eine gerechte Verhandlung. Alle Entscheidungen des Gerichts werden mit Stimmenmehrheit getroffen und sind zu begründen. Der Schiedsspruch des Gerichts bedarf der Schriftform und ist von mindestens zwei Schiedsrichtern zu unterzeichnen; jeder der Parteien wird eine Abschrift davon übermittelt. Der Schiedsspruch ist endgültig und für die Parteien bindend; er unterliegt keinem Rechtsmittel, keiner Aufhebung und keinem Wiederaufnahmeverfahren.

i) Entstehen Streitigkeiten zwischen den Parteien über Sinn oder Tragweite des Schiedsspruchs, so kann jede Partei innerhalb von sechzig Tagen nach Ergehen des Schiedsspruchs einen schriftlichen Antrag auf Auslegung des Schiedsspruchs an den Obmann des Gerichts richten, das den Schiedsspruch erlassen hat. Der Obmann legt nach Möglichkeit den Antrag dem Gericht vor, das den Schiedsspruch erlassen hat, und beruft dieses Gericht innerhalb von sechzig Tagen nach Eingang des Antrags ein. Ist dies nicht möglich, so wird ein neues Gericht nach den Buchstaben a bis d

bunal may stay enforcement of the award pending its decision on the requested interpretation.

(j) Each member shall recognize an award rendered pursuant to this Article as binding and enforceable within its territories as if it were a final judgement of a court in that member. Execution of the award shall be governed by the laws concerning the execution of judgements in force in the State in whose territories such execution is sought and shall not derogate from the law in force relating to immunity from execution.

(k) Unless the parties shall agree otherwise, the fees and remuneration payable to the arbitrators shall be determined on the basis of the rates applicable to ICSID arbitration. Each party shall defray its own costs associated with the arbitration proceedings. The costs of the Tribunal shall be borne by the parties in equal proportion unless the Tribunal decides otherwise. Any question concerning the division of the costs of the Tribunal or the procedure for payment of such costs shall be decided by the Tribunal.

Article 5
Service of Process

Service of any notice or process in connection with any proceeding under this Annex shall be made in writing. It shall be made by the Agency upon the authority designated by the member concerned pursuant to Article 38 of this Convention and by that member at the principal office of the Agency.

gebildet. Das Gericht kann die Vollstreckung des Schiedsspruchs bis zur Entscheidung über den Auslegungsantrag aussetzen.

j) Jedes Mitglied erkennt einen nach diesem Artikel erlassenen Schiedsspruch als bindend und in seinem Hoheitsgebiet vollstreckbar an, als handle es sich um ein rechtskräftiges Urteil eines seiner innerstaatlichen Gerichte. Auf die Vollstreckung des Schiedsspruchs sind die Rechtsvorschriften für die Vollstreckung von Urteilen anzuwenden, die in dem Staat gelten, in dessen Hoheitsgebiet die Vollstreckung begehrt wird; sie darf keine Ausnahme von dem geltenden Recht über die Immunität von der Vollstreckung schaffen.

k) Sofern die Parteien nichts anderes vereinbaren, werden das Honorar und die Vergütung der Schiedsrichter auf der Grundlage der für das ICSID-Schiedsverfahren geltenden Sätze festgesetzt. Jede Partei trägt ihre eigenen Kosten im Zusammenhang mit dem Schiedsverfahren. Die Kosten des Gerichts werden von den Parteien zu gleichen Teilen getragen, sofern das Gericht nichts anderes beschließt. Jede Frage über die Teilung der Kosten des Gerichts oder das Verfahren zur Zahlung dieser Kosten wird vom Gericht entschieden.

Artikel 5
Zustellung der Schiedsklageschrift

Die Zustellung jeder Mitteilung oder Schiedsklageschrift im Zusammenhang mit einem Verfahren aufgrund dieser Anlage bedarf der Schriftform. Sie erfolgt durch die Agentur an die von dem betreffenden Mitglied nach Artikel 38 dieses Übereinkommens bezeichnete Stelle und durch das Mitglied am Hauptsitz der Agentur.

Gesetzestext

Schedule A
Membership and Subscriptions
Category One

Country	Number of Shares	Subscription (millions of SDR)
Australia	1,713	17.13
Austria	775	7.75
Belgium	2,030	20.30
Canada	2,965	29.65
Denmark	718	7.18
Finland	600	6.00
France	4,860	48.60
Germany, Federal Republic of	5,071	50.71
Iceland	90	0.90
Ireland	369	3.69
Italy	2,820	28.20
Japan	5,095	50.95
Luxembourg	116	1.16
Netherlands	2,169	21.69
New Zealand	513	5.13
Norway	699	6.99
South Africa	943	9.43
Sweden	1,049	10.49
Switzerland	1,500	15.00
United Kingdom	4,860	48.60
United States	20,519	205.19
	59,473	594.73

Anhang A
Mitglieder und Zeichnungsbeträge
Kategorie Eins

Staat	Anzahl der Anteile	Zeichnung (Millionen SZR)
Australien	1 713	17,13
Belgien	2 030	20,30
Dänemark	718	7,18
Deutschland, Bundesrepublik	5 071	50,71
Finnland	600	6,00
Frankreich	4 860	48,60
Irland	369	3,69
Island	90	0,90
Italien	2 820	28,20
Japan	5 095	50,95
Kanada	2 965	29,65
Luxemburg	116	1,16
Neuseeland	513	5,13
Niederlande	2 169	21,69
Norwegen	699	6,99
Österreich	775	7,75
Schweden	1 049	10,49
Schweiz	1 500	15,00
Südafrika	943	9,43
Vereinigte Staaten	20 519	205,19
Vereinigtes Königreich	4 860	48,60
	59 473	594,73

Gesetzestext

Category Two*)   Kategorie Zwei*)

Country	Number of Shares	Subscription (millions of SDR)	Staat	Anzahl der Anteile	Zeichnung (Millionen SZR)
Afghanistan	118	1.18	Ägypten, Arabische Republik	459	4,59
Algeria	649	6.49	Äquatorialguinea	50	0,50
Antigua and Barbuda	50	0.50	Äthiopien	70	0,70
Argentina	1,254	12.54	Afghanistan	118	1,18
Bahamas	100	1.00	Algerien	649	6,49
Bahrain	77	0.77	Antigua und Barbuda	50	0,50
Bangladesh	340	3.40	Argentinien	1 254	12,54
Barbados	68	0.68	Bahamas	100	1,00
Belize	50	0.50	Bahrain	77	0,77
Benin	61	0.61	Bangladesch	340	3,40
Bhutan	50	0.50	Barbados	68	0,68
Bolivia	125	1.25	Belize	50	0,50
Botswana	50	0.50	Benin	61	0,61
Brazil	1,479	14.79	Bhutan	50	0,50
Burkina Faso	61	0.61	Birma	178	1,78
Burma	178	1.78	Bolivien	125	1,25
Burundi	74	0.74	Botsuana	50	0,50
Cameroon	107	1.07	Brasilien	1 479	14,79
Cape Verde	50	0.50	Burkina Faso	61	0,61
Central African Republic	60	0.60	Burundi	74	0,74
Chad	60	0.60	Chile	485	4,85
Chile	485	4.85	China	3 138	31,38
China	3,138	31.38	Costa Rica	117	1,17
Colombia	437	4.37	Côte d'Ivoire (Elfenbeinküste)	176	1,76
Comoros	50	0.50	Dominica	50	0,50
Congo, People's Rep. of the	65	0.65	Dominikanische Republik	147	1,47
Costa Rica	117	1.17	Dschibuti	50	0,50
Cyprus	104	1.04	Ecuador	182	1,82
Djibouti	50	0.50	El Salvador	122	1,22
Dominica	50	0.50	Fidschi	71	0,71
Dominican Republic	147	1.47	Gabun	96	0,96
Ecuador	182	1.82	Gambia	50	0,50
Egypt, Arab. Republic of	459	4.59	Ghana	245	2,45
El Salvador	122	1.22	Grenada	50	0,50
Equatorial Guinea	50	0.50	Griechenland	280	2,80
Ethiopia	70	0.70	Guatemala	140	1,40

*) Countries listed under Category Two are developing member countries for the purposes of this Convention.

*) Die in Kategorie Zwei aufgeführten Staaten sind in der Entwicklung befindliche Mitgliedstaaten im Sinne dieses Übereinkommens.

Gesetzestext

Category Two (Forts.)

Country	Number of Shares	Subscription (millions of SDR)
Fiji	71	0.71
Gabon	96	0.96
Gambia, The	50	0.50
Ghana	245	2.45
Greece	280	2.80
Grenada	50	0.50
Guatemala	140	1.40
Guinea	91	0.91
Guinea-Bissau	50	0.50
Guyana	84	0.84
Haiti	75	0.75
Honduras	101	1.01
Hungary	564	5.64
India	3,048	30.48
Indonesia	1,049	10.49
Iran, Islamic Republic of	1,659	16.59
Iraq	350	3.50
Israel	474	4.74
Ivory Coast	176	1.76
Jamaica	181	1,81
Jordan	97	0.97
Kampuchea, Democratic	93	0.93
Kenya	172	1.72
Korea, Republic of	449	4.49
Kuwait	930	9.30
Lao People's Dem. Rep.	60	0.60
Lebanon	142	1.42
Lesotho	50	0.50
Liberia	84	0.84
Libyan Arab. Jamahiriya	549	5.49
Madagascar	100	1.00
Malawi	77	0.77
Malaysia	579	5.79
Maldives	50	0.50
Mali	81	0.81
Malta	75	0.75
Mauritania	63	0,63
Mauritius	87	0.87
Mexico	1,192	11.92
Morocco	348	3.48

Kategorie Zwei (Forts.)

Staat	Anzahl der Anteile	Zeichnung (Millionen SZR)
Guinea	91	0,91
Guinea-Bissau	50	0,50
Guyana	84	0,84
Haiti	75	0,75
Honduras	101	1,01
Indien	3 048	30,48
Indonesien	1 049	10,49
Irak	350	3,50
Iran, Islamische Rep.	1 659	16,59
Israel	474	4,74
Jamaika	181	1,81
Jemenitische Arabische Republik	67	0,67
Jemen, Demokratische Volksrepublik	115	1,15
Jordanien	97	0,97
Jugoslawien	635	6,35
Kamerun	107	1,07
Kamputschea, das Demokratische	93	0,93
Kap Verde	50	0,50
Katar	137	1,37
Kenia	172	1,72
Kolumbien	437	4,37
Komoren	50	0,50
Kongo, Volksrepublik	65	0,65
Korea, Republik	449	4,49
Kuwait	930	9,30
Laotische Demokratische Volksrepublik	60	0.60
Lesotho	50	0,50
Libanon	142	1,42
Liberia	84	0,84
Libysch-Arabische Dschamahirija	549	5,49
Madagaskar	100	1,00
Malawi	77	0,77
Malaysia	579	5,79
Malediven	50	0,50
Mali	81	0,81

Gesetzestext

Category Two (Forts.)   Kategorie Zwei (Forts.)

Country	Number of Shares	Subscription (millions of SDR)	Staat	Anzahl der Anteile	Zeichnung (Millionen SZR)
Mozambique	97	0.97	Malta	75	0,75
Nepal	69	0.69	Marokko	348	3,48
Nicaragua	102	1.02	Mauretanien	63	0,63
Niger	62	0.62	Mauritius	87	0,87
Nigeria	844	8.44	Mexiko	1 192	11,92
Oman	94	0.94	Mosambik	97	0,97
Pakistan	660	6.60	Nepal	69	0,69
Panama	131	1.31	Nicaragua	102	1,02
Papua New Guinea	96	0.96	Niger	62	0,62
Paraguay	80	0.80	Nigeria	844	8,44
Peru	373	3.73	Oman	94	0,94
Philippines	484	4.84	Pakistan	660	6,60
Portugal	382	3.82	Panama	131	1,31
Qatar	137	1.37	Papua-Neuguinea	96	0,96
Romania	555	5.55	Paraguay	80	0,80
Rwanda	75	0.75	Peru	373	3,73
St. Christopher and Nevis	50	0.50	Philippinen	484	4,84
St. Lucia	50	0.50	Portugal	382	3,82
St. Vincent	50	0.50	Ruanda	75	0,75
Sao Tome and Principe	50	0.50	Rumänien	555	5,55
Saudi Arabia	3,137	31.37	Salomonen	50	0,50
Senegal	145	1.45	Sambia	318	3,18
Seychelles	50	0.50	São Tomé und Principe	50	0,50
Sierra Leone	75	0.75	Saudi-Arabien	3 137	31,37
Singapore	154	1.54	Senegal	145	1,45
Solomon Islands	50	0.50	Seyschellen	50	0,50
Somalia	78	0.78	Sierra Leone	75	0,75
Spain	1,285	12.85	Simbabwe	236	2,36
Sri Lanka	271	2.71	Singapur	154	1,54
Sudan	206	2.06	Somalia	78	0,78
Suriname	82	0.82	Spanien	1 285	12,85
Syrian Arab Republic	168	1.68	Sri Lanka	271	2,71
Swaziland	58	0.58	St. Christopher und Nevis	50	0,50
Tanzania	141	1.41	St. Lucia	50	0,50
Thailand	421	4.21	St. Vincent	50	0,50
Togo	77	0.77	Sudan	206	2,06
Trinidad and Tobago	203	2.03	Surinam	82	0,82
Tunisia	156	1.56	Swasiland	58	0,58
Turkey	462	4.62	Syrien, Arab. Republik	168	1,68
United Arab Emirates	372	3.72	Tansania	141	1,41

Gesetzestext

Category Two (Forts.)

Country	Number of Shares	Subscription (millions of SDR)
Uganda	132	1.32
Uruguay	202	2.02
Vanuatu	50	0.50
Venezuela	1,427	14.27
Viet Nam	220	2.20
Western Samoa	50	0.50
Yemen Arab Republic	67	0.67
Yemen, People's Dem. Rep. of	115	1.15
Yugoslavia	635	6.35
Zaire	338	3.38
Zambia	318	3.18
Zimbabwe	236	2.36
	40,527	405.27
Total	100,000	1,000.00

Kategorie Zwei (Forts.)

Staat	Anzahl der Anteile	Zeichnung (Millionen SZR)
Thailand	421	4,21
Togo	77	0,77
Trinidad und Tobago	203	2,03
Tschad	60	0,60
Türkei	462	4,62
Tunesien	156	1,56
Uganda	132	1,32
Ungarn	564	5,64
Uruguay	202	2,02
Vanuatu	50	0,50
Venezuela	1 427	14,27
Vereinigte Arabische Emirate	372	3,72
Vietnam	220	2,20
Westsamoa	50	0,50
Zaire	338	3,38
Zentralafrikanische Republik	60	0,60
Zypern	104	1,04
	40 527	405,27
Insgesamt	100 000	1000,00

Schedule B
Election of Directors

1. Candidates for the office of Director shall be nominated by the Governors, provided that a Governor may nominate only one person.

2. The election of Directors shall be by ballot of the Governors.

3. In balloting for the Directors, every Governor shall cast for one candidate all the votes which the member represented by him is entitled to cast under Section (a) of Article 40.

4. One-fourth of the number of Directors shall be elected separately, one by each of the Governors of members having the largest number of shares. If the total number of Directors is not divisible by four, the number of Directors so elected shall be one-fourth of the next lower number that is divisible by four.

5. The remaining Directors shall be elected by the other Governors in accordance with the provisions of paragraphs 6 to 11 of this Schedule.

6. If the number of candidates nominated equals the number of such remaining Directors to be elected, all the candidates shall be elected in the first ballot; except that a candidate or candidates having received less than the minimum percentage of total votes determined by the Council for such election shall not be elected if any candidate shall have received more than the maximum percentage of total votes determined by the Council.

7. If the number of candidates nominated exceeds the number of such remaining Directors to be elected, the candidates receiving the largest number of votes shall be elected with the exception of any candidate who has received less

Anhang B
Wahl der Direktoren

1. Die Bewerber für das Amt eines Direktors werden von den Gouverneuren benannt; ein Gouverneur darf jedoch nur eine Person benennen.

2. Die Wahl der Direktoren erfolgt mittels Stimmzettel durch die Gouverneure.

3. Bei der Abstimmung über die Direktoren gibt jeder Gouverneur alle Stimmen, die das von ihm vertretene Mitglied nach Artikel 40 Buchstabe a abgeben kann, für einen Bewerber ab.

4. Ein Viertel der Anzahl der Direktoren wird getrennt gewählt, je einer von jedem der Gouverneure der Mitglieder mit der größten Anzahl von Anteilen. Ist die Gesamtzahl der Direktoren nicht durch vier teilbar, so beträgt die Zahl der so gewählten Direktoren ein Viertel der nächstniedrigen durch vier teilbaren Zahl.

5. Die übrigen Direktoren werden von den anderen Gouverneuren nach Maßgabe der Nummern 6 bis 11 dieses Anhangs gewählt.

6. Entspricht die Anzahl der benannten Bewerber der Anzahl der noch zu wählenden übrigen Direktoren, so werden alle Bewerber im ersten Wahlgang gewählt; hat ein Bewerber jedoch weniger als den vom Rat für die Wahl festgelegten Mindesthundertsatz der Gesamtstimmen erhalten, so ist er nicht gewählt, sofern ein Bewerber mehr als den vom Rat festgelegten Höchsthundertsatz der Gesamtstimmen erhalten hat.

7. Ist die Zahl der benannten Bewerber größer als die Zahl der zu wählenden übrigen Direktoren, so sind die Bewerber, welche die größte Anzahl von Stimmen erhalten, gewählt, ausgenommen die Bewerber, die weniger als den

than the minimum percentage of the total votes determined by the Council.

8. If all of such remaining Directors are not elected in the first ballot, a second ballot shall be held. The candidate or candidates not elected in the first ballot shall again be eligible for election.

9. In the second ballot, voting shall be limited to (i) those Governors having voted in the first ballot for a candidate not elected and (ii) those Governors having voted in the first ballot for an elected candidate who had already received the maximum percentage of total votes determined by the Council before taking their votes into account.

10. In determining when an elected candidate has received more than the maximum percentage of the votes, the votes of the Governor casting the largest number of votes for such candidate shall be counted first, then the votes of the Governor casting the next largest number, and so on until such percentage is reached.

11. If not all the remaining Directors have been elected after the second ballot, further ballots shall be held on the same principles until all the remaining Directors are elected, provided that when only one Director remains to be elected, this Director may be elected by a simple majority of the remaining votes and shall be deemed to have been elected by all such votes.

vom Rat festgelegten Mindesthundertsatz der Gesamtstimmen erhalten haben.

8. Werden im ersten Wahlgang nicht alle übrigen Direktoren gewählt, so findet ein zweiter Wahlgang statt. Die im ersten Wahlgang nicht gewählten Bewerber sind wieder wählbar.

9. Im zweiten Wahlgang ist die Stimmabgabe beschränkt auf i) die Gouverneure, die im ersten Wahlgang für einen nicht gewählten Bewerber gestimmt haben, und ii) die Gouverneure, die im ersten Wahlgang für einen gewählten Bewerber gestimmt haben, der bereits den vom Rat festgelegten Höchsthundertsatz der Gesamtstimmen erhalten hatte, bevor ihre Stimmen berücksichtigt wurden.

10. Bei der Entscheidung darüber, wann ein gewählter Bewerber mehr als den Höchsthundertsatz der Stimmen erhalten hat, werden zuerst die Stimmen der Gouverneure gezählt, welche die größte Anzahl von Stimmen für diesen Bewerber abgeben, sodann die Stimmen der Gouverneure, welche die nächstgrößte Stimmenzahl abgeben, und so fort, bis der Hundertsatz erreicht ist.

11. Sind nach dem zweiten Wahlgang nicht alle übrigen Direktoren gewählt, so finden weitere Wahlgänge nach den gleichen Grundsätzen statt, bis alle übrigen Direktoren gewählt sind; ist jedoch nur noch ein Direktor zu wählen, so kann er mit der einfachen Mehrheit der Reststimmen gewählt werden und gilt als mit allen diesen Stimmen gewählt.

Präambel

Die Vertragsstaaten –

im Hinblick auf die Notwendigkeit, die internationale Zusammenarbeit für die wirtschaftliche Entwicklung zu stärken und den Beitrag ausländischer Investitionen im allgemeinen und privater ausländischer Investitionen im besonderen zu dieser Entwicklung zu fördern,

in der Erkenntnis, daß der Fluß ausländischer Investitionen in die Entwicklungsländer durch Beseitigung der Besorgnisse in bezug auf nichtkommerzielle Risiken erleichtert und weiter gefördert würde,

in dem Wunsch, den Kapital- und Technologiefluß in die Entwicklungsländer für produktive Zwecke zu Bedingungen, die ihren Entwicklungsbedürfnissen, -richtlinien und -zielen entsprechen, auf der Grundlage gerechter und dauerhafter Normen für die Behandlung ausländischer Investitionen auszuweiten,

in der Überzeugung, daß die Multilaterale Investitions-Garantie-Agentur eine wichtige Rolle bei der Förderung ausländischer Investitionen als Ergänzung nationaler und regionaler Investitionsgarantie-Programme und privater Versicherer nichtkommerzieller Risiken spielen kann, und

in der Erkenntnis, daß diese Agentur soweit möglich ihren Verpflichtungen ohne Rückgriff auf ihr abrufbares Kapital nachkommen sollte und daß diesem Ziel durch ständige Verbesserung der Investitionsbedingungen gedient würde –

sind wie folgt übereingekommen:

[Es folgen die Artikel 1 bis 67]

Gliederung

I. Die Verschuldungssituation der Entwicklungsländer. 1	1. Die Auswirkungen von ausländischen Direktinvestitionen auf das Gastland. 15
II. Die realgüterwirtschaftliche Lösung. 5	2. Die Förderung von ausländischen Direktinvestitionen . . . 22
1. Die internen Politikmaßnahmen 6	IV. Die Auswirkungen der Multilateral Investment Guarantee Agency
2. Die weltwirtschaftlichen Rahmenbedingungen 12	(MIGA) 24
III. Ausländische Direktinvestitionen als Beitrag zur Überwindung der Verschuldungskrise. 15	

Präambel

I. Die Verschuldungssituation der Entwicklungsländer

1   Die Verschuldungskrise der Entwicklungsländer zählt seit 1982, als sich Mexiko für zahlungsunfähig erklärte, zu den zentralen wirtschaftspolitischen Themen. Eine Vielzahl von Lösungs- und Anpassungsvorschlägen wurde seither vorgestellt. Sie reichen von der Forderung nach einem vollständigen Schuldenerlaß bis hin zur Übernahme der privaten Bankenforderungen durch internationale Organisationen und dem Ruf nach einer strikteren Vergabepolitik bei Krediten durch den Internationalen Währungsfonds (IWF). Einerseits ist das bisherige Schuldenmanagement erfolgreich gewesen. Durch den Baker-Plan und die Katalysatorfunktion des IWF konnte eine kollektive Zahlungsverweigerung, die zu einer starken Belastung des internationalen Banken- und Finanzsystems geführt hätte, verhindert werden. Eine reichhaltige Palette von finanzwirtschaftlichen Optionen, wie z. B. Secondary Market Trading, Debt-Equity Swaps oder Verbriefung der Schuld durch Staatsanleihen, ermöglichte es den Banken, ihr Portfolio gegenüber risikobehafteten Forderungen umzustrukturieren. Andererseits stehen diesen finanzwirtschaftlichen Lösungsmöglichkeiten aber keine ebenbürtigen Verbesserungen aus realwirtschaftlicher Sicht gegenüber. Die Entwicklungsländer sind seit mehreren Jahren Nettoressourcenexporteure an die Industrieländer, d. h., es fließt mehr Kapital in Form von Zins- und Tilgungszahlungen aus den verschuldeten Ländern, als ihnen an neuen Krediten zur Verfügung steht. Das Wirtschaftswachstum einiger Schuldnerländer hat sich verlangsamt, und teilweise sinkt sogar ihr Realeinkommen.

2   Tabelle 1[1] stellt dem Schuldenstand der Entwicklungsländer von 1980 bis 1987 die Nettoressourcenabflüsse gegenüber. Letztere sind definiert als die Differenz zwischen neuen staatlichen und privaten Krediten und Direktinvestitionen einerseits sowie den geleisteten Zins- und Tilgungszahlungen andererseits.

Tabelle 1: Schuldenstand der Entwicklungsländer und Nettoressourcenabflüsse

	Schuldenstand in Mrd. US-Dollar	Nettoressourcenabflüsse
1980	579	26,7
1981	672	25,2
1982	745	22,4
1983	807	14,6
1984	876	2,1
1985	949	–11,9
1986	1021	–20,7
1987	1190	–n. a.

---

1 Daten aus *The World Bank*, World Debt Tables 1987–1988, Washington D.C., 1988.

Während alle Entwicklungsländer bis 1984 noch Nettoressourcenimporteure 3
waren, verzeichnen die lateinamerikanischen Staaten bereits seit 1982 Nettoressourcenabflüsse[2]. Die schlagartige Reduzierung des Kreditangebots privater Banken als Folge der Zahlungsunfähigkeitserklärung Mexikos und vieler anderer Entwicklungsländer konnte nur teilweise durch erhöhte Zahlungsbilanzbeihilfen durch den IWF, z. B. in Form von Moratorien, Zahlungsaufschüben und Umschuldungsverhandlungen kompensiert werden. Tabelle 1 zeigt auch, daß die Entwicklungsländer 1985 und 1986 nur einen Teil der von ihnen zu zahlenden Zinsen aus eigenen Kräften finanzieren konnten. Mit dem Nettoressourcentransfer an die Industrienationen ging schließlich eine Zunahme der absoluten Schuldenhöhe einher.

Verschuldet sich ein Land, so kann es mehr Güter konsumieren oder investieren, 4
als es selbst produziert. Es entsteht ein Leistungsbilanzdefizit. Diesem ursprünglichen Defizit stehen Überschüsse in der Handelsbilanz (zur Zinszahlung) bzw. in der Leistungsbilanz (zur Tilgungszahlung) in späteren Perioden gegenüber. Dieser sogenannte „Schuldenzyklus"[3] von Verschuldung und Entschuldung schlägt sich in den externen Bilanzen einer Volkswirtschaft nieder. Betrachtet man die Entwicklungsländer als Einheit, so erzielen sie derzeit Handelsbilanzüberschüsse und transferieren Ressourcen an die Kreditgeberländer. Somit wäre ein später Zeitpunkt im Schuldenzyklus erreicht, der tatsächlich aber nicht gegeben ist. Die derzeitige Situation wird deshalb von vielen Seiten als „unnatürlicher Zustand" charakterisiert[4]. Demnach sollten Ressourcen eigentlich von den Industrieländern an die Entwicklungsländer fließen.

II. Die realgüterwirtschaftliche Lösung

Eine realgüterwirtschaftliche Lösung der Verschuldungssituation kann nicht 5
dadurch gekennzeichnet sein, daß die Entwicklungsländer die erhaltenen Kredite zurückzahlen und dadurch die Kluft zwischen Arm und Reich noch größer wird. Sie muß vielmehr darin bestehen, die Entwicklungsländer wieder an die internationalen Kapitalmärkte heranzuführen, damit notwendige Investitionen getätigt werden können. Von kommerziellen Kreditgebern werden fast nur noch sogenannte „unfreiwillige" Kredite[5] vergeben. Dies zeigt an, daß viele Entwicklungsländer als nicht mehr kreditwürdig eingeschätzt werden. Die Kreditwürdigkeit

---

2 Vgl. *Edwards,* Structural Adjustment Policies in Highly Indebted Countries, NBER Working Paper Series 2502, 1987.
3 Vgl. zur graphischen Darstellung des Schuldenzyklus *Siebert,* Güterwirtschaftliche Anpassungsprozesse zur Lösung der Verschuldungsfrage, Mimeo, Konstanz, 1988 und *The World Bank,* World Development Report 1985, Washington D.C., 1985, S. 47.
4 Vgl. z. B. *Siebert,* Güterwirtschaftliche Anpassungsprozesse zur Lösung der Verschuldungsfrage, Mimeo, Konstanz, 1988, S. 3, und *Shihata,* MIGA and Foreign Investment, 1988, S. 1.
5 Als unfreiwillige Kredite werden solche bezeichnet, die von dem Kreditgeber nur dazu ausgegeben werden, um die Bewertung bestehender Forderungen zu erhöhen. Siehe *Cline,* International Debt: Systematic Risk and Policy Response, Institute for International Economics, 1984, S. 100 ff.

Präambel

wird von kommerziellen Banken anhand von bestimmten Schuldenindikatoren gemessen. Besonders oft wird hierbei auf das Verhältnis der Schulden zu den Exporterlösen und zum Bruttoinlandsprodukt abgestellt[6]. Um diese Werte zu verbessern, müssen interne Politikanpassungsmaßnahmen in den verschuldeten Ländern durchgeführt werden. Zugleich bedarf es aber auch einer Veränderung der weltwirtschaftlichen Rahmenbedingungen.

1. Die internen Politikmaßnahmen

6   Die Nutzung aufgenommener Kredite zum Import von Konsumgütern erschwert eine Rückzahlung in späteren Perioden erheblich. In welchem Umfang dies stattgefunden hat, ist von Land zu Land unterschiedlich. Fest steht jedoch, daß Investitionen, selbst wenn sie getätigt wurden, nicht die erforderlichen Devisen für Zins- und Tilgungszahlungen erwirtschaftet haben. Dies kann zum einen daran liegen, daß unrentable Projekte gefördert wurden. In manchen Ländern zehren Staatsunternehmen hohe Summen der öffentlichen Investitionsmittel auf, die in Infrastrukturmaßnahmen besser aufgehoben wären. Zum anderen ist aber auch nicht gewährleistet, daß eine Binnenmarktorientierung der Investitionen eine ausreichende devisensparende oder -generierende Wirkung hat.

7   Letzteres kann besonders dann fehlschlagen, wenn eine Überbewertung der Währung Importe künstlich verbilligt, gleichzeitig jedoch eine indirekte Steuer auf die Exportprodukte darstellt. Hierdurch erleiden Investoren auf Drittmärkten Wettbewerbsnachteile und sind kaum dazu in der Lage, die vom Gaststaat benötigten Devisen zu erwirtschaften. Zugleich wird durch die Überbewertung die Kapitalflucht und die Repatriierung von Gewinnen in das Ausland stimuliert[7]. Dies wiederum ruft die Gefahr hervor, daß der Gaststaat mit Transferbeschränkungen oder -verboten in das Wirtschaftsgeschehen eingreift[8].

8   Diejenigen Staaten, die trotz einer relativ hohen Verschuldung ihre Kapitalmarktfähigkeit nicht verloren haben[9], verfolgen alle eine auf den Weltmarkt abgestimmte Entwicklungsstrategie[10]. Exporteuren werden mindestens dieselben Anreize für Investitionen geboten wie Produzenten für den inländischen Markt. Gleichwohl kann man nicht davon sprechen, daß die Politik dieser Länder marktwirtschaftlich liberal ausgerichtet ist. Südkorea z. B. betreibt eine dirigistische Investitions- und Kreditvergabepolitik[11]. Manche Sektoren werden bewußt

---

6 Vgl. *Krueger,* Origins of the Developing Countries' Debt Crisis, Journal of Development Economics 27 (1987), 165 ff.; *Morgan Guaranty Trust Company,* World Financial Markets, Juni 1983.

7 Vgl. *Donges,* Rendite darf kein Reizwort sein, FAZ Nr. 193 vom 20. August 1988, S. 13; *ders.,* Auslandsinvestitionen – Instrument internationaler Arbeitsteilung und wirtschaftlicher Entwicklung, in: *Esser/Meessen* (Hrsg.), Kapitalinvestitionen im Ausland – Chancen und Risiken, 1984, S. 37 ff. (39 f.).

8 Siehe zum Bewertungsproblem auch nachfolgend Art. 16, RdNr. 322 ff.

9 Vor allem Singapur, Südkorea, Thailand.

10 Sog. „outward oriented strategy".

11 Vgl. hierzu *Dornbusch/Park,* Korean Growth Policy, Brooking Papers on Economic Activity 2, 1987, S. 389 ff., und *Sachs,* Trade and Exchange Rate Policies in Growth Oriented Adjustment Programs, National Bureau of Economic Research Working Paper 2226, 1987.

Präambel

vom Weltmarkteinfluß abgeschirmt und subventioniert. Im Unterschied zu den Entwicklungsstrategien etwa vieler lateinamerikanischer Staaten sind diese Maßnahmen aber nicht gegen den Exportsektor gerichtet. Entstehende Exportindustrien werden zwar durch eine Protektionspolitik von der Weltmarktkonkurrenz abgeschirmt, notwendige Importe von Zwischenprodukten, Rohstoffen, Maschinen und Ersatzteilen aber nicht mit Zöllen belegt. Das effektive Ausmaß der Protektion wird somit sehr gering gehalten und ist in manchen Branchen sogar negativ. Interne Anpassungsmaßnahmen in den verschuldeten Ländern sollten deshalb auf den Weltmarkt ausgerichtet sein, wenn dies auch, wie die strategische Handelspolitik der südostasiatischen Länder zeigt, nicht unbedingt über eine vollständige Handelsliberalisierung geschehen muß.

Ein anderes wichtiges innenpolitisches Problem ist die fehlende Übereinstimmung von Fiskal- und Geldpolitik mit den außenpolitischen Zielen der Entwicklungsländer. Zur Zeit sind die Entwicklungsländer gezwungen, einen Teil ihres Volkseinkommens in das Ausland zu transferieren, obwohl dies aus entwicklungstheoretischer Sicht paradox erscheint. Zur Wiedererlangung der Kreditwürdigkeit ist jedoch ein solcher Transferstrom, gekoppelt mit innenpolitischen Korrekturen, für einen begrenzten Zeitraum notwendig. **9**

Ein Großteil der externen Schulden vieler Entwicklungsländer wurde direkt vom Staat aufgenommen oder durch ihn garantiert. Somit liegt die Schuldenbedienungslast in diesen Ländern überwiegend bei staatlichen Stellen. Der hierfür notwendige Kapitalbedarf stellt ein erhebliches Problem dar, weil nicht nur bestehende Defizite abgebaut, sondern darüber hinaus ein Überschuß in Höhe des an das Ausland zu transferierenden Geldbetrages erwirtschaftet werden muß. Ein Abbau bestehender Ineffizienzen auf der Ausgabenseite oder eine Erhöhung der Einnahmen konnte in der zur Verfügung stehenden Zeit nicht durchgesetzt werden, so daß ein Teil der an das Ausland zu leistenden Zahlungen über eine Ausweitung der Geldmenge aufgebracht wurde[12]. Diese Monetarisierung bedingte zwar einen Einnahmenzuwachs durch die Inflationssteuer, stimulierte aber auch die Kapitalflucht, da inländische Anleger oft sehr geringe oder sogar negative Realzinsen vorfanden. **10**

Die hohe Inflationsrate führte in vielen Ländern außerdem zu einer Überbewertung der Währung. Die notwendige Abwertung stimulierte wiederum die heimische Inflationsrate, so daß ein schwer zu brechender Inflationskreislauf entstanden ist. Dies liegt zum einen daran, daß es noch zu keinen tiefgreifenden Reformen in der Fiskalpolitik gekommen ist, zum anderen an der sehr hohen Aufbringungslast für den Staatshaushalt vieler hoch verschuldeter Länder. **11**

---

12 Vgl. *Reisen*, Über das Transferproblem hochverschuldeter Entwicklungsländer, 1987.

Präambel

2. Die weltwirtschaftlichen Rahmenbedingungen

12 Große Bedeutung kommt bei einer realgüterwirtschaftlichen Lösung den weltwirtschaftlichen Rahmenbedingungen zu, die insbesondere durch die Wirtschaftspolitik der Gläubigerstaaten geprägt werden. Die Situation der Entwicklungsländer hängt wesentlich davon ab, wie in den Industriestaaten die Konjunktur verläuft, sich die Zinsen entwickeln, ob Rohstoff- und Erdölpreise erneut absinken und welchen Weg der Dollarkurs nimmt[13]. Die Position der Entwicklungsländer auf den internationalen Kreditmärkten würde sich erheblich verbessern, wenn sie ihre Exporterlöse steigern könnten. Einer Ausdehnung des Exportvolumens steht aber eine gemäßigte Nachfrage durch die Industrienationen entgegen. Sie könnte sich bei einer Verringerung des US-amerikanischen Haushaltsdefizits weiter vermindern, sofern nicht die Bundesrepublik Deutschland und Japan versuchen, einem negativen Impuls auf die Weltkonjunktur entgegenzuwirken[14]. Selbst wenn eine Steigerung des Exportvolumens möglich ist, muß sich dies nicht in gleichem Umfang auf die Exporterlöse auswirken. Ein größeres Angebot an Exportgütern, vor allem Primärgütern, kann einen Preisverfall auf dem Weltmarkt nach sich ziehen.

13 Ein weiteres schwerwiegendes Problem ist die Protektion bestimmter Wirtschaftszweige in den Industrienationen. Oft ermöglichen nur Subventionen und hohe Zollbarrieren ein Überleben dieser Industrien. Die Protektionspolitik nimmt den Entwicklungsländern aber die Möglichkeit, ein höheres Exportvolumen zu erzielen. Besonders in Bereichen der einfachen Industrie, wie z. B. im Textilsektor oder auch der landwirtschaftlichen Produkte, haben viele Entwicklungsländer komparative Vorteile, die sie aufgrund der Handelspolitik der Industrienationen nicht nutzen können. Vordringlich wäre deshalb ein Abbau des Agrarprotektionismus, das endgültige Auslaufen des Welttextilabkommens im Jahre 1991 und die nicht diskriminierende Anwendung des Systems der allgemeinen Zollpräferenzen für gewerbliche Halb- und Fertigwaren aus der Dritten Welt[15].

14 Ist eine Ausdehnung der Exporte nicht möglich, und ist gleichzeitig eine Verbesserung der Leistungsbilanz erforderlich, werden die Entwicklungsländer dazu gezwungen, ihre Importe einzuschränken. Hierdurch wird die Investitions- und Produktionstätigkeit in den Entwicklungsländern gefährdet, da sie vielfach auf den Import von Rohstoffen, Maschinen und Ersatzteilen angewiesen sind[16]. Zugleich werden die Kosten- und Preisstrukturen verzerrt. Außerdem wird die gesamtwirtschaftliche Entwicklung gehemmt, da es aufgrund der fehlenden

---

13 Vgl. *Frank*, Strategien zur Vermeidung neuer Verschuldungskrisen – Aufgaben des Internationalen Währungsfonds und multilateraler Entwicklungshilfe-Organisationen, in: *Edition Dräger-Stiftung* (Hrsg.), Die internationale Verschuldungskrise, Ursachen, Auswirkungen, Lösungsperspektiven, 1987, S. 323 ff. (325).
14 Siehe auch „Die Weltbank wirbt für eine expansivere Fiskalpolitik", FAZ Nr. 155 vom 7. Juli 1988, S. 12; *Schmidt*, Für einen Marshall-Plan der Industriestaaten, Die Zeit Nr. 39 vom 23. September 1988, S. 37 ff.
15 Vgl. *Donges*, Rendite darf kein Reizwort sein, FAZ Nr. 193 vom 20. August 1988, S. 13.
16 Vgl. hierzu die empirischen Studien der United Nations Industrial Development Organization (1987), Industry and Development – Global Report 1987, Wien.

ausländischen Konkurrenz an innovatorischen Impulsen mangelt[17]. Einer realgüterwirtschaftlichen Lösung kommt man durch niedriges oder sogar negatives Wachstum in den verschuldeten Ländern nicht näher, da sich hierdurch der Indikator, der die Schulden in Beziehung zum Bruttoinlandsprodukt setzt, eher verschlechtert.

III. Ausländische Direktinvestitionen als Beitrag zur Überwindung der Verschuldungskrise

1. Die Auswirkungen von ausländischen Direktinvestitionen auf das Gastland

Direktinvestitionen stellen neben den Schenkungen, z. B. durch Entwicklungshilfe, die wichtigste Form der schuldenneutralen Devisenflüsse in die Entwicklungsländer dar. Obwohl der Zustrom an Direktinvestitionen im Verhältnis zur gesamten externen Verschuldung der Entwicklungsländer relativ klein ist, finanzierten sie 1985 22 % des Schuldendienstes von Brasilien, 26 % von Argentinien und 5 % von Mexiko[18]. 15

Direktinvestitionen können zur Überwindung der Verschuldungskrise und zur Auslösung der erforderlichen Wachstumsimpulse einen wichtigen Beitrag leisten. Das vorrangige Ziel ist hierbei die Wiederherstellung der Kreditmarktfähigkeit der Entwicklungsländer, die an der Schulden/Output- und Schulden/Export-Quote gemessen wird. So können Direktinvestitionen den Exportsektor stärken und damit die Schulden/Export-Rate reduzieren. Durch ihre weltweiten Bezugs- und Vermarktungskanäle können sie dem Gastland Import- und Exportmöglichkeiten eröffnen, die ansonsten nicht wahrgenommen werden könnten. Da die Investoren in ihrem Mutterland über Einfluß verfügen, kann es sogar möglich sein, protektionistische Tendenzen in den Industriestaaten einzudämmen. 16

Direktinvestitionen können gleichzeitig zum Wachstum in den verschuldeten Ländern beitragen und damit die Schulden/Inlandsprodukt-Rate reduzieren[19]. Die Investitionen sind mit technischem und unternehmerischem Know-how verbunden, das positive Wachstumsimpulse über die ursprüngliche Investition hinaus bewirken kann. Direktinvestitionen können Folgeinvestitionen bei in- und ausländischen Zulieferern wie auch bei Konkurrenzunternehmen hervorrufen. Gegenüber Bankkrediten haben sie außerdem den Vorteil, daß keine Zinsen anfallen und Gewinne nur dann transferiert werden können, wenn sie tatsächlich erwirtschaftet worden sind[20]. 17

Die Fähigkeit von Direktinvestitionen, die absolute Verschuldung erheblich zu reduzieren und dadurch die Kreditmarktfähigkeit der Entwicklungsländer zu verbessern, ist allerdings angesichts des hohen Verschuldungsgrades und der 18

---
17 Vgl. *Donges,* Rendite darf kein Reizwort sein, FAZ Nr. 193 vom 20. August 1988, S. 13.
18 *IWF,* Balance of Payments Statistics, 1987.
19 Vgl. *Agarwal,* Ausländische Direktinvestitionen und industrielle Entwicklung in der Dritten Welt, 1987, S. 146 ff.
20 Vgl. *Karl,* Die Potentialorientierung beim internationalen Ressourcentransfer, 1987, S. 20.

Präambel

vergleichsweise niedrigen Investitionsflüsse begrenzt[21]. Sie stellen lediglich eine gegenüber den staatlichen und privaten Krediten komplementäre Finanzierungsart dar, die jedoch den Vorteil hat, eventuell als Katalysator für andere ausländische Kredite wirken zu können[22].

19 Direktinvestitionen werden in der Kapitalverkehrsbilanz verbucht und tragen somit zur Deckung eines Leistungsbilanzdefizits in einer bestimmten Periode bei. Dem ursprünglichen Devisenzustrom kann jedoch in späteren Perioden ein durch die Direktinvestitionen ausgelöster Devisenabfluß gegenüberstehen. Repatriierte Löhne und Gewinne sowie der vermehrte Einsatz von aus dem Mutterland importierten Zwischenprodukten können den ursprünglichen Devisenzuwachs aufzehren[23]. In welchem Umfang es hierzu kommt, hängt wesentlich davon ab, welche Beweggründe den Direktinvestitionen zugrunde liegen. Versucht ein Staat, sich durch hohe protektionistische Schranken wie Zöllen und quantitativen Handelsrestriktionen vor Konkurrenz zu schützen, kann es für ein ausländisches Unternehmen durchaus lohnend erscheinen, vormals exportierte Waren in dem sich abschirmenden Land selbst zu produzieren, um den Binnenmarkt zu versorgen[24].

20 Aus der ökonomischen Analyse ist bekannt, daß einseitig auf den Schutz einheimischer Industrien ausgerichtete protektionistische Maßnahmen zu einer Wohlfahrtsminderung führen, da mehr inländische Ressourcen als im Ausland eingesetzt werden müssen, um die betreffenden Güter zu produzieren. Außerdem wirken die Schutzvorkehrungen wie eine indirekte Steuer auf die Exportsektoren. Da diese Art von Direktinvestitionen nicht an den tatsächlich vorhandenen komparativen Vorteilen des Gastlandes ansetzt, ist die von ihr ausgehende effektive Devisenersparnis gering. Außerdem geht eine protektionistische Politik aufgrund der zunehmenden Belastung der Zahlungsbilanz oft mit Devisenbeschränkungen einher. Dies läßt es für den Investor ungewiß erscheinen, ob die Konvertibilität der Währung auch in Zukunft aufrechterhalten wird. Diese Ungewißheit kann ihn wiederum dazu verleiten, erwirtschaftete Gewinne zu repatriieren und sie nicht im Gastland zu reinvestieren.

21 Die Ausnutzung komparativer Kostenvorteile bietet hingegen günstigere Voraussetzungen für einen anhaltenden Nettodevisenstrom in die Entwicklungsländer. Ausländische Investoren können in diesem Fall im Exportbereich dazu beitragen, daß dem Gastland Devisen zufließen. Wirtschaftspolitische Maßnahmen beeinflussen demnach entscheidend die Art, den Bereich und die Nützlichkeit ausländischer Investitionen für die heimische Wirtschaft.

---

21 Siehe *Reisen,* Über das Transferproblem hochverschuldeter Entwicklungsländer, 1987, S. 100 ff.
22 *Shihata,* MIGA and Foreign Investment, 1988, S. 4.
23 Eine empirische Studie wurde durchgeführt von *Glaubitt/Lütkenhorst,* Private Direktinvestitionen und das Verschuldungsproblem der Entwicklungsländer – Empirische Studien und wirtschaftspolitische Optionen, in: *Schäfer* (Hrsg.), Gefährdete Weltfinanzen, 1980, S. 199 ff.
24 Zur Analyse dieses „tariff jumping" siehe *Brander/Spencer,* Foreign Direct Investment with Unemployment and Endogenous Taxes and Tariffs, Journal of International Economics 22 (1987), 257 ff. Ebenso *Caves,* Multinational Enterprise and Economic Analysis, 1982.

2. Die Förderung von ausländischen Direktinvestitionen

Investitionen in den Entwicklungsländern können an Risikoüberlegungen der Investoren scheitern[25]. Dies gilt auch heute noch, obwohl sich die Haltung der Entwicklungsländer gegenüber ausländischen Investitionen gewandelt hat[26]. Die ideologischen Vorbehalte der 70er Jahre wurden inzwischen weitgehend durch eine pragmatische Einstellung abgelöst. Vielfach werden ausländische Investitionen heute sogar durch ein differenziertes System wirtschaftlicher Anreize von den Entwicklungsländern angelockt[27]. Gleichwohl bleiben politische Risiken, wie z. B. Devisentransferbeschränkungen oder Enteignungen, im Hinblick auf die Instabilität vieler Entwicklungsländer und ihre kritische finanzielle Situation für den Investor eine konkrete Gefahr. Hinzu kommt, daß sich das Verhältnis zwischen Staat und Unternehmen allgemein gewandelt hat und hieraus neue Risiken entstanden sind. Bezeichnend hierfür ist z. B. die Zunahme des Verwaltungsermessens und der Übergang von hoheitlicher Wirtschaftsregulierung zu konsensualen Lenkungsmechanismen, etwa in Form von freiwilligen Selbstbeschränkungsabkommen oder „Gentlemen's Agreements". So vorteilhaft diese Mitsprachemöglichkeiten aus der Sicht des Unternehmens auch sind, beeinträchtigen derartige Abreden in der Grauzone zwischen rechtlicher Bindung und unverbindlichem Good-will die Verläßlichkeit staatlichen Handelns. Dabei ist in Anbetracht des heute für eine Auslandsinvestition erforderlichen planerischen und investiven Aufwands das Vertrauen in den vorhersehbaren Ablauf des Engagements unerläßlich. Weitere neue Risiken stellen verstärkte internationale Regelungskonflikte bis hin zu militärisch-ökonomischen Auseinandersetzungen, wirtschaftliche Nationalismen, sowie nichtstaatliche politische Risiken, z. B. in Form von Terrorakten oder nicht tarifpolitisch motivierten Streiks, dar[28]. Schließlich fehlt es auf internationaler Ebene nach wie vor an einer obligatorischen Gerichtsbarkeit, und auch die gegenseitige Anerkennung und Vollstreckung von Urteilen und Schiedssprüchen ist oftmals nicht gewährleistet[29].

Zur Herabminderung dieser Risiken haben eine ganze Reihe von Kapitalexportstaaten Investitionsschutzverträge mit den Entwicklungsländern abgeschlossen und Investitionsversicherungsagenturen gegründet[30]. Daneben besteht auch ein privater Versicherungsmarkt[31]. Das Versicherungsangebot weist aber erhebliche Lücken auf. Sie bestehen im staatlichen Sektor vor allem darin, daß nur eigene Staatsangehörige Versicherungsschutz in Anspruch nehmen können. Damit können die vielfältigen, immer häufiger anzutreffenden internationalen Investitions-

---

25 Siehe hierzu *Siegwart/Mahari/Caytas*, Internationales Management politischer Risiken, 1987, S. 7 ff.; *Holthus/Kebschull/Menck*, Multilateral Investment Insurance and Private Investment in the Third World, 1984, S. 13 ff.
26 Vgl. *Vagts*, Foreign Investment Risk Reconsidered: The View from the 1980s, ICSID-Review – Foreign Investment Law Journal 2 (1987), 1 ff.
27 Vgl. *Ebenroth*, Code of Conduct – Ansätze zur vertraglichen Gestaltung internationaler Investitionen, 1987, RdNr. 66.
28 Vgl. *Siegwart/Mahari/Caytas*, Internationales Management politischer Risiken, 1987, S. 19 ff.
29 Vgl. *Siegwart/Mahari/Caytas*, Internationales Management politischer Risiken, 1987, S. 30.
30 Vgl. nachfolgend Art. 11 a (ii), RdNr. 115.
31 Vgl. nachfolgend Art. 21, RdNr. 451 ff.

Präambel

formen nur ungenügend abgesichert werden. Auch werden gerade für hochverschuldete Länder Garantien entweder überhaupt nicht oder nur sehr zögerlich vergeben. Private Versicherungen haben den wesentlichen Nachteil, daß sie nur kurzfristige Garantien anbieten.

IV. Die Auswirkungen der Multilateral Investment Guarantee Agency (MIGA)

24 Die Gründung der Multilateral Investment Guarantee Agency (MIGA) soll dazu beitragen, die Hemmnisse, die sich aus dem lückenhaften Versicherungsschutz für die Vornahme von Direktinvestitionen in den Entwicklungsländern ergeben, abzubauen. Die MIGA versichert nur Schäden, die aus nichtkommerziellen Risiken entstehen. Hierunter fallen hauptsächlich Devisentransferbeschränkungen des Gastlandes, Unruhen oder Kriege, sowie Schäden, die auf Enteignungen oder Vertragsbruch durch die Regierung des Gastlandes zurückzuführen sind[32]. Darüber hinaus ist es Aufgabe der MIGA, zu einer umfassenden Verbesserung des Investitionsklimas in den Entwicklungsländern beizutragen[33]. Hierzu wird sie zum einen Beratungs-, Informations- und technische Hilfsdienste übernehmen. Zum anderen soll sie aber auch den Abschluß von investitionsschützenden Vereinbarungen fördern und Investitionsstreitigkeiten schlichten helfen. Sie kann auch selbst investitionsschützende Abreden mit den Gaststaaten treffen.

25 Die Befürworter der MIGA[34] betonen, daß bestehende nationale Versicherungsagenturen die Investitionsrisiken nur unzureichend abdecken können. Es fehle ihnen an den notwendigen finanziellen Ressourcen. Diese könnten nur durch eine multilaterale Organisation aufgebracht werden. Sie allein sei dazu in der Lage, potentielle Investoren effizient und umfassend mit Informationen über die wirtschaftlichen, politischen und rechtlichen Verhältnisse in den Gaststaaten zu versorgen. Nationalen Agenturen sei dies aufgrund ihres begrenzten Wirkungskreises nicht möglich. Die technische Zusammenarbeit der MIGA mit den Investoren und deren Beratung seien positive Nebeneffekte, die über die reine Versicherungstätigkeit hinausgingen und diese sinnvoll ergänzten.

26 Multilaterale Organisationen unterlägen weder nationalen Gesetzen noch seien nationale politische Präferenzen für sie bindend. Weiterhin könnten politisch bedingte Eingriffe des Gastlandes gegenüber bestimmten ausländischen Investitionen zurückgedrängt werden, da es mit einer internationalen Agentur verhandele. Hierdurch sei eine langfristige Verbesserung des internationalen Investitionsklimas möglich. Hoffnungen werden auch in die Klausel der MIGA-Konvention gesetzt, welche die Versicherung von repatriiertem Fluchtkapital ermöglichen soll[35]. Danach kommt Versicherungsschutz auch für solche Investi-

---

32 Siehe hierzu im einzelnen nachfolgend Art. 11, RdNr. 87 ff.
33 Siehe hierzu im einzelnen nachfolgend Art. 23, RdNr. 485 ff.
34 Siehe *Shihata*, MIGA and Foreign Investment, 1988, passim.
35 Siehe Art. 13 c.

Präambel

tionen in Betracht, die zwar von Inländern vorgenommen, jedoch mit ausländischen Guthaben finanziert werden.

Kritiker der MIGA[36] lassen nur wenige dieser Thesen gelten und führen gewichtige Gegenargumente ins Feld. Der schwerwiegendste Vorwurf ist wohl, daß die MIGA denjenigen Entwicklungsländern zugute komme, die durch ihr ökonomisches und politisches Verhalten nichtkommerzielle Risiken erst herbeiführen. Da die Investoren gegen diese nichtkommerziellen Risiken versichert sind, bräuchten die Staaten nicht mehr die vollen Kosten ihres eigenen Handelns zu tragen (sog. Moral Hazard-Problem)[37]. Die MIGA habe zwar die Möglichkeit, von den Entwicklungsländern variable Prämien gemäß ihrer Risikoeinschätzung zu verlangen, doch sei die Spannbreite der Prämien zu gering und deren Niveau allgemein zu gering. Seinen Grund habe dies in der Subventionierung der MIGA, die besser unterbleiben sollte[38]. **27**

Dem Argument, daß die MIGA durch ihre internationale Betätigung Informationen einfacher und billiger erwerben und somit kostengünstiger arbeiten könne, wird entgegengehalten, daß in diesem Fall eine internationale Investitionsversicherungsagentur bereits durch private Anbieter gebildet worden wäre[39]. Ferner könne es nicht zu einem fairen Wettbewerb zwischen der MIGA und privaten Anbietern kommen, weil die MIGA subventioniert werde (sog. crowding-out-Problem)[40]. Außerdem würden Fehlallokationen auftreten, da die MIGA nur solche Investitionen fördern könne, die das Gastland ausdrücklich gebilligt hat. Investitionsentscheidungen seien somit vom politischen Kalkül des Gastlandes abhängig[41]. **28**

Die MIGA wird selbst dann abgelehnt, wenn durch sie angeregte private Direktinvestitionen in den Entwicklungsländern positive externe Effekte, z. B. durch den Technologietransfer, erzielen. Dieser Erfolg könne auch durch eine direkte Subvention der Investitionsprojekte eintreten. Der Aufbau neuer internationaler Bürokratien sei hierzu nicht notwendig. Auch sei die MIGA nicht erforderlich, um das Fehlverhalten einzelner Entwicklungsländer mit Sanktionen zu belegen, wie dies in Art. 52 und 53 der MIGA-Konvention vorgesehen ist. Um die Sanktionsmöglichkeiten zu institutionalisieren, genüge der Abschluß eines Investitionsschutzabkommens und die Vereinbarung eines internationalen Schiedsgerichts[42]. Das Angebot von Versicherungsschutz durch die MIGA sei demnach nicht zu rechtfertigen. **29**

---

36 Siehe *Sinn*, Second Thoughts on MIGA, Intereconomics 1986, 269 ff.; *ders.*, Der Vorschlag der Weltbank zur Gründung der Multilateralen Investitions-Garantie-Agentur: Analyse und Kritik, Die Weltwirtschaft Heft 2/1987, 126 ff. (138); *Vaubel*, Die Wissenschaft denkt, die Politik lenkt; Der Fall MIGA, in: *Streit* (Hrsg.), Wirtschaftspolitik zwischen ökonomischer und politischer Rationalität, Festschrift für *Herbert Giersch*, 1988, S. 107 ff.
37 Siehe hierzu nachfolgend Art. 18, RdNr. 383 ff.
38 Siehe hierzu nachfolgend Art. 26, RdNr. 595 ff.
39 Siehe hierzu nachfolgend Art. 21, RdNr. 455 ff.
40 Siehe hierzu nachfolgend Art. 21, RdNr. 459 ff.
41 Siehe hierzu nachfolgend Art. 15, RdNr. 300.
42 Vgl. *Vaubel*, Die Wissenschaft denkt, die Politik lenkt; Der Fall MIGA, in: *Streit* (Hrsg.), Wirtschaftspolitik zwischen ökonomischer und politischer Rationalität, Festschrift für *Herbert Giersch*, 1988, S. 110 f.

Präambel

30 Es wird auch kritisiert, daß die MIGA inländische Investoren, die kein Kapital aus dem Ausland repatriieren, vom Versicherungsschutz ausschließe. Die geltende Beschränkung führe zu einer Diskriminierung des endogenen Entwicklungspotentials. Sie trage außerdem dazu bei, daß inländisches Kapital in das Ausland transferiert werde, anstatt im Inland in produktive Verwendungen zu fließen[43].

31 Die Kritik an der MIGA ist ökonomisch wohlfundiert. Es ist jedoch darauf hinzuweisen, daß sie sich zum Teil auf die Gestaltung der Konvention bezieht und somit die Gründung einer internationalen Organisation an sich nicht betrifft. So wäre es durchaus denkbar, daß die Vorteile gegenüber privaten Anbietern, die der MIGA aus der Subventionierung entstehen, abgebaut werden. Eine Versteuerung des Einkommens der MIGA ist grundsätzlich möglich. Auch kann die Diskriminierung von einheimischen Investoren im Entwicklungsland abgebaut werden. Der Versicherungsschutz durch die MIGA müßte dann auf alle Investitionen ausgedehnt werden.

32 Für die Errichtung einer multilateralen Versicherungsagentur spricht, daß sie die Haltung der Entwicklungsländer gegenüber Direktinvestitionen positiv verändern kann. Eine internationale Organisation, die nicht nur berät, sondern auch die Zustimmung des Gastlandes zu der Investition voraussetzt, kann das Vertrauen der Entwicklungsländer erwerben. Außerdem kann der multilaterale Charakter der MIGA dazu beitragen, politische Spannungen zwischen zwei Mitgliedstaaten zu mindern. Darüber hinaus kann die MIGA an einer Fortbildung des internationalen Eigentumsschutzes mitwirken[44]. Dieser politische und rechtliche Einfluß hat wirtschaftliche Auswirkungen, die bei der Bewertung der MIGA berücksichtigt werden müssen. Inwieweit die MIGA ein wirtschaftliches und politisches Fehlverhalten der Entwicklungsländer mitfinanziert oder sogar hervorruft, muß abgewartet werden. Einem möglichen Fehlverhalten könnte dadurch entgegengewirkt werden, daß die Konvention härtere Sanktionsmöglichkeiten, eventuell durch Anbindung an die Kreditvergabe des IWF, zuläßt[45].

33 Beschränkt man sich bei der Bewertung der MIGA auf ihren Beitrag zur Überwindung der Verschuldungskrise, so kommt es darauf an, in welchem Umfang die MIGA Direktinvestitionen in den Entwicklungsländern hervorrufen kann und ob diese die Kreditmarktfähigkeit dieser Staaten erhöhen. Die MIGA kann nur dann erfolgreich wirken, wenn sich in den Entwicklungsländern die Überzeugung von der Notwendigkeit eines stärker marktwirtschaftlich ausgerichteten Kurses durchsetzt und die Industriestaaten ihre Märkte gegenüber der Dritten Welt stärker öffnen. Erst dann wird es möglich sein, wieder mehr ausländisches Kapital für produktive Verwendungen zu gewinnen. Dies ist auch

---

43 Vgl. *Vaubel*, Die Wissenschaft denkt, die Politik lenkt; Der Fall MIGA, in: *Streit* (Hrsg.), Wirtschaftspolitik zwischen ökonomischer und politischer Rationalität, Festschrift für *Herbert Giersch*, 1988, S. 116 f.
44 Siehe hierzu nachfolgend Art. 23, RdNr. 512.
45 Vgl. *Vaubel*, Die Wissenschaft denkt, die Politik lenkt; Der Fall MIGA, in: *Streit* (Hrsg.), Wirtschaftspolitik zwischen ökonomischer und politischer Rationalität, Festschrift für *Herbert Giersch*, 1988, S. 116; siehe auch nachfolgend Art. 52, RdNr. 796.

das Fazit der jüngsten gemeinsamen Jahrestagung der Weltbank und des Internationalen Währungsfonds im September 1988 in Berlin[46].

Gerade in der Anfangsphase des erforderlichen Kurswechsels werden ausländische Investoren vor einem Engagement in dem betreffenden Gaststaat noch zögern. In dieser Situation kann die MIGA mit der Gewährung von Versicherungsschutz bestehende Unsicherheiten bei den Investoren überwinden helfen und dazu beitragen, daß der Reformkurs einen stabilen und kontinuierlichen Wachstumsprozeß auszulösen vermag. Dabei ist vor allem von Bedeutung, ob die Direktinvestitionen mit einem positiven Nettodevisenstrom verbunden sind. Darunter fallen besonders jene, welche die komparativen Vorteile des Gastlandes ausnutzen und nicht primär auf die Versorgung des Binnenmarktes als Folge einer protektionistischen Politik gerichtet sind. Dann wäre eine Verknüpfung des Versicherungsschutzes mit der Außenwirtschaftspolitik des Entwicklungslandes notwendig. Dies könnte durch eine Anbindung des Versicherungsschutzes an Verhandlungen im Rahmen des Allgemeinen Zoll- und Handelsabkommens (GATT) erreicht werden.

34

---
46 Siehe zur Rolle von Weltbank und IMF nachfolgend Art. 35, RdNr. 681 ff., 692 ff.

Kapitel I
Errichtung, Rechtsstellung, Zweck und Begriffsbestimmungen

Artikel 1
Errichtung und Rechtsstellung der Agentur

a) Hiermit wird die Multilaterale Investitions-Garantie-Agentur (im folgenden als Agentur bezeichnet) errichtet.

b) Die Agentur besitzt volle Rechtspersönlichkeit und namentlich die Fähigkeit,
   i) Verträge zu schließen;
   ii) bewegliches und unbewegliches Vermögen zu erwerben und darüber zu verfügen;
   iii) vor Gericht zu stehen.

Gliederung

I. Die historische Entwicklung der MIGA-Konvention 35
II. Die Unabhängigkeit der MIGA . 39
III. Die Befugnisse der MIGA 43

I. Die historische Entwicklung der MIGA-Konvention

35 Die Idee zur Errichtung einer multilateralen Investitionsversicherungsagentur reicht bis in das Jahr 1948 zurück[1]. In den 50er Jahren haben sowohl die Industriestaaten als auch die Entwicklungsländer erste Vorschläge erarbeitet. In den 60er und 70er Jahren wurden sie in der Weltbank, der OECD, der Interamerikanischen Entwicklungsbank, der UNCTAD sowie der Europäischen Gemeinschaft diskutiert[2]. Als erstes waren die Bemühungen im arabischen Raum

---

1 Vgl. *Shihata*, The Multilateral Investment Guarantee Agency, RdC 1987–III, 107 ff.; siehe auch *Holthus/Kebschull/Menck,* Multilateral Investment Insurance and Private Investment in the Third World, 1984, S. 13 ff.
2 Vgl. *Voss,* The Multilateral Investment Guarantee Agency: Status, Mandate, Concept, Features, Implications, J. W. T. L. 21 (1987), 5 ff. (5); *Shihata,* MIGA and Foreign Investment, 1988, S. 29 ff.; speziell zur Diskussion innerhalb der EG *Voss,* The Protection and Promotion of European Private Investment in Developing Countries – An Approach towards a Concept for a European Policy on Foreign Investment, Common Market Law Review 18 (1981), 363 ff.

erfolgreich, wo im Jahre 1974 in Kuwait die Interarabische Investitionsgarantie-Gesellschaft gegründet wurde. Sie gewährt jedoch nur arabischen Investitionen in den Mitgliedstaaten der Gesellschaft Versicherungsschutz[3].

Von den nicht verwirklichten Projekten innerhalb der Weltbank verdient der Vorschlag zur Errichtung einer „International Investment Insurance Agency" besondere Erwähnung. Dieses Anfang der 60er Jahre initiierte Projekt scheiterte im Jahre 1973 am mangelnden Interesse der Kapitalexportstaaten und an zahlreichen Einwendungen von seiten der Kapitalimportländer. Hinzu kam, daß zum gleichen Zeitpunkt zahlreiche OECD-Mitgliedstaaten[4] nationale Versicherungsprogramme entwickelten und ein multilaterales Projekt als Gefährdung für diese einzelstaatlichen Bemühungen betrachtet wurde[5]. 36

Das MIGA-Projekt wurde nach zehnjähriger Unterbrechung vom damaligen Präsidenten der Weltbank, *A. W. Clausen*, auf deren Jahrestreffen im September 1981 erneut aufgegriffen. Nach mehrjährigen Beratungen konnte den Mitgliedstaaten im Mai 1984 ein erster konkreter Vorschlag unterbreitet werden[6]. Hieraus entstand nach weiteren Beratungen im Oktober 1984 ein erster Konventionsentwurf. Ein überarbeiteter zweiter Entwurf folgte im März 1985. Nach erneuter Beratung hat ihn das Direktorium auf der Jahrestagung 1985 in Seoul im Wege der Resolution angenommen und die Mitgliedstaaten sowie die Schweiz aufgefordert, die Konvention zu unterzeichnen[7]. Sie ist mit der Hinterlegung der Ratifikationsurkunden durch Großbritannien und die USA am 12. April 1988 in Kraft getreten[8]. Derzeit (Stand: Juni 1988) gehören ihr 42 Staaten an[9]. 37

In Ergänzung zur MIGA-Konvention wurden in der Zeit vom 15. bis 19. September 1986 in Washington, D. C., von den damaligen 44 Signatarstaaten Ausführungsbestimmungen zu deren operativen und finanziellen Vorschriften vorbereitet[10]. Sie wurden auf der ersten Sitzung des MIGA-Direktoriums am 22. Juni 1988 endgültig verabschiedet. Damit sollte sichergestellt werden, daß die MIGA möglichst rasch nach ihrer Gründung tätig werden kann. 38

---

3 Vgl. *Shihata*, Arab Investment Guarantee Corporation – A Regional Investment Insurance Project, J. W. T. L. 6 (1972), 185 ff.
4 Nationale Investitionsschutzsysteme bestehen insbesondere in Australien, Belgien, der Bundesrepublik Deutschland, Frankreich, Großbritannien, Indien, Israel, Japan, Kanada, Korea, Neuseeland, den Niederlanden, Norwegen, Österreich, Schweden, der Schweiz, Spanien, Südafrika und den USA.
5 Vgl. *Brewer*, The Proposal for Investment Guarantees by an International Agency, Am. J. Int'l L. 58 (1964), 62 ff.; *Alsop*, The World Bank's Multilateral Investment Guaranty Agency, Col. J. Transnat'l L. 25 (1986), 101 ff.
6 Sog. „Main Features of a Proposed Multilateral Investment Guarantee Agency".
7 Vgl. *Voss*, Introductory Note, ILM 24 (1985), 1598; *Shihata*, The Multilateral Investment Guarantee Agency, Int. Lawyer 20 (1986), 485 ff.
8 Vgl. „Versicherung nichtkommerzieller Risiken", FAZ Nr. 87 vom 14. April 1988, S. 14.
9 Siehe im übrigen die Erläuterungen zu Art. 4 b, RdNr. 58.
10 Vgl. *MIGA Preparatory Committee*, Operational Regulations of the Multilateral Investment Guarantee Agency, Washington, D. C., 19. September 1986; im folgenden als „Operational" bzw. „Financial Regulations" zitiert (abgedruckt als Annex II und IV).

II. Die Unabhängigkeit der MIGA

39 Gemäß Art. 1 b besitzt die MIGA **volle Rechtspersönlichkeit.** Die MIGA ist demnach ein selbständiges Völkerrechtssubjekt[11]. Sie ist insbesondere von der Weltbank und anderen internationalen Organisationen rechtlich unabhängig[12]. Hierdurch soll die MIGA zugleich gegenüber einzelstaatlicher Einflußnahme abgeschirmt werden. Die Gewährung von Versicherungsschutz soll nicht an der ablehnenden Haltung eines beliebigen Mitglieds scheitern, sei es, weil sich die Investition negativ auf seinen inländischen Arbeitsmarkt auswirkt, sei es, weil es den mit der Versicherung verbundenen Standortvorteil aus Konkurrenzgründen keinem Nachbarland zukommen lassen will. Ein Vetorecht steht nur dem Gaststaat der Investition zu (Art. 15).

40 Die unabhängige Rechtsstellung der MIGA ist ein notwendiges Korrelat zu dem von ihr verfolgten Ziel einer Erleichterung der Ressourcenallokation unter globalen Effizienzgesichtspunkten. Sie ist auch Voraussetzung, um gegenüber den einzelnen Staaten und deren Organisationen mit stärkerem Gewicht auftreten zu können und bei der Zusammenarbeit mit anderen internationalen Organisationen (Art. 2, 35) als gleichrangiger Partner akzeptiert zu werden.

41 Die Unabhängigkeit der MIGA hat weiterhin Bedeutung für ihre Funktion als neutraler Streitschlichter gemäß Art. 23 b (i) und (iii). Gegenüber der ursprünglich diskutierten Alternative, die MIGA lediglich als Abteilung der Weltbank auszustatten, bietet die jetzige Lösung darüber hinaus den Vorteil, daß die MIGA nicht mit dem negativen Image belastet ist, das der Weltbank in einer Reihe von Entwicklungsländern anhaftet.

42 Trotz ihrer unabhängigen Rechtsstellung ist die MIGA eng mit der Weltbankgruppe verflochten. So weist die Konvention die MIGA an, ihre Aktivitäten mit denen der Weltbank, der International Finance Corporation (IFC) und sonstigen internationalen Organisationen zu koordinieren und mit ihnen zusammenzuarbeiten (Art. 23 a, 35)[13]. Auch ist der Präsident der Weltbank gleichzeitig Vorsitzender des MIGA-Direktoriums (Art. 32 b).

III. Die Befugnisse der MIGA

43 Art. 1 b nennt einzelne, der MIGA zustehende Befugnisse, wobei die Aufzählung keinen abschließenden Charakter hat. Erwähnt wird das Recht,

---

11 Siehe hierzu allgemein: *Mann*, Die juristische Person des Völkerrechts, Ein Beitrag zum Recht der internationalen Organisationen, ZHR 152 (1988), 303 ff.
12 Siehe aber auch nachfolgend Art. 35, RdNr. 679, 684.
13 Vgl. *Voss*, Die Multilaterale Investitionsgarantie-Agentur, RIW 1987, 89 ff. (92). Siehe nachfolgend Art. 35, RdNr. 677 ff.

– Verträge zu schließen.

Zu denken ist in erster Linie an den Abschluß des Versicherungsvertrages mit dem Investor sowie an Mit- und Rückversicherungsverträge mit staatlichen und privaten Organisationen (Art. 2). In Betracht kommen weiterhin vor allem Sponsorship-Verträge (Art. 24), Kooperationsverträge mit staatlichen und privaten Versicherern (Art. 20, 21), Vereinbarungen über sonstige Investitionsförderungsmaßnahmen gemäß Art. 23 mit Gaststaaten und Dritten, insbesondere Verträge mit den Gaststaaten zum Schutze der Investition gemäß Art. 23 b (ii). Daneben ist der interne Organisationsbereich einer vertraglichen Gestaltung zugänglich.

– zum Erwerb und zur Verfügung über bewegliches und unbewegliches Vermögen.

– zur Prozeßführung.

Erfaßt wird sowohl die aktive als auch die passive Prozeßführungsbefugnis. Bei letzterer sind jedoch die Immunitätsvorschriften der Art. 43 ff. zu beachten.

Neben diesen ausdrücklich genannten Befugnissen besitzt die MIGA auch noch sonstige, ihrer Funktion inhärente Rechte[14]. Deren Inhalt und Reichweite ergeben sich aus Art. 2 b und c[15]. Im übrigen ist hinsichtlich der Reichweite auf Sinn und Zweck der Konvention zurückzugreifen[16]. Untersagt sind demnach alle Maßnahmen, die ihre Rechtfertigung nicht aus dem Ziel der Investitionsförderung erfahren, sondern z. B. primär politisch motiviert sind.

44

Artikel 2

Ziel und Zweck

Ziel der Agentur ist es, den Fluß von Investitionen für produktive Zwecke unter den Mitgliedstaaten, insbesondere in die in der Entwicklung befindlichen Mitgliedstaaten, zu fördern und dadurch die Tätigkeit der Internationalen Bank für Wiederaufbau und Entwicklung (im folgenden als Bank bezeichnet), der Internationalen Finanz-Corporation und anderer internationaler Entwicklungsfinanzierungsinstitutionen zu ergänzen.

---

14 Vgl. *Chatterjee,* The Convention Establishing the Multilateral Investment Guarantee Agency, Int'l & Comp. L. Q. 36 (1987), 76 ff. (78 f.).
15 Siehe hierzu nachfolgend RdNr. 47 ff.
16 Vgl. *Chatterjee,* The Convention Establishing the Multilateral Investment Guarantee Agency, Int'l & Comp. L. Q. 36 (1987), 76 ff. (79).

Errichtung, Rechtsstellung, Zweck und Begriffsbestimmungen

Zur Erreichung ihres Zieles wird die Agentur

a) **Garantien einschließlich Mitversicherung und Rückversicherung für nichtkommerzielle Risiken in bezug auf Investitionen in einem Mitgliedstaat, die aus anderen Mitgliedstaaten kommen, gewähren;**

b) **geeignete zusätzliche Tätigkeiten zur Förderung des Flusses von Investitionen in die in der Entwicklung befindlichen Mitgliedstaaten und zwischen ihnen durchführen und**

c) **sonstige Befugnisse ausüben, die sich aus ihrer Tätigkeit ergeben und zur Erreichung ihres Zieles notwendig oder wünschenswert sind.**

Die Agentur läßt sich in allen ihren Beschlüssen von den Bestimmungen dieses Artikels leiten.

45 Art. 2 statuiert den Förderzweck der MIGA. Die zentrale Bedeutung der Vorschrift kommt darin zum Ausdruck, daß sich die Agentur bei allen ihren Beschlüssen von ihr zu leiten lassen hat (Art. 2, letzter Satz). Die Vorschrift betont zugleich den ergänzenden Charakter der MIGA gegenüber den bestehenden internationalen Organisationen. Der Grundsatz der Subsidiarität gilt auch im Verhältnis zu nationalen, regionalen und privaten Rechtsträgern (Art. 19, 21). Die MIGA soll demnach die bestehenden Agenturen nicht ersetzen. Vielmehr ist die MIGA in das bestehende System eingebunden und soll mit diesen Institutionen kooperieren (Art. 23 a [iii], 35). Hierdurch sollen Effizienzverluste infolge von Kompetenzstreitigkeiten vermieden und gleichzeitig Synergieeffekte aus gegenseitigem Erfahrungsaustausch erzielt werden[1].

46 Art. 2 Abs. 1 nennt an internationalen Organisationen, an denen sich die Tätigkeit der MIGA zu orientieren hat, die **Weltbank** und die **International Finance Corporation.** In Betracht kommen daneben insbesondere das International Centre for Settlement of Investment Disputes (ICSID), das United Nations Centre for Transnational Corporations (UNCTC), die United Nations Industrial Development Organization (UNIDO), das United Nations Development Program (UNDP) sowie auf regionaler Ebene die Organization for Economic Cooperation and Development (OECD) und die Europäische Gemeinschaft (EG)[2]. In zuletzt genannter Hinsicht verdient auch das im Jahre 1977 in Brüssel im Rahmen des Abkommens der EG mit den AKP-Ländern gegründete Zentrum für Industrielle Entwicklung Beachtung[3].

47 Die Operationen der MIGA beziehen sich gemäß Art. 2 Abs. 2 a primär auf den **Versicherungsbereich.** An geeigneten **zusätzlichen Tätigkeiten** im Sinne von Art. 2 Abs. 2 b kommen zunächst die ausdrücklich in der Konvention genannten in Betracht. Es handelt sich um die in Art. 23 aufgeführten Investitionsförde-

---

1 Siehe hierzu nachfolgend Art. 35, RdNr. 677 ff.
2 Vgl. *Voss,* The Multilateral Investment Guarantee Agency: Status, Mandate, Concept, Features, Implications, J. W. T. L. 21 (1987), 5 ff. (16).
3 Vgl. *Bundesministerium für Wirtschaftliche Zusammenarbeit,* Deutsche Unternehmen und Entwicklungsländer, 3. Aufl. 1987, S. 21 f. Siehe auch nachfolgend die Ausführungen zu Art. 35, RdNr. 708 ff.

rungsmaßnahmen, die Verwaltung von gemäß Art. 24 geförderten Investitionen sowie um die in Art. 56 ff. festgelegte Auslegungs- und Streitschlichtungskompetenz. Die MIGA soll sowohl einzelfallbezogen als auch im Hinblick auf die Festlegung allgemeingültiger Investitionsvorschriften tätig werden.

Der MIGA kommt darüber hinaus gemäß Art. 2 Abs. 2 c eine Annexkompetenz im Hinblick auf sonstige Befugnisse, die sich aus ihrer Tätigkeit ergeben, zu. Rechtsprechung[4] und Literatur[5] gestehen internationalen Organisationen hierbei ein weit gestecktes Tätigkeitsfeld zu. Es genügt, daß die Ausübung der Befugnisse zur Erreichung ihrer Ziele wünschenswert ist. Die MIGA soll demnach möglichst lückenlos operieren können und berechtigt sein, künftig neue Aufgabengebiete innerhalb des durch Art. 2 vorgezeichneten Rahmens zu übernehmen, die heute noch nicht vorhergesehen werden können[6].

48

Die „sonstigen" in Art. 2 Abs. 2 c genannten Befugnisse können sich z. B. auf Schenkungen an einzelne besonders bedürftige Mitglieder beziehen[7]. Sie können auch die Gründung einer Tochtergesellschaft umfassen, etwa dann, wenn die MIGA in einer bestimmten Region besonders intensiv vertreten sein möchte oder einzelne Tätigkeiten auf einen eigenen Rechtsträger zu verlagern wünscht. Damit im Zusammenhang steht die Befugnis, Sondervermögen zu verwalten (vgl. Art. 45). In Betracht kommt dies vor allem dann, wenn bestimmte Investitionsförderungsmaßnahmen aus einem besonderen Fonds finanziert werden[8]. Dies kann etwa bei der Versicherung von kommerziellen Darlehen gemäß Art. 12 b der Fall sein[9].

49

Schließlich ist daran zu denken, daß die MIGA Kredite aufnimmt. Gläubiger können sowohl Mitglieder, internationale Organisationen als auch private Banken sein. Die Kapitalaufnahme dürfte zulässig sein, soweit es sich lediglich um kurzfristige Kredite handelt, die zur Ausübung der Geschäftstätigkeit der MIGA erforderlich sind. So kann die MIGA z. B. zum Bridge-Financing gezwungen sein, bis einzelne Mitglieder ihren finanziellen Verpflichtungen nachkommen. Längerfristige Kredite dürften dagegen nur mit Zustimmung des Rates aufgenommen werden können, wobei die Auswirkungen auf die finanzielle Position der MIGA und die Höchstgrenzen für Verbindlichkeiten gemäß Art. 22 zu berücksichtigen sind[10].

50

Die Tätigkeiten gemäß Art. 2 Abs. 2 a einerseits und Art. 2 Abs. 2 b, c andererseits sollen komplementären Charakter haben und sich gegenseitig unterstützen[11].

51

---

4 Vgl. *ICJ*, Reparation for Injuries Suffered in the Service of the United Nations, ICJ-Reports 1949, 174, 182; *ders.*, Effect of Awards of Compensation Made by the U. N. Administrative Tribunal, ICJ-Reports 1954, 47, 56 ff.
5 Vgl. *Bowett*, The Law of International Institutions, 4. Aufl. 1982, S. 338.
6 Vgl. *Shihata*, MIGA and Foreign Investment, 1988, S. 207.
7 Vgl. hierzu Art. 23, RdNr. 519.
8 Vgl. hierzu Art. 23, RdNr. 518.
9 Vgl. *Shihata*, MIGA and Foreign Investment, 1988, S. 115, 209.
10 Vgl. zum Ganzen *Shihata*, MIGA and Foreign Investment, 1988, S. 207 ff.
11 Vgl. § 7.03 der „Operational Regulations", nachfolgend S. 412.

52 So bringt die Versicherungstätigkeit die MIGA in ständigen Kontakt zu Investoren und Gaststaaten und eröffnet ihr die Möglichkeit, bereits im Vorfeld eines Versicherungsvertrages beratend tätig zu werden. Z. B. kann sie Investitionsförderungsprogramme aufstellen, deren Effizienz steigern und die Kommunikation zwischen Investor und Gaststaat verbessern. Als Versicherer kann die MIGA zugleich als Makler und Vermittler zwischen unterschiedlichen Interessenpositionen von Gaststaat und Investor auftreten.

53 Die sonstigen Investitionsförderungsmaßnahmen der MIGA können umgekehrt den Abschluß eines Versicherungsvertrages erleichtern oder gar erst ermöglichen. Durch die Identifizierung und Vermarktung von Investitionsmöglichkeiten und -risiken kann sich die Nachfrage nach Versicherungen erhöhen. Ihre Kenntnisse dürften die MIGA dazu befähigen, vernünftige Versicherungsentscheidungen zu treffen und die Gefahr einer Verwirklichung des Investitionsrisikos zu verrringern. Durch ihre Dialogbereitschaft und -fähigkeit dürfte sie zu einer Stabilisierung der Investitionsbedingungen beitragen und dem Investor günstige Risikoprämien anbieten. Ihre Reputation als multilaterale Versicherungsagentur kann die Investitionsrisiken herabsetzen, die friedliche Beilegung von Investitionsstreitigkeiten fördern und ihr eigenes Verlustpotential in engen Grenzen halten[12].

Artikel 3
Begriffsbestimmungen

Im Sinne dieses Übereinkommens

a) bedeutet „Mitglied" einen Staat, für den das Übereinkommen nach Artikel 61 in Kraft getreten ist;

b) bedeutet „Gastland" oder „Gastregierung" ein Mitglied, die Regierung oder jede Behörde eines Mitglieds, in dessen Hoheitsgebiet im Sinne des Artikels 66 eine von der Agentur garantierte oder rückversicherte beziehungsweise für eine Garantie oder Rückversicherung in Betracht gezogene Investition vorgenommen werden soll;

c) bedeutet ein „in der Entwicklung befindlicher Mitgliedstaat" ein Mitglied, das als solches in Anhang A in seiner von Zeit zu Zeit von dem in Artikel 30 genannten Gouverneursrat (im folgenden als Rat bezeichnet) geänderten Fassung aufgeführt ist;

---

[12] Vgl. *Voss*, The Multilateral Investment Guarantee Agency: Status, Mandate, Concept, Features, Implications, J. W. T. L. 21 (1987), 5 ff. (14). Siehe aber auch nachfolgend die Ausführungen zu Art. 18, RdNr. 383 ff.

d) bedeutet eine „besondere Mehrheit" eine Zustimmung durch mindestens zwei Drittel der Gesamtstimmenzahl, die mindestens fünfundfünfzig v. H. der gezeichneten Anteile des Grundkapitals der Agentur vertreten;

e) bedeutet eine „frei verwendbare Währung", i) jede vom Internationalen Währungsfonds von Zeit zu Zeit als solche bezeichnete Währung und ii) jede sonstige frei verfügbare und tatsächlich verwendbare Währung, die das in Artikel 30 genannte Direktorium für die Zwecke des Übereinkommens nach Konsultationen mit dem Internationalen Währungsfonds und mit Zustimmung des Landes der betreffenden Währung als solche bezeichnen kann.

Als „frei verwendbare" Währung bezeichnet der Internationale Währungsfonds im wesentlichen alle Währungen der Industriestaaten mit Ausnahme der osteuropäischen Staaten. Nicht frei konvertierbar sind die meisten Währungen der Entwicklungsländer.   54

Kapitel II

Mitgliedschaft und Kapital

Artikel 4
Mitgliedschaft

a) Die Mitgliedschaft in der Agentur steht allen Mitgliedern der Bank sowie der Schweiz offen.

b) Gründungsmitglieder sind die in Anhang A aufgeführten Mitglieder, die am oder vor dem 30. Oktober 1987 Vertragsparteien dieses Übereinkommens werden.

55 Jeder mitgliedsberechtigte Staat kann bei der Agentur die Mitgliedschaft beantragen. Er hat hierzu alle relevanten Tatsachen vorzutragen.

56 Nach Konsultation mit dem Antragsteller soll das Direktorium dem Rat Bericht erstatten. Falls das Direktorium die Aufnahme des Antragstellers empfiehlt, soll es dem Rat zugleich die Anzahl der zu zeichnenden Kapitalanteile, die Klassifizierung des Antragstellers zum Zwecke von Art. 3 c und 39 a sowie sonstige Bedingungen vorschlagen, die der Rat nach Auffassung des Direktoriums festzulegen gedenkt[1].

57 Die Gründungsmitglieder sollen die in Anhang A hinter ihrem Namen aufgelisteten Kapitalanteile zeichnen. Jedes andere Mitglied soll die vom Rat in Übereinstimmung mit Art. 6 festgelegten Kapitalanteile übernehmen.

58 Bis zum 30. Oktober 1987 war der Konvention nicht die gemäß Art. 61 b erforderliche Anzahl von Staaten beigetreten. Am 30. Oktober 1987 fand deshalb gemäß Art. 61 d eine Konferenz in Washington, D. C., statt, bei der die Beitrittsfrist bis zum 30. April 1988 verlängert wurde. Die Konvention ist am 12. April 1988 durch die Ratifizierung von seiten Großbritanniens und der USA in Kraft getreten. Gründungsmitglieder sind Ägypten, Bahrain, Bangladesh, Barbados, die Bundesrepublik Deutschland, Chile, die Volksrepublik China, Dänemark, Ecuadòr, Ghana, Grenada, Großbritannien, Indonesien, Italien, Jamaica, Japan, Jordanien, Kanada, Korea, Kuwait, Lesotho, Malawi, die Niederlande, Nigeria, Pakistan, Saudi-Arabien, Schweden, die Schweiz, Senegal, Spanien, Togo, Ungarn, die USA, West-Samoa sowie Zypern[2].

---

1 Vgl. Ziffer 17 der MIGA-„By-Laws", nachfolgend S. 427.
2 Siehe im übrigen auch die Ausführungen zu Art. 61, RdNr. 846 ff.

Artikel 5
Kapital

a) Das genehmigte Grundkapital der Agentur beträgt eine Milliarde Sonderziehungsrechte (1 000 000 000 SZR). Das Grundkapital ist in 100 000 Anteile mit einem Nennwert von je 10 000 SZR aufgeteilt, die von den Mitgliedern gezeichnet werden können. Alle Zahlungsverpflichtungen der Mitglieder hinsichtlich des Grundkapitals werden auf der Grundlage des Durchschnittswerts des SZR in US-Dollar für die Zeit vom 1. Januar 1981 bis zum 30. Juni 1985 ermittelt; dieser Wert beträgt 1,082 US-Dollar je SZR.

b) Das Grundkapital wird bei Aufnahme eines neuen Mitglieds in dem Umfang erhöht, in dem die Anteile, die zu diesem Zeitpunkt genehmigt sind, nicht ausreichen, um die Anteile zur Verfügung zu stellen, die von diesem Mitglied nach Artikel 6 gezeichnet werden müssen.

c) Der Rat kann das Grundkapital der Agentur jederzeit mit besonderer Mehrheit erhöhen.

Gliederung

I. Allgemeines . . . . 59 II. Die einzelnen Kapitalarten 63

I. Allgemeines

Die Vorschriften zur Kapitalbeschaffung sind Voraussetzung für die Selbständigkeit der MIGA. Sie finden ihre notwendige Ergänzung in den Bestimmungen zur Finanzverwaltung und dem darin enthaltenen Grundsatz der Kapitalerhaltung (Art. 27 a). Art. 5 bis 10 regeln allein die Aufbringung des Gründungskapitals. Einnahmen in der nachfolgenden operativen Phase durch Prämien und Gebühren (Art. 26), der Geltendmachung abgetretener Forderungen aus Anlaß eines Versicherungsfalles (Art. 18), der Kapitalverwaltung aus Sponsorship-Versicherungen (Art. 24) sowie durch sonstige Zahlungen (Art. 26) werden gesondert behandelt. 59

Die Vorschriften zur Kapitalbeschaffung sind auch unter dem Aspekt der Schadensverhütung sowie der Effektivität der Entschädigung von Bedeutung. Der Finanzbeitrag des Gastlandes kann die Investitionsrisiken vermindern und die Wahrscheinlichkeit eines Eintritts des Versicherungsfalles reduzieren[1]. Kommt es dennoch hierzu, bildet die finanzielle Mitverantwortlichkeit für den Gaststaat 60

---
[1] Vgl. *Alsop,* The World Bank's Multilateral Investment Guaranty Agency, Col. J. Transnat'l L. 25 (1986), 101 ff. (130 f.). Siehe aber auch nachfolgend die Ausführungen zu Art. 18, RdNr. 383 ff.

einen Beweggrund, eine angemessene Entschädigung[2] zu leisten. Andernfalls muß der Gaststaat damit rechnen, daß die MIGA bei künftigen Investitionen auf seinem Territorium höhere Versicherungsprämien fordert bzw. gar keine Garantien mehr vergibt, seine Mitgliedschaft suspendiert oder ihn gänzlich ausschließt (Art. 52).

61 In globaler Hinsicht bewirken die Vorschriften zur Kapitalbeschaffung eine Interessenbündelung zwischen den Entwicklungsländern und den Industriestaaten. Der Investitionsschutz wird aus der politischen Interessenabgrenzung zwischen Nord und Süd herausgelöst und zum Gemeinschaftsanliegen aufgewertet[3].

62 Die Vorschriften zur Kapitalbeschaffung haben weiterhin unmittelbare Auswirkungen auf die Höchstbeträge der von der MIGA auszugebenden Garantien (Art. 22). Sie stehen schließlich in unmittelbarem Zusammenhang mit dem Inkrafttreten der Konvention (Art. 61).

II. Die einzelnen Kapitalarten

63 Die Konvention unterscheidet zwischen dem genehmigten Grundkapital (Art. 5), dem gezeichneten Kapital (Art. 6–8) und dem Mindestkapital (Art. 61 b).

64 Das **genehmigte Grundkapital** bezeichnet die Summe, mit der die MIGA ausgestattet sein soll, wenn alle mitgliedsberechtigten Staaten der Konvention beigetreten sind. Die Konvention sieht ein genehmigtes Grundkapital von 1 Mrd. Sonderziehungsrechten im Wert von 1,082 Mrd. US-Dollar vor.

65 Die Festsetzung des Aktienkapitals in Sonderziehungsrechten zu einem festen Dollarkurs stellt einen politischen Kompromiß zwischen den USA und den anderen Staaten dar[4]. Das genehmigte Grundkapital kann jederzeit vom Rat mit besonderer Mehrheit erhöht werden (Art. 5 c).

66 Das **gezeichnete Kapital** entspricht der Summe, die jeder einzelne Mitgliedstaat bei seiner Aufnahme aus dem genehmigten Grundkapital zu übernehmen hat[5].

---

2 Siehe hierzu *Ebenroth*, Code of Conduct – Ansätze zur vertraglichen Gestaltung internationaler Investitionen, 1987, RdNr. 800 ff.; *Seidl-Hohenveldern*, Völkerrecht, 5. Aufl. 1984, S. 1186 ff.; *Dolzer*, Eigentum, Enteignung und Entschädigung im geltenden Völkerrecht, 1985, S. 290 ff.; *Schachter*, Compensation for Expropriation, Am. J. Int'l L. 78 (1984), 121 ff.; *ders.*, Compensation Cases – Leading and Misleading, Am. J. Int'l L. 79 (1985), 420 ff. Zur Entschädigungspraxis im Rahmen des „Iran-United States Claims Tribunal": *Brower*, Current Developments in the Law of Expropriation and Compensation: A Preliminary Survey of Awards of the Iran-United States Claims Tribunal, Int. Lawyer 21 (1987), 639 ff. (658 ff.).
3 Vgl. *Voss*, Die Multilaterale Investitionsgarantie-Agentur, RIW 1987, 89 ff. (94).
4 Vgl. *Voss*, Die Multilaterale Investitionsgarantie-Agentur, RIW 1987, 89 ff. (91).
5 Siehe hierzu die Kommentierung zu Art. 6–8, RdNr. 70 ff.

Das **Mindestkapital** bezeichnet den Teil des genehmigten Grundkapitals, der von den mitgliedsberechtigten Staaten entsprechend der von ihnen eingegangenen Verpflichtung gezeichnet werden muß, damit die Konvention in Kraft treten kann[6]. 67

Art. 5 b statuiert den Grundsatz des **vorsichtigen Anwachsens** des Grundkapitals bei Aufnahme eines neuen Mitglieds. Er kommt dann zur Anwendung, wenn das genehmigte Grundkapital von 1 Mrd. Sonderziehungsrechten nicht ausreicht, um einem neuen Mitglied die Zeichnung seiner Anteile zu ermöglichen. Die Vorschrift ist vor dem Hintergrund zu sehen, daß lediglich bei den Gründungsmitgliedern die Höhe des zu übernehmenden Grundkapitals vorgeschrieben ist. Für die anderen Mitglieder wird die Höhe der Anteile dagegen vom Rat festgesetzt, wobei allerdings der gesetzlich festgelegte Mindestanteil nicht unterschritten werden darf. Im übrigen kann der Rat allen Mitgliedern nach ihrem Beitritt erlauben, zu einem späteren Zeitpunkt weitere Anteile zu zeichnen (Art. 6). Damit besteht die Möglichkeit einer **Überzeichnung** des genehmigten Grundkapitals. 68

Die Erhöhung des Grundkapitals, die durch die Aufnahme eines neuen Mitglieds erforderlich wird, ist gemäß Art. 5 b obligatorisch. In allen übrigen Fällen, insbesondere dann, wenn der Anteil nachträglich aufgestockt werden soll, hat der Rat hierüber mit besonderer Mehrheit zu entscheiden (Art. 5 c, 3 d). 69

Artikel 6
Zeichnung der Anteile

Jedes Gründungsmitglied zeichnet zum Nennwert die Anzahl Anteile am Grundkapital, die in Anhang A neben seinem Namen aufgeführt sind. Jedes andere Mitglied zeichnet eine vom Rat festgesetzte Anzahl Anteile am Grundkapital zu vom Rat festgelegten Bedingungen, keinesfalls jedoch zu einem Ausgabepreis von weniger als dem Nennwert. Kein Mitglied zeichnet weniger als fünfzig Anteile. Der Rat kann Vorschriften erlassen, nach denen die Mitglieder zusätzliche Anteile des genehmigten Grundkapitals zeichnen dürfen.

Die Vorschrift unterscheidet zwischen dem Zeichnungsanteil bei den Gründungsmitgliedern und den sonstigen Mitgliedern. Bei den Gründungsmitgliedern ist der zu übernehmende Anteil zwingend vorgegeben. Er kann zu einem späteren Zeitpunkt jedoch aufgestockt werden. Die von den Gründungsmitgliedern anfangs zu übernehmenden Kapitalanteile wurden entsprechend den Beteiligungsverhältnissen dieser Staaten am Kapital der Weltbank errechnet. Die Bundesrepublik Deutschland ist mit 50,71 Mio. SZR nach den USA und Japan der drittgrößte Anteilseigner. 70

---
6 Vgl. Art. 61 b.

Mitgliedschaft und Kapital

71 Bei Eintritt sonstiger Mitglieder ist lediglich der Mindestanteil der von ihnen zu übernehmenden Anteile vorgeschrieben. Der Mindestanteil von 50 SZR entspricht dem niedrigsten Wert, der im Anhang A für die einzelnen Staaten vorgesehen ist. Die konkrete Anteilszuweisung hat sich an den im Anhang A für das betreffende Land enthaltenen Vorgaben zu orientieren. Sie wird nicht im Verhandlungsweg vertraglich vereinbart, sondern vom Rat einseitig vorgenommen.

72 Die Zeichnung von zusätzlichen Anteilen unterliegt grundsätzlich keinen Beschränkungen. Soweit hierdurch jedoch das genehmigte Grundkapital von 1 Mrd. SZR überschritten wird, hat der zusätzlichen Zeichnung eine Erhöhung des Grundkapitals gemäß Art. 5 c vorauszugehen[1].

Artikel 7
Aufteilung und Abruf des gezeichneten Kapitals

Die ursprünglichen Zeichnungsbeträge jedes Mitglieds werden wie folgt eingezahlt:

i) Innerhalb von neunzig Tagen nach dem Tag, an dem dieses Übereinkommen für das Mitglied in Kraft getreten ist, werden zehn v. H. des Preises jedes Anteils entsprechend der Bestimmung in Artikel 8 Buchstabe a in bar und weitere zehn v. H. in Form von nicht begebbaren, unverzinslichen Solawechseln oder ähnlichen Schuldscheinen eingezahlt, die auf Beschluß des Direktoriums zur Erfüllung der Verbindlichkeiten der Agentur eingelöst werden.

ii) Der Rest unterliegt einem Abruf durch die Agentur, wenn er zur Erfüllung ihrer Verbindlichkeiten benötigt wird.

73 Art. 7 (i), wonach die Mitgliedstaaten nur 10 % des von ihnen zu übernehmenden Anteils in bar zu entrichten haben, soll zum Konventionsbeitritt anregen. Dem dient auch die weitere Regelung in Art. 7 (i), (ii), wonach es bezüglich weiterer 10 % des Zeichnungskapitals genügt, daß es in Schuldscheinen erbracht wird, und die restlichen 80 % erst abgerufen werden dürfen, wenn dies zur Erfüllung der Verbindlichkeiten der MIGA erforderlich ist. Diese Schutzbestimmung wird durch Art. 10 hinsichtlich der Rückzahlungsverpflichtungen der MIGA gegenüber ihren Mitgliedern ergänzt.

74 Als Solawechsel bezeichnet man einen eigenen Wechsel des Ausstellers. Im Unterschied zum gezogenen Wechsel ist er nicht Zahlungsanweisung, sondern Zahlungsversprechen. Er wird hauptsächlich zu Sicherungszwecken verwendet[1].

---
1 Vgl. oben RdNr. 65, 69.

1 Vgl. *Zöllner*, Wertpapierrecht, 14. Aufl. 1987, § 24.

Art. 7 macht weiterhin deutlich, daß das Ziel der MIGA eher in der Schadens- 75
prophylaxe als im Schadensausgleich besteht. Das einzelne Mitgliedsland soll
dazu angehalten werden, den Versicherungsfall erst gar nicht eintreten zu lassen.
Andernfalls muß es damit rechnen, daß seine latente Zahlungsverpflichtung
virulent wird.

Die Barzahlungen in Höhe von 10 % des gezeichneten Kapitals sollen dafür 76
verwendet werden, die Anlaufkosten, die Verwaltungsausgaben und eventuelle
Garantieforderungen zu begleichen[2].

Art. 7 (ii) wird bei größeren Versicherungsfällen relevant, die weder aus dem 77
ursprünglichen Barvermögen noch aus dem weiteren, durch Schuldverschreibungen gedeckten Vermögen beglichen werden können. Der Rückgriff kommt nur
ausnahmsweise in Betracht, denn gemäß Art. 25 ist die MIGA dazu verpflichtet,
ihre Geschäfte vernünftig zu führen, um unter allen Umständen in der Lage zu
bleiben, ihre finanziellen Verpflichtungen zu erfüllen[3]. Jeder Rückgriff würde die
Subventionierung der MIGA verstärken und sollte deshalb unterbleiben[4]. Die
Einzelheiten des Abrufs werden von der Konvention nicht geregelt. Bei Streitigkeiten findet das in Art. 57 und Anlage II geregelte Verfahren Anwendung.

Artikel 8
Zahlung auf gezeichnete Anteile

a) Zahlungen auf Zeichnungsbeträge erfolgen in frei verwendbaren Währungen mit der Ausnahme, daß von in der Entwicklung befindlichen Mitgliedstaaten Zahlungen bis zu fünfundzwanzig v. H. ihrer nach Artikel 7 Ziffer i in bar erfolgenden Zahlungen auf ihre gezeichneten Anteile in ihrer eigenen Währung geleistet werden können.

b) Abrufe auf Teile nicht eingezahlter Zeichnungsbeträge erfolgen einheitlich für alle Anteile.

c) Reicht der bei der Agentur auf einen Abruf eingegangene Betrag nicht aus, um ihren den Abruf bedingenden Verbindlichkeiten zu erfüllen, so kann die Agentur weitere aufeinanderfolgende Abrufe nicht eingezahlter Zeichnungsbeträge vornehmen, bis der bei ihr eingegangene Gesamtbetrag zur Erfüllung ihrer Verbindlichkeiten ausreicht.

d) Die Haftung aus den Anteilen ist auf den nicht eingezahlten Teil des Ausgabepreises der Anteile beschränkt.

---

2 Vgl. Ziffer 7 des MIGA-Kommentars, nachfolgend S. 347 f.
3 Vgl. Ziffer 7 des MIGA-Kommentars, nachfolgend S. 347 f.
4 Vgl. hierzu die nachfolgend Art. 21, RdNr. 459 ff. sowie Art. 26, RdNr. 595 ff.

78 Das gezeichnete Kapital ist grundsätzlich **in frei verwendbarer Währung**[1] einzuzahlen. Damit soll sichergestellt werden, daß alle Staaten entsprechend ihrer Wirtschaftskraft in die finanzielle Verantwortung für die MIGA eingebunden sind[2]. Dies wäre nicht gewährleistet, wenn die Einzahlungen stets in Landeswährung vorgenommen werden dürften. Auch alle übrigen Leistungen auf das einzuzahlende Kapital sind in frei konvertibler Währung zu erbringen. Lediglich für Barzahlungen von seiten der Entwicklungsländer gestattet Art. 8 a, daß sie in Höhe von maximal 25 % in eigener Währung geleistet werden können[3].

79 Art. 8 b statuiert den Grundsatz des **einheitlichen Anteilsabrufs.** Die Vorschrift dient dem Zweck einer gleichmäßigen Erhöhung des Haftungsanteils der einzelnen Mitgliedstaaten. Hierdurch sollen Streitigkeiten zwischen den Mitgliedern verhindert werden, die sich ergeben könnten, wenn einzelne Staaten ihren Zeichnungsanteil vorrangig zu erhöhen hätten.

80 Art. 8 c enthält den Grundsatz der **Erforderlichkeit.** Ein Abruf kommt demnach stets nur in dem Umfang in Betracht, als der eingegangene Gesamtbetrag zur Erfüllung der Verbindlichkeiten der MIGA auch tatsächlich benötigt wird.

81 Art. 8 d etabliert den Grundsatz der **beschränkten Haftung.** Die Vorschrift bemißt die Haftungshöhe nach dem Ausgabepreis der nicht eingezahlten Anteile. Die Haftungsbeschränkung ist eine Konsequenz aus der Tatsache, daß die MIGA eigene Rechtspersönlichkeit besitzt und ihre Mitglieder bei Eintritt eines Versicherungsfalles somit nicht direkt in Anspruch genommen werden können[4]. Die Bestimmung will verhindern, daß die teilweise gravierenden Inflationsraten in den Entwicklungsländern zu Lasten der finanziellen Ausstattung der MIGA gehen.

Artikel 9

Bewertung der Währungen

Erweist es sich für die Zwecke dieses Übereinkommens als notwendig, den Wert einer Währung gegenüber einer anderen festzustellen, so ist ein von der Agentur nach Konsultationen mit dem Internationalen Währungsfonds in angemessener Weise festgesetzter Wert zugrunde zu legen.

---

1 Vgl. zum Begriff oben Art. 3, RdNr. 54.
2 Vgl. *Voss,* Die Multilaterale Investitionsgarantie-Agentur, RIW 1987, 89 ff. (92).
3 Zu den Möglichkeiten zur Verwertung der einheimischen Währung vgl. nachfolgend Art. 18, RdNr. 379.
4 Siehe allgemein zur Frage der Haftung von Staaten als Mitglieder internationaler Organisationen: *Hoffmann,* Der Durchgriff auf die Mitgliedstaaten internationaler Organisationen für deren Schulden, NJW 1988, 585 ff.

Art. 9 gibt der MIGA für die Zwecke ihrer Tätigkeit das Recht zur Festlegung von Wechselkursen. Die Bestimmung hat zunächst im Zusammenhang mit der Ein- und Rückzahlung von Kapital Bedeutung. Sie stellt eine wichtige Ergänzung zu Art. 8 a dar. Beide Bestimmungen wollen dazu beitragen, daß die Mitgliedstaaten einen effektiven Kapitalbeitrag für die MIGA leisten. Art. 8 a, der bestimmt, daß Zahlungen grundsätzlich in frei verwendbarer Währung vorzunehmen sind, könnte für sich allein dieses Ziel nicht erreichen, da die Mitgliedstaaten die Möglichkeit haben, die Höhe ihres Beitrags durch Auf- bzw. Abwertung ihrer Währung zu beeinflussen. Art. 9 will diese Möglichkeit für die Zwecke des Übereinkommens ausschließen, indem die MIGA derartige Manipulationen für unbeachtlich erklären und statt dessen eine eigene Festsetzung vornehmen kann. 82

Daneben hat Art. 9 Bedeutung für die Festsetzung der Garantiesumme. Letztere ist gemäß Art. 16 stets in einer frei verwendbaren Währung auszudrücken[1]. Die häufige Überbewertung der eigenen Währung in den Gaststaaten kann es erforderlich machen, daß die MIGA den Wechselkurs korrigiert[2]. Sofern der betroffene Mitgliedstaat mit der Festsetzung nicht einverstanden ist, kann er ein Streitschlichtungsverfahren gemäß Art. 57 einleiten. 83

Artikel 10
Rückzahlungen

a) Die Agentur zahlt den Mitgliedern so bald wie möglich die auf Abrufe auf das gezeichnete Kapital eingezahlten Beträge zurück, sofern und soweit

i) der Abruf auf Zahlung einer Forderung aus einem Garantie- oder Rückversicherungsvertrag erfolgte und die Agentur danach ihren ausgezahlten Betrag ganz oder teilweise in einer frei verwendbaren Währung zurückerhalten hat,

ii) der Abruf wegen des Zahlungsverzugs eines Mitglieds erfolgte und das Mitglied danach seinen Zahlungsverpflichtungen ganz oder teilweise nachgekommen ist oder

iii) der Rat mit besonderer Mehrheit feststellt, daß die finanzielle Lage der Agentur eine Rückzahlung aller oder eines Teiles der Beträge aus den Einnahmen der Agentur zuläßt.

b) Jede aufgrund dieses Artikels vorgenommene Rückzahlung an ein Mitglied erfolgt in frei verwendbarer Währung in dem Verhältnis, in dem die Zahlungen des betreffenden Mitglieds zu dem Gesamtbetrag der Zahlungen stehen, die vor dieser Rückzahlung auf frühere Abrufe hin erfolgten.

---
1 Vgl. nachfolgend Art. 16, RdNr. 329.
2 Vgl. nachfolgend Art. 16, RdNr. 322 ff.

Mitgliedschaft und Kapital

c) Der Gegenwert der aufgrund dieses Artikels an ein Mitglied zurückgezahlten Beträge wird Teil der abrufbaren Kapitalverbindlichkeiten des Mitglieds nach Artikel 7 Ziffer ii.

84 Art. 10 ergänzt Art. 7 (i), (ii). Beide Bestimmungen wollen sicherstellen, daß der abrufbare Teil des gezeichneten Kapitals nur dann und nur solange von der MIGA in Anspruch genommen wird, als sie die Mittel wirklich benötigt. Zu diesem Zweck sieht Art. 10 a drei Rückzahlungstatbestände vor. Dabei ist Art. 10 a (iii) Auffangtatbestand. Der Rat kann hiernach stets und unabhängig vom Vorliegen der Tatbestandsvoraussetzungen der Art. 10 a (i), (ii) bei entsprechender finanzieller Ausstattung die Rückzahlung zugeflossener Beträge beschließen. Die Entscheidung erfordert besondere Mehrheit im Sinne von Art. 3 d. Art. 10 a (iii) stellt einen Anreiz für die Mitgliedstaaten dar, keinen Versicherungsfall auszulösen, um hierdurch um so eher das der MIGA zur Verfügung gestellte Kapital zurückzuerhalten.

85 Art. 10 b stellt klar, daß die Mitglieder ihre Beiträge im gleichen Verhältnis zurückerhalten, wie sie in die gemeinsame Kasse geleistet worden sind. Die Vorschrift schreibt nicht vor, daß die Rückzahlung auch in derselben Währung wie die Einzahlung vorzunehmen ist. Es genügt, wenn dem einzelnen Mitglied eine beliebige frei verwendbare Währung zur Verfügung gestellt wird. Hat die MIGA auf dem Regreßwege vom Gastland eine nicht frei verwendbare Währung erhalten, kommt eine Rückzahlung gemäß Art. 10 b in der Regel erst dann in Betracht, wenn die MIGA diese Währung in eine frei verwendbare umgetauscht hat[1].

86 Art. 10 c ist erforderlich, um die nach der Rückzahlung entstehende erneute Abrufverbindlichkeit des einzelnen Mitglieds nach einheitlichen Währungsrelationen berechnen zu können. Die Vorschrift dient demnach ebenfalls dem Ziel einer effektiven wertmäßigen Einbindung der Mitgliedstaaten. Art. 10 c sieht hierfür vor, daß sich die Höhe der neu abrufbaren Kapitalverbindlichkeit unabhängig von der konkret zurückerhaltenen Währung stets an deren maßgeblichem Gegenwert zu bemessen hat. Dies ist der Gegenwert in US-Dollar bzw. der hieraus zu ermittelnde Anteil an den Sonderziehungsrechten (Art. 5 a).

---

1 Vgl. Ziffer 9 des MIGA-Kommentars, nachfolgend S. 348.

Kapitel III

Geschäftstätigkeit

Artikel 11

Gedeckte Risiken

a) Vorbehaltlich der Buchstaben b und c kann die Agentur für berücksichtigungsfähige Investitionen eine Garantie gegen Verlust übernehmen, der sich aus dem Eintritt einer oder mehrerer der folgenden Risikoarten ergibt:

i) Transfer von Währungsbeträgen
jede der Gastregierung zurechenbare Einführung von Beschränkungen hinsichtlich des Transfers ihrer Währung außerhalb des Gastlandes in eine frei verwendbare Währung oder eine andere für den Garantienehmer annehmbare Währung, einschließlich des Versäumnisses der Gastregierung, dem Antrag dieses Garantienehmers auf einen solchen Transfer innerhalb einer angemessenen Frist zu entsprechen;

ii) Enteignung und ähnliche Maßnahmen
jede der Gastregierung zurechenbare Gesetzgebungs- oder Verwaltungsmaßnahme oder -unterlassung, die bewirkt, daß dem Garantienehmer das Eigentum an seiner Investition oder seine Kontrolle darüber beziehungsweise ein erheblicher Nutzen aus seiner Investition entzogen wird; ausgenommen sind allgemein anwendbare, nicht diskriminierende Maßnahmen, welche die Regierungen üblicherweise zur Regelung der Wirtschaftstätigkeit in ihrem Hoheitsgebiet treffen;

iii) Vertragsverletzung
jede Nichtanerkennung oder jede Verletzung eines Vertrages mit dem Garantienehmer durch die Gastregierung, wenn a) der Garantienehmer kein Gericht oder Schiedsgericht anrufen kann, um einen Anspruch wegen der Nichtanerkennung oder Verletzung feststellen zu lassen, oder b) eine Entscheidung dieses Gerichts nicht innerhalb einer angemessenen Frist ergeht, wie sie in den Garantieverträgen aufgrund der Vorschriften der Agentur bestimmt ist, oder c) eine solche Entscheidung nicht durchgesetzt werden kann, und

iv) Krieg und zivile Unruhen
militärische Handlungen oder zivile Unruhen in einem Hoheitsgebiet des Gastlands, auf das dieses Übereinkommen nach Artikel 66 anwendbar ist.

b) Auf gemeinsamen Antrag des Investors und des Gastlands kann das Direktorium mit besonderer Mehrheit die Ausweitung der Deckung aufgrund dieses Artikels auf bestimmte andere nichtkommerzielle Risiken als die unter Buchstabe a bezeichneten genehmigen, keinesfalls jedoch auf das Risiko der Währungsabwertung oder -entwertung.

c) **Verluste, die sich aus folgenden Vorkommnissen ergeben, sind nicht abgedeckt:**

i) **jede Handlung oder Unterlassung der Gastregierung, der der Garantienehmer zugestimmt hat oder für die er verantwortlich ist, und**

ii) **jede Handlung oder Unterlassung der Gastregierung vor Abschluß des Garantievertrags oder jedes andere vor diesem Zeitpunkt eintretende Ereignis.**

Gliederung

I. Das Währungstransferrisiko (Artikel 11 a [i]) 87
 1. Allgemeines 87
 2. Einzelne Beschränkungen .. 89
 3. Devisenmaßnahmen des Gaststaates 91
 4. Die Währung des Gastlandes als Transfergegenstand 93
 5. Der Zeitpunkt der Devisenmaßnahme 99
 6. Das Problem der Ursächlichkeit 100
 7. Die maßgebliche Umrechnungseinheit 102
 8. Der maßgebliche Währungs- und Umrechnungszeitpunkt . 103
 9. Die Rechtmäßigkeit der Devisenbeschränkung 104
 10. Das Ausschöpfen des Rechtsweges 106
 11. Das Verhältnis von Art. 11 a (i) zu Art. VIII 2 (b) IMF-Statut 108
 12. Die Abgrenzung zum Enteignungstatbestand 109

II. Das Enteignungsrisiko (Artikel 11 a [ii]) 110
 1. Allgemeines 110
 2. Das versicherte Risiko..... 116
  a) Der Gastregierung zurechenbare Handlung oder Unterlassung auf dem Gebiet der Gesetzgebung oder Verwaltung......... 116
  b) Die Entziehung des Eigentums an der Investition... 120
  c) Die Entziehung der Kontrolle über die Investition . 122
  d) Die Entziehung eines wesentlichen Nutzens aus der Investition 128

 e) Die Ursächlichkeit zwischen Handlung/Unterlassung und Eigentumsentziehung 131
 f) Die Abgrenzung zu allgemeinen staatlichen Hoheitsakten auf dem Gebiet des Wirtschaftsrechts und der Wirtschaftsverwaltung . 132
 g) Die territoriale Beschränkung der Enteignungsmaßnahme 138
 h) Die Rechtmäßigkeit der Enteignung......... 142
 i) Das Ausschöpfen des Rechtsweges 143
 k) Der Umfang der Deckung . 144
 l) Die Entschädigungshöhe. . 148
 m) Die Abgrenzung zu Devisenbeschränkungen und Vertragsbrüchen 153

III. Das Vertragsbruchsrisiko (Artikel 11 a [iii]) 157
 1. Allgemeines 157
 2. Die gedeckten Risiken..... 162
  a) Die Beeinträchtigung eines Vertrages mit dem Gaststaat 162
  b) Die Rechtsverweigerung durch den Gaststaat 170
  c) Die Beeinträchtigung eines Vertrages zwischen dem Ressourcengeber und dem inländischen privaten Ressourcennehmer....... 175

IV. Das Kriegsrisiko (Artikel 11 a [iv]) 177

V. Sonstige versicherbare Investitionsrisiken (Artikel 11 b) 185

VI. Die Versicherungsausschlüsse (Artikel 11 c) 190

I. Das Währungstransferrisiko (Artikel 11 a [i])

1. Allgemeines

Das Währungstransferrisiko bezeichnet die Gefahr, für eine Geldforderung im grenzüberschreitenden Verkehr aufgrund von staatlichen Eingriffen in den Devisentransfer keine oder keine volle Befriedigung zu erlangen. Derartige Maßnahmen werden vor allem von Staaten mit Zahlungsbilanzschwierigkeiten praktiziert[1]. Sie können daneben aber auch ausschließlich politisch motiviert sein[2].

87

Die MIGA gewährt Versicherungsschutz sowohl gegen Beschränkungen, welche die Umwandlung der inländischen Währung in eine „harte" Währung betreffen, als auch gegen Eingriffe, die sich auf den Transfer der inländischen oder ausländischen Währung in das Ausland beziehen. Die Devisenbeschränkung muß Kapital betreffen, das aus der versicherten Investition stammt, sei es in Form von Erträgen oder repatriiertem Kapital[3]. Die MIGA erstreckt ihren Schutz sowohl auf aktive als auch passive Transferhindernisse. Eine aktive Beschränkung liegt vor, wenn die Durchführung des Transfergeschäfts untersagt wird. Eine passive Beschränkung ist dann gegeben, wenn die zuständige Behörde nicht innerhalb von 90 Tagen über den Antrag auf Genehmigung entscheidet oder innerhalb einer anderen Frist, die im Garantievertrag vorgesehen ist[4].

88

2. Einzelne Beschränkungen

Als Maßnahmen, gegen die Versicherungsschutz in Anspruch genommen werden kann, kommen z. B. in Betracht Anlageverbote oder -restriktionen für Inländer, Verbote oder Beschränkungen, im Ausland Guthaben unmittelbar oder über inländische Banken zu halten, Zwangsabtretungen von Guthaben inländischer Gläubiger an den Staat, Verbote oder Beschränkungen für Inländer, im Inland zugunsten von Ausländern Zahlungen vorzunehmen oder Gutschriften zu erteilen, im Ausland Zahlungen zu veranlassen, Gutschriften vornehmen zu lassen, andere auf das Ausland lautende Zahlungsmittel wie Schecks oder Wechsel abzugeben, Clearing- bzw. Sperrkontenzwang gegenüber Inländern für Zahlungen an Ausländer, Zwangskurse für Devisenkäufe und -verkäufe sowie Enteignungen ausländischer Gläubiger in bezug auf Devisenforderungen gegenüber inländischen Schuldnern[5].

89

---

1 So sind Devisenkontrollen in nahezu allen Staaten der Dritten Welt in Geltung. Solange die Verschuldungskrise andauert, ist auch nicht mit deren Aufhebung oder Lockerung zu rechnen.
2 So z. B. die britischen Devisenkontrollen im Zusammenhang mit dem Falkland-Krieg und die amerikanischen Verfügungsbeschränkungen gegen die Volksrepublik China 1950, Kuba 1962, Nordvietnam 1970 und den Iran 1979.
3 Vgl. § 1.23 der „Operational Regulations", nachfolgend S. 375.
4 Vgl. § 1.24 der „Operational Regulations", nachfolgend S. 375.
5 Vgl. *Kleiner*, Internationales Devisen-Schuldrecht, 1985, RdNr. 23.12.

Geschäftstätigkeit

90 Keine Devisenbeschränkungen sind dagegen Maßnahmen, die in ihrer Wirkung zwar einem Transferverbot gleichkommen, jedoch entweder eine andere Zweckrichtung als die der Devisenbewirtschaftung verfolgen oder dem Staat nicht zurechenbar sind. Derartige Ereignisse sind etwa Kursschwankungen, Liquiditätsmangel des Schuldners, Streiks sowie kriegerische Ereignisse und Unruhen. Das gleiche gilt im Hinblick auf gegen den Schuldner gerichtete gerichtliche oder behördliche Maßnahmen, die allgemeiner Natur sind[6]. Zu nennen sind weiterhin Vorschriften zur Kontrolle von Transferpreisen.

3. Devisenmaßnahmen des Gaststaates

91 Für Devisenmaßnahmen besteht eine Vielzahl kollisionsrechtlicher Anknüpfungsmöglichkeiten. In Betracht kommen die Währung, der Wohnsitz oder die Nationalität der Vertragspartner, der Ort, an welchem die Forderung aus dem Devisenkontrakt belegen ist sowie das Vertragsstatut. Dementsprechend groß kann die Anzahl der Staaten sein, die das konkrete Transfergeschäft zu reglementieren beabsichtigen[7].

92 Die MIGA beschränkt ihren Versicherungsschutz auf Maßnahmen des **Gaststaates.** Dabei gelten als Maßnahmen des Gaststaates auch solche Transferbeschränkungen, die sich aus bi- und multilateralen Verträgen, an denen der betreffende Staat beteiligt ist, ergeben[8].

4. Die Währung des Gastlandes als Transfergegenstand

93 Art. 11 a (i) gewährt lediglich Versicherungsschutz im Hinblick auf den Transfer der Währung des Gastlandes in das Ausland. Forderungen, die von Anfang an auf eine ausländische Währung lauten, sind demnach nicht geschützt. Jedoch können derartige Devisenkontrakte gemäß Art. 11 b in den Versicherungsschutz miteinbezogen werden.

94 Die Vorschrift enthält keine Aussage dazu, auf welche Umwandlungswährung sich der Versicherungsschutz bezieht. Bei den nationalen Versicherungssystemen ist dies in der Regel die Währung des Staates, der die Versicherung ausstellt. Für die MIGA kommt eine spezifische Währung oder allgemein jede frei konvertierbare Währung in Betracht[9].

---

6 Vgl. *Kleiner*, Internationales Devisen-Schuldrecht, 1985, RdNr. 23.02 ff.
7 Beispiel: Zwischen X (Staatsangehörigkeit A) und Y (Staatsangehörigkeit B) wird im Staat C ein Vertrag geschlossen, der in der Währung des Staates D zu erfüllen ist. Die Parteien haben vereinbart, daß auf ihren Vertrag das Recht des Landes E anwendbar sein soll. Der Schuldner Y hat seinen Wohnsitz im Staat F. In diesem Fall können sechs Staaten geltend machen, einen sachlichen Anknüpfungspunkt für die Reglementierung des Devisengeschäfts innezuhaben.
8 In diesem Zusammenhang sind auf bilateraler Ebene insbesondere Clearing-Abkommen erwähnenswert. Der bekannteste multilaterale Vertrag im Devisenrecht ist das Bretton-Woods-Abkommen.
9 Vgl. § 1.27 der „Operational Regulations", nachfolgend S. 376. Siehe auch nachfolgend Art. 16, RdNr. 329; *Ebenroth*, Competing Institutional Arrangement and Internationa-

Art. 11 a (i) gewährt lediglich Versicherungsschutz im Hinblick auf Beschränkungen, die den Transfer der Währung vom Gaststaat **in das Ausland** betreffen. Nicht erfaßt wird somit der Fall, daß lediglich die Verwendung des Kapitals im **Gastland** eingeschränkt wird, z. B. durch die Einfrierung von Guthaben[10]. 95

Weiterhin muß die Devisenmaßnahme eine Forderung erfassen, die im Gaststaat belegen ist. Eine Forderung ist dort belegen, wo der Schuldner wohnt oder der Macht des betreffenden Staates unterliegt[11]. Nicht ausschlaggebend ist demnach, welchem Recht der Devisenvertrag untersteht, wo ein Gerichtsstand begründet ist, welches Währungsstatut auf den Vertrag Anwendung findet oder an welchem Ort der Vertrag zu erfüllen ist. 96

Sofern das Gastland sich lediglich auf die zuletzt genannten Anknüpfungspunkte zur kollisionsrechtlichen Rechtfertigung seiner Devisenmaßnahme berufen kann, kommt die Gewährung von Versicherungsschutz somit nicht in Betracht. In diesen Fällen wird der Devisenmaßnahme außerhalb des Maßnahmestaates die Wirksamkeit versagt, so daß der Gläubiger die Möglichkeit hat, seine Forderung dort im Klageweg geltend zu machen. Dies gilt allerdings nicht, wenn die Devisenmaßnahme Bestandteil der lex fori ist. Trotz ihrer exterritorialen Reichweite wird sie in diesem Fall vom erkennenden Gericht angewendet mit der Folge, daß die Forderung des Gläubigers nicht durchsetzbar ist[12]. Der Versicherungsnehmer sollte für diesen Fall im Garantievertrag mit der MIGA gem. Art. 11 b Vorsorge treffen. 97

Die Möglichkeit, die Forderung vor den Gerichten eines Drittstaates mit Erfolg geltend zu machen, schlägt auch dann fehl, wenn der Drittstaat die **fremdstaatliche** Devisenmaßnahme trotz ihrer exterritorialen Reichweite anerkennt. Insbesondere die US-Rechtsprechung hat dies wiederholt getan[13]. Dieses Vorgehen 98

---

lization, in: *Vosgerau* (Hrsg.), New Institutional Arrangements for the World Economy, Heidelberg 1989, S. 438 ff. (469 f.).
10 Vgl. *Shihata*, MIGA and Foreign Investment, 1988, S. 124.
11 Vgl. BGHZ 31, 372 f. (Bundesrepublik Deutschland); In re Banque des Marchands de Moscou (Kompetschesky), [1954] 1 W.L.R. 1108 (Großbritannien); French v. Banco Nacional de Cuba, 242 N.E. 2d 704, 295 N.S. 2d 433 (1968); First National City Bank v. Banco Nacional de Cuba, 406 U.S. 759; Alfred Dunhill of London Inc. v. Republic of Cuba, 425 U.S. 582; Banco Nacional de Cuba v. Chemical Bank New York Trust Company, 658 F. 2d 903 (2d Cir. 1981); Republic of Iraq v. First National City Bank, 353 F. 2d 47, 51 (2d Cir. 1965), cert. denied 382 U.S. 1027 (1966); Weston Banking Corp. v. Furkiye Garanti Bankasi, A.S., 57 N.Y. 2d 315, 456 N.Y.S. 2d 684 (1982); J. Zeevi and Sons, Ltd. v. Grindlays Bank (Uganda) Ltd., 37 N.Y. 2d 220, 371 N.Y.S. 2d 892, cert. denied, 423 U.S. 866 (1975); Allied Bank Int. et al. v. Banco Credito Agricola de Cartago et al., 566 F. Supp. 1440 (S.D.N.Y. 1983), aff'd. 733 F. 2d 23 (2d Cir. 1984).
12 Vgl. *Kleiner*, Internationales Devisen-Schuldrecht, 1985, RdNr. 101 mit Hinweisen auf die Rechtslage in der Schweiz, der Bundesrepublik Deutschland, Österreich, Belgien, Frankreich und Großbritannien.
13 Vgl. Allied Bank International et al. v. Banco Credito Agricola de Cartago et al., Entscheidung des US Court of Appeals for the Second Circuit vom 23. April 1984, 566 F. Supp. 1440 (S.D. N.Y. 1983). Die Entscheidung wurde allerdings im Rehearing-Verfahren aufgehoben; Entscheidung vom 18. März 1985, No. 83-7714/2d Cir. Gleichwohl besteht die Möglichkeit der Anerkennung; vgl. Banco Nacional de Cuba v. Chemical Bank New York Trust Company, 658 F. 2d 903 (2d Cir. 1981). Siehe zum Ganzen: *Ebenroth*, Banking on the Act of State, 1985, S. 17 ff.; *ders./Teitz*, Winning (or Losing) by Default: Act of State, Sovereign

Geschäftstätigkeit

entspricht jedoch nicht der allgemein üblichen Staatenpraxis, so daß die MIGA ihren Versicherungsschutz nicht auf derartige Fallkonstellationen ausdehnen sollte.

5. Der Zeitpunkt der Devisenmaßnahme

99 Art. 11 a (i) läßt die Frage offen, ob Versicherungsschutz nur für solche Devisenbeschränkungen gewährt werden kann, die **nach** Abschluß des Devisenvertrages eingeführt werden oder aber auch vorherige Devisenkontrollen umfaßt. Eine ausdrückliche Einschränkung der Versicherbarkeit besteht insoweit, als die Devisenmaßnahme nicht bereits vor Abschluß des Garantievertrages bestanden haben darf (Art. 11 c [ii]). Devisenmaßnahmen, die zwischen dem Abschluß des Garantievertrages und der Unterzeichnung des Devisenkontrakts eingeführt werden, sind demnach grundsätzlich versicherbar. Dies gilt jedoch nicht, wenn der Versicherungsnehmer den Devisenkontrakt in Kenntnis der Transferbeschränkung abgeschlossen hat oder wenn ihm die Devisenmaßnahme schuldhaft unbekannt geblieben ist. Bei Devisenbeschränkungen, die **vor** Abschluß des Devisenkontrakts eingeführt werden, ist außerdem Art. VIII 2 b) des IMF-Statuts zu beachten[14].

6. Das Problem der Ursächlichkeit

100 Nach allgemeinem Versicherungsrecht muß zwischen dem Eintritt des versicherten Ereignisses (= Devisenbeschränkung) und dem Schadenseintritt beim Versicherten (= Nichterfüllung seiner Forderung) Ursächlichkeit bestehen. Dies ist nicht der Fall, wenn die Forderung bereits aus anderen Gründen nicht hätte realisiert werden können, z. B. weil der Vertrag nach der auf ihn anwendbaren Rechtsordnung nichtig ist oder weil der Forderung eine dauernde Einrede, z. B. die der Verjährung, entgegensteht. Ursächlichkeit ist auch dann nicht gegeben, wenn der Schuldner außerhalb des Gaststaates Vermögen besitzt, aus dem er die Forderung des Gläubigers ohne Verstoß gegen die Devisenkontrollmaßnahmen erfüllen könnte.

7. Die maßgebliche Umrechnungseinheit

101 Art. 11 a (i) bestimmt nicht, welche konkrete Währungsrelation unter den Versicherungsschutz fällt. Hierzu kann erst im Versicherungsvertrag eine definitive Aussage getroffen werden[15].

Immunity, Comity, Int. Lawyer 19 (1985), 225 ff.; *ders.*, Rechtliche Probleme bei der Bewältigung der Schuldenkrise, Aktuelle Herausforderungen im internationalen Finanz- und Wirtschaftsrecht, in: *Edition Dräger-Stiftung* (Hrsg.), Zielsetzung Partnerschaft, Die weltwirtschaftliche Bedeutung von Auslandsinvestitionen und Technologietransfer, 1985, S. 333 ff.
14 Siehe hierzu nachfolgend RdNr. 108.
15 Vgl. nachfolgend Art. 16, RdNr. 329.

Art. 11 a (i) läßt auch offen, welcher Wechselkurs für die Ermittlung der an den 102
Gläubiger zu leistenden Entschädigung maßgeblich ist. In Betracht kommt der
offizielle Wechselkurs, hilfsweise, falls ein solcher nicht existiert oder unbekannt
ist, der Kurs auf einem effektiven, rechtlich zulässigen Parallelmarkt, der Kurs,
der mit dem Investor im Investitionsvertrag oder im Rahmen eines Schiedsverfahrens vereinbart wurde oder der Kurs, der bei der Börse oder der Zentralbank
des Kapitalgeberstaates notiert wird oder dort bekannt ist[16]. Die maßgebliche
Umrechnungseinheit entscheidet darüber, ob die MIGA die finanziellen Folgen
einer Überbewertung der Währung des Gastlandes zu tragen hat[17].

8. Der maßgebliche Währungs- und Umrechnungszeitpunkt

Art. 11 a (i) legt nicht den Zeitpunkt fest, auf den für die Bestimmung des 103
maßgeblichen Wechselkurses abzustellen ist. In der Regel ist dies der Wechselkurs im Gastland an dem Tag, an dem der Gaststaat den Transferantrag ablehnt
oder vermutlich abgelehnt hat. Als maßgeblicher Zeitpunkt kommt auch der Tag
in Betracht, an dem der Antrag auf Genehmigung des Transfergeschäfts gestellt
wurde. Eine andere Möglichkeit besteht darin, den maßgeblichen Zeitpunkt von
der Erfüllung einer bestimmten Wartefrist abhängig zu machen. Innerhalb dieses
Zeitraums hat der Versicherungsnehmer das Währungsrisiko zu tragen[18].

9. Die Rechtmäßigkeit der Devisenbeschränkung

Art. 11 a (i) gewährt Schutz gegen rechtmäßige und rechtswidrige Devisenbe- 104
schränkungen. Die Unterscheidung hat jedoch Bedeutung für einen eventuellen
Regreßanspruch der MIGA gegenüber dem Gaststaat. Nur bei rechtswidrigen
Maßnahmen kann die MIGA vom Gaststaat die sofortige Devisenfreigabe
fordern.

Nach Völkerrecht handelt der Staat bei der Regelung der Ausfuhr von fremdem 105
Eigentum willkürlich und rechtswidrig, wenn seine wirtschaftliche Lage den
Erlaß der betreffenden exportregelnden Norm nicht erfordert[19]. Soweit die

---

16 Vgl. § 1.28 der „Operational Regulations", nachfolgend S. 376, unter Hinweis auf die
    Rechtslage in den USA, Großbritannien, Kanada und der Bundesrepublik Deutschland.
17 Siehe hierzu nachfolgend Art. 16, RdNr. 322 ff.
18 Vgl. § 1.28 der „Operational Regulations", nachfolgend S. 376.
19 Vgl. *Dolzer*, Eigentum, Enteignung und Entschädigung im geltenden Völkerrecht, 1985,
    S. 264; *Gattiker*, Behandlung und Rolle von Auslandsinvestitionen im geltenden Völkerrecht: Eine Standortbestimmung, Schweizerisches Jahrbuch für internationales Recht 37
    (1981), 25 ff. (45 ff.); *Mann*, The Legal Aspect of Money, 4. Aufl. 1982, S. 465 ff.;
    Nussbaum, Money in the Law: National and International, 1950, S. 475.

Geschäftstätigkeit

OECD[20] wie auch die Investitionsschutzverträge[21] die Freiheit des Kapitaltransfers postulieren, gilt dies nur in dem Umfang, in dem der Gaststaat die Erforderlichkeit der Devisenbeschränkung nicht nachweisen kann. Auch die einschlägigen Normen des IMF-Statuts lassen Devisenbeschränkungen in weitem Umfang zu[22]. Der Entwurf des Code of Conduct on Transnational Corporations sieht darüber hinaus auch eine Konsultationspflicht gegenüber transnationalen Unternehmen vor und gibt deutlichere Vorgaben dafür, wann eine Devisenbeschränkung zulässig ist[23]. Von Bedeutung ist schließlich auch, ob der Internationale Währungsfonds der konkreten Devisenmaßnahme gemäß Art. VIII Abs. 2 a IMF-Statut zugestimmt hat.

10. Das Ausschöpfen des Rechtsweges

106 Die Ausführungsbestimmungen zur MIGA-Konvention sehen vor, daß der Versicherte erst dann Ansprüche aus dem Garantievertrag geltend machen kann, wenn er entsprechend den Bestimmungen des Gastlandes einen Antrag auf Genehmigung des Transfergeschäftes gestellt und auf dem **Verwaltungsweg** nach Möglichkeiten gesucht hat, die Genehmigung zu erhalten. Darüber hinaus kann im Garantievertrag vorgesehen werden, daß der Versicherungsnehmer Anwei-

---

20 Vgl. Art. I des Kodex zur Liberalisierung des Kapitalverkehrs vom 12. Dezember 1961, wonach sich die Mitgliedstaaten verpflichten, die Beschränkungen des Kapitalverkehrs untereinander schrittweise so weit zu beseitigen, wie dies für die wirksame Zusammenarbeit erforderlich ist. Gemäß Art. I 1 (ii) sind die Mitgliedstaaten vor allem bemüht, den nicht im Lande wohnenden Personen die Liquidierung ihres Vermögens sowie den Transfer des Vermögens oder des Liquidationserlöses zu gestatten. Das Abkommen ist abgedruckt bei *Langen*, Außenwirtschaftsgesetz (Loseblattsammlung), 1962 ff., A 115.
21 Vgl. etwa Art. 5 des deutschen Investitionsschutzvertrages mit der Demokratischen Republik Somalia vom 27. November 1981, BGBl. 1984 II 779 ff. Der Vertrag stimmt mit der unveröffentlichten Fassung des deutschen „Mustervertrages" überein.
22 Art. VIII Abs. 2 a sieht lediglich bei „laufenden Zahlungen" vor, daß die Staaten ohne Zustimmung des IMF keine Transferbeschränkung einführen dürfen. Auch insoweit sind Devisenkontrollen demnach nicht generell untersagt. Darüber hinaus ist in Art. XIV Abs. 2 festgelegt, daß diejenigen Staaten nationale Regelungen für „laufende Zahlungen" einzuführen befugt sind, die sich in der Nachkriegszeit in einer Übergangsphase befinden. Die Entscheidung darüber, ob sich ein Staat in einer solchen Übergangsphase befindet, ist grundsätzlich dem betreffenden Staat überlassen. Zum Begriff der „laufenden Zahlungen" vgl. Art. XIX des IMF-Statuts. Siehe im übrigen auch die Ausführungen nachfolgend RdNr. 108.
23 Vgl. §§ 26–32, 53 des Draft Code of Conduct; abgedruckt bei *Ebenroth*, Code of Conduct – Ansätze zur vertraglichen Gestaltung internationaler Investitionen, 1987, S. 587 f., 593. Von Interesse sind insbesondere §§ 29 und 53: **§ 29**: "Transnational Corporations should/shall be responsive to requests by Governments of the countries in which they operate, particularly developing countries, concerning the phasing over a limited period of time of repatriation of capital in case of disinvestment or remittances of accumulated profits, when the size and timing of such transfers would cause serious balance-of-payments difficulties for such countries." **§ 53**: "Transnational Corporations should be able to transfer freely and without restriction all payments relating to their investments such as income from invested capital and the repatriation of this capital when this investment is terminated, and licensing and technical assistance fees and other royalties, without prejudice to the relevant provisions of the 'Balance of payments and financing' section of this Code and, in particular, its paragraph 29." Siehe im übrigen auch nachfolgend Art. 35, RdNr. 704 f.

sungen der MIGA zu beachten hat, insbesondere im Hinblick auf die Abtretung von Rechten, die er in bezug auf die einheimische Währung hat oder die Deponierung dieser Währung auf einem MIGA-Konto bzw. dem Konto einer von ihr bestimmten Person[24].

Die MIGA-Konvention sieht nicht vor, daß der Versicherungsnehmer den **Rechtsweg** vor den Gerichten des Gaststaates ausgeschöpft haben muß, ehe er Versicherungsschutz geltend machen kann. Das Gastland kann die Einbeziehung der „Local Remedies Rule"[25] aber im Rahmen von Art. 16, 57 b sicherstellen[26]. 107

11. Das Verhältnis von Art. 11 a (i) zu Art. VIII 2 (b) IMF-Statut

Art. VIII 2 b IMF-Statut sieht vor, daß aus Devisenkontrakten, die gegen Devisenbestimmungen von Mitgliedstaaten verstoßen, nicht geklagt werden kann[27]. Diese Vorschrift könnte dazu führen, daß die MIGA vom Abschluß eines Versicherungsvertrages Abstand nimmt, weil sie im Falle des Eintritts des Versicherungsfalles leistungspflichtig wäre, ohne ihrerseits im Wege der Abtretung Ansprüche gegenüber dem Gaststaat befriedigen zu können (Art. 18 a)[28]. Nach überwiegender Auffassung gilt Art. VIII 2 b IMF-Statut jedoch nur für Devisenmaßnahmen, die schon zur Zeit des Vertragsabschlusses bestanden haben und somit die anfängliche Wirksamkeit des Vertrages in Frage stellen. Dagegen findet Art. VIII 2 b IMF-Statut keine Anwendung auf später erlassenes Recht, das die Vertragsdurchführung berührt[29]. Gemäß Art. 11 c (ii) scheidet in diesem Fall die Gewährung von Versicherungsschutz aber ohnehin aus. 108

---

24 Vgl. § 1.26 der „Operational Regulations", nachfolgend S. 376.
25 Siehe hierzu *Menzel/Ipsen*, Völkerrecht, 2. Aufl. 1979, §§ 24 I., 50 II. 2 a.
26 Siehe hierzu nachfolgend Art. 57, RdNr. 832.
27 Im Wortlaut: „Exchange contracts which involve the currency of any member and which are contrary to the exchange control regulations of that member maintained or imposed consistently with this Agreement shall be unenforceable in the territories of any member." Die Auslegung der einzelnen Tatbestandsmerkmale dieser Vorschrift ist umstritten; vgl. *Kleiner*, Internationales Devisen-Schuldrecht, 1985, RdNr. 23.83 ff.
28 Siehe allgemein zu dieser Problematik sowie zur Rolle des IMF in diesem Zusammenhang: *Ebenroth*, Banking on the Act of State, 1985, S. 83 ff.; *ders./Teitz*, Winning (or Losing) by Default: Act of State, Sovereign Immunity, Comity, Int. Lawyer 19 (1985), 225 ff. (252 ff.).
29 So *Kleiner*, Internationales Devisen-Schuldrecht, 1985, RdNr. 28.86; *Mann*, The Legal Aspect of Money, 4. Aufl. 1982, S. 377 f.; *ders.*, Der Internationale Währungsfonds und das Internationale Privatrecht, JZ 1981, 327 ff. (329); *Rüssmann*, Auslandskredite, Transferverbote und Bürgschaftssicherung, WM 37 (1983), 1126 ff. (1127 f.); *Seidl-Hohenveldern*, Probleme der Anerkennung ausländischer Devisenbewirtschaftungsmaßnahmen, Österreichische Zeitschrift für öffentliches Recht 1957/8, 82 ff. (98 ff.); a.A. *Gold*, Das Währungsabkommen von Bretton Woods vom 22. 7. 1944 in der Rechtsprechung, RabelsZ 1957, 601 ff. (614); *Förger*, Probleme des Art. VIII Abschn. 2 b des Abkommens über den Internationalen Währungsfonds im Realkreditgeschäft, NJW 1971, 309 ff. (310).

Geschäftstätigkeit

12. Die Abgrenzung zum Enteignungstatbestand

109 Devisenkontrollen können im Einzelfall auch als Enteignung zu qualifizieren sein[30]. Enteignungsähnliche Tatbestände bilden etwa das Verbot, an Ausländer Devisen zu zahlen oder die Zwangsumwandlung einer Forderung auf „gute" in eine solche auf „schlechte" Währung[31]. Die Rechtsprechung sieht derartige Eingriffe in der Regel als reine Währungsmaßnahmen an[32]. Als Enteignung zu werten ist dagegen die Einfrierung von Guthaben des Gläubigers im Maßnahmestaat[33].

II. Das Enteignungsrisiko (Artikel 11 a [ii])

1. Allgemeines

110 Innerhalb der Faktoren, die für die Vornahme einer Investition erheblich sind, kommt dem Eigentumsschutz wesentliche Bedeutung zu[34]. Zwar bleiben hierfür letztlich Rentabilitätsgesichtspunkte ausschlaggebend. Die Gewinnerwartungen sind jedoch gegenüber dem Risiko einer Enteignung abzuwägen. Erst wenn die Profitabilitätsaussichten die Gefahr eines Verlustes der Investition überwiegen, wird sich der Investor zu ihrer Vornahme entschließen.

111 Das Enteignungsrisiko wird üblicherweise vor allem im Zusammenhang mit Direktinvestitionen gesehen, ist aber keineswegs hierauf beschränkt. Neben ganzen Unternehmen bzw. Unternehmensteilen können auch Forderungsrechte enteignet werden[35]. Dies verdient deshalb besondere Beachtung, weil Ressourcen heute verstärkt in vertraglichen Kooperationsformen, wie z. B. in Management-, Service- oder Know-how-Verträgen transferiert werden[36].

---

30 Zur Versicherung des Enteignungsrisikos vgl. nachfolgend RdNr. 110 ff.
31 Siehe hierzu *Seidl-Hohenveldern*, Internationales Konfiskations- und Enteignungsrecht, 1952, S. 82 f.; *ders.*, Probleme der Anerkennung ausländischer Devisenbewirtschaftungsmaßnahmen, Österreichische Zeitschrift für öffentliches Recht 1957, 82 ff. (101 f.); *Horn*, Rechtsfragen internationaler Umschuldungen, WM 1984, 713 ff. (715).
32 Vgl. Re Helbert Wagg and Co. Ltd. [1956], CH 323 (Großbritannien) sowie French v. Banco Nacional de Cuba, 23 N.Y. 2d 46 ff., 242 N.W. 2d 704, 295 N.Y.S. 2d 433 (1968) (USA).
33 Vgl. § 1.25 der „Operational Regulations", nachfolgend S. 375.
34 Vgl. *Shihata*, Factors Influencing the Flow of Foreign Investment and the Relevance of a Multilateral Investment Guarantee Scheme, Int. Lawyer 21 (1987), 671 ff.(678 ff., 685 ff.); *Agarwal*, Determinants of Foreign Direct Investment: A Survey, WA 1980, 760 ff.; *ders.*, Ausländische Direktinvestitionen und industrielle Entwicklung in der Dritten Welt, Die Weltwirtschaft 1/1987, 146 ff.; *Voss*, Investment Protection and Promotion, Int'l & Comp. L.Q. 31 (1982), 691 ff.; *Aharoni*, The Foreign Investment Decision Process, 1966; *Akinsanya*, International Protection of Direct Foreign Investment In The Third World, Int'l & Comp. L.Q. 36 (1987), 58 ff.
35 Vgl. nachfolgend RdNr. 120 f.
36 Vgl. *Ebenroth*, Code of Conduct – Ansätze zur vertraglichen Gestaltung internationaler Investitionen, 1987, RdNr. 17 f.; *Burkhardt*, Auslandsinvestitionsschutz durch bilaterale Verträge und Risikoabsicherung, in: *Esser/Meessen* (Hrsg.), Kapitalinvestitionen im Ausland – Chancen und Risiken, 1984, S. 125 ff. (131).

Das Risiko für den Investor besteht nicht allein in der Gefahr, enteignet zu **112** werden. Hinzu kommt, eine Enteignung eventuell nicht beweisen zu können und damit ohne Entschädigung zu bleiben. Die Tatsache, daß Enteignungen heute die formelle Rechtsposition des Eigentümers in der Regel unangetastet lassen und sich darauf beschränken, die Ausübung der Eigentumsrechte zu behindern, macht im Einzelfall die Grenzziehung zwischen einer entschädigungslos hinzunehmenden Sozialbindung des Eigentums und einer entschädigungspflichtigen Enteignung schwierig[37]. Es besteht außerdem die Gefahr, daß die herkömmlichen Schutzmechanismen gegenüber Enteignungen, wie insbesondere das Diskriminierungsverbot und das Erfordernis des öffentlichen Zwecks, versagen. Hinzu kommt das Risiko, nicht oder nicht angemessen entschädigt zu werden.

Die zuletzt genannten Risiken haben ihre Ursache darin, daß zwischen den **113** Staaten keine Einigkeit über die Voraussetzungen und Rechtsfolgen einer Enteignung besteht[38]. Nach traditioneller Auffassung ist bei der Durchführung einer Enteignung ein bestimmter völkerrechtlicher Minimumstandard zu beachten, wonach die Enteignung zu einem öffentlichen Zweck erfolgen muß, keinen diskriminatorischen Charakter haben darf und von der Zahlung einer sofortigen, angemessenen und effektiven Entschädigung begleitet zu sein hat[39]. Dagegen fordern viele Entwicklungsländer, daß sich die Voraussetzungen und Rechtsfolgen einer Enteignung allein nach nationalem Recht bestimmen[40]. Letzteres bleibt

---

37 Man spricht bei derartigen Maßnahmen von sog. „creeping expropriations". Siehe hierzu *Weston*, „Constructive Takings" under International Law: A Modest Foray into the Problem of „Creeping Expropriation", Va. J. Int'l L. 1975–76, 103 ff.; *Higgins*, The Taking of Property by the State: Recent Developments in International Law, RdC 1982-III, 259 ff. (322 ff.); *Creel, Jr.*, „Mexicanization": A Case of Creeping Expropriation, Southwestern Law Journal 1968, 281 ff.; *Christie*, What Constitutes a Taking of Property Under International Law?, B.Y.I.L. 1962, 307 ff.; *Dolzer*, Eigentum, Enteignung und Entschädigung im geltenden Völkerrecht, 1985, S. 238 ff.; *Stewart*, The Iran-United States Claims Tribunal: A Review of Developments 1983–84, L. & Pol'y Int'l Bus. 16 (1984), 677 ff. (721 ff.).
38 Siehe zur Diskussion um die Errichtung einer neuen Weltwirtschaftsordnung *Kimminich*, Das Völkerrecht und die neue Weltwirtschaftsordnung, AVR 20 (1982), 1 ff.; *Wulff*, Rechtspositionen der Entwicklungsländer und der Industriestaaten zur Konstituierung einer neuen Weltwirtschaftsordnung, AVR 23 (1985), 337 ff.; *Meessen*, Zu den Grundlagen des internationalen Wirtschaftsrechts, AöR 1985, 398 ff.; *Gattiker*, Behandlung und Rolle von Auslandsinvestitionen im modernen Völkerrecht: Eine Standortbestimmung, Schweizerisches Jahrbuch für Internationales Recht 1981, 25 ff.; *Fikentscher*, Wirtschaftsrecht, Bd. I, 1983, S. 88 ff. (dort auch mit Erläuterungen zur geschichtlichen Entwicklung der derzeitigen Weltwirtschaftsverfassung).
39 Sog. „Hull"-Rule; benannt nach dem gleichnamigen amerikanischen Außenminister; vgl. *Seidl-Hohenveldern*, Völkerrecht, 5. Aufl. 1984, S. 1186 ff.; *Patzina*, Rechtlicher Schutz ausländischer Privatinvestoren gegen Enteignungsrisiken in Entwicklungsländern, 1981, S. 60 ff.; *Ebenroth*, Code of Conduct – Ansätze zur vertraglichen Gestaltung internationaler Investitionen, 1987, RdNr. 800 ff.
40 Die Position der Entwicklungsländer hat insbesondere in den beiden UN-Resolutionen aus dem Jahre 1974 „Charter of Economic Rights and Duties of States" (Kapitel II, Art. 2, 2 c; abgedruckt in ILM 14 [1975], 251 ff.) und „Declaration on the Establishment of a New International Economic Order" (Ziffer 4 c), abgedruckt in ILM 13 (1974), 715 ff. ihren Niederschlag gefunden; siehe hierzu *Ebenroth*, Code of Conduct – Ansätze zur vertraglichen Gestaltung internationaler Investitionen, 1987, RdNr. 810.

Geschäftstätigkeit

aber oftmals hinter der Hull-Regel zurück[41]. Hinzu kommt, daß das staatliche Recht in den Grenzen der Verfassung zur Disposition des nationalen Gesetzgebers steht.

114 Soweit internationale Schiedsgerichte bisher über die Entschädigungshöhe zu befinden hatten, läßt sich ebenfalls keine homogene Spruchpraxis erkennen[42]. In keinem einzigen bekannten Fall wurde die Hull-Regel ausdrücklich übernommen[43]. Statt dessen wurde eine faire[44], vernünftige[45], angemessene[46], gerechte[47] oder volle Entschädigung[48] gefordert. Da diese Standards sehr vage formuliert und zudem weitgehend austauschbar sind, verbleibt ein erhebliches Maß an Unsicherheit[49].

115 Die geschilderten Gegensätze und Unwägbarkeiten konnten auf bilateraler Ebene durch den Abschluß von Investitionsschutzverträgen reduziert werden[50]. Grundanliegen dieser Verträge ist es, einen Rahmen zu schaffen und zu erhalten, in welchem die Investitionsströme möglichst frei fließen können. Zu diesem Zweck unterwerfen sich die Vertragspartner hinsichtlich der Zulassung und Behandlung von Investitionen bestimmten Rechtspflichten[51]. Unter anderem konkretisieren sie die Voraussetzungen und Rechtsfolgen einer Enteignung, wenn auch weiterhin Zweifelsfragen gerade im Hinblick auf das Vorliegen einer

---

41 Vgl. *Dolzer*, New Foundations of the Law of Expropriation of Alien Property, Am. J. Int'l L. 75 (1981), 553 ff. (569).
42 Vgl. *Shihata*, MIGA and Foreign Investment, 1988, S. 235 ff.
43 Vgl. *Schachter*, Compensation for Expropriation, Am. J. Int'l L. 78 (1984), 121 ff. (123); *Mendelson*, What Price Expropriation?, Am. J. Int'l L. 79 (1985), 414 ff. (416). Siehe auch das Urteil des Europäischen Gerichtshofs für Menschenrechte vom 8. Juli 1986 in Sachen „Lithgow"; hierzu *Lillich*, Introduction, in: *ders.* (Hrsg.), The Valuation of Nationalized Property in International Law, Vol. IV, 1987, S. XIII ff.
44 Vgl. Benvenuti & Bonfant v. People's Republic of the Congo, ILM 21 (1982), 740 ff. (760).
45 Vgl. Kuwait v. American Independent Oil Company (Aminoil), ILM 21 (1982), 976 ff. (1042).
46 Vgl. Kuwait v. American Independent Oil Company (Aminoil), ILM 21 (1982), 976 ff. (1042).
47 Vgl. Permanent Court of International Justice, Case Concerning the Factory at Chorzow, Urteil vom 13. September 1928, P.C.I.J. 1928, 3 ff. (46 f.).
48 Vgl. American International Group, Inc. and American Life Insurance Co. v. Islamic Republic of Iran and Central Insurance of Iran, ILM 23 (1984), 1 ff.; SEDCO Inc. v. Nat'l Iranian Oil Co., Interlocutory Award No. ITL 59-129-3 vom 27. März 1986, ILM 25 (1986), 629 ff. (632).
49 Vgl. das Sondervotum von Schiedsrichter Lagergren in INA Corporation v. Government of the Islamic Republic of Iran, Award No. 184-161-1 vom 14. August 1985, 7. Siehe außerdem *Young/Owen*, Valuation Aspects of the Aminoil Award, in: *Lillich* (Hrsg.), The Valuation of Nationalized Property in International Law, Vol. IV, 1987, S. 3 ff.; *Clagett*, Just Compensation in International Law: The Issues Before the Iran – United States Claims Tribunal, a.a.O., S. 31 ff.; *Gudgeon*, Valuation of Nationalized Property Under United States and Other Bilateral Investment Treaties, a.a.O., S. 101 ff.; *Rabinowitz*, The Impact of the Cuban Nationalization on Compensation and Valuation Standards, a.a.O., S. 133 ff.; *Meessen*, Domestic Law Concepts in International Expropriation Law, a.a.O., S. 157 ff.; *Fales*, A Comparison of Compensation for Nationalization of Alien Property with Standards of Compensation under United States Domestic Law, a.a.O., S. 173 ff.
50 Zu den nationalen Investitionsversicherungen vgl. nachfolgend Art. 19, RdNr. 408 ff.
51 Vgl. *Alenfeld*, Die Investitionsförderungsverträge der Bundesrepublik Deutschland, 1971, S. 19 ff.; *Frick*, Bilateraler Investitionsschutz in Entwicklungsländern, 1975, S. 53 ff.

Enteignung offenbleiben[52]. Die Zahl der Investitionsschutzverträge ist weltweit betrachtet mit ca. 200 aber relativ gering[53]. Zudem gewähren sie in der Regel lediglich „Kapitalanlagen" Schutz, so daß neuartige, zunehmend Verbreitung findende Investitionsformen nicht erfaßt werden[54]. Auch ist der Investor im Falle einer Vertragsverletzung nicht selbst anspruchsberechtigt, sondern auf die Gewährung diplomatischen Schutzes durch den Heimatstaat angewiesen[55]. Soweit im Bereich des gewerblichen Rechtsschutzes besondere Schutzvorschriften existieren, wie insbesondere die Pariser Verbandsübereinkunft, beschränken sie sich auf die Abwehr diskriminierender Maßnahmen[56].

2. Das versicherte Risiko

a) Der Gastregierung zurechenbare Handlung oder Unterlassung auf dem Gebiet der Gesetzgebung oder Verwaltung

Gemäß Art. 11 a (ii) wird Versicherungsschutz im Hinblick auf gesetzgeberische und administrative Maßnahmen gewährt. Legislative Eingriffe sind jedoch nur dann gedeckt, wenn sie unmittelbar eine Enteignung bewirken[57]. Eine Enteignung aufgrund eines Gerichtsurteils oder -beschlusses ist demnach grundsätzlich nicht deckungsfähig, obwohl anerkannt ist, daß auch derartige Maßnahmen enteignenden Charakter haben können[58]. 116

Deckungsfähig sind auch staatliche Unterlassungen. Dies gilt jedoch nur, soweit es sich um administrative Versäumnisse handelt. Gegen sie kann Versicherungsschutz erlangt werden, wenn die Behörde zur aktiven Handlung gesetzlich verpflichtet war und vom Investor unterrichtet worden ist[59]. Hierbei wird angenommen, daß die Handlung 90 Tage nach dem Tag, an dem die Behörde zum Handeln verpflichtet war, vorgenommen worden wäre oder zu einem anderen, im Versicherungsvertrag vorgesehenen Datum[60]. Die Festlegung des maßgeblichen Enteignungszeitpunkts hat Einfluß auf die Höhe der dem Investor zuste- 117

---

52 Vgl. *Dolzer*, Eigentum, Enteignung und Entschädigung im geltenden Völkerrecht, 1985, S. 189 f.
53 Vgl. *Dolzer*, Eigentum, Enteignung und Entschädigung im geltenden Völkerrecht, 1985, S. 54; *Steeg*, Internationale Verhaltensregeln für internationale Investitionen und multinationale Unternehmen, ZGR 1985, 1 ff. (3).
54 Siehe hierzu nachfolgend RdNr. 157 f., sowie *Burkhardt*, Auslandsinvestitionsschutz durch bilaterale Verträge und Risikoabsicherung, in: *Esser/Meessen* (Hrsg.), Kapitalinvestitionen im Ausland – Chancen und Risiken, 1984, S. 125 ff. (131).
55 Vgl. etwa Art. 10 Abs. 1 des deutschen Mustervertrages.
56 Vgl. Art. 2 der Pariser Verbandsübereinkunft, der den Grundsatz der Inländerbehandlung statuiert. Die Übereinkunft, die vom 20. März 1883 stammt, ist abgedruckt bei *Baumbach/Hefermehl*, Warenzeichenrecht, 12. Aufl. 1985, S. 913 ff.
57 Vgl. § 1.32 der „Operational Regulations", nachfolgend S. 377.
58 Vgl. etwa Oilfield of Texas, Inc. v. Iran, Award of the Iran-United States Claims Tribunal No. 258-43-1 vom 8. Oktober 1986, para. 42; siehe hierzu *Brower*, Current Developments in the Law of Expropriation and Compensation: A Preliminary Survey of Awards of the Iran-United States Claims Tribunal, Int. Lawyer 21 (1987), 639 ff. (656).
59 Vgl. § 1.32 der „Operational Regulations", nachfolgend S. 377.
60 Vgl. § 1.33 der „Operational Regulations", nachfolgend S. 377.

Geschäftstätigkeit

henden Entschädigung. In der Regel verschlechtert sich seine Vermögensposition, je weiter die Fiktion der Handlung hinausgeschoben wird.

118 In allen Fällen muß die Maßnahme dem Gaststaat zurechenbar sein. Hierfür genügt es, wenn der Gaststaat der Handlung oder Unterlassung zugestimmt oder sie angeordnet hat[61]. Nach der internationalen Schiedsgerichtspraxis kann die Zurechenbarkeit sowohl auf einer de iure- als auch auf einer de facto-Verbindung zwischen dem Gaststaat und dem ausführenden Organ beruhen[62]. Dabei werden höhere Anforderungen an den Nachweis der Verbindung dann zu stellen sein, wenn das ausführende Organ dem gewerblichen Sektor zuzurechnen ist[63].

119 Eine dem Gaststaat zurechenbare Enteignung kann auch darin liegen, daß er die von einem anderen Staat vorgenommene Enteignung mit Wirkung für sein Hoheitsgebiet anerkennt[64]. Dies gilt allerdings nicht, soweit die Anerkennung im Zusammenhang mit der Bereinigung von Kriegsfolgen steht[65]. Eine ähnliche Problematik entstand, als die USA im Abkommen zur Befreiung der Geiseln im Iran die Pfändung iranischen Vermögens aufhoben[66]. Eine Enteignung kann auch in der Verweigerung diplomatischen Schutzes bestehen[67].

b) Die Entziehung des Eigentums an der Investition

120 Die MIGA gewährt zunächst Versicherungsschutz gegen das klassische, heute nicht mehr häufige Risiko des vollständigen Eigentumsverlustes an der Investition. Die MIGA-Konvention gibt keine Erläuterung, an welchen Investitionen im einzelnen Eigentumsrechte begründet werden können[68]. Mangels erkennbarer Einschränkungen ist deshalb der weite völkerrechtliche Eigentumsbegriff zugrundezulegen. Er umfaßt alle vermögenswerten Positionen Privater[69]. Hierzu

---

61 Vgl. § 1.34 der „Operational Regulations", nachfolgend S. 377.
62 Vgl. Sea-Land Service, Inc. v. Iran, Award of the Iran-United States Claims Tribunal No. 135-33-1 vom 22. Juni 1984, S. 24; Iran-U.S. C.T.R. 6 (1984), 149 ff. (166); Computer Sciences Corp. v. Iran, Award No. 221-65-1 vom 16. April 1986, S. 43 f.; William L. Pereira Assocs., Iran v. Iran, Award No. 116-1-3 vom 19. März 1984, S.42 f.; Iran-U.S. C.T.R. 5 (1984), 198 ff. (226 f.); Schering Corp. v. Iran, Award No. 122-38-3 vom 16. April 1984, S. 16 f.; Iran-U.S. C.T.R. 5 (1984), 361 ff. (379 f.).
63 Vgl. Flexi-Van Leasing, Inc. v. Iran, Award No. 259-36-1 vom 13. Oktober 1986, S. 20; International Technical Products Corp. v. Iran, Award No. 196-302-3 vom 28. Oktober 1985.
64 Vgl. MünchKomm-*Kreuzer*, Nach Art. 12, Anh. III, RdNr. 29; BGHZ 62, 340 ff. (345).
65 Vgl. BVerfGE 29, 348; Aris Gloves Inc. v. U.S., 420 F. 2d 1386 (Ct. Cl. 1970).
66 Vgl. Dainas and Moore v. Regan, 101 U.S. 2972 (1981); American International Group Inc. v. Islamic Republic of Iran, 493 F. Supp. 522 (S.C. D.C. 1980); 657 F 2d 430, 446 (D.C. Cir. 1981); New England Merchants National Bank v. Iran Power Generation and Transmission Co., 646 F. 2d 779 (2d Cir. 1981); *P.W.A.*, The U.S.-Iran Records and the Taking Clause of the Fifth Amendment, Virginia L. Rev. 68 (1982), 1537 ff.
67 Vgl. *Großfeld*, Internationales Unternehmensrecht, 1986, § 26.
68 Zum Begriff der „Investition" vgl. nachfolgend Art. 12, RdNr. 196 ff.
69 Vgl. *Dolzer*, Eigentum, Enteignung und Entschädigung im geltenden Völkerrecht, 1985, S. 170.

zählen auch Forderungsrechte[70]. Umstritten ist dagegen die Behandlung von Good will und Chancen[71].

Der Verlust kann dadurch eintreten, daß die betreffende Sache oder das betreffende Recht zwangsweise auf einen anderen übertragen oder physisch zerstört bzw. für nichtig erklärt wird.

121

c) Die Entziehung der Kontrolle über die Investition

Die MIGA gewährt auch dann Versicherungsschutz, wenn die Rechtsposition des Investors formell unangetastet bleibt, er aber die Kontrolle über seine Investition verliert. Diese Form des Versicherungsschutzes kommt vornehmlich bei Direktinvestitionen in Betracht und erfaßt hauptsächlich die gesetzlichen Kontroll- und Informationsrechte des Gesellschafters[72]. Sie müssen allerdings für die Leitung des Unternehmens erheblich sein. Die Kontrolle kann z. B. auch dadurch entzogen werden, daß der Anteilseigner vom Management der Gesellschaft ausgeschlossen[73] oder generell am Betreten seines Unternehmens gehindert wird[74].

122

Die Kontrolle über die Investition kann auch durch den Bruch eines Investitionsvertrages verloren gehen, weil hierdurch die Planungsgrundlage für die Investition zerstört wird und es künftig an einer Rechtsbasis fehlt[75]. Der Bruch kann sich zugleich als Enteignung von einzelnen vertraglichen Rechten des Investors darstellen.

123

Die Kontrolle über die Investition kann weiterhin auf arbeitsrechtlichem Wege zunichte gemacht werden, etwa dadurch, daß das Recht des Investors zur Einstellung und Entlassung von Arbeitnehmern wesentlich beeinträchtigt wird[76]. In Betracht kommen außerdem Produktionsauflagen, Beschränkungen beim Ein- und Verkauf sowie die Kontrolle der Kapitalzuflüsse, -abflüsse und der Technologieströme, Vorschriften zur Erweiterung oder Stillegung von Produk-

124

---

70 Vgl. *Dolzer*, Eigentum, Enteignung und Entschädigung im geltenden Völkerrecht, 1985, S. 171. Teilweise finden sich in der Staatenpraxis aber Einschränkungen. So zählen nach dem „Hickenlooper-Amendment", welches die Überprüfung fremdstaatlicher Enteignungen im Enteignungsstaat gestattet, vertragliche Ansprüche nicht zu den Eigentumsrechten; vgl. § 22 U.S.C. § 2370 (e) (2).
71 Vgl. insbesondere den „Chinn"-Fall, PCIJ Series A/B No. 63 (1934); siehe hierzu *Dolzer*, Eigentum, Enteignung und Entschädigung im geltenden Völkerrecht, 1985, S. 175 ff., 181 ff.
72 Vgl. Tippets v. TAMS-AFFA Consulting Eng'rs of Iran, Award No. 141-7-2 vom 29. Juni 1984, Iran-U.S. C.T.R. 6 (1984), 219.
73 Vgl. Starrett Housing Corp. v. Iran, Award No. ITL 32-24-1 vom 19. Dezember 1983, Iran-U.S. C.T.R. 4 (1983), 122, 155; Tippetts v. TAMS-AFFA Consulting Eng'rs of Iran, Award No. 141-7-2 vom 29. Juni 1984, Iran-U.S. C.T.R. 6 (1984), 219, 224 ff.; Phelps Dodge Corp. v. Iran, Award No. 217-99-2 vom 19. März 1986, ILM 25 (1986), 619 ff. (624 f.); Payne v. Iran, Award No. 245-335-2 vom 8. August 1986; SEDCO, Inc. v. Nat'l Iranian Oil Co., Award No. ITL 55-129-3 vom 28. Oktober 1986.
74 Vgl. Oilfield of Texas, Inc. v. Iran, Award No. 258-43-1 vom 8. Oktober 1986.
75 Vgl. Revere Copper and Brass, Inc. v. OPIC, ILR 56 (1980), 258 ff.; siehe hierzu *Dolzer*, Nationale Investitionsversicherung und völkerrechtliches Enteignungsrecht, ZaöRV 42 (1982), 480 ff.
76 Vgl. Computer Sciences Corp. v. Iran, Award No. 221-65-1 vom 16. April 1986.

Geschäftstätigkeit

tionsanlagen sowie Aufenthaltsbeschränkungen bis hin zur Einreiseverweigerung.

125 Bei allen vertraglichen Investitionsformen ohne eine kapitalmäßige Einbindung des Investors (z. B. Kooperationsverträge, Lizenzvereinbarungen, Management-, Know-how-, Serviceverträge, etc.) sind vor allem vertraglich eingeräumte Kontrollmöglichkeiten bedeutsam, z. B. Exportbeschränkungen, Wettbewerbsverbote oder die Verpflichtung zum Austausch von Verbesserungserfindungen[77]. Ein Entzug der Kontrolle ist auch durch die Beschlagnahme von Gegenständen[78] oder die Verhaftung von entsandtem Personal möglich. Die Beschlagnahme von Gegenständen kann zugleich als Enteignung der an ihr begründeten Forderungsrechte zu werten sein[79].

126 Bei Portfolio-Investitionen werden die Kontrollrechte vor allem dann enteignet, wenn dem Investor eventuell bestehende Management-Funktionen entzogen werden. Auch ist an die Entziehung von Informationsrechten zu denken.

127 Stets sind alle Umstände des Einzelfalls zu berücksichtigen. Folgt dem Entzug der Kontrolle später noch die formelle Enteignung nach, liegt eine Enteignung im Zweifel bereits zu dem zuerst genannten Zeitpunkt vor[80]. Die Enteignung kann auch erst durch das kumulative Zusammentreffen mehrerer Einzeltatbestände vollendet sein[81].

d) Die Entziehung eines wesentlichen Nutzens aus der Investition

128 Mit jeder Investition wird Gewinn erstrebt. Der Investor geht deshalb eines entscheidenden Nutzens aus seiner Investition verlustig, wenn er die ihm zustehenden Dividendenansprüche (bei Direkt- und Portfolio-Investitionen) bzw. seine Vergütungsforderungen (bei externen Investitionen auf vertraglicher Grundlage) nicht zu befriedigen vermag. Eine Enteignung im Sinne von Art. 11 a (ii) ist demnach auch gegeben, wenn der Investor am Erhalt dieser Kapitalströme gehindert wird, z. B. dadurch, daß ihm keine Dividenden mehr ausgezahlt werden dürfen[82]. Gleiches gilt, wenn ein Bankkonto des Investors gesperrt wird[83]. Die Enteignung der Bank genügt allerdings nicht, solange der Investor die Kontrolle über sein Vermögen behält[84].

---

77 Vgl. hierzu den Katalog in § 20 GWB.
78 Vgl. Dames & Morre v. Iran, Award No. 97-54-3 vom 20. Dezember 1983, Iran – U.S.C.T.R. 4 (1983), 212.
79 Vgl. RIAA (= Reports of International Arbitral Awards), Bd. 1 (1948), S. 307, 323; siehe hierzu *Dolzer*, Eigentum, Enteignung und Entschädigung im geltenden Völkerrecht, 1985, S. 144.
80 Vgl. Am. Bell Int'l, Inc. v. Iran, Award No. 255-48-3 vom 19. September 1986, S. 66; Dames & Morre v. Iran, Award No. 97-54-3 vom 20. Dezember 1983, Iran – U.S.C.T.R. 4 (1983), 212, 223; International Technical Products Corp. v. Iran, Award No. 196-302-3 vom 28. Oktober 1985, S. 49; SEDCO, Inc. v. National Iranian Oil Co., Award No. ITL 55-129-3 vom 28. Oktober 1985.
81 Vgl. § 1.37 der „Operational Regulations", nachfolgend S. 378.
82 Vgl. Tippetts v. TAMS-AFFA Consulting Eng'rs of Iran, Award No. 141-7-2 vom 29. Juni 1984, Iran-U.S.C.T.R. 6 (1984), 219.
83 Vgl. Am. Bell Int., Inc. v. Iran, Award No. 255-48-3 vom 19. September 1986, S. 65.
84 Vgl. William L. Pereira Assocs., Iran v. Iran, Award No. 116-1-3 vom 19. März 1984, S. 42, Iran-U.S.C.T.R. 5 (1984), 198.

Die Enteignung kann sich auch in einem Verbot des Devisentransfers manifestieren[85]. Auch sonstige Verfügungsverbote bzw. -beschränkungen können sich als Enteignung darstellen. Dabei sind Eingriffe nur unter ganz engen Voraussetzungen entschädigungslos hinzunehmen[86]. Dies ist etwa dann der Fall, wenn der Eingriff zeitlich eng begrenzt ist oder wenn er überwiegend auch der Sicherung der Interessen des Eigentümers dient[87].

129

Eine Enteignung kann auch in der Untersagung der bisherigen Nutzung der Investition liegen[88]. Eine Entschädigungspflicht ist aber wohl dann nicht gegeben, wenn der Investor eine angemessene Frist erhält, innerhalb derer er sein Unternehmen auflösen und sich einem anderen Erwerbszweig im Gastland zuwenden oder dieses mitsamt seinem Vermögen verlassen kann[89]. Eine Enteignung kann weiterhin in einer exzessiven Besteuerung liegen. Sie ist gegeben, wenn der Staat sich nicht mehr allein um die bloße Steuer, sondern um den ganzen Steuergegenstand bereichert[90]. Eine Enteignung liegt auch dann vor, wenn Verjährungsfristen drastisch verkürzt und hiervon auch bereits entstandene Ansprüche erfaßt werden oder dann, wenn dem Gläubiger für längere Zeit untersagt wird, bestehende Ansprüche geltend zu machen[91]. Eine Enteignung im Sinne von Art. 11 a (ii) ist schließlich auch dann gegeben, wenn Vermögensgegenstände einer Tochtergesellschaft konfisziert werden, deren Kapitalanteile ganz oder zum überwiegenden Teil dem versicherten Investor (= Muttergesellschaft) zustehen[92].

130

e) Die Ursächlichkeit zwischen Handlung/Unterlassung und Eigentumsentziehung

Die Eigentumsentziehung muß dem Gaststaat zurechenbar sein, um eine Zahlungsverpflichtung der MIGA auszulösen. Die Handlung/Unterlassung des Gaststaates kann sich unmittelbar gegen den Investor richten. Sie kann aber auch auf einen Dritten zielen und gleichwohl eine Enteignung des Investors bewirken. Eine derartige Fallkonstellation ist z. B. dann gegeben, wenn dem Schuldner die Erfüllung seiner Verpflichtung gegenüber dem Gläubiger untersagt wird. Vor-

131

---

85 Vgl. *Gattiker*, Behandlung und Rolle von Auslandsinvestitionen im geltenden Völkerrecht: Eine Standortbestimmung, Schweizerisches Jahrbuch für internationales Recht 37 (1981), 25 ff. (45 ff.); *Dolzer*, Eigentum, Enteignung und Entschädigung im geltenden Völkerrecht, 1985, S. 263 ff. Siehe auch oben RdNr. 109.
86 Vgl. BVerfGE 26, 215; Andrus v. Allard, 100 S. Ct. Rep. 318 (1979).
87 Vgl. *Dolzer*, Eigentum, Enteignung und Entschädigung im geltenden Völkerrecht, 1985, S. 263.
88 Vgl. „Note Zoning", Harv. L.R. 91 (1978), 1427 ff. (1495) mit zahlreichen Nachweisen aus der Rechtsprechung.
89 Vgl. § 196 Abs. 1 a des Second Restatement of the Law: Foreign Relations Law of the United States: Responsibility of States for Injuries to Aliens.
90 Vgl. *Kirchhof*, Besteuerung und Eigentum, VVDStRL 39 (1981), 213 ff. (240 ff.).
91 Vgl. *Dolzer*, Eigentum, Enteignung und Entschädigung im geltenden Völkerrecht, 1985, S. 274.
92 Vgl. *Shihata*, MIGA and Foreign Investment, 1988, S. 128.

Geschäftstätigkeit

aussetzung ist allerdings, daß die Forderung des Gläubigers auch tatsächlich besteht. Der Eingriff kann z. B. in einem Zahlungsverbot bestehen oder in der Beschlagnahme von Gegenständen, auf die der Gläubiger einen Anspruch hat[93]. Auch die extreme Subventionierung eines Konkurrenten mit der Folge, daß der Investor mit seinem Unternehmen nicht mehr wettbewerbsfähig ist, kann als Enteignung zu werten sein[94]. In allen Fällen ist es erforderlich, daß es sich um eine zielgerichtete, vorsätzliche Maßnahme des Gaststaates handelt. Er muß bezwecken, mit der konkreten Handlung eine Enteignung zu bewirken[95].

f) Die Abgrenzung zu allgemeinen staatlichen Hoheitsakten auf dem Gebiet des Wirtschaftsrechts und der Wirtschaftsverwaltung

132 Eine der schwierigsten Aufgaben bei der Gewährung von Versicherungsschutz gemäß Art. 11 a (ii) besteht darin, Grenzlinien zwischen entschädigungspflichtiger Enteignung und entschädigungloser Sozialbindung zu bestimmen. Weder die bisherige internationale Rechtsprechung noch die Praxis des vertraglichen Investitionsschutzes erlauben es, derzeit von einer völkerrechtlichen Eigentumsdogmatik zu sprechen, welche es erlaubt, die Vielfalt der in der Praxis möglichen Fälle einem geschlossenen Prüfungsschema zur Abgrenzung von Enteignung und Sozialbindung zu unterwerfen[96].

133 Die MIGA-Konvention nimmt die Abgrenzung dahingehend vor, daß kein Versicherungsschutz gewährt wird gegen „allgemein anwendbare, nichtdiskriminierende Maßnahmen, welche die Regierungen üblicherweise zur Regelung der Wirtschaftstätigkeit in ihrem Hoheitsgebiet treffen". Derartige allgemeine Maßnahmen sind etwa Steuern, Zölle, Preiskontrollen, Umweltschutzgesetze, Arbeitsgesetze und sonstige Vorschriften zur Aufrechterhaltung der öffentlichen Sicherheit und Ordnung. Sie sind jedoch deckungsfähig, wenn sie nicht alle der oben genannten Kriterien erfüllen, also insbesondere dann, wenn sie diskriminierenden Charakter haben[97].

134 Die MIGA nimmt die Abgrenzung vornehmlich anhand des Kriteriums der Willkürlichkeit vor. Dagegen ist die Schwere des Eingriffs nicht ausschlaggebend. Der Eigentumsschutz ist jedoch primär kein Ausdruck des Gleichheitsgedankens, sondern orientiert sich am Individualinteresse des Eigentümers[98]. Die Schwere des Eingriffs kann deshalb nicht unberücksichtigt bleiben. Auch spielt der Vertrauensschutz eine wichtige Rolle. Eingriffe des Staates, die in Wider-

---

93 Vgl. *Dolzer*, Eigentum, Enteignung und Entschädigung im geltenden Völkerrecht, 1985, S. 144.
94 Vgl. hierzu den „Chinn"-Fall, PCIJ Series A/B No. 63 (1934).
95 Vgl. Sealand Service, Inc. v. Iran, Award No. 135-33-1 vom 22. Juni 1984, S. 24; Iran-U.S.C.T.R. 6 (1984), 166.
96 Vgl. *Dolzer*, Eigentum, Enteignung und Entschädigung im geltenden Völkerrecht, 1985, S. 213.
97 Vgl. § 1.36 der „Operational Regulations", nachfolgend S. 377 f.
98 Vgl. *Dolzer*, Eigentum, Enteignung und Entschädigung im geltenden Völkerrecht, 1985, S. 278.

spruch zu von ihm gegebenen Zusagen stehen, wiegen schwerer als solche, mit denen von vornherein zu rechnen war. Dies gilt z. B. dann, wenn das betreffende Unternehmen mit staatlichen Unternehmen, die einen öffentlichen Auftrag erfüllen, in Konkurrenz steht. Der private Wettbewerber muß gewärtigen, daß der Staat jedenfalls in außergewöhnlichen Situationen mit besonderen Mitteln in die Wettbewerbssituation eingreift[99].

Die Regelung in der MIGA-Konvention entspricht weitgehend der von den nationalen Versicherungssystemen bzw. bilateralen Investitionsschutzverträgen vorgenommenen Abgrenzung. Auch die zuletzt genannten Regimes beschränken sich darauf, den Eingriff in das Eigentum allgemein dahingehend zu umschreiben, daß sie nicht nur den formellen Eigentumsentzug, sondern auch Maßnahmen, die diesem in ihrer Wirkung gleichkommen, als versicherungsfähig anerkennen[100]. Dabei nehmen die Investitionsversicherungsverträge eine Enteignung dann an, wenn der Betrieb aufgrund des Eingriffs auf Dauer ohne Verluste nicht mehr fortgeführt werden kann, oder wenn dessen ungestörtes Funktionieren unterbunden oder entscheidend beeinträchtigt wird.   **135**

Die MIGA-Konvention enthält keine deutlicheren Vorgaben für die Abgrenzung, erlaubt aber andererseits durch die offene Formulierung eine nähere Konkretisierung der Enteignungsschwelle im Versicherungsvertrag. Die wesentliche Neuerung der MIGA-Konvention besteht darin, daß die konkrete Abgrenzungsformel durch das Zustimmungserfordernis des Art. 15 auch gegenüber dem Gaststaat Wirkung entfaltet. Er kann deshalb besser einschätzen, wann er sich gegenüber dem Investor entschädigungspflichtig macht, und dürfte hierdurch eher von einer Überschreitung der Enteignungsschwelle abgehalten werden. Auch verbessern sich damit die Regreßmöglichkeiten der MIGA. Der Gaststaat wird der MIGA gegenüber kaum mit Aussicht auf Erfolg geltend machen können, eine bestimmte Maßnahme sei nicht als Enteignung zu werten, wenn er vorher ihrer Einbeziehung in den Versicherungsschutz zugestimmt hat.   **136**

Die Abgrenzung soll im Einzelfall keine bestehenden Standards in Investitionsschutzverträgen oder sonstigen Abkommen unterlaufen[101]. Individuelle bzw. zwischenstaatliche Eigentumsschutzstandards gehen demnach vor, soweit sie ein höheres Schutzniveau gewähren.   **137**

g) Die territoriale Beschränkung der Enteignungsmaßnahme

Art. 11 a (ii), letzter Halbsatz, macht deutlich, daß nur solche Maßnahmen des Gaststaates unter den Versicherungsschutz fallen, die auf sein Hoheitsgebiet beschränkt sind. Die MIGA-Konvention trägt damit dem völkerrechtlichen   **138**

---

99 Vgl. den „Chinn"-Fall, PCIJ Series A/B No. 63 (1934).
100 Vgl. z. B. Art. 4 Abs. 2 sowie das Protokoll zu Art. 4 des deutschen Mustervertrages. Siehe auch § 5 Ziffer 2 der deutschen Allgemeinen Bedingungen für die Übernahme von Garantien für Kapitalanlagen im Ausland (Fassung: Juli 1978) sowie das hierzu ergangene Merkblatt für die Übernahme von Bundesgarantien für Kapitalanlagen im Ausland.
101 Vgl. § 1.38 der „Operational Regulations", nachfolgend S. 378, sowie Ziffer 14 des MIGA-Kommentars, nachfolgend S. 349.

Geschäftstätigkeit

Grundsatz Rechnung, daß Enteignungen nur im Hoheitsgebiet des enteignenden Staates Wirkung entfalten können[102]. Für eine Absicherung gegen exterritoriale Enteignungen besteht demnach kein Versicherungsbedürfnis. Soweit ein Staat exterritoriale Enteignungen mit Wirkung für sein Hoheitsgebiet anerkennt, liegt eine Enteignung durch diesen Staat vor.

139 Während die Bestimmung der Belegenheit einer Sache im allgemeinen keine Schwierigkeiten bereitet, kann es im Hinblick auf Forderungen zu Zuordnungsproblemen kommen. Grundsätzlich ist davon auszugehen, daß Forderungen am Wohnsitz des Schuldners belegen sind[103]. In den USA wird dies allerdings teilweise anders gesehen. Hier spielt mitunter auch eine Rolle, wo der Vertrag zu erfüllen ist[104]. Der Garantievertrag sollte deshalb hierzu eine klare Regelung enthalten.

140 Auch soweit fremdstaatliche Enteignungen mit Wirkung für das eigene Territorium anerkannt werden, bestehen auf nationaler Ebene unterschiedliche Anerkennungskriterien. Teilweise wird die Zulässigkeit der Anerkennung generell abgelehnt[105]. In den USA haben Gerichte dagegen verschiedentlich entschieden, daß die Anerkennung auszusprechen ist, wenn die Enteignung mit „Law and Policy" der Vereinigten Staaten zu vereinbaren ist[106]. Im Garantievertrag sollte deshalb auch geklärt werden, ob und inwieweit eine derartige Anerkennung gemäß Art. 11 a (ii) deckungsfähig ist.

141 Von der Anerkennung der exterritorialen Reichweite einer fremdstaatlichen Enteignung zu unterscheiden ist die Respektierung der auf das Territorium des enteignenden Staates beschränkten Maßnahme durch den **Heimatstaat** des Enteigneten. Diese Respektierung stellt in der Regel keine (nochmalige) Enteignung durch den Heimatstaat dar[107]. Sie wäre im übrigen auch nicht gemäß Art. 11 a (ii) versicherungsfähig, da sie keine Maßnahme des **Gaststaates** darstellt.

---

102 Vgl. BGHZ 25, 134 ff. (140, 143); *OGH Wien*, RIW 1986, 464 ff. mit Anmerkung von *Seidl-Hohenveldern*; Republic of Iraq v. First National City Bank, 353 F. 2d 47, 51 (2d Cir. 1965); *Großfeld*, Internationales Unternehmensrecht, 1986, § 26 I.
103 Vgl. oben Art. 11 a (i), RdNr. 96.
104 Vgl. Allied Bank v. Banco Credito Agricola de Cartago et al., 566 F. Supp. 1440 (S.D.N.Y. 1983), Aff'd 733 F. 2d 23 (2d Cir. 1984).
105 Vgl. BGHZ 25, 134 ff. (140); *Wengler*, Internationales Privatrecht, Bd. 2, 1981, S. 1106; *Großfeld*, Internationales Unternehmensrecht, 1986, § 26 VII 2; *Matthias*, Die internationalen Auswirkungen von Verstaatlichungsmaßnahmen im internationalen Enteignungsrecht der Bundesrepublik Deutschland, 1980, S. 72 ff.; *Coing*, Zur Nationalisierung in Frankreich, WM 1982, 378 ff. (384).
106 Vgl. Allied Bank v. Banco Credito Agricola de Cartago et al., 566 F. Supp. 1440 (S.D.N.Y. 1983), Aff'd 733 F. 2d 23 (2d Cir. 1984).
107 Etwas anderes kann aber dann gelten, wenn sie zu Unrecht geschieht. Auf nationaler Ebene dient insoweit der ordre public als Korrektiv; vgl. MünchKomm-*Kreuzer*, Nach Art. 12, Anh. III, RdNr. 40 ff.; *Großfeld*, Internationales Unternehmensrecht, 1986, § 26 IV. 1.

h) Die Rechtmäßigkeit der Enteignung

Art. 11 a (ii) nimmt keine Stellung zu der Frage, inwieweit die Gewährung von Versicherungsschutz von der Rechtmäßigkeit bzw. Rechtswidrigkeit der Enteignung beeinflußt wird. Es ist deshalb davon auszugehen, daß Versicherungsschutz in beiden Alternativen gewährt wird. Die Unterscheidung wirkt sich in der Praxis vor allem dahingehend aus, daß bei rechtswidrigen Enteignungen ein umfangreicherer Schadensersatz zu leisten ist, als dies im Falle einer rechtmäßigen Enteignung der Fall wäre. Es kann zusätzlich auch der Ersatz des entgangenen Gewinns gefordert werden[108]. Dabei ist zu bedenken, daß rechtswidrige Enteignungen vergleichsweise selten vorkommen, da in diesem Fall erst verschiedene Sicherungsmechanismen, die vor einer Enteignung schützen (öffentlicher Zweck, keine Diskriminierung), durchbrochen werden müssen[109]. 142

i) Das Ausschöpfen des Rechtsweges

Es stellt sich erneut die Frage, ob der Versicherungsschutz erst dann in Anspruch genommen werden kann, wenn die im Gaststaat verfügbaren Rechtsmittel ausgeschöpft sind[110]. Dies wird im Hinblick auf die Tatsache, daß Art. 12 d (iv) die inländischen Rechtsschutzmöglichkeiten ausdrücklich zu den Voraussetzungen für den Abschluß eines Versicherungsvertrages zählt, grundsätzlich zu bejahen sein. Dabei wird die vom Investor zu zahlende Versicherungsprämie umso höher sein, je früher der Versicherungsschutz durch die MIGA zum Tragen kommt. 143

k) Der Umfang der Deckung

Die MIGA kann Versicherungsschutz grundsätzlich sowohl für Voll- als auch für Teilenteignungen gewähren[111]. Dies unterscheidet sie von vielen nationalen Versicherern, die eine „Alles-oder-Nichts"-Lösung vorsehen[112]. 144

Die Deckung soll sich auf Vollenteignungen beschränken, soweit es sich um Maßnahmen handelt, die den Versicherungsnehmer von der Ausübung gedeckter Rechte abhalten oder die Tätigkeit bzw. die Profitabilität des Investitionsprojekts wesentlich beeinträchtigen[113]. In diesen Fällen wäre der Umfang einer Teilenteignung schwer zu quantifizieren[114]. 145

Eine **Vollenteignung** kann angenommen werden, wenn infolge der Maßnahme 146
– der Versicherungsnehmer an 365 aufeinanderfolgenden Tagen oder innerhalb eines anderen im Garantievertrag festgelegten Zeitraums daran gehindert war,

---

108 Vgl. *Dolzer*, Eigentum, Enteignung und Entschädigung im geltenden Völkerrecht, 1985, S. 182; offengelassen in den Fällen des US-Iran Claims Tribunal, vgl. *Brower*, Current Developments in the Law of Expropriation and Compensation: A Preliminary Survey of Awards of the Iran-United States Claims Tribunal, Int. Lawyer 21 (1987), 639 ff. (664).
109 Vgl. hierzu auch nachfolgend Art. 12 d (iv), RdNr. 261 ff.
110 Vgl. oben Art. 11 a (i), RdNr. 106 f.
111 Vgl. § 1.39 der „Operational Regulations", nachfolgend S. 378.
112 Vgl. *Shihata*, MIGA and Foreign Investment, 1988, S. 129.
113 Vgl. § 1.41, S. 2 der „Operational Regulations", nachfolgend S. 378.
114 Vgl. *Shihata*, MIGA and Foreign Investment, 1988, S. 129.

Geschäftstätigkeit

ein grundlegendes versichertes Recht auszuüben. Dabei soll sich die Versicherung in der Regel auf solche Maßnahmen beschränken, die dem Investor die Ausübung der gedeckten Rechte unmöglich machen oder die Tätigkeit und die Profitabilität des Investitionsprojekts substantiell vermindern[115];

- das Investitionsprojekt während des oben genannten Zeitraums nicht mehr tätig ist;
- der Versicherungsnehmer seine gesamten Rechte, Forderungen und sonstigen Interessen im Hinblick auf den gedeckten Teil der Investition an die MIGA abtritt[116].

147 Eine **Teilenteignung** ist versicherbar, falls gedeckte Rechte des Versicherungsnehmers bzw. Vermögen oder sonstige Sachwerte des Investitionsprojekts auf Dauer entzogen werden[117]. In diesen Fällen ist der Wert des Enteignungsobjekts zumindest bestimmbar. Die Teilenteignung „sonstiger Direktinvestitionen"[118] ist dann deckungsfähig, wenn der Versicherungsnehmer die ihm zustehende Vergütung infolge von Maßnahmen des Gaststaates gegen das Investitionsprojekt innerhalb eines Zeitraums von 365 Tagen oder einer sonstigen im Garantievertrag festgelegten Frist nicht erhält[119].

l) Die Entschädigungshöhe

148 Die MIGA-Konvention nimmt nur indirekt dazu Stellung, inwieweit der Abschluß des Versicherungsvertrages von der im Falle einer Enteignung vom Gaststaat zu zahlenden Entschädigung beeinflußt wird (vgl. Art. 12 d [iv]). Je umständlicher der Entschädigungsmodus im allgemeinen und je niedriger die Entschädigungshöhe im besonderen ausgestaltet sind, umso höher wird die vom Investor zu entrichtende Versicherungsprämie sein.

149 Der Entschädigungsmodus kann in den einzelnen Staaten bereits von der Art der Entschädigung her unterschiedlich sein. In Betracht kommen vor allem die Rückgängigmachung der Enteignung, eine monetäre Entschädigung oder ein Strafschadensersatz[120]. In der Praxis wird nahezu ausschließlich eine monetäre Entschädigung gewährt.

150 Hinsichtlich der Berechnung der Entschädigung bestehen zwischen den Industriestaaten und den Entwicklungsländern beträchtliche Differenzen[121]. Während die Industriestaaten von einer Entschädigung auf der Grundlage des gerechten Marktwertes ausgehen, vertreten die Entwicklungsländer vielfach den Stand-

---

115 Insofern bestehen auf nationaler Ebene unterschiedliche Ansatzpunkte.
116 Vgl. § 1.40 der „Operational Regulations", nachfolgend S. 378.
117 Vgl. § 1.41 S. 1 der „Operational Regulations", nachfolgend S. 378.
118 Vgl. nachfolgend die Kommentierung zu Art. 12 a, RdNr. 201 ff.
119 Vgl. § 1.41 S. 3 der „Operational Regulations", nachfolgend S. 378.
120 Vgl. *Brower*, Current Developments in the Law of Expropriation and Compensation: A Preliminary Survey of Awards of the Iran-United States Claims Tribunal, Int. Lawyer 21 (1987), 639 ff. (658).
121 Siehe auch oben RdNr. 113 ff., insbesondere die Literaturangaben zu RdNr. 114.

punkt, daß Bemessungsgrundlage für die Entschädigung lediglich der Nettobuchwert ist. Sie fordern zudem verschiedene Abzüge, wie z. B. für übermäßige Gewinne, Umweltbeeinträchtigungen, etc.[122].

Die internationale Schiedsgerichtspraxis tendiert dahin, die Auffassung der Industriestaaten zugrundezulegen und sie als Ausdruck des geltenden Völkergewohnheitsrechts zu interpretieren[123]. Dies soll auch unter Berücksichtigung der einschlägigen UN-Deklarationen[124] und der Praxis einzelner Staaten gelten[125]. Ausgangspunkt für die Berechnung der Entschädigung ist demnach der gerechte Marktwert. Unberücksichtigt bleiben insbesondere Wertminderungen aufgrund der Verstaatlichung selbst oder durch nachfolgende Ereignisse. Die vorherige Verschlechterung der Geschäftsaussichten infolge der drohenden Enteignung soll jedoch anspruchsmindernd zu berücksichtigen sein[126]. Bedeutung für die Entschädigungshöhe hat weiterhin die Art des konkreten Enteignungsobjekts wie auch die jeweilige Industriebranche[127].

151

Eine wesentliche Schwäche dieser Spruchpraxis besteht darin, daß über die Berechnung des gerechten Marktwertes keine Klarheit herrscht[128]. Der Garantievertrag sollte eine Konkretisierung anstreben. Dies kann z. B. dergestalt geschehen, daß der von der MIGA gewährte Versicherungsschutz von der konkreten Art der Berechnung des Marktwertes durch den Gaststaat im Einzelfall unberührt bleibt[129]. Durch das Zustimmungserfordernis des Art. 15 hat die Konkretisierung zugleich Wirkung gegenüber dem Gaststaat.

152

m) Die Abgrenzung zu Devisenbeschränkungen und Vertragsbrüchen

Eine Devisenbeschränkung oder ein Vertragsbruch kann im Einzelfall als Enteignung zu werten sein[130]. Dann kann der Versicherungsnehmer seinen Anspruch auf jede einschlägige Fallgruppe stützen[131].

153

---

122 Vgl. *Ebenroth*, Code of Conduct – Ansätze zur vertraglichen Gestaltung internationaler Investitionen, 1987, RdNr. 813 ff.; *Muller*, Compensation for Nationalization: A North-South Dialogue, Col. J. Transnat'l L. 19 (1981), 35 ff.
123 Vgl. INA Corp. v. Iran, Award No. 18-4161-1 vom 13. August 1985; Phelps Dodge Corp. v. Iran, Award No. 217-99-2 vom 19. März 1986, ILM 25 (1986), 619 ff. (627).
124 Vgl. oben Fn. 40.
125 Vgl. SEDCO, Inc. v. National Iranian Oil Co., Award No. ITL 59-129-3 vom 27. März 1986, 629 ff. (634 f.).
126 Vgl. American International Group, Inc. v. Iran, Award No. 93-2-3 vom 19. Dezember 1983, Iran-U.S.C.T.R. 4 (1983), 96 ff. (106, 107); Phelps Dodge Corp. v. Iran, Award No. 217-99-2 vom 19. März 1986, ILM 25 (1986), 619 ff. (627).
127 Vgl. Phelps Dodge Corp. v. Iran, Award No. 217-99-2 vom 19. März 1986, ILM 25 (1986), 619 ff.; Payne v. Iran, Award No. 245-335-2 vom 8. August 1986, S. 14, 18.
128 Vgl. Starrett Housing Corp. v. Iran, Award No. ITL 32-24-1 vom 19. Dezember 1983, Iran-U.S.C.T.R. 4 (1983), 122 ff. (157); siehe auch *Brower*, Current Developments in the Law of Expropriation and Compensation: A Preliminary Survey of Awards of the Iran-United States Claims Tribunal, Int. Lawyer 21 (1987), 639 ff. (667 f.); *Clagett*, The Expropriation Issue Before the Iran-United States Claims Tribunal: Is „Just Compensation" Required by International Law or Not?, L. & Pol. Int'l Bus. 16 (1984), 813 ff.
129 Siehe auch nachfolgend Art. 16, RdNr. 319 ff.
130 Vgl. oben RdNr. 109 bzw. nachfolgend RdNr. 164.
131 Vgl. § 1.42 der „Operational Regulations", nachfolgend S. 379.

Geschäftstätigkeit

154 Im Verhältnis zu Devisenbeschränkungen zeigt die internationale Staatenpraxis Zurückhaltung, hierin zugleich eine Enteignungsmaßnahme zu erblicken. Derartige Maßnahmen werden in weitem Umfang als zur Ausübung der regulären „police power" für zulässig und unbedenklich erachtet[132].

155 Die Eigenständigkeit von Devisenbeschränkungen kommt auch darin zum Ausdruck, daß die Investitionsschutzverträge die Freiheit des Kapitaltransfers unabhängig vom Enteignungstatbestand regeln[133]. Des weiteren ist zu bedenken, daß eine Devisenbeschränkung die Forderung des Gläubigers in der Regel nicht vernichtet. Er kann auch weiterhin vom Schuldner Erfüllung verlangen, nur nicht mehr in der gewünschten Währung. Der Gläubiger stellt sich in diesem Fall besser, als wenn die Erfüllung gänzlich verhindert würde. Dies gilt z. B. im Hinblick auf die Möglichkeit eines eventuellen Ausweichens auf ein Kompensationsgeschäft oder der zeitlichen Befristung des Transferverbots.

156 Die Enteignung kann auch in Form eines Vertragsbruches geschehen[134]. Der Schutz gemäß Art. 11 a (iii) schlägt allerdings fehl, wenn es sich um Verträge zwischen Privaten ohne staatliche Beteiligung handelt[135].

III. Das Vertragsbruchsrisiko (Artikel 11 a [iii])

1. Allgemeines

157 Die Bedeutung des Vertragsbruchsrisikos wächst mit der Zunahme neuer vertraglicher industrieller Kooperationsformen. Neben den herkömmlichen Exportgeschäften sind heute verstärkt auch Management-, Service-, Know-how-, Product Sharing- oder Lizenzvereinbarungen festzustellen[136]. In Anbetracht der Verschuldungskrise gewinnt für die Entwicklungsländer auch die Projektfinanzierung[137] an Gewicht. Die Bedeutung von kommerziellen Darlehen ist unvermindert groß.

158 Die neuen Transferformen unterscheiden sich vom traditionellen Export vor allem dadurch, daß sie ein längerfristiges Engagement des Ressourcengebers im Gastland zur Folge haben und damit für ihn ein höheres Risiko begründen. Daneben steht dem Gaststaat bei diesen Verträgen in der Regel eine breitere Angriffsfläche zur Verfügung. Während beim Exportgeschäft Devisenkontrollen **nach** Durchführung des Kaufvertrages für den Exporteur weitgehend das einzige

---

132 Vgl. *Dolzer*, Eigentum, Enteignung und Entschädigung im geltenden Völkerrecht, 1985, S. 263 ff.
133 Vgl. Art. 5 des deutschen Mustervertrages.
134 Vgl. nachfolgend RdNr. 162 ff.
135 Vgl. nachfolgend RdNr. 175 f. sowie *Shihata*, MIGA and Foreign Investment, 1988, S. 132.
136 Vgl. *Ebenroth*, Code of Conduct – Ansätze zur vertraglichen Gestaltung internationaler Investitionen, 1987, RdNr. 17 f.; *Borner*, Wie kann die schweizerische Wirtschaft im weltweiten Konkurrenzkampf bestehen?, NZZ Nr. 176 vom 2./3. August 1986, S. 30; *Oman*, New Forms of International Investment in Developing Countries, 1984, passim.
137 Siehe hierzu nachfolgend Art. 19, RdNr. 428 ff.

staatliche Risiko darstellen (**vor** Durchführung sind vor allem auch tarifäre und nicht-tarifäre Handelshemmnisse zu beachten), bestehen bei den neuen vertraglichen Kooperationsformen zusätzliche Störpotentiale über das Steuerrecht, das Aufenthaltsrecht, das Technologietransferrecht und das Wettbewerbsrecht (vgl. etwa § 20 GWB). Schließlich kann bei derartigen Verträgen im Fall einer Risikoverwirklichung der Schaden größer sein als bei reinen Exportgeschäften. Dies gilt insbesondere im Hinblick auf die Entstehung neuer Konkurrenten. Vor allem Lizenz- und Know-how-Vereinbarungen können dazu führen, daß der Ressourcengeber die Kontrolle über seine Erfindung verliert und der Ressourcennehmer das erworbene Wissen dazu einsetzt, in Wettbewerb mit seinem früheren Vertragspartner zu treten[138].

159 Die Bedeutung des Vertragsbruchsrisikos steigt aber auch im Zusammenhang mit der Vornahme von Direktinvestitionen. Dies gilt zunächst im Hinblick auf die Bevorzugung von joint ventures durch viele Entwicklungsländer. Die Gründung eines joint venture stellt sich als mehrstufiges Verfahren dar, wobei sowohl ein joint venture-Vertrag als auch nachfolgend eine Gesellschaftssatzung zu entwerfen sind[139]. Damit ist eine doppelte Angriffsfläche geschaffen, auch wenn im einzelnen fraglich ist, inwieweit die Gesellschaftssatzung überhaupt als „Vertrag" bezeichnet werden kann.

160 Daneben werden Direktinvestitionen, sei es als 100 %ige Tochtergesellschaften, sei es als joint ventures, oftmals von Investitionsverträgen begleitet. In diesen Verträgen werden die Investitionsbedingungen im Hinblick auf das konkrete Investitionsvorhaben festgelegt[140]. Hierbei kann es zu einer Modifizierung, Konkretisierung und Stabilisierung der gesetzlichen Investitionsbedingungen kommen[141]. Der Investitionsvertrag hat demnach quasi-gesetzlichen Charakter. Er ist für den Investor Grundlage seiner Tätigkeit und Ausgangsbasis für seine vorausschauende Planung. Investitionsverträge haben deshalb nicht selten eine jahrzehntelange Laufzeit. Darin liegt zugleich aber auch ihre Schwäche, denn es ist unwahrscheinlich, daß der Investitionsvertrag über einen derart langen Zeitraum von Eingriffsversuchen des Gastlandes verschont bleibt.

---

138 Vgl. *Caves*, Multinational Enterprises and Technology Transfer, in: *Rugman* (Hrsg.), New Theories of the Multinational Enterprise, 1982, S. 254 ff.; *Juhl*, Die Bedeutung von Investitionsschutzabkommen für Direktinvestitionen und den Technologietransfer in Entwicklungsländer, ZfbF 1981, 77 f.; *Pfaff*, Technologietransfer und „das" Wesen „der" Lizenzverträge, RIW 1982, 381 ff.
139 Vgl. *Ebenroth*, Zum Verhältnis zwischen joint venture-Vertrag, Gesellschaftssatzung und Investitionsvertrag, JZ 1987, 265 ff.
140 Vgl. hierzu *Schanze*, Investitionsförderungsverträge im internationalen Wirtschaftsrecht, 1986, S. 22, 186; *Böckstiegel*, Der Staat als Vertragspartner ausländischer Privatunternehmen, 1971, S. 76 ff.; *Kipp*, Verträge zwischen staatlichen und nichtstaatlichen Partnern, BerGesVR 5 (1964), 133 ff.; *Zweigert*, Verträge zwischen staatlichen und nichtstaatlichen Partnern, BerGesVR 5 (1964), 194 ff.; *Mann*, The Theoretical Approach Towards the Law Governing Contracts Between States and Private Persons, Rev. belg. dr. int'l 11 (1975), 562 ff.; *Seidl-Hohenveldern*, The Theory of Quasi-International and Partly International Agreements, Rev. belg. dr. int'l 11 (1975), 567 ff.; *Fischer*, Die internationale Konzession, 1974, S. 300 ff.
141 Vgl. *Karl*, Die Potentialorientierung beim internationalen Ressourcentransfer, 1987, S. 71.

Geschäftstätigkeit

161 Trotz der großen Bedeutung des Vertragsbruchsrisikos wird es von den staatlichen Versicherern nur partiell über das Transfer- und Enteigungsrisiko erfaßt. Dagegen ermöglicht Art. 11 a (iii) eine eigenständige Absicherung, die nicht den spezifischen Anforderungen an die Deckung der sonstigen Risiken unterliegt. Darüber hinaus gibt Art. 11 a (iii) dem Versicherungsnehmer die Gewißheit, daß seine Vereinbarung mit dem Gaststaat auch dann noch geschützt ist, wenn seine Verhandlungsposition im Laufe der Zeit schwächer werden sollte[142].

2. Die gedeckten Risiken

a) Die Beeinträchtigung eines Vertrages mit dem Gaststaat

162 Art. 11 a (iii) bietet Schutz sowohl gegen die Nichtanerkennung als auch gegen die Verletzung eines Vertrages zwischen dem Versicherungsnehmer und dem Gaststaat. Verträge des Investors mit privaten Partnern können gemäß Art. 11 b abgesichert werden[143]. Typischerweise handelt es sich bei Art. 11 a (iii) um einen Investitionsvertrag, eine Joint-Venture-Vereinbarung oder einen Konzessionsvertrag. Daneben können aber auch sonstige vertragliche Transfergeschäfte betroffen sein, sofern der Gaststaat als unmittelbarer Vertragspartner auftritt, etwa im Zusammenhang mit der vertraglichen Einbringung von Ressourcen (Güter, Techniken, Know-how, Kapital) in ein Investitionsprojekt oder der Bezahlung dieser Ressourcen aus dem Projekt[144]. Ist ein Staatshandelsunternehmen zwischengeschaltet und verletzt es den Vertrag, liegt in der Regel keine Vertragsverletzung durch den Gaststaat vor. Eine Zurechnung scheidet bei „acte iure gestionis" regelmäßig aus[145].

163 Die Verwirklichung des Vertragsbruchsrisikos setzt die Nichtanerkennung eines tatsächlich bestehenden Vertrages bzw. dessen Verletzung voraus. Hieran kann es bei Verträgen, die der Rechtsordnung des Gastlandes unterstehen, fehlen. Das Gastland hat es in diesen Fällen in der Hand, den Vertrag aus eigener Machtvollkommenheit für nichtig zu erklären und damit dem Versicherten die Grundlage seines Anspruches zu entziehen[146]. Die Nichtigerklärung ist hierbei etwas qualitativ anderes als die bloße Nichtanerkennung des Vertrages. Während die Nichtanerkennung lediglich das subjektive Bestreiten der Wirksamkeit eines Vertrages bedeutet, zielt die Nichtigerklärung auf dessen objektive Aufhebung. Im zuletzt genannten Fall kann Versicherungsschutz nach dem Wortlaut des Art. 11 a (iii) demnach nicht gewährt werden, weil es am versicherten Objekt fehlt.

---

142 Vgl. *Shihata*, MIGA and Foreign Investment, 1988, S. 131.
143 Siehe im übrigen auch nachfolgend RdNr. 175 f.
144 Sog. Projektfinanzierung; siehe hierzu nachfolgend Art. 19, RdNr. 428 ff.
145 Vgl. *Mann*, Staatsunternehmen in internationalen Handelsbeziehungen, RIW 1987, 186 ff.
146 Vgl. *Ebenroth*, Code of Conduct – Ansätze zur vertraglichen Gestaltung internationaler Investitionen, 1987, RdNr. 851 ff.; *Tesón*, State Contracts and Oil Expropriations: The Aminoil-Kuwait Arbitration, Va. J. Int'l L. 24 (1984), 323 ff. (339 f.); *Frick*, Bilateraler Investitionsschutz in Entwicklungsländern, 1975, S. 49 f.

164 Jedoch kommt Versicherungsschutz unter Enteignungsgesichtspunkten in Betracht. Dies gilt insbesondere dann, wenn der Vertrag eine Stabilisierungsklausel enthält[147]. Der Investor erlangt in diesem Fall einen Rechtsanspruch auf Beibehaltung der gegenwärtigen Investitionsbedingungen[148]. Hierbei handelt es sich um ein „acquired right" im Sinne des Völkerrechts[149].

165 Den Parteien des Versicherungsvertrages ist es unbenommen, den Versicherungsschutz gemäß Art. 11 b auf das Nichtigkeitsrisiko auszudehnen. Daneben besteht aber auch die Möglichkeit, daß die Parteien den versicherten Vertrag[150] aus der Rechtsordnung des Gaststaates herauslösen und ihn „internationalisieren"[151]. Als Rechtsordnung, die auf den Vertrag Anwendung finden soll, kommen vor allem das Völkerrecht und die „allgemein anerkannten Rechtsgrundsätze" in Betracht[152]. Als Folge dieser Internationalisierung können die vertraglichen Rechte des Investors nicht mehr einseitig durch den Gaststaat vernichtet werden. Hält der Gaststaat die Vereinbarung nicht ein, macht er sich vertragsbrüchig.

166 Umstritten ist, ob der Vertrag zwischen Gaststaat und Investor nur durch ausdrückliche Erklärung der Parteien internationalisiert werden kann oder ob er jedenfalls bei Vorliegen bestimmter Charakteristika bereits per se als internationalrechtliche Vereinbarung zu bezeichnen ist[153]. Um Unklarheiten zu beseitigen, sollte der Investor deshalb um eine ausdrückliche Rechtswahlklausel bemüht sein. Sofern diese Forderung gegenüber dem Gaststaat nicht durchsetzbar ist, sollte im Garantievertrag eindeutig abgeklärt werden, ob der Investitionsvertrag gemäß Art. 11 a (iii) abgesichert ist.

---

147 Die internationale Schiedsgerichtspraxis hält eine derartige vertragliche Verpflichtung des Gaststaates zur Beibehaltung der gegenwärtigen Investitionsbedingungen für einen bestimmten Zeitraum für zulässig. Umstritten jedoch, welche Anforderungen an die Bestimmtheit der staatlichen Verpflichtung zu stellen sind. So hat die Mehrheit der Richter im Aminoil-Fall die dortige Stabilisierungsklausel dahingehend verstanden, daß sie lediglich eine konfiskatorische Enteignung ausschließe. Die Entscheidung steht damit im Gegensatz zum Texaco-Schiedsspruch, wo eine ähnliche Stabilisierungsklausel als allgemeiner Eingriffsverzicht gewertet wurde; vgl. Kuwait v. American Independent Oil Co. (Aminoil), ILM 21 (1982), 976; Texaco Overseas Petroleum Co. and California Asiatic Oil Co. v. Libyan Arab Republic, ILR 53 (1979), 389; ILM 17 (1978), 1 ff.
148 Vgl. *Karl*, Die Potentialorientierung beim internationalen Ressourcentransfer, 1987, S. 97.
149 Vgl. *Frick*, Bilateraler Investitionsschutz in Entwicklungsländern, 1975, S. 47 f.
150 = der Vertrag zwischen Gaststaat und Investor.
151 Vgl. *Catranis*, Probleme der Nationalisierung ausländischer Unternehmen vor internationalen Schiedsgerichten, RIW 1982, 19 ff. (24); *Stoll*, Vereinbarungen zwischen Staat und ausländischem Investor, 1982, S. 28 ff.; *Mengel*, Erhöhter völkerrechtlicher Schutz durch Stabilisierungsklauseln in Investitionsförderungsverträgen zwischen Drittstaaten und privaten Investoren?, RIW 1983, 739 ff.
152 Vgl. *Böckstiegel*, Die Bestimmung des anwendbaren Rechts in der Praxis internationaler Schiedsgerichtsverfahren, in: Festschrift für *Beitzke*, 1979, S. 443 ff. (449); *ders.*, Der Staat als Vertragspartner ausländischer Privatunternehmen, 1971, S. 105 ff.; *Asante*, Stability of Contractual Relations in the Transnational Investment Process, Int'l & Comp. L.Q. 28 (1979), 401 ff.
153 Vgl. *Böckstiegel*, Der Staat als Vertragspartner ausländischer Privatunternehmen, 1971, S. 310 ff.

Geschäftstätigkeit

167 Der Versicherungsvertrag sollte auch abklären, wo die Grenze der Versicherbarkeit liegt. Die Versagung von Versicherungsschutz kommt vornehmlich dann in Betracht, wenn der Gaststaat infolge höherer Gewalt (force majeure) daran gehindert ist, seinen vertraglichen Verpflichtungen nachzukommen[154]. Dieselbe Rechtsfolge kann auch in Fällen von „hardship"[155] zum Tragen kommen.

168 Über die Nichterfüllung der bestehenden Verpflichtungen hinaus wird der Gaststaat oftmals eine Neuverhandlung des versicherten Vertrages fordern[156]. Der Gaststaat reagiert hiermit auf die Tatsache, daß sich während der Durchführung eines Projekts, insbesondere bei langfristigen Engagements, häufig die politischen, wirtschaftlichen oder technologischen Rahmenbedingungen verändern. Gegenüber der Nichterfüllung des Vertrages kann sich die Forderung nach einer Neuverhandlung für den Investor sowohl als geringeres als auch als größeres Übel erweisen. Ein Vorteil ergibt sich für den Investor dann, wenn der Gaststaat seine bisherigen Verpflichtungen wenigstens noch zum Teil erfüllen will. Nachteile entstehen, wenn der Investor seinerseits zur Übernahme neuer, zusätzlicher Verpflichtungen angehalten wird. Die Forderung nach einer Neuverhandlung kann im Vertrag selbst im Wege einer „renegotiation clause" verankert sein[157]. Dagegen sieht das Völkerrecht in vergleichbaren Fällen in der Regel eine Vertragsbeendigung vor (Grundsatz der „clausula rebus sic stantibus")[158]. Letztere löst ebenfalls den Versicherungsfall gemäß Art. 11 a (iii) aus.

169 Die Versicherungsprämie wird sich für den Investor bei Aufnahme einer renegotiation clause in den Investitionsvertrag vergleichsweise am günstigsten gestalten. Sie verhindert, daß der Gaststaat die rechtliche Grundlage der Investition gänzlich vernichtet. Sie gibt dem Investor darüber hinaus die Möglichkeit, an der Neugestaltung der Investitionsbedingungen aktiv mitzuwirken.

b) Die Rechtsverweigerung durch den Gaststaat

170 Der Versicherungsschutz gemäß Art. 11 a (iii) hat weiterhin zur Voraussetzung, daß der Gaststaat dem Versicherungsnehmer die ordnungsgemäße Wahrnehmung seiner Rechte verweigert. Dies ist anzunehmen, wenn der Versicherungs-

---

154 Hiervon spricht man, wenn künftige Ereignisse, die außerhalb der Kontrolle der Vertragspartner liegen, die (weitere) Durchführung des Vertrages vorübergehend oder für immer unmöglich machen.
155 Hiervon spricht man allgemein dann, wenn das vertragliche Gleichgewicht durch unvorhersehbare Ereignisse in einem solchen Ausmaß gestört wird, daß einer Partei eine übergebührliche Last auferlegt wird; vgl. *Böckstiegel*, Hardship, Force Majeure and Special Risks Clauses in International Contracts, in: *Horn* (Hrsg.), Adaptation and Renegotiation of Contracts in International Trade and Finance, 1985, S. 159 ff.
156 Siehe hierzu die Beiträge von *Horn, Fresle, Böckstiegel, Asser, Pergam, Kohler, Feliciano, Marcantonio, Glossner, Mezger, Herrmann, Buxbaum, Grigera Naón, Syquia* und *El Rahman Abdalla el Sheikh* in: *Horn* (Hrsg.), Adaptation and Renegotiation of Contracts in International Trade and Finance, 1985, S. 3 ff.
157 Siehe z. B. § 11 des Entwurfs des UN-Code of Conduct on Transnational Corporations; vgl. *Ebenroth*, Code of Conduct – Ansätze zur vertraglichen Gestaltung internationaler Investitionen, 1987, RdNr. 154 ff.
158 Vgl. *Böckstiegel*, Der Staat als Vertragspartner ausländischer Privatunternehmen, 1971, S. 330 ff.; siehe auch Art. 62 der „Vienna Convention on the Law of Treaties 1968–69".

nehmer die Vertragsverletzung nicht gerichtlich überprüfen lassen kann, wenn das angerufene Gericht hierüber nicht innerhalb einer angemessenen Frist entscheidet oder wenn die getroffene Entscheidung nicht durchgesetzt werden kann.

Die gerichtliche Überprüfung kann sowohl von einem staatlichen Gericht als auch von einem Schiedsgericht im Gastland vorgenommen werden. Jedoch ist nur ein solches Gericht gemeint, das unabhängig von der Exekutive des Gaststaates ist, gerichtlich tätig wird und dazu ermächtigt ist, eine abschließende und bindende Entscheidung zu treffen[159]. 171

Die Rechtsverweigerung kann auch darin bestehen, daß die Regierung des Gastlandes sachlich nicht gerechtfertigte Verfahrenshindernisse errichtet[160]. Sie kann weiterhin darin liegen, daß das angerufene Gericht nicht binnen angemessener Frist über das Klagebegehren entscheidet. Dabei lassen es die MIGA-Konvention wie auch die Durchführungsbestimmungen offen, wann ein angemessener zeitlicher Rahmen überschritten wird. Allerdings wird in diesem Zusammenhang in verschiedenen anderen Bestimmungen eine Frist von 90 Tagen genannt[161]. Diese Zeitspanne kann Orientierungsrahmen im Zusammenhang mit der Konkretisierung der „Angemessenheit" im Garantievertrag sein. 172

Die 90-Tage-Frist ist ausdrücklich maßgeblich für die Beantwortung der Frage, ob eine abschließende gerichtliche Entscheidung, die zugunsten des Investors ergangen ist, vollstreckt werden kann oder nicht. Jedoch kann im Garantievertrag auch eine andere Frist festgelegt werden[162]. 173

Im Garantievertrag sollen weiterhin diejenigen Maßnahmen konkretisiert werden, die der Versicherungsnehmer zu ergreifen hat, um eine Entscheidung vollstrecken zu können, die wegen einer Vertragsbeeinträchtigung zu seinen Gunsten ergangen ist. Dabei soll auch der Zeitraum festgelegt werden, innerhalb dessen diese Maßnahmen vorzunehmen sind. Sofern sie aber nach Ansicht der Agentur ohnehin fruchtlos wären, braucht die MIGA nicht auf ihrer Durchführung zu bestehen[163]. 174

c) Die Beeinträchtigung eines Vertrages zwischen dem Ressourcengeber und dem inländischen privaten Ressourcennehmer

Art. 11 a (iii) gewährt nur Versicherungsschutz gegen Verletzungen eines Vertrages mit dem **Gaststaat**. Vertragliche Störungen, die durch einen privaten Vertragspartner des ausländischen Ressourcengebers ausgelöst werden, sind somit nicht erfaßt. In diesem Fall kann jedoch Versicherungsschutz gemäß Art. 11 a (i), (ii) zum Tragen kommen, z. B. wenn der Gaststaat den privatrechtlichen Transfervertrag zwischen dem Ressourcengeber und dem -nehmer für nichtig erklärt oder wenn er dem Ressourcennehmer gar aufgibt, den 175

---
159 Vgl. § 1.44 (i) der „Operational Regulations", nachfolgend S. 379.
160 Vgl. § 1.44 (ii) der „Operational Regulations", nachfolgend S. 379.
161 Vgl. etwa § 1.44 (iii) der „Operational Regulations", nachfolgend S. 379.
162 Vgl. § 1.44 (iii) der „Operational Regulations", nachfolgend S. 379.
163 Vgl. § 1.45 der „Operational Regulations", nachfolgend S. 379.

Geschäftstätigkeit

Vertrag zu brechen. Eine Absicherung ist auch über Art. 11 b möglich. Es muß sich jedoch stets um die Absicherung **nichtkommerzieller** Risiken handeln[164].

176 Fraglich ist, ob Versicherungsschutz in den oben genannten Beispielen auch dann gewährt werden kann, wenn der Transfervertrag nicht der Rechtsordnung des Gaststaates untersteht. Dies ist zunächst zu bejahen, wenn das Recht des Gaststaates zumindest als lex fori Anwendung findet. Zwingende Normen der lex fori setzen sich gegenüber dem fremdstaatlichen Schuldstatut durch[165]. Dagegen kommt Versicherungsschutz in der Regel nicht in Betracht, wenn der Gerichtsstand außerhalb des Gaststaates belegen ist, z. B. im Falle des Gerichtsstands des Vermögens. Dann hängt es nämlich von der Entscheidung der fremdstaatlichen lex fori ab, ob das öffentliche Recht des Gaststaates im Forumstaat zu beachten ist, wobei im einzelnen Streit besteht, ob dies im Wege einer Sonderanknüpfung oder über eine materiellrechtliche Berücksichtigung zu geschehen hat[166]. Unabhängig davon, welcher Theorie man hierzu folgt, hat es der Gaststaat in keiner Alternative in der Hand, ob sein Recht zur Anwendung gelangt oder nicht. Damit scheidet eine Versicherbarkeit grundsätzlich aus.

IV. Das Kriegsrisiko (Artikel 11 a [iv])

177 Das Kriegsrisiko zählt zu den klassischen versicherbaren Risiken im Rahmen der staatlichen Versicherungssysteme[167]. Es umfaßt sowohl zwischenstaatliche Kriegshandlungen als auch Bürgerkriege. Letztere sind für Investoren in Entwicklungsländern besonders relevant[168]. Beispiele aus der letzten Zeit sind die Aufstände und Bürgerkriege in Afghanistan, Chile, Israel, den Philippinen, Sri Lanka und Südafrika. Gerade die nationalen Versicherer versagen in unruhigen Regionen aber oftmals den Versicherungsschutz[169].

178 Die MIGA gewährt Versicherungsschutz gegen erklärte und nicht erklärte Kriege. Auch zivile Unruhen sind versicherbar. Hierunter versteht man organisierte Gewalt, die gegen die Regierung gerichtet ist und auf deren Sturz oder ihre Vertreibung aus einer bestimmten Region zielt. Erfaßt werden insbesondere Revolutionen, Rebellionen, Staatsstreiche, Aufstände und Tumulte[170]. Der Versicherungsschutz der MIGA reicht damit in der Regel weiter als der von staatlichen Versicherern, die politische Unruhen unterhalb der Schwelle von Revolutionen und Aufständen nicht abdecken[171].

---

164 Siehe zur Definition nachfolgend RdNr. 185.
165 Vgl. MünchKomm-*Martiny*, Vor Art. 12, RdNr. 340.
166 Vgl. MünchKomm-*Martiny*, Vor Art. 12, RdNr. 341 f.
167 Vgl. etwa § 4 der Richtlinie der Bundesregierung für die Übernahme von Garantien im Ausland, BAnz. Nr. 12/1967 vom 18. Januar 1967.
168 Vgl. *Shihata*, Factors Influencing the Flow of Foreign Investment and the Relevance of a Multilateral Investment Guarantee Scheme, Int. Lawyer 21 (1987), 671 ff. (679).
169 Vgl. etwa § 9 BHaushaltsG, wonach Versicherungsschutz nur dann gewährt wird, wenn mit dem betreffenden Gaststaat ein Investitionsschutzabkommen abgeschlossen worden ist oder wenn der Investitionsschutz aus sonstigen Gründen für ausreichend erachtet wird.
170 Vgl. § 1.48 der „Operational Regulations", nachfolgend S. 380.
171 Vgl. *Shihata*, MIGA and Foreign Investment, 1988, S. 135 f.

Gedeckte Risiken

In allen Fällen muß die Unruhe von Gruppen ausgelöst worden sein, die in erster 179
Linie politische und/oder ideologische Ziele verfolgen. Handlungen, die zur
Unterstützung von Arbeiter-, Studenten- oder anderen spezifischen Interessen
vorgenommen werden, sowie Akte von Terrorismus, Kidnapping und ähnliche
gegen den Versicherungsnehmer gerichtete Handlungen, sind nicht versicherungsfähig, es sei denn, sie sind politisch motiviert[172]. Verbleibende Versiche-
rungslücken können über den privaten Versicherungsmarkt geschlossen
werden[173].

Voraussetzung für die Versicherbarkeit ist weiterhin, daß sich die versicherungs- 180
relevante Handlung im Gaststaat zugetragen hat. Liegt der Ort der Handlung im
Ausland, wird sie gleichwohl als im Gastland geschehen angesehen, wenn sie
sachliches Vermögen des Investitionsprojektes, das im Gastland belegen ist,
zerstört oder beschädigt oder in dessen Tätigkeit eingreift. Dies ist z. B. dann der
Fall, wenn das Unternehmen im Grenzgebiet belegen und durch feindliche
Maßnahmen jenseits der Grenze betroffen ist, oder wenn durch Maßnahmen im
Ausland Verbindungswege zerstört bzw. unterbrochen werden, die für das
Unternehmen lebensnotwendig sind[174].

Der Umfang der Deckung kann im Versicherungsvertrag näher festgelegt wer- 181
den. Die Deckung kann beschränkt werden auf

– einen spezifischen Betrag oder Prozentsatz der Investitionssumme;
– Güter, die für die Tätigkeit des Unternehmens wesentlich sind;
– die völlige Zerstörung des Investitionsprojekts oder einen solchen substantiellen Schaden, durch den seine fortwährende Profitabilität unmöglich wird;
– Verluste, die auf der Basis der ursprünglichen Kosten der beschädigten oder
zerstörten Anlagen berechnet werden[175].

Die Konvention gibt der MIGA somit bei der Konkretisierung des Kriegsrisikos 182
und des Umfangs der Deckung einen vergleichsweise großen Gestaltungsspielraum. Die MIGA kann hierdurch der Gefahr Rechnung tragen, daß sie den
Gaststaat im Falle einer Risikoverwirklichung mangels Zurechenbarkeit des
eingetretenen Schadens eventuell nicht haftbar machen kann. Dagegen bestehen
bei den nationalen Versicherern in der Regel zwingende Einschränkungen in der
Versicherbarkeit.

In allen Fällen soll die Deckung auf solche Fälle beschränkt bleiben, in denen die 183
betreffenden Investitionsgegenstände weggeschafft, vernichtet oder physisch
beschädigt worden sind oder in denen andere Formen von substantiellen Eingrif-

---

172 In diesem Fall kann Versicherungsschutz gemäß Art. 11 b vereinbart werden. Vgl. § 1.49
  der „Operational Regulations", nachfolgend S. 380.
173 Vgl. *Shihata*, MIGA and Foreign Investment, 1988, S. 135.
174 Vgl. § 1.50 der „Operational Regulations", nachfolgend S. 380.
175 Vgl. § 1.51 der „Operational Regulations", nachfolgend S. 381.

Geschäftstätigkeit

fen in die Tätigkeit des Investitionsprojekts stattgefunden haben[176]. Im Gegensatz zu den staatlichen Versicherern ist es aber nicht erforderlich, daß der Eingriff eine erfolgreiche Fortführung der Geschäftstätigkeit auf Dauer unmöglich macht[177]. Deshalb kann die MIGA auch die Kosten einer Geschäftsunterbrechung ersetzen. Eine bloße Beeinträchtigung der geschäftlichen Aussichten oder Tätigkeitsbedingungen genügt allerdings nicht[178].

184 Bei der Übernahme der Kosten einer Geschäftsunterbrechung sollte die MIGA Zurückhaltung üben. Vor allem innerhalb eines transnationalen Konzernverbundes mag es erhebliche Schwierigkeiten bereiten, deren Höhe auch nur annähernd zu bestimmen[179].

V. Sonstige versicherbare Investitionsrisiken (Artikel 11 b)

185 Die MIGA ist bestrebt, einen möglichst umfassenden Versicherungsschutz anzubieten. Art. 11 b sieht deshalb vor, daß über die in Art. 11 a genannten Risiken hinaus grundsätzlich auch jedes andere nichtkommerzielle Risiko durch den Garantievertrag abgesichert werden kann. Es läßt sich definieren als jede außerwirtschaftlich motivierte Veränderung der Grundlagen wirtschaftlicher Planung, die den Freiraum legitimer Unternehmensentscheidungen so einengt, daß Nutzungsoptionen und/oder die Rentabilität von Aktiva vorübergehend oder dauerhaft verringert werden[180]. Art. 11 b trägt dem Umstand Rechnung, daß in den letzten Jahren neuartige Investitionsrisiken an Bedeutung gewonnen haben. Zu denken ist z. B. an terroristische Akte oder Entführungen, die speziell gegen die Person des Garantienehmers oder seiner Familienangehörigen und Angestellten gerichtet sind. Art. 11 b erlaubt darüber hinaus, den spezifischen Risiken des konkreten Investitionsvorhabens in möglichst optimaler Weise zu begegnen.

186 Insbesondere können im Garantievertrag diejenigen Risiken abgedeckt werden, für die auf nationaler Ebene kein Versicherungsschutz bereitgestellt werden kann[181]. Art. 11 b kann darüber hinaus Lücken füllen, welche eine investitionsvertragliche Absicherung offengelassen hat oder die gemäß Art. 11 a nicht abgesichert werden können. Z. B. kommt Versicherungsschutz gegen sonstige Ein- und Ausfuhrbeschränkungen außerhalb des Bereichs des Devisentransfers in Betracht[182]. Auf diese Weise kann es zu einem komplementären Zusammen-

---

176 Vgl. § 1.52 der „Operational Regulations", nachfolgend S. 381.
177 Vgl. z. B. § 5 Nr. 2 b der Allgemeinen Bedingungen für die Übernahme von Garantien für Kapitalanlagen im Ausland (Fassung: September 1986).
178 Vgl. § 1.52 der „Operational Regulations", nachfolgend S. 381.
179 Vgl. Shihata, MIGA and Foreign Investment, 1988, S. 137.
180 Vgl. Siegwart/Mahari/Caytas (Hrsg.), Internationales Management politischer Risiken, 1987, S. 12 f.
181 Vgl. hierzu nachfolgend Art. 19, RdNr. 408 ff.
182 Die Versicherung darf allerdings nicht dazu führen, daß zwingend zu beachtende Interessen des Gaststaates unterlaufen werden. So hat der BGH einen Versicherungsvertrag bezüglich der Ausfuhr von Kunstgegenständen aus Nigeria mit der Begründung für nichtig erklärt, das nigerianische Ausfuhrverbot entspreche dem allgemein zu achtenden Interesse aller

spiel von investitionsvertraglicher Risikominimierung und versicherungsrechtlichem Schutz kommen[183].

Voraussetzung für den Abschluß eines Garantievertrages gemäß Art. 11 b ist ein gemeinsamer Antrag von Gaststaat und Investor. Das Zustimmungserfordernis des Art. 15 wird auf diese Weise vorverlagert. Die gemeinsame Antragstellung macht deutlich, daß der Gaststaat das Interesse des Versicherungsnehmers an der Gewährung des spezifischen Versicherungsschutzes anerkennt. Hierdurch dürfte sich die Sicherheit der Investition erhöhen, denn der Gaststaat kann eine Investition, deren Schutzwürdigkeit er durch die gemeinsame Antragstellung bestätigt hat, nicht mehr ohne Imageverlust angreifen. **187**

Die gemeinsame Antragstellung macht zugleich deutlich, daß der Gaststaat auch ein besonderes Interesse an der Vornahme der Investition hat. Damit steht der Investor in besonderem Maße in der Pflicht, seine Investition zum Wohle und im Einklang mit den Interessen des Gaststaates auszuüben. **188**

Die besondere Bedeutung, die die Übernahme von Risiken gemäß Art. 11 b für die Beteiligten hat, kommt formell dadurch zum Ausdruck, daß das Direktorium über den Antrag mit Zweidrittelmehrheit zu entscheiden hat (vgl. Art. 11 b, 3 d). Die Zustimmung des Direktoriums kann allgemein oder gesondert für jeden Einzelfall erteilt werden[184]. **189**

VI. Die Versicherungsausschlüsse (Art. 11 c)

Nicht versicherbar sind alle kommerziellen Risiken. Deckungsunfähig ist auch das Risiko der Währungsabwertung oder -entwertung. Der Investor kann sich insoweit z. B. über Devisentermingeschäfte absichern. **190**

Nicht versicherbar sind weiterhin die in Art. 11 c genannten Verluste. Eine Verantwortlichkeit des Versicherungsnehmers im Sinne von Art. 11 c (i) ist vor allem dann gegeben, wenn die Handlung/Unterlassung des Garantienehmers bzw. der von ihm beauftragten Personen oder seines Unternehmens nach dem Recht des Gaststaates verboten war, soweit der Garantienehmer rechtlich die Möglichkeit gehabt hätte, die Handlung/Unterlassung zu unterbinden[185]. **191**

Der Versicherungsausschluß gemäß Art. 11 c (ii) läßt die Wirksamkeit des Garantievertrages unberührt, wenn das betreffende Ereignis sowohl der Agentur **192**

Völker an der Erhaltung von Kulturwerten an Ort und Stelle: „Die Ausfuhr von Kulturgut entgegen einem Verbot des Ursprungslandes verdient daher im Interesse der Wahrung der Anständigkeit im internationalen Verkehr mit Kunstgegenständen keinen bürgerlichrechtlichen Schutz, auch nicht durch die Versicherung einer Beförderung, durch die Kulturgut aus dem von der ausländischen Rechtsordnung beherrschten Gebiet dem seiner Sicherung dienenden Ausfuhrverbot zuwider ausgeführt werden soll. Einem solchen Vertrag liegt ein versicherbares Interesse nicht zugrunde"; vgl. BGHZ 59, 82.

183 Vgl. *Ebenroth*, Zur Bedeutung der Multilateral Investment Guarantee Agency für den internationalen Ressourcentransfer, JZ 1987, 641 ff. (648 f.).
184 Vgl. § 1.53 der „Operational Regulations", nachfolgend S. 381.
185 Vgl. § 1.54 der „Operational Regulations", nachfolgend S. 381.

Geschäftstätigkeit

noch **192** als auch dem Antragsteller unbekannt geblieben ist, oder bei Umständen, die zwar schon im Zeitpunkt des Vertragsabschlusses vorlagen, aber erst später zu einem Versicherungsfall geführt haben[186]. Ein Währungstransfer soll gemäß Art. 11 c (ii) insbesondere dann nicht versichert sein, wenn der Antragsteller am Tag des Abschlusses des Garantievertrages nur die Möglichkeit gehabt hätte, den Transfer zu einem niedrigeren Kurs als demjenigen, der von der Devisenkontrollbehörde des Gastlandes genehmigt worden ist, vorzunehmen[187].

Artikel 12
Berücksichtigungsfähige Investitionen

a) Zu den berücksichtigungsfähigen Investitionen gehören Kapitalbeteiligungen, einschließlich der von Anteilseignern des betreffenden Unternehmens gewährten oder garantierten mittel- oder langfristigen Darlehen, sowie die vom Direktorium gegebenenfalls festgelegten Formen von Direktinvestitionen.

b) Das Direktorium kann mit besonderer Mehrheit festlegen, daß auch andere mittel- oder langfristige Investitionsformen berücksichtigungsfähig sind; jedoch dürfen andere als die unter Buchstabe a genannten Darlehen nur berücksichtigt werden, wenn sie mit einer bestimmten Investition in Zusammenhang stehen, die von der Agentur abgedeckt ist oder abgedeckt werden soll.

c) Die Garantien sind auf Investitionen beschränkt, deren Durchführung nach der Eintragung des Garantieantrags durch die Agentur beginnt. Diese Investitionen können folgendes umfassen:

i) jeden Devisentransfer zum Zweck der Modernisierung, Erweiterung oder Entwicklung einer vorhandenen Investition und

ii) die Verwendung der Erträge aus vorhandenen Investitionen, die sonst aus dem Gastland transferiert werden könnten.

d) bei der Übernahme einer Garantie für eine Investition muß sich die Agentur vom Vorliegen folgender Tatsachen vergewissern:

i) die wirtschaftliche Solidität der Investition und ihren Beitrag zur Entwicklung des Gastlands;

ii) die Übereinstimmung der Investition mit den Gesetzen und sonstigen Vorschriften des Gastlands;

iii) Die Übereinstimmung der Investition mit den erklärten Entwicklungszielen und -prioritäten des Gastlands und

iv) die Investitionsbedingungen im Gastland, einschließlich der Verfügbarkeit einer gerechten und angemessenen Behandlung und eines Rechtsschutzes für die Investition.

---
186 Vgl. § 1.57 der „Operational Regulations", nachfolgend S. 382.
187 Vgl. § 1.56 der „Operational Regulations", nachfolgend S. 382.

Gliederung

I. Die versicherbaren Investitionen (Artikel 12 a–c) 194
  1. Einleitung 194
  2. Die versicherbaren Investitionsformen 196
    a) Kapitalbeteiligungen 196
    b) Sonstige Direktinvestitionen 201
    c) Sonstige Investitionen . . . 208
  3. Die investierten Ressourcen . . 209
    a) Monetäre Ressourcen . . . 209
    b) Sonstige Ressourcen 210
  4. Der Investitionszeitpunkt . . . 211
    a) Der Zeitpunkt der Implementierung der Investition . 211
    b) Sonstige Kriterien für neue Investitionen 213
II. Das Verhältnis zwischen Investition und Gastland (Artikel 12 d) . 215
  1. Einleitung 215
  2. Die versicherungsrelevanten Faktoren 221
    a) Die wirtschaftliche Solidität der Investition und ihr Beitrag zur Entwicklung des Gastlandes (Art. 12 d [i]) . . 221
      aa) Die wirtschaftliche Solidität 222
      bb) Der Entwicklungsbeitrag 223
        aaa) Die Auswirkungen von Direktinvestitionen auf die Wirtschaft des Gastlandes . 223
        bbb) Die Bewertung des Entwicklungsbeitrages durch die MIGA 226
        ccc) Einzelne berücksichtigungsfähige Entscheidungskriterien . . 235
    b) Die Übereinstimmung der Investition mit den Gesetzen und sonstigen Vorschriften des Gastlandes (Art. 12 d [ii]) 238
    c) Die Übereinstimmung der Investition mit den erklärten Entwicklungszielen und -prioritäten des Gastlandes (Art. 12 d [iii]) 245
      aa) Das Verhältnis zu Art. 12 d (i) 245
      bb) Die Bewertung der speziellen Entwicklungsziele durch die MIGA 246
    d) Die Investitionsbedingungen des Gaststaates einschließlich der dortigen Rechtsschutzmöglichkeiten (Art. 12 d [iv]) 249
      aa) Die einzelnen Investitionsbedingungen des Gaststaates 249
      bb) Die besondere Bedeutung des Rechtsschutzes 253
      cc) Die einzelnen rechtsschutzrelevanten Prüfungskriterien 261
      dd) Einzelne Risikofaktoren 270
        aaa) Faktoren, die sich auf das Gastland beziehen 271
          aaaa) Währungstransferrisiko 271
          bbbb) Enteignungs- und Vertragsbruchsrisiko 272
          cccc) Kriegs-/Bürgerkriegsrisiko 273
        bbb) Faktoren im Hinblick auf das Investitionsprojekt 274
          aaaa) Währungstransferrisiko 275
          bbbb) Enteignungs- und Vertragsbruchsrisiko 276
          cccc) Kriegs-/Bürgerkriegsrisiko 277
        ccc) Das Verhältnis zwischen den Faktoren, die sich auf das Investitionsprojekt und das Gastland beziehen . 278
      ee) Die Multilateralisierungsfunktion des Art. 12 d (iv) 279

Geschäftstätigkeit

193 Art. 12 ist nach Art. 11 die zweite zentrale Vorschrift der MIGA-Konvention. Sie nennt die Kriterien für eine berücksichtigungsfähige Investition. Die Bestimmung zählt die versicherbaren Investitionen auf (Art. 12 a–c) und prüft die Frage, inwieweit Investition und Gastland miteinander harmonieren (Art. 12 d). Die Vorschrift strebt einen Ausgleich an zwischen dem Erfordernis, die knappen Mittel der MIGA möglichst effektiv einzusetzen und der Notwendigkeit, im Hinblick auf neue Investitionsformen Flexibilität bei der Versicherungsentscheidung zu zeigen[1].

I. Die versicherbaren Investitionen (Artikel 12 a–c)

1. Einleitung

194 Der internationale Ressourcentransfer ist durch eine Vielzahl neuer Investitionsformen geprägt[2]. Die staatlichen Versicherungssysteme beschränken die Möglichkeit zur Erlangung von Versicherungsschutz jedoch im wesentlichen auf die klassischen Transferformen Direktinvestitionen und Exporte[3]. Die Dynamik in der Entwicklung neuer Kooperationsmechanismen bewirkt, daß das Mißverhältnis zwischen Versicherungsangebot und -nachfrage wächst.

195 Die MIGA will diese Lücke verringern, indem gemäß Art. 12 a–c grundsätzlich alle Investitionsformen versicherbar sind. Erfaßt werden sowohl Kapitalbeteiligungen als auch vertragliche Investitionen, darüber hinaus bestimmte Darlehensformen. Art. 12 a–c tragen damit dazu bei, daß die Entscheidung für eine bestimmte Form des Transfergeschäfts primär nach Effizienzgesichtspunkten und weniger aufgrund von Risikoüberlegungen getroffen wird. Zugleich ermöglicht die Offenheit für verschiedene Investitionsformen eine ständige Anpassung des MIGA-Programms an die Marktkräfte[4]. Daneben will die MIGA auch Wettbewerbsverzerrungen auf internationaler Ebene ausgleichen, die sich aus den unterschiedlichen Möglichkeiten zur Erlangung von Versicherungsschutz nach nationalem Recht ergeben. Insbesondere kommt die Erweiterung des Versicherungsschutzes auf bestimmte vertragliche Kooperationsformen kleinen und mittleren Unternehmen zugute, für welche die Vornahme einer Direktinvestition aufgrund ihrer geringen finanziellen Ausstattung von vornherein nicht in Betracht käme. Die Versicherbarkeit von Portfolioinvestitionen kann zusätzliches Kapital in die Entwicklungsländer locken und damit einen Beitrag zur Entschärfung der Verschuldungskrise leisten. Schließlich stellen Art. 12 a–c eine Ergänzung zu Art. 11 dar. Ein möglichst lückenloser Versicherungsschutz innerhalb des MIGA-Systems wird erst dann erreicht, wenn dieser nicht nur gegenüber allen denkbaren Investitionsrisiken zum Tragen kommt, sondern darüber hinaus auch alle denkbaren Investitionsformen umfaßt.

---

1 Vgl. Ziffer 19 des MIGA-Kommentars, nachfolgend S. 350.
2 Vgl. oben Art. 11 a (iii), RdNr. 157 ff.
3 Vgl. hierzu im einzelnen nachfolgend Art. 19, RdNr. 408 ff.
4 Vgl. *Voss*, The Multilateral Investment Guarantee Agency: Status, Mandate, Concept, Features, Implications, J. W. T. L. 21 (1987), 5 ff. (10).

2. Die versicherbaren Investitionsformen

a) Kapitalbeteiligungen

Gemäß Art. 12 a können zunächst sämtliche **Kapitalbeteiligungen** an Unternehmen im Gastland versichert werden. Hierzu zählen sowohl Direkt- als auch Portfolioinvestitionen[5]. Keine Rolle spielen die Rechtsform des Investitionsobjekts sowie die Höhe der Kapitalbeteiligung[6]. Die MIGA-Konvention geht damit über das deutsche Kapitalanlagegarantie-Instrumentarium hinaus, das den Versicherungsschutz grundsätzlich auf Direktinvestitionen, beteiligungsähnliche Darlehen und bestimmte Formen von Dotationskapital beschränkt[7]. Sie reicht auch weiter als die Investitionsschutzverträge, deren Anwendungsbereich auf Direktinvestitionen, damit im Zusammenhang stehende Rechte und deren Erträge, begrenzt ist[8].

196

Die Kapitalbeteiligungen können im einzelnen umfassen:

197

- Anteile an einer Gesellschaft oder sonstigen juristischen Person, die im Gastland gegründet wurde;
- Beteiligungsrechte hinsichtlich des Gewinns und des Liquidationserlöses an joint ventures im Gastland;
- Eigentumsrechte am Vermögen einer unselbständigen Zweigniederlassung oder einer sonstigen Einrichtung des Investors im Gastland. Damit kann abweichend von den staatlichen Versicherern gerade in der besonders risikoanfälligen Anfangsphase einer Präsenz im Ausland, die unterhalb einer Direktinvestition verbleibt, Versicherungsschutz bereitgestellt werden;
- Portfolio- und Direktinvestitionen einschließlich Minderheitsbeteiligungen an joint ventures sowie Vorzugsaktien und -anteile, die aus der Umwandlung von Forderungen entstehen und, im Zusammenhang mit Portfolio-Investitionen, vorrangig an solche Investoren vergeben werden, die mit ausländischen Direktinvestitionen verbunden sind[9]. Angesprochen sind damit vor allem die in letzter Zeit immer gebräuchlicher werdenden „debt equity swaps".

Gemäß Art. 12 a umfassen die Kapitalbeteiligungen ausdrücklich die vom Anteilseigner des betreffenden Unternehmens gewährten oder garantierten mittel- oder langfristigen **Darlehen.** Das Darlehen ist grundsätzlich nur dann versicherbar, wenn seine Laufzeit mindestens drei Jahre beträgt. Ein kürzerer Zeitraum kann vom Direktorium bei Vorliegen besonderer Umstände zugelassen werden.

198

Die Laufzeit des Darlehens bemißt sich in dem Fall, daß es durch eine einmalige Zahlung zurückzugewähren ist, vom Zeitpunkt des Abschlusses des Darlehensvertrages bis zum vereinbarten Rückzahlungstermin. Andernfalls entspricht die

199

---

5 Siehe hierzu auch nachfolgend RdNr. 201 ff.
6 Vgl. § 1.03 der „Operational Regulations", nachfolgend S. 369.
7 Vgl. § 3 Abs. 1 a, b der „Allgemeinen Bedingungen für die Übernahme von Garantien für Kapitalanlagen im Ausland" (Stand: September 1986), im folgenden AB-Treuarbeit genannt.
8 Vgl. Art. 1 Nr. 1 des Mustervertrages sowie Ziffer 1 des hierzu erlassenen Protokolls.
9 Vgl. § 1.04 (i)–(iv) der „Operational Regulations", nachfolgend S. 369.

Geschäftstätigkeit

Rückzahlungsperiode dem Durchschnitt der Zeitabschnitte zwischen dem Abschluß des Darlehensvertrages und den einzelnen Rückzahlungsterminen, wobei die Höhe der zu den jeweiligen Terminen fällig werdenden Beträge zu berücksichtigen ist[10].

200 Die Versicherbarkeit von Bürgschaften und Garantien im Zusammenhang mit den oben genannten Darlehen ist ebenfalls davon abhängig, daß das Darlehen eine Laufzeit von mindestens drei Jahren hat bzw. eine kürzere Laufzeit, die das Direktorium wegen des Vorliegens besonderer Umstände genehmigt hat. Der Begriff „Garantie" umfaßt jede zusätzliche Deckung oder Sicherheit, die vom Investor bereitgestellt wird[11].

b) Sonstige Direktinvestitionen

201 Gemäß Art. 12 a, 2. Halbsatz, können neben Kapitalbeteiligungen auch sonstige „vom Direktorium gegebenenfalls festgelegte Formen von Direktinvestitionen" versichert werden. Die Verwendung der Begriffe „Kapitalbeteiligung" und „sonstige Direktinvestitionen" macht deutlich, daß die MIGA-Konvention abweichend von den nationalen Bestimmungen den Begriff der Direktinvestition nicht auf qualifizierte Formen von Kapitalbeteiligungen beschränkt[12]. Das Abkommen enthält andererseits aber keine eigene Definition des von ihm verwendeten Begriffs einer „Direktinvestition". Mit dem bewußten Verzicht auf eine nähere Begriffsbestimmung will sich die MIGA eine flexible Handhabung und gegebenenfalls erforderliche Fortentwicklung der Versicherbarkeitskriterien offenhalten[13].

202 Der Begriff „Direktinvestition" ist vom Direktorium festzulegen. Es hat sich hierbei an der Definition des Internationalen Währungsfonds zu orientieren, wonach hierzu Investitionen zählen, die zum Zwecke eines dauernden Engagements in einem ausländischen Unternehmen getätigt werden und darauf gerichtet sind, dem Investor eine maßgebliche Stimme im Management der Gesellschaft zu sichern[14].

203 Die „sonstigen Direktinvestitionen" sind nur dann versicherbar, wenn sie eine Laufzeit von zumindest drei Jahren haben und hinsichtlich der Rückzahlung wesentlich von der Produktion, den Einkünften oder Gewinnen des Investitionsprojekts abhängen[15]. Der Versicherungsschutz beschränkt sich demnach grund-

---

10 Vgl. § 1.04 (v) a, b der „Operational Regulations", nachfolgend S. 369.
11 Vgl. § 1.04 (vi) der „Operational Regulations", nachfolgend S. 370.
12 Nach deutscher Auffassung kommen als Direktinvestitionen nur solche Kapitalbeteiligungen in Frage, die dem Kapitalgeber einen maßgeblichen Einfluß auf die Unternehmensführung ermöglichen, vgl. unten Fn. 14.
13 Siehe aber nachfolgend RdNr. 208.
14 Vgl. Ziffer 19 des MIGA-Kommentars, nachfolgend S. 350. Siehe auch die ähnliche Definition der *Deutschen Bundesbank,* Die deutschen Direktinvestitionen im Ausland, in: Monatsberichte der Deutschen Bundesbank, 17. Jg., Nr. 12 (Dez. 1965). Siehe neuerdings auch die Definition in der Verordnung (EWG) Nr. 1969/88 des Rates vom 24. Juni 1988 zur Einführung eines einheitlichen Systems des mittelfristigen finanziellen Beistands zur Stützung der Zahlungsbilanzen der Mitgliedstaaten, Nr. L 178/8, 11.
15 Vgl. § 1.06 der „Operational Regulations", nachfolgend S. 371.

sätzlich auf Fälle der Projektfinanzierung[16]. Rechte aus Verträgen mit feststehender, erfolgsunabhängiger Vergütung werden nicht erfaßt. Es soll insbesondere Vereinbarungen mit langer Laufzeit und hohem Entwicklungspotential Aufmerksamkeit geschenkt werden[17]. Der Selbstfinanzierungs- wie auch der Entwicklungsaspekt sollen gewährleisten, daß die MIGA nur solche Investitionen fördert, die den Zahlungsbilanzschwierigkeiten der Entwicklungsländer entgegenwirken[18].

Im einzelnen können versichert werden:

204

- **Produktionsaufteilungsverträge,** bei denen der Vertragsschließende einen Beitrag für das Investitionsprojekt leistet und seine Vergütung wesentlich von einem Teil der Produktion des Investitionsprojekts abhängt, einschließlich seines Rechts, diesen Produktionsanteil zu einem vorbestimmten oder vereinbarten Preis zu verkaufen;

- **Gewinnaufteilungsverträge,** bei denen der Vertragsschließende einen Beitrag für das Investitionsprojekt leistet und seine Vergütung wesentlich von den Einkünften oder Gewinnen des Investitionsprojekts abhängt;

- **Managementverträge,** bei denen der Vertragsschließende Verantwortung für das Investitionsprojekt oder einen wesentlichen Teil seiner Operationen übernimmt, und seine Vergütung wesentlich von der Produktion, den Einkünften oder Gewinnen des Investitionsprojekts abhängt;

- **Franchise-Verträge,** bei denen der Franchise-Geber den Franchise-Nehmer mit einem Paket von Ressourcen wie z. B. Warenzeichen, Know-how und Management-Unterstützung ausstattet und seine Vergütung wesentlich von der Produktion, den Einkünften oder Gewinnen des Investitionsprojekts abhängt;

- **Lizenzverträge,** bei denen der Lizenzgeber den Lizenznehmer mit Technologie versorgt und bei denen die Vergütung des Lizenzgebers wesentlich von der Produktion, den Einkünften oder Gewinnen des Investitionsprojekts abhängt oder bei denen die Lizenzvereinbarung mit anderweitig versicherbaren Investitionen des Lizenzgebers im Investitionsobjekt in Verbindung steht;

- **Turn-key-Verträge,** bei denen der Vertragsschließende für die Errichtung einer vollständigen Produktions- oder Dienstleistungseinheit verantwortlich ist und bei denen entweder die Vergütung des Vertragsschließenden wesentlich von der Produktion, den Einkünften oder Gewinnen des Investitionsprojekts abhängt oder bei denen der Vertragsschließende die Verantwortung für das Funktionieren des Investitionsprojekts gemäß bestimmter Effizienzstandards für einen Zeitraum von zumindest drei Jahren seit seiner Fertigstellung übernimmt;

---

16 Siehe hierzu nachfolgend Art. 19, RdNr. 428 ff.
17 Vgl. § 1.06 der „Operational Regulations", nachfolgend S. 371.
18 Vgl. *Voss,* The Multilateral Investment Guarantee Agency: Status, Mandate, Concept, Features, Implications, J. W. T. L. 21 (1987), 5 ff. (11).

Geschäftstätigkeit

- **operative Leasing-Verträge** mit einer Laufzeit von zumindest drei Jahren, bei denen der Leasing-Geber Kapitalgüter an den Leasing-Nehmer vermietet und bei denen die Leasing-Raten wesentlich von der Produktion, den Einkünften oder Gewinnen des Investitionsprojekts abhängen;

- **nachrangige Schuldscheine** mit einer Laufzeit von zumindest drei Jahren, die von dem betreffenden Unternehmen an einen Investor mit Kapitalbeteiligung oder an eine Person, die eine sonstige versicherbare Investition am Investitionsobjekt tätigt, ausgegeben werden;

- **sonstige Direktinvestitionen,** bei denen die Vergütung wesentlich von den Tätigkeiten des Investitionsprojekts abhängt, und zwar auf Empfehlung des Präsidenten und unter Zustimmung des Direktoriums;

- **Garantien und sonstige Sicherheiten,** die im Hinblick auf das dem Investitionsprojekt gewährte Darlehen abgegeben werden, die oben genannten Laufzeiterfordernisse erfüllen und von einer Person stammen, die eine der vorstehend genannten Direktinvestitionen getätigt hat[19].

205 Die MIGA soll bei ihrer Entscheidung über die Gewährung von Versicherungsschutz berücksichtigen, wie der Antragsteller seine geschäftlichen Interessen in die Investition eingebracht hat[20]. Dies kann auf vielfältige Weise geschehen[21]. Je stärker hierbei eine Harmonisierung der Eigen- und Fremdinteressen gelingt, umso bessere Bedingungen wird der Investor im Garantievertrag mit der MIGA aushandeln können, da die Wahrscheinlichkeit eines Eintritts des Versicherungsfalles sinkt.

206 Die MIGA darf „sonstige Direktinvestitionen" nicht versichern, wenn die Agentur nach geeigneten Konsultationen zu der Überzeugung gelangt, daß für die konkrete Investitionsform Versicherungsschutz durch eine Regierung oder eine staatliche Exportkreditversicherungsagentur erlangt werden kann[22]. Der Versicherungsausschluß kommt demnach bereits dann zum Tragen, wenn die Möglichkeit zur Inanspruchnahme einer Exportkreditversicherung besteht, auch wenn der Investor hiervon keinen Gebrauch macht. Vertragliche Transfervereinbarungen mit erfolgsabhängiger Vergütung sind in den nationalen Systemen nur ausnahmsweise versicherbar[23]. Nach deutschem Recht qualifizieren sich von diesen Formen derzeit nur Dienstleistungsverträge im Erdölbereich für Kapitalanlagegarantien. Sie können jedoch unter dem HERMES-Exportkreditversicherungssystem abgedeckt werden, sofern sie die Voraussetzungen für eine Projektfinanzierung erfüllen[24].

---

19 Vgl. § 1.05 (i)-(x) der „Operational Regulations", nachfolgend S. 370.
20 Vgl. § 1.07 der „Operational Regulations", nachfolgend S. 371.
21 Z. B. kann er hoch- oder minderwertige Technologie im Rahmen eines Lizenzvertrages transferieren; er kann sich kurz- oder langfristig binden; er kann dem Ressourcenempfänger Beschränkungen auferlegen, etc.
22 Vgl. § 1.06 der „Operational Regulations", nachfolgend S. 371.
23 Vgl. *Shihata,* MIGA and Foreign Investment, 1988, S. 113 f.
24 Vgl. nachfolgend die Kommentierung zur Art. 19, RdNr. 428 ff.

Art. 12 a, 2. Halbsatz, eröffnet die Möglichkeit zu einer Ausdehnung des Versicherungsschutzes auf neue Investitionsformen über das aus vielen nationalen Versicherungssystemen bekannte Maß hinaus[25]. Daneben dürfte Art. 12 a, 2. Halbsatz, aber auch Auswirkungen auf den internationalen Eigentumsschutz haben. Mit der Versicherung neuartiger internationaler Kooperationsformen durch eine internationale Organisation werden die Rechte und Interessen des Investors auf multilateraler Ebene als schützenswert anerkannt. Hieraus kann mittel- und langfristig eine Verstärkung, gegebenenfalls sogar eine Erweiterung des völkerrechtlichen Eigentumsschutzes erwachsen[26]. 207

c) Sonstige Investitionen

Jede andere mittel- oder langfristige Investition, die nicht unter Art. 12 a fällt, kann gemäß Art. 12 b versichert werden. Jedoch sind andere als die in Art. 12 a genannten Darlehen nur dann versicherbar, wenn sie mit einer spezifischen Investition, die von der MIGA bereits versichert ist oder versichert werden soll, im Zusammenhang stehen. Es ist nicht erforderlich, daß das Darlehen vom ursprünglichen Investor stammt. Die Vorschrift will vor allem Bankkredite erfassen. Aufgrund ihrer hohen Verschuldung wird es für viele Entwicklungsländer immer schwieriger, kommerzielle Darlehen ohne externe Garantien zu erhalten[27]. Das Direktorium hat über den Antrag mit Zweidrittelmehrheit zu entscheiden. Die Zustimmung des Direktoriums kann allgemein oder für jeden Einzelfall gesondert erteilt werden[28]. 208

3. Die investierten Ressourcen

a) Monetäre Ressourcen

Es kann in jeder frei verwendbaren Währung im Sinne von Art. 3 e investiert werden oder in jeder anderen Währung, die zum Zeitpunkt des Abschlusses des Versicherungsvertrages frei konvertierbar ist[29]. 209

b) Sonstige Ressourcen

Die eingebrachten Ressourcen können darüber hinaus in sonstigen materiellen und immateriellen Vermögenswerten bestehen, die einen monetären Wert haben und dem Investitionsobjekt zur Verfügung gestellt werden, wie z. B. Maschinen, Patente, Verfahren, Techniken, technische Dienstleistungen, Management-Know-how, Warenzeichen und Marketingkanäle. Zum Zwecke der Versicherung muß der Geldwert dieser Investitionen in der Währung, in der die Garantie ausgegeben wird, festgestellt werden. Hierfür kann die Agentur eine glaubwürdige Bewertung durch den Antragsteller akzeptieren, ihre eigene Bewertung durchführen oder die eines unabhängigen Dritten anfordern[30]. 210

---

25 Vgl. oben RdNr. 196.
26 Siehe hierzu auch nachfolgend Art. 12 d (iv), RdNr. 267 ff.
27 Vgl. *Shihata*, MIGA and Foreign Investment, 1988, S. 115.
28 Vgl. § 1.08 der „Operational Regulations", nachfolgend S. 372.
29 Vgl. § 1.09 der „Operational Regulations", nachfolgend S. 372.
30 Vgl. § 1.10 der „Operational Regulations", nachfolgend S. 372.

Geschäftstätigkeit

4. Der Investitionszeitpunkt

a) Der Zeitpunkt der Implementierung der Investition

211 Gemäß Art. 12 c sind nur **neue** Investitionen versicherbar. Die Begrenzung auf neue Investitionen verfolgt den Zweck, die Versicherungskapazitäten der MIGA auf solche Projekte zu beschränken, die ohne Versicherungsschutz möglicherweise nicht durchgeführt werden könnten[31]. Die Investition ist neu, wenn mit ihr nach der Registrierung des ersten Garantieantrages durch die Agentur oder, falls ein vorläufiger Antrag nicht vorliegt, nach Registrierung des endgültigen Antrages begonnen worden ist[32].

212 Die Investition hat begonnen, wenn die Ressourcen in das Investitionsobjekt transferiert worden sind oder der Investor sich unwiderruflich zur Bereitstellung dieser Ressourcen für das Investitionsobjekt verpflichtet hat. Schätz-, Planungs- und Explorationskosten, die vor diesen Terminen angefallen sind, lassen die Versicherbarkeit der nachfolgenden Investition unberührt.

b) Sonstige Kriterien für neue Investitionen

213 Gemäß Art. 12 c (i) gilt eine Investition in einem bereits vorhandenen Unternehmen dann als neu, wenn sie unter anderem dazu dient, das Unternehmen zu modernisieren, auszuweiten, seine finanzielle Leistungskraft zu erhöhen oder das Investitionsobjekt anderweitig zu entwickeln. Der Teil- oder Vollerwerb eines bestehenden Unternehmens kann als neue Investition gewertet werden, falls er

– mit einer Erweiterung, Modernisierung oder sonstigen Verstärkung des Investitionsobjekts einhergeht[33];

– der finanziellen Restrukturierung des Investitionsprojekts dient, namentlich der Verbesserung des Schulden/Kapital-Verhältnisses, oder

– dem Gastland bei der Restrukturierung seines öffentlichen Sektors hilft[34].

214 Gemäß Art. 12 c (ii) stellt auch die Verwendung von Einkünften aus einem bestehenden Investitionsobjekt im Gastland eine neue Investition dar, falls diese Einkünfte andernfalls im Zeitpunkt der Entscheidung über den Abschluß des Garantievertrages aus dem Gastland ausgeführt werden könnten[35]. Im Gegensatz zu den nationalen Versicherern verlangt die MIGA nicht, daß in demselben Unternehmen investiert wird, von dem die Einkünfte bezogen worden sind[36].

---

31 Sog. „Additionality"-Effekt; siehe hierzu *Voss*, The Multilateral Investment Guarantee Agency: Status, Mandate, Concept, Features, Implications, J.W.T.L. 21 (1987), 5 ff. (11); *Alsop*, The World Banks's Multilateral Investment Guaranty Agency, Col. J. Transnat'l L. 25 (1986), 101 ff. (112 f.).
32 Vgl. § 3.20 der „Operational Regulations", nachfolgend S. 391.
33 Vgl. § 1.11 der „Operational Regulations", nachfolgend S. 372.
34 Vgl. § 1.12 der „Operational Regulations", nachfolgend S. 373.
35 Vgl. § 1.13 der „Operational Regulations", nachfolgend S. 373.
36 Vgl. *Shihata*, MIGA and Foreign Investment, 1988, S. 117.

II. Das Verhältnis zwischen Investition und Gastland (Artikel 12 d)

1. Einleitung

Art. 12 d kommt im Rahmen der MIGA-Konvention zentrale Bedeutung zu. Die Vorschrift macht die Gewährung von Versicherungsschutz davon abhängig, ob und inwieweit Investition und Gastland miteinander in Einklang stehen. Art. 12 d ist im Zusammenhang mit der Präambel zu lesen. Danach soll durch ausländische Direktinvestitionen die Entwicklung der Dritten Welt auf der Grundlage gerechter und dauerhafter Investitionsbedingungen gefördert werden. Art. 12 d setzt für den konkreten Garantievertrag um, was in der Präambel als allgemeine Zielsetzung vorgegeben ist.

215

Art. 12 d verfolgt einen doppelten Zweck. Art. 12 d (i)–(iii) dienen dem **Entwicklungsauftrag** der Agentur. Art. 12 d (iv) schützt dagegen die **Interessen des Investors** und zugleich die **finanzielle Leistungskraft** der Agentur. Beide Tatbestandsgruppen stehen zueinander in enger Wechselwirkung: Je besser die Investition für die Entwicklung des Gastlandes geeignet ist, um so geringer ist die Wahrscheinlichkeit eines Eingriffs von seiten des Gastlandes[37]. Art. 12 d zielt demnach auf die bereits vom Entwurf des Verhaltenskodex' für transnationale Unternehmen angestrebte Balance zwischen Wohlverhaltensanforderungen an Auslandsinvestitionen einerseits und der Behandlung dieser Investoren durch die Gaststaaten andererseits ab[38]. Wird diese Balance erreicht, ist am ehesten gewährleistet, daß es zu einem dauerhaften und für beide Seiten vorteilhaften Engagement des Investors im Gastland kommt. Die MIGA kann hierdurch wie auch durch Maßnahmen gemäß Art. 23 zu einem wichtigen Vermittler zwischen Gaststaaten und Investoren werden[39].

216

Die Betonung des Entwicklungsauftrags als Voraussetzung für den Abschluß eines Versicherungsvertrages unterscheidet die MIGA von den nationalen Versicherungssystemen. Die MIGA führt zugleich ein neuartiges Versicherungsprinzip ein. Während die nationalen Versicherungen die bestehenden Eingriffspotentiale unangetastet lassen, will die MIGA die Ursachen beseitigen, die überhaupt erst zu Eingriffen führen können. Im Gegensatz zu den nationalen Versicherern kann die MIGA auch durch eigene Vereinbarungen mit dem Gaststaat für eine

217

---

37 Vgl. *Voss*, The Multilateral Investment Guarantee Agency: Status, Mandate, Concept, Features, Implications, J.W.T.L. 21 (1987), 5 ff. (12).
38 Vgl. *Voss*, Die Multilaterale Investitionsgarantie-Agentur, RIW 1987, 89 ff. (90); *ders.*, MIGA and the Code of Conduct, The CTC-Reporter, No. 22, 1986, 51 ff.; *Karl*, Les Codes Internationaux de Bonnes Conduites, in: *Institut Universitaire International Luxembourg* (Ed.), Session de Juillet 1987, S. 61 ff. Siehe auch nachfolgend Art. 35, RdNr. 704 f.
39 Vgl. *Shihata*, The Role of ICSID and the Projected Multilateral Investment Guarantee Agency, Außenwirtschaft 41 (1986), Heft I, 105 ff. (120).

Geschäftstätigkeit

angemessene Verbesserung des Investitionsschutzes sorgen, falls er andernfalls nicht das erforderliche Niveau erreicht[40].

218 Art. 12 ermöglicht außerdem, daß bei der Risikobewertung in erster Linie das konkrete Investitionsprojekt und erst danach die allgemeine politische und ökonomische Situation im Gastland Berücksichtigung findet. Auf diese Weise können auch „Enklaven"-Projekte in hochverschuldeten Staaten versichert werden[41]. Indem die MIGA multilateral organisiert ist und im Rahmen von Art. 12 d lediglich wirtschaftliche und rechtliche Risikoüberlegungen anstellt, kann sie gegenüber den nationalen Versicherern zugleich einen stärker diversifizierten und entpolitisierten Versicherungsschutz anbieten[42].

219 Art. 12 d bietet der MIGA weiterhin die Möglichkeit zu einer bewußten Lenkung der Investitionsströme in die einzelnen Mitglieds-Entwicklungsländer. Im Zweifelsfall wird der Investor derjenigen Investition den Vorrang geben, für die er Versicherungsschutz erhalten kann. Jedoch kann hierdurch die Effizienz des internationalen Investitionsallokationsprozesses auch beeinträchtigt und dem internationalen Handel Schaden zugefügt werden[43]. Eine Standortwahl, die nicht mehr auf Marktmechanismen beruht, birgt die Gefahr in sich, daß Ressourcen in anderen Staaten ungenutzt bleiben, die unter globalen Gesichtspunkten dort sinnvoller verwendet werden könnten. Gleichwohl sieht Art. 12 d die Berücksichtigung derartiger „second-best"-Überlegungen nicht vor. Die MIGA kann die Gewährung von Versicherungsschutz demnach nicht mit dem Argument ablehnen, die Investition würde ihrer Meinung nach in einem anderen Staat höhere Wirkung entfalten.

220 Art. 12 d strebt zunächst für das einzelne Investitionsprojekt einen möglichst optimalen Entwicklungsbeitrag und Investitionsschutz an. Der im Einzelfall erreichte Standard wird zugleich zum Maßstab für weitere Versicherungsanträge. Damit gehen von Art. 12 d Multilateralisierungstendenzen aus[44].

2. Die versicherungsrelevanten Faktoren

a) Die wirtschaftliche Solidität der Investition und ihr Beitrag zur Entwicklung des Gastlandes (Art. 12 d [i])

221 Art. 12 d (i) will die objektive Eignung des Investitionsprojekts zur Erfüllung des Entwicklungsauftrages der MIGA sicherstellen.

---

40 Vgl. Art. 23 b (ii).
41 Vgl. *Voss*, Die Multilaterale Investitionsgarantie-Agentur, RIW 1987, 89 ff. (92).
42 Vgl. *Shihata*, Factors Influencing the Flow of Foreign Investment and the Relevance of a Multilateral Investment Guarantee Scheme, Int. Lawyer 21 (1987), 671 ff. (690).
43 Vgl. *Voss*, The Protection and Promotion of Foreign Direct Investment in Developing Countries: Interests, Interdependencies, Intricacies, Int'l & Comp. L. Q. 31 (1982), 686 ff. (690).
44 Siehe auch nachfolgend RdNr. 279 f.

aa) Die wirtschaftliche Solidität

Art. 12 d (i) fordert zunächst, daß die Investition wirtschaftlich solide sein muß. Dies ist nach betriebswirtschaftlichen Grundsätzen zu prüfen. Die MIGA ist hierzu gemäß Art. 2 c ermächtigt. Sie soll die technische Durchführbarkeit des Projekts sowie seine finanzielle und ökonomische Leistungsfähigkeit während der vorgesehenen Laufzeit des Garantievertrages untersuchen. Die Bewertung soll alle relevanten ökonomischen und finanziellen Faktoren berücksichtigen einschließlich der Notwendigkeit zu einem vernünftigen ökonomischen Ertrag, wobei externe Faktoren wie Handelskonzessionen oder Subventionen unberücksichtigt bleiben sollen. Im Hinblick auf die hohe Verschuldung vieler Entwicklungsländer spielt eine wichtige Rolle, wie das Verhältnis von Eigen- und Fremdkapital ausgestaltet ist. Versicherungsanträge bezüglich Investitionen von hoher spekulativer Natur sollen abgelehnt werden[45]. Die MIGA soll über den Versicherungsantrag möglichst umgehend entscheiden[46]. Zu diesem Zweck kann sie z. B. in geeigneten Fällen auf Erklärungen des Antragstellers zurückgreifen[47].

222

bb) Der Entwicklungsbeitrag

aaa) Die Auswirkungen von Direktinvestitionen auf die Wirtschaft des Gastlandes

Direktinvestitionen können sich sowohl positiv als auch negativ auf die Wirtschaft des Gastlandes auswirken. Sie stellen einen beträchtlichen Kapitaltransfer dar und können bedeutsame Wachstumsimpulse auslösen. Durch ihre weltweiten Versorgungs- und Vermarktungskanäle eröffnen transnationale Unternehmen Bezugs- und Absatzmöglichkeiten, die ansonsten nicht wahrgenommen werden könnten. Sie können sowohl der Importsubstitution als auch der Exportförderung dienen und von einem zusätzlichen Transfer von Technologie, Know-how und Humankapital begleitet sein. Sie eröffnen Zulieferern neue Absatzwege und können eine beträchtliche Steigerung der allgemeinen Wirtschaftskraft im Gastland nach sich ziehen[48]. Gegenüber Krediten haben sie zudem den Vorteil, daß keine Zinsen zu zahlen sind und Gewinne nur dann transferiert werden müssen, wenn sie tatsächlich anfallen. Hinzu kommt, daß Direktinvestitionen Risikokapital darstellen und der Investor damit unter Erfolgszwang steht.

223

Direktinvestitionen können sich aber auch negativ auf das Gastland auswirken. Zu nennen sind vor allem die globale Fehllenkung von Ressourcen, die Belastung der Arbeitsmarktsituation durch kapitalintensive Technologien, die Stö-

224

---

45 Vgl. § 3.08 der „Operational Regulations", nachfolgend S. 389.
46 Vgl. § 3.05 der „Operational Regulations", nachfolgend S. 388.
47 Siehe nachfolgend Art. 16, RdNr. 308.
48 Vgl. zum Ganzen *Kebschull et al.*, Wirkungen von Privatinvestitionen in Entwicklungsländern, 1980, S. 78; *Karl*, Die Potentialorientierung des internationalen Ressourcentransfer, 1987, S. 33 f.; *Ebenroth/Karl*, International Investment Contracts and the Debt Crisis, Int. Lawyer 22 (1988), 179 ff.; *Agarwal*, Ausländische Direktinvestitionen und industrielle Entwicklung in der Dritten Welt, Die Weltwirtschaft 1/1988, 146 ff.

Geschäftstätigkeit

rung der Zahlungsbilanz durch den Transfer von Gewinnen, die Verdrängung einheimischer Konkurrenz, die Fremdbestimmung der einheimischen Wirtschaft und die Verfestigung der Abhängigkeit vom Ausland[49].

225 Welche konkreten Auswirkungen das Investitionsprojekt im Einzelfall entfaltet, hängt von mehreren Faktoren ab. Zu unterscheiden sind vor allem das Management der Gesellschaft, die Wirtschaftspolitik des Gastlandes wie auch die weltwirtschaftliche Entwicklung.

bbb) Die Bewertung des Entwicklungsbeitrages durch die MIGA

226 Hinsichtlich der Beurteilung des Managements der Gesellschaft und der weltwirtschaftlichen Entwicklung sind der MIGA vergleichsweise enge Grenzen gesetzt. Eine Ablehnung des Versicherungsantrags aus diesen Gründen wird nur selten in Betracht kommen. Der Schwerpunkt ihrer Prüfung liegt demnach bei der Frage, inwieweit das konkrete Investitionsprojekt unter der im Gaststaat verfolgten Politik positive Ergebnisse erbringen kann. Hierbei verdienen die spezifischen Entwicklungsziele des Gastlandes besondere Beachtung[50].

227 Die Erwartungshaltung der MIGA im Hinblick auf den von der Investition zu leistenden Entwicklungsbeitrag darf nicht überspannt werden. Investitionen in Entwicklungsländern können nur als komplementäre, wenn auch bedeutsame Finanzquelle verstanden werden, die in ihrer Gesamtkapazität, geographischen Zielrichtung und sektoralen Zusammensetzung noch beträchtliche Steigerungen erfahren müssen, wenn sie eine substantielle Rolle beim Ausbau der Volkswirtschaften in der Dritten Welt führen sollen[51]. Auch kann der Erfolg der Investition durch externe Einwirkungen, auf die der Investor keinen Einfluß hat, beeinträchtigt werden. Der Abschluß des Garantievertrages ist deshalb nicht gleichbedeutend mit der Begründung einer „Verpflichtung" für den Investor, den von ihm erwarteten Entwicklungsbeitrag tatsächlich zu leisten. Ansonsten würde sich die Rechtsposition des Investors durch den Abschluß des Versicherungsvertrages nicht verbessern; vielmehr müßte er ständig befürchten, vom Gastland wegen der Nichterreichung der in Aussicht genommenen Ziele in Anspruch genommen zu werden. Die MIGA kann demnach einen Versicherungsvertrag bereits dann abschließen, wenn sie einen positiven Entwicklungsbeitrag des Investors für wahrscheinlich hält. Sie kann dem Investor hierzu Vorschläge unterbreiten.

228 Die Richtigkeit der von der MIGA anzustellenden Prognose entscheidet mit darüber, inwieweit die MIGA ihrem Entwicklungsauftrag gerecht werden kann. Art. 12 d (i) ist daneben ein wichtiges Regulativ, um besonders krisenanfällige

---

49 Vgl. *Donges,* Auslandsinvestitionen – Instrument internationaler Arbeitsteilung und wirtschaftlicher Entwicklung, in: *Esser/Meessen* (Hrsg.), Kapitalinvestitionen im Ausland – Chancen und Risiken, 1984, S. 37 ff. (38); *Voss,* The Protection and Promotion of Foreign Direct Investment in Developing Countries: Interests, Interdependencies, Intricacies, Int'l & Comp. L.Q. 31 (1982), 686 ff. (689).
50 Siehe hierzu Art. 12 d (iii).
51 Vgl. *Shihata,* Factors Influencing the Flow of Foreign Investment and the Relevance of a Multilateral Investment Guarantee Scheme, Int. Lawyer 21 (1987), 671 ff. (675).

Investitionsprojekte vom Versicherungsschutz auszunehmen. Schließlich hat die Vorschrift wesentliche Bedeutung dafür, in welchem Ausmaß sich die MIGA bei Gast-, Heimatstaaten und Investoren Autorität, Respekt und Vertrauen verschaffen kann[52]. Dies ist gerade in der Anlaufphase der MIGA wichtig.

Das Investitionsprojekt vermag nur im Zusammenspiel mit der Wirtschaftspolitik des Gastlandes einen positiven Entwicklungsbeitrag zu leisten. Im Hinblick auf die spezielle Situation vieler Entwicklungsländer ergibt sich die Frage, ob sich die MIGA aufgrund ihres marktwirtschaftlichen Ansatzes damit zufriedengeben kann, daß das Gastland eine makroökonomisch sinnvolle Ordnungspolitik betreibt, oder ob die MIGA auf eine spezifische Entwicklungsstrategie zu drängen hat, die detaillierte Zielvorgaben enthält. Richtschnur für die MIGA sollte eine Wirtschafts- und Gesellschaftspolitik sein, die produktive Entwicklungstätigkeiten anregt und eventuell bestehende Standortqualitäten für ausländisches Privatkapital zur Geltung kommen läßt[53]. In den Fällen, in denen das Gastland Auflagen des Internationalen Währungsfonds zu beachten hat, wird auch deren Einhaltung Prüfungsmaßstab sein. Wertungskollisionen können dann entstehen, wenn der von der MIGA gegenüber dem Gaststaat vorgeschlagene Weg mit dessen ausdrücklich erklärten Entwicklungszielen in Widerspruch steht[54]. **229**

Die MIGA hat bei ihrer Analyse insbesondere darauf zu achten, daß die Wirtschaftspolitik des Gastlandes nicht durch die folgenden Charakteristika geprägt ist: **230**

– eine auf exzessive Importsubstitution beruhende Industrialisierungspolitik, die die Kosten- und Preisstrukturen verzerrt;

– staatliche Eingriffe in den Arbeitsmarkt (Mindestlohngesetze, Lohnnebenkosten) und in den Kapitalmarkt (Höchstzinsvorschriften, Kreditrationalisierung), die im Unternehmenskalkül die Arbeitskraft teurer und das Kapital billiger machen, als sie es gesamtwirtschaftlich sind;

– eine staatliche Investitionslenkung, bei der sich eine Spezialisierungsstruktur herausbildet, mit der das Land international nicht wettbewerbsfähig sein kann;

– eine Währungspolitik, die eine mehr oder weniger dauerhafte Überbewertung der inländischen Währung zuläßt und somit das Exportieren abschreckt, die Kapitalflucht einschließlich der Gewinnrepatriierung durch ausländische Unternehmen stimuliert und neue Direktinvestitionen aus dem Ausland erschwert[55].

In diesem Zusammenhang stellt sich weiterhin die Frage, was mit der Versicherung zu geschehen hat, wenn sich nach Abschluß des Garantievertrages herausstellt, daß die Investition entgegen den ursprünglichen Erwartungen nicht oder **231**

---

[52] Vgl. *Shihata,* MIGA and Foreign Investment, 1988, S. 156.
[53] Vgl. den Diskussionsbeitrag von *Donges,* in: *Esser/Meessen* (Hrsg.), Kapitalinvestitionen im Ausland – Chancen und Risiken, 1984, S. 99.
[54] Siehe hierzu nachfolgend die Ausführungen zu Art. 12 d (iii), RdNr. 245 ff.
[55] Vgl. *Donges,* Auslandsinvestitionen – Instrument internationaler Arbeitsteilung und wirtschaftlicher Entwicklung, in: *Esser/Meessen* (Hrsg.), Kapitalinvestitionen im Ausland – Chancen und Risiken, 1984, S. 37 ff. (38).

Geschäftstätigkeit

nicht in dem gewünschten Ausmaß zur Entwicklung des Gastlandes beiträgt oder sich sogar schädlich auf dessen Volkswirtschaft auswirkt. Diese Fallkonstellationen können insbesondere eintreten, wenn das Gastland seine Wirtschaftspolitik nach Zulassung der Investition ändert. Dies kommt gerade in Entwicklungsländern relativ häufig vor. Dabei dienen oftmals ideologische Vorbehalte als Einfallstor für die Korrektur einer als falsch erkannten Wirtschaftspolitik[56].

232 Die MIGA kann in diesem Fall zunächst versuchen, nach der Ermittlung der Ursachen für die Fehlentwicklung gegenüber den Beteiligten eine neue Interessenkoordination anzuregen. Gelingt dies nicht, ist danach zu differenzieren, in welche Risikosphäre das Ausbleiben des Entwicklungsbeitrages fällt. Nur wenn das Scheitern dem Investor zuzurechnen ist, kommt im Extremfall eine Kündigung des Versicherungsvertrages in Betracht.

233 Problematisch ist die Entscheidung über die Gewährung bzw. den Fortbestand des Versicherungsschutzes, wenn sich herausstellt, daß sich die Investition zwar positiv auf die Wirtschaft des Gastlandes auswirkt, gleichwohl aber negative Folgen für andere Mitgliedstaaten nach sich zieht. Nachteilige Effekte können zum einen im Heimatstaat des Investors eintreten, insbesondere durch Wachstumseinbußen, den Verlust von Arbeitsplätzen sowie durch die Heranzüchtung von ausländischer Konkurrenz[57]. Zum anderen kann der Wirtschaft in Nachbarstaaten des Gastlandes Schaden zugefügt werden, indem die Gewährung der Versicherung eine Konzentration von Investitionen in diesem Staat nach sich zieht und/oder Arbeitnehmer und Kapital aus dem Nachbarland abwandern.

234 Die nationalen Versicherungssysteme sehen teilweise eine Berücksichtigung der Interessen des Heimatstaates des Investors vor[58]. Die MIGA-Konvention enthält keine vergleichbare Vorschrift. Damit soll verhindert werden, daß die Förderung von Direktinvestitionen in Entwicklungsländern an Einwänden des Heimatstaates des Investors scheitert. Anders kann sich die Situation jedoch dann darstellen, wenn der Einwand von einem Entwicklungsland selbst kommt. Auch in diesem Fall ist die MIGA aber nicht dazu verpflichtet, den Bedenken des Beschwerdeführers Rechnung zu tragen. Der Einwand sollte grundsätzlich nicht in den Entscheidungsprozeß der MIGA einfließen, da andernfalls die Gefahr besteht, daß einzelstaatliche Interessen global wünschenswerte Investitionen behindern. Der betroffene Drittstaat wird durch die Entscheidung nicht über Gebühr belastet, da er in der Regel genügend Anreize schaffen kann, um Investitionen auch auf seinem Territorium attraktiv erscheinen zu lassen. Auf diese Weise wird der Wettbewerb zwischen den einzelnen Entwicklungsländern

---

56 Vgl. *Voss*, The Protection and Promotion of Foreign Direct Investment in Developing Countries: Interests, Interdependencies, Intricacies, Int'l & Comp. L.Q. 31 (1982), 686 ff. (692 f.).
57 Vgl. *Donges*, Auslandsinvestitionen – Instrument internationaler Arbeitsteilung und wirtschaftlicher Entwicklung, in: *Esser/Meessen* (Hrsg.), Kapitalinvestitionen im Ausland – Chancen und Risiken, 1984, S. 37 ff. (38).
58 Vgl. etwa die amerikanischen Bestimmungen zur „Overseas Private Investment Corporation" im Foreign Assistance Act 1969, 22 U.S.C. § 2191 (1), (k) (1) (1982); siehe hierzu *Alsop*, The World Bank's Multilateral Investment Guaranty Agency, Col. J. Transnat'l L. 25 (1986), 102 ff. (113 ff.).

um die Anlockung ausländischer Ressourcen für die Versicherungsentscheidung wirksam[59]. Einer unerwünschten Diskrepanz zwischen der wirtschaftlichen Entwicklung des Gaststaates und seiner Nachbarn kann die MIGA dadurch Rechnung tragen, daß sie bei Versicherungsanträgen, die sich auf Investitionen in einem betroffenen Nachbarstaat beziehen, geringere Anforderungen stellt.

ccc) Einzelne berücksichtigungsfähige Entscheidungskriterien

Bei der Entscheidung, ob das Investitionsprojekt einen Beitrag zur Entwicklung des Gastlandes zu leisten vermag, soll die MIGA vor allem folgende Tatsachen berücksichtigen: 235

– Das Potential des Investitionsprojekts zur Erzielung von Einkünften für das Gastland;
– der Beitrag des Investitionsprojekts zur Steigerung des produktiven Potentials des Gastlandes, vor allem im Hinblick auf die Vornahme von Exporten, die Substituierung von Importen oder die Reduzierung der Anfälligkeit gegenüber externen ökonomischen Einflüssen;
– das Ausmaß, in welchem das Investitionsprojekt die ökonomischen Aktivitäten im Gastland diversifiziert, die Beschäftigungsmöglichkeiten erweitert und die Einkommensverteilung verbessert;
– der Grad, zu welchem das Investitionsprojekt Wissen und Können in das Gastland transferiert;
– die Auswirkungen des Investitionsprojekts auf die soziale Infrastruktur und die Umwelt im Gastland[60].

Die MIGA soll sich besonders darum bemühen, zu Investitionen in weniger entwickelten Ländern, zwischen Mitglieds-Entwicklungsländern sowie zu freiwilligen joint ventures zwischen ausländischen und einheimischen Investoren zu ermutigen[61]. Investitionen im militärischen Sektor, von hoher spekulativer Natur oder im Bereich gesetzlich verbotener Aktivitäten sollen nicht versichert werden[62]. 236

Bei ihrer Entscheidung kann sich die MIGA in geeigneten Fällen auf Erklärungen des Versicherungsnehmers oder Auskünfte anderer Institutionen, wie z. B. der Weltbank oder regionaler Entwicklungsbanken, stützen[63]. 237

---

59 Siehe zum Angebotswettbewerb *Karl*, Die Potentialorientierung beim internationalen Ressourcentransfer, 1987, S. 22 ff.; ders., Die Joint-Venture-Gesetzgebung in der Sowjetunion und der Volksrepublik China, Osteuropa-Recht 1/1988, 19 ff.; *Shihata*, Factors Influencing the Flow of Foreign Investment and the Relevance of a Multilateral Investment Guarantee Scheme, Int. Lawyer 21 (1987), 671 ff. (677).
60 Vgl. § 3.06 der „Operational Regulations", nachfolgend S. 388.
61 Vgl. § 3.07 der „Operational Regulations", nachfolgend S. 388.
62 Vgl. § 3.08 der „Operational Regulations", nachfolgend S. 389.
63 Siehe auch nachfolgend Art. 16, RdNr. 308.

Geschäftstätigkeit

b) Die Übereinstimmung der Investition mit den Gesetzen und sonstigen Vorschriften des Gastlandes (Art. 12 d [ii])

238 Gemäß Art. 12 d (ii) hat die MIGA zu prüfen, ob die Investition mit den gesetzlichen Bestimmungen des Gastlandes übereinstimmt. Demgemäß sind im Rahmen von Art. 12 d (ii) alle diejenigen Vorschriften zu beachten, die dem Investor Verhaltenspflichten auferlegen. Hierzu zählen vor allem die Investitionsgesetze sowie alle sonstigen Bestimmungen, die eine Beeinflussung des Wirtschaftslebens bezwecken (z. B. Arbeits-, Steuerrecht, Umweltschutz, Verbraucherschutz, Bilanzrecht, Technologietransferrecht, Wettbewerbsrecht, Gesellschaftsrecht)[64]. Zu berücksichtigen sind weiterhin auch Investitionsverträge. Sie schaffen auf vertraglicher Grundlage den vom Investor zu beachtenden Rechtsrahmen[65].

239 Von der Prüfung im Rahmen des Art. 12 d (ii) zu unterscheiden sind die Fragen, ob die o. g. Bestimmungen für den Investor einen ausreichenden Rechtsschutz begründen, annehmbare Investitionsbedingungen darstellen und ihm die Möglichkeit eröffnen, einen objektiven Entwicklungsbeitrag für das Gastland zu leisten[66].

240 Für die von der MIGA im Rahmen des Art. 12 d (ii) vorzunehmende Prüfung ist es von Bedeutung, ob der Versicherungsantrag vor oder nach Zulassung der Investition im Gastland gestellt wird. Im zuletzt genannten Fall kann die MIGA davon ausgehen, daß das Investitionsvorhaben den gesetzlichen Bestimmungen des Gastlandes entspricht. Sie kann auch eine eigene Bewertung durchführen oder das Gutachten eines unabhängigen Dritten einholen[67].

241 Berücksichtigungsfähige Umstände im Rahmen der Prüfung nach Art. 12 d (ii) bilden insbesondere die Fragen, inwieweit es zwischen Gastland und Investor bereits in der Vergangenheit Streit über die Gesetzeskonformität der Investition gegeben hat, ob das Investitionsobjekt zu einer regelungsintensiven Branche gehört und inwieweit die Parteien im Konfliktfall dazu bereit sind, aufeinander zuzugehen.

242 Fraglich ist, welchen Einfluß es auf den Bestand des Versicherungsschutzes hat, wenn durch eine Gesetzesänderung nach Abschluß des Garantievertrages die Übereinstimmung der Investition mit den Gesetzen des Gastlandes nicht mehr gegeben ist. Zu prüfen ist zunächst, ob die Änderung nicht gerade den Versicherungsfall ausgelöst hat. Ist dies zu verneinen, insbesondere bei allgemein üblichen staatlichen Maßnahmen zur Beeinflussung der Wirtschaftstätigkeit[68], wird die Wirksamkeit des Versicherungsvertrages ebenfalls grundsätzlich nicht berührt. Ansonsten hätte es der Gaststaat in der Hand, den Versicherungsschutz

---

64 Vgl. *Ebenroth*, Code of Conduct – Ansätze zur vertraglichen Gestaltung internationaler Investitionen, 1987, RdNr. 64 ff., 817 ff.
65 Vgl. *Ebenroth*, Code of Conduct – Ansätze zur vertraglichen Gestaltung internationaler Investitionen, 1987, RdNr. 847 ff.; *Schanze*, Investitionsförderungsverträge im internationalen Wirtschaftsrecht, 1986, S. 186.
66 Siehe hierzu Art. 12 d (i), (iii), (iv).
67 Vgl. §§ 3.28, 3.29 der „Operational Regulations", nachfolgend S. 393.
68 Vgl. Art. 11 a (ii).

durch eine einfache Gesetzesänderung zu vernichten. Anders kann der Fall zu beurteilen sein, wenn der Versicherungsnehmer durch sein eigenes Verhalten Anlaß zu der Gesetzesänderung gegeben hat. Immer bleibt jedoch die Kündigung des Versicherungsvertrages die äußerste Sanktionsmöglichkeit.

243 Stellt die MIGA eine Übereinstimmung der Investition mit den Gesetzen des Gastlandes fest, sollte sie den Versicherungsantrag gleichwohl gemäß Art. 12 d (i) ablehnen, wenn die bestehenden Gesetze ihrer Meinung nach nicht dazu geeignet sind, die Investition wirtschaftlich sinnvoll zum Einsatz kommen zu lassen. Vorher sollte sie jedoch im Rahmen von Art. 23 gegenüber dem Gaststaat versuchen, eine Änderung der gesetzlichen Bestimmungen zu erreichen.

244 Art. 12 d (ii) macht die Gewährung von Versicherungsschutz grundsätzlich nicht davon abhängig, daß die Investition auch den Gesetzen des Kapitalexportstaates genügt. Der Versicherungsantrag soll jedoch abgelehnt werden, wenn der Heimatstaat des Antragstellers der MIGA mitteilt, die Investition solle aus Mitteln finanziert werden, die unter Verletzung seiner gesetzlichen Bestimmungen aus dem Heimatstaat transferiert würden[69].

c) *Die Übereinstimmung der Investition mit den erklärten Entwicklungszielen und -prioritäten des Gastlandes (Art. 12 d [iii])*

aa) Das Verhältnis zu Art. 12 d (i)

245 Art. 12 d (iii) stellt eine Ergänzung zu Art. 12 d (i) dar. Während es im Rahmen von Art. 12 d (i) darum geht, inwieweit die Investition dazu geeignet ist, einen Beitrag zur Entwicklung des Gastlandes im allgemeinen zu leisten, stellt Art. 12 d (iii) darauf ab, ob dieser Beitrag auch den besonderen Entwicklungszielen des Gastlandes gerecht wird. Dabei stellt Art. 12 d (iii) eine zwingende Bestimmung dar. Der Versicherungsantrag muß demnach abgelehnt werden, wenn die Investition den hierin enthaltenen Anforderungen nicht genügt, auch wenn sie im übrigen dazu in der Lage wäre, zumindest einen allgemeinen Entwicklungsbeitrag zu leisten. Die MIGA dürfte aber andererseits nicht daran gehindert sein, an das Vorliegen der Tatbestandsvoraussetzungen des Art. 12 d (iii) weniger strenge Anforderungen zu stellen, wenn sie zu der Überzeugung gelangt, daß die Investition jedenfalls einen allgemeinen Entwicklungsbeitrag leisten kann.

bb) Die Bewertung der speziellen Entwicklungsziele durch die MIGA

246 Art. 12 d (iii) trägt dem Umstand Rechnung, daß es unter den in den Entwicklungsländern herrschenden Bedingungen innerhalb eines marktwirtschaftlichen Ordnungsrahmens in besonderem Maße strukturpolitischer Entscheidungen von seiten des Gaststaates bedarf[70]. Der Staat betreibt hierbei Verteilungspolitik. Z. B. müssen die bestehenden Defizite in der Infrastruktur und im Ausbildungssektor durch gezielte staatliche Maßnahmen verringert werden. Entschieden

---

69 Vgl. § 3.10 der „Operational Regulations", nachfolgend S. 389.
70 Vgl. den Diskussionsbeitrag von *Donges*, in: *Esser/Meessen* (Hrsg.), Kapitalinvestitionen im Ausland – Chancen und Risiken, 1984, S. 100.

Geschäftstätigkeit

werden muß auch, ob der Entwicklungsprozeß sektoral ausgewogen verlaufen soll. Zu klären ist weiterhin, welches Gewicht der Industrialisierung, der landwirtschaftlichen Produktion und der Rohstofferschließung innerhalb der Entwicklungsbemühungen beigemessen werden soll.

247 Zur Erreichung seiner besonderen Entwicklungsziele gewährt das Gastland den erwünschten Investoren in der Regel vielfältige Investitionsanreize, z. B. in Form von Steuervergünstigungen, Zollprivilegien, Erleichterungen beim Gewinntransfer oder der kostenlosen Überlassung von Betriebsgrundstücken[71]. Hierdurch können sich die Investitionsrisiken längerfristig auch erhöhen, denn der Investor muß damit rechnen, daß sein Unternehmen im Lauf der Zeit für den Gaststaat an Bedeutung verliert und ihm die gewährten Vergünstigungen wieder entzogen werden.

248 Die allgemeine Zielsetzung der MIGA gebietet es, bei ihrer Entscheidung im Rahmen von Art. 12 d (iii) zu berücksichtigen, inwieweit die erklärten Entwicklungsziele des Gastlandes wirtschaftspolitisch vertretbar sind. So kommt etwa Versicherungsschutz für reine Prestigeobjekte, die ökonomisch unrentabel sind, nicht in Betracht. Der Gaststaat sollte mit den Umverteilungsmaßnahmen auch nicht so weit gehen, daß die Leistungsantriebe in der Gesellschaft nachteilig beeinflußt werden. Auch sollte die Redistributionspolitik nicht über den Preismechanismus geführt werden[72]. So kann z. B. eine Mindestlohnpolitik im Ergebnis zu einer erhöhten Arbeitslosigkeit führen, weil die betroffenen Unternehmen in verstärktem Maße auf die Automatisation ausweichen.

d) Die Investitionsbedingungen des Gaststaates einschließlich der dortigen Rechtsschutzmöglichkeiten (Art. 12 d [iv])

aa) Die einzelnen Investitionsbedingungen des Gaststaates

249 Hinsichtlich der Investitionsbedingungen lassen sich die Faktorausstattung und institutionelle Komponenten unterscheiden[73]. Eine klare Grenzziehung zwischen beiden Bereichen ist allerdings kaum möglich.

250 Zur **Faktorausstattung** zählen vor allem die politische Stabilität des Gastlandes, die von ihm verfolgte Wirtschaftspolitik, die Währungs-, Devisen-, Preis- und Steuerpolitik, die Arbeitsbeziehungen, sozio-kulturelle Krisenherde, eine evtl. bestehende Fremdenfeindlichkeit, die außenpolitische und strategische Situation, die Publikumsbeziehungen sowie die gesamte Infrastruktur. In zuletzt genannter Hinsicht lassen sich das Transportwesen, die Rohstoffvorkommen, das Humankapital, Telekommunikationswege, das Ausbildungssystem, Marketing-

---

71 Vgl. UN-Centre on Transnational Corporations, Transnational Corporations in World Development, 3. Aufl., 1983, 566 ff.
72 Vgl. den Diskussionsbeitrag von *Donges*, in: *Esser/Meessen* (Hrsg.), Kapitalinvestitionen im Ausland – Chancen und Risiken, 1984, S. 101.
73 Vgl. *Schanze*, Investitionsförderungsverträge im internationalen Wirtschaftsrecht, 1986, S. 185.

Kanäle, technologische Kapazitäten sowie unterstützende Dienstleistungen unterscheiden[74].

Die Faktorausstattung ist von unterschiedlichem Gewicht, je nachdem, welche Investitionsart durchgeführt werden soll. So können große Volkswirtschaften insbesondere für Investitionen mit Importsubstitutionseffekt attraktiv sein. Kleine Märkte können exportorientierten Investitionen gute Entwicklungschancen eröffnen. 251

Die **institutionellen Komponenten** umfassen den Aufbau des Staatswesens, die Verfassungs-, Regierungs- und Parteienstruktur sowie die Ausgestaltung und Effizienz von Legislative, Judikative und Exekutive. Weiterhin ist die gesamte Rechtsordnung von Bedeutung. In diesem Zusammenhang sind insbesondere Investitionsförderungsbestimmungen und sonstige Vorschriften zum Schutz der Investition zu unterscheiden[75]. 252

bb) Die besondere Bedeutung des Rechtsschutzes

Die MIGA-Konvention enthält grundsätzlich keine Vorgaben, wie die Investitionsbedingungen ausgestaltet sein müssen, damit ein Garantievertrag zustandekommt. Für eine besondere Investitionsbedingung, nämlich die Rechtsordnung, fordert Art. 12 d (iv) allerdings, daß sie eine gerechte und angemessene Behandlung sowie einen Rechtsschutz für die Investition gewährleisten muß. 253

Art. 12 d (iv) enthält keine konkreten Investitionsschutzstandards. In Anbetracht der weitreichenden Differenzen über den Inhalt des Investitionsschutzes auf internationaler Ebene[76] hat die MIGA-Konvention hierauf bewußt verzichtet. Die seit Jahren andauernden Verhandlungen zum Code of Conduct on Transnational Corporations zeigen, daß eine Einigung derzeit nicht erzielt werden kann[77]. Unabhängig hiervon wollte sich die MIGA durch die jetzige Formulierung Flexibilität und Offenheit für künftige Entwicklungen bewahren[78]. Zugleich machen Art. 12 d (iv) wie auch andere Vorschriften der Konvention[79] deutlich, daß die MIGA dem Investitionsschutz für eine Verstärkung der Investitionsströme in die Entwicklungsländer großes Gewicht beimißt. 254

Die besondere Betonung der rechtlichen Rahmenbedingungen trägt zunächst dem Umstand Rechnung, daß der vom Gaststaat gewährte Rechtsschutz darüber entscheidet, ob die MIGA überhaupt leistungspflichtig wird und inwieweit sie selbst in diesem Fall vom Gaststaat Ersatz fordern kann[80]. Insbesondere kann die MIGA über Art. 12 d (iv) dem Moral-Hazard-Problem begegnen. Ein Gaststaat, der wiederholt den Versicherungsfall auslöst oder keine volle Entschädi- 255

---

74 Vgl. *Shihata*, Factors Influencing the Flow of Foreign Investment and the Relevance of a Multilateral Investment Guarantee Scheme, Int. Lawyer 21 (1987), 671 ff. (680).
75 Vgl. hierzu nachfolgend RdNr. 261 ff.
76 Vgl. nachfolgend RdNr. 265 f.
77 Vgl. nachfolgend Art. 35, RdNr. 704 f.
78 Vgl. *Shihata*, MIGA and Foreign Investment, 1988, S. 217 f.
79 Siehe die Präambel sowie Art. 23.
80 Vgl. Art. 18.

Geschäftstätigkeit

gung leistet, muß damit rechnen, daß die MIGA hierauf mit einer Erhöhung der Versicherungsprämien reagiert bzw. Investitionen in diesem Staat jedenfalls vorübergehend überhaupt nicht mehr versichert[81].

256 Weiterhin hat der Gaststaat am ehesten im Hinblick auf die juristischen Standortdeterminanten kurzfristige Gestaltungsmöglichkeiten[82]. Die besondere Bedeutung des Rechtsschutzes liegt demnach auch darin, daß er dem Gaststaat die Möglichkeit eröffnet, das bisherige Schutzniveau anzuheben und hierdurch anderweitige Standortnachteile auszugleichen. Art. 12 d (iv) bietet damit einen Ansatzpunkt, um Versicherungen speziell für Investitionen in solchen Ländern zu vergeben, die aufgrund ihrer sonstigen Investitionsbedingungen für eine Garantie nur eingeschränkt in Frage kämen.

257 Außerdem ist gerade der Rechtsschutz für die Investitionsentscheidung besonders bedeutsam. Der Investor nimmt bei seiner weltweiten Standortsuche im allgemeinen geringere Gewinnaussichten in Kauf, wenn dafür die politischen Risiken kalkulierbar bleiben[83].

258 Der Rechtsschutz ist innerhalb des Prüfungsrahmens des Art. 12 d (iv) auch deshalb von Bedeutung, weil die MIGA ihn leicht ermitteln kann. Auch bestehen Vergleichsmaßstäbe mit anderen Staaten und internationalen Schiedssprüchen. Dagegen ist die Einschätzung der politischen und wirtschaftlichen Situation im Gastland mit zahlreichen Unwägbarkeiten behaftet.

259 Die MIGA hat weiterhin am ehesten im Hinblick auf den Rechtsschutz Aussicht, im Rahmen von Art. 23 beim Gaststaat eine Verbesserung der Investitionsbedingungen und damit eventuell die Versicherbarkeit der Investition zu erreichen. Falls die MIGA den durch das nationale Recht oder bilaterale Abkommen vermittelten Rechtsschutz für nicht ausreichend erachtet, soll sie Versicherungsschutz nur dann gewähren, wenn sie mit dem Gaststaat eine Vereinbarung gemäß Art. 23 b (ii) oder eine anderweitige investitionsschützende Abrede geschlossen hat[84]. Der Gaststaat wird einer Vereinbarung gemäß Art. 23 b (ii) schon deshalb vergleichsweise aufgeschlossen gegenüberstehen, weil der Rechtsschutz wertneutral ist, allen Investitionsformen gleichermaßen zugute kommt und somit keine wirtschaftspolitische Lenkung bezweckt[85].

---

81 Siehe auch Art. 18, RdNr. 383 ff., Art. 26, RdNr. 595 ff. sowie Art. 52, RdNr. 784 ff.
82 Vgl. *Karl*, Die Potentialorientierung beim internationalen Ressourcentransfer, 1987, S. 23.
83 Vgl. *Shihata*, Factors Influencing the Flow of Foreign Investment and the Relevance of a Multilateral Investment Guarantee Scheme, Int. Lawyer 21 (1987), 671 ff. (678, 686); *Seelig*, Begrüßungsansprache, in: *Esser/Meessen* (Hrsg.), Kapitalinvestitionen im Ausland – Chancen und Risiken, 1984, S. 29 ff. (31).
84 Vgl. § 3.17 der „Operational Regulations", nachfolgend S. 390, sowie Ziffer 21 des MIGA-Kommentars, S. 350 f.
85 Vgl. *Voss*, The Protection and Promotion of Foreign Direct Investment in Developing Countries: Interests, Interdependencies, Intricacies, Int'l & Comp. L.Q. 31 (1982), 686 ff. (699 f.); *Seelig*, Begrüßungsansprache, in: *Esser/Meessen* (Hrsg.), Kapitalinvestitionen im Ausland – Chancen und Risiken, 1984, S. 29 ff. (31); siehe auch *Akinsanya*, International Protection of Direct Foreign Investment in The Third World, Int'l & Comp. L.Q. 36 (1987), 58 ff.

Zur Formulierung positiver Investitionsbedingungen kann die MIGA auf den „Foreign Investment Advisory Service" der International Finance Corporation zurückgreifen[86]. Dieser soll die Entwicklungsländer bei der Formulierung eines allgemeinen Politik- und Institutionenrahmens unterstützen, um Auslandsinvestitionen zu fördern und zu regulieren, Vorschriften zu erlassen, die Investitionen in spezifischen Branchen mit Prioritätscharakter erleichtern, Strategien zur Förderung von Auslandsinvestitionen zu erarbeiten und eine Politik zu entwickeln, die den Technologietransfer angemessen reguliert[87]. 260

cc) Die einzelnen rechtsschutzrelevanten Prüfungskriterien

Die von der MIGA vorzunehmende Prüfung des Rechtsschutzniveaus hat sich gegenständlich auf seine sensiblen Bereiche zu konzentrieren. Dies sind vor allem die Entschädigungsregelung, der freie Transfer von Kapital und Erträgen, die Inländerbehandlung, der Umfang der geschützten Rechte sowie die Zulässigkeit eines Schiedsgerichts[88]. Dementsprechend sollten auch eventuelle Vorschläge zur Verbesserung des Rechtsschutzes vorrangig diese Regelungsbereiche zum Gegenstand haben[89]. 261

Der Rechtsschutz wird von der MIGA im allgemeinen als ausreichend erachtet, wenn zwischen dem Gaststaat und dem Heimatstaat des Investors ein Investitionsschutzvertrag besteht. Seine Schutzfunktion für den Investor besteht darin, daß er den Vertragsstaaten gegenseitige Verhaltenspflichten im Hinblick auf die Behandlung von Auslandsinvestitionen auferlegt. Typischerweise enthält er den Grundsatz der Inländerbehandlung, eine Meistbegünstigungsklausel, eine Vorschrift, wonach im Falle einer Enteignung eine sofortige, angemessene und effektive Entschädigung zu zahlen ist[90], Vorschriften zur Freiheit des Devisentransfers bei Dividenden und Liquidationserlösen sowie eine Bestimmung zur Forderungsabtretung und zur Streitschlichtung[91]. 262

---

86 Siehe hierzu auch nachfolgend Art. 35, RdNr. 685 ff.
87 Vgl. *Voss*, The Multilateral Investment Guarantee Agency: Status, Mandate, Concept, Features, Implications, J.W.T.L. 21 (1987), 5 ff. (20).
88 Vgl. *Burkhardt*, Auslandsinvestitionsschutz durch bilaterale Verträge und Risikoabsicherung, in: *Esser/Meessen* (Hrsg.), Kapitalinvestitionen im Ausland – Chancen und Risiken, 1984, S. 125 ff. (129 ff.).
89 Vgl. *Böckstiegel*, Rechtsschutz der Auslandsinvestitionen durch Schiedsgerichte, in: *Esser/Meessen* (Hrsg.), Kapitalinvestitionen im Ausland – Chancen und Risiken, 1984, S. 135 ff. (145 ff.).
90 Sog. Hull-Rule, benannt nach dem gleichnamigen US-Außenminister, der die Einhaltung dieses Standards im Jahr 1938 gegenüber seinem mexikanischen Amtskollegen gefordert hat.
91 Vgl. Art. 3 Abs. 2, 3, Art. 4, 5, 6, 10 des deutschen Mustervertrags. Siehe auch *Burkhardt*, Auslandsinvestitionsschutz durch bilaterale Verträge und Risikoabsicherung, in: *Esser/Meessen* (Hrsg.), Kapitalinvestitionen im Ausland – Chancen und Risiken, 1984, S. 125 ff.; *ders.*, Investment Protection Treaties: Recent Trends and Prospects, Außenwirtschaft 41 (1986), Heft I, 99 ff.; *Frick*, Bilateraler Investitionsschutz in Entwicklungsländern, 1975, passim.

Geschäftstätigkeit

263 Mit der Berücksichtigung von Investitionsschutzverträgen im Rahmen von Art. 12 d (iv) vermeidet die MIGA zugleich, die dort etablierten Schutzstandards zu unterlaufen und damit wertlos zu machen[92]. Die Investitionsschutzverträge stärken außerdem die finanzielle Leistungskraft der MIGA, indem sie die gegenseitigen Rechte und Pflichten von Gaststaat und Investor abklären und damit eine besser abgesicherte Basis für die Rechte schaffen, die die MIGA bei Eintritt eines Versicherungsfalles abgetreten bekommt.

264 Liegt kein Investitionsschutzvertrag vor, kommt es darauf an, inwieweit die Gesetze des Gastlandes und ihre Anwendung mit dem Völkerrecht im Einklang stehen. Prüfungsgegenstand sind hierbei auch Investitionsverträge[93]. Die Bewertung soll streng vertraulich vorgenommen werden. Von dem Ergebnis soll allein die betroffene Regierung erfahren mit dem Bestreben, ihr eine Verbesserung der Investitionsbedingungen zu ermöglichen[94].

265 Die Überprüfung des Rechtsschutzes auf seine Vereinbarkeit mit dem Völkerrecht stellt die MIGA vor eine schwierige Aufgabe. Der Investitionsschutz zählt zu den umstrittensten Materien des Völkerrechts[95]. Dies gilt etwa im Hinblick auf die Anerkennung eines völkerrechtlichen Minimumstandards zur Behandlung von Investitionen durch den Gaststaat, die Einräumung von Inländerbehandlung, die Freiheit des Kapitaltransfers sowie die Voraussetzungen und Rechtsfolgen einer Enteignung[96].

266 Eine Analyse der einschlägigen völkerrechtlichen Rechtsquellen[97] ergibt ein diffuses Bild. Seinen Grund hat dies darin, daß die Entwicklungsländer Investitionsschutz nicht auf allen Ebenen des Völkerrechts anerkennen. Zwar besteht eine Vielzahl bilateraler Investitionsschutzverträge, die Investitionsschutz auf einem den Vorstellungen der Industriestaaten entsprechenden Niveau gewähren[98]. Weiterhin gibt es gerade aus der letzten Zeit etliche Urteile internationaler Schiedsgerichte, die dem Investor Investitionsschutz nach völkerrechtlichen Grundsätzen oder allgemein anerkannten Rechtsprinzipien zusprechen[99]. Damit

---

92 Vgl. *Golsong,* Eine multilaterale Investitionsversicherungsagentur?, in: *Esser/Meessen* (Hrsg.), Kapitalinvestitionen im Ausland – Chancen und Risiken, 1984, S. 163 ff. (172).
93 Vgl. oben Art. 11 a (iii), RdNr. 162.
94 Vgl. § 3.16 der „Operational Regulations", nachfolgend S. 390.
95 Vgl. aus der kaum noch überschaubaren Literatur: *Gattiker,* Behandlung und Rolle von Auslandsinvestitionen im geltenden Völkerrecht: Eine Standortbestimmung, Schweizerisches Jahrbuch für internationales Recht 37 (1981), 25 ff.; *Großfeld*, Internationales Unternehmensrecht, 1986, § 27; *Meessen,* Zu den Grundlagen des internationalen Wirtschaftsrechts, AöR 1985, 398 ff.; *Wulff,* Rechtspositionen der Entwicklungsländer und der Industriestaaten zur Konstituierung einer neuen Weltwirtschaftsordnung, AVR 23 (1985), 337 ff.
96 Vgl. *Ebenroth,* Code of Conduct – Ansätze zur vertraglichen Gestaltung internationaler Investitionen, 1987, RdNr. 195 ff., 773 ff., 786 ff.
97 Art. 38 IGH-Statut unterscheidet internationale Übereinkünfte, das internationale Gewohnheitsrecht und die allgemeinen Rechtsgrundsätze. Darüber hinaus läßt er grundsätzlich richterliche Entscheidungen und die Lehrmeinungen der fähigsten Völkerrechtler als Hilfsmittel zur Feststellung von völkerrechtlichen Rechtsnormen zu.
98 Vgl. etwa Art. 2, 3, 4, 5, 7 des deutschen Mustervertrages, BGBl. 1984 II 779 ff.
99 Vgl. die Schiedssprüche des Iran-U.S. Claims Tribunal, oben Art. 11 a (ii), RdNr. 116 ff., sowie Texaco Overseas Petroleum Co. and California Asiatic Oil Co. v. Libyan Arab Republic, ILM 17 (1978), 1 ff.; Libyan American Oil Co. (Liamco) v. Libyan Arab

ist jedenfalls eine Tendenz zur Ausbildung von Völkergewohnheitsrecht erkennbar. Andererseits rechtfertigen es weder die bestehenden Investitionsschutzverträge noch die internationale Staatenpraxis, bereits heute im Hinblick auf den Investitionsschutz von einer allgemeinen Übung und der Anerkennung dieser Übung als Recht zu sprechen. Auch wenn die Vereinten Nationen anders als noch in den siebziger Jahren keine Resolutionen mehr verabschieden, in denen der nationalen Souveränität über Ressourcen und Investoren überragende Bedeutung beigemessen wird[100], zeigen die bislang vergeblichen Bemühungen zur Verabschiedung des Code of Conduct[101], daß über den Inhalt des Investitionsschutzes auf multilateraler Ebene derzeit kein Konsens besteht.

Sieht die MIGA sich außerstande, über die Vereinbarkeit der nationalen Investitionsgesetze mit dem Völkerrecht eine Entscheidung zu treffen, kann sie doch gleichwohl zu dem Ergebnis gelangen, daß das vom Gaststaat vermittelte Schutzniveau ihren Vorstellungen von der Ausgestaltung des völkerrechtlichen Investitionsschutzes entspricht, und auf dieser Grundlage Versicherungsschutz gewähren. Die MIGA erzeugt hierdurch unmittelbar kein neues Völkerrecht. Sie kann aber einen Prozeß auslösen, an dessen Ende die Anerkennung neuer Investitionsschutzstandards durch die Völkergemeinschaft steht[102]. **267**

Die MIGA kann sich bei ihrer Entscheidung, wie das Völkerrecht ausgestaltet sein sollte, insbesondere an den Urteilen internationaler Schiedsgerichte orientieren. Richtschnur können auch die internationalen Verhaltenskodizes sein[103]. Speziell im Hinblick auf die Beilegung von Investitionsstreitigkeiten kann die MIGA berücksichtigen, inwieweit der Gaststaat dazu bereit ist, Urteile internationaler Schiedsgerichte sowie die einschlägigen Regeln internationaler Organisationen wie der ICSID[104], der ICC[105] oder der UNCITRAL[106] zu beachten. Auf **268**

Republic, ILM 20 (1981), 1 ff.; Kuwait v. American Independent Oil Co. (Aminoil), ILM 21 (1982), 976 ff.
100 Vgl. oben Art. 11 a (ii), RdNr. 113, Fn. 40.
101 Vgl. nachfolgend Art. 35, RdNr. 704 f.
102 Vgl. *Shihata*, MIGA and Foreign Investment, 1988, S. 235, 245.
103 Vgl. nachfolgend Art. 35, RdNr. 704 f.
104 Vgl. „Convention Creating the International Centre for Settlement of Investment Disputes" vom 18. März 1965, abgedruckt in ILM 4 (1965), 532 ff.; siehe hierzu *Soley*, ICSID Implementation: An Effective Alternative to International Conflict, Int. Lawyer 19 (1985), 521 ff.; *Marcantonio*, ICSID as a Forum for the Renegotiation of Contracts in International Trade and Finance, in: *Horn* (Hrsg.), Adaptation and Renegotiation of Contracts in International Trade and Finance, 1985, S. 235 ff.
105 Vgl. „Rules on the Regulation of Contractual Disputes", Publ. No. 326 (1978), abgedruckt in *Horn* (Hrsg.), Adaptation and Renegotiation of Contracts in International Trade and Finance, 1985, S. 385 ff; „Rules of the ICC Court of Arbitration", Publ. No. 291 (1975), abgedruckt in *Horn* (Hrsg.), a.a.O., S. 397 ff.; „Preliminary Draft Rules for an Arbitration Referee Procedure", abgedruckt bei *Glossner*, Contract Adaptation Through Third Party Intervenor; The Referee Arbitral, in: *Horn* (Hrsg.), a.a.O., S. 191 ff. (200 ff.); siehe auch *Mezger*, The ICC Rules for the Adaptation of Contracts, in *Horn* (Hrsg.), a.a.O., S. 205 ff.
106 Vgl. „Conciliation Rules", UN-Doc. A/35/17 (1980), abgedruckt in: *Horn* (Hrsg.), Adaptation and Renegotiation of Contracts in International Trade and Finance, 1985, S. 409 ff.; siehe hierzu *Herrmann*, The UNCITRAL Conciliation Rules: An Aid also in Contract Adaptation (and Performance Facilitation), in: *Horn* (Hrsg.), a.a.O., S. 217 ff. Die UNCITRAL hat außerdem ein Modellgesetz für die internationale Wirtschaftsschiedsgerichtsbar-

jeden Fall sollte die MIGA davon absehen, sich in einem Wettstreit mit den staatlichen Agenturen um den Abschluß von Garantieverträgen mit einem niedrigen Rechtsschutzniveau zu begnügen. Es gilt einen Ausgleich zu finden zwischen ihrem Entwicklungsauftrag und der Notwendigkeit zum Erhalt ihrer finanziellen Leistungskraft.

269 Es besteht auch hinreichende Aussicht, daß innerhalb der MIGA eine Verständigung über die Ausformung des völkerrechtlichen Investitionsschutzes erzielt werden kann. Die Entwicklungsländer, die Mitglieder der MIGA sind, haben ein Interesse daran, daß Versicherungsschutz gewährt wird und die betreffende Investition zustandekommt. In ihrer Eigenschaft als Kapitalgeber für die MIGA dürften sie bestrebt sein, möglichst hohe Investitionsschutzstandards anzulegen. Ansonsten müssen sie damit rechnen, daß die MIGA und damit mittelbar sie selbst vergleichsweise häufig Entschädigungen an Versicherungsnehmer zu leisten haben. Außerdem hätten sie zu befürchten, daß der Gaststaat im Regreßwege nur eingeschränkt oder überhaupt nicht haftbar gemacht werden kann.

dd) Einzelne Risikofaktoren

270 Der Rechtsschutz im Gaststaat und die dortigen Investitionsbedingungen können für das konkrete Investitionsprojekt aus unterschiedlichen Gründen eine Veränderung erfahren. Die Ursachen können sowohl in der Risikosphäre des Unternehmens als auch in der des Gaststaates begründet sein. Die MIGA hat die Existenz und das Ausmaß derartiger Risiken bei der Entscheidung über einen Versicherungsantrag zu berücksichtigen.

aaa) Faktoren, die sich auf das Gastland beziehen

aaaa) Währungstransferrisiko

271 Bedeutsam sind die Devisensituation des Gastlandes einschließlich ihrer voraussichtlichen Entwicklung während der veranschlagten Laufzeit des Garantievertrages, alle einschlägigen Berichte über Verzögerungen bei Transferzahlungen für Investionen im allgemeinen und den betreffenden Projekt- und Investitionstyp im besonderen, das finanzielle Potential, aus dem eine Entschädigung zu finanzieren wäre, einschließlich der Möglichkeit, daß die MIGA die Zahlung von inländischer Währung akzeptiert.

bbbb) Enteignungs- und Vertragsbruchsrisiko

272 Wichtig sind insbesondere alle neuen Berichte über Eingriffe in ausländische Investitionen und Verzögerungen bei der Durchführung von Verträgen der zu versichernden Art, einschlägige Berichte des Gastlandes über die Beilegung von Enteignungs- und Vertragsbruchsstreitigkeiten sowie alle einschlägigen Streitigkeiten, insbesondere solche mit der MIGA, nationalen Investitionsversicherungsagenturen oder privaten politischen Risiko-Versicherern. Damit trägt die

---

keit vorgelegt; siehe hierzu *Böckstiegel*, Das UNCITRAL-Modell-Gesetz für die internationale Wirtschaftsschiedsgerichtsbarkeit, RIW 1984, 670 ff.; *Kerr*, Arbitration and the Courts: The UNCITRAL Model Law, Int'l & Comp. L.Q. 24 (1985), 1 ff.

MIGA dem Umstand Rechnung, daß bei den heute vorwiegend praktizierten schleichenden Enteignungen die Enteignungsschwelle einen schwer zu fassenden Risikomaßstab darstellt[107].

cccc) Kriegs-/Bürgerkriegsrisiko

Zu berücksichtigen sind vor allem die Existenz oder die Wahrscheinlichkeit eines bewaffneten Konflikts, an dem das Gastland beteiligt wäre, und alle internen Spannungen, die zu inneren Unruhen führen könnten[108]. 273

bbb) Faktoren im Hinblick auf das Investitionsprojekt

Die MIGA soll insbesondere berücksichtigen: 274

– den wirtschaftlichen Sektor, zu dem das Investitionsprojekt gehört, sowie die Größe des Investitionsprojekts im Verhältnis zur Gesamtstärke dieses Sektors;
– die Größe des Investitionsprojekts im Verhältnis zum Bruttosozialprodukt des Gastlandes;
– die Erfahrung und die Reputation des Antragstellers und des Investitionsprojekts;
– eine eventuelle Beteiligung an Investitionsprojekten anderer Investoren sowie
– die Natur, einschließlich die Mobilität der Vermögenswerte, die in das Investitionsprojekt eingebracht werden[109].

aaaa) Währungstransferrisiko

Zu berücksichtigen sind das Potential des Investitionsprojekts, frei verwendbare Währungen durch Exporte zu verdienen, alle Vorkehrungen zur Ansammlung von Devisen auf Konten im Ausland oder auf frei zugänglichen Konten im Gastland sowie alle Vereinbarungen mit dem Gaststaat, die dem Antragsteller oder dem Investitionsprojekt garantierten oder bevorzugten Zugang zu ausländischen Devisen einräumen. 275

bbbb) Enteignungs- und Vertragsbruchsrisiko

Von Bedeutung sind das Ausmaß, in welchem die Fortführung und die Rentabilität des Investitionsprojekts von Handlungen oder Unterlassungen der Gastregierung oder der ständigen Beteiligung des Antragstellers abhängen, die Natur und der Inhalt aller Vereinbarungen zwischen dem Antragsteller und der Gastregierung, insbesondere Fairneß und Flexibilität derartiger Absprachen, jegliche Bestimmungen in solchen Vereinbarungen, welche die Beilegung von Streitigkeiten durch internationale Schiedsordnungen, insbesondere nach der 276

---

107 Vgl. *Shihata*, MIGA and Foreign Investment, 1988, S. 161.
108 Vgl. § 3.18 der „Operational Regulations", nachfolgend S. 391.
109 Vgl. § 3.13 der „Operational Regulations", nachfolgend S. 389.

Geschäftstätigkeit

ICSID-Konvention vorsehen, sowie die Wahrscheinlichkeit, daß das Gastland eine Enteignungsentschädigung aus den Einkünften des Investitionsprojekts, insbesondere seinen Deviseneinnahmen, zu bezahlen in der Lage ist.

cccc) Kriegs-/Bürgerkriegsrisiko

277 Zu berücksichtigen sind die strategische Bedeutung des Investitionsprojekts, sein Sitz sowie seine Anfälligkeit gegenüber physischen Beeinträchtigungen[110].

ccc) Das Verhältnis zwischen den Faktoren, die sich auf das Investitionsprojekt und das Gastland beziehen

278 Zum Beispiel kann ein Währungstransferrisiko trotz der ungünstigen Devisensituation des Gastlandes annehmbar sein, wenn das Investitionsprojekt frei verwendbare Devisen durch Exporte erzielen kann. Ein Enteignungsrisiko kann durch das Interesse des Gastlandes an einer fortgesetzten Kooperation mit dem Antragsteller abgeschwächt werden. Die politische Instabilität eines Gastlandes braucht die Gewährung von Versicherungsschutz gegen das Kriegs-/Bürgerkriegsrisiko nicht auszuschließen, wenn das Investitionsprojekt in einer Region angesiedelt ist, die von der Gastregierung ausreichend geschützt wird[111].

ee) Die Multilateralisierungsfunktion des Art. 12 d (iv)

279 Art. 12 d (iv) läßt erwarten, daß die MIGA Multilateralisierungstendenzen im Hinblick auf den Eigentumsschutz in den Mitgliedstaaten auslösen wird. Die Vorschrift sorgt zum einen für die Ausformung und Beachtung eines internationalen investitionsvertraglichen Minimumstandards. Durch das Zustandekommen des Garantievertrages, die Formulierung von Versicherungsbedingungen, Maßnahmen zur Forderungsbefriedigung und Vereinbarungen zur Behandlung von versicherten Investitionen kann die MIGA Kriterien für faire und gerechte Investitionsbedingungen entwickeln und Präzedenzfälle für die künftige Behandlung von Investitionen durch das Gastland schaffen[112].

280 Zum anderen bildet die Bestimmung für die Mitgliedstaaten einen Anreiz zur ständigen Verbesserung des Eigentumsschutzes, um über den Abschluß des Versicherungsvertrages die Investition in das eigene Land lenken zu können. Auf diese Weise kann ein weltweiter eigentumsschützender Dynamisierungsprozeß ausgelöst werden[113]. Darüber hinaus kann die Versicherungspraxis der MIGA zu einer Konkretisierung, Verfestigung und Weiterentwicklung des völkerrechtlichen Eigentumsschutzes beitragen[114]. In diesem Zusammenhang wird es interes-

---

110 Vgl. § 3.14 der „Operational Regulations", nachfolgend S. 389 f.
111 Vgl. § 3.19 der „Operational Regulations", nachfolgend S. 391.
112 Vgl. *Voss*, The Multilateral Investment Guarantee Agency: Status, Mandate, Concept, Features, Implications, J.W.T.L. 21 (1987), 5 ff. (22).
113 Vgl. *Ebenroth*, Zur Bedeutung der Multilateral Investment Guarantee Agency für den internationalen Ressourcentransfer, JZ 1987, 641 ff. (648).
114 Vgl. *Petersmann*, Die Multilaterale Investitions-Garantie-Agentur (MIGA), Ein neues Instrument zur Fortbildung des internationalen Wirtschaftsrechts, ZaöRV 46 (1986), 758 ff. (768 ff.).

sant sein zu beobachten, wie sich diejenigen Staaten gegenüber der MIGA verhalten werden, die dem Eigentumsschutz auf völkerrechtlicher Ebene bisher ablehnend gegenüberstehen.

noch **280**

Artikel 13
Berücksichtigungsfähige Investoren

a) Jede natürliche Person und jede juristische Person kann als Empfänger einer Garantie der Agentur berücksichtigt werden,

i) sofern die natürliche Person Staatsangehöriger eines Mitglieds mit Ausnahme des Gastlands ist;

ii) sofern die juristische Person in einem Mitglied gegründet ist und dort ihren Hauptsitz hat oder sofern ihre Kapitalmehrheit einem oder mehreren Mitgliedern oder deren Staatsangehörigen gehört; in keinem der genannten Fälle darf jedoch das Mitglied das Gastland sein;

iii) sofern die juristische Person, gleichviel ob sie sich in Privateigentum befindet oder nicht, auf kommerzieller Grundlage arbeitet.

b) Hat der Investor mehr als eine Staatsangehörigkeit, so geht für die Zwecke des Buchstabens a die Staatsangehörigkeit eines Mitglieds der Staatsangehörigkeit eines Nichtmitglieds und die Staatsangehörigkeit des Gastlands der Staatsangehörigkeit jedes anderen Mitglieds vor.

c) Auf gemeinsamen Antrag des Investors und des Gastlands kann das Direktorium mit besonderer Mehrheit festlegen, daß auch eine natürliche Person, die Staatsangehöriger des Gastlands ist, oder eine juristische Person, die im Gastland gegründet ist oder deren Kapitalmehrheit seinen Staatsangehörigen gehört, berücksichtigungsfähig ist; das investierte Kapital muß in diesem Fall aus einem Land außerhalb des Gastlands transferiert werden.

Gliederung

I. Übersicht 281
II. Das Ursprungsland der Investition 282
III. Die kommerzielle Grundlage der Investition 285
IV. Das Eigentum an der Investition . 288
V. Investoren aus dem Gaststaat . . . 291

163

Geschäftstätigkeit

I. Übersicht

281 Gemäß Art. 13 a kann grundsätzlich jede natürliche oder juristische Person Versicherungsnehmer sein. Als „juristische Person" im Sinne dieser Vorschrift gilt auch, wer in wesentlichen Aspekten als solche behandelt wird[1]. Somit kann auch einer OHG oder KG Versicherungsschutz gewährt werden[2]. Ist der betreffende Zusammenschluß nicht versicherungsfähig, kommt gleichwohl Versicherungsschutz für die einzelnen Gesellschafter bzw. Mitglieder in Betracht. In diesen Fällen ist die Garantie auf den Anteil an der Investition zu beschränken, der dem Anteil des betreffenden Investors am Investitionsobjekt entspricht[3].

II. Das Ursprungsland der Investition

282 Der Investor muß einem **Mitgliedstaat** mit Ausnahme des Gaststaates angehören. Diese Voraussetzung ist bei natürlichen Personen dann erfüllt, wenn sie die Staatsangehörigkeit eines derartigen Mitglieds besitzen (Art. 13 a [i]). Bei juristischen Personen entspricht die MIGA-Konvention grundsätzlich der Sitztheorie[4]. Die juristische Person muß demnach in einem Mitgliedstaat mit Ausnahme des Gaststaates gegründet worden sein und dort ihren Hauptsitz haben (Art. 13 a [ii]). Die Vorschrift setzt aber nicht voraus, daß Gründungs- und Sitzstaat identisch sind. Eine nachträgliche Sitzverlegung ist unschädlich, wenn sich der neue Hauptsitz wiederum in einem Mitgliedstaat befindet.

283 Erfüllt die juristische Person die genannten Voraussetzungen nicht, kann Versicherungsschutz gleichwohl gewährt werden, wenn die Kapitalmehrheit am Unternehmen einem oder mehreren Mitgliedern bzw. deren Staatsangehörigen zusteht (Art. 13 a [ii])[5]. Die MIGA-Konvention entspricht damit im Grundsatz dem „genuine link-approach" des Internationalen Gerichtshofs im Zusammenhang mit der Frage, unter welchen Voraussetzungen der Heimatstaat zur Ausübung diplomatischen Schutzes berechtigt ist[6]. Art. 13 a (ii) geht inhaltlich sogar noch darüber hinaus, indem er die Kapitalmehrheit am Unternehmen als sachlichen Anknüpfungspunkt genügen läßt[7]. Bei dem Mitgliedstaat darf es sich allerdings nicht um das Gastland handeln (Art. 13 a [ii]). Damit soll

---

1 Vgl. § 1.14 der „Operational Regulations", nachfolgend S. 373.
2 Vgl. *Shihata*, MIGA and Foreign Investment, 1988, S. 141, Fn. 42.
3 Vgl. § 1.14 der „Operational Regulations", nachfolgend S. 373.
4 Siehe hierzu MünchKomm-*Ebenroth*, Nach Art. 10, RdNr. 153 ff.
5 Die Vorschrift ist demnach nicht dahingehend zu verstehen, daß die juristische Person in jedem Fall in einem Mitglied gegründet worden sein muß; siehe hierzu *Chatterjee*, The Convention Establishing the Multilateral Investment Guarantee Agency, Int'l & Comp. L. Q. 36 (1987), 76 ff. (83).
6 Vgl. den Nottebohm-Fall, ICJ Reports 1955, 4 ff.; siehe hierzu *Menzel/Ipsen*, Völkerrecht, 2. Aufl. 1979, § 24 II.
7 Vgl. den Barcelona Traction-Fall, ICJ-Reports 1970, 44.

sichergestellt werden, daß allein grenzüberschreitende Investitionen in den Genuß einer Versicherung gelangen können[8].

Bei mehreren Staatsangehörigkeiten geht die Staatsangehörigkeit eines Mitglieds derjenigen eines Nichtmitglieds vor. Die Staatsangehörigkeit eines Mitglieds tritt andererseits gegenüber der Staatsangehörigkeit des Gastlandes zurück (Art. 13 b). **284**

III. Die kommerzielle Grundlage der Investition

Gemäß Art. 13 a (iii) muß der Investor auf kommerzieller Basis handeln. Falls die Kapitalmehrheit am Investitionsprojekt in Privateigentum steht, kann die geschäftliche Tätigkeit grundsätzlich als gegeben angenommen werden. Handelt es sich allerdings um eine gemeinnützige Gesellschaft, kann Versicherungsschutz nur dann gewährt werden, wenn feststeht, daß die spezifische Investition, für die um Deckung nachgesucht wird, auf kommerzieller Basis arbeiten soll. **285**

Steht die Kapitalmehrheit im öffentlichen Eigentum, muß die MIGA feststellen, ob der Antragsteller kommerziell tätig wird (actus iure gestionis). Hierbei ist auf die Natur, nicht auf den Zweck der Handlung abzustellen[9]. Weiterhin hat Bedeutung die Ausstattung des Investors mit langfristigem Kapital, das Ausmaß der Unabhängigkeit des Managements, die Abhängigkeit von staatlichen Subventionen, die Verantwortlichkeit des Managements für das finanzielle Ergebnis, die Anwendung von Kostenkontrollen, das Ausmaß, in welchem der Investor geschäftsübliche Buchführungs- und Rechnungslegungsgrundsätze anwendet sowie der Umfang, in welchem er Wettbewerb ausgesetzt ist[10]. Falls der Investor teilweise auf kommerzieller und nichtkommerzieller Grundlage tätig wird, kommt Versicherungsschutz nur im Hinblick auf solche Investitionen in Betracht, die Teil seiner kommerziellen Aktivitäten sind[11]. **286**

Versicherungsschutz kommt auch für juristische Personen in Betracht, an denen Mitglieder und Privatpersonen oder mehrere Mitglieder gemeinsam beteiligt sind. In Betracht kommen z. B. staatliche Energie-, Rohstoff-, Transport- oder Finanzunternehmen[12]. Im Sinne der vorstehend genannten Bestimmung gilt als „Mitglied" jede Agentur oder jedes Unternehmen, das von einem Mitglied kontrolliert wird oder in dessen Eigentum steht[13]. **287**

---

8 Siehe aber auch nachfolgend RdNr. 291 f.
9 Vgl. *von Hoffmann,* Staatsunternehmen im Völkerrecht, BerGesVR 25 (1984), 35 ff.; Fischer, Staatsunternehmen im Völkerrecht, BerGesVR 25 (1984), 7 ff.
10 Vgl. *Shihata,* MIGA and Foreign Investment, 1988, S. 120.
11 Vgl. § 1.19 der „Operational Regulations", nachfolgend S. 374.
12 Vgl. *Shihata,* MIGA and Foreign Investment, 1988, S. 120.
13 Vgl. § 1.18 der „Operational Regulations", nachfolgend S. 374.

Geschäftstätigkeit

IV. Das Eigentum an der Investition

288 Als Investor kommt schließlich nur derjenige in Betracht, der Eigentümer des Investitionsobjekts ist. Die MIGA soll stärker auf das materielle Eigentum als auf die formale Eigentümerposition achten. Im Falle einer Aktiengesellschaft soll eine Person dann als der materielle Eigentümer gelten, wenn ihr die Vorteile aus den Aktien zustehen und sie das Recht hat, diese wieder an sich zu ziehen. Z. B. soll im Fall von Aktien, die von Brokern oder Banken für ihre Kunden gehalten werden, der Kunde anstatt der Zwischenperson als der Eigentümer gelten.

289 Kann der materielle Eigentümer nicht ohne unverhältnismäßige Kosten oder Verzögerungen festgestellt werden, soll angenommen werden, daß er die gleiche Nationalität wie der formale Eigentümer hat. Falls auch letzterer nicht ohne weiteres festgestellt werden kann, wie z. B. im Fall von Inhaberaktien, soll angenommen werden, daß das Investitionsprojekt überwiegend im Eigentum derjenigen Teilhaber steht, welche die Nationalität eines Mitgliedstaates mit Ausnahme derjenigen des Gastlandes besitzen, jedoch nur unter der Voraussetzung, daß diese Staatsangehörigen auf der letzten Hauptversammlung die Mehrheit der Stimmrechte innehatten[14].

290 Gegenüber den nationalen Versicherungssystemen dehnt Art. 13 a den Kreis der versicherungsberechtigten Personen erheblich aus. Nationale Versicherer bieten nur ihren eigenen Staatsangehörigen Versicherungsschutz an. Eine multilaterale Versicherungsbehörde wie die MIGA kennt eine derartige Einschränkung nicht. Mittelbar erweitert die MIGA damit auch den Kreis der versicherbaren Objekte. Insbesondere joint ventures, die typischerweise international besetzt sind, können damit einheitlich versichert werden. Zugleich kann die Versicherungsprämie aufgrund der breiteren Risikostreuung herabgesetzt werden[15].

V. Investoren aus dem Gaststaat

291 Gemäß Art. 13 c kann ausnahmsweise auch ein Investor aus dem Gaststaat Versicherungsschutz in Anspruch nehmen. Voraussetzung hierfür ist, daß das investierte Kapital von außerhalb in den Gaststaat transferiert wird. Damit soll erreicht werden, daß Fluchtkapital aus dem Ausland zurückkehrt[16]. Die Vorschrift macht zugleich deutlich, daß der von der MIGA gewährte Versicherungs-

---

14 Vgl. § 1.17 der „Operational Regulations", nachfolgend S. 374.
15 Vgl. *Ebenroth*, Zur Bedeutung der Multilateral Investment Guarantee Agency für den internationalen Ressourcentransfer, JZ 1987, 641 ff. (647).
16 Vgl. *Voss*, The Multilateral Investment Guarantee Agency: Status, Mandate, Concept, Features, Implications, J.W.T.L. 21 (1987), 5 ff. (12); *Shihata*, The Role of ICSID and the Projected Multilateral Investment Guarantee Agency (MIGA), Außenwirtschaft 41 (1986), 105 ff. (115).

schutz in erster Linie eine Verstärkung des Ressourcentransfers in das Gastland bezweckt. Demgegenüber ist die Nationalität des Investors zweitrangig[17].

Art. 13 c erscheint insofern fragwürdig, als er die Entfaltung von endogenem Entwicklungspotential im Gastland diskriminiert. Indem grundsätzlich nur ausländische Investoren versichert werden können, bewirkt Art. 13 c eine volkswirtschaftliche Verzerrung und verschärft längerfristig eventuell sogar die Kapitalflucht aus den Entwicklungsländern[18]. Während es sich bei der Repatriierung von Fluchtkapital im wesentlichen um einen einmaligen, zeitlich befristeten Vorgang handelt, wird die Entstehung einheimischer unternehmerischer Aktivitäten auf Dauer behindert. Die Bevorzugung ausländischer Investoren ist andererseits jedenfalls so lange unbedenklich, wie Ansätze für eine einheimische Konkurrenz im Gastland noch nicht vorhanden sind. Im übrigen ist die MIGA gemäß Art. 12 d (i), (iii) dazu angehalten, Garantien für ausländische Investoren nur dann zu vergeben, wenn hierdurch die Entwicklung des Gastlandes und seine erklärten Entwicklungsziele nicht beeinträchtigt werden.

292

Artikel 14
Berücksichtigungsfähige Gastländer

Für Investitionen wird eine Garantie nach diesem Kapitel nur gewährt, wenn sie im Hoheitsgebiet eines in der Entwicklung befindlichen Mitgliedstaats vorgenommen werden sollen.

Art. 14 legt den Kreis der berücksichtigungsfähigen **Gaststaaten** fest. Die Vorschrift steht in unmittelbarem Zusammenhang mit dem Entwicklungsauftrag der MIGA. Berücksichtigungsfähig sind demnach lediglich Investitionen in Mitglieds-Entwicklungsländern. Die in Frage kommenden Staaten sind im einzelnen im Anhang A zur Konvention aufgeführt.

293

Als Mitglieds-Entwicklungsland kann für die Zwecke von Art. 14 auch ein Gebiet angesehen werden, das von einem Mitgliedstaat abhängig und für dessen internationale Beziehungen dieses Mitglied verantwortlich ist. Gedacht ist hierbei vor allem an frühere Kolonien, die nach wie vor vom ehemaligen Mutterland verwaltet werden (z. B. Neukaledonien, Hongkong, Réunion, Falkland Islands). Voraussetzung ist jedoch, daß das Mitglied gegenüber der MIGA beantragt,

294

---

17 Vgl. *Shihata*, The Multilateral Investment Guarantee Agency, Int. Lawyer 20 (1986), 485 ff. (490).
18 Vgl. *Vaubel*, Die Wissenschaft denkt, die Politik lenkt; Der Fall MIGA, in: *Streit* (Hrsg.), Wirtschaftspolitik zwischen ökonomischer und politischer Rationalität, Festschrift für *Herbert Giersch*, 1988, S. 116 f.

Geschäftstätigkeit

das betreffende Gebiet als Mitglieds-Entwicklungsland einzustufen. Investitionen, die aus dem Mitgliedstaat selbst stammen, sind vom Versicherungsschutz allerdings ausgeschlossen[1].

Artikel 15
Genehmigung des Gastlands

Die Agentur darf einen Garantievertrag erst schließen, wenn die Gastregierung die Gewährung der Garantie durch die Agentur gegen die von ihr bezeichneten Risiken, die gedeckt werden sollen, genehmigt hat.

295 Art. 15 betont die nationale Souveränität der Gaststaaten[1]. Ein Versicherungsvertrag kann nur dann abgeschlossen werden, wenn der Gaststaat zustimmt. Die Vorschrift ist vor dem Hintergrund zu sehen, daß die MIGA als multilaterale Versicherungsagentur, an der auch Entwicklungsländer beteiligt sind, auf deren Interessen in stärkerem Maße Rücksicht nehmen muß, als dies bei den nationalen Versicherern in den Kapitalexportstaaten der Fall ist.

296 Das Gastland kann seine Zustimmung auf bestimmte Investitionstypen, -risiken, -beträge, Investoren und Mitgliedstaaten beschränken. Damit steht dem Gastland die Entscheidung darüber zu, ob und in welchem Ausmaß die MIGA eingeschaltet wird und in welchem Umfang es sich den rechtlichen Konsequenzen aus dem Abschluß eines Garantievertrages unterwirft[2].

297 Art. 15 stärkt auch die Rechtsposition des Investors. Die Zustimmung des Gaststaates kommt der Bestätigung gleich, daß das Investitionsvorhaben mit seinen entwicklungspolitischen Zielen übereinstimmt. Der Gaststaat wird sich nur schwer von dieser Aussage wieder lösen können[3]. Damit wird indirekt auch die Position der MIGA verbessert, denn die Wahrscheinlichkeit eines Eintritts des Versicherungsfalles wird herabgesetzt.

298 Die Zustimmung des Gaststaates bezieht sich auch auf die Tatbestände, die einen Versicherungsfall auslösen. Der Gaststaat bringt damit zum Ausdruck, daß bei Vorliegen bestimmter Voraussetzungen der Versicherungsfall ausgelöst wird und Entschädigungszahlungen zu leisten sind. Dies gilt vor allem im Hinblick auf die Definition des Eigentumsbegriffs, die Abgrenzung zwischen entschädigungsloser

---

1 Vgl. § 1.21 der „Operational Regulations", nachfolgend S. 375.

1 Vgl. *Shihata,* The Role of ICSID and the Projected Multilateral Investment Guarantee Agency (MIGA), Außenwirtschaft 41 (1986), 105 ff. (115).
2 Vgl. *Voss,* The Multilateral Investment Guarantee Agency: Status, Mandate, Concept, Features, Implications, J.W.T.L. 21 (1987), 5 ff. (15).
3 Vgl. *Ebenroth,* Zur Bedeutung der Multilateral Investment Guarantee Agency für den internationalen Ressourcentransfer, JZ 1987, 641 ff. (648).

Sozialbindung und entschädigungspflichtiger Enteignung und die Entschädigungshöhe. Daneben können aber auch Inhalt und Umfang des Transfer-, Vertragsbruchs- und Kriegsrisikos detailliert mit Wirkung gegenüber dem Gaststaat festgeschrieben werden. Die Zustimmung des Gaststaates hat schließlich erhebliche Bedeutung im Zusammenhang mit der Versicherung sonstiger Investitionsrisiken gemäß Art. 11 b. Da es sich hierbei oftmals um atypische bzw. neuartige Risiken handeln wird, ist es besonders wichtig, daß der Gaststaat ihre Schutzwürdigkeit anerkennt. Längerfristig kann sich hieraus eine Verfestigung und Konkretisierung des völkerrechtlichen Investitionsschutzes ergeben.

299 Art. 15 entbindet die MIGA nicht von der Verpflichtung, die Versicherbarkeitskriterien der Art. 11–14 selbständig zu prüfen. Erst wenn die MIGA zu der Auffassung gelangt, das konkrete Investitionsvorhaben sei grundsätzlich versicherungsfähig, wird das Zustimmungserfordernis des Art. 15 relevant. Auch kann die MIGA den Abschluß eines Versicherungsvertrages trotz der Erklärung des Gastlandes, daß die Investition wünschenswert sei, ablehnen.

300 Art. 15 kann dazu führen, daß eine nach globalen Allokationsgesichtspunkten an sich wünschenswerte Investition wegen der Zustimmungsverweigerung durch den Gaststaat unterbleibt. Insofern stärkt Art. 15 den Staat zu Lasten des Marktes und eventuell demokratisch nicht legitimierte Politiker zu Lasten ihrer Bürger[4]. Hierdurch kann die wirtschaftliche und politische Entwicklung dieser Länder behindert werden[5]. Möglicherweise wird der Gaststaat auch versuchen, das Zustimmungserfordernis dazu zu mißbrauchen, die Investitionsschutzstandards möglichst niedrig anzusetzen. Weiterhin stellt sich die Frage, ob die Interessen des Gaststaates nicht bereits durch Art. 12 d hinreichend berücksichtigt sind. Daneben dürfte das Zustimmungserfordernis einem Grundprinzip des Versicherungsschutzes zuwiderlaufen, wonach dessen Inhalt nicht von demjenigen festgelegt werden kann, gegen dessen Handlungen Versicherungsschutz begehrt wird. Die Gefahr einer marktwidrigen Ressourcenlenkung ist allerdings auf das Unterlassen von Investitionen beschränkt. Dagegen ist es dem Gaststaat über Art. 15 nicht möglich, Investitionen, denen die MIGA ablehnend gegenübersteht, Versicherungsschutz zukommen zu lassen[6].

301 Die Zustimmung des Gastlandes braucht nicht ausdrücklich erklärt zu werden, sondern kann sich aus dem Vorliegen sonstiger Umstände ergeben. In Betracht kommt z. B. die formelle Genehmigung des Investitionsvorhabens oder der Abschluß eines Investitionsvertrages. Im übrigen kann die MIGA einzelne Staaten auch zu einer einmaligen allgemeinen Zustimmung für die Versicherung bestimmter Investitionsrisiken auffordern.

---

4 Vgl. *Vaubel*, Die Wissenschaft denkt, die Politik lenkt; Der Fall MIGA, in: *Streit* (Hrsg.), Wirtschaftspolitik zwischen ökonomischer und politischer Rationalität, Festschrift für *Herbert Giersch*, 1988, S. 117.
5 Vgl. *Vaubel*, Die Wissenschaft denkt, die Politik lenkt; Der Fall MIGA, in: *Streit* (Hrsg.), Wirtschaftspolitik zwischen ökonomischer und politischer Rationalität, Festschrift für *Herbert Giersch*, 1988, S. 117.
6 Vgl. die vorstehende RdNr. 299.

Geschäftstätigkeit

302 Liegt eine derartige allgemeine Zustimmung nicht vor, soll die Aufforderung der MIGA an den Gaststaat folgendes umfassen:
- Identifizierung des Antragstellers einschließlich jeder Verbindung, die im Hinblick auf seine Staatsangehörigkeit zwischen ihm und dem Gaststaat bestehen kann, sowie Bestimmung des Investitionsprojekts und des Projektunternehmens, falls letzteres nicht mit dem Antragsteller identisch ist;
- Spezifizierung des zur Diskussion stehenden Versicherungsbetrages sowie jeder in Erwägung gezogenen Stand-by-Deckung;
- Spezifizierung des beantragten Garantiezeitraums sowie
- Beschreibung der zu deckenden Risiken[7].

303 Solange sich der Gaststaat nicht anderweitig äußert, kann die MIGA davon ausgehen, daß seine Zustimmung zu einem bestimmten Versicherungsvertrag die Zustimmung zu einer geringeren Deckung des gleichen Risikos mitumfaßt[8]. Sofern nicht bereits eine entsprechende vorherige Zustimmung des Gaststaates vorliegt, hat die MIGA die Zustimmung zu einer Erhöhung der Garantiesumme einzuholen, es sei denn, die Erhöhung beruht auf der Ausübung einer Stand-by-Option. Die Aufforderung kann sich auch auf eine Verlängerung des Versicherungszeitraumes oder die Deckung zusätzlicher Investitionsrisiken beziehen[9].

304 In Übereinstimmung mit Art. 38 b kann die MIGA die Zustimmung als erteilt ansehen, wenn sich der Gaststaat nicht innerhalb einer angemessenen, von der MIGA festzusetzenden Frist gegenteilig äußert. Die Fristdauer soll zwischen der MIGA und der Verbindungsstelle im Sinne von Art. 38 a vereinbart werden und in keinem Fall weniger als 30 Tage betragen, gerechnet ab dem Tag, an welchem die MIGA den Gaststaat um seine Zustimmung gebeten hat. Auf Wunsch des Gaststaates soll die Frist verlängert werden[10].

Artikel 16
Bedingungen

Die Bedingungen jedes Garantievertrags werden von der Agentur nach Maßgabe der vom Direktorium erlassenen Regeln und Vorschriften festgelegt; die Agentur darf jedoch nicht den gesamten Verlust der garantierten Investition abdecken. Garantieverträge werden vom Präsidenten gemäß den Weisungen des Direktoriums genehmigt.

---

7 Vgl. § 3.22 der „Operational Regulations", nachfolgend S. 392.
8 Vgl. § 3.23 der „Operational Regulations", nachfolgend S. 392.
9 Vgl. § 3.24 der „Operational Regulations", nachfolgend S. 392.
10 Vgl. § 3.25 der „Operational Regulations", nachfolgend S. 392.

Gliederung

I. Einleitung 305
II. Die Laufzeit des Vertrages . . . 315
III. Die Garantiesumme 319
   1. Allgemeines 319
   2. Das Bewertungsproblem. . . 322
   3. Die Abänderung der Garantiesumme 327
   4. Die Versicherungswährung . 329
IV. Die Stand-by-Deckung 330
V. Die besonderen Pflichten des Garantienehmers 333
VI. Die Versicherungsprämie 339
VII. Streitschlichtung und anwendbares Recht 340
VIII. Die Vertragsgenehmigung . . . 342

I. Einleitung

Im Versicherungsvertrag zwischen der MIGA und dem Versicherungsnehmer werden die gegenseitigen Rechte und Pflichten festgelegt. Regelungsgegenstand sind insbesondere das Versicherungsobjekt, das versicherte Risiko, der Umfang der Deckung einschließlich eventueller Deckungseinschränkungen bei Totalverlust sowie jede Deckungsausweitung auf die Kosten einer bloßen Geschäftsunterbrechung, die Laufzeit des Versicherungsvertrages einschließlich der Möglichkeiten zur Vertragsbeendigung und -anpassung, die Einräumung einer Stand-by-Deckung, die besonderen Pflichten des Versicherungsnehmers, das anwendbare Recht und das Verfahren bei Streitschlichtung, die vom Versicherungsnehmer zu zahlende Prämie sowie die Abtretung von Ersatzansprüchen[1].   305

Die MIGA ist bei der Vertragsgestaltung nicht frei, sondern hat die vom Direktorium erlassenen und nachfolgend erläuterten Regeln zu beachten. Vor Aufnahme ihrer Geschäftstätigkeit soll die MIGA einen Standardvertrag verabschieden. Nach Abschluß des Versicherungsvertrages sollen alle Beteiligten davon ausgehen, daß er mit der Konvention und den hierzu ergangenen Ausführungsbestimmungen im Einklang steht. Er soll demnach eine sogenannte Nichtangriffsklausel[2] enthalten.   306

Die MIGA soll sich bemühen, über den Versicherungsantrag möglichst rasch zu befinden. Der Präsident kann zu diesem Zweck Verfahrensanordnungen treffen. Grundsätzlich soll die Entscheidung innerhalb von 120 Tagen nach Erhalt des endgültigen, vollständigen Versicherungsantrages fallen. Einstweilen soll der Präsident eine unverbindliche Auskunft über die Wahrscheinlichkeit der Gewährung von Versicherungsschutz erteilen[3].   307

Soweit angemessen kann die MIGA zum Zwecke der Verfahrensbeschleunigung die Bewertung des Investitionsprojekts an Hand von Erklärungen des Antragstellers vornehmen. Der Antragsteller hat hierzu entsprechende Garantien abzu-   308

---
1 Vgl. § 2.01 der „Operational Regulations", nachfolgend S. 382.
2 Vgl. § 2.02 der „Operational Regulations", nachfolgend S. 382.
3 Vgl. § 3.26 der „Operational Regulations", nachfolgend S. 392.

Geschäftstätigkeit

geben[4]. Beträgt die voraussichtliche Garantiesumme weniger als 10 Mio. US-Dollar, kann die MIGA ihre Bewertung auf Urteile und Dokumente anderer vertrauenswürdiger Institutionen stützen[5]. Demgemäß soll die MIGA ihre eigenen Recherchen auf Anträge konzentrieren, die vergleichsweise große Investitionsvorhaben zum Gegenstand haben oder mit besonderen Problemen behaftet sind[6].

309 Im Gegensatz zu den meisten staatlichen Versicherern wird die MIGA ihrer Entscheidung primär die konkreten projektspezifischen und weniger die länderspezifischen Risiken zugrundelegen[7]. Die MIGA trägt damit zum einen ihrem Status als multilateraler Organisation Rechnung. Zum anderen lassen sich länderspezifische Risiken über längere Zeiträume hinweg schlechter als projektspezifische Risiken prognostizieren. Schließlich waren Eingriffe in Investitionen in der Vergangenheit auch vorwiegend projektbezogen motiviert[8].

310 Im Unterschied zu vielen nationalen Versicherern trifft die MIGA auch Vorsorge für den Fall, daß ein Investitionsprojekt zunächst nicht versicherbar ist. In dieser Situation soll versucht werden, den Garantievertrag durch Änderung des Investitionsvorhabens, der Investitionsbedingungen oder des ursprünglich vorgesehenen Vertragsinhalts doch noch zustandezubringen.

311 So soll die MIGA dem Gaststaat Maßnahmen zur Verbesserung des Risikoprofils der Investition vorschlagen oder den Antragsteller auffordern, gegebenenfalls in Verhandlungen mit dem Gaststaat das Investitionsvorhaben dergestalt zu strukturieren, daß seine Anfälligkeit gegenüber den zu deckenden Risiken reduziert wird. In Betracht kommt z. B. ein Wechsel der Investitionspartner oder die Erteilung von speziellen Import- bzw. Exportlizenzen an den Investor[9]. Falls das Ausmaß des Engagements der MIGA in einem einzelnen Investitionsprojekt oder Gaststaat den Abschluß des Garantievertrages verhindert, soll die Agentur prüfen, inwieweit dem durch eine Mit- oder Rückversicherung abgeholfen werden kann[10].

312 Die MIGA kann mit dem Gaststaat auch Vereinbarungen gemäß Art. 23 b (ii) über die Behandlung der versicherten Investition und/oder gemäß Art. 18 c über die Verwendung einheimischer Währung, die die MIGA eventuell künftig als Zessionar des Versicherungsnehmers erhält, treffen. Vor Beginn derartiger Verhandlungen ist das Direktorium zu unterrichten[11].

---

4 Vgl. § 3.27 der „Operational Regulations", nachfolgend S. 392, sowie nachfolgend RdNr. 333.
5 Vgl. § 3.27 der „Operational Regulations", nachfolgend S. 392.
6 Vgl. *Shihata*, MIGA and Foreign Investment, 1988, S. 157.
7 Vgl. oben Art. 12 d, RdNr. 218.
8 Vgl. *Shihata*, MIGA and Foreign Investment, 1988, S. 158.
9 Vgl. *Shihata*, MIGA and Foreign Investment, 1988, S. 163.
10 Vgl. § 3.32 der „Operational Regulations", nachfolgend S. 393.
11 Siehe hierzu nachfolgend Art. 18, RdNr. 381.

Subsidiär zu den vorstehend genannten Maßnahmen[12] kann die MIGA den 313
Versicherungsschutz gegenüber dem Antrag reduzieren, ohne daß hierdurch der
Anreiz zur Vornahme der Investition verloren gehen soll. Zu diesem Zweck
kann die MIGA z. B. die Versicherungsdauer oder den Garantiebetrag reduzieren, Bestimmungen vorsehen, wonach sie den Vertrag unter bestimmten Voraussetzungen kündigen oder ändern kann, bestimmte Risiken vom Versicherungsschutz ausnehmen, den Zeitraum bis zur Zahlung der Versicherungssumme
verlängern, dem Versicherungsnehmer spezielle Pflichten zur Schadensverhütung bzw. -minimierung auferlegen, die innerhalb bestimmter Zeiträume für
Devisentransferverluste zu zahlende Entschädigung begrenzen und Abzüge für
Erstverluste anordnen[13].

Der Abschluß eines Versicherungsvertrages mit der MIGA stärkt das Vertrauen 314
des Investors und kann wegen des Zustimmungserfordernisses des Art. 15 zu
einem positiven Eindruck über die Bereitschaft des Gastlandes zur Aufnahme
von Direktinvestitionen beitragen. Dies kann so weit gehen, daß im Gastland
auch ohne die Inanspruchnahme von Versicherungsschutz investiert wird.
Zugleich erlaubt die Absicherung des konkreten Projekts dem Investor, sein
Risikoportfolio insgesamt zu erhöhen. Die versicherte Investition kann schließlich zusätzliche Investitionen von Zulieferern und Kunden nach sich ziehen[14].

II. Die Laufzeit des Vertrages

Die Laufzeit des Versicherungsvertrages soll üblicherweise zwischen drei und 315
fünfzehn Jahren betragen. In besonderen Fällen kann sie bis auf zwanzig Jahre
verlängert werden bzw. auf einen solchen Zeitraum, der der Zeitspanne gemäß
§ 1.04 (v), (vi) der Ausführungsbestimmungen entspricht[15]. Falls die ursprünglich vertraglich vereinbarte Laufzeit unter der maximal zulässigen Zeitspanne
liegt, kann sie nachträglich bis zur Höchstgrenze ausgedehnt werden[16].

Das Versicherungsverhältnis soll mit Zustandekommen des Vertrages beginnen, 316
es sei denn, der Vertrag sieht ein späteres Datum vor oder die Versicherung wird
auf Stand-by-Basis[17] gewährt[18].

Der Versicherungsnehmer kann den Vertrag nach dreijähriger Laufzeit beenden 317
und in der Folge zu jedem Jahrestag des Vertragsabschlusses. Sofern der
Versicherungsvertrag nichts Gegenteiliges vorsieht, kann die MIGA seinen
Inhalt bei jeder Verlängerung ergänzen bzw. anpassen[19]. Damit kann einer
Veränderung der Investitionsbedingungen während der Laufzeit des Vertrages

---

12 Vgl. oben RdNr. 311 f.
13 Vgl. § 3.34 der „Operational Regulations", nachfolgend S. 394.
14 Sogenannter „Growth-pole"-Effekt. Siehe hierzu aber auch oben Art. 13, RdNr. 291 f.
15 Siehe hierzu oben RdNr. 199 f.
16 Vgl. § 2.04 der „Operational Regulations", nachfolgend S. 383.
17 Siehe hierzu nachfolgend RdNr. 330 ff.
18 Vgl. § 2.03 der „Operational Regulations", nachfolgend S. 383.
19 Vgl. § 2.05 der „Operational Regulations", nachfolgend S. 383.

Geschäftstätigkeit

Rechnung getragen werden. Z. B. kann die Versicherungsprämie erhöht oder ermäßigt werden, je nachdem, ob ein Anstieg oder Absinken der Investitionsrisiken zu verzeichnen ist. Der Vertrag läuft aus, wenn der Versicherungsnehmer mit der Änderung nicht einverstanden ist.

318 Unabhängig hiervon soll der Versicherungsvertrag die Fälle spezifizieren, in denen jede Vertragspartei den Vertrag beenden, anpassen oder seine Neuverhandlung fordern kann. Aus der Sicht der MIGA ist vor allem daran zu denken, daß sich die Voraussetzungen für den Abschluß eines Versicherungsvertrages gemäß Art. 12 d nachträglich ändern[20]. Auch können neue Mit- und Rückversicherungsvereinbarungen Rechtsgrund für eine Modifizierung sein. In Betracht kommt weiterhin, daß der Versicherungsnehmer die Versicherungsprämie nicht bzw. nicht rechtzeitig zahlt oder im Versicherungsantrag unrichtige Angaben gemacht hat. Im zuletzt genannten Fall steht der MIGA ein Kündigungsrecht in der Regel aber nur dann zu, wenn sie bei ihrer Entscheidung über den Versicherungsantrag auf die Richtigkeit der Angaben vertraut hat und hierauf auch vertrauen durfte[21]. Ist der Versicherungsvertrag mit einem Investitionsvertrag abgestimmt, kann die Beendigung oder Modifizierung des Investitionsvertrages Rechtsgrund bzw. Anlaß für eine korrespondierende Regelung im Versicherungsvertrag sein.

III. Die Garantiesumme

1. Allgemeines

319 Der Garantiebetrag soll zwischen der MIGA und dem Antragsteller ausgehandelt werden. Mindestens 10 % des Investitionswertes dürfen nicht abgedeckt werden[22]. Damit soll sichergestellt werden, daß der Investor auch nach Abschluß des Garantievertrages ein Eigeninteresse am Ausbleiben des Versicherungsfalles hat[23]. Zugleich wird aber auch einer Auslösung des Versicherungsfalles durch den Gaststaat entgegengewirkt, denn in Höhe des Eigenanteils bleibt er dem Investor gegenüber voll haftbar[24]. Es ist zu erwarten, daß die MIGA zu Beginn ihrer Tätigkeit den Eigenanteil des Versicherten vergleichsweise groß halten wird. Im Zuge ihrer Erfahrungen und des Aufbaus finanzieller Reserven kann sie diesen Anteil später bis zu der oben genannten Grenze reduzieren[25]. Nationale Versicherungen übernehmen üblicherweise zwischen 70 % und 95 % des Verlustes[26].

---

20 Vgl. oben RdNr. 242.
21 Vgl. § 2.06 der „Operational Regulations", nachfolgend S. 383.
22 Vgl. § 2.09 der „Operational Regulations", nachfolgend S. 384.
23 Sogenannter „Moral-Hazard-Effekt". Siehe hierzu die Ausführungen zu Art. 18, RdNr. 383 ff.
24 Vgl. *Vaubel*, Die Wissenschaft denkt, die Politik lenkt; Der Fall MIGA, in: *Streit* (Hrsg.), Wirtschaftspolitik zwischen ökonomischer und politischer Rationalität, Festschrift für *Herbert Giersch*, 1988, S. 115.
25 Vgl. Ziffer 10 des MIGA-Kommentars, nachfolgend S. 348 f.
26 Vgl. Ziffer 10 des MIGA-Kommentars, nachfolgend S. 348 f.

Die Garantiesumme beträgt: **320**

– bei Kapitalbeteiligungen unter Ausschluß von Darlehen und Garantien für Darlehen: den Wert, den der Versicherungsnehmer für das Investitionsprojekt zur Verfügung gestellt hat, zuzüglich der Erträge, die von der Deckung mitumfaßt sind;

– bei sonstigen Direktinvestitionen unter Ausschluß von Darlehen und Garantien von Darlehen: den Wert der Ressourcen, die der Versicherungsnehmer dem Investitionsobjekt zur Verfügung gestellt hat;

– bei Darlehen und Garantien von Darlehen: die Hauptforderung zuzüglich der während der Laufzeit des Darlehens anfallenden Zinsen[27].

Während sich der Investitionswert bei Kapitalbeteiligungen sowie bei Darlehen **321** und Garantien für Darlehen in der Regel vergleichsweise leicht ermitteln läßt, kann dies bei sonstigen Direktinvestitionen, z. B. bei der Überlassung von Know-how, Schwierigkeiten bereiten[28]. In diesen Fällen soll sich der Wert der eingebrachten Ressourcen nach der von den Partnern des Transfervertrages festgesetzten Vergütung bestimmen, zuzüglich des Wertes des dem Versicherungsnehmer zustehenden Anteils an der Produktion oder den Einkünften bzw. Gewinnen aus dem Investitionsprojekt. Beide Berechnungskomponenten sollen im Bedarfsfall angepaßt werden, um die Bewertung mit derjenigen von Kapitalbeteiligungen vergleichbar zu machen[29]. Hierbei ist vor allem zu berücksichtigen, daß sonstige Direktinvestitionen grundsätzlich nicht zu einer dauerhaften Verbindung mit dem Investitionsprojekt führen und der betreffende Investor geringere Risiken zu tragen hat[30].

2. Das Bewertungsproblem

Die Ermittlung des Investitionswertes kann Schwierigkeiten bereiten, wenn **322** hierfür die Währung des Gastlandes zugrundezulegen ist[31]. Dies kann insbesondere bei Kapitalinvestitionen der Fall sein. Ist die Währung des Gastlandes überbewertet, verteuert sich die Investition, da der Investor mehr Einheiten der Währung seines Heimatstaates gegen die Währung des Gaststaates umtauschen muß, als dies aufgrund der tatsächlichen Kaufkraft der Gastlandwährung gerechtfertigt ist. Auch ist die Exportfähigkeit des Investors aufgrund des überhöhten Preisniveaus beeinträchtigt.

Die Überbewertung hat zur Folge, daß die MIGA bei Eintritt eines Versicherungsfalles eine höhere Versicherungssumme zu leisten hat, als dies bei Zugrundelegung realistischer Wechselkurse der Fall wäre. Da die MIGA den Versicherten zudem in harten Devisen zu entschädigen hat, ihrerseits aber im Regreßwege **323**

---

27 Vgl. § 2.07 der „Operational Regulations", nachfolgend S. 383 f.
28 Siehe zum Ganzen auch nachfolgend Art. 17, RdNr. 363 ff.
29 Vgl. § 2.08 der „Operational Regulations", nachfolgend S. 384.
30 Vgl. *Shihata,* MIGA and Foreign Investment, 1988, S. 154.
31 Hiervon zu unterscheiden ist die für die Garantiesumme maßgebliche Währung; vgl. nachfolgend RdNr. 329.

Geschäftstätigkeit

eventuell lediglich die Währung des Gastlandes erhält, besteht für die MIGA die Gefahr einer allmählichen Aufzehrung ihrer finanziellen Substanz. Darüber hinaus besteht im Hinblick auf exportorientierte Investitionen das Risiko, daß sie aufgrund der überhöhten Exportpreise nicht wettbewerbsfähig sind, deshalb keinen Entwicklungsbeitrag zu leisten vermögen und die von ihnen geschuldete Versicherungsprämie nicht zahlen können. Außerdem besteht in dieser Situation das erhöhte Risiko, daß der Gaststaat Devisentransferbeschränkungen erläßt und auf diese Weise den Versicherungsfall auslöst.

324 Vor diesem Hintergrund könnte die MIGA von Investoren zum Zwecke der Währungsspekulation mißbraucht werden. Die Investoren könnten bestrebt sein, bevorzugt in solchen Staaten zu investieren, in denen demnächst mit einer Aufwertung der Währung zu rechnen ist. Bei Eintritt eines Versicherungsfalles würden sie demnach von der MIGA eventuell eine höhere Entschädigungssumme erhalten, als sie selbst im Gastland investiert haben. Umgekehrt würde die von ihnen zu zahlende Versicherungsprämie nur auf der Grundlage des ursprünglichen niedrigeren Investitionswertes festgesetzt.

325 Weiterhin würde die Repatriierung von Fluchtkapital und die Vornahme von debt-equity-swaps erleichtert werden. In beiden Fällen würde ein für den Investor beim Umtausch eventuell entstehender Verlust jedenfalls teilweise von der MIGA getragen werden, wenn es zum Eintritt des Versicherungsfalles kommt. Zugleich wäre zu befürchten, daß die Aussicht auf eine unverhältnismäßig hohe Entschädigung den Investor dazu verlockt, den Eintritt des Versicherungsfalles bewußt zu provozieren bzw. sich jedenfalls nicht hinreichend um dessen Verhinderung zu bemühen. Dabei sind gerade die aus diesen Investitionen erwachsenden Gewinn- und Dividendenzahlungen aufgrund der Devisenbewirtschaftung stark risikobehaftet. Hinzu kommt, daß die erhöhte Nachfrage nach der einheimischen Währung die inländische Geldmenge aufblähen würde und damit inflationäre Entwicklungen auslösen könnte[32].

326 Die MIGA hat die Möglichkeit, bei einer Überbewertung der Währung des Gastlandes den Abschluß eines Versicherungsvertrages abzulehnen oder aber ihrer Bewertung einen eigenen Wechselkurs zugrundezulegen (Art. 9). Im zuletzt genannten Fall muß die MIGA jedoch damit rechnen, daß der Gaststaat seine Zustimmung zum Vertragsabschluß verweigert. Auch ist eventuell der Investor am Zustandekommen des Vertrages nicht mehr interessiert, da er bei Eintritt eines Versicherungsfalles in geringerem Umfang entschädigt würde, als er selbst bei Vornahme der Investition hat aufwenden müssen. In beiden Alternativen könnte die MIGA demnach ihrem Entwicklungsauftrag nicht gerecht werden. Damit hängt ein erfolgreiches Tätigwerden der MIGA letztlich davon ab, daß der Gaststaat selbst eine realistische Wechselkurspolitik betreibt.

---

32 Vgl. *Donges*, Rendite darf kein Reizwort sein, FAZ Nr. 193 vom 20. August 1988, S. 13.

3. Die Abänderung der Garantiesumme

Die Garantiesumme kann vom Versicherungsnehmer durch die Ausübung einer Stand-by-Option erhöht werden[33]. Umgekehrt soll jede Entschädigungsleistung der MIGA die Garantiesumme reduzieren. Daneben kann der Versicherungsvertrag auch weitere Fälle einer Herabsetzung der Versicherungssumme vorsehen. Z. B. kann der Garantievertrag dem Garantienehmer das Recht einräumen, an jedem Jahrestag des Vertragsabschlusses eine Reduzierung der Garantiesumme zu fordern. Der Versicherungsvertrag kann auch eine automatische Reduzierung der Garantiesumme nach einem festen Schema vorsehen. Ermäßigungsgrund können weiterhin berücksichtigungsfähige Wertminderungen, die Amortisierung von Darlehen, ein Disinvestment usw. sein[34]. Auf diese Weise wird zugleich erreicht, daß die sich an der Garantiesumme orientierende Versicherungsprämie bei einer Minderung des Investitionswertes ebenfalls abgesenkt wird[35].

327

Auch der Abschluß eines Investitionsförderungsvertrages, eines investitionsschützenden Abkommens gemäß Art. 23 b (ii) oder die Vornahme einer sonstigen investitionsfördernden Maßnahme gemäß Art. 23 kann die Herabsetzung der Garantiesumme rechtfertigen. Gleiches gilt für rein interne Veränderungen im politischen, juristischen oder ökonomischen System des Gastlandes. Schließlich kann die Tatsache, daß die Beziehungen zwischen Gaststaat und Investor über einen längeren Zeitraum hinweg harmonisch verlaufen sind, Grund für eine Ermäßigung sein. Der Gaststaat ist allerdings in der Regel nicht dazu berechtigt, eine Veränderung der Garantiesumme zu fordern, es sei denn, der Versicherungsvertrag enthält ausnahmsweise eine derartige Klausel.

328

4. Die Versicherungswährung

Die Versicherungssumme soll in der Garantiewährung beziffert werden. Dies ist diejenige Währung, in der eventuelle Forderungen des Versicherungsnehmers zu befriedigen sind. Als Garantiewährung kommen die in Art. 3 e genannten Währungen in Betracht sowie jede sonstige Währung, die zum Zeitpunkt des Abschlusses des Garantievertrages frei konvertierbar ist[36].

329

IV. Die Stand-By-Deckung

Ein Versicherungsvertrag, der eine anfängliche Investition abdeckt, kann den Garantienehmer mit einer Option ausstatten, Versicherungsschutz auch für spätere Zusatzinvestitionen und Einkünfte, die im Investitionsobjekt verbleiben, in Anspruch zu nehmen. Der Versicherungsnehmer braucht in diesem Fall keinen neuen Versicherungsantrag zu stellen, obwohl es sich um eine „neue

330

---

33 Vgl. nachfolgend RdNr. 330 ff.
34 Vgl. § 2.10 der „Operational Regulations", nachfolgend S. 384.
35 Vgl. *Shihata,* MIGA and Foreign Investment, 1988, S. 155.
36 Vgl. § 2.11 der „Operational Regulations", nachfolgend S. 385.

Geschäftstätigkeit

Investition" im Sinne der §§ 1.12, 1.13 der Ausführungsbestimmungen handelt[37]. Die Stand-by-Option und die damit verbundenen Erleichterungen beim Antragsverfahren sollen einen Anreiz zu verstärkter Investitionstätigkeit bilden.

331 Die Stand-by-Versicherung soll in der Regel 100 % des ursprünglich vereinbarten Garantiebetrages nicht überschreiten, auf keinen Fall aber den Prozentsatz, den das Direktorium von Zeit zu Zeit festlegt. Der Versicherungsvertrag soll den Zeitraum bestimmen, innerhalb dessen die Option während der Laufzeit des ursprünglichen Garantievertrages ausgeübt werden kann. Der Garantievertrag kann das Optionsrecht in anderer Hinsicht einschränken, z. B. durch das Erfordernis, die Option unmittelbar nach Durchführung der zusätzlichen Investition auszuüben. Der Versicherungsvertrag kann die MIGA außerdem dazu ermächtigen, Versicherungsschutz bei Ausübung des Optionsrechts nach Bedingungen zu gewähren, die von denen im ursprünglichen Garantievertrag abweichen. In Betracht kommt dies etwa dann, wenn die Zusatzinvestition anderen Risiken als das ursprüngliche Projekt unterliegt.

332 Bei Eintritt des versicherten Ereignisses soll der Garantievertrag die Beendigung der Stand-by-Option vorsehen. Er kann die MIGA außerdem dazu ermächtigen, die Option im Falle eines unmittelbar drohenden versicherten Ereignisses zu widerrufen oder zu modifizieren[38].

V. Die besonderen Pflichten des Garantienehmers

333 Der Garantievertrag soll eine Erklärung des Versicherungsnehmers enthalten, daß seine Angaben im endgültigen Versicherungsantrag richtig und vollständig sind. Das gleiche gilt im Hinblick auf Ansprüche, die der Versicherungsnehmer aus dem Versicherungsvertrag gegenüber der MIGA geltend macht. Die Erklärung kann sich z. B. auf die einzelnen Versicherbarkeitskriterien, wie die Nationalität des Investors, oder auf die wirtschaftliche Bewertung der Investition beziehen[39].

334 Der Garantievertrag soll dem Versicherungsnehmer weiterhin Maßnahmen auferlegen, um den Eintritt des Versicherungsfalles mit der erforderlichen Sorgfalt zu vermeiden, den eingetretenen Schaden zu minimieren und mit der MIGA bei der Abwicklung der Versicherungsansprüche und eventueller Regreßforderungen gegenüber dem Gaststaat zusammenzuarbeiten. Insbesondere soll der Versicherungsnehmer zu folgenden Vorkehrungen angehalten werden:

(1) Ausübung der Investition im Einklang mit den Gesetzen und Vorschriften des Gastlandes (vgl. Art. 12 d [ii]);

---

37 Vgl. oben RdNr. 213 f.
38 Vgl. § 2.12 der „Operational Regulations", nachfolgend S. 385.
39 Vgl. § 2.13 der „Operational Regulations", nachfolgend S. 385. Siehe hierzu auch nachfolgend Art. 17, RdNr. 366.

Bedingungen

(2) Investitionskontrolle mit dem Ziel, die Eintrittswahrscheinlichkeit des Versicherungsfalles zu reduzieren bzw. den eingetretenen Schaden zu minimieren;

(3) sorgfältige Dokumentierung einer Garantieforderung und Herausgabe der Aufzeichnungen an die MIGA auf deren Bitte;

(4) Benachrichtigung der MIGA über jedes Ereignis, das einen Versicherungsfall auslösen oder dessen Eintrittswahrscheinlichkeit erheblich erhöhen könnte, und zwar unmittelbar nach Kenntniserlangung von diesem Geschehen;

(5) im Falle eines unmittelbar drohenden Ereignisses, das einen Versicherungsfall auslösen **könnte**: das Ergreifen von administrativen, juristischen und sonstigen Maßnahmen, die dem Versicherungsnehmer nach der Rechtsordnung des Gastlandes ohne weiteres offenstehen, um den Eintritt des Versicherungsfalles zu vermeiden oder zu minimieren;

(6) im Falle des Eintritts eines Ereignisses, welches den Versicherungsfall **tatsächlich** auslöst: das Ergreifen von verfügbaren Abhilfemöglichkeiten im Hinblick auf eine Minimierung des Schadens und/oder die Wahrung der Rechte oder Forderungen, die der Versicherungsnehmer bezüglich der versicherten Investition gegenüber dem Gaststaat oder anderen Schuldnern innehat (vgl. Art. 17);

(7) das Unterlassen der Abtretung von Ansprüchen aus dem Garantievertrag oder sonstiger Interessen am Investitionsprojekt auf einen Dritten sowie das Unterlassen der Beeinträchtigung von der Abtretung unterfallenden Rechten, ohne daß in beiden Fällen die vorherige Zustimmung der MIGA eingeholt worden ist;

(8) die Übernahme eines bestimmten Risikoanteils in Höhe von mindestens 10 % des Betrages der versicherten Investition während der gesamten Zeitdauer des Versicherungsvertrages mit Ausnahme einer Unfallversicherung[40].

Die vorstehend in den Ziffern (5) und (6) genannten Maßnahmen lassen die Rechte des Investors gegenüber der MIGA unberührt. **335**

Der Garantievertrag kann darüber hinaus sonstige Maßnahmen des Garantienehmers vorschreiben, wie z. B. eine regelmäßige Berichterstattungspflicht gegenüber der Agentur sowie Erleichterungen für die MIGA bei der Inspektion und Kontrolle des Investitionsprojekts[41]. **336**

Der Garantievertrag soll die Rechtsfolgen benennen, welche die Nichtbeachtung oder fehlerhafte Vornahme der vorstehend genannten Verhaltenspflichten nach sich zieht. Z. B. wird ein Verstoß gegen die Verpflichtung, den Versicherungsfall nach Möglichkeit zu vermeiden oder zu minimieren, in der Regel zu einer proportionalen Kürzung des Versicherungsschutzes führen, und zwar in dem Umfang, in welchem der eingetretene Schaden bei Ausübung der erforderlichen Sorgfalt hätte vermieden oder vermindert werden können[42]. **337**

---
40 Siehe auch oben RdNr. 319.
41 Vgl. § 2.14 der „Operational Regulations", nachfolgend S. 385 f.
42 Vgl. § 2.15 der „Operational Regulations", nachfolgend S. 386.

Geschäftstätigkeit

338 Der Versicherungsvertrag hat schließlich zu regeln, wie und in welchem Umfang die Ansprüche des Investors im Falle einer Verwirklichung des versicherten Risikos an die MIGA abgetreten werden sollen[43].

VI. Die Versicherungsprämie

339 Die MIGA sollte darauf achten, die Anstrengungen der Partner eines Investitionsvertrages im Hinblick auf eine Minimierung der Investitionsrisiken zu belohnen[44]. Die Versicherungsprämie sollte deshalb auf marktwirtschaftlicher Grundlage eine risikoorientierte Staffelung erfahren[45]. Insbesondere gilt es, Kapitalnachschüsse der Mitglieder so weit als möglich zu vermeiden, um die Subventionierung der MIGA in engen Grenzen zu halten[46].

VII. Streitschlichtung und anwendbares Recht

340 In Übereinstimmung mit Art. 58 soll der Versicherungsvertrag vorsehen, daß Streitfälle zwischen den Parteien einem Schiedsgericht zur endgültigen und bindenden Entscheidung vorgelegt werden[47]. Jedes MIGA-Mitglied soll die Endgültigkeit und Bindungswirkung des Schiedsspruchs anerkennen[48]. Das Schiedsgericht soll aus einem oder mehreren Schiedsrichtern bestehen. Das Schiedsverfahren soll in Einklang mit den Regeln, die im Garantievertrag vorgesehen worden sind, durchgeführt werden. Der Standard-Versicherungsvertrag wird auf die „Institution and Arbitration Rules of the International Centre for Settlement of Investment Disputes" Bezug nehmen. Voraussetzung ist, daß der Generalsekretär des Ständigen Schiedsgerichtshofs in Den Haag die Schiedsrichter ernennt, soweit sie nicht bereits anderweitig nach den vorstehend genannten „Arbitration Rules" eingesetzt worden sind und er bei seiner Wahl nicht auf die im ICSID-Schiedsrichter-Panel aufgeführten Personen beschränkt ist. Der Versicherungsvertrag soll auch sonstige notwendige Modifikationen zu den ICSID-Regeln enthalten.

341 In materieller Hinsicht soll das Schiedsgericht den Garantievertrag, die MIGA-Konvention und subsidiär die allgemein anerkannten Rechtsgrundsätze anwenden. Der Versicherungsvertrag soll eine dementsprechende Regelung enthalten[49]. Die MIGA vermeidet hierdurch, daß sie als multilaterales Versicherungs-

---

43 Vgl. Art. 18.
44 Vgl. *Ebenroth*, Zur Bedeutung der Multilateral Investment Guarantee Agency für den internationalen Ressourcentransfer, JZ 1987, 641 ff. (649).
45 Siehe im übrigen nachfolgend die Kommentierung zu Art. 26, RdNr. 550 ff.
46 Siehe hierzu auch nachfolgend Art. 21, RdNr. 459 ff.
47 Siehe hierzu nachfolgend RdNr. 835 ff.
48 Vgl. § 2.16 der „Operational Regulations", nachfolgend S. 386 f.
49 Vgl. § 2.17 der „Operational Regulations", nachfolgend S. 387. Siehe auch Anhang II, Art. 4 g.

organ ihre Versicherungsverträge einem nationalen Recht unterstellt. Auch scheidet eine Anwendung des Völkerrechts aus, da der Garantienehmer kein Völkerrechtssubjekt ist. Der Verweis auf die anerkannten Rechtsgrundsätze ist aus zahlreichen Investitionsverträgen und den hierzu ergangenen Schiedsurteilen bekannt[50]. Die einschlägige Rechtsprechung mindert die Gefahr, daß das Anwendungsgebot zu beträchtlicher Rechtsunsicherheit führt[51].

VIII. Die Vertragsgenehmigung

Gemäß Art. 16 S. 2 bedarf der Vertrag der Genehmigung durch den Präsidenten. Er hat hierbei die vom Direktorium erlassenen Regeln und Vorschriften zu beachten. Die Zustimmung des Direktoriums ist erforderlich bei 342

– der Deckung von nichtkommerziellen Risiken gemäß Art. 11 b, soweit ihr das Direktorium nicht bereits allgemein zugestimmt hat;
– der Deckung von Investitionen gemäß Art. 12 b, soweit ihr das Direktorium nicht bereits allgemein zugestimmt hat;
– dem Abschluß eines Garantievertrages gemäß Art. 13 c;
– der Deckung einer Investition in einem abhängigen Gebiet im Sinne von § 1.21 der Ausführungsbestimmungen[52], soweit das Direktorium dieses Gebiet nicht bereits als Mitglieds-Entwicklungsland bezeichnet hat;
– Ausnahmen von den Versicherungsgrenzen gemäß §§ 2.12, 3.55, 3.59 und 3.60[53] der Ausführungsbestimmungen;
– Prämienraten außerhalb der Grenzen des § 3.43 der Ausführungsbestimmungen[54] sowie
– der Deckung von Darlehen und Schuldverschreibungen, bei denen der Rückzahlungszeitraum weniger als die in §§ 1.04 (v), (vi), 1.05 (viii) der Ausführungsbestimmungen[55] geforderten drei Jahre beträgt[56].

Der Präsident soll dem Direktorium zu jedem Versicherungsvertrag, dem er 343
zuzustimmen gedenkt, einen Bericht vorlegen, der Informationen über das Gastland, die Investition, die Garantiesumme und die Versicherungsbedingungen enthält. Jeder Bericht soll eine Erklärung des Präsidenten enthalten, wonach die Garantie mit der Konvention, den Ausführungsbestimmungen sowie der Politik des Direktoriums in Einklang steht. Auch soll auf eventuelle neu entstandene politische Fragen hingewiesen werden.

---

50 Vgl. etwa *Böckstiegel*, Rechtsschutz der Auslandsinvestitionen durch Schiedsgerichte, in: *Esser/Meessen (Hrsg.)*, Kapitalinvestitionen im Ausland – Chancen und Risiken, 1984, S. 135 ff. (147 f.).
51 Siehe auch nachfolgend Art. 57, RdNr. 814 ff.
52 Vgl. oben RdNr. 294.
53 Vgl. oben RdNr. 331, sowie nachfolgend 477, 482 f.
54 Vgl. nachfolgend RdNr. 557.
55 Vgl. oben RdNr. 199 f., 204.
56 Vgl. § 3.35 a, b der „Operational Regulations", nachfolgend S. 394 f.

Geschäftstätigkeit

344 Sofern die Garantiesumme 25 Mio. US-Dollar übersteigt, soll der Garantievertrag in jedem Fall dem Direktorium vorgelegt werden, bevor der Präsident seine Zustimmung erklärt. Bei niedrigeren Garantiebeträgen hat dies nur dann zu geschehen, wenn es von drei Direktoren innerhalb von 21 Tagen nach Erhalt des o. g. Berichts gewünscht wird. Das Direktorium hat die spezifischen Fragen zu erörtern. Es kann dem Präsidenten Anweisungen erteilen, einschließlich der Anordnung, das Zustimmungsverfahren nicht fortzusetzen. Bei Garantiesummen über 25 Mio. US-Dollar hat das Direktorium auch zu prüfen, ob der Versicherungsvertrag mit den von ihm verabschiedeten Richtlinien übereinstimmt[57].

345 Der Präsident soll dem Direktorium vierteljährlich eine Übersicht über die von ihm während des vergangenen Zeitraums genehmigten Garantieverträge vorlegen[58].

Artikel 17
Befriedigung von Forderungen

Der Präsident entscheidet gemäß den Weisungen des Direktoriums entsprechend dem Garantievertrag und den vom Direktorium gegebenenfalls erlassenen Richtlinien über die Befriedigung von Forderungen eines Garantienehmers. In den Garantieverträgen wird den Garantienehmern auferlegt, sich um Abhilfen im Verwaltungsweg zu bemühen, die den Umständen angemessen sind, bevor eine Zahlung durch die Agentur erfolgt, sofern ihnen solche Abhilfen nach den Rechtsvorschriften des Gastlands ohne weiteres zur Verfügung stehen. Die Verträge können den Ablauf bestimmter angemessener Fristen zwischen dem Eintritt eines die Forderung begründenden Ereignisses und der Befriedigung der Forderung vorschreiben.

Gliederung

I. Einleitung. 346
II. Die Geltendmachung der Forderung. 349
III. Forderungsprüfung und Entscheidung 354
IV. Das Ausschöpfen des Rechtsweges 358
V. Die Entschädigungshöhe 363

---

57 Vgl. § 3.35 c der „Operational Regulations", nachfolgend S. 395.
58 Vgl. § 3.35 d der „Operational Regulations", nachfolgend S. 395.

I. Einleitung

Art. 17 regelt das Verfahren zur Befriedigung von Forderungen des Versicherungsnehmers aus Anlaß des Eintritts des Versicherungsfalles. Die Vorschrift will die Finanzen der MIGA schützen, beim Investor Vertrauen erwecken und bewahren sowie die Beilegung von Versicherungsstreitigkeiten auf dem Verhandlungsweg fördern[1]. Hierzu soll die Agentur

346

– mit dem Versicherungsnehmer und dem Gastland zusammenarbeiten, um den Eintritt des Versicherungsfalles zu vermeiden;
– darauf vorbereitet sein, ihre Dienste bei der Beilegung von Streitigkeiten zwischen dem Versicherungsnehmer und dem Gastland zur Verfügung zu stellen;
– den Versicherungsnehmer dazu anhalten, sein Vermögen und seine Rechte derart zu schützen bzw. wahrzunehmen, als ob ihm kein Versicherungsschutz zustünde;
– Forderungen auf der Grundlage ihrer rechtlichen Begründetheit bewerten und begründete Ansprüche umgehend befriedigen;
– gegenüber dem Gaststaat Regreßforderungen unter Beachtung vernünftiger Geschäftspraktiken (Art. 25) geltend machen sowie
– vernünftige Anstrengungen unternehmen, um Streitigkeiten mit dem Gaststaat im Hinblick auf abgetretene Rechte und Forderungen in Übereinstimmung mit gesunden Geschäftspraktiken freundschaftlich beizulegen[2]. Hiermit soll zugleich erreicht werden, daß das Investitionsklima über den konkreten Fall hinaus möglichst wenig belastet wird.

Art. 17 steht in Wechselwirkung mit Art. 18. Einerseits schafft Art. 17 die Voraussetzungen für einen Übergang der Forderung vom Investor auf die MIGA. Andererseits kann die Abtretungsmöglichkeit gemäß Art. 18 dazu beitragen, den Eintritt des Versicherungsfalles auf dem Verhandlungswege gemäß Art. 17 zu vermeiden oder seine Folgen zumindest zu minimieren. So begründet Art. 18 zum einen die Berechtigung der MIGA, im Rahmen von Art. 17 gegenüber dem Versicherungsnehmer und dem Gaststaat im vorstehend genannten Sinne tätig zu werden. Zum anderen verstärkt Art. 18 aber auch die Verhandlungsposition der MIGA, um innerhalb von Art. 17 eine freundschaftliche Beilegung von bestehenden Differenzen zu erreichen. Andernfalls muß der Gaststaat nämlich davon ausgehen, es demnächst mit einem stärkeren Verhandlungsgegner zu tun zu bekommen.

347

Die MIGA braucht im Rahmen von Art. 17 nicht abzuwarten, bis der Versicherungsfall eingetreten ist. Vielmehr soll die MIGA bereits mit dem Ziel der Schadensprophylaxe tätig werden. So soll sie stets dann, wenn sie von einem

348

---
1 Vgl. § 4.01 der „Operational Regulations", nachfolgend S. 401.
2 Vgl. § 4.02 der „Operational Regulations", nachfolgend S. 401 f.

Geschäftstätigkeit

Ereignis erfährt, das einen Versicherungsfall auslösen könnte, mit dem Versicherungsnehmer und dem Gastland über Möglichkeiten zur Vermeidung und Minimierung eines Versicherungsfalles beraten, soweit dies angemessen ist[3].

II. Die Geltendmachung der Forderung

349 Der Versicherungsvertrag soll die Beweispflichtigkeit des Garantienehmers im Hinblick auf die anspruchsbegründenden Tatsachen vorsehen. Hierzu zählen der Eintritt des Ereignisses, das den Versicherungsfall ausgelöst hat, sowie der Umfang des eingetretenen Schadens. Der Versicherungsnehmer soll die MIGA auch über jedes Ereignis unterrichten, das einen Versicherungsfall im Sinne von § 2.14 (iv) der Ausführungsbestimmungen auszulösen vermag[4].

350 Die MIGA soll den Versicherungsnehmer bei der Substantiierung seiner Forderung unterstützen. So soll sie ihn nach einer vorläufigen Prüfung des Antrags umgehend davon in Kenntnis setzen, welche zusätzlichen Informationen sie noch benötigt. Hierdurch sollen zugleich die Verhandlungen mit dem Gaststaat bezüglich einer Streitbeilegung erleichtert werden[5].

351 Soweit angemessen soll die MIGA mit dem Versicherungsnehmer über mögliche Maßnahmen beraten, die zu einer Rücknahme oder Reduzierung seiner Forderung führen könnten. Insbesondere kann die MIGA versuchen, gemäß Art. 23 b (i) zu einer Streitschlichtung beizutragen, z. B. durch Vorschläge für eine Umstrukturierung des Investitionsprojekts, Neuverhandlung des Investitionsvertrages oder Änderung der Gesetzgebung. Daneben soll die MIGA den Versicherungsnehmer auch im Hinblick auf die Wahrnehmung seiner Rechte gegenüber dem Gaststaat und anderen Schuldnern beraten.

352 Die MIGA soll schließlich das Gastland konsultieren, um sich ein klares Bild über die Richtigkeit und Vollständigkeit der Informationen, die sie vom Versicherungsnehmer erhalten hat, zu verschaffen. Beratungsgegenstand können auch potentielle Maßnahmen sein, um die Rücknahme oder Reduzierung einer Forderung zu erleichtern, sowie die Vermittlung einer Streitschlichtung zwischen dem Versicherungsnehmer und dem Gaststaat auf dem Verhandlungsweg[6].

353 Der Garantievertrag soll für die Geltendmachung der Forderung eine Frist vorsehen. Sie soll nicht später als drei Jahre nach Eintritt des Versicherungsfalles oder eines sonstigen im Versicherungsvertrag vorgesehenen Zeitraums erhoben werden[7].

---

3 Vgl. § 4.03 der „Operational Regulations", nachfolgend S. 402.
4 Siehe oben RdNr. 334 f.
5 Vgl. § 4.05 der „Operational Regulations", nachfolgend S. 402.
6 Vgl. § 4.04 der „Operational Regulations", nachfolgend S. 402.
7 Vgl. § 4.06 der „Operational Regulations", nachfolgend S. 402.

III. Forderungsprüfung und Entscheidung

Nachdem der Versicherungsnehmer alle von der MIGA zur Substantiierung der Forderung erbetenen Beweismittel vorgelegt hat[8] oder diese anderweitig erlangt worden sind, soll die Agentur innerhalb des nachfolgend genannten zeitlichen Rahmens zügig über ihre Befriedigung entscheiden. Er soll in der Regel für das Währungstransferrisiko sowie für das Kriegs-/Bürgerkriegsrisiko nicht weniger als 30 und nicht mehr als 90 Tage betragen. Für das Enteignungs- und Vertragsbruchsrisiko soll die Frist 60 Tage nicht unter- und 365 Tage nicht überschreiten[9]. Sie soll im Versicherungsvertrag festgelegt werden.

354

Die Entscheidung über die Begründetheit einer Forderung soll vom Präsidenten auf Vorschlag eines besonderen Kommittees getroffen werden, das vom Präsidenten eingesetzt wird. Den Vorsitz führt der Chefsyndikus der MIGA. Das Direktorium ist an der Entscheidung nicht beteiligt. Hierdurch soll das Verfahren entpolitisiert und beschleunigt werden[10]. Der Präsident soll sich bemühen, über jede Forderung möglichst sofort zu befinden.

355

Die Entscheidung des Präsidenten kann darin bestehen,

356

– die Forderung in vollem Umfang zu befriedigen;

– die Forderung zurückzuweisen;

– zu Verhandlungen mit dem Versicherungsnehmer mit dem Ziel einer Einigung zu ermächtigen oder

– in anderer Weise vorzugehen.

Der Präsident soll das Direktorium über tatsächliche und potentielle Forderungen, von denen die Agentur Kenntnis erhalten hat, sowie über hierzu ergangene Entscheidungen auf dem laufenden halten[11].

357

IV. Das Ausschöpfen des Rechtsweges

Gemäß Art. 17 S. 2 soll der Garantievertrag die Verpflichtung des Versicherungsnehmers vorsehen, sich vor Befriedigung seiner Forderung auf dem Verwaltungsweg im Gastland um Abhilfe zu bemühen, sofern ihm dies zumutbar ist. Die MIGA-Konvention folgt damit der „local remedies"-Regel[12]. Hierdurch

358

---

8 Beachte aber die Wartefrist für den Garantienehmer gemäß Art. 17 S. 2. Siehe hierzu nachfolgend RdNr. 358 ff.
9 Vgl. § 4.07 der „Operational Regulations", nachfolgend S. 402 f.
10 Vgl. *Shihata*, MIGA and Foreign Investment, 1988, S. 176.
11 Vgl. § 4.08 der „Operational Regulations", nachfolgend S. 403.
12 Vgl. hierzu *Menzel/Ipsen*, Völkerrecht, 2. Aufl. 1979, S. 165.

Geschäftstätigkeit

wird vor allem dem Anliegen der lateinamerikanischen Staaten aufgrund der von ihnen überwiegend vertretenen Calvo-Doktrin Rechnung getragen[13].

359 Art. 17 S. 2 spricht lediglich von Abhilfemaßnahmen auf dem Verwaltungsweg. Zweifelhaft ist, ob hiermit auch die Durchführung von verwaltungsgerichtlichen Streitverfahren gemeint ist. Die Ausführungsbestimmungen deuten auf diese Auslegung hin[14].

360 Die MIGA kann eine Forderung bereits vor Abschluß des Verwaltungsverfahrens befriedigen. Sie kann umgekehrt die Zahlung hinauszögern oder verweigern, falls der Versicherungsnehmer die von ihr angeordneten Maßnahmen nicht umgehend ergriffen und sorgfältig durchgeführt hat[15].

361 Ist ein Schiedsverfahren anhängig, kann die MIGA eine Vorauszahlung an den Versicherungsnehmer leisten vorbehaltlich ihres Rechts zur Rückerstattung unter den zwischen ihr und dem Versicherungsnehmer vereinbarten Bedingungen. Die MIGA kann den Versicherungsnehmer für alle oder einen Teil der Ausgaben, die ihm bei der Wahrnehmung seiner Rechte im Sinne dieser Bestimmung sowie gemäß § 4.09 entstanden sind, entschädigen[16]. Dies rechtfertigt sich daraus, daß der Versicherungsnehmer im Interesse der MIGA tätig geworden ist.

362 Die Rechte und Forderungen des Versicherungsnehmers, die er im Hinblick auf die versicherte Investition gegenüber dem Gaststaat oder anderen Schuldnern innehat, können einer Vereinbarung unterfallen, die eine Streitschlichtung vor einem Gericht vorsieht, das für die MIGA nicht zugänglich ist[17]. In diesem Fall kann die MIGA vom Garantienehmer bei dessen Benachrichtigung von ihrer Entscheidung, die Forderung zu befriedigen, die Wahrnehmung der Rechte vor diesem Gericht verlangen. Sie kann mit dem Versicherungsnehmer die zu diesem Zweck erforderlich erscheinenden Vereinbarungen treffen[18]. Z. B. kann der Investor von der MIGA mit der Rechtsverfolgung auf ihre Rechnung beauftragt werden[19].

---

13 Vgl. *Alsop*, The World Bank's Multilateral Investment Guaranty Agency, Col. J. Transnat'l L. 25 (1986), 101 ff. (133).
14 Gem. § 4.09 der „Operational Regulations", nachfolgend S. 403, soll der Garantievertrag vorsehen, daß der Versicherungsnehmer Anweisungen der Agentur im Hinblick auf das Ergreifen von Abhilfemaßnahmen i. S. v. § 2.14 (iv), (v) der „Operational Regulations" befolgt. Die zuletzt genannten Bestimmungen sehen die Durchführung von Gerichtsverfahren ausdrücklich vor; vgl. oben RdNr. 334.
15 Vgl. § 4.09 der „Operational Regulations", nachfolgend S. 403.
16 Vgl. § 4.10 der „Operational Regulations", nachfolgend S. 403.
17 Z. B. kann das ICSID-Schiedsverfahren nur von Staaten und Angehörigen anderer Staaten in Anspruch genommen werden.
18 Vgl. § 4.10 der „Operational Regulations", nachfolgend S. 403.
19 Vgl. *Voss*, Die Multilaterale Investitionsgarantie-Agentur, RIW 1987, 89 ff. (91); *Seidl-Hohenveldern*, Subrogation under the MIGA Convention, ICSID Review – Foreign Investment Law Journal 1987, 111 ff.; siehe auch nachfolgend Art. 18, RdNr. 376.

V. Die Entschädigungshöhe

Der Garantievertrag soll Bestimmungen zur Ermittlung der Entschädigungshöhe einschließlich angemessener Rechnungslegungsgrundsätze vorsehen oder sich hierauf beziehen. Die Entschädigungssumme darf weder den Garantiebetrag[20] noch den Investitionswert überschreiten. Dabei ist der Wert unmittelbar vor Eintritt des Versicherungsfalles maßgeblich[21]. Wertveränderungen infolge von Währungsauf- oder -abwertungen bleiben unberücksichtigt (Art. 11 b). Bei sonstigen Direktinvestitionen mit Ausnahme von Darlehen und Garantien für Darlehen bemißt sich der Wert nach den festgesetzten Gebühren, die zum Zeitpunkt der Forderungsbefriedigung durch die MIGA verdient waren, aber nicht vereinnahmt werden konnten, sowie dem angepaßten Wert der sonstigen, dem Versicherungsnehmer zustehenden anteiligen Rechte an der Produktion, den Einkünften und Gewinnen des Investitionsprojekts, wie sie unmittelbar vor Eintritt des Versicherungsfalles bestanden. Abzuziehen sind alle künftigen Ausgaben, die als Ergebnis des Eintritts des Versicherungsfalles eingespart wurden sowie der Betrag, der dem nicht versicherten Anteil an der Investition entspricht[22].

363

Bei Kapitalbeteiligungen soll der Wert der versicherten Investition dem Nettobuchwert[23], dem gerechten Marktwert[24] oder einem anderen im Garantievertrag vorgesehenen Wert entsprechen. Bei sonstigen Direktinvestitionen soll der angepaßte Wert der dem Versicherungsnehmer zustehenden Rechte in Übereinstimmung mit den im Versicherungsvertrag vorgesehenen Regeln ermittelt werden[25]. Damit wird berücksichtigt, daß eine zutreffende Bewertung der Rechte in hohem Maße von den Umständen des Einzelfalles abhängt. Auch empfiehlt sich eine Abstimmung der Wertbemessung mit einer eventuellen korrespondierenden Regelung in einem Investitionsvertrag. Ansonsten besteht die Möglichkeit, daß die MIGA dem Versicherungsnehmer mehr zahlt, als sie im Wege der Abtretung

364

---

20 Vgl. oben Art. 16, RdNr. 319 ff.
21 Siehe zur Berechnung § 2.07 der „Operational Regulations", oben RdNr. 320.
22 Vgl. § 4.11 der „Operational Regulations", nachfolgend S. 403 f. Siehe auch oben Art. 16, RdNr. 319 ff.
23 Hierunter versteht man den von Inflationen unbeeinflußten buchmäßigen Wert des Versicherungsobjekts. Weiterhin gibt es auch den „gegenwärtigen Buchwert". Dies ist der Nettobuchwert unter Berücksichtigung der jährlichen Investitionen bei gleichzeitigem Abzug der Einkommensteuer für Wertminderungen und unter Angleichung an die Inflationsrate. Gelegentlich wird als Buchwert auch nur der Steuerwert zugrundegelegt. Dabei ist zu berücksichtigen, daß dieser Wert vielfach von politischen Komponenten abhängt, u. a. davon, inwieweit die jeweilige Regierung aus Gründen der Investitionsförderung erhöhte Abschreibungsmöglichkeiten zuläßt. Von Bedeutung ist insbesondere, daß der Buchwert künftige Gewinnaussichten nicht berücksichtigt.
24 Hierunter versteht man den bei einem freien Verkauf zu erzielenden Kaufpreis für das Versicherungsobjekt. Vgl. zum Ganzen: *Muller*, Compensation for Nationalization: A North-South-Dialogue, Col. J. Transnat'l L. 19 (1981), 35 ff. (40, 44–46).
25 Vgl. § 4.11 der „Operational Regulations", nachfolgend S. 403 f. Siehe auch oben Art. 16, RdNr. 319 ff.

Geschäftstätigkeit

vom Gaststaat zurückfordern kann bzw. den Versicherungsnehmer in geringerem Umfang entschädigt, als er aufgrund des Investitionsvertrages gegenüber dem Gaststaat beanspruchen konnte[26].

365 In Fällen, in denen sich der Versicherungsnehmer dazu bereiterklärt, eine Versicherungsleistung der MIGA für Verluste an materiellen Werten im Investitionsprojekt zu reinvestieren, soll der Versicherungsvertrag eine Berechnung der Entschädigung auf der Grundlage des Wiederbeschaffungswertes vorsehen. Der Versicherungsvertrag kann auch eine Entschädigung für Verluste vorsehen, die aus einer Unterbrechung der Tätigkeit des Investitionsprojekts resultieren. Die Höhe der Gesamtentschädigung darf jedoch in keinem Fall die oben genannten Grenzen[27] überschreiten[28].

366 Die MIGA kann die Entschädigungshöhe durch Konsultationen mit dem Gaststaat oder auf anderem Wege ermitteln, z. B. indem sie auf Erklärungen des Versicherungsnehmers bezug nimmt[29]. Falls zwischen ihr und dem Versicherungsnehmer Uneinigkeit über die Bewertung des Vermögens oder eines Vermögensgegenstandes besteht, kann das Gutachten eines unabhängigen Dritten herangezogen werden[30].

367 Kommt die MIGA zu dem Ergebnis, daß eine Entschädigung zu zahlen ist, erlauben es die Umstände im Gaststaat aber nicht, innerhalb einer angemessenen Zeitspanne alle zur Bestimmung der genauen Entschädigungshöhe erforderlichen Tatsachen zu ermitteln, kann die MIGA den Entschädigungsbetrag auf der Grundlage der bis dahin verfügbaren Informationen berechnen. Erhält die MIGA zu einem späteren Zeitpunkt weitere Informationen, kann sie ihre Berechnung korrigieren und eine zusätzliche Zahlung leisten bzw. Rückzahlung verlangen. Der Versicherungsvertrag kann die MIGA außerdem dazu ermächtigen, in den Fällen, in denen sich nachträglich herausstellt, daß bei Festlegung der Entschädigung ein Irrtum unterlaufen ist, die auf diesem Irrtum beruhende Zuvielleistung zurückzufordern. Es besteht demnach kein genereller Rückzahlungsanspruch für den Fall, daß die MIGA im Wege der Abtretung weniger zurückerhält, als sie selbst an den Versicherungsnehmer gezahlt hat.

368 Die Zeitspanne für die Geltendmachung des Rückforderungsanspruches durch die MIGA ist im Versicherungsvertrag näher zu konkretisieren. Die Höchstdauer beträgt 5 Jahre, gerechnet ab dem Zeitpunkt der Entschädigungsleistung[31].

---

26 Siehe hierzu auch nachfolgend Art. 18, RdNr. 374.
27 Vgl. oben RdNr. 364.
28 Vgl. § 4.12 der „Operational Regulations", nachfolgend S. 404.
29 Vgl. oben RdNr. 308.
30 Vgl. § 4.13 der „Operational Regulations", nachfolgend S. 404.
31 Vgl. § 4.14 der „Operational Regulations", nachfolgend S. 404 f.

Artikel 18
Abtretung

a) Bei Zahlung oder bei Zustimmung zur Zahlung einer Entschädigung an einen Garantienehmer werden etwaige Rechte oder Forderungen des Garantienehmers gegenüber dem Gastland und anderen Schuldnern in bezug auf die garantierte Investition an die Agentur abgetreten. Die Bedingungen für die Abtretung werden im Garantievertrag festgelegt.

b) Die Rechte der Agentur nach Buchstabe a werden von allen Mitgliedern anerkannt.

c) Von der Agentur als Rechtsnachfolger nach Buchstabe a erworbene Beträge in der Währung des Gastlands genießen hinsichtlich der Verwendung und des Umtausches eine ebenso günstige Behandlung durch das Gastland, wie sie solchen Mitteln im Besitz des Garantienehmers zustünden. Diese Beträge können von der Agentur auf jeden Fall zur Deckung ihrer Verwaltungsausgaben und sonstigen Kosten verwendet werden. Die Agentur bemüht sich auch, mit den Gastländern Vereinbarungen über andere Arten der Verwendung dieser Währungen zu treffen, soweit diese nicht frei verwendbar sind.

Gliederung

I. Einleitung. 369
II. Die Forderungsabtretung
   (Art. 18 a) 370
   1. Der Abtretungsgegenstand . . 370
   2. Der Abtretungsumfang 372
   3. Der Abtretungszeitpunkt . . . 376
III. Die Abtretungswirkungen
   (Art. 18 b, c) 377
   1. Die Anerkennung der Abtretung (Art. 18 b) 377
   2. Das Rechtsverhältnis zwischen der MIGA und dem Gaststaat (Art. 18 c). 378
IV. Das Moral Hazard-Problem . . . 383

I. Einleitung

Art. 18 will die finanzielle Leistungskraft der MIGA erhalten und dient zugleich zur Disziplinierung der einzelnen Gastländer. Hierzu stellt Art. 18 klar, daß der von der MIGA gewährte Versicherungsschutz das Gastland nicht von seiner finanziellen Verantwortung für die Folgen seiner Maßnahmen gegen ausländische Investoren entbindet[1]. Art. 18 ergänzt in funktioneller Hinsicht Art. 17,

369

---
1 Vgl. *Voss*, Die Multilaterale Investitionsgarantie-Agentur, RIW 1987, 89 ff. (91).

Geschäftstätigkeit

wonach die MIGA unter anderem zur Schadensverhütung bzw. -minimierung beitragen soll[2]. Das Druckmittel des Art. 18 gibt der MIGA genügend Autorität, um in Verhandlungen zwischen dem Gaststaat und dem Investor als Streitschlichter akzeptiert zu werden. Art. 18 seinerseits wird ergänzt durch Art. 57 b. Kommt es infolge der Abtretung zu einer Auseinandersetzung zwischen der MIGA und dem Gaststaat, soll sie gemäß Art. 57 b im Rahmen eines Streitschlichtungsverfahrens beigelegt werden[3].

II. Die Forderungsabtretung (Art. 18 a)

1. Der Abtretungsgegenstand

370 Der Versicherungsvertrag soll vorsehen, daß der MIGA zum vereinbarten Zeitpunkt[4] die Rechte und Forderungen in bezug auf die versicherte Investition unverzüglich abgetreten werden, die dem Versicherungsnehmer möglicherweise gegen das Gastland oder andere Schuldner zustehen[5]. Die Bestimmung ist für den Investor von erheblicher Bedeutung, da er von der MIGA nicht in voller Höhe seines Verlustes entschädigt wird[6]. Damit kann der Abtretungsumfang größer sein als die an den Investor zu zahlende Versicherungssumme[7].

371 Der Versicherungsvertrag soll außerdem die Übertragung folgender Vermögenswerte durch den Versicherungsnehmer an die MIGA vorsehen:

– Gesellschaftskapital und sonstiges Kapital in bezug auf die versicherte Investition, das der Versicherungsnehmer nach Eintritt des Versicherungsfalles vom Projektunternehmen erhalten hat oder das seither vom Projektunternehmen, vom Gastland oder einer sonstigen Person auf Rechnung des Versicherungsnehmers gehalten wird;

– Sicherheiten, Titel, Verträge und andere Dokumente, welche die Interessen des Versicherungsnehmers am Projektunternehmen, seine hiergegen gerichteten Ansprüche oder sein Eigentum am Vermögen des Projektunternehmens unter Beweis stellen oder die in sonstiger Weise im Hinblick auf Rechte, Forderungen bzw. Vermögen in bezug auf die versicherte Investition von Bedeutung sind[8].

---

2 Vgl. oben Art. 17, RdNr. 346 ff.
3 Vgl. nachfolgend RdNr. 829 ff.
4 Vgl. nachfolgend RdNr. 376.
5 Vgl. § 4.15 der „Operational Regulations", nachfolgend S. 405.
6 Vgl. Ziffer 26 des MIGA-Kommentars, nachfolgend S. 352.
7 Vgl. nachfolgend RdNr. 374.
8 Vgl. § 4.16 der „Operational Regulations", nachfolgend S. 405.

2. Der Abtretungsumfang

Die Rechte, Forderungen und sonstigen Interessen, die in Übereinstimmung mit den vorstehend genannten Bestimmungen erworben worden sind, sollen entsprechend ihrem Anteil an der versicherten Investition abgetreten werden. Deckt z. B. die Versicherung 90 % der Investition ab, sind der MIGA 90 % der o. g. Rechte, Forderungen und sonstigen Interessen zu übertragen. 372

Mit Zustimmung des Gastlandes kann die MIGA mit dem Versicherungsnehmer und/oder Mitversicherer vereinbaren, daß ihr auch der restliche Anteil übertragen wird und sie die diesbezüglichen Rechte für Rechnung des Versicherungsnehmers und/oder Mitversicherers wahrnimmt. Hierdurch sollen parallele Klageverfahren gegen den Gaststaat vermieden werden[9]. Bei der Entscheidung, ob eine derartige Vereinbarung getroffen werden soll, hat die MIGA darauf zu achten, daß ihre Fähigkeit zur Streitbeilegung mit dem Gastland auf dem Verhandlungswege aufrechterhalten bleibt[10]. 373

Im Einzelfall kann die MIGA infolge der Abtretung dazu berechtigt sein, vom Gaststaat einen höheren Betrag zu fordern, als sie selbst an den Versicherungsnehmer gezahlt hat[11]. Dies gilt z. B. dann, wenn die MIGA den Versicherungsnehmer auf der Basis des Nettobuchwertes entschädigt hat, sie selbst aber im Regreßweg den freien Marktwert zu realisieren vermag[12]. In diesem Fall soll die MIGA die an sie abgetretenen Rechte in vollem Umfang wahrnehmen. Sie ist jedoch verpflichtet, den überschießenden Betrag an den Versicherungsnehmer abzuführen[13]. 374

Die von der MIGA erworbenen Vermögensgegenstände sind gemäß Art. 47 a steuerfrei. Sie sind andererseits gemäß Art. 45 b nur insoweit von sonstigen Restriktionen und Reglementierungen durch den Gaststaat befreit, als dies auch der Investor beanspruchen konnte[14]. 375

3. Der Abtretungszeitpunkt

Vorbehaltlich einer anderweitigen Vereinbarung zwischen der MIGA und dem Versicherungsnehmer nach § 4.10 der Ausführungsbestimmungen[15] soll die Forderung im Zeitpunkt der Befriedigung des Versicherungsnehmers abgetreten werden bzw. innerhalb des im Garantievertrag vorgesehenen Zeitraums, wobei die Frist mit der Ankündigung der MIGA, die Forderung zu befriedigen, zu laufen beginnt[16]. Die zuletzt genannte Alternative kommt dann zur Anwendung, 376

---

9 Vgl. *Shihata*, MIGA and Foreign Investment, 1988, S. 181.
10 Vgl. § 4.18 der „Operational Regulations", nachfolgend S. 405.
11 Zum umgekehrten Fall, daß die MIGA vom Gaststaat weniger erhält, als sie selbst gezahlt hat, vgl. nachfolgend RdNr. 379 f.
12 Vgl. *Shihata*, MIGA and Foreign Investment, 1988, S. 181.
13 Vgl. § 4.19 der „Operational Regulations", nachfolgend S. 406.
14 Vgl. *Shihata*, MIGA and Foreign Investment, 1988, S. 181 f.
15 Vgl. oben Art. 17, RdNr. 361 f.
16 Vgl. § 4.17 der „Operational Regulations", nachfolgend S. 405.

Geschäftstätigkeit

wenn die Befriedigung der Forderung noch von der Erfüllung einzelner Bedingungen abhängig ist[17].

III. Die Abtretungswirkungen (Art. 18 b, c)

1. Die Anerkennung der Abtretung (Art. 18 b)

377 Gemäß Art. 18 b wird der Übergang der Rechte und Forderungen gemäß Art. 18 a von allen Mitgliedern anerkannt. Die Bestimmung hat insbesondere Bedeutung im Zusammenhang mit der Vollstreckung eines Schiedsurteils aus abgetretenem Recht in einem beliebigen Mitgliedstaat. Die Vorschrift will sicherstellen, daß der Mitgliedstaat die Vollstreckung nicht mit dem Einwand verweigert, die Forderungsabtretung entfalte auf seinem Hoheitsgebiet keine Wirkung.

2. Das Rechtsverhältnis zwischen der MIGA und dem Gaststaat (Art. 18 c)

378 Erfüllt die MIGA eine Forderung, tritt sie gemäß Art. 18 a in die materiellen Rechte des entschädigten Investors gegen das Gastland ein. Die Beziehung zwischen dem Gaststaat und der MIGA beurteilt sich in diesem Fall primär nach dem ursprünglichen Rechtsverhältnis zwischen dem Investor und dem Gaststaat, wird jedoch gleichzeitig vom Völkerrecht überlagert[18].

379 Die Entscheidung, ob gegenüber dem Gaststaat vorgegangen werden soll, obliegt dem Präsidenten, der jedoch die Empfehlung des oben genannten Forderungskommittees[19] zu beachten hat. Streitigkeiten zwischen der MIGA und dem Gaststaat sollen vorrangig auf dem Verhandlungsweg gelöst werden[20]. Eine Methode besteht darin, die finanziellen Folgen der Entschädigungspflicht für den Gaststaat zu mildern. Zu diesem Zweck kann sich die MIGA damit einverstanden erklären, die einheimische Währung des Gastlandes vorübergehend zu akzeptieren, obwohl sie dazu berechtigt wäre, den Umtausch in eine frei konvertierbare Währung zu fordern (vgl. Art. 18 c S. 1 i.V.m. S. 3). Anschließend kann die MIGA die einheimische Währung an die Weltbank, an andere internationale Organisationen, an Unternehmen, die Güter aus dem Gastland importieren oder an das Gastland selbst verkaufen. Die MIGA kann den Rückkauf der Währung vorsehen, sobald sie ihre finanzielle Ausgangsposition wieder hergestellt hat[21]. Ein Rückgriff auf Kapitalnachschüsse der Mitgliedstaaten soll ver-

---

17 Vgl. *Shihata*, MIGA and Foreign Investment, 1988, S. 180; *Seidl-Hohenveldern*, Subrogation under the MIGA Convention, ICSID Review – Foreign Investment Law Journal 1987, 111 ff. Siehe im übrigen auch oben Art. 17, RdNr. 362.
18 Siehe hierzu nachfolgend Art. 57, RdNr. 826.
19 Siehe oben Art. 17, RdNr. 355.
20 Vgl. Art. 57 Abs. 2 i.V.m. Art. 2 der Anlage II. Siehe hierzu auch nachfolgend RdNr. 817.
21 Vgl. *Shihata*, The Role of ICSID and the Projected Multilateral Investment Guarantee Agency (MIGA), Außenwirtschaft 41 (1986), 105 ff. (121). Siehe auch § 3.33 der „Operational Regulations", nachfolgend S. 393 f.

mieden werden[22]. Die MIGA kann die einheimische Währung auch zur Deckung ihrer Verwaltungsausgaben und sonstigen Kosten verwenden (Art. 18 c S. 2).

Die MIGA kann die Streitbeilegung weiterhin dadurch erleichtern, daß sie vom Gastland Schuldtitel als Entschädigung akzeptiert. Eine Variante dieses Ansatzes besteht im Abschluß einer Vereinbarung, wonach sich der Investor gegenüber der MIGA dazu verpflichtet, dem Gastland die Möglichkeit einzuräumen, die Entschädigung auf der Basis von Ratenzahlungen zu leisten, und die MIGA diese Verpflichtung des Gaststaates durch eine Garantie absichert[23]. Schließlich kann sich die MIGA dazu bereit erklären, die Differenz zwischen der Höhe der Zahlung an den Investor und der Höhe des Regreßanspruches zu tragen[24]. Verzichtet die MIGA im Rahmen der Streitbeilegung auf eine Forderung in Höhe von über 1 Mio. US-Dollar, bedarf es hierfür der Zustimmung des Direktoriums[25]. **380**

Falls die Verhandlungen scheitern, können die Parteien ein Vergleichsverfahren anstreben, andernfalls wird ein Schiedsverfahren durchgeführt[26]. Jedoch kann die MIGA mit besonderer Mehrheit des Direktoriums die Streitigkeit auch anderweitig beilegen[27]. Die Vereinbarung muß allerdings die im Gaststaat zur Verfügung stehenden Rechtsschutzmöglichkeiten einbeziehen[28]. **381**

Die MIGA hat Zugang zu einem Schiedsgericht unabhängig vom Vorliegen eines Investitionsvertrages zwischen dem Gaststaat und dem Investor oder eines Investitionsschutzvertrages zwischen dem Gaststaat und dem Heimatstaat des Investors. Hierin liegt eine erhebliche Verbesserung des Investitionsschutzes gegenüber den nationalen Systemen. **382**

IV. Das Moral Hazard-Problem

Als „Moral Hazard" bezeichnet man die Gefahr, daß sich die Wahrscheinlichkeit des Eintritts eines Versicherungsfalles durch den Abschluß des Versicherungsvertrages erhöht. Das Moral Hazard-Problem stellt sich bei jeder Versicherung. Aus einer Reihe von Gründen ist es bei der MIGA aber gravierender als bei staatlichen und privaten Investitionsversicherern[29]. **383**

---

22 Vgl. *Voss*, Die Multilaterale Investitionsgarantie-Agentur, RIW 1987, 89 ff. (91).
23 Vgl. *Shihata*, The Role of ICSID and the Projected Multilateral Investment Guarantee Agency (MIGA), Außenwirtschaft 41 (1986), 105 ff. (121).
24 Vgl. *Alsop*, The World Bank's Multilateral Investment Guaranty Agency, Col. J. Transnat'l L. 25 (1986), 101 ff. (134).
25 Vgl. § 4.20 der „Operational Regulations", nachfolgend S. 406.
26 Vgl. Art. 3, 4 der Anlage II.
27 Vgl. Art. 57 Abs. 2.
28 Vgl. Art. 4 g S. 1 der Anlage II sowie *Shihata*, The Multilateral Investment Guarantee Agency, Int. Lawyer 20 (1986), 486 ff. (493).
29 Vgl. *Vaubel*, Die Wissenschaft denkt, die Politik lenkt; Der Fall MIGA, in: *Streit* (Hrsg.), Wirtschaftspolitik zwischen ökonomischer und politischer Rationalität, Festschrift für *Herbert Giersch*, 1988, S. 115 f.; *ders.*, The International Organizations and the International Debt Problem: The Next Steps, in: Global Economic Action Institute (Hrsg.), The Report of the Technical Committee of the Global Economic Action Institute, 1985, S. 21 ff. (28 ff.).

Geschäftstätigkeit

384 Der Gaststaat kann verstärkt zur Auslösung des Versicherungsfalles neigen, wenn er nicht befürchten muß, daß die MIGA im Regreßweg gegen ihn vorgeht. Derzeit ist noch ungewiß, ob die MIGA als multilaterale Organisation hierzu bereit und in der Lage sein wird. Es besteht die Möglichkeit, daß ihre Entschlußkraft und ihr Durchsetzungsvermögen durch sich widerstreitende Partikularinteressen einzelner Mitglieder beeinträchtigt werden. Es käme dann zu einer weltweiten Sozialisierung von Investitionsrisiken. Darüber hinaus wäre aber auch zu befürchten, daß die finanzielle Substanz der MIGA allmählich aufgezehrt wird.

385 Der Gaststaat hat die MIGA bei Eintritt eines Versicherungsfalles auch nicht im gleichen Umfang wie den Investor oder eine staatliche bzw. private Versicherung zu entschädigen. Während letztere nach Völkerrecht in effektiver Weise, d. h. in „harten Devisen", zu entschädigen sind, sieht Art. 18 c die Möglichkeit vor, daß der Gaststaat die MIGA jedenfalls teilweise in der eigenen Währung befriedigt. Je stärker hierbei die eigenen knappen Devisenreserven geschont werden, um so schwächer wird die Hemmschwelle gegenüber Enteignungen, Vertragsbrüchen etc. sein.

386 Daneben hat der Gaststaat von der MIGA auch geringere indirekte Sanktionen zu befürchten. Sie bestehen in der Regel darin, daß der Versicherer auf den Eintritt eines Versicherungsfalles mit einer Erhöhung der Versicherungsprämie reagiert. Hierdurch verteuern sich künftige Investitionen in dem betreffenden Gaststaat, was dazu führen kann, daß sie gänzlich unterbleiben. Aufgrund ihrer Struktur und ihres weltweiten Aktionsradius ist die MIGA gegenüber Versicherungsfällen aber belastbarer als staatliche und private Versicherer. Ihr Risikoportfolio ist breiter angelegt[30]. Auch kann sie die von ihr zu leistenden Versicherungssummen auf eine Vielzahl von Mitgliedern umlegen. Sie braucht deshalb auf den Eintritt eines Versicherungsfalles nicht gleich mit einer Erhöhung der Prämien zu reagieren bzw. kann eine eventuelle Anhebung maßvoller als andere Agenturen gestalten. Hinzu kommt, daß ihre Prämien ganz allgemein auf einem niedrigeren Niveau angesiedelt sein dürften[31].

387 Schließlich besteht die Möglichkeit, daß der Gaststaat deshalb eher den Versicherungsfall auslöst, weil der Investor erforderliche und ihm zumutbare Schadensverhütungsmaßnahmen unterläßt. Der umfassende Versicherungsschutz, den die MIGA bereitstellt, und die vergleichsweise niedrigen Versicherungsprämien können dazu führen, daß der Investor von eigenen Schadensverhütungsmaßnahmen absieht, weil deren Kosten höher wären als die Aufwendungen für die Versicherung. In Betracht kommen vor allem Visibility[32]-, Asset Exposure[33]- und Goodwill-Strategien[34].

---

30 Siehe hierzu nachfolgend Art. 26, RdNr. 556.
31 Siehe hierzu nachfolgend Art. 26, RdNr. 596.
32 Hierbei werden Größe, Konzernabhängigkeit und ausländische Beherrschung des Unternehmens nach Möglichkeit verdeckt.
33 Hierbei werden die dem Eintritt politischer Risiken ausgesetzten Aktiva im Gaststaat reduziert.
34 Hierbei wird auf das Image des Unternehmens im Gaststaat besonderer Wert gelegt. Siehe zum Ganzen: *Siegwart/Mahari/Caytas*, Internationales Management politischer Risiken, 1987, S. 42 ff.

Der MIGA bieten sich andererseits hinreichende Ansatzpunkte, um den Gefahren des „Moral Hazard" wirksam entgegenzutreten. So können und sollten Regreßforderungen aus abgetretenem Recht gegenüber dem Gaststaat konsequent durchgesetzt werden. Bei der Entgegennahme von eigener Währung des Gaststaates sollte es sich nur um zeitlich befristete Maßnahmen handeln, die dem Gaststaat einen Zahlungsaufschub gewähren, bis er zur Leistung in Devisen in der Lage ist. Dieser Anspruch kann durch die Einräumung einer Meistbegünstigungsklausel zugunsten der MIGA zusätzlich abgesichert werden[35]. 388

Schließlich kommt es entscheidend darauf an, daß die MIGA eine risikoorientierte Staffelung ihrer Versicherungsprämien vorsieht und hierbei auch eine angemessene Prämien**höhe** festlegt[36]. Auch ist daran zu denken, daß die MIGA (vorübergehend) keine neuen Garantien mehr für ein Problem-Gastland vergibt. Im Extremfall kommt ein Ausschluß des Mitglieds in Betracht[37]. Eine weitere Sanktionsmöglichkeit wäre der Entzug von weiteren Krediten des Internationalen Währungsfonds und der Weltbank[38]. 389

Vorbemerkung zu Artikeln 19-21

Die MIGA als multilaterale Investitions-Garantie-Agentur steht neben staatlichen und privaten Versicherungsträgern auf nationaler Ebene. Auf regionaler Ebene existiert die Inter-Arabische-Investitions-Garantie-Gesellschaft[1]. Die MIGA-Konvention stellt klar, daß das Verhältnis zwischen der MIGA und diesen Organisationen nicht durch Konfrontation, sondern Kooperation geprägt sein soll. 390

Art. 19–21 legen den Gegenstand sowie die Art und Weise der Zusammenarbeit fest. Art. 19, 20 betreffen das Verhältnis der MIGA zu den **staatlichen** Versicherern, Art. 21 regelt die Beziehung zu **privaten** Rechtsträgern. Art. 19–21 sind weiterhin im Zusammenhang mit den Art. 2, 23 und 35 zu sehen. Die Zusammenarbeit mit anderen Versicherungsträgern und die Kooperation mit internationalen Entwicklungsorganisationen (Art. 2, 35) ergänzen sich demnach gegenseitig. Daneben ist sie ein wichtiger Teilaspekt im Rahmen der Investitionsförderungsmaßnahmen gemäß Art. 23. 391

---

35 Vgl. Art. 23 b (ii).
36 Vgl. *Vaubel*, Die Wissenschaft denkt, die Politik lenkt; Der Fall MIGA, in: *Streit* (Hrsg.), Wirtschaftspolitik zwischen ökonomischer und politischer Rationalität, Festschrift für *Herbert Giersch*, 1988, S. 116. Siehe auch nachfolgend Art. 26, RdNr. 555 f.
37 Vgl. nachfolgend Art. 52, RdNr. 784 ff.
38 Vgl. *Sinn*, Der Vorschlag der Weltbank zur Gründung der Multilateralen Investitions-Garantie-Agentur: Analyse und Kritik, Die Weltwirtschaft Heft 2/1987, 126 ff. (138).

1 Vgl. *Shihata*, Arab Investment Guarantee Corporation – A Regional Investment Insurance Project, J.W.T.L. 6 (1972), 185 ff.

Geschäftstätigkeit

392 Art. 19–21 verfolgen eine mehrfache Zielsetzung. Die MIGA soll

- durch ihre Kooperationsbereitschaft das Vertrauen der Partner und Versicherer des Investitionsprojekts in dessen Sicherheit stärken;
- vorhandene Kapazitäten zur Versicherung ausländischer Investitionen gegen nichtkommerzielle Risiken in Entwicklungsländern ergänzen, vor allem im Hinblick auf neue produktive Projekte mit einem hohen Effekt auf die Entwicklung des Gastlandes;
- ihre Einsatzmöglichkeiten durch Mit- und Rückversicherungen im Zusammenspiel mit nationalen Rechtsträgern in vertretbarem Umfang und im Einklang mit ihrem Entwicklungsauftrag ausweiten;
- die nationalen Agenturen beraten;
- die unterschiedlichen Vorschriften, Bedingungen und Verwaltungspraktiken der einzelnen Versicherer einer Investition harmonisieren und adaptieren sowie
- durch die Aufteilung von einzelnen Versicherungstätigkeiten sowie die Erteilung von Informationen administrative „economies of scale" bewirken, soweit dies durchführbar und angemessen ist[2].

393 Die Vereinbarungen zwischen der MIGA und den einzelnen Versicherern können allgemeine oder besondere Aspekte der Zusammenarbeit betreffen. Typische Regelungsgegenstände sind die Mitversicherung, Rückversicherung, ähnliche Risikogemeinschaften, das Maklergeschäft sowie sonstige Vermittler-Funktionen[3].

394 Der Präsident der MIGA ist dazu ermächtigt, in ihrem Auftrag Ad hoc-Vereinbarungen mit anderen Partnern vorzuschlagen oder abzuschließen, je nachdem, wie dies zur Förderung der Ziele der MIGA erforderlich erscheint. Jedoch ist für Rahmen-Kooperationsvereinbarungen sowie für die Entscheidung über die Mitgliedschaft der Agentur in Gremien, die ständige Konsultationsforen zwischen Versicherungsträgern mit ähnlichen Aktivitäten wie die MIGA vorsehen, die Zustimmung des Direktoriums erforderlich[4].

395 In manchen Staaten obliegt den Regierungen die Koordination von privaten und staatlichen Versicherungsaktivitäten. Demzufolge hat die MIGA gemäß Art. 38 a S. 3 ein Mitglied auf dessen Antrag in bezug auf die in den Art. 19–21 behandelten Angelegenheiten, die sich auf Rechtsträger oder Versicherer dieses Mitglieds beziehen, zu konsultieren. Hierbei kann zwischen dem Gaststaat und der MIGA ein Rahmenabkommen geschlossen werden, das die Kooperation

---

2 Vgl. §§ 5.02, 5.04 der „Operational Regulations", nachfolgend S. 407 f.
3 Vgl. § 5.03 der „Operational Regulations", nachfolgend S. 407.
4 Vgl. § 5.05 der „Operational Regulations", nachfolgend S. 408.

zwischen der MIGA und den staatlichen und privaten Versicherern dieses Mitglieds zum Gegenstand hat[5].

396 Die Fähigkeit der MIGA, in Zusammenarbeit mit staatlichen und privaten Partnern einen möglichst lückenlosen Versicherungsschutz anzubieten, kann sich für sie nachteilig auswirken. Es besteht die Gefahr, daß sich Investor und Gaststaat nicht mehr ausreichend um die Verhinderung des Eintrittes eines Versicherungsfalles bemühen[6]. Daneben hat die MIGA aber auch darauf zu achten, daß sie nicht vornehmlich die besonders risikobehafteten Projekte versichert, für welche die nationalen Agenturen eine Garantie abgelehnt haben. Die MIGA sollte deshalb im Hinblick auf eine vollständige Risikoübernahme zurückhaltend sein. Kommt es hierzu dennoch, kann sie z. B. eine Erhöhung des vom Investor zu tragenden Eigenanteils vorsehen[7].

Artikel 19
Verhältnis zu nationalen und regionalen Rechtsträgern

Die Agentur arbeitet mit nationalen Rechtsträgern der Mitglieder und mit regionalen Rechtsträgern, deren Kapitalmehrheit Mitgliedern gehört und die in ähnlicher Weise wie die Agentur tätig sind, zusammen und versucht, deren Geschäftstätigkeit zu ergänzen, um sowohl die Leistungsfähigkeit ihrer jeweiligen Dienste als auch ihren Beitrag zu einem verstärkten Fluß ausländischer Investitionen auf ein Höchstmaß zu verstärken. Zu diesem Zweck kann die Agentur mit diesen Rechtsträgern Vereinbarungen über die Zusammenarbeit im einzelnen treffen, insbesondere über die Modalitäten der Rückversicherung und Mitversicherung.

Gliederung

I. Überblick 397
II. Die Mitversicherung 403
III. Einzelne Aspekte der Mitversicherung 408
   1. Staatliche Kapitalanlagegarantien 408
     a) Die Versicherungsberechtigten 412
     b) Der Versicherungsgegenstand 414
     c) Die versicherbaren Risiken . 417
     d) Sonstige Versicherbarkeitskriterien 421
   2. Die Projektfinanzierung 428
   3. Die Ausfuhrgewährleistungen . 436
IV. Administrative Zusammenarbeit und Maklergeschäft 437

---

5 Vgl. Ziffer 32 des MIGA-Kommentars, nachfolgend S. 353.
6 Vgl. hierzu Art. 18, RdNr. 383 ff.
7 Vgl. oben Art. 16, RdNr. 319.

Geschäftstätigkeit

I. Überblick

397 Gemäß Art. 19 soll die MIGA mit den nationalen und regionalen Versicherern zusammenarbeiten und sich darum bemühen, deren Geschäftstätigkeit zu ergänzen. Ziel der Kooperation soll es sein, die Effizienz ihrer Systeme sowohl im Hinblick auf die von ihnen erbrachten Dienste als auch deren Auswirkungen für die Entwicklung des Gastlandes auf ein Höchstmaß zu steigern. Ein weiteres Motiv für die Zusammenarbeit kann darin bestehen, daß eine Agentur ihr Risikoportfolio begrenzen will.

398 Eine Zusammenarbeit kommt nur in den Bereichen in Betracht, in denen sowohl die MIGA als auch die staatlichen Versicherer tätig sind[1]. Sie scheidet demnach aus, wo nationale Systeme nicht existieren bzw. das konkrete Transfergeschäft nach staatlichem Recht nicht versichert werden kann.

399 Die Zusammenarbeit hat einen Schwerpunkt bei Investitionen, die durch die MIGA oder die nationalen Versicherer nur teilweise gedeckt werden können. Z. B. können nach nationalem Recht nur einzelne Risiken oder einzelne Investoren eines einheitlichen Investitionsvorhabens versicherbar sein, oder die Laufzeit des Versicherungsvertrages entspricht nicht dem gewünschten Umfang.

400 Einen zweiten Schwerpunkt der Kooperation bilden die Fälle, in denen sowohl die MIGA als auch die nationalen Versicherer eine Garantie in dem gewünschten Umfang bereitstellen könnten, sich durch die Zusammenarbeit aber günstigere Versicherungsprämien gestalten lassen. Die Mitversicherung kann sich z. B. auf die anteilige Übernahme derselben oder die Aufteilung verschiedener Investitionsrisiken beziehen[2]. Die Zusammenarbeit kann auch dergestalt sein, daß eine Gesellschaft anstelle der anderen das Geschäft voll übernimmt. Schließlich ist auch der gegenseitige Abschluß von Rückversicherungsverträgen möglich.

401 Auch im Verfahrensbereich kommt eine Kooperation in Betracht. Sie kann sich z. B. auf den gegenseitigen Austausch von Personal beziehen. Zu denken ist weiterhin an den Aufbau eines Informations- und Kommunikationssystems, welches sicherstellt, daß die Interessenten in den einzelnen Mitgliedstaaten von den nationalen Agenturen über die Erhältlichkeit des MIGA-Versicherungsschutzes und umgekehrt informiert werden. Hierdurch kann die MIGA eventuell die Gründung eigener Zweigstellen in Drittstaaten vermeiden[3]. Daneben können die nationalen Agenturen von der MIGA über ihre Erfahrungen mit dem ergänzenden Versicherungsschutz unterrichtet werden, um ersteren Entscheidungshilfe im Hinblick auf den Aufbau des eigenen Systems zu gewähren[4].

---

1 Im folgenden wird lediglich von den staatlichen Versicherern gesprochen, da regionale Versicherungsagenturen mit Ausnahme der Interarabischen Investitions-Garantie-Gesellschaft bisher nicht existieren.
2 Vgl. *Shihata*, MIGA and Foreign Investment, 1988, S. 166.
3 Vgl. Ziffer 29 des MIGA-Kommentars, nachfolgend S. 352 f.
4 Zu den sonstigen Gegenständen der allgemeinen gegenseitigen Konsultation vgl. nachfolgend RdNr. 437 ff.

Die Zusammenarbeit zwischen der MIGA und den staatlichen Versicherern 402 kann sich aus einer Reihe von Gründen schwierig gestalten. So müssen die verschiedenen Versicherungsbedingungen und -zwecke harmonisiert werden. Der Investor darf nicht unterschiedlichen oder gar widersprüchlichen Garantiebedingungen ausgesetzt sein[5]. Staatliche Versicherer können sich eventuell aufgrund der bestehenden gesetzlichen Vorschriften anderen Versicherungsbedingungen nur schwer anpassen. Private Versicherer verfolgen primär nicht das Ziel einer Erhöhung von Direktinvestitionen, sondern haben vorrangig ihre eigenen geschäftlichen Interessen im Auge. Schließlich bestehen für die Zusammenarbeit auch finanzielle Grenzen[6].

II. Die Mitversicherung

Art. 19 S. 3 sieht ausdrücklich vor, daß sich die MIGA mit den staatlichen 403 Agenturen zu Mitversicherungs-Gemeinschaften zusammenschließt. Dabei hat jede Agentur ihre Versicherungskriterien selbständig zu prüfen. Der Abschluß von Mitversicherungsverträgen soll zum einen zur Diversifikation des Risikoportfolios der MIGA beitragen[7]. Zum anderen kann die MIGA durch die Mitversicherung aber auch die Risikostreuung bei den staatlichen Systemen verbessern und damit deren Fähigkeit, ihr Versicherungsangebot ohne höheres Verlustrisiko zu erweitern. Durch den mit der Mitversicherung verbundenen Informations- und Erfahrungsaustausch können staatliche Systeme von der projektspezifischen Risikobewertung durch die MIGA profitieren und so ermutigt werden, sich an ökonomisch sinnvollen Projekten in schwierigen Gaststaaten zu beteiligen.

Die Mitversicherung kann weiterhin eine technische Zusammenarbeit zwischen 404 den nationalen Versicherungsbehörden auslösen, die ihnen bei der Fortentwicklung ihrer nationalen Programme zugutekommt. Auch dürfte der Signaleffekt, der von einer multilateralen Versicherungsagentur ausgeht, den Kenntnisstand vor allem kleiner und mittlerer Unternehmen über die Versicherbarkeit politischer Risiken erhöhen und damit die Nachfrage nach Versicherungsschutz im allgemeinen fördern. Durch die Zusammenarbeit mit der MIGA würde sich auch die Krisenanfälligkeit der nationalen Systeme verringern. Schließlich kann durch die Mitversicherung von Großprojekten die Verhandlungsposition der nationalen Agenturen gegenüber dem Gaststaat gestärkt werden. Das nationale Interesse würde sich mit dem einer von vielen Staaten getragenen internationalen Institution verbinden[8].

Bei der Ausgestaltung des Mitversicherungsvertrages soll sich die MIGA vor 405 allem darum bemühen, Versicherungsbedingungen bereitzustellen, die von den nationalen Versicherungen nicht oder nicht in ausreichendem Maße angeboten

---

5 Siehe auch nachfolgend RdNr. 405.
6 Vgl. *Shihata*, MIGA and Foreign Investment, 1988, S. 166 f.
7 Vgl. § 5.06 der „Operational Regulations", nachfolgend S. 408.
8 Vgl. *Voss*, Die Multilaterale Investitionsgarantie-Agentur, RIW 1987, 89 ff. (93 f.).

Geschäftstätigkeit

werden, um Investitionen für Entwicklungszwecke zu ermutigen[9]. Dabei bleibt die Entscheidung darüber, ob die anderweitigen Versicherungsbedingungen angemessen sind, der MIGA überlassen[10]. Im übrigen soll sich die MIGA bemühen, mit dem Mitversicherer einer konkreten Investition die grundsätzlichen Garantiebedingungen, das Verfahren einschließlich der Maßnahmen zur Forderungsbefriedigung und zum Regreß zu harmonisieren, ohne hierbei in Widerspruch zu den Erfordernissen der Konvention und ihren Bestimmungen zu geraten.

406 Falls die MIGA als Versicherer eines Teils der Investition oder der gedeckten Risiken auftritt, soll sie die Ausführungsbestimmungen nur bezüglich des Anteils oder der Anteile anwenden, welche sie versichert hat. Jedoch sollen die gemäß §§ 3.04–3.19 der Ausführungsbestimmungen anzustellenden Analysen[11] im Hinblick auf das gesamte Investitionsprojekt vorgenommen werden[12]. Damit wird dem Umstand Rechnung getragen, daß sich die projekt- und gastlandspezifischen Risiken nicht auf einzelne Teile einer Gesamtinvestition beschränken lassen.

407 Die Kooperationsvereinbarung zwischen der MIGA und der nationalen Versicherung sollte auch zur Frage der gegenseitigen Information und Konsultation, der Wahrnehmung abgetretener Ansprüche gegenüber dem Gaststaat sowie der eventuellen Aufteilung einer vom Gaststaat erhaltenen Entschädigungsleistung Stellung nehmen. Im Vertrag mit dem Garantienehmer sollte vor allem geklärt werden, welche Auswirkungen der Wegfall einer Versicherung (z. B. durch Kündigung oder Zeitablauf) auf den Bestand der Mitversicherung hat.

III. Einzelne Aspekte der Mitversicherung

1. Staatliche Kapitalanlagegarantien

408 Viele Kapitalexportstaaten verfügen über ein Kapitalanlagegarantie-Instrumentarium. Es hat jedoch für eine Verstärkung der Investitionsströme in die Länder der Dritten Welt nur beschränkte Bedeutung:

409 Die nationalen Investitionsversicherungen haben bereits quantitativ keine große Relevanz. So waren im Zeitraum von 1977 bis 1981 durchschnittlich weniger als 15 % aller Nettoinvestitionsströme von den Industriestaaten in die Entwicklungsländer versichert. Hinsichtlich des Ausnutzungsgrades des Versicherungsangebots gibt es innerhalb der Industriestaaten beträchtliche Unterschiede[13]. Er schwankt zwischen 50 %[14] und weniger als 5 %[15].

---

9 Vgl. § 5.07 der „Operational Regulations", nachfolgend S. 408.
10 Siehe hierzu auch nachfolgend Art. 21, RdNr. 460.
11 Vgl. oben RdNr. 221 ff.
12 Vgl. § 5.08 der „Operational Regulations", nachfolgend S. 408.
13 Vgl. zum Ganzen *Voss*, The Multilateral Investment Guarantee Agency: Status, Mandate, Concept, Features, Implications, J.W.T.L. 21 (1987), 5 ff. (17).
14 So in Japan und Österreich.
15 So in den meisten europäischen Staaten.

Das deutsche Kapitalanlagegarantie-Instrumentarium besteht seit 1960[16]. Bis 410
Ende 1987 wurden Anträge in Höhe von insgesamt ca. 8,6 Mrd. DM genehmigt.
Das Antragsvolumen beruht zu einem erheblichen Teil auf einer nur kleinen
Zahl von Anträgen für relativ wenige größere Projekte. Regional verteilen sich
die genehmigten Anträge dem Betrag nach auf Afrika (31,6 %), Süd- und
Mittelamerika (31,3 %), Asien (26,5 %) und Europa (10,6 %)[17].

Die nationalen Versicherungssysteme enthalten in qualitativer Hinsicht wesentli- 411
che Einschränkungen bei den Versicherbarkeitsvoraussetzungen. Sie beziehen
sich hauptsächlich auf den Kreis der Versicherungsberechtigten, den Versicherungsgegenstand, den Umfang der versicherten Risiken sowie die sonstigen
Voraussetzungen der Versicherbarkeit.

a) Die Versicherungsberechtigten

Als Versicherungsberechtigte kommen lediglich die eigenen Staatsangehörigen 412
bzw. Unternehmen in Frage[18]. Investoren aus Staaten, die über kein eigenes
Versicherungssystem verfügen, gehen somit leer aus. Hierdurch werden insbesondere Investitionen im Süd-Süd-Verhältnis sowie in Richtung Süd-Nord diskriminiert. Aber auch die übrigen Investoren werden benachteiligt, da die nationale
Versicherung aufgrund der geringeren Risikostreuung eine höhere Versicherungsprämie fordert, als es bei einer Einbeziehung aller am Projekt beteiligten
Investoren der Fall wäre[19]. Davon sind hauptsächlich internationale Joint Ventures betroffen, die für den grenzüberschreitenden Ressourcentransfer immer
größere Bedeutung erlangen. Es bestehen auch nur eingeschränkte Rückversi-
cherungsmöglichkeiten[20]. Bei der Prämienfestsetzung kommt hinzu, daß die
nationalen Systeme keine risikoorientierte Staffelung vorsehen[21].

---

16 Es wird von der Treuarbeit AG im Auftrag und für Rechnung des Bundes verwaltet. Die
Bedingungen und Voraussetzungen für die Übernahme von Kapitalanlagegarantien ergeben
sich aus dem jährlichen Haushaltsgesetz, den „Richtlinien für die Übernahme von Garantien
für Kapitalanlagen im Ausland" vom 21. Juli 1986 (BAnz. Nr. 137 vom 30. Juli 1986,
S. 10141) und den „Allgemeinen Bedingungen für die Übernahme von Garantien für
Kapitalanlagen im Ausland" (Stand: September 1986; im folgenden AB-Kapitalanlagen
genannt.
17 Vgl. *Treuarbeit AG,* Bundesgarantien für Kapitalanlagen im Ausland (1960–1987), 1988,
S. 1–3; siehe auch *Wurmstich,* Coverage of Political Risk by National Insurance Agencies:
The German Investment Guarantee Scheme, Außenwirtschaft 41 (1986), Heft I, 123 ff.
18 Vgl. § 1 Abs. 1 AB-Kapitalanlagen sowie *Kebschull,* Thoughts on the Establishment of the
Multilateral Investment Guarantee Agency, Intereconomics 1986, 46 ff. (48).
19 Vgl. *Ebenroth,* Zur Bedeutung der Multilateral Investment Guarantee Agency für den
internationalen Ressourcentransfer, JZ 1987, 641 ff. (647).
20 Vgl. *Kebschull,* Thoughts on the Establishment of the Multilateral Investment Guarantee
Agency, Intereconomics 1986, 46 ff. (48); *Sinn,* Second Thoughts on MIGA, Intereconomics
1986, 269 ff. (269).
21 Vgl. *Voss,* Die Multilaterale Investitionsgarantie-Agentur, RIW 1987, 89 ff. (91).

Geschäftstätigkeit

413 Die MIGA kann grundsätzlich jedem Investor aus einem beliebigen Mitgliedstaat Versicherungsschutz gewähren[22]. Damit wird vor allem der Versicherungsschutz für die wichtige Kooperationsform des internationalen joint venture wesentlich verbessert.

b) Der Versicherungsgegenstand

414 Nationale Versicherungen enthalten weiterhin Einschränkungen hinsichtlich des Versicherungsgegenstandes. In der Regel kommen lediglich Direktinvestitionen in Form von Kapitalbeteiligungen als Versicherungsobjekt in Frage, daneben Kapitalausstattungen von ausländischen Niederlassungen und Betriebsstätten (Dotationskapital), beteiligungsähnliche Darlehen sowie Erträge aus garantierten Beteiligungen und beteiligungsähnlichen Darlehen[23]. Von den vertraglichen Kooperationsformen qualifizieren nur Dienstleistungsverträge im Erdölbereich für Bundesgarantien[24]. Außer bei Beteiligungsrechten haftet der Bund allerdings nur für Total- oder diesen gleichkommende Verluste[25].

415 Die MIGA erweitert den Kreis der Versicherungsobjekte. Dies gilt zunächst im Hinblick auf die Versicherbarkeit von Portfolioinvestitionen[26]. Hierdurch können Gläubigerbanken zu einem verstärkten Kapitaltransfer in die Entwicklungsländer veranlaßt werden. Daneben können aber auch solche Investoren angelockt werden, die im Gastland erst allmählich Fuß fassen wollen und deshalb vorerst von einer Direktinvestition Abstand nehmen. Weiterhin können Kapitalgeber stimuliert werden, denen eine Direktinvestition aufgrund der im Gastland bestehenden Zulassungs- und Beteiligungsvorschriften untersagt ist.

416 Die MIGA kann außerdem Versicherungsschutz für Projektfinanzierungen gewähren[27]. Die MIGA sichert damit eine Investitionsart ab, die für die Entwicklungsländer verstärkt an Bedeutung gewinnt und die nach den meisten nationalen Systemen nicht deckungsfähig ist[28]. Daneben kann die MIGA auch Darlehen für ein versichertes bzw. zu versicherndes Investitionsobjekt abdecken[29], und zwar auch dann, wenn es keinen beteiligungsähnlichen Charakter hat. Auch jede

---

22 Beachte aber die Einschränkung bei Investoren aus dem Gaststaat (Art. 13 c).
23 Vgl. § 3 Abs. 1, 2 der AB-Kapitalanlagen.
24 Es handelt sich hierbei um eine besondere Form der Kapitalanlagegarantie, die seit 1977 gewährt wird. Geschützt werden die Erdölbezugsrechte des Kontraktors gegen entschädigungslose Entziehung von staatlicher Seite und gegen Verlust durch Krieg, Aufruhr, etc., sowie die gegebenenfalls daneben bestehenden Ansprüche auf Erstattung der Explorations- und Erschließungsaufwendungen gegen politisch begründete Nichterfüllung einschließlich Transfer- und Konvertierungsrisiken. Die Selbstbeteiligung des Kontraktors an einem Schaden beträgt 30 %, wie auch bei den normalen Kapitalanlagegarantien zugunsten der Erdölindustrie üblich. Im übrigen gelten die AB-Kapitalanlagen und verschiedene, zusätzlich zu vereinbarende Sonderbedingungen. Vgl. *Bundesministerium für wirtschaftliche Zusammenarbeit*, Deutsche Unternehmen und Entwicklungsländer, 3. Aufl. 1987, S. 55.
25 Vgl. § 5 Nr. 1, 2 der AB-Kapitalanlagen.
26 Vgl. oben Art. 12 a, RdNr. 197.
27 Vgl. oben Art. 12 a, RdNr. 203.
28 Vgl. nachfolgend RdNr. 428 ff.
29 Vgl. oben Art. 12 b, RdNr. 208.

sonstige mittel- oder langfristige Investitionsform ist grundsätzlich versicherbar[30]. Schließlich kann die MIGA auch bloße Teilverluste wie etwa die Kosten einer bloßen Geschäftsunterbrechung decken[31].

c) Die versicherbaren Risiken

Die nationalen Kapitalanlagegarantien enthalten Einschränkungen hinsichtlich der versicherbaren Risiken. Sie sichern in der Regel lediglich das Enteignungs-, Transfer-, Moratoriums- und Kriegsrisiko ab[32]. Die MIGA deckt dagegen auch das Vertragsbruchsrisiko ab und kann darüber hinaus gemäß Art. 11 b grundsätzlich gegen jedes sonstige nichtkommerzielle Risiko Versicherungsschutz gewähren. 417

Das Enteignungsrisiko ist zudem in den nationalen Systemen nur unvollkommen abgesichert, da zwischen nichtversicherten Eingriffen im Rahmen der Sozialbindung und darüber hinausgehenden materiellen Eigentumsentziehungen nicht eindeutig abgegrenzt wird. Die Voraussetzungen für eine Entschädigungspflicht werden nur dann als erfüllt angesehen, wenn die betriebliche Substanz des Unternehmens durch den hoheitlichen Eingriff in einem solchen Maß gestört ist, daß sein ungestörtes Funktionieren unterbunden oder entscheidend beeinträchtigt ist[33]. Die MIGA-Konvention hat den Vorteil, daß die konkrete Reichweite des Versicherungsschutzes durch das Zustimmungserfordernis des Art. 15 auch gegenüber dem Gaststaat Wirkung entfaltet[34]. 418

Das Vertragsbruchsrisiko, das wegen der steigenden Zahl von Investitionsverträgen und der Zunahme neuer vertraglicher Formen des Ressourcentransfers verstärkt an Bedeutung gewinnt[35], wird in den nationalen Kapitalanlagegarantien nur dann berücksichtigt, wenn es sich in einer Enteignung manifestiert. Sie kann dann anzunehmen sein, wenn der Investor aufgrund nachweislicher Zusagen des Gastlandes auf den Fortbestand einer bestimmten Gesetzeslage vertrauen durfte. Diese Voraussetzung ist in der Regel nur bei Investitionsverträgen erfüllt, die eine Stabilisierungsklausel[36] enthalten. Im übrigen begründet der Bruch von Zusagen des Gastlandes keine Enteignung, es sei denn, es handelt sich um eine politisch motivierte, gezielte, diskriminierende Maßnahme oder Unterlassung, durch die dem Investitionsprojekt die Existenzgrundlage entzogen wird[37]. 419

Mit der eigenständigen Versicherung des Vertragsbruchsrisikos schützt die MIGA auch den Investor, dem aufgrund seiner geringen Verhandlungsmacht eine Internationalisierung des Vertrages bzw. die Aufnahme einer Stabilisie- 420

---

30 Vgl. oben Art. 12 b, RdNr. 208.
31 Vgl. oben Art. 11 a (ii), RdNr. 144 ff. Siehe auch *Shihata,* MIGA and Foreign Investment, 1988, S. 137.
32 Vgl. § 5 Nr. 1–4 der AB-Kapitalanlagen.
33 Vgl. *Treuarbeit AG,* Merkblatt für die Übernahme von Bundesgarantien für Kapitalanlagen im Ausland (Fassung September 1986), S. 6.
34 Vgl. oben Art. 11 a (ii), RdNr. 136.
35 Vgl. oben Art. 11 a (iii), RdNr. 157 f.
36 Vgl. oben Art. 11 a (iii), RdNr. 164.
37 Vgl. *Treuarbeit AG,* Merkblatt für die Übernahme von Bundesgarantien für Kapitalanlagen im Ausland (Fassung September 1986), S. 6.

Geschäftstätigkeit

rungsklausel nicht gelingt. Die Absicherung des Vertragsbruchsrisikos regt zugleich dazu an, Investitionsverträge präziser zu formulieren. Mittelbar kann hierdurch die Wahrscheinlichkeit von Investitionsstreitigkeiten verringert werden[38]. Kommt es hierzu dennoch, läßt sich ihr Ausgang besser abschätzen.

d) Sonstige Versicherbarkeitskriterien

421 Beschränkungen ergeben sich auch bei den sonstigen Versicherbarkeitskriterien, welche die nationalen Systeme zugrunde legen. So bewerten die nationalen Agenturen die ihnen zur Versicherung angebotenen Risiken grundsätzlich nur anhand einer globalen Beurteilung der Rechtsschutzmöglichkeiten im Gastland[39]. Bei der Entscheidung über den Garantieantrag wird nur das Vorliegen der sogenannten Rechtsschutzgenehmigungen überprüft, d. h. solcher Genehmigungen, die im Gastland zur Gewährleistung eines ausreichenden Rechtsschutzes der Kapitalanlage erforderlich sind. Das Vorliegen sonstiger im Anlageland vorgeschriebener Genehmigungen sowie die Beachtung der im Anlageland geltenden Vorschriften werden dagegen erst in einem etwaigen Schadensfall relevant[40]. Auch unterbleibt eine projektspezifische Risikobewertung. Seinen Grund hat dies nicht zuletzt darin, daß eine derartige Risikoanalyse einen leistungsfähigen Mitarbeiterstab voraussetzt, der von den nationalen Versicherern vielfach nicht finanziert werden kann[41].

422 Die generalisierende Risikobewertung führt dazu, daß nur ein beschränkter Kreis von Staaten als Gastland für versicherbare Investitionen in Frage kommt[42]. Insbesondere scheiden hochverschuldete Entwicklungsländer in der Regel aus. Dies wiederum hat eine vergleichsweise geringe Risikostreuung sowie relativ hohe Versicherungsprämien zur Folge[43]. Auch gestatten die nationalen Systeme im Gegensatz zur MIGA keine nachträgliche Reduzierung der Versicherungsprämie[44]. Eventuelle Erfolge des Investors im Hinblick auf eine möglichst optimale Interessenkoordination mit dem Gaststaat werden somit nicht belohnt.

423 Dagegen konzentriert die MIGA ihre Untersuchung auf den Rechtsschutz für das konkrete Investitionsprojekt. Der Versicherungsschutz soll gezielt im Hinblick auf ausgewählte Investitionsvorhaben zur Verfügung gestellt werden. Eine generelle Ausdehnung der Versicherungsmöglichkeiten und damit zusammenhängend ein undifferenziertes Anwachsen des Ressourcentransfers in die Entwicklungsländer sollen verhindert werden. Aufgrund des globalen Aktionsradius der MIGA ist zugleich eine Risikodiversifikation und die Verwirklichung von

---

38 Vgl. *Alsop,* The World Bank's Multilateral Investment Guaranty Agency, Col. J. Transnat'l L. 25 (1986), 101 ff. (130).
39 Vgl. etwa § 9 Bundeshaushaltsgesetz.
40 Vgl. *Treuarbeit AG,* Merkblatt für die Übernahme von Bundesgarantien für Kapitalanlagen im Ausland (Fassung September 1986), S. 5.
41 Vgl. *Voss,* Die Multilaterale Investitionsgarantie-Agentur, RIW 1987, 89 ff. (93).
42 Vgl. *Shihata,* Factors Influencing the Flow of Foreign Investment and the Relevance of a Multilateral Investment Guarantee Scheme, Int. Lawyer 25 (1987), 671 ff. (690).
43 Vgl. *Ebenroth,* Zur Bedeutung der Multilateral Investment Guarantee Agency für den internationalen Ressourcentransfer, JZ 1987, 641 ff. (645).
44 Vgl. *Shihata,* MIGA and Foreign Investment, 1988, S. 187.

versicherungsrelevanten Economies of Scale möglich. Eine zusätzliche Verminderung der Investitionsrisiken erzielt die MIGA durch ihre Forderung, daß die Investition wirtschaftlich gesund sein muß und einen positiven Beitrag zur Entwicklung des Gastlandes zu leisten vermag. Insgesamt werden hierdurch ein breit gefächertes Versicherungsangebot sowie verfeinerte Underwriting-Techniken möglich[45].

Im Gegensatz zur MIGA machen die nationalen Systeme die Gewährung von Versicherungsschutz teilweise auch davon abhängig, daß die Investition keine negativen Auswirkungen auf die eigene Volkswirtschaft, insbesondere im Hinblick auf den Verlust von Arbeitsplätzen, hat. Der Beitrag, den das Investitionsvorhaben für die Entwicklung des Gastlandes leisten könnte, tritt demgegenüber zurück. Die Interessen des Heimatstaates werden dann besonders stark betont, wenn die betreffende Agentur für ihre Tätigkeit der periodischen Bestätigung durch den Heimatstaat bedarf[46]. 424

Einschränkungen bestehen auch im Zusammenhang mit den **Regreßmöglichkeiten,** die den nationalen Agenturen im Falle einer Befriedigung des Investors zustehen. Ansprüche gegen den Gaststaat werden sich oftmals wegen dessen Immunität nicht gerichtlich durchsetzen lassen. Die nationale Agentur ist in diesem Fall im wesentlichen darauf beschränkt, die Ausübung diplomatischen Schutzes durch den Heimatstaat, eventuell im Rahmen eines bestehenden Investitionsschutzvertrages, abzuwarten[47]. 425

Dagegen steht der MIGA ein eigenes Streitschlichtungssystem zur Verfügung. Es ist voll ausgebaut, leicht vollstreckbar und damit dazu geeignet, das Gastland von einem einseitigen Vorgehen abzuhalten[48]. Die ergänzende Funktion der MIGA kann deshalb auch dort zum Tragen kommen, wo die nationalen Versicherer zwar eine Versicherungsmöglichkeit vorsehen, die Durchsetzung von Regreßansprüchen gegenüber dem Gaststaat aber ungewiß ist mit der Folge, daß eine Versicherung entweder überhaupt nicht oder nur zu hohen Versicherungsprämien gewährt wird[49]. Außerdem hat der Gaststaat mit seiner Zustimmung zum Garantievertrag die zwischen der MIGA und dem Versicherungsnehmer vereinbarten Versicherungstatbestände und die Entschädigungshöhe gebilligt. Auch wenn diese Zustimmung keine unmittelbaren Rechtswirkungen für das Verhältnis zwischen der MIGA und dem Gaststaat entfaltet, wird sich letzterer bei einer Regreßforderung der MIGA doch hieran messen lassen müssen. 426

---

45 Vgl. *Voss,* Die Multilaterale Investitionsgarantie-Agentur, RIW 1987, 89 ff. (89/93).
46 So z. B. die amerikanische „Overseas Private Investment Corporation", vgl. *Alsop,* The World Bank's Multilateral Investment Guaranty Agency, Col. J. Transnat'l L. 25 (1986), 101 ff. (111).
47 Vgl. *Alsop,* The World Bank's Multilateral Investment Guaranty Agency, Col. J. Transnat'l L. 25 (1986), 101 ff. (135).
48 Vgl. nachfolgend Art. 56 ff. sowie *Alsop,* The World Bank's Multilateral Investment Guaranty Agency, Col. J. Transnat'l L. 25 (1986), 101 ff. (130).
49 Siehe aber Art. 18, RdNr. 383 ff.

Geschäftstätigkeit

427 Anders als die MIGA gewähren die nationalen Systeme dem Investor schließlich nur in wenigen Fällen **begleitende Unterstützung und Beratung**, z. B. im Hinblick auf Informationen über günstige Standortbedingungen, die Rechtsordnung des Gaststaates, seine politischen und ökonomischen Verhältnisse, usw.[50] Dem Investor bleiben damit eventuell Investitionsrisiken verborgen, die ihn möglicherweise von der Vornahme der Investition abgehalten hätten. Auch besteht die Gefahr, daß sich der Investor aus Unkenntnis nicht gastlandkonform verhält und hierdurch ein Versicherungsfall ausgelöst wird.

2. Die Projektfinanzierung

428 Die Projektfinanzierung ist in vielen nationalen Systemen nicht versicherbar. Die Bundesregierung hat sie 1988 in ihr Versicherungsangebot aufgenommen. Es handelt sich um Sonderregelungen für Industrieprojekte im Ausland unter Beteiligung deutscher Lieferanten.

429 Entscheidendes Merkmal der Projektfinanzierung ist, daß sich das Vorhaben aus seinen eigenen Einnahmen finanzieren soll. Als zusätzliche Finanzierungsquellen kommen Sponsoren, die sich am Eigenkapital beteiligen, in Betracht. Dieselbe Funktion können auch die involvierten Banken übernehmen.

430 Die Projektfinanzierung hat insbesondere für Entwicklungsländer erhebliche Bedeutung. Projektfinanzierungen kommen nur für volks- und betriebswirtschaftlich vernünftige Projekte in Betracht. Damit wird in besonderem Maße Vorsorge dagegen getroffen, daß es zu Kapitalfehlleitungen, Fehlplanungen und einem ineffizienten Einsatz der vorhandenen Ressourcen kommt[51]. Darüber hinaus spart das Schuldnerland dringend benötigte Devisen.

431 Die Besonderheit von HERMES-Bürgschaften für Projektfinanzierungen besteht darin, daß ihre Vergabe von einer Prüfung des Projekts abhängig gemacht wird. Versicherungsschutz kann gewährt werden, wenn begründete Aussicht auf Rentabilität und auf Bezahlung der Anlage aus den von ihr erwirtschafteten Gewinnen besteht. Nicht entscheidend sind demgegenüber die allgemeine risikopolitische Prüfung des Gastlandes und die Bonität des Projektträgers. Damit kommt Versicherungsschutz auch dann in Betracht, wenn eine staatliche Kapitalanlagegarantie oder eine herkömmliche HERMES-Bürgschaft nicht vergeben werden könnte[52].

432 Die Rentabilitätsprüfung beruht auf einer Zukunftsprojektion (feasibility-Studien; cash-flow-Prognosen). Zu berücksichtigen sind insbesondere die Marktchancen des Produkts, das technische Umfeld und die Qualität der verwendeten Technologie, die Zuverlässigkeit, das technische Know-how und die Manage-

---

50 Vgl. *Ebenroth*, Zur Bedeutung der Multilateral Investment Guarantee Agency für den internationalen Ressourcentransfer, JZ 1987, 641 ff. (645).
51 Vgl. zum Ganzen: *Borggrefe*, Neue Deckungspraxis der Projektfinanzierung, Handelsblatt vom 25. Februar 1988, S. 7.
52 Vgl. „Neue Hermes-Bürgschaften für Großprojekte", FAZ Nr. 39 vom 16. Februar 1988, S. 11 sowie „Defizit bei Hermes größer als befürchtet", FAZ Nr. 45 vom 23. Februar 1988, S. 13.

ment-Kapazitäten von Anlageerrichtern und Betreibern sowie die Vertragstreue der beteiligten Partner. Die MIGA kann aufgrund ihrer Kenntnisse und Erfahrungen die Projektprüfung ganz oder teilweise übernehmen. Z. B. kann sie für die nationale Behörde ein Gutachten erstellen.

Weiterhin sind die konkreten Projektrisiken zu identifizieren, zu analysieren und zu gewichten. Dabei spielt auch eine Rolle, inwieweit die Risiken auf alle Beteiligten (Gastland, Käufer, Exporteure, Kapitalgeber, Banken) gleichmäßig verteilt sind. Typische Risiken sind das Bezugs-, Fertigstellungs-, Betriebs-, Vermarktungs- und Managementrisiko. Teilweise hat auch der Exporteur bestimmte Risiken zu übernehmen, z. B. das Betriebsrisiko[53]. Daneben sind politische Risiken zu beachten. Die einzelnen Risiken können vor allem durch Fertigstellungsgarantien, Festpreis-Turnkey-Verträge, langfristige Produktabnahmevereinbarungen mit garantierten Festpreisen, Betriebsführungsverträge, Versicherungen für Betriebsunterbrechungen etc. sowie durch eine Kapitalbeteiligung oder Garantiestellung von seiten der Regierung des Gastlandes herabgesetzt werden. 433

Ist das Prüfungsergebnis positiv, sind grundsätzlich sowohl die wirtschaftlichen als auch die politischen Risiken abdeckbar, soweit sie aus der Sphäre des Käuferlandes oder der relevanten externen Märkte stammen und nicht durch die Exporteure oder Sponsoren verursacht sind. Dabei ist im Einzelfall zu entscheiden, ob und inwieweit bestimmte wirtschaftliche Risiken von der Deckung auszuschließen sind. In Betracht kommen z. B. bestimmte Betreiberrisiken, die das technische Funktionieren der Anlage betreffen, unvorhergesehene Betriebsstörungen oder Management-Fehler. 434

Aufgrund der Vielzahl der bestehenden Risiken würde sich deren Aufteilung im Wege der Mitversicherung durch die MIGA in besonderem Maße anbieten. Gleichwohl sehen die Ausführungsbestimmungen vor, daß in diesem Bereich eine Zusammenarbeit nicht in Betracht kommt[54]. Hierdurch soll ein Wettbewerb zwischen der MIGA und den staatlichen Exportkreditversicherungen verhindert werden[55]. Dabei bleibt jedoch unberücksichtigt, daß der Kapitalgeber jedenfalls dann, wenn er Betreiberrisiken übernimmt, einem Direktinvestor vergleichbar ist. Dann ist aber eine Diskriminierung der Projektfinanzierung durch die Verweigerung der Kooperationsmöglichkeit sachlich nicht zu rechtfertigen. 435

3. Die Ausfuhrgewährleistungen

Bei der Absicherung von normalen Ausfuhrgeschäften scheidet eine Zusammenarbeit mit der MIGA aus. Forderungen aus Exportgeschäften, die die oben genannten besonderen Kriterien[56] nicht erfüllen, sind gemäß Art. 12 nicht versicherbar. 436

---

53 Sogenannter „Build-Operate"-Transfer.
54 Vgl. § 1.06 der „Operational Regulations", nachfolgend S. 371.
55 Vgl. Ziffer 20 des MIGA-Kommentars, nachfolgend S. 350.
56 Vgl. oben RdNr. 428 ff.

Geschäftstätigkeit

IV. Administrative Zusammenarbeit und Maklergeschäft

437 Um für Investoren den Zugang zur MIGA zu erleichtern, soll sich der Präsident um den Abschluß von Vereinbarungen mit geeigneten öffentlichen und privaten Trägern im Heimatstaat des Investors bemühen[57]. Sie sollen sich auf die Erteilung von Informationen über die Dienste der MIGA sowie den Erhalt und die Übermittlung von Anfragen und vorläufigen Anträgen zu Garantien beziehen. Derartige Vereinbarungen sollen einen potentiellen Investor nicht daran hindern, direkt mit der MIGA in Verbindung zu treten[58].

438 Der Präsident kann weiterhin mit geeigneten öffentlichen und privaten Trägern in den Mitgliedstaaten Abmachungen treffen, wonach letztere Dienstleistungen im Hinblick auf einzelne Aspekte von individuellen Garantieoperationen durch die MIGA erbringen, z. B. die Entgegennahme und Abklärung endgültiger Anträge, den Erhalt von Zusicherungen und sonstigen Darstellungen des Antragstellers sowie die Führung von Verhandlungen mit ihm gemäß den Weisungen der MIGA. Derartige Vereinbarungen sollen die MIGA nicht ihrer Verantwortlichkeit für die Entscheidung über die Gewährung einer Versicherung, über Vertragsabschlüsse und die Behandlung von Forderungen entheben[59].

439 Die Dienstleistungen anderer offizieller Agenturen können durch reziproke Dienstleistungen, die Teilung der vom Antragsteller einzuziehenden Gebühren und Prämien oder durch sonstige, auf den Umfang oder andere Kriterien der Dienstleistung abstellende Gebühren vergütet werden[60].

440 Kostenvoranschläge für die Inanspruchnahme von Versicherungs- und Maklerleistungen durch die MIGA sollen dem Direktorium im Rahmen seiner Überprüfung des jährlichen Budgets in Übereinstimmung mit Abschnitt 4 der „Financial Regulations" zur Entscheidung vorgelegt werden[61].

441 Der Präsident soll dem Direktorium jährlich eine Bewertung der Kosten und des Nutzens der von der MIGA in Anspruch genommenen Maklertätigkeiten und verwandten Dienstleistungen übermitteln, einschließlich eines Vergleichs der von der MIGA und den übrigen Investitionsversicherern hierbei gemachten Erfahrungen und angewandten Praktiken[62].

---

[57] Siehe hierzu auch nachfolgend Art. 23 a (iii), RdNr. 504 ff.
[58] Vgl. § 5.15 der „Operational Regulations", nachfolgend S. 409.
[59] Vgl. § 5.16 der „Operational Regulations", nachfolgend S. 409.
[60] Vgl. § 5.17 der „Operational Regulations", nachfolgend S. 409.
[61] Vgl. § 5.18 der „Operational Regulations", nachfolgend S. 409. Siehe zu den „Financial Regulations" nachfolgend Art. 28 f.
[62] Vgl. § 5.19 der „Operational Regulations", nachfolgend S. 409.

Artikel 20
Rückversicherung nationaler und regionaler Rechtsträger

a) Die Agentur kann für eine bestimmte Investition eine Rückversicherung gegen Verluste aus einem oder mehreren nichtkommerziellen Risiken gewähren, die von einem Mitglied oder einer Agentur desselben oder von einer regionalen Investitions-Garantie-Agentur, deren Kapitalmehrheit Mitgliedern gehört, übernommen worden sind. Das Direktorium schreibt mit besonderer Mehrheit von Zeit zu Zeit Höchstbeträge für Eventualverpflichtungen vor, die von der Agentur in bezug auf Rückversicherungsverträge übernommen werden können. Für bestimmte, mehr als zwölf Monate vor Eingang des Rückversicherungsantrags bei der Agentur abgeschlossene Investitionen wird der Höchstbetrag zunächst auf zehn v. H. der gesamten Eventualverpflichtung der Agentur aufgrund dieses Kapitels festgesetzt. Die Voraussetzungen für die Berücksichtigungsfähigkeit nach den Artikeln 11 bis 14 gelten für Rückversicherungsgeschäfte; rückversicherte Investitionen brauchen jedoch nicht erst nach Stellung des Antrags auf Rückversicherung durchgeführt zu werden.

b) Die gegenseitigen Rechte und Pflichten der Agentur und eines rückversicherten Mitglieds oder einer rückversicherten Agentur werden unter Einhaltung der vom Direktorium erlassenen Regeln und Vorschriften in einem Rückversicherungsvertrag festgelegt. Das Direktorium genehmigt jeden Rückversicherungsvertrag, der sich auf eine vor Eingang des Antrags auf Rückversicherung bei der Agentur erfolgte Investition bezieht, mit dem Ziel, Risiken auf ein Mindestmaß zu beschränken, zu gewährleisten, daß die Agentur ihren Risiken entsprechende Prämien erhält, und zu gewährleisten, daß der rückversicherte Rechtsträger sich in angemessener Weise verpflichtet hat, neue Investitionen in den in der Entwicklung befindlichen Mitgliedstaaten zu fördern.

c) Die Agentur gewährleistet in größtmöglichem Umfang, daß sie oder der rückversicherte Rechtsträger Rechte in bezug auf Abtretung und Schiedsgerichtsbarkeit haben, die denen entsprechen, welche die Agentur hätte, wenn sie ursprünglicher Garantiegeber wäre. Die Rückversicherungsbedingungen schreiben vor, daß Abhilfen im Verwaltungsweg nach Artikel 17 angestrebt werden müssen, bevor eine Zahlung durch die Agentur erfolgt. Eine Abtretung wird in bezug auf das betroffene Gastland erst wirksam, nachdem dieses die Rückversicherung durch die Agentur genehmigt hat. Die Agentur nimmt in die Rückversicherungsverträge Bestimmungen auf, die von dem Rückversicherten verlangen, daß er die mit der rückversicherten Investition zusammenhängenden Rechte oder Forderungen mit gebührender Sorgfalt verfolgt.

Geschäftstätigkeit

Gliederung

I. Überblick 442
II. Der Inhalt des Rückversicherungsvertrages 445
III. Die Rechtsfolgen bei Eintritt eines Versicherungsfalles 447

I. Überblick

442 Die Rückversicherung **durch** die MIGA ist eigenständig in Art. 20 geregelt. Art. 20 beschränkt sich auf die Rückversicherung einer **staatlichen** bzw. **regionalen** Investitionsversicherungsagentur[1].

443 Der Abschluß des Rückversicherungsvertrages setzt zunächst voraus, daß die Erstversicherung von einem Mitglied, der Agentur eines Mitglieds oder einer regionalen Versicherungsagentur, deren Kapitalmehrheit Mitglieder innehaben, stammt. Eine Rückversicherung kommt außerdem grundsätzlich nur dann in Betracht, wenn das Investitionsvorhaben den Anforderungen der Art. 11 bis 14 entspricht. Jedoch ist es abweichend von Art. 12 c nicht erforderlich, daß die rückversicherte Investition erst nach Stellung des Antrages auf Rückversicherung implementiert wird[2]. Im Hinblick auf den gesamten Rückversicherungsumfang als auch die einzelnen Rückversicherungsverpflichtungen gelten die in Art. 20 a S. 2, 3 festgelegten Höchstbeträge[3].

444 Die Maximalsumme der von der MIGA durch die Rückversicherungstätigkeit übernommenen Verpflichtungen soll im Regelfall 25 % ihrer **Garantiekapazität** nicht überschreiten[4]. Damit soll sichergestellt werden, daß die MIGA den Schwerpunkt ihrer Versicherungstätigkeit auf die Erst- statt auf die Rückversicherung legt[5]. Wurde die betreffende Investition allerdings bereits mehr als zwölf Monate vor Eingang des Rückversicherungsantrags bei der MIGA abgeschlossen, reduziert sich der Höchstbetrag auf 10 % (Art. 20 a S. 3). Demnach sollen vorrangig solche Investitionen rückversichert werden, die ohne das Engagement der MIGA eventuell in Schwierigkeiten gerieten[6].

II. Der Inhalt des Rückversicherungsvertrages

445 Der Inhalt des Rückversicherungsvertrages bestimmt sich nach Art. 20 b, c. Die MIGA soll vor allem darauf achten, daß das Risikoportfolio der Agentur

---

1 Zur Rückversicherung von **privaten** Versicherungsträgern vgl. nachfolgend Art. 21.
2 Zu beachten ist in diesem Zusammenhang aber Art. 20 b S. 2.
3 Siehe hierzu auch Art. 22.
4 Vgl. § 3.51 der „Operational Regulations", nachfolgend S. 399. Zur Garantiekapazität vgl. nachfolgend Art. 22.
5 Vgl. *Shihata*, MIGA and Foreign Investment, 1988, S. 152.
6 Vgl. *Shihata*, MIGA and Foreign Investment, 1988, S. 153. Siehe auch nachfolgend RdNr. 446.

diversifiziert wird. Auch sollen die Kapazitäten und die Bereitschaft der beteiligten nationalen Agenturen gestärkt werden, Versicherungsbedingungen anzubieten, die investitionsfördernde Wirkung haben. Im Hinblick hierauf sowie in Übereinstimmung mit Art. 21 a soll solchen Rückversicherungen Vorrang eingeräumt werden, die Investitionen mit Langzeitgarantien betreffen. Bevorzugt werden sollen auch Garantien, die bedeutsame Verbesserungen im Umfang oder in der Qualität der Deckung im Vergleich zu den bis dahin von der rückversicherten Agentur angebotenen aufweisen[7]. Außer bei Vorliegen besonderer Umstände soll die MIGA nicht mehr als 50 % des Garantiebetrages rückversichern[8].

446 Der besonderen Genehmigung durch das Direktorium bedarf jeder Rückversicherungsvertrag, der sich auf eine Investition bezieht, mit der bereits zum Zeitpunkt des Eingangs des Rückversicherungsantrages begonnen worden war (Art. 20 b S. 2). Bei der Rückversicherung derartiger Investitionen ist Zurückhaltung geboten, da die Tatsache der bereits aufgenommenen Investitionstätigkeit dafür spricht, daß das Projekt auch ohne die Rückversicherung erfolgreich zu operieren vermag[9]. Demgemäß fordert Art. 20 b S. 2, daß sich der rückversicherte Rechtsträger in angemessener Weise verpflichten muß, neben dem konkreten Projekt **neue** Investitionen in den in der Entwicklung befindlichen Mitgliedstaaten zu fördern. Darüber hinaus soll die MIGA in den genannten Fällen besonderes Augenmerk darauf richten, die Risiken bei der Rückversicherung auf ein Mindestmaß zu beschränken und angemessene Prämien zu erheben (Art. 20 b S. 2).

III. Die Rechtsfolgen bei Eintritt eines Versicherungsfalles

447 Der Rückversicherungsvertrag hat weiterhin Bestimmungen über die Rechtsfolgen bei Eintritt eines Versicherungsfalles zu treffen (Art. 20 c). Hierbei sind grundsätzlich zwei Fallkonstellationen denkbar: Ausgangspunkt ist, daß im Falle eines Schadenseintritts die dem Investor gegenüber dem Gaststaat zustehenden Ersatzansprüche nach allgemeinen versicherungsrechtlichen Prinzipien auf den rückversicherten Rechtsträger übergehen. Befriedigt die MIGA als Rückversicherer ihrerseits die rückversicherte Agentur, können die Ersatzansprüche entweder weiter an die MIGA abgetreten oder es kann vereinbart werden, daß die rückversicherte Agentur die auf sie übergegangenen Ersatzansprüche für Rechnung der MIGA geltend macht (vgl. Art. 20 c S. 1). Im letzten Fall hat der rückversicherte Rechtsträger die Rechte oder Forderungen mit gebührender Sorgfalt zu verfolgen (Art. 20 c S. 3). Die MIGA wird die Abtretung der Rechte vor allem dann vorziehen, wenn dem rückversicherten Rechtsträger kein mit

---

[7] Vgl. § 5.12 der „Operational Regulations", nachfolgend S. 409.
[8] Vgl. § 5.13 der „Operational Regulations", nachfolgend S. 409.
[9] Es fehlt somit möglicherweise am „additionality"-Effekt der Versicherung; vgl. hierzu *Alsop*, The World Bank's Multilateral Investment Guaranty Agency, Col. J. Transnat'l L. 25 (1986), 101 ff. (112 f.).

Geschäftstätigkeit

ihren Möglichkeiten vergleichbares Instrumentarium zur Durchsetzung der Forderung zur Verfügung steht. Defizite bei den nationalen Agenturen ergeben sich insbesondere daraus, daß sie vielfach kein Schiedsverfahren gegen den Gaststaat bestreiten können.

448 Art. 20 c S. 2 schreibt vor, daß vor Zahlung aus dem Rückversicherungsvertrag Abhilfen gemäß Art. 17 angestrebt werden müssen. Sie bestehen in erster Linie in der Wahrnehmung der auf den rückversicherten Rechtsträger übergegangenen Rechte. Diese Verpflichtung besteht jedoch nur, wenn der Rückversicherungsvertrag nicht den unmittelbaren Erwerb der Rechte durch die MIGA vorsieht (Durchgangserwerb).

449 Art. 20 c S. 3 bestimmt schließlich, daß die Abtretung an die MIGA in bezug auf das betroffene **Gastland** erst wirksam wird, nachdem es die Rückversicherung durch die MIGA genehmigt hat. Im übrigen gilt Art. 18 b.

450 Der Präsident soll dem Direktorium die Bedingungen jedes Rückversicherungsvertrages mitteilen und ihm eine jährliche Bewertung seiner Rückversicherungsaktivitäten übermitteln[10].

Artikel 21
Zusammenarbeit mit privaten Versicherern und mit Rückversicherern

a) Die Agentur kann mit privaten Versicherern in den Mitgliedstaaten Absprachen treffen, um ihre eigene Geschäftstätigkeit auszuweiten und diese Versicherer dazu zu bewegen, in den in der Entwicklung befindlichen Mitgliedstaaten Versicherungsschutz für nichtkommerzielle Risiken zu ähnlichen Bedingungen wie den von der Agentur angewendeten zu gewähren. Diese Absprachen können eine Rückversicherung durch die Agentur nach den in Artikel 20 vorgesehenen Bedingungen und Verfahren umfassen.

b) Die Agentur kann jede von ihr gewährte Garantie ganz oder teilweise bei einem geeigneten Rückversicherer rückversichern.

c) Die Agentur wird sich insbesondere bemühen, Investitionen zu garantieren, für die ein vergleichbarer Versicherungsschutz zu angemessenen Bedingungen von privaten Versicherern und Rückversicherern nicht erhältlich ist.

---

10 Vgl. § 5.14 der „Operational Regulations", nachfolgend S. 409.

Zusammenarbeit mit privaten Versicherern und mit Rückversicherern

Gliederung

I. Überblick 451
II. Das Bedürfnis nach ergänzendem Versicherungsschutz 455
III. Das Crowding Out-Problem . . . 459
IV. Einzelne Aspekte der Zusammenarbeit 462

I. Überblick

Aufgrund der vergleichsweise geringen Zahl von privaten politischen Risikoversicherern sind die Möglichkeiten zur Zusammenarbeit mit der MIGA derzeit von vornherein beschränkt[1]. Direktinvestitionen werden zur Zeit lediglich von Lloyd's sowie einigen US-amerikanischen Unternehmen versichert. Gemäß Art. 21 verfolgt die MIGA bei der Zusammenarbeit mit privaten Versicherern eine doppelte Zielsetzung. Sie soll zum einen ihre eigene Geschäftstätigkeit im Einklang mit ihrem Entwicklungsauftrag ausdehnen[2], insbesondere im Hinblick auf solche Investitionen, für die ein vergleichbarer Versicherungsschutz von privater Seite nicht erhältlich ist (Art. 21 a, c). Damit soll verhindert werden, daß die MIGA die private Konkurrenz verdrängt[3]. Zum Zwecke der Erweiterung ihrer Tätigkeit kann die MIGA mit den privaten Versicherern vereinbaren, daß letztere das Versicherungsangebot der MIGA in ihren Sitzstaaten vermarkten[4]. Zum anderen soll die MIGA die privaten Versicherer aber auch dazu ermuntern, ihre eigenen Versicherungsbedingungen entsprechend den Zielvorgaben der MIGA zu ergänzen bzw. umzugestalten (Art. 21 a).

451

Es erscheint fraglich, ob der MIGA eine derartige Angleichung der Versicherungsbedingungen gelingen wird. Außerdem wäre zu befürchten, daß hierdurch die bestehende Angebotsvielfalt verloren geht. Auch würden die dynamischen und innovatorischen Kräfte des Wettbewerbs erlahmen.

452

Hinsichtlich des Abschlusses von Mit- und Rückversicherungsverträgen gelten die gleichen Grundsätze wie für die Zusammenarbeit mit staatlichen Agenturen[5]. Beide Kooperationsformen sollen dazu beitragen, daß die privaten Versicherer

453

---

1 Siehe zur geschichtlichen Entwicklung des privaten Versicherungsmarktes *Paul*, New Developments in Private Political Risk Insurance and Trade Finance, Int. Lawyer 21 (1987), Außenwirtschaft 41 (1986), Heft I, 135 ff.
2 In diesem Zusammenhang fällt auf, daß Art. 21 a von der Erweiterung der *eigenen* Geschäftstätigkeit der MIGA spricht, während in Art. 19 von der Ergänzung *fremder* Tätigkeitsfelder die Rede ist. Ein materieller Unterschied in den Aufgabenbereichen der MIGA dürfte in diesen Formulierungen aber nicht zum Ausdruck kommen.
3 Sog. „crowding out"-Problem; vgl. *Vaubel*, Die Wissenschaft denkt, die Politik lenkt; Der Fall MIGA, in: *Streit* (Hrsg.), Wirtschaftspolitik zwischen ökonomischer und politischer Rationalität, Festschrift für *Herbert Giersch*, 1988, S. 114 f. Siehe hierzu auch nachfolgend RdNr. 459 ff.
4 Vgl. Ziffer 31 des MIGA-Kommentars, nachfolgend S. 353; siehe auch oben RdNr. 437 ff.
5 Vgl. hierzu die Ausführungen zu Art. 19, 20.

Geschäftstätigkeit

neben der MIGA weiterbestehen können[6]. Soweit sich die MIGA selbst rückversichern will, soll der Präsident vorrangig darauf achten, daß hierdurch ihr Verlustrisiko im Vergleich zu den Kosten der Rückversicherung vermindert und ihre Versicherungskapazitäten gemäß Art. 22 a ausgedehnt werden[7]. Die Rückversicherungsprämie soll sowohl die erhaltenen konkreten Sicherheiten als auch die spezifischen Risiken des rückversicherten Vertrages berücksichtigen[8].

454 Insgesamt dürfte sich die Zusammenarbeit mit privaten Versicherern in der Regel aus einer Reihe von Gründen leichter als mit staatlichen Partnern gestalten. Die Vorteile der privaten Versicherer gegenüber den staatlichen Anbietern bestehen vor allem darin, daß erstere relativ unabhängig von politischen Entscheidungen operieren und ein größeres Maß an Flexibilität entwickeln können. Außerdem ist es für die private Versicherung unerheblich, aus welchem Ursprungsland eine Investition stammt[9]. Damit sind private Versicherungen insbesondere für Investoren aus Entwicklungsländern von Interesse. Andererseits ist deren Risiko vergleichsweise hoch, da sie vorwiegend in anderen Entwicklungsländern investieren. Dies wiederum läßt eine Verminderung des Versicherungsrisikos durch den Abschluß einer Kooperationsvereinbarung mit der MIGA sinnvoll erscheinen.

II. Das Bedürfnis nach ergänzendem Versicherungsschutz

455 Der ergänzende Beitrag, den die MIGA im Rahmen des Art. 21 leisten soll, könnte nicht erbracht werden, wenn das Fehlen von Versicherungsmärkten seine Ursache in einem mangelnden Versicherungsbedürfnis der Nachfrager hätte. Soweit private Versicherer keinen Versicherungsschutz anbieten[10], haben diese Lücken ihre Ursache oftmals darin, daß die Kosten der Bereitstellung von Versicherungen über Märkte deren Nutzen übersteigen[11]. So werden private Versicherungen teilweise deshalb nicht angeboten, weil Unsicherheit über die Prämienkalkulation herrscht. Hierzu ist es erforderlich, die Eintrittswahrscheinlichkeit von Versicherungsfällen näher zu bestimmen. Dies ist aber gerade bei politischen Risiken schwierig. Außerdem stehen private Versicherer vor dem Problem, daß die vom Versicherten erworbenen Rechte gegenüber dem Gast-

---

6 Vgl. *Vaubel*, Die Wissenschaft denkt, die Politik lenkt; Der Fall MIGA, in: *Streit* (Hrsg.), Wirtschaftspolitik zwischen ökonomischer und politischer Rationalität, Festschrift für *Herbert Giersch*, 1988, S. 114.
7 Vgl. hierzu nachfolgend RdNr. 467 ff.
8 Vgl. § 5.10 der „Operational Regulations", nachfolgend S. 408.
9 Vgl. *Radcliffe*, Coverage of Political Risk by the Private Insurance Industry, Außenwirtschaft 41 (1986), Heft I, 135 ff. (137).
10 Vgl. nachfolgend RdNr. 462.
11 Vgl. *Arrow*, Uncertainty and the Welfare Economics of Medical Care, American Economic Review 53 (1963), 941 ff.; *ders.*, The Economics of Moral Hazard: Further Comment, American Economic Review 58 (1968), 537 ff.; *Demsetz*, Information and Efficiency: Another Viewpoint, Journal of Law and Economics 1969, 1 ff.; *Pauly*, The Economics of Moral Hazard: Comment, American Economic Review 58 (1968), 531 ff.

staat in der Regel schwer durchsetzbar sind. Auf der Nachfrageseite können eigene Schadensverhütungsmaßnahmen des Investors, wie z. B. die Geheimhaltung von Schlüsseltechnologien oder die Ansiedlung von konzerneigenen Zuliefererbetrieben im Ausland, kostengünstiger sein als die Inanspruchnahme von Versicherungsschutz[12]. Unter ökonomischen Gesichtspunkten ist die Gründung der MIGA deshalb nur dann gerechtfertigt, wenn sie in diesen Bereichen gegenüber den privaten Versicherern komparative Vorteile hat[13].

Dies dürfte hinsichtlich der Vorhersehbarkeit von Versicherungsfällen zu bejahen sein. Ihre eigenen Forschungs- und Beratungstätigkeiten versetzen die MIGA in die Lage, sich über das aktuelle Investitionsklima in den einzelnen Gaststaaten umfassend zu informieren[14]. Sie kann deshalb mögliche Konfliktfälle frühzeitig erkennen. **456**

Die MIGA dürfte den privaten Versicherern auch bei der Verhütung von Versicherungsfällen überlegen sein. Hierfür spricht, daß die MIGA mit den Gaststaaten investitionsschützende Vereinbarungen treffen kann und ihr bei Streitigkeiten zwischen Investoren und Gaststaaten eine Vermittlerfunktion zukommt[15]. Außerdem verfügt sie über ein eigenes Streitschlichtungssystem, mit dem sie vom Investor erworbene Rechte im Regreßweg gegenüber dem Gaststaat durchsetzen kann[16]. Allerdings ist es derzeit noch ungewiß, ob die MIGA von dieser Möglichkeit auch tatsächlich Gebrauch machen wird[17]. Außerdem hat sie Vorsorge dagegen zu treffen, daß sie nicht bereits durch ihre bloße Existenz zu einer Erhöhung der Eintrittswahrscheinlichkeit von Versicherungsfällen beiträgt[18]. **457**

Falls die MIGA günstigere Versicherungsprämien als private Versicherer anbieten kann, ist damit noch nicht gesagt, daß diese unter den Kosten eigener Schadensverhütungsmaßnahmen des Investors liegen würden. Im Hinblick auf das Kriegsrisiko wie auch bezüglich einer langfristigen Risikoabsicherung sind eigene Schadensverhütungsmaßnahmen des Investors allerdings kaum vorstellbar. Aufgrund der Tatsache, daß die MIGA durch ihre Mitglieder subventioniert wird, hat sie im übrigen die Möglichkeit, die Prämien auf einem sehr niedrigen Niveau anzusiedeln. Die Vorteile bei der Prämiengestaltung wären dann aber nicht mehr durch Economies of Scale begründet, sondern müßten durch die Steuerzahler in den Mitgliedstaaten und die damit verbundene Sozialisierung der Investitionsrisiken finanziert werden. **458**

---

12 Vgl. zum ganzen *Sinn*, Der Vorschlag der Weltbank zur Gründung der Multilateralen Investitions-Garantie-Agentur: Analyse und Kritik, Die Weltwirtschaft, Heft 2/1987, 126 ff. (131 ff.).
13 Vgl. *Vaubel*, The International Organizations and the International Debt Problem: The Next Steps, in: The Report of the Technical Committee of the Global Economic Action Institute, 1985, S. 21 ff. (29).
14 Siehe hierzu nachfolgend Art. 23, RdNr. 490 ff.
15 Vgl. Art. 23 b.
16 Vgl. Art. 57 in Verbindung mit Anlage II.
17 Vgl. oben Art. 18, RdNr. 383 ff.
18 Vgl. oben Art. 18, RdNr. 383 ff.

Geschäftstätigkeit

III. Das Crowding Out-Problem

459 Ebenso wie staatliche Versicherer wird auch die MIGA subventioniert. So genießt die MIGA Steuerbefreiung und weitreichende Immunität[19]. Außerdem ist die MIGA nicht gehalten, eine marktmäßige Verzinsung ihres Kapitals zu erwirtschaften. Die Steuergelder der Mitgliedstaaten werden ihr gratis zur Verfügung gestellt[20]. Gegenüber den staatlichen Versicherern kommt der MIGA noch der Vorteil zugute, daß sich eventuell erforderliche Kapitalnachschüsse auf eine Vielzahl von Mitgliedern verteilen und sie in ihrer Geschäftsführung keiner externen bzw. parlamentarischen Kontrolle unterliegt. Allein schon deshalb wird die MIGA in der Regel günstigere Prämien als private Versicherer anbieten können. Damit besteht die Gefahr, daß diese Versicherer vom Markt verdrängt werden und die MIGA eine Monopolstellung erlangt. Die bestehende Angebotsvielfalt auf den Versicherungsmärkten würde verlorengehen, es könnte mittel- und langfristig zu einem unkontrollierten Anstieg der Versicherungsprämien kommen, und Mitglieder könnten ausscheiden, weil die Versicherungsunternehmen in ihren Staaten nicht mehr konkurrenzfähig wären.

460 Art. 19, 21 c sehen zwar ausdrücklich vor, daß die MIGA das Angebot der privaten Versicherer lediglich ergänzen soll. Dabei bleibt es aber ihrer Entscheidung überlassen, ob sie mit ihrer Tätigkeit lediglich eine bestehende Versicherungslücke schließt oder nicht doch in Wirklichkeit in Wettbewerb zu anderen Agenturen tritt[21]. So genügt es etwa, wenn die MIGA die Versicherungsbedingungen anderer Versicherer lediglich für nicht „angemessen" hält[22]. Auch stellt sich die Frage, wie die MIGA zu entscheiden hat, wenn jedenfalls in einzelnen Staaten ein ausreichender Versicherungsschutz bereitgestellt wird. Es bleibt offen, welchen Umfang das Defizit an Versicherungsmöglichkeiten haben muß, um ein Tätigwerden der MIGA zu rechtfertigen.

461 Erweist sich demnach das Insuffizienzkriterium als schwaches Regulativ, kommt dem Gebot der vernünftigen Prämiengestaltung in Art. 25, 26 eine umso größere Bedeutung zu[23]. Hierbei ist die Gefahr der Eröffnung eines Verdrängungswettbewerbs mit privaten Versicherern nicht schon dann gebannt, wenn die MIGA in der Lage bleibt, ihre finanziellen Verpflichtungen zu erfüllen (Art. 25). Vielmehr gilt es, Kapitalnachschüsse der Mitglieder und damit eine zusätzliche Subventionierung der MIGA soweit als möglich zu vermeiden. Darüber hinaus kommt es darauf an, inwieweit die MIGA dazu bereit ist, ihre Prämien auch ohne Kontrolle von seiten Dritter marktwirtschaftlich auszurichten. Schwierig-

---

19 Vgl. Art. 43 ff.
20 Vgl. *Vaubel*, Die Wissenschaft denkt, die Politik lenkt; Der Fall MIGA, in: *Streit* (Hrsg.), Wirtschaftspolitik zwischen ökonomischer und politischer Rationalität, Festschrift für *Herbert Giersch*, 1988, S. 114.
21 Vgl. *Vaubel*, Die Wissenschaft denkt, die Politik lenkt; Der Fall MIGA, in: *Streit* (Hrsg.), Wirtschaftspolitik zwischen ökonomischer und politischer Rationalität, Festschrift für *Herbert Giersch*, 1988, S. 115.
22 Vgl. Art. 21 c.
23 Vgl. Art. 26, RdNr. 595 ff.

keiten wird dies schon deshalb bereiten, weil die MIGA vorwiegend in den Bereichen tätig werden soll, in denen ein privater Markt (noch) nicht existiert. Auch wird es wesentlich darauf ankommen, inwieweit sich die Mitglieder bei einer ihrer Meinung nach unangemessenen Prämiengestaltung dazu aufgerufen fühlen, gegenüber der MIGA erforderlichenfalls im Streitverfahren für die Beachtung marktwirtschaftlicher Prinzipien einzutreten.

IV. Einzelne Aspekte der Zusammenarbeit

Eine Zusammenarbeit zwischen der MIGA und privaten Versicherern kommt nur in den Bereichen in Betracht, in denen grundsätzlich beide Versicherungsschutz anbieten. Private Versicherer gewähren in der Regel keinen Schutz gegen das Kriegsrisiko, soweit hiervon Vermögenswerte auf dem Festland betroffen sind[24]. Außerdem haben ihre Verträge eine Laufzeit von maximal fünf, teilweise sogar nur von drei Jahren[25]. Die MIGA ihrerseits kann im Gegensatz zu den privaten Versicherern[26] grundsätzlich keine bereits bestehenden Investitionen versichern[27]. Gemäß Art. 21 c ist die MIGA somit aufgefordert, Versicherungsschutz vorwiegend gegen das Kriegsrisiko und/oder längerfristige Garantieverträge anzubieten. 462

Eine Kooperation durch Mit- und Rückversicherungen bietet sich vor allem im Hinblick auf die Absicherung des Enteignungs-, Transfer- und Vertragsbruchsrisikos an. Die Zusammenarbeit wird sich hauptsächlich auf das Angebot eines sukzessiven Versicherungsschutzes beziehen, da die Mindestlaufzeit eines MIGA-Garantievertrages nahe an die Höchstdauer eines Versicherungsvertrages mit einem privaten Versicherer heranreicht[28]. Soweit zeitliche Überschneidungen auftreten (Zeitraum 3–5 Jahre), können die zu versichernden Risiken gegenständlich oder der Höhe nach aufgeteilt werden. Dies gilt insbesondere im Hinblick auf das Transferrisiko, bei dem private Versicherungen vielfach nur eingeschränkten Versicherungsschutz anbieten[29]. 463

Weiterhin kommt eine Zusammenarbeit bei Investitionsformen, die erst in letzter Zeit von privater Seite versichert werden, in Betracht. Zu denken ist hierbei insbesondere an Projektfinanzierungen, längerfristige Darlehen auf 464

---

24 Vgl. *Shihata*, MIGA and Foreign Investment, 1988, S. 135.
25 Vgl. *Sinn*, Second Thoughts on MIGA, Intereconomics 1986, 269 ff. (274); *Radcliffe*, Coverage of Political Risk by the Private Insurance Industry, Außenwirtschaft 41 (1986), Heft I, 135 ff. Im Einzelfall kann die Laufzeit allerdings Jahr für Jahr verlängert werden, vgl. *Paul*, New Developments in Private Political Risk Insurance and Trade Finance, Int. Lawyer 21 (1987), 709 ff. (712).
26 Vgl. *Radcliffe*, Coverage of Political Risk by the Private Insurance Industry, Außenwirtschaft 41 (1986), Heft I, 135 ff. (136).
27 Siehe aber oben Art. 12, RdNr. 211 f. sowie Art. 20, RdNr. 446.
28 Vgl. oben Art. 16, RdNr. 315 ff.
29 Vgl. *Radcliffe*, Coverage of Political Risk by the Private Insurance Industry, Außenwirtschaft 41 (1986), Heft I, 135 ff. (136).

Geschäftstätigkeit

Countertrade-Basis oder an debt-equity-swaps[30]. Die Tatsache, daß sich der Versicherungsschutz für derartige Projekte noch in der Anlaufphase befindet, macht eine Kooperation besonders naheliegend. Schließlich kann auch die Garantiesumme zwischen der MIGA und den privaten Versicherern aufgeteilt werden. So werden etwa die Kosten einer Geschäftsunterbrechung sowohl von der MIGA als auch den privaten Versicherern ersetzt[31].

465 Die privaten Versicherer können im Hinblick auf ein Investitionsobjekt auch die Risiken übernehmen, für welche die MIGA keine Garantie bereitstellen kann. Betroffen hiervon sind z. B. Terrorakte, Kidnapping etc., die nicht politisch motiviert sind[32]. Des weiteren können private Versicherer die Risiken tragen, zu deren Übernahme durch die MIGA das Gastland seine Zustimmung gemäß Art. 15 verweigert hat[33].

Artikel 22
Höchstbeträge für Garantien

a) Sofern der Rat nicht mit besonderer Mehrheit etwas anderes bestimmt, darf der Gesamtbetrag der Eventualverpflichtungen, die von der Agentur aufgrund dieses Kapitels übernommen werden können, einhundertfünfzig v. H. des Betrags des unverminderten gezeichneten Kapitals der Agentur und ihrer Reserven zuzüglich des vom Direktorium bestimmten Teiles ihrer Deckungsansprüche aus Rückversicherungen nicht übersteigen. Das Direktorium überprüft von Zeit zu Zeit das Risikoprofil des Bestands der Agentur angesichts ihrer Erfahrungen mit Forderungen, des Ausmaßes der Risikostreuung, der Deckungsansprüche aus Rückversicherungen und anderer einschlägiger Faktoren, um festzustellen, ob dem Rat Änderungen des Höchstgesamtbetrags der Eventualverpflichtungen empfohlen werden sollen. Der vom Rat festgelegte Höchstbetrag darf unter keinen Umständen das Fünffache des Betrags des unverminderten gezeichneten Kapitals der Agentur, ihrer Reserven und eines als geeignet erachteten Teiles ihrer Deckungsansprüche aus Rückversicherungen übersteigen.

b) Unbeschadet der unter Buchstabe a bezeichneten allgemeinen Höchstbeträge für Garantien kann das Direktorium folgendes vorschreiben:

i) Höchstgesamtbeträge der Eventualverpflichtung, die von der Agentur aufgrund dieses Kapitels für alle an Investoren jedes einzelnen Mitglieds vergebenen Garantien übernommen werden kann. Bei der Festlegung dieser Höchstbe-

---

30 Vgl. *Paul*, New Developments in Private Political Risk Insurance and Trade Finance, Int. Lawyer 21 (1987), 709 ff. (713 ff.).
31 Vgl. *Shihata*, MIGA and Foreign Investment, 1988, S. 145, Fn. 131.
32 Vgl. oben Art. 11 a (iv), RdNr. 179 sowie *Shihata*, MIGA and Foreign Investment, 1988, S. 135.
33 Vgl. *Shihata*, MIGA and Foreign Investment, 1988, S. 187 f., Fn. 104.

träge berücksichtigt das Direktorium gebührend den Anteil des betreffenden Mitglieds am Kapital der Agentur und die Notwendigkeit, liberalere Begrenzungen in bezug auf Investitionen anzuwenden, die aus in der Entwicklung befindlichen Mitgliedstaaten stammen, und

ii) Höchstgesamtbeträge der Eventualverpflichtung, die von der Agentur in bezug auf Faktoren der Risikostreuung wie einzelne Vorhaben, einzelne Gastländer und Arten von Investitionen oder Risiken übernommen werden kann.

Gliederung

I. Die Höchstgrenze der Gesamtverpflichtungen (Art. 22 a) 467
II. Höchstgesamtbeträge für bestimmte Versicherungskriterien (Art. 22 b) 476
   1. Höchstgesamtbeträge für Investoren derselben Nationalität (Art. 22 b [i]) 477
   2. Höchstgesamtbeträge zum Zwecke der Risikostreuung (Art. 22 b [ii]) 480
   3. Die Ermittlung der Höchstbetragsgrenze im Einzelfall 484

Art. 22 legt quantitative Grenzen für die Vergabe von Garantien fest. Die Vorschrift ergänzt Art. 12 und 13, die qualitative Kriterien für den Abschluß von Versicherungsverträgen enthalten. Art. 22 sieht Höchstgrenzen sowohl im Hinblick auf die Gesamtverpflichtungen der MIGA als auch bezüglich einzelner Versicherungskriterien vor. Gerade in der Anfangsphase der Tätigkeit der MIGA werden ihre Versicherungsentscheidungen wesentlich von ihrer Finanzausstattung abhängen[1]. **466**

I. Die Höchstgrenze der Gesamtverpflichtungen (Art. 22 a)

Art. 22 a sieht eine **relative** und eine **absolute** Höchstgrenze für die Gesamtverbindlichkeiten der MIGA vor. Bemessungsgrundlage sind in beiden Fällen das unverminderte gezeichnete Kapital der Agentur (Art. 5, 6), die Reserven (Art. 27) sowie der vom Direktorium festgelegte Teil der Deckungsansprüche der MIGA aus Rückversicherungsverträgen (Art. 21 b). Die Bemessungsgrundlage ist somit nach oben hin variabel entsprechend der Mitgliederstärke der MIGA, ihrer Einkommensentwicklung und den Beschlüssen ihres Direktoriums. Die Höchstbetragsgrenze ist unbeachtlich, soweit die MIGA Sponsorship-Garantien vergibt[2]. **467**

---

1 Vgl. *Shihata*, MIGA and Foreign Investment, 1988, S. 148.
2 Siehe hierzu Art. 24.

Geschäftstätigkeit

468 Die **relative** Höchstgrenze der Gesamtverbindlichkeiten darf zu Beginn der Tätigkeit der MIGA 150 % des unverminderten gezeichneten Kapitals nicht überschreiten. Wenn an der MIGA alle potentiellen Mitgliedstaaten beteiligt sind, entspräche dies einer Höchstgrenze von 1,5 Mrd. SZR = 1,62 Mrd. US-Dollar (vgl. Art. 5 a)[3].

469 Die vorstehend genannte Höchstgrenze kann durch die Bildung von Reserven weiter angehoben werden. Sie können in Höhe von maximal 150 % des Fünffachen des gezeichneten Kapitals der MIGA angesammelt werden (Art. 27 a). Damit ist eine Aufstockung der Höchstgrenze um weitere 150 % von 5 Mrd. SZR = 7,5 Mrd. SZR = 8,11 Mrd. US-Dollar möglich.

470 Die Höchstgrenze kann weiterhin um den vom Direktorium bestimmten Teil der Deckungsansprüche der MIGA aus Rückversicherungsverträgen erhöht werden. Sie sollen in der Regel in Höhe von 90 % auf die Garantiekapazität der MIGA angerechnet werden, soweit die erhaltenen Rückversicherungen die folgenden Bedingungen erfüllen:

– Finanzielle Zuverlässigkeit;

– Übereinstimmung mit den Bedingungen und Klauseln eines oder mehrerer von der MIGA rückversicherter Verträge einschließlich der Bestimmung, wonach der Rückversicherungsvertrag nicht vor dem rückversicherten Vertrag bzw. einzelner Teile hiervon ausläuft sowie (alternativ)

– Deckung aller Risiken, die auch vom rückversicherten Vertrag abgedeckt sind oder

– Deckung eines oder mehrerer Risikotypen, die auch vom rückversicherten Vertrag gedeckt sind, wobei jedoch der potentielle Beitrag dieser Rückversicherung auf die Kapazität der MIGA nur insoweit angerechnet wird, als er die Differenz zwischen der Gesamtverantwortlichkeit der MIGA für den größten Risikotyp gegenüber dem nächstgrößten Risikotyp reduziert.

471 Die vorstehend genannte Konformitätsklausel hat zur Folge, daß die Garantiekapazität durch Rückversicherungen bei privaten Versicherern kaum aufgestockt werden kann. Während die MIGA in der Regel Versicherungsverträge mit einer Laufzeit zwischen drei und fünfzehn Jahren abschließt[4], sind die Rückversicherungen, die private Gesellschaften anbieten, grundsätzlich auf maximal fünf Jahre beschränkt. Bei staatlichen Versicherern gilt dies zwar nicht. Jedoch sind sie meistens nicht dazu befugt, andere Anbieter von Kapitalanlagegarantien rückzuversichern[5].

472 Der Präsident soll den Umfang der von der MIGA in Anspruch genommenen Rückversicherungen von Zeit zu Zeit überprüfen und dem Direktorium für angemessen erachtete Änderungen der oben genannten Bestimmungen empfeh-

---

[3] Demgegenüber verfügte z. B. die amerikanische OPIC Mitte der 80er Jahre über eine Versicherungskapazität von 8 Mrd. US-Dollar; vgl. *Alsop*, The World Bank's Multilateral Investment Guaranty Agency, Col. J. Transnat'l L. 25 (1986), 101 ff. (126).
[4] Vgl. oben Art. 16, RdNr. 315 ff.
[5] Vgl. *Shihata*, MIGA and Foreign Investment, 1988, S. 148 f.

len einschließlich Vorschläge zur Anrechnung solcher Rückversicherungen auf die Garantiekapazität, die vor dem Ende eines rückversicherten Vertrages auslaufen oder die aus sonstigen Gründen nicht in vollem Einklang mit einem rückversicherten Vertrag stehen[6].

Die **absolute** Höchstgrenze für den Gesamtbetrag der Eventualverpflichtungen der MIGA ergibt sich aus Art. 22 a S. 3. Die Gesamtverbindlichkeiten dürfen demnach 500 % der oben genannten Bemessungsgrundlage nicht übersteigen. Die absolute Höchstgrenze ist somit wiederum kein fixer Wert, sondern orientiert sich am aktuellen Mitgliederstand, an den Reserven und dem Rückversicherungspotential. Innerhalb der Spannbreite von 150 % bis 500 % kann der Rat auf Empfehlung des Direktoriums jederzeit Änderungen des Gesamthöchstbetrages vornehmen (Art. 22 a S. 2). Eine Anhebung kommt insbesondere bei zunehmender Risikostreuung sowie im Zuge der mit der Konvention gemachten praktischen Erfahrungen in Betracht[7]. Zu denken ist weiterhin an die Aufnahme neuer Mitglieder sowie die Übernahme zusätzlicher Kapitalanteile durch Staaten, die der Konvention bereits beigetreten sind[8]. 473

Der Präsident soll hinsichtlich des Umfangs, der Verwendung und beabsichtigter Veränderungen der Garantiekapazität Aufzeichnungen führen sowie dem Direktorium Empfehlungen im Hinblick auf Modifikationen der oben genannten Ausführungsbestimmungen, die er aufgrund seiner Erfahrungen für angezeigt hält, unterbreiten. Zum Zwecke der Unterstützung des Direktoriums bei dessen Überlegungen, ob dem Rat Veränderungen der Höchstgrenzen innerhalb des durch Art. 22 a vorgegebenen Rahmens vorgeschlagen werden sollen, ist der Präsident aufgefordert, das Direktorium zumindest halbjährlich über das Risikoprofil des Portfolios der MIGA zu informieren sowie über alle bedeutsamen Zwänge, die sich für die MIGA aus den Höchstbetragsgrenzen für die Erfüllung ihres Auftrags ergeben[9]. 474

Bei seinen Plänen für die Garantiekapazität der MIGA soll der Präsident vorsorglich potentielle Veränderungen in den Wechselkursrelationen zwischen den Währungen der von ihr ausgegebenen und der erhaltenen Rückversicherungen einerseits, sowie den Währungen, die sie in Reserve hält andererseits in Erwägung ziehen. Hierbei sollen der IMF und die Weltbank konsultiert werden. Der Präsident soll geeignete Maßnahmen zur Abmilderung von Auswirkungen, die durch beträchtliche Verschiebungen in den Wechselkursbeziehungen für die MIGA entstanden sind, erwägen und dem Direktorium Maßnahmen empfehlen, die er für angemessen hält[10]. 475

---

6 Vgl. § 3.50 der „Operational Regulations", nachfolgend S. 399.
7 Vgl. *Shihata*, The Multilateral Investment Guarantee Agency, Int. Lawyer 20 (1986), 485 ff. (495); *Voss*, Die Multilaterale Investitionsgarantie-Agentur, RIW 1987, 89 ff. (92).
8 Vgl. *Shihata*, MIGA and Foreign Investment, 1988, S. 149.
9 Vgl. § 3.52 der „Operational Regulations", nachfolgend S. 400.
10 Vgl. § 3.53 der „Operational Regulations", nachfolgend S. 400.

Geschäftstätigkeit

II. Höchstgesamtbeträge für bestimmte Versicherungskriterien (Art. 22 b)

476 Art. 22 b gestattet Höchstbetragsregelungen in bezug auf einzelne Versicherungskriterien, wie insbesondere die Nationalität des Investors, die Investitionsart, das Investitionsklima im Gastland, die Risikostreuung der MIGA, etc. Die Vorschrift kann als Instrument zur regionalen und sektoralen Steuerung der Investitionsströme eingesetzt werden. Daneben dient sie aber auch dem Erhalt der finanziellen Leistungsfähigkeit der MIGA.

1. Höchstgesamtbeträge für Investoren derselben Nationalität (Art. 22 b [i])

477 Gemäß Art. 22 b (i) kann das Direktorium für Investoren derselben Nationalität bestimmte Versicherungskontingente vorschreiben. Richtschnur ist zum einen das finanzielle Engagement des betreffenden Heimatstaates. Zum anderen soll berücksichtigt werden, inwieweit sich der Mitgliedstaat noch in der Entwicklung befindet. Zur Vorbereitung seiner Entscheidung soll der Präsident dem Direktorium spätestens ein Jahr nach Gründung der MIGA eine Studie über den Gesamtbetrag der Garantien, die von Investoren aus demselben Mitgliedstaat gehalten werden können, vorlegen[11].

478 Die MIGA soll sich darum bemühen, den Nutzen ihrer Garantiekapazität zwischen ihren Mitgliedern in dem Ausmaß zu verteilen, wie dies aufgrund der Streuung der Investitionsmöglichkeiten, der Entscheidungen der Investoren und der Gaststaaten und der übrigen Grundsätze der MIGA möglich ist. Dabei soll ein Gleichgewicht zwischen dem Beitrag des betreffenden Mitglieds für die MIGA und dem Nutzen, den die Unternehmen dieses Mitglieds aus der Tätigkeit der MIGA ziehen, angestrebt werden[12]. Die MIGA soll hierbei gebührendes Augenmerk auf die Bedürfnisse der weniger entwickelten Länder unter den Entwicklungs-Mitgliedstaaten richten[13].

479 Zum Zwecke der Zurechnung einer Garantie an ein Mitglied in Fällen, in denen der Gründungsort und der Hauptgeschäftssitz einer antragstellenden Gesellschaft von dem Staat verschieden sind, dessen Staatsangehörigkeit die Eigentümer der Kapitalmehrheit besitzen oder in denen die Nationalität dieser Eigentümer vom Antragsteller nicht nachgewiesen werden kann, soll die MIGA davon ausgehen, daß der Antragsteller

- aus dem Mitgliedstaat stammt, in welchem er gegründet wurde und seinen Hauptgeschäftssitz hat;
- falls der Antragsteller in einem Nicht-Mitgliedstaat gegründet wurde und dort seinen Hauptgeschäftssitz hat: aus dem Mitgliedstaat stammt, nach dessen

---

11 Vgl. § 3.55 der „Operational Regulations", nachfolgend S. 400.
12 Vgl. Ziffer 39 des MIGA-Kommentars, nachfolgend S. 350.
13 Vgl. § 3.54 der „Operational Regulations", nachfolgend S. 400.

offiziellem Investitionsversicherungsprogramm der Antragsteller für die Dekkung ausgewählt wurde oder
- aus dem Mitgliedstaat stammt, von dem die Versicherungsfähigkeit des Antragstellers anderweitig abhängt[14].

2. Höchstgesamtbeträge zum Zwecke der Risikostreuung (Art. 22 b [ii])

Die MIGA soll sich im Einklang mit Art. 22 b (ii) darum bemühen, ihr Versicherungsportfolio zu diversifizieren, um die Kumulierung des Verlustrisikos im Hinblick auf bestimmte Projekte, Gaststaaten, Sektoren und Risikotypen zu verringern. Zu diesem Zweck soll die Agentur bestrebt sein, den Prozeß der Risikostreuung zu beschleunigen, insbesondere durch die Unterstützung besonders förderungswürdiger Investitionen, durch das Zusammenwirken mit anderen Agenturen zum Zwecke der Unterstützung von Investitionen sowie durch die Rückversicherung von anderweitig versicherten Investitionen[15]. In der Anfangsphase der MIGA dürfen hierbei aber aufgrund der begrenzten Mitgliederzahl und der eingeschränkten Auswahl an versicherbaren Investitionen keine besonders strengen Anforderungen gestellt werden[16].   **480**

Art. 22 b (ii) kann vor allem dazu eingesetzt werden, Sanktionen gegenüber Mitgliedstaaten, die gehäuft Versicherungsfälle auslösen, zu verhängen[17]. Sie müssen damit rechnen, daß Investitionen auf ihrem Territorium künftig nur noch unter strengen Voraussetzungen oder überhaupt nicht mehr versichert werden. Bleiben derartige Sanktionen fruchtlos, kann die MIGA das betreffende Mitglied unter bestimmten Voraussetzungen auch ausschließen[18].   **481**

Der Präsident soll dem Direktorium halbjährlich über die von ihm ergriffenen Maßnahmen zum Zwecke der Vermeidung und Abmilderung einer übermäßigen Risikokonzentration berichten. Er soll nicht später als beim ersten Treffen des Direktoriums ein Jahr nach Gründung der MIGA Ausführungsbestimmungen empfehlen, einschließlich angemessener quantitativer Grenzen für die Risikokonzentration im Hinblick auf die vorstehend genannten Maßnahmen[19].   **482**

Als zwischenzeitliche Maßnahme soll die MIGA die maximale Gesamtverantwortlichkeit, die von ihr im Hinblick auf ein bestimmtes Investitionsprojekt übernommen werden kann, auf 5 % des Betrages begrenzen, der der MIGA zur Ausgabe von Garantien gemäß Art. 22 a S. 1 zur Verfügung steht[20]. Die MIGA soll sich weiterhin darum bemühen, Investitionen in soviel Gaststaaten wie möglich zu ermutigen[21].   **483**

---

14 Vgl. § 3.56 der „Operational Regulations", nachfolgend S. 400.
15 Vgl. § 3.58 der „Operational Regulations", nachfolgend S. 401.
16 Vgl. *Shihata,* MIGA and Foreign Investment, 1988, S. 152.
17 Siehe hierzu auch Art. 18, RdNr. 389.
18 Vgl. nachfolgend Art. 52, RdNr. 784 ff.
19 Vgl. § 3.59 der „Operational Regulations", nachfolgend S. 401.
20 Vgl. § 3.60 der „Operational Regulations", nachfolgend S. 401.
21 Vgl. § 3.57 der „Operational Regulations", nachfolgend S. 400.

Geschäftstätigkeit

3. Die Ermittlung der Höchstbetragsgrenze im Einzelfall

484 Die MIGA hat bei jedem Versicherungsantrag zu prüfen, ob die gewünschte Deckung die Höchstbetragsgrenze überschreitet. Dies kann insbesondere dann Schwierigkeiten bereiten, wenn mehrere Risiken abgedeckt werden sollen. In diesem Fall soll für die Ermittlung der Höchstbetragsgrenze lediglich das größte zu deckende Risiko angerechnet werden. Darüber hinaus soll eine eventuelle Stand-by-Versicherung, die für denselben Risikotyp beantragt wird, in Höhe von 50 % berücksichtigt werden. Zu letzterem kann das Direktorium aber in Anbetracht der von ihm gemachten Erfahrungen und der fortgesetzten Überprüfung der Tätigkeit der MIGA Änderungen für den Fall vorsehen, daß die Stand-by-Option ausgeübt wird[22].

Artikel 23
Investitionsförderung

a) Die Agentur führt Forschungsarbeiten durch, übt Tätigkeiten zur Förderung des Investitionsflusses aus und verbreitet Informationen über Investitionsmöglichkeiten in den in der Entwicklung befindlichen Mitgliedstaaten mit dem Ziel, das Umfeld für den Fluß ausländischer Investitionen in diese Staaten zu verbessern. Die Agentur kann auf Ersuchen eines Mitgliedes fachlichen Rat und fachliche Hilfe zur Verbesserung der Investitionsbedingungen im Hoheitsgebiet dieses Mitgliedes zur Verfügung stellen. Bei der Ausübung dieser Tätigkeit wird die Agentur

    i) sich von einschlägigen Investitionsübereinkünften zwischen Mitgliedstaaten leiten lassen;

    ii) versuchen, sowohl in den entwickelten als auch in den in der Entwicklung befindlichen Mitgliedstaaten Hindernisse für den Investitionsfluß in die in der Entwicklung befindlichen Mitgliedstaaten zu beseitigen;

    iii) sich mit anderen mit der Förderung ausländischer Investitionen befaßten Stellen abstimmen, insbesondere der Internationalen Finanz-Corporation.

b) Die Agentur wird auch

    i) die friedliche Beilegung von Streitigkeiten zwischen Investoren und Gastländern fördern;

    ii) sich bemühen, Übereinkünfte mit den in der Entwicklung befindlichen Mitgliedstaaten zu schließen, insbesondere mit potentiellen Gastländern, in

---

22 Vgl. § 3.49 der „Operational Regulations", nachfolgend S. 399.

denen gewährleistet wird, daß die Agentur hinsichtlich der von ihr garantierten Investitionen eine mindestens ebenso günstige Behandlung erfährt, wie sie von dem betreffenden Mitglied für die meistbegünstigte Investitions-Garantie-Agentur oder den meistbegünstigten Staat in einer Investitionsübereinkunft gewährt wird; diese Übereinkünfte müssen vom Direktorium mit besonderer Mehrheit genehmigt werden;

iii) den Abschluß von Übereinkünften zwischen ihren Mitgliedern über die Förderung und den Schutz von Investitionen fördern und erleichtern.

c) Die Agentur berücksichtigt bei ihren Förderungsbemühungen insbesondere die Notwendigkeit, den Investitionsfluß zwischen den in der Entwicklung befindlichen Mitgliedstaaten zu verstärken.

Gliederung

I. Einleitung. 485
II. Die einzelnen Funktionen der MIGA im Rahmen von Art. 23 . . . 486
  1. Die Aufgaben gemäß Art.23a . 486
    a) Übersicht. 486
    b) Die einzelnen Tätigkeiten . 490
    c) Tätigkeitsbeschränkungen und -prioritäten. 494
      aa) Prioritäten bei der allgemeinen Politikberatung 496
      bb) Prioritäten bei Beratungs-, Informations- und technischen Hilfsdiensten 497
    d) Die Verhaltensrichtlinien gemäß Art. 23 a (i)–(iii) . . 499

  2. Die Aufgaben gemäß Art.23b . 507
    a) Die Streitschlichtungskompetenz (Art. 23 b [i]) 507
    b) Der Abschluß eigener investitionsschützender Vereinbarungen (Art. 23 b [ii]) . . 509
    c) Die Förderung des Abschlusses von Investitionsschutzverträgen (Art. 23 b [iii]). 513
    d) Die Wechselwirkung zwischen Garantieoperationen und sonstigen Tätigkeiten zur Investitionsförderung . 514
III. Der organisatorische und finanzielle Rahmen. 517

I. Einleitung

Gemäß Art. 2 b, c, 23 ist die Tätigkeit der MIGA nicht auf den Versicherungsbereich beschränkt. Die MIGA zieht damit die Konsequenz aus der Tatsache, daß sich eine Verbesserung der Investitionsbedingungen am nachhaltigsten über eine Veränderung des Investitionsklimas im Gastland erreichen läßt, anstatt lediglich Schutz gegen dessen potentielle negative Auswirkungen zu gewähren. In Art. 2 b, c, 23 kommt demnach das dynamische Element der MIGA zum Ausdruck. Die MIGA soll als Berater, Informant, Gestalter und Streitschlichter tätig werden. Diese Multifunktionalität unterscheidet die MIGA von allen

Geschäftstätigkeit

staatlichen Versicherungssystemen. Langfristig könnte der Beitrag der MIGA zur Verbesserung der Investitionsbedingungen in den Entwicklungsländern sogar wichtiger sein als ihre Garantieoperationen[1]. Während die Versicherungstätigkeit der MIGA lediglich ergänzenden Charakter gegenüber den staatlichen Versicherern haben soll, kommt ihr im Hinblick auf die Gestaltung der Investitionsbedingungen eine Vorreiterrolle zu. Dabei ist zu beachten, daß zwischen der Versicherungstätigkeit der MIGA einerseits sowie ihren sonstigen Aufgaben andererseits eine Wechselwirkung bestcht[2].

II. Die einzelnen Funktionen der MIGA im Rahmen von Art. 23

1. Die Aufgaben gemäß Art. 23 a

a) Übersicht

486 Gemäß Art. 23 a führt die MIGA Forschungsvorhaben durch, erteilt Informationen, leistet technische Hilfe und bietet Politikberatung an. Die Tätigkeiten sollen darauf gerichtet sein, die Investitionsbedingungen im Gastland zu verbessern, insbesondere durch die Beseitigung von Hindernissen, die in den einzelnen Mitgliedstaaten dem Investitionsfluß in die Entwicklungs-Mitgliedstaaten entgegenstehen. Dies können auch Hindernisse im Heimatstaat des Investors sein, z. B. Kapitalausfuhrbeschränkungen, Exportverbote, etc. Darüber hinaus betont Art. 23 c die Notwendigkeit, gerade auch den Investitionsfluß **zwischen** den einzelnen Entwicklungs-Mitgliedsländern zu intensivieren.

487 Durch ihre Tätigkeiten trägt die MIGA dem Umstand Rechnung, daß Investitionen oftmals bereits im Vorfeld scheitern, weil der Investor entweder über das politische, ökonomische oder juristische Umfeld im potentiellen Gastland nicht ausreichend informiert ist oder mit den zuständigen Behörden bei der Implementierung der Investition nicht zurechtkommt[3].

488 Das Aufgabengebiet der MIGA erfaßt zunächst den gesamten Bereich der Investitionskontrollen. Da vertragliche Kooperationsformen grundsätzlich versicherbar sind[4], zählen zu den Investitionskontrollen im vorliegenden Zusammenhang alle tarifären und nichttarifären Handelshemmnisse. Untersuchungsgegenstand sind darüber hinaus alle Investitionsanreize. Sie können sogar einen potentiell abschreckenden Effekt entfalten, indem sie die Stabilität der gesetzlichen Rahmenbedingungen im Gastland in Frage stellen[5]. In noch weiterem Rahmen sind aber auch alle sonstigen institutionellen, politischen, ökonomi-

---

1 Vgl. *Voss*, Die Multilaterale Investitionsgarantie-Agentur, RIW 1987, 89 ff. (94).
2 Siehe hierzu nachfolgend RdNr. 514 ff.
3 Vgl. *Shihata*, Factors Influencing the Flow of Foreign Investment and the Relevance of a Multilateral Investment Guarantee Scheme, Int. Lawyer 21 (1987), 671 ff. (692).
4 Vgl. Art. 12 a, b.
5 Vgl. *Braun*, Veränderte Einstellung der Entwicklungsländer zu Auslandsinvestitionen?, in: *Edition Dräger Stiftung* (Hrsg.), Zielsetzung Partnerschaft, Die weltwirtschaftliche Bedeutung von Auslandsinvestitionen und Technologietransfer, 1985, S. 289 ff. (293 f.).

schen, infrastrukturellen und juristischen Standortbedingungen in die Analysen und Maßnahmen der MIGA miteinzubeziehen[6].

Speziell im Hinblick auf eine Verstärkung der Investitionsströme zwischen den Entwicklungsländern werden sich die Investitionsförderungsmaßnahmen der MIGA darauf konzentrieren, diese Staaten beim Aufbau eines wirksamen gesetzlichen Instrumentariums und der Gestaltung einer Investitionen anlockenden Volkswirtschaftspolitik zu beraten. Für Investoren kommen z. B. Management- und Marketing-Kurse in Betracht, um ihnen auf diesem Gebiet das nötige Know-how zu verschaffen. **489**

b) Die einzelnen Tätigkeiten

Die **Forschungsvorhaben** können sich z. B. auf die Ermittlung und Bewertung von Investitionsbedingungen sowie ihre rechtsvergleichende Darstellung beziehen. Sie können daneben die Erfahrungen der Mitglieder mit Investoren sowie anderen nationalen und internationalen Entwicklungsorganisationen analysieren[7]. Auf diese Weise können dem Investor eine wichtige Entscheidungshilfe gegeben[8] und globale Fehlallokationen von Ressourcen vermieden werden. Für die MIGA geht es im Hinblick auf künftige Garantievergaben darum, länder-, sektor- und industriespezifisches Wissen anzusammeln[9]. Dabei kann sie sich mit anderen nationalen und internationalen Agenturen koordinieren. Die Neutralität der MIGA bietet eine ausreichende Gewähr dafür, daß sie bei ihrer Tätigkeit objektive und seriöse Maßstäbe anlegt. **490**

Mit Hilfe des **Informationsdienstes** kann die MIGA z. B. interessierte Gaststaaten und Investoren zusammenführen. Sie kann zu diesem Zweck gemeinsam mit anderen internationalen Organisationen[10] ein Datenbanksystem aufbauen. Es kann vor allem kleinen und mittleren Unternehmen, den am wenigsten entwickelten Ländern sowie Investoren aus der Dritten Welt zur Verfügung gestellt werden. Die Informationen können sich z. B. auf die Investitionsbedingungen, sektorspezifische Untersuchungen, rechtsvergleichende Darstellungen oder einschlägige Rechtsstreitigkeiten beziehen[11]. **491**

Die **technischen Dienste** können z. B. die Organisation von Reisen des Investors in das Gastland, die Durchführung von sektoralen Arbeitsgruppen oder die Zusammenführung von joint venture-Partnern umfassen. Im Zusammenhang mit der Implementierung der Investition kann die MIGA z. B. Hilfestellung beim Umgang mit den örtlichen Behörden oder bei der Strukturierung des Investitionsprojekts leisten, letzteres mit dem Ziel, dessen Anfälligkeit gegenüber nichtkommerziellen Risiken zu vermindern[12]. **492**

---

6 Siehe hierzu die Ausführung zu Art. 12 d (iv), RdNr. 249 ff.
7 Vgl. *Shihata*, MIGA and Foreign Investment, 1988, S. 198 f.
8 Vgl. *Ebenroth*, Zur Bedeutung der Multilateral Investment Guarantee Agency für den internationalen Ressourcentransfer, JZ 1987, 641 ff. (647).
9 Vgl. *Shihata*, MIGA and Foreign Investment, 1988, S. 199.
10 Z. B. die IFC und die UNIDO. Siehe hierzu nachfolgend Art. 35, RdNr. 685 ff., 698 ff.
11 Vgl. *Shihata*, MIGA and Foreign Investment, 1988, S. 200 ff.
12 Vgl. *Voss*, The Multilateral Investment Guarantee Agency: Status, Mandate, Concept, Features, Implications, J.W.T.L. 21 (1987), 5 ff. (13).

Geschäftstätigkeit

493 Die **beratende Tätigkeit** kann Gast- und Heimatstaaten wie auch den Investoren zugute kommen. Die MIGA kann aufgrund ihrer Erfahrungen konkrete Maßnahmen für die künftige Ausgestaltung der Investition und der Investitionsbedingungen anregen. Sie kann auch eine Überprüfung bzw. Änderung bestehender Vorschriften vorschlagen[13]. Die hierdurch eingeleitete Diskussion kann darüber hinaus zum Abschluß konkreter Vereinbarungen zwischen den Mitgliedern bzw. zwischen der MIGA und einzelnen Mitgliedern führen[14].

c) Tätigkeitsbeschränkungen und -prioritäten

494 Die oben genannten Tätigkeiten sollen sich in **gegenständlicher Hinsicht** auf Investitionsaspekte konzentrieren, in denen die MIGA komparative Vorteile besitzt und die von anderen Institutionen nicht adäquat bedient werden können, wie z. B. die Identifizierung von Politiken, die ausländische Investitionen abschrecken. Wie im Bereich der Versicherungsleistungen soll die MIGA demnach auch bei der Ausübung ihrer sonstigen Funktionen nicht in einen Verdrängungswettbewerb mit den nationalen Agenturen und anderen Institutionen eintreten[15]. Bei der weiteren Aufschlüsselung ihrer Tätigkeit soll sich die MIGA von den Wünschen ihrer Mitglieder leiten lassen, von der Erhältlichkeit von Expertisen und finanzieller Unterstützung sowie von ihren Einblicken in alle Fragen der Investitionsförderung, die sie durch ihre Versicherungstätigkeit und Forschungsprogramme, ihre multilateralen Konsultationen innerhalb des Rates und des Direktoriums sowie ihre Konsultationen mit Investoren gewonnen hat[16].

495 Innerhalb des solchermaßen vorgegebenen Rahmens soll die MIGA bei ihrer Tätigkeit Prioritäten setzen. Sie beziehen sich zum einen auf die allgemeine Politikberatung sowie ihre sonstigen Beratungs-, Informations- und technischen Hilfsdienste, zum anderen aber auch auf ihre Versicherungstätigkeit. Welchem Teilaspekt im konkreten Fall Vorrang zukommen soll, bleibt der Entscheidung der MIGA vorbehalten.

aa) Prioritäten bei der allgemeinen Politikberatung

496 Die Konsultationen zur Investitionspolitik und zu allgemeinen programmatischen Fragen sollen die Erfahrungen der Mitglieder über die Kosten und den Nutzen von bestimmten Investitionsanreizen bzw. -hemmnissen sowie deren Bedeutung für die Effizienz der Ressourcenallokation zum Gegenstand haben. Priorität soll der Erläuterung derjenigen nationalen Maßnahmen zukommen, die sich als effektiv für die Verstärkung des internationalen Investitionsstromes in die Entwicklungsländer erwiesen und zu sozialem und ökonomischem Nutzen für

---

13 Vgl. Ziffer 41 des MIGA-Kommentars, nachfolgend S. 355.
14 Vgl. *Shihata*, MIGA and Foreign Investment, 1988, S. 203 f.
15 Siehe hierzu Art. 21, RdNr. 459 ff.
16 Vgl. § 7.04 der „Operational Regulations", nachfolgend S. 412.

diese Staaten geführt haben. Die Konsultationen der MIGA sollen insbesondere diejenigen Politiken der Industriestaaten und Entwicklungsländer ansprechen, die beträchtliche positive oder negative Auswirkungen auf den Umfang und die Qualität dieser Investitionsströme im Hinblick auf die Entwicklung des Gastlandes hatten. Die MIGA soll auf diese Konsultationen bei der Ausarbeitung eines Rahmens zur politischen Beratung interessierter Mitglieder zurückgreifen[17].

bb) Prioritäten bei Beratungs-, Informations- und technischen Hilfsdiensten

Priorität soll innerhalb der beratenden und sonstigen technischen Programme solchen Aktivitäten zukommen, die große Streuwirkungen auf das Umfeld von ausländischen Investitionen versprechen, wie z. B. die Unterstützung eines hierum bittenden Mitglieds bei der Identifizierung und Korrektur von Institutionen und Politiken, die im weiten Sinne seine Attraktivität für ausländische Investitionen berühren. Falls die MIGA ein Mitglied bei der Anlockung von potentiellen Investoren für ein bestimmtes Projekt oder einen bestimmten Sektor unterstützt, soll sie darauf achten, daß sie ihre Glaubwürdigkeit, Objektivität und Vorsicht bei der Durchführung des Versicherungsprogrammes beibehält[18]. **497**

Innerhalb der Forschungsaktivitäten und Konsultationen mit bzw. zwischen den Mitgliedern über das staatliche Umfeld von Investitionen soll den operativen Bedürfnissen des Versicherungsprogramms Priorität eingeräumt werden. Ihre eigenen Bedürfnisse werden die anfänglichen Forschungen der MIGA darauf richten, das Wissen zu erlangen, welches zur Durchführung eines effektiven und leistungsstarken Garantieprogramms wesentlich ist, wie z. B. die Bewertung der Investitionspolitik des Gastlandes einschließlich von Enteignungen und jeglichen Streitigkeiten, die es mit anderen Investitionsversicherern hatte, Steuergesetzen und sonstigen Vorschriften, juristischen und sonstigen Maßnahmen zur Streitbeilegung, der Ausstattung mit Humankapital und natürlichen Ressourcen sowie sonstigen ökonomischen Faktoren, die für die eventuell zu versichernde Investition von Bedeutung sind. Untersuchungen im Hinblick auf einzelne Staaten werden es der MIGA außerdem erleichtern, ein Programm für gemeinsame Forschungsvorhaben mit Mitgliedern über die vergleichende Bewertung von bestimmten staatlichen Maßnahmen zur Investitionsförderung oder -regulierung zu entwickeln. Konsultationen, die vom MIGA-Management mit einem Mitglied geführt oder zwischen Mitgliedern stattfinden und von der MIGA organisiert werden, sollen zunächst die Verhältnisse in den Mitgliedstaaten ansprechen, die für die Effizienz des Versicherungsprogramms und allgemein zur Anlockung ausländischer Investitionen erforderlich oder vorteilhaft sind[19]. **498**

---

17 Vgl. § 7.05 der „Operational Regulations", nachfolgend S. 412.
18 Vgl. § 7.06 der „Operational Regulations", nachfolgend S. 412.
19 Vgl. § 7.07 der „Operational Regulations", nachfolgend S. 412.

Geschäftstätigkeit

d) Die Verhaltensrichtlinien gemäß Art. 23 a (i)–(iii)

499 Art. 23 a (i)–(iii) sieht für die MIGA im Hinblick auf ihre Investitionsfördertätigkeit gemäß Art. 23 a einen bestimmten materiellrechtlichen **Orientierungsrahmen** sowie bestimmte **Koordinierungspflichten** vor. Die Konvention trägt damit dem Umstand Rechnung, daß die MIGA nicht die einzige Organisation ist, die Investitionsförderung betreibt und es deshalb einer gegenseitigen Abstimmung bedarf, um einerseits Effizienz- und Reibungsverluste zu verhindern und andererseits nach Möglichkeit Synergieeffekte zu erzielen.

500 Die MIGA soll sich bei ihrer Tätigkeit von den einschlägigen Investitionsübereinkünften zwischen den Mitgliedstaaten leiten lassen (Art. 23 a [i]). Angesprochen sind hierbei die zahlreichen Investitionsschutzverträge[20]. Die MIGA hat darauf zu achten, daß sie deren Schutzniveau nicht unterläuft[21]. Sie kann weiterhin einen Schwerpunkt ihrer Beratungstätigkeit darauf verwenden, bestehende Schwierigkeiten bei der Anwendung dieser Vereinbarungen zu reduzieren.

501 Die den Investitionsschutzverträgen zugedachte Leitbildfunktion ist gleichwohl begrenzt. Sie erfassen in der Regel lediglich Direktinvestitionen[22]. Bei Vorliegen mehrerer Investitionsschutzverträge mit demselben Gaststaat mag es zudem erforderlich sein, eine Entscheidung darüber zu treffen, welche konkrete Regelung Vorrang haben soll. Dies kann zu politischen Verstimmungen bei den unberücksichtigt gebliebenen Heimatstaaten von Investoren führen. Schließlich wird der Leitbildcharakter vielfach gänzlich entfallen, soweit es um die Förderung des Investitionsstromes zwischen den Entwicklungsländern geht. Investitionsschutzverträge zwischen solchen Staaten existieren bisher kaum.

502 Art. 23 a (i) ist andererseits nicht dahingehend zu verstehen, daß die MIGA über den in den Investitionsförderungsverträgen erreichten Standard nicht hinausgehen dürfte. Die MIGA ist vielmehr dazu aufgefordert, das in diesen Verträgen etablierte Schutzniveau weiterzuentwickeln. Auf diese Weise kann der Inhalt einer zwischen der MIGA und einem beliebigen Gaststaat getroffenen investitionsschützenden Abrede zum Maßstab für den Abschluß weiterer zwischenstaatlicher Investitionsförderungsverträge werden und zur Ausbildung von Völkergewohnheitsrecht beitragen.

503 Gemäß Art. 23 a (ii) soll die MIGA versuchen, in den Mitgliedstaaten Hindernisse für den Investitionsfluß in die Entwicklungs-Mitgliedstaaten zu beseitigen. Dabei spielt es keine Rolle, ob es sich um Hindernisse in Kapitalexport- oder Kapitalimportstaaten handelt. Während es bei den Gaststaaten hauptsächlich um die Überprüfung von Investitionskontrollen geht, stehen in den Heimatstaaten von Investoren Beschränkungen durch Exportlizenzen, Doppelbesteuerungen, etc. im Vordergrund. Im größeren Rahmen kann die MIGA damit auch zu einer allgemeinen Verbesserung der politischen und ökonomischen Beziehungen zwischen den betreffenden Staaten beitragen.

---

20 Vgl. hierzu oben Art. 11 a (ii), RdNr. 115 ff.
21 Siehe hierzu auch Art. 23 b (ii).
22 Vgl. oben Art. 11 a (ii), RdNr. 115.

Gemäß Art. 23 a (iii) hat die MIGA ihre Tätigkeit mit anderen Institutionen zur **504** Investitionsförderung, vor allem der International Finance Corporation, abzustimmen[23]. Insbesondere kann die MIGA mit der International Finance Corporation wie auch mit der Weltbank Verwaltungsvereinbarungen abschließen[24]. Die Kooperation soll darauf gerichtet sein, die Programme der anderen Institutionen im Hinblick auf eine Verbesserung der Investitionsbedingungen in den Entwicklungsländern zu ergänzen[25]. Auch gilt es, Kompetenzüberschneidungen auszuschließen und nach Möglichkeit Synergieeffekte zu erzielen. Zu diesem Zweck ist vorgesehen, daß die MIGA ihre Beratungs- und technischen Hilfsdienste zunächst auf Bereiche konzentriert, die unmittelbar mit Garantievergaben in Zusammenhang stehen. Außerdem soll der zuständige MIGA-Abteilungsleiter bereits besondere berufliche Erfahrungen auf dem Gebiet der Investitionsförderung in den Entwicklungsländern vorweisen können. Schließlich sollen das MIGA- und IFC-Management bei der Bereitstellung von Beratungsdiensten für die Mitgliedstaaten zusammenarbeiten wie auch die Weltbank bei ihren Programmen, soweit sie Direktinvestitionen betreffen, unterstützen.

Die Zusammenarbeit kann den Austausch von Informationen über die Erfordernisse und Wünsche von Mitgliedern bezüglich technischer Beratung, Zusammenkünfte von Spezialisten sowie die gemeinsame Entsendung von Personal für Beratungsmissionen umfassen. Die MIGA soll regelmäßig die Weltbank und die International Finance Corporation konsultieren, um sicherzustellen, daß ihre einem Mitglied gegebenen Ratschläge mit denen dieser Institutionen übereinstimmen und um die sonstigen Aspekte der technischen Dienstleistungen zu koordinieren. Soweit angemessen soll sich die MIGA auch mit den übrigen einschlägigen Abteilungen der Vereinten Nationen sowie den zuständigen nationalen Behörden beraten, um die Spezialgebiete der MIGA im Bereich der technischen Hilfeleistung bei der institutionellen Förderung festzulegen[26]. **505**

In der Bundesrepublik Deutschland kommt vor allem eine Zusammenarbeit mit **506** der DEG[27] und der GTZ[28] in Betracht. Beide Gesellschaften sind für die Durchführung des Programms zur Förderung der betrieblichen Kooperation zwischen deutschen Unternehmen in Entwicklungsländern zuständig[29]. Das Angebot umfaßt die Standortberatung, die Abschätzung der Wirtschaftlichkeit des Kooperationsprojekts, die Partnersuche und -zusammenführung, die Feststellung der Wirtschaftlichkeit des Kooperationsprojekts, die Beratung beim Vertragsabschluß zwischen den Kooperationspartnern sowie die Betreuung bei der Implementierung des Projekts. Das Vorhaben muß längerfristig angelegt

---

23 Siehe hierzu nachfolgend Art. 35, RdNr. 685 ff.
24 Vgl. *Voss,* Die Multilaterale Investitionsgarantie-Agentur, RIW 1987, 89 ff. (92).
25 Vgl. § 7.01 der „Operational Regulations", nachfolgend S. 411.
26 Vgl. § 7.08 der „Operational Regulations", nachfolgend S. 413.
27 Deutsche Finanzierungsgesellschaft für Beteiligungen in Entwicklungsländern GmbH. Alleiniger Gesellschafter ist die Bundesrepublik Deutschland.
28 Deutsche Gesellschaft für Technische Zusammenarbeit GmbH.
29 Das Programm wurde vom Bundesministerium für wirtschaftliche Zusammenarbeit in enger Abstimmung mit den Spitzenverbänden der deutschen Wirtschaft entwickelt. Vgl. *Bundesministerium für wirtschaftliche Zusammenarbeit,* Deutsche Unternehmen und Entwicklungsländer, 3. Aufl. 1987, S. 101 ff.; siehe auch S. 65 f., 112 ff.

Geschäftstätigkeit

sein. Erfaßt werden z. B. die Gründung von Joint Ventures in Entwicklungsländern unter deutscher Kapitalbeteiligung, die Zusammenarbeit auf technologischem Gebiet einschließlich der Bereitstellung von Lizenzen und Management-Know-how sowie langfristige Exportbeziehungen. Die MIGA kann einzelne Teilaspekte der vorstehend genannten Beratungsdienste übernehmen. Sie kann aber auch allgemein als Consulting-Unternehmen mit der Betreuung des gesamten Projekts beauftragt werden. Daneben kann auch ein Informations- und Erfahrungsaustausch mit der Bundesstelle für Außenhandelsinformation stattfinden.

2. Die Aufgaben gemäß Art. 23 b

a) Die Streitschlichtungskompetenz (Art. 23 b [i])

507   Art. 23 b (ii), (iii) sind darauf gerichtet, Investitionsstreitigkeiten erst überhaupt nicht entstehen zu lassen. Kommt es hierzu dennoch, soll die MIGA gemäß Art. 23 b (i) als Streitschlichter tätig werden. Hierbei kommt ihr ihre Neutralität als multilaterale Organisation zustatten. Die MIGA kann durch ihren Status nicht zuletzt dazu beitragen, Investitionsstreitigkeiten zu entpolitisieren[30]. Ihre Objektivität und Erfahrung wie auch das Interesse der Streitparteien, zu ihr ein gutes Verhältnis aufrechtzuerhalten, werden der MIGA ihre Rolle als Streitschlichter erleichtern[31]. Sie kann in dieser Funktion auch dann tätig werden, wenn die betreffende Investition nicht versichert ist[32]. An konkreten Maßnahmen kommt insbesondere in Betracht, daß die MIGA sich dazu bereiterklärt, die finanziellen Belastungen des Gaststaates im Zusammenhang mit der Streitigkeit durch ihre Einbindung in die Verständigungslösung abzumildern[33].

508   Soweit sich die Streitigkeit auf Fragen zur Anwendung und Auslegung der Konvention bezieht, sieht Art. 56 hierfür ein besonderes Verfahren vor. Im übrigen ist es der MIGA freigestellt, wie sie ihre Rolle als Streitschlichter wahrnehmen will. Die Durchführung eines Schiedsverfahrens gemäß Anlage II der Konvention kommt für derartige Konflikte allerdings nicht in Betracht.

b) Der Abschluß eigener investitionsschützender Vereinbarungen (Art. 23 b [ii])

509   Gemäß Art. 23 b (ii) soll die MIGA zum Zwecke der Investitionsförderung eigene investitionsschützende Abkommen schließen[34]. Die Konvention erwähnt lediglich Vereinbarungen mit Entwicklungs-Mitgliedstaaten. Dies bedeutet allerdings nicht, daß die MIGA zu Verträgen mit sonstigen Staaten nicht befugt wäre, sondern unterstreicht lediglich das Erfordernis, sich gerade um eine

---

30 Vgl. *Shihata*, The Role of ICSID and the Projected Multilateral Investment Guarantee Agency (MIGA), Außenwirtschaft 41 (1986), 105 ff. (120 f.).
31 Vgl. *Shihata*, MIGA and Foreign Investment, 1988, S. 283 f.
32 Vgl. *Shihata*, MIGA and Foreign Investment, 1988, S. 283.
33 Vgl. oben Art. 18, RdNr. 379 f.
34 Siehe auch oben RdNr. 499 ff.

Verbesserung der Investitionsbedingungen in den Entwicklungs-Mitgliedstaaten besonders zu bemühen.

Durch den Abschluß eigener Vereinbarungen mit den Gaststaaten kann die MIGA die Voraussetzung dafür schaffen, daß sie selbst Versicherungsschutz gemäß Art. 12 d gewährt. Die investitionsschützende Abrede kann Hindernisse beseitigen, die sich bisher aus einem unzureichenden Rechtsschutz auf nationaler, bi- oder multilateraler Ebene für den Abschluß eines Versicherungsvertrages ergaben[35]. 510

Die Vereinbarung kann sowohl prozessuale als auch materielle Aspekte des Investitionsschutzes betreffen. Sie soll insbesondere auf die Einräumung einer Meistbegünstigungsklausel gerichtet sein. Die Abrede kann sich auch hierauf beschränken[36]. Vergleichsmaßstab sind Vereinbarungen der Gaststaaten sowohl mit anderen Versicherungsagenturen als auch mit anderen Staaten. Dabei ist die korrespondierende Abmachung in ihrer Gesamtheit zu bewerten[37]. Hierdurch soll sichergestellt werden, daß die von der MIGA getroffenen Abreden die anderweitig vereinbarten Schutzstandards nicht unterlaufen, indem sie ein niedrigeres Schutzniveau als internationalen Vergleichsmaßstab etablieren. Umgekehrt profitiert aber auch die MIGA von der Meistbegünstigungsklausel, weil sie selbst das höchste bislang oder künftig vereinbarte Schutzniveau für sich beanspruchen kann. Die Vereinbarung ist nur dann wirksam, wenn sie vom Direktorium mit Zweidrittelmehrheit (Art. 3 d) genehmigt wird. 511

Die MIGA kann über Art. 23 b (ii) lebensfähige Projekte in hochverschuldeten Anlageländern, vor allem exportorientierte Unternehmen, versichern. In einem solchen Fall kann z. B. mit der Gastregierung vereinbart werden, daß zumindest ein Teil der Exporterlöse auf Konten außerhalb des Gastlandes eingezahlt wird mit der Folge, daß sich das Transferrisiko praktisch auf das Risiko der Vertragstreue des Gastlandes reduziert[38]. Auf diese Weise kann die MIGA eine positive Rolle bei der allmählichen Entwicklung allgemein akzeptierter Standards zur Behandlung ausländischer Investitionen und zur Fortentwicklung des Völkerrechts spielen[39]. 512

c) *Die Förderung des Abschlusses von Investitionsschutzverträgen (Art. 23 b [iii])*

Gemäß Art. 23 b (iii) hat die MIGA die Aufgabe, das Zustandekommen von Investitionsschutzverträgen zwischen ihren Mitgliedern zu fördern und zu 513

---

35 Vgl. hierzu oben Art. 12 d (iv), RdNr. 253 ff.
36 Vgl. *Shihata,* MIGA and Foreign Investment, 1988, S. 227.
37 Vgl. *Shihata,* MIGA and Foreign Investment, 1988, S. 227.
38 Vgl. *Voss,* Die Multilaterale Investitionsgarantie-Agentur, RIW 1987, 89 ff. (93).
39 Vgl. *Shihata,* Factors Influencing the Flow of Foreign Investment and the Relevance of a Multilateral Investment Guarantee Scheme, Int. Lawyer 21 (1987), 671 ff. (692 f.); *Petersmann,* Die Multilaterale Investitions-Garantie-Agentur (MIGA), Ein neues Instrument zur Fortbildung des internationalen Wirtschaftsrechts, ZaöRV 46 (1986), 758 ff.

Geschäftstätigkeit

erleichtern[40]. Sie kann zunächst zwischen den unterschiedlichen Interessen der jeweiligen Vertragspartner vermitteln. Die MIGA kann darüber hinaus aber auch materiellrechtliche Vorgaben für die Ausgestaltung des Investitionsschutzvertrages leisten. Die Reichweite des von der MIGA gewährten Versicherungsschutzes kann zum Orientierungsmaßstab für eine korrespondierende Absicherung in einem Investitionsschutzvertrag werden. Die von der MIGA initiierten Multilateralisierungstendenzen im Hinblick auf den Eigentumsbegriff und den Eigentumsschutz[41] können von den Partnern des Investitionsschutzvertrages adaptiert, für ihre bilateralen Rechtsbeziehungen als verbindlich anerkannt und gegebenenfalls weiter konkretisiert werden. Der MIGA kann auf diese Weise eine Vorreiterrolle im Hinblick auf eine Ausdehnung des Eigentumsbegriffes und des Rechtsschutzes in den Investitionsschutzverträgen zukommen.

d) Die Wechselwirkung zwischen Garantieoperationen und sonstigen Tätigkeiten zur Investitionsförderung

514 Die Garantieoperationen und sonstigen Tätigkeiten zur Investitionsförderung sollen sich gegenseitig ergänzen. So ist die MIGA durch ihre Versicherungsoperationen über die Interessen, Probleme und Entscheidungsprozesse bei den Beteiligten informiert. Die MIGA kann auf diese Weise günstige Investitionsgelegenheiten in Erfahrung bringen und einen fruchtbaren Dialog über alle Fragen der Investitionspolitik zwischen den Gast- und Heimatstaaten auslösen. Sie kann das Verfahren in den Mitgliedstaaten zur Zulassung und Kontrolle von Investitionen sowie die tägliche Kommunikation zwischen ausländischen Investoren und lokalen Behörden verbessern und die Effektivität von Investitionsförderungsmaßnahmen erhöhen[42]. Sie kann andererseits auch Problembereiche des Investitionsschutzes herauskristallisieren und Investoren und Gaststaaten hierauf hinweisen mit dem Ziel, gemeinsam eine Lösung zu finden.

515 Umgekehrt kann die MIGA durch die Identifizierung und Vermarktung von Investitionsmöglichkeiten die Nachfrage nach Versicherungen erhöhen. Ihre Forschungsaktivitäten werden sie in die Lage versetzen, sinnvolle Versicherungsentscheidungen zu treffen. Durch den von ihr ausgelösten politischen Dialog kann die MIGA dazu beitragen, daß die Investitionsbedingungen stabilisiert werden und sich die Wahrscheinlichkeit des Eintritts eines Versicherungsfalls reduziert[43].

---

40 Bis heute wurden weltweit ca. 200 Investitionsschutzverträge abgeschlossen. Die Bundesrepublik Deutschland hat bis Ende 1987 63 derartige Vereinbarungen unterzeichnet. Sieben Verträge waren bis dahin allerdings noch nicht in Kraft. Siehe hierzu oben Art. 11a (ii), RdNr. 115 ff.
41 Siehe hierzu oben die Kommentierung zu Art. 12 d (iv), RdNr. 279 f.
42 Vgl. *Voss,* The Multilateral Investment Guarantee Agency: Status, Mandate, Concept, Features, Implications, J.W.T.L. 21 (1987), 5 ff. (14).
43 Vgl. *Voss,* The Multilateral Investment Guarantee Agency: Status, Mandate, Concept, Features, Implications, J.W.T.L. 21 (1987), 5 ff. (14).

Investitionsförderung

Soweit angemessen wird die MIGA die Schlußfolgerungen aus ihren Forschungs- und Beratungsaktivitäten veröffentlichen. Beide Aktionsbereiche sollen die gemeinsamen Probleme in den Programmen der Mitglieder zur Investitionsförderung und -regulierung untersuchen und hierdurch dazu beitragen, daß sich die zwischenstaatlichen Beratungsdienste der MIGA an praktischen Möglichkeiten zur Investitionsförderung ausrichten[44]. **516**

III. Der organisatorische und finanzielle Rahmen

Die oben genannten Programme sollen unter der allgemeinen Kontrolle des Direktoriums durchgeführt und so schnell und zügig in Übereinstimmung mit den vorstehend genannten Leitlinien veranlaßt werden, wie dies im Hinblick auf die anfänglichen finanziellen und administrativen Grenzen der MIGA möglich ist[45]. **517**

Der Erfolg der Investitionsförderungsmaßnahmen gemäß Art. 23 hängt wesentlich davon ab, welcher Anteil an den Einnahmen hierfür bereitgestellt wird und inwieweit andere Finanzierungsquellen zur Verfügung stehen. Die MIGA kann zu diesem Zweck ein spezielles Konto eröffnen. Hierauf kann sie einen Teil ihrer Prämieneinnahmen wie auch Schenkungen oder sonstige Beiträge von privaten Geldgebern, Staaten oder anderen nationalen Organisationen ansammeln[46]. Sie hat hierbei vernünftige Finanzpraktiken im Sinne von Art. 25 anzuwenden. **518**

Die Investitionsförderungsmaßnahmen gemäß Art. 23 sind nur insoweit aus dem Vermögen der MIGA zu finanzieren, als es sich um Tätigkeiten handelt, die ihrem allgemeinen Förderzweck gemäß Art. 2 entsprechen oder die für einen Staat mit geringem Einkommen erbracht werden. Um die Subventionierung der MIGA in engen Grenzen zu halten, kommt es darauf an, daß sie nicht nur für ihre Versicherungsleistungen Prämien erhebt, sondern auch ihre übrigen Dienste so weit als möglich nicht zum Nulltarif anbietet[47]. Im übrigen sollen Maßnahmen, die speziell im Interesse eines Einzelnen vorgenommen werden, von dem hierum nachsuchenden Mitglied, dem Investor oder Stifter-Institutionen finanziert werden. Der Präsident soll Pläne und finanzielle Prognosen für beide Programme vorbereiten und in das jährliche Budget einbeziehen, das dem Direktorium zum Zwecke der Zustimmung in Übereinstimmung mit Abschnitt 4 der „Financial Regulations" vorgelegt wird[48], jedoch unter dem Vorbehalt, daß der Präsident die genehmigten Programme insoweit aufstocken kann, als die zusätzlichen **519**

---

44 Vgl. § 7.03 der „Operational Regulations", nachfolgend S. 412.
45 Vgl. § 7.02 der „Operational Regulations", nachfolgend S. 411.
46 Vgl. *Shihata*, MIGA and Foreign Investment, 1988, S. 205.
47 Vgl. *Vaubel*, Die Wissenschaft denkt, die Politik lenkt; Der Fall MIGA, in: *Streit* (Hrsg.), Wirtschaftspolitik zwischen ökonomischer und politischer Rationalität, Festschrift für *Herbert Giersch*, 1988, S. 117.
48 Siehe hierzu nachfolgend Art. 28, RdNr. 607 ff.

Geschäftstätigkeit

Ausgaben das Vermögen der MIGA nicht schmälern[49]. Soweit die betreffende Maßnahme sowohl im Interesse der MIGA als auch einer anderen internationalen Organisation liegt, sollte eine Vereinbarung über eine angemessene Kostenaufteilung getroffen werden[50].

520 MIGA-Personal, das zugunsten des Investors oder des Unternehmensprojekts ein unmittelbares Interesse an der Förderung bestimmter Investitionen hat, soll keine entscheidungserhebliche Verantwortung im Hinblick auf die Vergabe von Garantien für die betreffenden Investitionen tragen[51].

521 Der Präsident soll dem Direktorium in regelmäßigen Abständen und dem Rat jährlich über die laufenden und abgeschlossenen Tätigkeiten berichten, wobei er vor dem Hintergrund der Erfahrungen der MIGA Vorschläge für zukünftige Aktivitäten unterbreiten soll[52].

Artikel 24
Garantien für geförderte Investitionen (Sponsored Investments)

Neben den von der Agentur aufgrund dieses Kapitels durchgeführten Garantiegeschäften kann die Agentur Garantien für Investitionen aufgrund der in Anlage I vorgesehenen Fördervereinbarungen (sponsorship arrangements) übernehmen.

Gliederung

I. Einleitung. 522
II. Die Fördervoraussetzungen. . . . 525
   1. Die Förderer und der Fördergegenstand. 525
   2. Die Förderhöhe 527
   3. Die versicherbaren Investitionen. 528
III. Die Befriedigung von Forderungen 530
   1. Die Befriedigung aus dem Fördertreuhandfonds 530
   2. Anderweitige Befriedigung . . 531
     a) Der Grundsatz der anteilsmäßigen Befriedigung . . . 531

     b) Die Grenzen der Nachschußpflicht 533
     c) Der Übergang der Haftung auf die Mit-Sponsoren . . . 536
   3. Die Zahlungsart 538
   4. Der Regreßanspruch 539
   5. Die Bewertungs- und Rückzahlungsproblematik 540
IV. Die Rückversicherung 541
   1. Anlage I, Art. 5 a 541
   2. Anlage I, Art. 5 b 543
V. Verfahrensvorschriften 544

---

49 Vgl. § 7.09 der „Operational Regulations", nachfolgend S. 413.
50 Vgl. *Shihata*, MIGA and Foreign Investment, 1988, S. 206.
51 Vgl. § 7.10 der „Operational Regulations", nachfolgend S. 413.
52 Vgl. § 7.11 der „Operational Regulations", nachfolgend S. 414.

I. Einleitung

Art. 24 i. V. m. Anlage I räumt der MIGA die Möglichkeit ein, neben den aus ihrem eigenen Vermögen finanzierten Garantieoperationen auch Versicherungen für Rechnung einzelner Mitglieder abzuschließen. Diese Sponsorship-Funktion ist deshalb besonders interessant, weil sie in wichtigen Bereichen nicht den für die sonstigen Garantieoperationen der MIGA bestehenden Beschränkungen unterliegt[1]. Die Sponsorship-Funktion stellt sich als Treuhandkonstruktion dar. Hiernach empfehlen die Mitglieder einzelne Investitionen für eine Garantie und übernehmen Nachschußpflichten in Höhe der von der MIGA aufgrund ihrer Empfehlung eingegangenen Garantieverbindlichkeiten. Die Teilnahme im Kreis der Sponsoren ist freiwillig[2]. 522

Die Kombination von eigen- und fremdfinanzierter Versicherungstätigkeit unterscheidet die MIGA sowohl von den bestehenden nationalen Versicherungssystemen als auch von früheren Vorschlägen zur Errichtung einer internationalen Investitionsversicherungsagentur. Letztere legten der Versicherungstätigkeit ausschließlich das Sponsorship-Modell zugrunde. Hierdurch wäre die MIGA aber in starkem Maße von den Partikularinteressen einzelner Staaten abhängig geworden. Demgegenüber bietet die Ausstattung der MIGA mit eigenem Kapital hinreichend Gewähr dafür, daß sie die erforderliche Unabhängigkeit besitzt, um ihr Entwicklungsmandat im Interesse aller Beteiligten auszuüben[3]. 523

Die Sponsorship-Versicherung kann vor allem durch Mitglieder finanziert werden, die über kein eigenes System für Kapitalanlagegarantien verfügen. Andere Mitglieder können sie als Mittel zur Risikodiversifikation einsetzen. Ihre Verpflichtung gemäß Anlage I, Art. 1 b ist geringer, als wenn die Investition ausschließlich durch die eigene staatliche Versicherung abgedeckt würde[4]. 524

II. Die Fördervoraussetzungen

1. Die Förderer und der Fördergegenstand

Gemäß Anlage I, Art. 1 a kommt jedes **Mitglied** als Sponsor in Frage. Dagegen muß weder der Investor die Staatsangehörigkeit eines Mitglieds besitzen noch ist es erforderlich, daß die Investition in einem Mitgliedstaat vorgenommen wird (vgl. Art. 1 a). Die Sponsorship-Garantie kann demnach auch für solche Investitionen gewährt werden, für die eine durch die MIGA finanzierte 525

---

[1] Vgl. nachfolgend RdNr. 525 ff.
[2] Vgl. *Voss*, Die Multilaterale Investitionsgarantie-Agentur, RIW 1987, 89 ff. (92).
[3] Vgl. *Shihata*, The Role of ICSID and the Projected Multilateral Investment Guarantee Agency (MIGA), Außenwirtschaft 41 (1986), 105 ff. (119).
[4] Vgl. Ziffer 47 des MIGA-Kommentars, nachfolgend S. 356.

Geschäftstätigkeit

Garantie wegen Art. 13, 14 nicht zulässig wäre. Damit ist ein global flächendeckender Versicherungsschutz möglich.

526 Die Ausweitung der Garantievergabe auf Investitionen in Nichtmitgliedstaaten bzw. in Mitgliedstaaten, die keine Entwicklungsländer sind, ist dadurch gerechtfertigt, daß die Sponsorship-Versicherung nicht die begrenzten eigenen Versicherungskapazitäten der MIGA zu Lasten der Entwicklungs-Mitgliedstaaten in Anspruch nimmt. Im Gegenteil steigern Sponsorship-Garantien die finanzielle Leistungskraft der MIGA, indem mit jeder neuen Versicherung gleichzeitig ihre Garantiekapazität anwächst[5]. Sie können außerdem Nichtmitglied-Entwicklungsländer dazu ermutigen, der MIGA beizutreten und damit auch in den Genuß der durch die MIGA selbst finanzierten Versicherungsleistungen zu gelangen. Weiterhin können Investitionen, die in einem Industriestaat getätigt und gesponsort werden, zu Joint Ventures zwischen diesem Unternehmen und einheimischen Partnern in Entwicklungsländern führen. Schließlich wird auch das Risikoprofil der MIGA verbessert[6].

2. Die Förderhöhe

527 Die Sponsorship-Versicherung kann grundsätzlich in beliebiger Höhe gewährt werden. Art. 22 findet keine Anwendung, denn das Sponsorship-System trifft Vorsorge dafür, daß eine Versicherung immer nur dann zur Verfügung gestellt wird, wenn eine ausreichende Deckung vorhanden ist[7].

3. Die versicherbaren Investitionen

528 Anlage I, Art. 1 c sieht vor, daß die MIGA Versicherungsschutz in der Regel nur dann gewähren darf, wenn das Mitglied seiner Sponsoren-Verpflichtung voraussichtlich nachkommen kann[8]. Es sollen bevorzugt Investitionen in solchen Gaststaaten gefördert werden, die sich selbst als Sponsoren für die betreffende Investition betätigen. Die finanzielle Einbindung des Gastlandes soll zur Stabilisierung der Investitionsbedingungen beitragen und sicherstellen, daß es erst gar nicht zum Eintritt eines Versicherungsfalles kommt.

529 Gemäß Anlage I, Art. 6 gelten im Hinblick auf die sonstigen Versicherbarkeitskriterien vorbehaltlich der für Sponsorship-Garantien geltenden Sonderregelungen die Vorschriften der MIGA-Konvention sinngemäß. Zwingende Beachtung finden Art. 11 ff. bei Investitionen im Hoheitsgebiet eines Mitglieds (vgl. Anlage I, Art. 6 [i]). Die MIGA hat die Versicherungskriterien der Konvention schon deshalb zu beachten, um ihrem Entwicklungsauftrag auch im Hinblick auf die Sponsorship-Versicherungen gerecht werden zu können und die finanzielle Leistungsfähigkeit ihrer Mitglieder nicht durch unbedachte Versicherungsentschei-

---

[5] Vgl. *Voss*, The Multilateral Investment Guarantee Agency: Status, Mandate, Concept, Features, Implications, J. W. T. L. 21 (1987), 5 ff. (19).
[6] Vgl. Ziffer 49 des MIGA-Kommentars, nachfolgend S. 356 f.
[7] Vgl. nachfolgend RdNr. 528.
[8] Zum Umfang der Verpflichtung vgl. nachfolgend RdNr. 533 ff.

dungen zu gefährden. Die Einhaltung dieser Vorschriften gewinnt außerdem dadurch besondere Bedeutung, daß Sponsorship-Versicherungen vergleichsweise einfach zur Verfügung gestellt werden können und damit in erhöhtem Maße die Gefahr besteht, daß es zu einer Verdrängung der staatlichen und privaten Versicherer kommt[9].

III. Die Befriedigung von Forderungen

1. Die Befriedigung aus dem Fördertreuhandfonds

Bei Eintritt eines Versicherungsfalles ist der Versicherte gemäß Anlage I, Art. 2 b aus dem Fördertreuhandfonds zu entschädigen. Er stellt ein Sonderkonto dar, das von der MIGA für gemeinsame Rechnung der Sponsoren geführt und verwaltet wird und das unabhängig von den Vermögenswerten der MIGA besteht (vgl. Anlage I, Art. 2 a, c). Die Trennung beider Vermögensbereiche kommt auch darin zum Ausdruck, daß sich die Sponsorship-Haftung nicht auf die eigenen Vermögenswerte der MIGA erstreckt (vgl. Anlage I, Art. 6, letzter Halbsatz). Der Fördertreuhandfonds wird aus den Prämien und sonstigen auf Sponsorship-Garantien entfallenden Einkünften, einschließlich der Erträge aus der Investition solcher Prämien und Einkünfte, gespeist (vgl. Anlage I, Art. 2 a). Die gesponsorte Summe wird nicht in den Fördertreuhandfonds eingezahlt. 530

2. Anderweitige Befriedigung

a) Der Grundsatz der anteilsmäßigen Befriedigung

Die Tatsache, daß die gesponsorte Summe nicht in den Fördertreuhandfonds eingezahlt wird, kann zur Folge haben, daß dessen Bestand nicht ausreicht, um die Versicherungssumme bei Eintritt eines Versicherungsfalles auszahlen zu können. In diesem Fall ist die MIGA gemäß Anlage I, Art. 3 a dazu berechtigt, von den Sponsoren die anteilsmäßige Bezahlung des den Bestand des Fonds übersteigenden Betrages zu verlangen. Die Nachschußpflicht des einzelnen Sponsors umfaßt grundsätzlich denjenigen Anteil, der dem Verhältnis des Gesamtumfangs der von diesem Sponsor übernommenen Verpflichtungen zum Gesamtumfang aller Sponsorship-Verpflichtungen entspricht (vgl. Anlage I, Art. 1 b). 531

Beispiel: Auf die Versicherungssumme stehen noch 400 000 US-Dollar aus. Es sind drei Sponsoren beteiligt. Sponsor A hat an den gesamten Sponsorship-Versicherungen einen Anteil von 20 %, Sponsor B von 15 % und Sponsor C von 5 %. A, B und C haben somit den ausstehenden Betrag im Verhältnis 4:3:1 in den Fonds einzuzahlen. Demnach hat A von den noch ausstehenden 400 000 US-Dollar 200 000 US-Dollar, B 150 000 US-Dollar und C 50 000 US-Dollar zu übernehmen. 532

---
9 Siehe hierzu auch Art. 21, RdNr. 459 ff.

Geschäftstätigkeit

b) Die Grenzen der Nachschußpflicht

533　Gemäß Anlage I, Art. 3 b ist die Nachschußpflicht des einzelnen Sponsors auf den Gesamtbetrag der von ihm zur Verfügung gestellten Garantien beschränkt.

534　**Beispiel:** A hat insgesamt Garantien in Höhe von 1 Mio. US-Dollar gesponsort. Durch die Nachschußverpflichtung würde diese Summe um 100 000 US-Dollar überschritten. Demnach hat A im obigen Beispiel lediglich 100 000 US-Dollar einzuzahlen.

535　Gemäß Anlage I, Art. 3 c verringert sich die Haftung des einzelnen Sponsors bei Erlöschen einer Garantie oder Bezahlung einer Forderung in Höhe seines Anteils[10]. Dies ergibt sich bereits aus Anlage I, Art. 1 b. Sie bleibt im übrigen bis zum Erlöschen aller Garantien, die der betreffende Sponsor im Zeitpunkt der Zahlung sonst noch abgegeben hat, bestehen.

c) Der Übergang der Haftung auf die Mit-Sponsoren

536　Anlage I, Art. 3 d befaßt sich mit der Problematik, daß ein Mit-Sponsor bei der Nachschußpflicht ausfällt, sei es, weil er gemäß Anlage I, Art. 3 b, c nicht haftet, sei es, weil er seiner Verpflichtung nicht oder nicht rechtzeitig nachkommt. Anlage I, Art. 3 d sieht für beide Fallalternativen vor, daß der von dem betreffenden Sponsor zu tragende Anteil von den übrigen Mit-Sponsoren übernommen wird. Deren Haftung unterliegt wiederum den Grenzen der Anlage I, Art. 3 b, c.

537　Für den Fall, daß der Sponsor mit seiner Zahlung lediglich in Verzug ist bzw. sich weigert, seiner Leistungsverpflichtung nachzukommen, stellt sich die Frage, ob die übrigen Mit-Sponsoren bei ihm Regreß nehmen können, wenn sie aus der auf sie übergegangenen Haftung in Anspruch genommen werden. Die MIGA-Konvention sieht eine derartige Rechtsfolge nicht vor. Wird der ausstehende Betrag vereinnahmt, hat ihn die MIGA aber an die in Vorlage getretenen Mit-Sponsoren anteilsmäßig gemäß Anlage I, Art. 6 in Verbindung mit Art. 10 a (ii) der MIGA-Konvention zurückzuzahlen. Kann die Forderung nicht eingezogen werden, erhält die Haftungsübernahme durch die Mit-Sponsoren endgültigen Charakter.

3. Die Zahlungsart

538　Anlage I, Art. 3 c statuiert den Grundsatz der sofortigen und effektiven Zahlung. Zu diesem Zweck hat der Sponsor seine Zahlung in frei verwendbarer Währung zu leisten. Dies gilt auch, soweit es sich bei dem Sponsor um ein Entwicklungsland handelt und es sich ansonsten auf Art. 8 a berufen könnte.

---

10 Das Prinzip der anteilsmäßigen Haftungsverringerung ist in Anlage I, Art. 3 c, 1. Halbsatz, zwar nicht ausdrücklich erwähnt. Daß es dennoch zu berücksichtigen ist, ergibt sich aus der Verwendung des Wortes „auch" im Zusammenhang mit der Haftungsverringerung bei Bezahlung einer Forderung gemäß Anlage I, Art. 3 c, 2. Halbsatz.

4. Der Regreßanspruch

Wird aufgrund einer Sponsorship-Garantie eine Forderung befriedigt, steht ein eventueller Regreßanspruch gegen den Gaststaat nicht den Sponsoren, sondern der MIGA zu. Dies ergibt sich daraus, daß nicht die einzelnen Sponsoren, sondern die MIGA der Vertragspartner des Versicherungsnehmers ist. Vermag die MIGA den Regreßanspruch gegenüber dem Gaststaat zu befriedigen, hat sie allerdings gemäß Anlage I, Art. 6 in Verbindung mit Art. 10 a (i) der MIGA-Konvention den Sponsor-Mitgliedern anteilsmäßig die von ihnen bereitgestellte Versicherungssumme in Höhe des realisierten Ersatzanspruches zurückzuzahlen.

539

5. Die Bewertungs- und Rückzahlungsproblematik

Die Bewertungsproblematik wird insbesondere im Hinblick auf die Feststellung der Leistungsverpflichtung der Sponsoren gemäß Anlage I, Art. 1 b relevant. Die Sponsoren sind zwar zur Zahlung in frei verwendbarer Währung verpflichtet, jedoch schreibt die MIGA-Konvention keine bestimmte Währung vor. Das gleiche gilt im Hinblick auf eventuelle Rückzahlungen. Zur Feststellung des jeweiligen Leistungsumfangs bedarf es deshalb einer Bewertung anhand von einheitlichen Kriterien. Gemäß Anlage I, Art. 4 gelten hierfür die Art. 9, 10 der MIGA-Konvention sinngemäß.

540

IV. Die Rückversicherung

1. Anlage I, Art. 5 a

Gemäß Anlage I, Art. 5 a kann die MIGA auf Sponsorship-Basis Rückversicherungen zur Verfügung stellen. Im Gegensatz zu den sonstigen Sponsorship-Versicherungen kommt eine Rückversicherung allerdings nur dann in Betracht, wenn sie einem Mitglied, einer staatlichen oder privaten Versicherungsagentur aus einem Mitgliedstaat oder einer regionalen Versicherungsagentur im Sinne von Art. 20 a gewährt wird.

541

Anlage I, Art. 5 a ordnet an, daß für Rückversicherungsgeschäfte unter anderem die Art. 20, 21 sinngemäß zur Anwendung kommen. Diese Bestimmungen sehen insbesondere vor, daß für Rückversicherungen gewisse Höchstgrenzen gelten und sie außerdem nur dann gewährt werden dürfen, wenn die betreffende Investition gemäß Art. 11–14 berücksichtigungsfähig ist. Im Gegensatz hierzu können Sponsorship-Erstversicherungen in unbegrenzter Höhe gewährt werden, und die Art. 11–14 sind nur dann zu beachten, wenn die Investition im Hoheitsgebiet eines Mitglieds vorgenommen wird und der Investor gemäß Anlage I, Art. 1 a berücksichtigungsfähig ist. Anlage I, Art. 5 a bringt demnach eine Einschränkung der Versicherungsmöglichkeiten gegenüber den sonstigen Sponsorship-Versicherungen mit sich. Die Vorschrift entspricht im

542

Geschäftstätigkeit

Grundsatz der Regelung, die Art. 20 für das Verhältnis zwischen Erst- und Rückversicherungen aus dem eigenen Vermögen der MIGA vorsieht[11].

2. Anlage I, Art. 5 b

543 Gemäß Anlage I, Art. 5 b kann die MIGA für die Sponsorship-Versicherungen ihrerseits Rückversicherungen in Anspruch nehmen. Die Kosten werden aus dem Fördertreuhandfonds gemäß Anlage I, Art. 2 b gedeckt. Je nach Umfang der erhaltenen Rückversicherung kann die MIGA die Nachschußverpflichtungen der einzelnen Sponsoren gemäß Anlage I, Art. 1 b herabsetzen.

V. Verfahrensvorschriften

544 Gemäß Anlage I, Art. 1 d führt die MIGA mit den Sponsoren regelmäßige Konsultationen über ihre Sponsorship-Geschäftstätigkeit. Bei Beschlüssen im Zusammenhang mit gesponsorten Investitionen (insbesondere Abschluß des Versicherungsvertrages, Rückversicherungen, Abruf von Nachschußpflichten, Bewertung von Zahlungen, etc.) ist Anlage I, Art. 7 zu beachten. Die hierin vorgesehene Zuteilung weiterer Stimmrechte kann es mit sich bringen, daß die vom Direktorium für Sponsorship-Versicherungen verabschiedeten Ausführungsbestimmungen nicht mit denen für Versicherungen aus dem eigenen Vermögen der MIGA übereinstimmen[12]. Der Sponsorship-Versicherungsvertrag muß im übrigen ausdrücklich vorsehen, daß die MIGA bei Sponsorship-Versicherungen und -Rückversicherungen nicht mit ihrem eigenen Vermögen haftet (vgl. Anlage I, Art. 6, letzter Halbsatz).

545 Die für die eigenfinanzierte Versicherungstätigkeit der MIGA geltenden Ausführungsbestimmungen sollen auch für die Sponsorship-Funktion Anwendung finden, soweit sich aus Art. 24 bzw. Anlage I nichts anderes ergibt[13]. Innerhalb eines Jahres nach Gründung der MIGA soll der Präsident dem Direktorium eigene Ausführungsbestimmungen für die Sponsorship-Tätigkeit zur Genehmigung vorlegen. Hierbei soll die Notwendigkeit zum Schutz der besonderen Interessen der Sponsoren und der Gaststaaten von gesponsorten Investitionen angemessen berücksichtigt werden[14].

---

11 Vgl. oben RdNr. 444.
12 Vgl. Ziffer 52 des MIGA-Kommentars, nachfolgend S. 357.
13 Vgl. § 6.01 der „Operational Regulations", nachfolgend S. 410. Siehe auch die vorherige RdNr. 544.
14 Vgl. § 6.02 der „Operational Regulations", nachfolgend S. 410.

Kapitel IV
Finanzbestimmungen

Artikel 25
Verwaltung der Finanzen

Die Agentur übt ihre Tätigkeit in Übereinstimmung mit den Gepflogenheiten einer vernünftigen Geschäftsführung und einer umsichtigen Verwaltung der Finanzen aus, um unter allen Umständen in der Lage zu bleiben, ihre finanziellen Verpflichtungen zu erfüllen.

Art. 25 enthält Leitlinien für die von der MIGA zu verfolgende Finanzpolitik. 546
Die Vorschrift will den eigenständigen Status und die finanzielle Unabhängigkeit der MIGA sichern. Weiterhin will Art. 25 aber auch die Mitglieder davor bewahren, daß ihre Beiträge unsachgemäß eingesetzt und sie zu vermeidbaren Nachzahlungen gezwungen werden. Art. 25 sieht hierfür als obersten Grundsatz das Kostendeckungsprinzip vor und fordert, daß die MIGA in Übereinstimmung mit den Gepflogenheiten einer vernünftigen Geschäftsführung und einer umsichtigen Verwaltung der Finanzen tätig wird.

Art. 25 hat einen breiten Anwendungsbereich. Die Vorschrift ist zu beachten 547
insbesondere im Zusammenhang mit der Erhöhung des Grundkapitals (Art. 5 c), der Zeichnung zusätzlicher Kapitalanteile (Art. 6), dem Abruf des gezeichneten Kapitals (Art. 7, 8), der Bewertung der Währungen (Art. 9), der Rückzahlung eingezahlter Beträge (Art. 10), der Deckung einzelner Risiken und der Höhe der Garantiesumme (Art. 11 ff.), der Befriedigung von Forderungen (Art. 17), dem Regreß gegenüber dem Gastland (Art. 18), der Kooperation mit staatlichen und privaten Versicherern (Art. 19 ff.), der Übernahme sonstiger Investitionsförderungsmaßnahmen (Art. 23), Garantien für gesponserte Investitionen (Art. 24), der Festlegung von Prämien und Gebühren (Art. 26), der Verwendung der Nettoeinnahmen (Art. 27 b), der Entlohnung des Präsidenten und des Personals (Art. 33), der Beziehung zu anderen internationalen Organisationen (Art. 35), dem Abschluß einer Vereinbarung mit einem suspendierten Mitglied (Art. 53 b), der Einstellung der Geschäftstätigkeit (Art. 54), der Auflösung der Agentur (Art. 55), der Beilegung von Streitigkeiten (Art. 57 f.) sowie Änderungen der Konvention (Art. 59).

Finanzbestimmungen

548 Art. 25 enthält lediglich eine Generalklausel für die Einnahmen- und Ausgaben-Politik der MIGA. Sie wird hinsichtlich der Einnahmen vor allem durch Art. 5 a, b, 7 (i), 8 a, b, 27 a sowie die MIGA-Ausführungsbestimmungen ergänzt. Auf der Ausgabenseite finden sich besondere Vorschriften hauptsächlich in Art. 10, 17, 20 a S. 2 und Art. 22.

549 Art. 25 schließt eine Subventionierung der MIGA durch die Mitgliedstaaten nicht aus. Die Vorschrift fordert lediglich, daß die MIGA in der Lage bleiben muß, ihre finanziellen Verpflichtungen zu erfüllen. Die MIGA ist demnach nicht dazu angehalten, eine marktmäßige Verzinsung ihres Kapitals und der von den Mitgliedern eingegangenen Schuldverschreibungen zu erwirtschaften[1]. Dies kann möglicherweise auch die Eintrittswahrscheinlichkeit eines Versicherungsfalles erhöhen und zu einer Verdrängung der privaten Konkurrenz führen[2].

Artikel 26
Prämien und Gebühren

Die Agentur setzt die für jede Art von Risiko geltenden Sätze für Prämien-, Gebühren- und etwaige sonstige Zahlungen fest und überprüft sie regelmäßig.

Gliederung

I. Allgemeines 550
II. Die Prämien 552
   1. Allgemeine Grundsätze für die Prämienfestsetzung 552
   2. Die Prämienhöhe 557
     a) Allgemeines 557
     b) Prämien für Stand-by-Deckungen 561
     c) Die Anpassung der Prämienraten 562
   3. Die Prämienkalkulation 566
     a) Allgemeine Kalkulationsmaßstäbe 566
     b) Besondere Kalkulationsfaktoren 570

     aa) Das Währungstransferrisiko 570
      aaa) Die Investition . . 570
      bbb) Das Investitionsprojekt 571
      ccc) Der Versicherungsnehmer . . . 572
      ddd) Das Gastland . . . 573
      eee) Die Garantiebestimmungen und -bedingungen . . . 574
      fff) Das Potential zur Schadloshaltung . 575

---

1 Vgl. *Vaubel,* Die Wissenschaft denkt, die Politik lenkt; Der Fall MIGA, in: *Streit* (Hrsg.), Wirtschaftspolitik zwischen ökonomischer und politischer Rationalität, Festschrift für *Herbert Giersch,* 1988, S. 114.

2 Siehe hierzu Art. 18, RdNr. 383 ff. sowie Art. 21, RdNr. 459 ff.

- bb) Das Enteignungsrisiko und ähnliche Maßnahmen 576
  - aaa) Die Investition . . 576
  - bbb) Das Investitionsprojekt 577
  - ccc) Der Versicherungsnehmer . . . 578
  - ddd) Der Gaststaat. . . 579
  - eee) Die Garantiebestimmungen und -bedingungen. . . 580
  - fff) Das Potential zur Schadloshaltung . 581
- cc) Das Vertragsbruchsrisiko 582
  - aaa) Vorbemerkung. . 582
  - bbb) Die Investition . . 583
  - ccc) Das Investitionsprojekt 584
  - ddd) Der Versicherungsnehmer . . . 585
  - eee) Der Gaststaat. . . 586
  - fff) Die Garantiebestimmungen und -bedingungen. . . 587
  - ggg) Das Potential zur Schadloshaltung . 588
- dd) Das Kriegs-/Bürgerkriegsrisiko 589
  - aaa) Die Investition . . 589
  - bbb) Das Investitionsprojekt 590
  - ccc) Der Garantienehmer. 591
  - ddd) Das Gastland . . . 592
  - eee) Die Garantiebestimmungen und -bedingungen. . . 593
  - fff) Das Potential zur Schadloshaltung . 594
- c) Die besondere Bedeutung der Prämienkalkulation . . 595
III. Die Gebühren 598
  1. Die Antragsgebühren 598
  2. Die Gebühren für Spezialdienste. 599
IV. Die Überprüfung von Prämien und Gebühren 600

I. Allgemeines

Gemäß Art. 26 hat die MIGA für ihre Versicherungstätigkeit Prämien und Gebühren zu erheben. Sie kann zusätzliche Gebühren für Spezialdienste geltend machen, die sie im Zusammenhang mit ihren Versicherungsleistungen erbringt. Die MIGA soll grundsätzlich auch für ihre sonstigen Investitionsförderungsmaßnahmen im Sinne von Art. 23 Gebühren fordern[1]. Bei der Festlegung der Prämien und Gebühren ist Art. 25 zu beachten. Die MIGA soll außerdem die Notwendigkeit berücksichtigen, ihre Verwaltungsausgaben zu decken und ausreichende Reserven zu bilden, um die gegen sie erhobenen Forderungen ohne Rückgriff auf den abrufbaren Teil ihres Kapitals begleichen zu können[2]. Jeder Kapitalnachschuß von seiten der Mitglieder würde zu einer Subventionierung der MIGA führen[3]. Auch ist zu bedenken, daß sich die Prämienhöhe auf das Gastland auswirkt, da es die Prämie als Teil der Investitionskosten letztlich zu tragen hat[4].

550

---
1 Siehe aber Art. 23, RdNr. 517 ff.
2 Vgl. § 3.36 der „Operational Regulations", nachfolgend S. 395.
3 Siehe hierzu auch Art. 21, RdNr. 459 ff.
4 Vgl. *Shihata*, MIGA and Foreign Investment, 1988, S. 167.

Finanzbestimmungen

551 Die Prämien dürften zu Beginn der Tätigkeit der MIGA vergleichsweise hoch sein. Ihr Erfolg wird wesentlich davon abhängen, in welcher Zeit es ihr gelingt, ihr Risikoportfolio zu diversifizieren und Reserven anzusammeln, um anschliessend ihre Prämien auf ein angemessenes Niveau senken zu können[5]. Speziell in der Anfangsphase kommt es für die MIGA darauf an, sich nach Möglichkeit um eine Mit- bzw. Rückversicherung zu bemühen. Andere Kostensenkungsmaßnahmen scheiden in diesem Stadium weitgehend aus.

II. Die Prämien

1. Allgemeine Grundsätze für die Prämienfestsetzung

552 Die Prämien für jeden Versicherungsvertrag sollen jährlich als bestimmter Prozentsatz der Versicherungssumme berechnet werden. Die MIGA unterscheidet sich hierdurch von den meisten staatlichen Versicherern, die die Prämienhöhe auf der Basis des Investitionswertes festsetzen[6]. Die Methode der MIGA trägt dem Umstand Rechnung, daß bei der Versicherung gegen nichtkommerzielle Risiken die Wahrscheinlichkeit eines Schadenseintritts in der Regel nicht abgeschätzt werden kann und deshalb als Bemessungsgrundlage für die Prämiengestaltung ausscheidet. Die Bezugsgröße „Garantiesumme" statt „Investitionswert" berücksichtigt die Tatsache, daß jeweils ein unterschiedlich großer Teil der Investition unversichert bleibt[7].

553 Eine Prämienfestsetzung allein nach Länderrisiken hätte die MIGA politisiert[8]. Sie hätte außerdem dazu geführt, daß die MIGA hohe Risiken kaum je übernommen hätte. Damit wären gerade die hochverschuldeten Entwicklungsländer, die die MIGA in besonderem Maße zu unterstützen beabsichtigt, leer ausgegangen.

554 Soweit der Versicherungsvertrag nichts anderes vorsieht, sollen die Prämien in jährlichen Raten zahlbar sein, wobei die erste Rate vor oder bei Abschluß des Garantievertrages fällig wird und alle weiteren Raten jeweils am Jahrestag des Vertragsabschlusses[9].

555 Anders als etwa das deutsche Garantieinstrumentarium kann die MIGA ihre Prämien auf marktwirtschaftlicher Grundlage entsprechend einer Bewertung der übernommenen Risiken staffeln[10]. Hierbei soll die MIGA vorrangig die risikoerheblichen Eigenschaften des Versicherungsobjekts und weniger eine Gesamtbe-

---

5 Siehe hierzu auch nachfolgend RdNr. 595 ff.
6 Vgl. *Shihata*, MIGA and Foreign Investment, 1988, S. 186.
7 Vgl. *Shihata*, MIGA and Foreign Investment, 1988, S. 168.
8 Vgl. *Shihata*, MIGA and Foreign Investment, 1988, S. 170.
9 Vgl. § 3.38 der „Operational Regulations", nachfolgend S. 396.
10 Vgl. *Voss*, Die Multilaterale Investitionsgarantie-Agentur, RIW 1987, 89 ff. (91); *Ebenroth*, Zur Bedeutung der Multilateral Investment Guarantee Agency für den internationalen Ressourcentransfer, JZ 1987, 641 ff. (649).

trachtung des Gastlandes zugrundelegen[11]. Die MIGA folgt damit der Praxis privater politischer Risikoversicherer sowie der OPIC[12]. Tritt ein Gaststaat jedoch gehäuft durch das Auslösen von Versicherungsfällen in Erscheinung, sollte dies unabhängig von den projektspezifischen Eigenschaften der Investition zu einer Erhöhung der Prämie führen[13]. Anders als die staatlichen Versicherer kann die MIGA ihre Prämie auch nachträglich ermäßigen und damit z. B. die Bemühungen des Investors um eine Interessenkoordination mit dem Gaststaat belohnen.

Die besondere Fähigkeit der MIGA zur Differenzierung der Prämiengestaltung beruht zunächst auf ihrem Status als internationale Versicherungsagentur. Als global operierende Institution dürfte die MIGA besser als nationale Systeme in der Lage sein, Risiken zu bündeln und zu diversifizieren sowie Economies of Scale zu verwirklichen, die ein breit gefächertes Versicherungsangebot und verfeinerte Underwriting-Techniken ermöglichen[14]. Außerdem gibt die MIGA dem Investor die Wahl, ob er sich gegen ein spezifisches Risiko versichern lassen oder ein ganzes Versicherungspaket abschließen will[15]. Nationale Versicherer bieten in der Regel lediglich eine Paketlösung an[16]. 556

2. Die Prämienhöhe

a) Allgemeines

Die Prämienhöhe soll sich nach dem Risikotyp gemäß Art. 11 a, der damit im Zusammenhang stehenden Wahrscheinlichkeit des Eintritts eines Versicherungsfalls sowie seinem voraussichtlichen Umfang bemessen. Die MIGA soll hierbei die nachfolgend erläuterten Kalkulationsfaktoren berücksichtigen[17]. Je nach den konkreten Umständen des Einzelfalls soll die Prämie für jedes eigenständige Risiko zwischen 0,3 % und 1,5 % der Garantiesumme betragen. Die Spannbreite der MIGA-Versicherungsprämie ist damit kleiner als diejenige von privaten Versicherern, andererseits größer als diejenige von staatlichen Versicherern[18]. Für Versicherungspakete, die sämtliche oder einen Teil der denkbaren 557

---

11 Vgl. *Shihata,* The Multilateral Investment Guarantee Agency, Int. Lawyer 20 (1986), 485 ff. (494).
12 Vgl. *Voss,* Die Multilaterale Investitionsgarantie-Agentur, RIW 1987, 89 ff. (91).
13 Zu weiteren Sanktionsmöglichkeiten vgl. nachfolgend Art. 52.
14 Vgl. *Voss,* Die Multilaterale Investitionsgarantie-Agentur, RIW 1987, 89 ff. (93).
15 Vgl. nachfolgend RdNr. 557 ff.
16 Vgl. *Voss,* The Multilateral Investment Guarantee Agency: Status, Mandate, Concept, Features, Implications, J.W.T.L. 21 (1987), 5 ff. (18).
17 Vgl. nachfolgend RdNr. 566 ff.
18 Private Versicherer verlangen zwischen 0,001 % und 20 % der Versicherungssumme, staatliche Versicherungsagenturen dagegen zwischen 0,3 % und 0,8 %; vgl. *Radcliffe,* Coverage of Political Risk by the Private Insurance Industry, Außenwirtschaft 41 (1986), 135 ff. (136). Seinen Grund hat dies u. a. darin, daß staatliche im Vergleich zu privaten Versicherern keine Rücklagen bilden und nicht primär daran interessiert sind, eine Marktrendite zu erwirtschaften, vgl. *Sinn,* Der Vorschlag der Weltbank zur Gründung der Multilateralen Investitions-Garantie-Agentur: Analyse und Kritik, Die Weltwirtschaft Heft 2/1987, S. 126 ff. (132).

Finanzbestimmungen

Risiken umfassen, kann die MIGA einen Abschlag gewähren. Er kann bis zu 50 % der Summe der Einzelprämien für die jeweiligen Risiken betragen[19]. Unter außergewöhnlichen Umständen kann der Präsident dem Direktorium empfehlen, es möge Prämienraten außerhalb der vorstehend genannten Grenzen genehmigen[20].

558 Die Prämienhöhe für die Deckung von Risiken gemäß Art. 11 b soll sich innerhalb der Bandbreite bewegen, die das Direktorium im Rahmen seiner Entscheidung zur Ausdehnung der Deckung auf die betreffenden Risikotypen festgelegt hat[21].

559 Der Präsident soll administrative Verfahren ausarbeiten, um

- die Objektivität, Sorgfalt und Schlüssigkeit bei der Prämienfestlegung sicherzustellen;
- die Effizienz des Festlegungsprozesses zu erhöhen;
- die Vertraulichkeit von Informationen, welche die Agentur im Hinblick auf den Abschluß von Versicherungsverträgen und die Prämienfestlegung erhalten hat, zu schützen und
- ausdrückliche Urteile über Gaststaaten zu vermeiden.

560 Derartige Verfahren sollen

- Risikobewertungen und -empfehlungen durch den Versicherungsstab der MIGA,
- in angemessenen Fällen die Beglaubigung der Originalempfehlungen des Versicherungsstabs,
- die Überprüfung der Empfehlungen des Versicherungsstabs und
- eine abschließende Entscheidung durch den Präsidenten bzw. in Fällen umfangreicher Investitionen durch ein besonderes Gremium, das vom Präsidenten ernannt wurde und dem er vorsitzt,

vorsehen[22].

b) Prämien für Stand-by-Deckungen

561 Eine zusätzliche Prämie soll für jede Stand-by-Deckung im Sinne von § 2.12 der Ausführungsbestimmungen festgesetzt werden[23]. Sie soll einen bestimmten Prozentsatz des Umfangs der Stand-by-Deckung betragen. Die Prämie kann sich je nach den Umständen des Einzelfalls zwischen 25 % und 50 % der Prämie bewegen, die von der Agentur für die tatsächliche Deckung des gleichen Risikos

---

19 Vgl. § 3.43 der „Operational Regulations", nachfolgend S. 397.
20 Vgl. § 3.44 der „Operational Regulations", nachfolgend S. 398.
21 Vgl. § 3.45 der „Operational Regulations", nachfolgend S. 398.
22 Vgl. Ziffer 2 der „Guidelines for Determination of Premium Rates", Abschnitt „Procedures", nachfolgend S. 414.
23 Vgl. oben die Kommentierung zu Art. 16, RdNr. 330 ff.

oder Risikopakets im Hinblick auf die versicherte Investition berechnet worden ist[24]. Diese vergleichsweise hohe Prämie soll bewirken, daß bei der MIGA in erster Linie um tatsächlichen Versicherungsschutz nachgesucht wird[25].

c) Die Anpassung der Prämienraten

Der Garantievertrag soll die Prämie und den Zeitplan für ihre Bezahlung festlegen. Die Prämienrate soll während der Laufzeit des Garantievertrages nur in dem Maß aufgestockt werden, wie der Eintritt von Versicherungsfällen oder die Wahrscheinlichkeit von Verlusten solche Erhöhungen erforderlich macht, um die Finanzkraft der MIGA zu erhalten. Zu diesem Zweck kann der Versicherungsvertrag die MIGA dazu ermächtigen, die Prämie erstmals fünf Jahre nach Vertragsabschluß und nachfolgend an jedem Jahrestag im erforderlichen Umfang zu erhöhen. Jedoch soll eine Anhebung 562

– nur im Hinblick auf weit gefaßte Risikotypen, Investitionsformen, wirtschaftliche Sektoren und Gruppen von Gastländern zur Anwendung kommen und
– insgesamt keinesfalls 100 % der ursprünglich vereinbarten Prämienrate überschreiten[26].

Damit soll verhindert werden, daß mittels einer Prämienerhöhung einzelne Risiken, Investitionen oder Gastländer nachträglich vom Versicherungsschutz ausgeschlossen werden[27]. 563

Die Prämien können in Übereinstimmung mit gesunden Geschäftsprinzipien und innerhalb der Grenzen von § 3.43 der Ausführungsbestimmungen ermäßigt werden[28]. Staatliche Versicherer sehen in der Regel lediglich eine Anpassung der Prämienraten nach oben vor[29]. Jedoch darf die MIGA die Prämien nur zum Jahrestag des Vertragsabschlusses ermäßigen, frühestens nach Ablauf von fünf Jahren. Die Ermäßigungen dürfen in ihrer Gesamtheit keinesfalls 50 % der ursprünglich im Garantievertrag vereinbarten Prämienrate überschreiten[30]. 564

Die Wartefrist von fünf Jahren hat zur Folge, daß eine innerhalb dieses Zeitraums durch den Abschluß von Mit- oder Rückversicherungen oder von investitionsschützenden Vereinbarungen gemäß Art. 23 b eingetretene Risikodiversifikation zu keiner Prämienermäßigung für den Investor führt. Die Wartefrist ist gleichwohl gerechtfertigt, da vor ihrem Ablauf das Ausmaß der tatsächlichen Investitionsrisiken in der Regel nicht zuverlässig beurteilt werden kann. Die verbesserte Risikoverteilung kann mit sofortiger Wirkung bei der Vergabe neuer Garantien Berücksichtigung finden. 565

---

24 Vgl. § 3.40 der „Operational Regulations", nachfolgend S. 396.
25 Vgl. *Shihata*, MIGA and Foreign Investment, 1988, S. 169.
26 Vgl. § 3.41 der „Operational Regulations", nachfolgend S. 396 f.
27 Vgl. *Shihata*, MIGA and Foreign Investment, 1988, S. 170.
28 Vgl. oben RdNr. 557.
29 Vgl. *Shihata*, MIGA and Foreign Investment, 1988, S. 187.
30 Vgl. § 3.41 der „Operational Regulations", nachfolgend S. 397.

Finanzbestimmungen

3. Die Prämienkalkulation

a) Allgemeine Kalkulationsmaßstäbe

566 Das Haftungsrisiko der MIGA soll bei jeder zu gewährenden Versicherung zunächst von zumindest einem Bediensteten bewertet und dessen Votum vom zuständigen Abteilungsleiter überprüft werden. Die Bewertung soll folgendes berücksichtigen:

- die Bedeutung von Form, Struktur, Größe und sonstigen Investitionskriterien für das Haftungsrisiko;
- die Gestalt, den Sektor und die Größe des Investitionsprojekts;
- die Erfahrungen, den Ruf und sonstige Charakteristika des Antragstellers;
- die Bedingungen im Gastland, soweit sie für die spezifische Garantie von Bedeutung sind;
- die Garantiebedingungen und -vorschriften sowie
- die Möglichkeiten, den für die MIGA eventuell entstehenden Verlust nachfolgend wieder wettzumachen.

567 Die oben genannten Kriterien sollen auf der Grundlage der nachfolgend aufgeführten Bewertungsfaktoren berücksichtigt werden[31], wobei die Aufzählung keinen abschließenden Charakter hat. Auch kann die Liste der zu berücksichtigenden Faktoren von Zeit zu Zeit durch den Präsidenten geändert werden. Sie soll flexibel gehandhabt werden mit dem Ziel, zu einer vernünftigen Gesamtbewertung der Wahrscheinlichkeit des Eintrittes und des voraussichtlichen Ausmaßes eines Versicherungsfalles zu gelangen. Dabei soll der Ausschaltung bzw. Verstärkung von Wechselwirkungen zwischen den einzelnen Faktoren gebührende Aufmerksamkeit geschenkt werden[32].

568 Folgende Faktoren, die das Haftungsrisiko üblicherweise verringern, sollen berücksichtigt werden:

- Versicherungszeiträume, die hinter der maximalen Laufzeit von 15 Jahren gemäß § 2.04 der Ausführungsbestimmungen[33] zurückbleiben sowie Bestimmungen in Garantieverträgen über periodische Ermäßigungen der Versicherungssumme;
- Bestimmungen in Garantieverträgen, welche die Agentur dazu ermächtigen, bei Vorliegen neuer Tatsachen, die zu einem materiellen Anstieg der Wahrscheinlichkeit des Eintritts eines Versicherungsfalls führen, den Garantievertrag zu kündigen oder neu zu verhandeln bzw. seine Bestimmungen und Bedingungen der veränderten Situation anzupassen;

---

31 Vgl. nachfolgend RdNr. 568 ff.
32 Vgl. Ziffer 3 der „Guidelines for Determination of Premium Rates", Abschnitt „Procedures", nachfolgend S. 414.
33 Vgl. oben Art. 16, RdNr. 315.

Prämien und Gebühren

- Bestimmungen in Garantieverträgen im Hinblick auf zusätzliche oder verlängerte Wartefristen bis zur Befriedigung einer Forderung;
- Bestimmungen in Garantieverträgen, die bestimmte Risiken von der Deckung ausnehmen oder welche die Entschädigung bei Verlusten begrenzen, die über den genannten Minimal- bzw. unter den genannten Maximalbeträgen liegen;
- im Hinblick auf Stand-by-Deckungen: Bestimmungen in Garantieverträgen, welche die Agentur im Fall der Ausübung der Stand-by-Option zur Vergabe von Garantien zu Bedingungen ermächtigen, die sich von denen für die ursprüngliche Investition unterscheiden, oder die der MIGA gestatten, die Stand-by-Option zu widerrufen, falls ein versichertes Ereignis, das zur Ausübung der Option berechtigt, nahe bevorsteht;
- Vereinbarungen zwischen Versicherungsnehmern und Gaststaaten über ein internationales Schiedsverfahren sowie Bestimmungen in Garantieverträgen, die vom Versicherungsnehmer verlangen, daß er gegen den Gaststaat ein Schiedsverfahren in Übereinstimmung mit § 4.10 der Ausführungsbestimmungen anstrengt[34], bevor die MIGA seine Forderung endgültig befriedigt und
- jede Vereinbarung zwischen der Agentur und dem Gaststaat gemäß Art. 23 b (ii) oder Art. 18 c, die auf die zu versichernde Investition anwendbar ist[35].

Vor Ablauf des ersten Geschäftsjahrs der MIGA soll der Präsident die mit dem in den o. g. Bestimmungen geschilderten Prämienfestsetzungssystem gemachten Erfahrungen überprüfen. Er soll dem Direktorium das Ergebnis seiner Untersuchung mitteilen und Verbesserungen empfehlen, die er in Anbetracht der gewonnenen Erkenntnisse für angemessen hält[36]. 569

b) Besondere Kalkulationsfaktoren

aa) Das Währungstransferrisiko

aaa) Die Investition 570

- Art der Forderung im Hinblick auf Einkünfte des Investors aus der Investition, z. B. Dividenden, Gewinnaufteilung, Einkünfte bzw. Produktionsvolumen des Investitionsprojekts, vereinbarte Lizenzgebühren und sonstige Gebühren, Vorauszahlung von Darlehen;
- Umfang des erwarteten Transfers und Zeitplan, z. B. Einkommenserwartungen, Rückzahlungspläne;
- Umfang des erwarteten Transfers in bezug auf die Devisensituation im Gastland.

---

[34] Vgl. oben Art. 17, RdNr. 361.
[35] Vgl. Ziffer 4 der „Guidelines for Determination of Premium Rates", Abschnitt „Procedures", nachfolgend S. 414 f.
[36] Vgl. Ziffer 5 der „Guidelines for Determination of Premium Rates", Abschnitt „Procedures", nachfolgend S. 415.

Finanzbestimmungen

571 bbb) Das Investitionsprojekt

- Potential zur Erlangung von Exporterlösen in frei verwendbarer Währung;
- Anteil dieser Exporterlöse an den erwarteten Einkünften;
- Vereinbarungen mit dem Gaststaat über die Ansammlung von Exporterlösen auf Drittland-Konten;
- Vereinbarungen mit dem Gaststaat über den bevorzugten Zugang zu frei verwendbaren Währungen;
- Beitrag des Projekts zum Ausgleich der Zahlungsbilanz des Gastlandes, insbesondere Importsubstitutionseffekte;
- Bedeutung des Investitionsprojekts für das Gastland, insbesondere bevorzugter Investitionsstatus;
- finanzielle Struktur, insbesondere relativer Umfang der Forderungen von verschiedenen Gläubigern und Anteilseignern auf den Erhalt von frei verwendbaren Währungen;
- Anteilseigner und Langzeit-Gläubiger, insbesondere Beteiligung von einheimischen Partnern, öffentlichen inländischen Institutionen (z. B. Exportkreditagenturen, nationale Investitionsversicherungsagenturen) sowie internationalen Institutionen (z. B. Weltbank, International Finance Corporation);
- voraussichtlicher Umfang der Forderung des Versicherungsnehmers auf den Erhalt von frei verwendbarer Währung im Verhältnis zu den Forderungen von anderen Anteilseignern und/oder Gläubigern des Investitionsprojekts;
- sektorale Prioritäten in der Politik des Gastlandes.

572 ccc) Der Versicherungsnehmer

- Ausmaß der Kontrolle über das Investitionsprojekt, insbesondere Mutter-Tochter-Beziehung;
- langfristige Interessen am Investitionsprojekt, insbesondere Wahrscheinlichkeit von Devisentransfers anstelle von Reinvestitionen; Wahrscheinlichkeit eines Disinvestments;
- Potential zur Verwendung lokaler Währung;
- Gesamtinteressen im Gaststaat, insbesondere exportbezogene Interessen;
- fortlaufender Beitrag des Versicherungsnehmers zum Investitionsprojekt, insbesondere seine Kontrolle über Schlüsseltechnologien oder seine Weisungsbefugnis über Vermarktungskanäle, die für das Investitionsprojekt bedeutsam sind;
- Gesamtinteressen des Gaststaates an einer Zusammenarbeit mit dem Versicherungsnehmer;
- Erfahrung, Ruf und Vergangenheit des Versicherungsnehmers.

ddd) Das Gastland 573
– Grundlegende Devisenkontrollsysteme;
– Erfahrungen mit Transferverzögerungen beim Investitions- und Projekttyp;
– allgemeine Zahlungsaufzeichnungen über Auslandsschulden, insbesondere Umschuldungen;
– Liquiditätsposition und ihre voraussichtliche Entwicklung während des Versicherungszeitraums, insbesondere Zahlungsbilanz, Devisenreserven, Schuldendienstanteil, Anfälligkeit gegenüber Veränderungen bei den Rohstoffpreisen, in Handelsangelegenheiten und weltwirtschaftlichen Entwicklungen, Wirtschaftsmanagement;
– allgemeine Politik gegenüber ausländischen Investitionen sowie deren voraussichtliche Stabilität;
– spezielle Transfergarantien im Hinblick auf die versicherte Investition, insbesondere in einem Investitionsschutzvertrag mit dem Heimatstaat des Garantienehmers oder mit der MIGA gemäß Art. 23 b (ii).

eee) Die Garantiebestimmungen und -bedingungen 574
– Zeitraum zwischen dem Transferantrag des Versicherungsnehmers gegenüber der Devisenbehörde des Gastlandes und der Zahlung durch die Agentur;
– Beschränkung der Entschädigungssumme pro festgesetztem Zeitraum;
– maßgeblicher Wechselkurs;
– Zeitpunkt für die Bestimmung des Wechselkurses;
– Garantiezeitraum;
– Umfang der vom Versicherungsnehmer in Anspruch genommenen Mitversicherung;
– Maßnahmen des Versicherungsnehmers zur Vermeidung und Minimierung von Verlusten.

fff) Das Potential zur Schadloshaltung 575
– Vereinbarungen mit der Agentur über die Verwendung einheimischer Währung gemäß Art. 18 c;
– tatsächliches Potential der Agentur zur Verwendung einheimischer Währung, einschließlich voraussichtlicher Devisenkursverluste;
– Aussichten für eine endgültige Entschädigung durch das Gastland, insbesondere zeitlicher Horizont.

Finanzbestimmungen

bb) Das Enteignungsrisiko und ähnliche Maßnahmen

576 aaa) Die Investition

- Form der Investition, insbesondere Kapitalbeteiligung und sonstige Investitionsformen;
- Investitionsgröße, einschließlich ihrer Größe im Verhältnis zum Investitionsprojekt und dem Bruttosozialprodukt des Gastlandes;
- Investitionsabkommen mit der Gastlandregierung, insbesondere Streitschlichtungsmechanismen (internationale Schiedsgerichtsbarkeit), Fairness gegenüber dem Gastland, Klarheit, Flexibilität (Neuverhandlungsklausel).

577 bbb) Das Investitionsprojekt

- Sektor, insbesondere Kohlenwasserstoffe, Rohstoffe, öffentliche Einrichtungen, natürliche Ressourcen, Produktion, Dienstleistungen;
- Bedeutung des Sektors für die Wirtschaft des Gastlandes;
- Größe, einschließlich Größe im Verhältnis zum Bruttosozialprodukt des Gastlandes und zum betreffenden Sektor in der Wirtschaft des Gastlandes;
- Position in der Wirtschaft des Gastlandes, z. B. Monopolstellung oder Mitglied eines Oligopols;
- Verhältnis zu einheimischen bzw. Staatsunternehmen;
- Beitrag für die Wirtschaft des Gastlandes, insbesondere Erzielung von Exporterlösen, Importsubstitution;
- wirtschaftliche Leistungsfähigkeit;
- Abhängigkeit von Vergünstigungen oder Handelsrestriktionen;
- Abhängigkeit von der Regierung des Gastlandes, z. B. als Monopolkäufer oder -verkäufer;
- Gefährdetheit gegenüber Regulierungen durch das Gastland, z. B. Preiskontrollen, Export- und Importquoten, Tätigkeitsauflagen, Besteuerung, Umweltschutz, Arbeitsgesetze und Kapitalmarktregulierungen;
- Anfälligkeit gegenüber nachteiligen wirtschaftlichen Entwicklungen;
- Bedeutung für den Arbeitsmarkt im Gastland;
- Potential für ein Disinvestment, insbesondere Beweglichkeit des Vermögens;
- Rentabilität einschließlich Anlaufzeiten und Unbeständigkeit von Gewinnen;
- Eigentum und Kontrolle, insbesondere joint ventures, 100 %-ige Tochtergesellschaften oder Alleineigentum des Versicherungsnehmers, Mehrheits-/Minderheitsbeteiligungen, Managementverträge;

— joint venture-Partner, z. B. Gastlandregierung, einheimische Investoren, Investoren unterschiedlicher Nationalität, Institutionen in Drittländern, internationale Institutionen;
— Anbieter von langfristigen Finanzierungen, einschließlich der Dauer ihres Engagements im Verhältnis zum Garantiezeitraum;
— Erkennbarkeit als ausländisches Unternehmen.

ccc) Der Versicherungsnehmer   578
— Fortlaufender Beitrag zum Investitionsprojekt, insbesondere fortwährende Kontrolle über Schlüsseltechnologien, technische Prozesse, die im Investitionsprojekt Anwendung finden, oder Kanäle zur Vermarktung von Waren und Dienstleistungen, die vom Investitionsprojekt produziert oder bereitgestellt werden;
— Interesse am Investitionsprojekt, z. B. Gewinnmaximierung, Exportförderung, Rohstoffbeschaffung;
— Gesamtinteresse im Gastland, insbesondere an sonstigen Investitionen, Exportinteressen;
— Übersee-Erfahrung, Ansehen und Vergangenheit des Versicherungsnehmers;
— Gründe für den Versicherungsantrag.

ddd) Der Gaststaat   579
— Rechtsschutz für die versicherte Investition nach inländischem Recht, insbesondere spezifische rechtliche Zusicherungen, die besondere Schwächen des Investitionsprojekts decken, voraussichtliche Stabilität des Rechtsschutzes (Verfassung, Gesetze, Dekrete, etc.), Durchsetzbarkeit des Rechtsschutzes (juristische und administrative Verfahren);
— Rechtssystem, insbesondere seine Unabhängigkeit, Vorhersehbarkeit und Effizienz;
— Investitionsschutzabkommen mit dem Heimatstaat des Versicherungsnehmers, einschließlich seiner Erstreckung auf die betreffende Investition und die zu deckenden Risiken;
— Vereinbarung mit der Agentur über die Behandlung der versicherten Investitionen gemäß Art. 23 b (ii);
— Berichte über Eingriffe in ausländische Investitionen, einschließlich solcher über die Streitbeilegung;
— anhängige Investitionsstreitigkeiten, insbesondere solche, die die MIGA selbst, staatliche oder regionale Investitionsversicherungsagenturen betreffen;
— allgemeine Haltung des Gastlandes gegenüber ausländischen Investitionen;

Finanzbestimmungen

- Verhältnis zum Heimatstaat des Garantienehmers, einschließlich des Interesses des Gastlandes an einer Zusammenarbeit mit dem Heimatstaat;
- oppositionelle Gruppen, die Enteignungsmaßnahmen zugeneigt sind, einschließlich ihrer gegenwärtigen Stärke während der Laufzeit des Versicherungsvertrages sowie Ausmaß der ablehnenden Einstellung gegenüber ausländischen Investitionen.

580 eee) Die Garantiebestimmungen und -bedingungen

- Entschädigungshöhe, insbesondere Berechnung auf der Basis des Nettobuchwertes oder des gerechten Marktwertes und anwendbare Rechnungslegungsgrundsätze;
- gedeckter Verlust, insbesondere Beschränkung auf Totalverlust oder Ausweitung auf Kosten der Geschäftsunterbrechung;
- Zeitspanne zwischen der ersten Enteignungsmaßnahme und der Befriedigung der Forderung;
- Abgrenzung von indirekten und schleichenden Enteignungen, insbesondere jeglicher Ausschluß von potentiellen Tatbeständen aus der Deckung;
- Zeitpunkt für die Ermittlung des Verlustes im Falle von schleichenden Enteignungen;
- erforderliche Verknüpfung zwischen der Enteignungsmaßnahme und dem Verlust, insbesondere Abgrenzung der Enteignungsmaßnahme von einer blossen Beeinträchtigung des geschäftlichen Umfeldes;
- Maßnahmen des Versicherungsnehmers im Hinblick auf die Vermeidung bzw. Minimierung von Verlusten;
- erforderliche Abhilfemaßnahmen des Versicherungsnehmers, insbesondere Notwendigkeit der Durchführung eines Schiedsverfahrens;
- Verantwortlichkeit für die Dokumentierung von Forderungen und Beweislastregeln;
- Ausmaß der vom Versicherungsnehmer in Anspruch genommenen Mitversicherung;
- Versicherungszeitraum;
- Reduzierung der Versicherungssumme während der Laufzeit des Vertrages;
- Recht der Agentur zur Anhebung der Prämien oder zur Anpassung sonstiger Vertragsbestimmungen im Falle von veränderten Umständen;
- maßgeblicher Devisenkurs für die Entschädigung und Zeitpunkt ihrer Festlegung.

fff) Das Potential zur Schadloshaltung   581
- Vereinbarung zwischen der Agentur und dem Gaststaat gemäß Art. 23 b (ii);
- Konkurrenz zwischen den Rechten der Agentur als Zessionar des Versicherungsnehmers und ihren Verpflichtungen gegenüber dem Versicherungsnehmer aus dem Garantievertrag;
- Liquiditätsposition des Gastlandes und ihre voraussichtliche Entwicklung während des Versicherungszeitraums;
- Fähigkeit des Gastlandes, eine Entschädigung aus den Einkünften des Investitionsprojekts zu leisten;
- bisheriges Verhalten des Gastlandes im Hinblick auf die Anerkennung von Schiedssprüchen;
- Interesse des Gastlandes an Beziehungen mit der Agentur;
- Beteiligung einer Drittstaat-Agentur oder einer internationalen Institution am Investitionsprojekt, insbesondere als Mitversicherer der Agentur;
- Ausmaß der vom Garantienehmer in Anspruch genommenen Mitversicherung und Politik des Heimatstaates im Hinblick auf den Investitionsschutz.

cc) Das Vertragsbruchsrisiko

aaa) Vorbemerkung   582

Die vorstehend[37] im Hinblick auf das Enteignungsrisiko genannten Faktoren haben in der Regel auch für das Vertragsbruchsrisiko Bedeutung, wenn auch bezüglich ihres relativen Gewichts Unterschiede bestehen können. Die folgende Aufzählung beschränkt sich auf solche Faktoren, die häufig für das Vertragsbruchsrisiko von besonderer Bedeutung sind oder die zusätzlich zu den oben genannten Faktoren berücksichtigt werden sollten.

bbb) Die Investition   583

- Versicherter Vertragstyp, einschließlich seines Verhältnisses zu anderen Investitionen (z. B. Konzessionsverträge in Verbindung mit Kapitalbeteiligungen);
- Natur der Verpflichtung des Gastlandes aus dem versicherten Vertrag, z. B. Zahlungen, Unterlassungen, spezifische Maßnahmen privaten oder öffentlichen Charakters;
- Bestimmungen und Bedingungen des versicherten Vertrages, insbesondere Verständlichkeit, Klarheit der gegenseitigen Rechte und Pflichten, Vereinbarkeit der Bedingungen mit der allgemein üblichen Praxis, Fairness, Flexibilität (klar definierte Neuverhandlungs-Klauseln), Vertragsklauseln, die besondere Probleme verursachen können (z. B. Vorschriften über Importrestriktionen, force majeure, Vertragsstrafen);

---

37 Vgl. oben RdNr. 576 ff.

Finanzbestimmungen

- Fairness und Offenheit der Vertragsverhandlungen;
- Durchsetzbarkeit des versicherten Vertrages, insbesondere Streitschlichtungsmechanismen (internationale Schiedsgerichtsbarkeit);
- Komplexität der möglichen Streitpunkte aus dem versicherten Vertrag, einschließlich potentieller Verteidigungsmöglichkeiten der Gastlandregierung als Ergebnis z. B. eines Verzugs des Versicherungsnehmers.

584 ccc) Das Investitionsprojekt

- Status der Vertragspartei, z. B. Staat, Unterabteilungen eines Staates, Staatsunternehmen;
- Kreditwürdigkeit der nicht staatlichen Vertragspartei, d. h., ob sie ihren vertraglichen Verpflichtungen ohne staatliche Unterstützung gerecht werden kann;
- Stabilität der nicht staatlichen Vertragspartei und ihre Unterstützung durch den Staat;
- Drittgarantien (einschließlich staatlicher Garantien) oder sonstige zusätzliche Sicherheitsleistungen zugunsten des Garantienehmers;
- Laufzeit des versicherten Vertrages.

585 ddd) Der Versicherungsnehmer

- Zuverlässigkeit im Hinblick auf die Erfüllung seiner Verpflichtungen aus dem versicherten Vertrag;
- Kredit- und Schlußprüfungsverfahren, Politiken und früheres Verhalten.

586 eee) Der Gaststaat

- Möglichkeiten zur Anrufung eines staatlichen oder privaten Gerichts im Hinblick auf alle denkbaren Streitigkeiten aus dem versicherten Vertrag während der Laufzeit der Versicherung, einschließlich der Möglichkeit des Immunitätseinwandes und von Veränderungen im Rechtssystem;
- Unabhängigkeit eines derartigen Forums;
- bisheriges Verhalten des Gastlandes im Hinblick auf die Erfüllung seiner Verpflichtungen gegenüber ausländischen Vertragspartnern;
- bisherige Entscheidungen des oben genannten Forums, die innerhalb eines im versicherten Vertrag vereinbarten angemessenen Zeitraums getroffen worden sind;
- Vollstreckbarkeit eventueller zugunsten des Versicherungsnehmers ergangener Entscheidungen einschließlich der rechtlichen Zulässigkeit der Vollstreckung potentieller Schiedssprüche (Schuldnerschutz, Immunitätseinwand) sowie tatsächliche Vollstreckungsmöglichkeiten (Liquidität des Gastlandes, Gastlandvermögen in Drittstaaten).

fff) Die Garantiebestimmungen und -bedingungen **587**

- Versicherungsausschlüsse oder -begrenzungen im Hinblick auf spezifische Verpflichtungen der Gastlandregierung aus dem versicherten Vertrag;
- Zeitraum, der für den Erlaß einer gerichtlichen bzw. schiedsgerichtlichen Entscheidung als vernünftig bezeichnet wird;
- Konkrete Maßnahmen, die der Versicherungsnehmer ergreifen muß, um eine gerichtliche/schiedsgerichtliche Entscheidung zu erreichen, zu fördern und zu vollstrecken.

ggg) Das Potential zur Schadloshaltung **588**

Zusätzlich zu den in Abschnitt bb)[38] genannten Faktoren:
Potential zur Schadloshaltung gegenüber einer nicht staatlichen Vertragspartei, Dritten (Versicherern) oder unabhängig von hiermit verbundenen Versicherungsmaßnahmen.

dd) Das Kriegs-/Bürgerkriegsrisiko

aaa) Die Investition **589**

- Investitionstyp, insbesondere Kapital- und sonstige Investitionen;
- Bedeutung von Krieg/Bürgerkrieg für die versicherten Rechte des Versicherungsnehmers im Falle von vertraglichen Investitionen (z. B. force majeure-Klauseln).

bbb) Das Investitionsprojekt **590**

- Geographische Lage (insbesondere Nähe zu potentiellen Gewaltakten);
- Abhängigkeit von angreifbaren Transportverbindungen, Rohstoffen oder Energiequellen;
- strategische Bedeutung sowohl für die Gastlandregierung als auch für ihre potentiellen Gegner (militärische und politische Bedeutung);
- Anfälligkeit für Schäden, insbesondere Feuer- und Explosionsgefahr;
- Sicherheitsmaßnahmen von seiten des Projekt-Managements und der Gastlandregierung;
- Beweglichkeit der Vermögenswerte;
- Vermögensversicherung, insbesondere Feuer- und Unfallversicherung;
- Erkennbarkeit als ausländisches Projekt.

---

38 Vgl. oben RdNr. 576 ff.

Finanzbestimmungen

591 ccc) Der Garantienehmer

- Übersee-Erfahrung;
- Verhältnis zur Gastlandregierung;
- Verhältnis zu inländischen Dissidenten und ausländischen Gegnern der Gastlandregierung;
- Gesamtinteresse am Investitionsprojekt und am Gaststaat.

592 ddd) Das Gastland

- Wahrscheinlichkeit eines bewaffneten Konflikts mit einem anderen Staat;
- derzeitige Aufstände, Revolutionen und sonstige gewalttätige Opposition;
- Ausmaß von Spannungen, die in die oben genannten Gewaltmaßnahmen münden könnten, z. B. terroristische Aktivitäten, Studenten- oder Arbeiterunruhen;
- bestehende oder wahrscheinliche bewaffnete Konflikte außerhalb des Gastlandes, die das Investitionsprojekt berühren können.

593 eee) Die Garantiebestimmungen und -bedingungen

- Ausmaß des gedeckten Risikos, insbesondere Erstreckung auf Tumulte und innere Unruhen sowie Abgrenzung des versicherten Ereignisses gegenüber terroristischen Akten und ähnlichem;
- Ausdehnung der Deckung auf Aktionen außerhalb des Gaststaates;
- Deckungsbeschränkungen im Hinblick auf bestimmte Vertragstypen oder einschränkende Vorschriften zur Schadensberechnung;
- Ausweitung der Deckung auf Kosten der Geschäftsunterbrechung und sonstige Folgeverluste;
- Beschränkungen im Hinblick auf bestimmte Vertragstypen sowie erforderliche Verknüpfung zwischen dem gedeckten Ereignis und dem Verlust, insbesondere Abgrenzung des gedeckten Ereignisses von Beeinträchtigungen des geschäftlichen Umfelds;
- Verantwortlichkeit im Hinblick auf die Dokumentierung von Forderungen und Beweislastregeln, insbesondere Zulässigkeit eines prima facie-Beweises;
- Maßnahmen des Garantienehmers zur Vermeidung oder Minimierung von Verlusten;
- siehe auch die Kalkulationsfaktoren in Abschnitt bb, Buchst. eee), Tiret 8–12[39].

---

39 Oben RdNr. 580.

fff) Das Potential zur Schadloshaltung 594

– Mögliche Forderungen und Rechte, welche die Agentur im Wege der Abtretung gegen das Gastland, gegen Organisationen oder Einzelpersonen, die für Schäden am Investitionsprojekt verantwortlich sind, oder gegen Dritte, z. B. gegen das eindringende Nachbarland, erwerben kann;
– Durchsetzbarkeit derartiger Forderungen und Rechte[40].

c) Die besondere Bedeutung der Prämienkalkulation

Das Prämiensystem gibt der MIGA genügend Flexibilität, um den Besonderheiten des konkreten Falles und ihren künftigen Erfahrungen mit Forderungen, Zahlungen und Regressen angemessen Rechnung tragen zu können[41]. Die Möglichkeit, die Prämien nachträglich zu ermäßigen oder zu erhöhen, bildet für den Investor einen ständigen Anreiz, sich um eine Minimierung der Investitionsrisiken und Harmonisierung seiner Interessen mit denen des Gastlandes zu bemühen. Weiterhin kann die MIGA auf diese Weise dem Investor ihre eigenen Erfolge um eine Verbesserung des Investitionsklimas zugute kommen lassen. Außerdem dient eine flexible Prämiengestaltung auch der Koordination mit nationalen Versicherern, wenn es zum Abschluß von Mit- und Rückversicherungen kommt[42]. Schließlich erleichtert sie die Versicherung schwieriger Investitionsprojekte, wovon gerade die Entwicklungsländer in besonderem Maße profitieren können[43]. 595

Die MIGA dürfte ihren Versicherungsschutz oftmals günstiger als private oder staatliche Versicherer anbieten können. Hierzu trägt vor allem ihre Fähigkeit zu einer verstärkten Risikodiversifikation und zu einer aktiven Mitwirkung bei der Ausgestaltung des Investitionsklimas bei. Eine niedrige Versicherungsprämie kann zu einer Subventionierung der Investoren führen und damit Allokationsverzerrungen auslösen. Aufgrund des günstigen Versicherungsschutzes wird eventuell mehr Kapital in einzelne Regionen transferiert, als dies aufgrund der dortigen Investitionsbedingungen objektiv gerechtfertigt ist. Auch besteht die Gefahr, daß private und staatliche Anbieter von Versicherungen gegen politische Risiken benachteiligt werden[44]. Weiterhin ist es möglich, daß der Investor eigene Schadensverhütungsmaßnahmen unterläßt, weil der Versicherungsschutz im Vergleich hierzu preiswerter ist. Schließlich ist zu befürchten, daß die Steuerzahler in den MIGA-Mitgliedstaaten die Kosten politischer Risiken zu tragen haben, 596

---

40 Vgl. zum gesamten Abschnitt b die „Guidelines for Determination of Premium Rates", Abschnitt „Rating Factors", nachfolgend S. 415 ff.
41 Vgl. *Shihata,* MIGA and Foreign Investment, 1988, S. 169.
42 Vgl. *Shihata,* MIGA and Foreign Investment, 1988, S. 170.
43 Siehe auch Ziffer 1 der „Guidelines for Determination of Premium Rates", Abschnitt „Procedures", nachfolgend S. 414; siehe hierzu auch *Gramlich,* Das Übereinkommen zur Errichtung einer „Multilateral Investment Guarantee Agency". Grenzüberschreitender Investitionsschutz und Entwicklungszusammenarbeit Hand in Hand, Österr. Zs. f. öff. Recht u. Völkerrecht 38 (1987), 1 ff. (22).
44 Vgl. *Vaubel,* Die Wissenschaft denkt, die Politik lenkt; Der Fall MIGA, in: *Streit* (Hrsg.), Wirtschaftspolitik zwischen ökonomischer und politischer Rationalität, Festschrift für *Herbert Giersch,* 1988, S. 114 f.

Finanzbestimmungen

während auf die eigentlichen Verursacher nur ein Bruchteil entfällt. Es käme zu einer weltweiten Umverteilung und Sozialisierung dieser Kosten[45]. Niedrige Versicherungsprämien erscheinen deshalb nur insoweit gerechtfertigt, als die MIGA gegenüber den nationalen Versicherern über potentielle Kostenvorteile bei der Bereitstellung von Versicherungen verfügt[46].

597   Die MIGA dürfte hinsichtlich der Schadensprognose und der -prävention Vorteile gegenüber den nationalen Versicherern bieten. Sie entstammen in erster Linie ihren institutionellen Konsultationsmechanismen. Die MIGA ist mit dem betreffenden Gaststaat mitgliedschaftlich verbunden und kann darüber hinaus mit ihm gemäß Art. 23 spezielle Beratungs-, Service- und Investitionsschutzabkommen abschließen. Die MIGA hat deshalb in stärkerem Maße als nationale Versicherer die Möglichkeit, sich über eventuell drohende Versicherungsfälle zu informieren und Schutzvorkehrungen gegen ihren Eintritt zu treffen. Auch wenn der Gaststaat hierauf nicht direkt zu sprechen kommt, kann die MIGA doch aus den mit ihm geführten allgemeinen Beratungen Schlüsse auf spezielle Investitionsrisiken ziehen. Weiterhin steht der MIGA im Gegensatz zu den nationalen Versicherern ein eigenes Streitschlichtungssystem zur Verfügung. Demnach kann insbesondere ein eventueller Immunitätseinwand des Gaststaates ausgeschlossen werden. Im übrigen muß das Gastland damit rechnen, daß es den Versicherungsfall über seinen Kapitalanteil mitzufinanzieren hat[47].

III. Die Gebühren

1. Die Antragsgebühren

598   Zusätzlich zu den Prämien soll für jeden endgültigen Versicherungsantrag, der in Übereinstimmung mit § 3.20 der Ausführungsbestimmungen[48] bei der MIGA eingeht, eine Gebühr erhoben werden. Sie soll 0,05 % der beantragten Garantiesumme betragen, einschließlich einer eventuellen Stand-by-Deckung. Jedoch soll die Antragsgebühr in keinem Fall geringer als 250 US-Dollar und höher als 10 000 US-Dollar sein. Die Antragsgebühr soll ganz oder teilweise zurückerstattet werden, wenn die Agentur den Abschluß eines Versicherungsvertrages wegen der Garantiegrenzen gemäß §§ 3.48–3.60 der Ausführungsbestimmungen ablehnt[49]. Keine Gebühr soll für die Registrierung eines vorläufigen Antrags gemäß § 3.20 der Ausführungsbestimmungen erhoben werden[50].

---

45 Vgl. auch Art. 18, RdNr. 383 ff.
46 Vgl. *Sinn,* Der Vorschlag der Weltbank zur Gründung der Multilateralen Investitions-Garantie-Agentur: Analyse und Kritik, Die Weltwirtschaft Heft 2/1987, S. 126 ff. (135).
47 Skeptisch zum Ganzen *Sinn,* Der Vorschlag der Weltbank zur Gründung der Multilateralen Investitions-Garantie-Agentur: Analyse und Kritik, Die Weltwirtschaft Heft 2/1987, S. 126 ff. (135 f.); siehe im übrigen auch oben Art. 21, RdNr. 455 ff.
48 Vgl. oben Art. 12, RdNr. 211.
49 Vgl. oben Art. 22, RdNr. 466 ff.
50 Vgl. § 3.46 der „Operational Regulations", nachfolgend S. 398.

2. Die Gebühren für Spezialdienste

Die Agentur soll Gebühren für Spezialdienste erheben, die sie für einen Investor in Verbindung mit einer Garantie erbringt. Die Agentur kann auch Gebühren für sonstige Dienstleistungen vorsehen[51]. Z. B. kann sie vom Investor eine Vergütung fordern, wenn sie sich in seinem Interesse für eine Verbesserung des Investitionsklimas im Gastland eingesetzt hat[52].

599

IV. Die Überprüfung von Prämien und Gebühren

Das Direktorium soll das Prämien- und Gebührenniveau jährlich überprüfen, um zu entscheiden, ob es mit der Absicht der MIGA in Einklang steht, Investitionen zu ermutigen und ihrer Verpflichtung gerecht wird, sich eine gesunde finanzielle Position zu erhalten. Der Präsident soll nicht später als fünf Jahre nach Abschluß des ersten Versicherungsvertrages dem Direktorium eine Studie vorlegen, welche die Auswirkungen der angebotenen Garantiezeiträume und -prämien auf die Politik und das Ausmaß der Geschäftstätigkeit von privaten und öffentlichen politischen Risikoversicherern in den einzelnen Mitgliedstaaten untersucht[53]. Hierbei gilt es festzustellen, inwieweit die MIGA ihrem Auftrag gemäß Art. 19–21 gerecht geworden ist, die Operationen der staatlichen und privaten Versicherer zu ergänzen, anstatt sie zu verdrängen.

600

Artikel 27
Zuteilung der Nettoeinnahmen

a) Unbeschadet des Artikels 10 Buchstabe a Ziffer iii führt die Agentur Nettoeinnahmen so lange den Reserven zu, bis diese Reserven das Fünffache des gezeichneten Kapitals der Agentur erreicht haben.

b) Nachdem die Reserven der Agentur den unter Buchstabe a vorgeschriebenen Umfang erreicht haben, entscheidet der Rat, ob und inwieweit die Nettoeinnahmen der Agentur den Reserven zugeführt, an die Mitglieder der Agentur verteilt oder anderweitig verwendet werden. Jede Verteilung von Nettoeinnahmen an die Mitglieder der Agentur erfolgt im Verhältnis des Anteils jedes Mitglieds am Kapital der Agentur nach einem mit besonderer Mehrheit gefaßten Beschluß des Rates.

---

51 Vgl. § 3.47 der „Operational Regulations", nachfolgend S. 398.
52 Vgl. *Shihata*, MIGA and Foreign Investment, 1988, S. 171.
53 Vgl. § 3.37 der „Operational Regulations", nachfolgend S. 395.

Finanzbestimmungen

601 Art. 27 konkretisiert Art. 25 im Hinblick auf die Verwendung der Einnahmen. Grundsatz ist, daß die Nettoeinnahmen den Reserven zuzuführen sind, bis sie das Fünffache des gezeichneten Kapitals der Agentur erreicht haben. Dabei sind die Einnahmen der MIGA grundsätzlich Nettoeinnahmen, da die MIGA nicht steuerpflichtig ist (vgl. Art. 47).

602 Eine Ausnahme vom **Zuwachsprinzip** gilt im Zusammenhang mit der Rückzahlung von Beträgen, die Mitglieder an die MIGA auf Abruf gemäß Art. 7 (ii) gezahlt haben. Wenn der Rat mit besonderer Mehrheit gemäß Art. 10 a (iii) feststellt, daß die finanzielle Lage der Agentur eine Rückzahlung aller oder eines Teils der Beträge aus den Einnahmen der MIGA zuläßt, kann sie auch dann vorgenommen werden, wenn die Reserven noch nicht den in Art. 27 a genannten Umfang erreicht haben. Eine Aufstockung gemäß Art. 27 a ist in diesem Fall nicht erforderlich, da die MIGA jederzeit erneut auf das abrufbare Kapital der Mitglieder zurückgreifen kann.

603 Hat die Aufstockung den in Art. 27 a genannten Umfang erreicht, kommen die in Art. 27 b aufgeführten drei Gewinnverwendungsmöglichkeiten in Betracht. Eine „anderweitige Verwendung" kann z. B. in der Vornahme eigener Investitionen[1] oder der Durchführung von Forschungsarbeiten auf eigene Kosten bestehen.

604 Art. 27 enthält keine Prioritätenliste hinsichtlich der Gewinnverwendung. Indirekt bringt Art. 27 b S. 2 jedoch zum Ausdruck, daß eine Verteilung der Nettoeinnahmen an die Mitglieder nur unter besonderen Umständen in Betracht kommen soll, nämlich dann, wenn der Rat dies mit besonderer Mehrheit beschließt. Die Konvention will damit gewährleisten, daß die finanzielle Leistungskraft der MIGA nicht unnötig geschwächt wird. Die Interessen der Mitglieder sind bereits durch Art. 10 a (iii) hinreichend geschützt. Die Einnahmen werden im Verhältnis des Anteils jedes Mitglieds am Kapital der Agentur aufgeteilt (vgl. Art. 27 b S. 2).

Artikel 28
Haushalt

Der Präsident stellt einen jährlichen Haushalt der Einnahmen und Ausgaben der Agentur zur Genehmigung durch das Direktorium auf.

---

[1] Siehe hierzu nachfolgend Art. 28, RdNr. 612 ff.

Gliederung

I. Das Geschäftsjahr 606
II. Das Verwaltungsbudget 607
III. Die aus dem Gesellschaftskapital finanzierten Investitionen..... 612
IV. Die interne Kontrolle 616

Art. 28, 29 statuieren für die MIGA in formeller Hinsicht Mitteilungs- und Offenlegungspflichten im Hinblick auf ihr finanzielles Engagement. Art. 28 betrifft die Aufstellung eines jährlichen Haushaltsplans. **605**

I. Das Geschäftsjahr

Das Geschäftsjahr der Agentur soll vom 1. Juli bis 30. Juni laufen. **606**

II. Das Verwaltungsbudget

Vor Ablauf eines jeden Geschäftsjahres soll der Präsident ein Verwaltungsbudget für das kommende Geschäftsjahr vorbereiten und dem Direktorium zum Zwecke der Zustimmung vorlegen. Dieses Budget soll die voraussichtlichen Einnahmen und Ausgaben der Agentur enthalten. **607**

Falls der Präsident während des Geschäftsjahres feststellt, daß die voraussichtlichen Ausgaben die im Budget genehmigten übersteigen werden, oder falls er vorher nicht genehmigte Ausgaben zu tätigen wünscht, soll er in Absprache mit dem Vorsitzenden des Direktoriums (= Präsident der Weltbank) ein Ergänzungsbudget vorbereiten und dem Direktorium zum Zwecke der Zustimmung vorlegen. **608**

Die Zustimmung ermächtigt den Präsidenten dazu, zum Zwecke und innerhalb der Grenzen, die im Budget spezifiziert worden sind, Ausgaben zu tätigen und Verpflichtungen einzugehen. Vorbehaltlich der durch das Direktorium bestimmten Prioritäten und Grenzen kann der Präsident den für jeden Budgetposten festgesetzten Betrag aufstocken, vorausgesetzt, er informiert das Direktorium und überschreitet nicht den für das Budget vorgesehenen Höchstbetrag. **609**

Falls das Budget nicht zu Beginn des betreffenden Geschäftsjahres vom Direktorium verabschiedet wird, ist der Präsident berechtigt, Ausgaben für Zwecke und innerhalb der Grenzen des dem Direktorium vorgelegten Budgets bis zu einem Viertel des Betrages, der im vorausgegangenen Jahr für Ausgaben genehmigt worden ist, zu tätigen. **610**

Finanzbestimmungen

611 Das Verwaltungsbudget, das vom Direktorium verabschiedet wurde, soll in die Jahresberichte der Agentur aufgenommen werden[1].

III. Die aus dem Gesellschaftskapital finanzierten Investitionen

612 Der Präsident soll dazu ermächtigt sein, mit dem Gesellschaftskapital der MIGA Investitionen zu tätigen. Er kann zu diesem Zweck mit der Weltbank oder anderen qualifizierten Institutionen Vereinbarungen über die Investition dieses Vermögens auf Rechnung der Agentur eingehen[2]. Die MIGA kann auf diese Weise einen von ihr als wünschenswert erachteten Investitionsschub selbst vornehmen, wenn er ansonsten trotz ihres Versicherungsangebots nicht zustande käme. Hierdurch können Folgeinvestitionen privater Investoren ausgelöst werden. Soweit letztere etwa als Zulieferer mit dem MIGA-Investitionsprojekt kooperieren, dürfte die MIGA eine Schutzschirmfunktion entfalten, so daß auf eine eigene Versicherung für diese Zusatzinvestitionen eventuell sogar verzichtet werden kann.

613 Investitionen aus dem Vermögen der Agentur sollen in Bankguthaben, sonstigen unbedingten Verpflichtungen von Banken und anderweitigen Finanzinstitutionen sowie in marktfähigen festverzinslichen Wertpapieren, Banknoten oder ähnlichen Verpflichtungen vorgenommen werden, und zwar mit gebührendem Augenmerk auf Sicherheit, Konvertierbarkeit, Liquidität und – in Anbetracht der vorstehenden Ausführungen – bestmöglichen Ertrag.

614 Das Direktorium wird die Investitionsposition der MIGA regelmäßig überprüfen und weitere für Investitionen aus dem Gesellschaftsvermögen erforderliche Richtlinien erlassen[3].

615 Die MIGA sollte mit eigenen Investitionen zurückhaltend sein. Als Versicherungsagentur dürfte es ihr am unternehmerischen Know-how als Voraussetzung für eine erfolgreiche Tätigkeit fehlen. Eventuell ist daran zu denken, daß sie die International Finance Corporation, die auf diesem Gebiet über größere und längere Erfahrungen verfügt, mit der Wahrnehmung von Management-Funktionen betraut.

IV. Die interne Kontrolle

616 Der Präsident, der für die Aufstellung des Verwaltungsbudgets der Agentur und die Verwaltung ihres Vermögens verantwortlich ist, soll die Bediensteten bestimmen, die an seiner Stelle Verpflichtungen eingehen und Zahlungen leisten können. Er soll eine interne finanzielle Kontrolle sowie eine interne Rechnungs-

---

1 Vgl. Abschnitt 4 a–c der „Financial Regulations", nachfolgend S. 430.
2 Vgl. Abschnitt 5 a der „Financial Regulations", nachfolgend S. 430.
3 Vgl. Abschnitt 5 b, c der „Financial Regulations", nachfolgend S. 430.

prüfung, die eine effektive laufende Überprüfung und/oder Kontrolle der Finanztransaktionen gewährleistet, durchführen. Hierdurch soll die Regelmäßigkeit der Einnahmen, des Bestands und der Verteilung des Vermögens sowie der sonstigen Finanzquellen der Agentur sichergestellt werden, wie auch die Übereinstimmung der Verpflichtungen und Ausgaben mit dem Budget und diesen Ausführungsbestimmungen. Schließlich soll der effektive und wirtschaftliche Einsatz der Ressourcen der MIGA gewährleistet werden. Hierzu soll der Präsident detaillierte finanzielle Regeln und Verfahren entwickeln[4].

Artikel 29
Rechnungslegung

Die Agentur veröffentlicht einen Jahresbericht, der eine von unabhängigen Rechnungsprüfern geprüfte Aufstellung ihrer Konten sowie der Konten des in Anlage I bezeichneten Fördertreuhandfonds enthält. Die Agentur verteilt an die Mitglieder in angemessenen Abständen eine zusammengefaßte Darstellung ihrer finanziellen Lage und eine Gewinn- und Verlustrechnung, welche die Ergebnisse ihrer Geschäftstätigkeit ausweisen.

Art. 29 unterscheidet zwischen dem Jahresbericht[1], einer zusammengefaßten Darstellung der finanziellen Lage der MIGA sowie einer Gewinn- und Verlustrechnung. Der Jahresbericht ist getrennt für die einzelnen Konten der MIGA zu erstellen. Er unterliegt der Kontrolle durch unabhängige Rechnungsprüfer und ist zu veröffentlichen. Die Kriterien zur Auswahl und Bestellung der Rechnungsprüfer wurden auf einer Sitzung des Direktoriums am 7. September 1988 festgelegt. 617

Die zusammengefaßte Darstellung der finanziellen Lage der MIGA sowie die Gewinn- und Verlustrechnung sind dagegen lediglich in angemessenen Zeitabständen den Mitgliedern bekanntzugeben. 618

Der Präsident soll im Rahmen des Erforderlichen Bücher zur Rechnungslegung führen und einen jährlichen finanziellen Bericht über die Konten der Agentur und den Fördertreuhandfonds vorbereiten, der sich auf die Einnahmen und Ausgaben im jeweiligen Geschäftsjahr bezieht. Der Präsident soll in den Bericht auch die Informationen aufnehmen, die zur Veranschaulichung der finanziellen Position der Agentur am Ende des Geschäftsjahres geeignet sind, einschließlich von Informationen über geltend gemachte, aber unbezahlte Forderungen und Regreßansprüche. 619

---
4 Vgl. Abschnitt 6 a, b der „Financial Regulations", nachfolgend S. 430.
1 Siehe hierzu nachfolgend Art. 30, 31, RdNr. 642.

Finanzbestimmungen

620 Der Präsident soll außerdem für das Direktorium einen Bericht über die Finanzen der Agentur vorbereiten und ihm vorlegen. Dies soll während der ersten beiden Jahre der Geschäftstätigkeit der MIGA halbjährlich und nachfolgend vierteljährlich geschehen. Außerdem soll der Präsident den Mitgliedern in angemessenen Zeitabständen einen zusammengefaßten Bericht über die finanzielle Position der MIGA sowie eine Gewinn- und Verlustrechnung, welche die Ergebnisse der Tätigkeit der MIGA aufzeigt, vorlegen[2]. Das Direktorium soll den jährlichen Finanzbericht von unabhängigen, vom Direktorium bestellten Rechnungsprüfern in Übereinstimmung mit allgemein anerkannten Rechnungsprüfungsgrundsätzen kontrollieren lassen. Der geprüfte Finanzbericht soll Bestandteil des Jahresberichts der Agentur werden[3].

621 Die vorstehend genannten Bestimmungen können vom Direktorium bei jeder seiner Zusammenkünfte oder durch Abstimmung ohne Zusammenkunft gemäß Abschnitt 5 der „Rules of Procedure for Meetings of the Board of Directors"[4] geändert werden[5].

622 Die Konvention läßt wesentliche Fragen zum Inhalt und Umfang des Berichts über die Vermögens- und Ertragslage der MIGA offen. Er sollte zunächst die laufenden Einnahmen und Ausgaben der MIGA enthalten. In Betracht kommen weiterhin Angaben über die Verwendung des Nettogewinns und des Jahresüberschusses, die Struktur der MIGA einschließlich der Beteiligungsrechte, die geographische Struktur und die lokalen Schwerpunkte ihrer Aktivitäten, die Aufteilung der Umsätze nach den einzelnen Versicherungssparten, sonstige Tätigkeiten und Investitionsarten, ein Überblick über neu abgeschlossene Versicherungsverträge, geographisch und nach Sparten gegliedert, die Aufstellung einer Kapitalflußrechnung sowie Angaben zu den Forschungs- und Entwicklungsaktivitäten[6]. Schließlich ist auch an die Aufstellung einer Sozialbilanz zu denken, die den sozialen Nutzen und die sozialen Kosten der Tätigkeit der MIGA skizziert[7].

623 § 29 enthält außerdem keine Vorgaben, nach welchen allgemeinen Grundsätzen der Bericht zu verfassen ist. Er sollte dem Adressaten klare, vollständige und verständliche Informationen über die Struktur, die Geschäftspolitik und die Aktivitäten der Organisation als Ganzes liefern. Er soll einen getreuen Einblick in die Vermögens-, Ertrags- und Finanzlage der Organisation gewähren[8]. Zur

---

2 Vgl. Abschnitt 7 a, b der „Financial Regulations", nachfolgend S. 431.
3 Vgl. Abschnitt 8 der „Financial Regulations", nachfolgend S. 431.
4 Siehe hierzu nachfolgend Art. 42, RdNr. 746 f.
5 Vgl. Abschnitt 9 der „Financial Regulations", nachfolgend S. 431.
6 Vgl. auch § 44 des UN-Draft Code of Conduct on Transnational Corporations sowie Abschnitt „Disclosure of Informations" der OECD-Deklaration vom 21. Juni 1976 über „International Investment and Multinational Enterprises as Revised on 13 June 1979 and on 17 May 1984", jeweils abgedruckt bei *Ebenroth*, Code of Conduct – Ansätze zur vertraglichen Gestaltung internationaler Investitionen, 1987, S. 590 f., 635 f.
7 Vgl. auch § 46 des UN-Draft Code of Conduct on Transnational Corporations; siehe hierzu auch *Großfeld*, Internationales Unternehmensrecht, 1986, § 9.
8 Vgl. auch § 44 des UN-Draft Code of Conduct on Transnational Corporations, abgedruckt bei *Ebenroth*, Code of Conduct – Ansätze zur vertraglichen Gestaltung internationaler Investitionen, 1987, RdNr. 723.

Rechnungslegung

näheren Konkretisierung kann auf etablierte Grundsätze in den nationalen Bilanzrechten zurückgegriffen werden[9].

§ 29 gibt weiterhin keine Erläuterungen hinsichtlich der Gliederung von Bilanz und Gewinn- und Verlustrechnung, z. B. nach geographischen Regionen und Ländern sowie nach wesentlichen Geschäftszweigen. Auch fehlen Bestimmungen über die Anwendbarkeit von Bewertungsgrundsätzen. In der Bundesrepublik Deutschland können vor allem der Grundsatz der Klarheit, der Grundsatz der Wahrheit und Vorsicht und das Going-concern-Prinzip unterschieden werden[10].

624

---

9 So z. B. auf das im anglo-amerikanischen Recht verankerte Prinzip des „true and fair view", d. h. des Vermittelns eines den tatsächlichen Verhältnissen entsprechenden Bildes der Vermögens-, Finanz- und Ertragslage des Unternehmens.
10 Vgl. §§ 243 Abs. 2, 252 Abs. 1 Nr. 1–6 HGB. Siehe zum Inhalt dieser Bewertungsgrundsätze auch *Ebenroth,* Code of Conduct – Ansätze zur vertraglichen Gestaltung internationaler Investitionen, 1987, RdNr. 726 ff. sowie die Beiträge von *Ebenroth, Buchner, Lang, Lutter* und *Rechle* in: *Leffson/Rückle/Großfeld* (Hrsg.), Handwörterbuch unbestimmter Rechtsbegriffe im Bilanzrecht des HGB, 1986.

Kapitel V
Organisation und Geschäftsführung

Artikel 30
Aufbau der Agentur

Die Agentur hat einen Gouverneursrat, ein Direktorium, einen Präsidenten und das Personal, das zur Erfüllung der von der Agentur bestimmten Aufgaben erforderlich ist.

625 Die Organisation der MIGA stellt sich wie folgt dar:

Initial Scheme of Organization

Council of Governors

Board of Directors

President*   Secretary of the Agency*

Executive Vice President

Administration and
Finance Staff

Director** of Guarantees   Director of Technical   General Counsel
                                and Advisory Services

Office of Guarantees   **Office of Technical and**   **Office of Legal Affairs**
                                Advisory Services   **and Claims**

---

* It is proposed that the President of the Bank will be appointed the President of the Agency and the Secretary of the Bank will be appointed the Secretary of the Agency.
** Title of position not yet determined.

Artikel 31
Der Rat

a) Alle Befugnisse der Agentur liegen beim Rat mit Ausnahme derjenigen, die aufgrund dieses Übereinkommens ausdrücklich einem anderen Organ der Agentur zugewiesen sind. Der Rat kann die Ausübung jeder seiner Befugnisse auf das Direktorium übertragen, jedoch mit Ausnahme der Befugnis,

   i) neue Mitglieder aufzunehmen und die Bedingungen für ihre Aufnahme festzulegen;
  ii) ein Mitglied zu suspendieren;
 iii) die Erhöhung oder Herabsetzung des Kapitals zu beschließen;
  iv) die Grenze des Gesamtbetrags der Eventualverpflichtungen nach Artikel 22 Buchstabe a heraufzusetzen;
   v) ein Mitglied als einen in der Entwicklung befindlichen Mitgliedstaat nach Artikel 3 Buchstabe c zu bezeichnen;
  vi) ein neues Mitglied für Zwecke der Abstimmung nach Artikel 39 Buchstabe a in Kategorie Eins oder Kategorie Zwei einzustufen und ein vorhandenes Mitglied für dieselben Zwecke neu einzustufen;
 vii) die Vergütung für die Direktoren und ihre Stellvertreter festzulegen;
viii) die Geschäftstätigkeit zu beenden und die Agentur aufzulösen;
  ix) bei der Auflösung die Vermögenswerte an die Mitglieder zu verteilen;
   x) dieses Übereinkommen, seine Anlagen und Anhänge zu ändern.

b) Der Rat setzt sich aus je einem Gouverneur und je einem Stellvertreter zusammen, die von jedem Mitglied in der von ihm bestimmten Weise bestellt werden. Stellvertreter nehmen nur bei Abwesenheit des von ihnen Vertretenen an der Abstimmung teil. Der Rat wählt einen der Gouverneure zum Vorsitzenden.

c) Der Rat hält eine Jahrestagung sowie diejenigen anderen Tagungen ab, die er bestimmt oder die das Direktorium einberuft. Das Direktorium beruft eine Tagung des Rates ein, wenn fünf Mitglieder oder Mitglieder, die fünfundzwanzig v. H. der Gesamtstimmenzahl vertreten, dies beantragen.

Gliederung

I. Die Zuständigkeit des Rates ... 626
II. Die personelle Zusammensetzung des Rates 633
III. Die Sitzungen des Rates 635
   1. Allgemeines 635
   2. Die Anwesenheit bei den Ratssitzungen 639
   3. Die Tagesordnung für die Sitzungen des Rates 640
   4. Die Beschlußfähigkeit des Rates und Abstimmungen 641
   5. Der Jahresbericht 642

I. Die Zuständigkeit des Rates

626 Art. 31 grenzt die Zuständigkeit des Rates negativ dahingehend ab, daß ihm alle Befugnisse der Agentur zustehen, die nicht ausdrücklich einem anderen Organ der Agentur zugewiesen sind. Da die laufenden Geschäfte der Agentur von ihrem Präsidenten geführt werden (Art. 33 a) und dem Direktorium die Aufsicht über die allgemeine Geschäftstätigkeit obliegt (Art. 32 a i.V.m. Art. 33 a), ist der Rat in erster Linie mit der allgemeinen Politik und der Organisation der MIGA befaßt[1].

627 Die Konvention nennt ausdrücklich die Zuständigkeit des Rates zur Entscheidung über eine Erhöhung des Grundkapitals (Art. 5 c), die Zeichnung zusätzlicher Anteile (Art. 6 S. 4), die Kapitalrückzahlung an die Mitglieder (Art. 10 a [iii]), die Erhöhung der Grenze des Gesamtbetrages der Eventualverpflichtungen (Art. 22 a), die Verwendung der überschüssigen Reserven (Art. 27 b), die Einsetzung des Direktoriums und die Festlegung seiner Amtszeit (Art. 32 c, e), die Bestimmung des Gehalts und die Bedingungen des Anstellungsvertrages des Präsidenten (Art. 33 b), die Überprüfung der Zuteilung der Anteile und Maßnahmen zu ihrer Zeichnung (Art. 39 c, f), den Erlaß einer Verordnung zur Abstimmung im Rat (Art. 40 c), die Suspendierung der Mitgliedschaft (Art. 52 a, d), die Beendigung der Geschäftstätigkeit und die Auflösung der MIGA (Art. 55 a), die Verteilung der Vermögenswerte der Agentur (Art. 55 b, c), die Auslegung und Anwendung des Übereinkommens (Art. 56 b), Änderungen des Übereinkommens (Art. 59 a, b) sowie die Überprüfung der Tätigkeit der Agentur (Art. 67 a).

628 Daneben dürfte der Rat auch zuständig sein für die Aufnahme neuer Mitglieder und die Festlegung der Aufnahmebedingungen (Art. 4 a), die Klassifizierung eines Mitglieds als Entwicklungsland (Art. 3 c, Art. 39 a) sowie die Erhöhung des Grundkapitals bei Aufnahme eines neuen Mitglieds (Art. 5 b). Auch sollte dem Rat die Änderung der „By-Laws" und anderer Ausführungsbestimmungen, die von ihm erlassen wurden, vorbehalten bleiben[2].

629 Die genannten Befugnisse können mit Ausnahme der in Art. 31 a aufgeführten auf das Direktorium übertragen werden[3].

630 Problematisch ist die Zuständigkeit des Rates im Rahmen der Investitionsförderung gemäß Art. 23. Das Vorliegen eines „laufenden Geschäfts" i. S. v. Art. 33 a ist fraglich, soweit es um den Abschluß von Investitionsförderungsverträgen sowie die Beilegung von Investitionsstreitigkeiten gemäß Art. 23 b (i)–(iii) geht. Insbesondere dann, wenn die MIGA selbst gemäß Art. 23 b (ii)

---

[1] Vgl. *Alsop*, The World Bank's Multilateral Investment Guaranty Agency, Col. J. Transnat'l L. 25 (1986), 101 ff. (125); *Chatterjee*, The Convention Establishing the Multilateral Investment Guarantee Agency, Int'l & Comp. L.Q. 36 (1987), 76 ff. (80).
[2] Vgl. *Shihata*, MIGA and Foreign Investment, 1988, S. 295.
[3] A.A. *Shihata*, MIGA and Foreign Investment, 1988, S. 294, der meint, daß sämtliche in der Konvention ausdrücklich dem Rat zugewiesene Befugnisse unübertragbar sind.

einen Investitionsförderungsvertrag mit dem Gastland abschließt und damit originär staatliche Funktionen wahrnimmt, liegt die Vermutung nahe, daß der Rat hierüber zu befinden hat. Es handelt sich hierbei nicht mehr um vorwiegend technische Fragen der Investitionsversicherung oder -förderung, sondern um eine primär politische Entscheidung.

Gleichwohl zählt die MIGA-Konvention auch diese Vereinbarungen grundsätzlich zu den „laufenden Geschäften", die vom Präsidenten zu führen sind. Dies ergibt sich aus Art. 23 b (ii), letzter Halbsatz. Die Genehmigung durch das Direktorium kommt nur dann in Betracht, wenn es sich um Maßnahmen aus dem Zuständigkeitsbereich des Präsidenten handelt. Eine Kontrolle des höchsten Organs der MIGA, des Rates, durch das Direktorium sieht die MIGA-Konvention nicht vor. Jedoch wird der besonderen Bedeutung derartiger Vereinbarungen dadurch Rechnung getragen, daß sie vom Direktorium mit besonderer Mehrheit zu genehmigen sind. 631

Auch Maßnahmen gemäß Art. 23 b (i) und (iii) zählen zu den „laufenden Geschäften". Dies läßt sich aus dem Argument „a maiore ad minus" schließen. Wenn bereits Maßnahmen gemäß Art. 23 b (ii) zu den „laufenden Geschäften" zu rechnen sind, hat dies erst recht für die weniger intensiven Maßnahmen gemäß Art. 23 b (i) und (iii) zu gelten. 632

II. Die personelle Zusammensetzung des Rates

Gemäß Art. 31 b entsendet jedes Mitglied einen Gouverneur und einen Stellvertreter in den Rat. Der Rat bestimmt aus seiner Mitte den Vorsitzenden. Letzterer hat keine Sonderbefugnisse. Der Vorsitzende und zwei Stellvertreter werden auf jeder Jahrestagung neu gewählt. Sie amtieren bis zum Ende des nächsten Treffens[4]. Bei Abwesenheit des Vorsitzenden soll er durch den von ihm bestimmten Stellvertreter ersetzt werden. Abstimmungen im Rat richten sich nach Art. 40. 633

Als Sekretariat des Rates soll das MIGA-Sekretariat dienen. Es soll unter der Leitung des Ratsvorsitzenden für die Vorbereitung eines Sitzungsprotokolls des Rates verantwortlich sein. Dieses soll für alle Mitglieder verfügbar sein und dem Direktorium zu seiner Orientierung vorgelegt werden[5]. 634

III. Die Sitzungen des Rates

1. Allgemeines

Das Jahrestreffen des Rates soll an dem von ihm bestimmten Ort und Zeitpunkt stattfinden. Falls das Direktorium allerdings wegen besonderer Umstände eine 635

---

[4] Vgl. Ziffer 5 der „By-Laws of the Multilateral Investment Guarantee Agency", nachfolgend S. 424.
[5] Vgl. Ziffer 6 der „By-Laws of the Multilateral Investment Guarantee Agency", nachfolgend S. 425.

Organisation und Geschäftsführung

Verschiebung für erforderlich hält, kann es einen neuen Termin anberaumen[6]. Das erste Jahrestreffen fand in der Zeit vom 27.–29. September 1988 in Berlin statt.

636 Der Rat oder das Direktorium kann jederzeit Sondersitzungen einberufen. Sie müssen stattfinden auf Antrag von fünf oder so viel Mitgliedern, die mindestens 25 % der gesamten Stimmrechte der MIGA innehaben. Falls ein Mitglied das Direktorium um die Einberufung einer Sondersitzung des Rates bittet, soll der Vorsitzende des Direktoriums alle Mitglieder hierüber wie auch über die dafür vorgebrachten Gründe informieren[7].

637 Soweit der Rat nicht ausdrücklich etwas anderes anordnet, soll der Vorsitzende des Rates zusammen mit dem Vorsitzenden des Direktoriums alle Vorkehrungen für das Abhalten von Sitzungen des Rates überwachen[8].

638 Der Vorsitzende des Direktoriums soll veranlassen, daß Zeitpunkt und Ort einer jeden Ratsversammlung den Mitgliedern durch ein rasches Kommunikationsmittel nicht weniger als 42 Tage vor dem festgesetzten Datum bekanntgegeben werden. In dringenden Fällen genügt eine Frist von 10 Tagen[9].

2. Die Anwesenheit bei den Ratssitzungen

639 Die Direktoren und ihre Stellvertreter können an allen Sitzungen des Rates teilnehmen. Sie sind jedoch nicht stimmberechtigt, solange sie nicht als Rat bzw. als dessen ständiger oder zeitweiliger Stellvertreter hierzu befugt sind. Der Vorsitzende des Rates kann in Absprache mit dem Direktorium Beobachter zu den Sitzungen des Rates einladen[10].

3. Die Tagesordnung für die Sitzungen des Rates

640 Für jede Ratssitzung soll der Vorsitzende des Direktoriums unter dessen Anleitung eine Tagesordnung vorbereiten und ihre Übermittlung zusammen mit der Ankündigung des Treffens an die Mitglieder veranlassen. Jedes Ratsmitglied kann weitere Themen auf die Tagesordnung setzen, vorausgesetzt, es unterrichtet den Vorsitzenden des Direktoriums hiervon nicht weniger als sieben Tage vor dem Treffen. In besonderen Fällen kann der Vorsitzende des Direktoriums auf dessen Weisung weitere Tagesordnungspunkte zulassen. Er soll jedes Mitglied der Agentur hiervon so schnell wie möglich unterrichten. Der Rat kann jederzeit jedes beliebige Thema auf die Tagesordnung setzen, auch dann, wenn er die nach diesem Abschnitt erforderlichen Mitteilungen unterlassen hat[11].

---

6 Vgl. Abschnitt 1 a der „By-Laws", nachfolgend S. 423.
7 Vgl. Abschnitt 1 b der „By-Laws", nachfolgend S. 423.
8 Vgl. Abschnitt 1 d der „By-Laws", nachfolgend S. 424.
9 Vgl. Abschnitt 2 der „By-Laws", nachfolgend S. 424.
10 Vgl. Abschnitt 3 der „By-Laws", nachfolgend S. 424.
11 Vgl. Abschnitt 4 der „By-Laws", nachfolgend S. 424.

4. Die Beschlußfähigkeit des Rates und Abstimmungen

Hierfür gilt Art. 40[12]. **641**

5. Der Jahresbericht

Dieser Bericht soll die Tätigkeit und die Politik der MIGA diskutieren und dem Rat Empfehlungen zu anstehenden Fragen unterbreiten. Er wird auf der Jahrestagung des Rates vorgestellt und dem Direktorium vorgelegt[13]. **642**

Artikel 32
Das Direktorium

a) Das Direktorium ist für die allgemeine Geschäftstätigkeit der Agentur verantwortlich; bei der Erfüllung dieser Verantwortung trifft es jede Maßnahme, die aufgrund dieses Übereinkommens erforderlich oder zulässig ist.

b) Das Direktorium besteht aus mindestens zwölf Direktoren. Die Anzahl der Direktoren kann vom Rat unter Berücksichtigung von Veränderungen in der Mitgliedschaft angepaßt werden. Jeder Direktor kann einen Stellvertreter ernennen, der die Vollmacht hat, bei Abwesenheit oder Handlungsunfähigkeit des Direktors für ihn zu handeln. Der Präsident der Bank ist von Amts wegen Vorsitzender des Direktoriums; er hat aber, abgesehen von der entscheidenden Stimme bei Stimmengleichheit, kein Stimmrecht.

c) Der Rat legt die Amtszeit der Direktoren fest. Das erste Direktorium wird vom Rat auf seiner Eröffnungssitzung eingesetzt.

d) Das Direktorium tritt auf Veranlassung seines Vorsitzenden zusammen, der von sich aus oder auf Antrag von drei Direktoren tätig wird.

e) Bis zu dem Zeitpunkt, zu dem der Rat beschließt, daß die Agentur ein ständiges Direktorium haben muß, das kontinuierlich tagt, erhalten die Direktoren und Stellvertreter nur eine Vergütung für die Kosten ihrer Teilnahme an den Sitzungen des Direktoriums und die Erfüllung anderer amtlicher Aufgaben für die Agentur. Nach Errichtung eines kontinuierlich tagenden Direktoriums erhalten die Direktoren und Stellvertreter eine vom Rat festgelegte Vergütung.

---

12 Vgl. nachfolgend RdNr. 727 ff.
13 Vgl. Abschnitt 7 der „By-Laws of the Multilateral Investment Guarantee Agency", nachfolgend S. 425.

Organisation und Geschäftsführung

Gliederung

I. Die Zuständigkeit des Direktoriums 643
II. Die Zusammensetzung des Direktoriums 645
III. Die Sitzungen des Direktoriums . 652
   1. Allgemeines 652
   2. Die Tagesordnung für die Sitzungen 659

3. Das Sekretariat und Protokoll . 661
4. Die Bekanntmachungen an Direktoren und Stellvertreter . . 662
5. Die Publizität 663
6. Änderungen 664

I. Die Zuständigkeit des Direktoriums

643 Das Direktorium ist vorwiegend Kontroll- und Aufsichtsorgan für die allgemeine Geschäftstätigkeit der Agentur. Es hat die Befugnis, die zu diesem Zweck erforderlichen und zulässigen Maßnahmen zu ergreifen. Die Konvention erwähnt ausdrücklich die Qualifizierung einer Währung als „frei verwendbar" (Art. 3 e), die Deckung sonstiger nichtkommerzieller Risiken (Art. 11 b), die Berücksichtigung sonstiger Investitionsformen (Art. 12 b), die Berücksichtigung von Investoren aus dem Gaststaat (Art. 13 c), den Erlaß von Regeln und Vorschriften bezüglich der Bedingungen eines Garantievertrages (Art. 16), Weisungen gegenüber dem Präsidenten bezüglich der Genehmigung eines Garantievertrages (Art. 16), Weisungen und Richtlinien in bezug auf die Befriedigung von Forderungen (Art. 17), die Festlegung von Höchstbeträgen für Eventualverpflichtungen aus Rückversicherungsverträgen (Art. 20 a), die Festlegung von Regeln und Vorschriften zum Inhalt eines Rückversicherungsvertrages (Art. 20 b), die Genehmigung von bestimmten Rückversicherungsverträgen (Art. 20 b), die Festlegung des Anteils der Deckungsansprüche aus Rückversicherungen (Art. 22 a), die Überprüfung des und Empfehlungen zum Risikoprofil der Agentur (Art. 22 a), die Festlegung von Höchstgesamtbeträgen für bestimmte Eventualverpflichtungen (Art. 22 b), die Genehmigung von Investitionsförderungsverträgen zwischen der MIGA und einem Gaststaat (Art. 23 b [ii]), die Genehmigung des Haushalts (Art. 28), die Einberufung der Jahrestagung des Rates (Art. 31 c), die Ernennung des Präsidenten (Art. 33 b), die Festlegung eines besonderen Verfahrens zur Abstimmung im Direktorium (Art. 42 c), die Genehmigung einer Folgevereinbarung mit einem Staat aus Anlaß des Erlöschens seiner Mitgliedschaft (Art. 53 b), die vorübergehende Einstellung der Übernahme neuer Garantien oder der gesamten Tätigkeit der Agentur (Art. 54 a, b), Entscheidungen zur Auslegung und Anwendung des Übereinkommens (Art. 56 a), die Genehmigung eines besonderen Streitschlichtungsverfahrens zwischen der Agentur und einem Mitglied (Art. 57 b), Empfehlungen zur Änderung des Übereinkommens (Art. 60) sowie die Verringerung der Verpflichtung der Sponsoren (Art. 5 b) i. V. m. Art. 1 b) der Anlage I).

Das Direktorium ist darüber hinaus zur Wahrnehmung der Aufgaben befugt, die ihm vom Rat übertragen worden sind. Es soll sich hierbei aber nicht in Widerspruch zu Maßnahmen des Rates setzen[1]. Bleibt es bei der Zuständigkeit des Rates, ist das Direktorium gleichwohl nicht daran gehindert, zu der betreffenden Angelegenheit eine Empfehlung auszusprechen. In der Praxis ist nicht zu erwarten, daß der Rat jemals ohne eine solche Empfehlung tätig wird[2]. 644

II. Die Zusammensetzung des Direktoriums

Das Direktorium besteht gemäß Art. 32 b aus mindestens zwölf Mitgliedern. Die Wahl und die Amtsdauer der Direktoren richtet sich nach Art. 41 i. V. m. Anhang B[3]. Die Anzahl der Direktoren kann entsprechend dem Mitgliederstand angepaßt werden[4]. 645

Aus Vereinfachungs- und Effizienzgründen hat sich die Mehrheit der MIGA-Mitgliedstaaten dafür ausgesprochen, das Direktorium möglichst eng nach dem Vorbild der Weltbank und der International Finance Corporation auszurichten. Insbesondere werden die Sitze nicht nach der innerhalb der Konvention vorgenommenen Unterscheidung zwischen Kapitalexport- und Kapitalimportstaaten verteilt. Im Ergebnis führt dies in der Regel dazu, daß die Industriestaaten im Direktorium die Mehrheit innehaben. 646

So stellen gemäß Anhang B, Ziffer 4, die Kapitalexportstaaten von vornherein mindestens drei Direktoren. Jedem Direktor steht außerdem nicht nur eine Stimme zu, sondern so viele, wie bei seiner Wahl auf ihn entfallen sind (Art. 42 a). Aufgrund der hohen Stimmrechtsanteile der USA, der Bundesrepublik Deutschland und Japans haben die von ihnen entsandten Direktoren demnach von vornherein eine starke Position inne. Hinzu kommt, daß auch die übrigen Industriestaaten wegen ihrer ebenfalls vergleichsweise hohen Stimmrechtsanteile gute Aussichten haben, einen eigenen Direktor zu stellen, während die Entwicklungsländer hierzu erst größere Wahlblöcke bilden müssen. Demgemäß beträgt die Stimmrechtsverteilung im ersten, am 8. Juni 1988 gewählten Direktorium ca. 1,3 : 1 zugunsten der Industriestaaten. 647

Anders als beim Rat sind Stellvertreter nicht zwingend zu bestimmen. Falls ein Direktor und sein Stellvertreter an einer Sitzung des Direktoriums nicht teilnehmen können, kann der Direktor einen zeitweiligen Stellvertreter für diese Sitzung benennen[5]. 648

Ebenfalls abweichend von Art. 31 wird der Vorsitzende des Direktoriums nicht aus dessen Mitte gewählt; vielmehr wird der Vorsitz stets durch den Präsidenten der Weltbank wahrgenommen. Der Vorsitzende hat allerdings nur im Falle der 649

---

1 Vgl. Abschnitt 10 a der „By-Laws of the Multilateral Investment Guarantee Agency", nachfolgend S. 425.
2 Vgl. *Shihata*, MIGA and Foreign Investment, 1988, S. 295.
3 Siehe hierzu die dortige Kommentierung.
4 Siehe nachfolgend Art. 62.
5 Vgl. Abschnitt 10 c der „By-Laws of the Multilateral Investment Guarantee Agency", nachfolgend S. 426.

Stimmengleichheit ein Stimmrecht (Art. 32 b). Durch die Personalunion soll die Position der MIGA als internationale Entwicklungsinstitution gestärkt und sie dabei unterstützt werden, ohne Beeinträchtigung der unterschiedlichen Aufgaben beider Organisationen Anerkennung zu finden[6].

650 Das Direktorium wird zunächst nur im Bedarfsfall auf Veranlassung seines Vorsitzenden einberufen (Art. 33 d). Der Rat kann jedoch beschließen, das Direktorium als ständige Einrichtung mit kontinuierlich abzuhaltenden Tagungen zu etablieren (Art. 32 e). Angesichts der Bedeutung seiner Aufgaben wäre eine derartige Regelung zu begrüßen.

651 Das erste Direktorium ist vom Rat auf seiner Eröffnungssitzung eingesetzt worden[7]. Der Rat legt auch die Amtszeit der Direktoren fest (Art. 32 c). Sie ist für alle Direktoren gleich lang. Die anfängliche Amtsdauer soll bis zum 31. Oktober 1990 befristet sein[8]. Das Direktorium soll diejenigen Kommittees einsetzen, die es für zweckmäßig hält. Die Mitgliedschaft in diesen Kommittees ist nicht auf Räte, Direktoren oder deren Stellvertreter beschränkt[9].

III. Die Sitzungen des Direktoriums

1. Allgemeines

652 Der Vorsitzende soll jährlich nicht weniger als drei ordentliche Sitzungen des Direktoriums einberufen. Er kann auf eigene Initiative oder auf Wunsch von drei beliebigen Direktoren auch eine außerordentliche Sitzung abhalten. Der Vorsitzende soll die Direktoren durch rasche Kommunikationsmittel mindestens 3 Wochen vor dem Sitzungstermin von der beabsichtigten Zusammenkunft unterrichten. Bei Vorliegen besonderer Umstände genügt eine Frist von 7 Tagen.

653 Das Quorum für jede Zusammenkunft wird durch die Mehrheit der Direktoren, die nicht weniger als die Hälfte aller Stimmrechte innehaben, gebildet. Jede Sitzung, auf der das Quorum nicht erreicht wird, soll durch eine Mehrheitsentscheidung der anwesenden Direktoren vertagt werden. Es müssen jedoch mindestens 3 Direktoren zustimmen. Über das vertagte Treffen braucht nicht informiert zu werden.

654 Falls auf einer Sitzung das Quorum nicht erreicht wird, die anwesenden Direktoren aber zumindest die Mehrheit der Mitglieder des Direktoriums darstellen, können sie die einzelnen Tagesordnungspunkte diskutieren. Sie können auch Empfehlungen zu Angelegenheiten, über die Einigkeit besteht, vorbereiten mit dem Ziel, sie dem Direktorium auf seiner nächsten Sitzung zu unterbreiten. Das Direktorium soll seine nächste Sitzung mit der Erörterung dieser Empfehlungen beginnen.

---

6 Vgl. Ziffer 62 des MIGA-Kommentars, nachfolgend S. 359.
7 Siehe nachfolgend Art. 62.
8 Vgl. Abschnitt 10 a der „By-Laws of the Multilateral Investment Guarantee Agency", nachfolgend S. 425.
9 Vgl. Abschnitt 10 b der „By-Laws of the Multilateral Investment Guarantee Agency", nachfolgend S. 426.

Während des in Art. 39 d genannten Dreijahreszeitraums sollen die in den beiden zuletzt genannten Randnummern bezeichneten Verfahren auch in den Fällen angewandt werden, in denen das Quorum zwar erreicht wird, die anwesenden Direktoren aber weniger als zwei Drittel der gesamten Stimmrechte innehaben und Mitglieder repräsentieren, die weniger als 55 % der gesamten Anteile der MIGA gezeichnet haben. 655

An den Sitzungen dürfen lediglich die Direktoren und ihre Stellvertreter, der Vorsitzende, der Präsident und die von ihm benannten Angehörigen des Personals, Repräsentanten der Mitglieder gemäß Art. 56 a sowie sonstige Personen, die vom Direktorium eingeladen wurden, teilnehmen. Das Direktorium soll am Hauptsitz der Agentur tagen, es sei denn, es trifft für ein bestimmtes Treffen eine anderweitige Entscheidung. 656

Soweit in den vorstehend genannten Richtlinien nicht ausdrücklich etwas anderes bestimmt ist, soll jeder Verweis auf einen Direktor auch für seinen Stellvertreter gelten, sofern er für diesen Direktor handelt[10]. 657

Die erste Sitzung des Direktoriums fand am 22. Juni 1988 statt. Hierbei ging es hauptsächlich um die Ernennung des MIGA-Präsidenten sowie die Verabschiedung des ersten Budgets und der im September 1986 von der Vorbereitungskonferenz bereits gebilligten geschäftspolitischen Richtlinien („Operational and Financial Regulations"). Zum Präsidenten wurde der Präsident der Weltbank, Mr. Barber B. Conable, gewählt. Die Ernennung gilt nur für die Dauer, während der er Präsident der Weltbank ist. Das Budget sieht für das erste Geschäftsjahr Einnahmen von 7,3 Mio. US-Dollar und Verwaltungsausgaben in Höhe von 4,5 Mio. US-Dollar vor. 658

2. Die Tagesordnung für die Sitzungen

Für jede Sitzung des Direktoriums soll vom Vorsitzenden oder gemäß seinen Weisungen eine Tagesordnung vorbereitet werden. Jeder Direktor soll hiervon eine Abschrift zusammen mit der Ankündigung des Treffens erhalten. Jeder Direktor kann zusätzliche Themen auf die Tagesordnung setzen, vorausgesetzt, er unterrichtet den Vorsitzenden hiervon spätestens 7 Tage vor dem festgesetzten Termin. 659

Der Vorsitzende bzw. ein Direktor kann jedes nicht auf der Tagesordnung befindliche Thema dem Direktorium auf der Sitzung vorlegen. Es kann behandelt werden, sofern nicht der Vorsitzende oder ein Direktor widerspricht. Jeder Tagesordnungspunkt, der auf der Sitzung nicht endgültig abgehandelt werden konnte, soll automatisch Bestandteil der Tagesordnung für die nächste Sitzung werden, es sei denn, das Direktorium trifft eine anderweitige Entscheidung[11]. 660

---

10 Vgl. Abschnitt 2 a–h der „Rules of Procedure for Meetings of the Board of Directors", nachfolgend S. 432 f.
11 Vgl. Abschnitt 3 der „Rules of Procedure for Meetings of the Board of Directors", nachfolgend S. 433.

Organisation und Geschäftsführung

3. Das Sekretariat und Protokoll

661 Das Sekretariat der Agentur soll dem Direktorium als Sekretariat zur Verfügung stehen. Es soll unter der Anleitung des Vorsitzenden für die Ausarbeitung eines zusammengefaßten Sitzungsprotokolls des Direktoriums verantwortlich sein. Wörtliche Zitate werden nur dann festgehalten, wenn ein Direktor dies ausdrücklich wünscht. Das vorläufige Protokoll wird so schnell wie möglich nach den Sitzungen an die Direktoren verteilt. Es soll dem Direktorium zum Zwecke der Zustimmung vorgelegt werden[12].

4. Die Bekanntmachungen an Direktoren und Stellvertreter

662 Jede Bekanntmachung, die nach diesen Regeln gegenüber einem Direktor abzugeben ist, soll wirksam sein, wenn sie schriftlich, mündlich oder telefonisch an die Adresse gerichtet wurde, die jeder Direktor der Agentur von Zeit zu Zeit zu diesem Zweck benennen soll. Jeder Direktor oder sein Stellvertreter kann vor oder nach einer Sitzung, die eine Benachrichtigung gemäß diesen Bestimmungen erforderlich macht, einschließlich einer Benachrichtigung über Sitzungen und Tagesordnungen, erklären, daß er (künftig) auf eine solche Benachrichtigung verzichtet[13].

5. Die Publizität

663 Die Verhandlungen des Direktoriums sind vertraulich und sollen nicht veröffentlicht werden, es sei denn, das Direktorium beschließt, den Vorsitzenden zu ermächtigen, im Hinblick auf bestimmte Entscheidungen für eine angemessene Publizität zu sorgen[14].

6. Änderungen

664 Die vorstehend genannten Richtlinien können vom Direktorium bei jeder seiner Sitzungen oder durch Abstimmungen ohne Sitzung[15] geändert werden[16].

---

12 Vgl. Abschnitt 6 der „Rules of Procedure for Meetings of the Board of Directors", nachfolgend S. 434.
13 Vgl. Abschnitt 7 der „Rules of Procedure for Meetings of the Board of Directors", nachfolgend S. 434.
14 Vgl. Abschnitt 8 der „Rules of Procedure for Meetings of the Board of Directors", nachfolgend S. 434.
15 Vgl. nachfolgend die Kommentierung zu Art. 42, RdNr. 746 f.
16 Vgl. Abschnitt 9 der „Rules of Procedure for Meetings of the Board of Directors", nachfolgend S. 434.

Artikel 33
Präsident und Personal

a) Der Präsident führt die laufenden Geschäfte der Agentur unter der allgemeinen Aufsicht des Direktoriums. Er ist für die Organisation sowie für die Einstellung und Entlassung des Personals verantwortlich.

b) Der Präsident wird vom Direktorium auf Vorschlag seines Vorsitzenden ernannt. Der Rat legt das Gehalt und die Bedingungen des Anstellungsvertrags des Präsidenten fest.

c) Bei der Erfüllung ihrer Pflichten sind der Präsident und das Personal nur der Agentur und keiner anderen Behörde verantwortlich. Jedes Mitglied der Agentur achtet den internationalen Charakter dieser Verpflichtung und enthält sich aller Versuche, den Präsidenten oder das Personal bei der Erfüllung ihrer Pflichten zu beeinflussen.

d) Bei der Einstellung des Personals achtet der Präsident, vorausgesetzt, daß ein Höchstmaß an Leistungsfähigkeit und fachlichem Können gewährleistet ist, gebührend darauf, daß die Auswahl des Personals auf möglichst breiter geographischer Grundlage erfolgt.

e) Der Präsident und das Personal wahren jederzeit die Vertraulichkeit der bei der Durchführung der Geschäftstätigkeit der Agentur erlangten Informationen.

Der Präsident der Agentur hat gemäß Art. 33 zwei Aufgabenschwerpunkte. Er führt zum einen die laufenden Geschäfte der Agentur, zum anderen ist er aber auch für die Organisation und das Personal verantwortlich. **665**

Die Konvention nennt an „laufenden Geschäften" ausdrücklich die Genehmigung von Garantieverträgen (Art. 16 S. 2), die Befriedigung von Forderungen (Art. 17) sowie die Aufstellung des jährlichen Haushalts (Art. 28). Darüber hinaus zählen zu den „laufenden Geschäften" ganz allgemein diejenigen, die nicht von grundsätzlicher Bedeutung sind und die ihren Ursprung primär in der technischen Abwicklung von Investitionsversicherung und -förderung haben. Hierbei dürfte es sich vor allem handeln um den Abruf des gezeichneten Kapitals (Art. 7 [ii], Art. 8 b, c), die Bewertung der Währungen (Art. 9), Rückzahlungen gemäß Art. 10 a (i), (ii), die Prüfung von Garantieanträgen (Art. 11 ff.), die Befriedigung von Forderungen (Art. 17)[1], die Geltendmachung von Regreßansprüchen aus abgetretenem Recht (Art. 18), die Zusammenarbeit mit nationalen und regionalen Rechtsträgern sowie mit privaten Versicherern und Rückversi- **666**

---
1 Beachte hierbei aber die teilweise Zuständigkeit des „Forderungskommittees"; vgl. oben Art. 17, RdNr. 355.

Organisation und Geschäftsführung

cherern (Art. 19–21)², Maßnahmen zur Investitionsförderung (Art. 23), den Abschluß von Garantien für gesponsorte Investitionen (Art. 24), die allgemeine Verwaltung der Finanzen (Art. 25) sowie die Veröffentlichung des Jahresberichts (Art. 29).

667 Im Einzelfall kann die Abgrenzung zwischen den Zuständigkeiten des Rates, des Direktoriums und des Präsidenten Schwierigkeiten bereiten. Für das Verhältnis zwischen dem Präsidenten und dem Rat gilt dies immer dann, wenn die laufende Geschäftstätigkeit zugleich die Grundlagen der Politik der MIGA berührt. Dies kann vor allem im Zusammenhang mit den Maßnahmen zur Investitionsförderung gemäß Art. 23 sowie der Zusammenarbeit im Rahmen der Art. 19–21 der Fall sein. Der Rat sollte sich hierbei darauf beschränken, generelle Leitlinien für diese Tätigkeitsbereiche aufzustellen. Bei erheblicher Bedeutung der konkreten Angelegenheit steht ihm auch das Recht zu, sie an sich zu ziehen und anstelle des Präsidenten tätig zu werden. Praktisch relevant wird dies insbesondere im Rahmen von Art. 23, wo die größere Autorität des Rates diesen eher dazu in die Lage versetzen dürfte, mit den Betroffenen zu einer Vereinbarung zu gelangen. Der Rat sollte allerdings Zurückhaltung üben und das Verfahren nur in wirklichen Ausnahmefällen in die Hand nehmen.

668 Der Rat kann hierbei jedoch auch in Konflikt mit dem Direktorium geraten. Die Konvention sieht im Hinblick auf den Abschluß von Garantieverträgen und die Zusammenarbeit gemäß Art. 19–21 ausdrücklich Weisungsbefugnisse des Direktoriums gegenüber dem Präsidenten vor. Gemäß Art. 31 a S. 1, 59 ist der Rat ohne eine Änderung der Konvention nicht berechtigt, in diese Weisungsrechte des Direktoriums einzugreifen. Auch im übrigen sollte er sich bei allen seinen Maßnahmen, die neben Grundsatzfragen unmittelbar auch die allgemeine Geschäftstätigkeit und damit den Verantwortungsbereich des Direktoriums berühren, mit letzterem vorher abstimmen. Die letzte Entscheidungsbefugnis verbleibt beim Rat. Er hat zu diesem Zweck die Möglichkeit, die Zuständigkeiten durch eine Änderung der Konvention neu zu verteilen oder klarzustellen.

669 Auch das Verhältnis zwischen dem Direktorium und dem Präsidenten bietet im Hinblick auf die offene Reichweite der Kontroll- und Weisungsbefugnisse des Direktoriums Konfliktstoff. Dies gilt vor allem im Hinblick auf Anordnungen des Direktoriums für einen konkreten Einzelfall, etwa gemäß Art. 11 b, 12 b, 13 c, 16 und 17. Das Direktorium sollte hierbei Zurückhaltung üben. Ansonsten ist bereits aufgrund des längeren Entscheidungsprozesses innerhalb des Direktoriums zu befürchten, daß die Effizienz der MIGA beeinträchtigt wird. Es darf seine Weisungsbefugnisse außerdem nicht derart ausdehnen, daß sie einer Änderung der Konvention gleichkommen.

670 Der Präsident wird vom Direktorium auf Vorschlag seines Vorsitzenden ernannt (Art. 33 b S. 1). Da die Industriestaaten im Direktorium die Mehrheit innehaben³, ist davon auszugehen, daß der Präsident in der Regel aus einem Industrie-

---
2 Beachte hierbei aber die teilweise Zuständigkeit des Direktoriums; vgl. oben Art. 32, RdNr. 643.
3 Vgl. oben Art. 32, RdNr. 645 ff.

staat stammt. Als erster Präsident amtiert der Präsident der Weltbank, Mr. Barber B. Conable.

Art. 33 c will die Neutralität und damit letztlich die Funktionsfähigkeit der MIGA gewährleisten. Zu diesem Zweck statuiert Art. 33 c für den Präsidenten und das Personal den Grundsatz der Unabhängigkeit gegenüber Dritten. Jedes Mitglied wird aufgefordert, sich der Einflußnahme zu enthalten. Die Gefahr einer Beeinflussung ist besonders groß, wenn der Präsident und das Personal nur Zeitverträge innehaben und sie anschließend wieder in die nationale Behörde zurückkehren. 671

Das Personal soll sich aus möglichst vielen Staaten rekrutieren (Art. 33 d). Dies müssen nicht unbedingt Mitglieder sein. Es wird erwartet, daß die MIGA mit der Weltbank und/oder der International Finance Corporation Vereinbarungen über die Aufteilung von Personal und Einrichtungen trifft, um administrative „economies of scale" zu erzielen[4]. Die Personalstärke soll nach Möglichkeit gering gehalten werden, um die Effizienz und Leistungskraft der MIGA zu erhöhen und die Verwaltungsausgaben niedrig zu halten[5]. Alle Informationen sind vertraulich zu behandeln (Art. 33 e). 672

Das Gehalt des Präsidenten sowie die sonstigen Anstellungsbedingungen sollen vom Rat festgelegt und im Anstellungsvertrag geregelt werden (Art. 33 b S. 2). Soweit angemessen, soll die Agentur alle Ausgaben übernehmen, die für den Präsidenten in ihrem Interesse entstanden sind, einschließlich von Reise- und Transportkosten für sich, seine Familie und seine persönliche Habe, falls diese Ausgaben beim Hin- und Wegzug zum/vom Sitz der Agentur vor bzw. nach seinem Amtsantritt entstehen. Der anfängliche Anstellungsvertrag des Präsidenten soll eine Laufzeit von fünf Jahren haben. Eine eventuelle Vertragsverlängerung darf diesen Zeitraum nicht überschreiten. 673

Jede Person, die nach diesem Abschnitt für ihr entstandene Ausgaben entschädigt werden möchte, soll ihrer Forderung eine Erklärung beifügen, wonach sie im Hinblick auf diese Ausgaben weder eine Entschädigung aus anderer Quelle erhalten hat noch eine solche fordern wird[6]. 674

Artikel 34
Verbot der politischen Betätigung

Die Agentur, ihr Präsident und ihr Personal dürfen sich nicht in die politischen Angelegenheiten eines Mitglieds einmischen. Unbeschadet des Rechts der Agen-

---

4 Vgl. *Voss*, The Multilateral Investment Guarantee Agency: Status, Mandate, Concept, Features, Implications, J.W.T.L. 21 (1987), 5 ff. (16).
5 Vgl. Ziffer 59 des MIGA-Kommentars, nachfolgend S. 358.
6 Vgl. Ziffer 11 b, c der „By-Laws", nachfolgend S. 426.

Organisation und Geschäftsführung

tur, alle Umstände im Zusammenhang mit einer Investition zu berücksichtigen, dürfen sie sich in ihren Beschlüssen nicht von der politischen Ausrichtung des oder der betreffenden Mitglieder beeinflussen lassen. Die für ihre Entscheidungen maßgebenden Erwägungen sind unparteiisch gegeneinander abzuwägen, um die in Artikel 2 dargelegten Zwecke zu erreichen.

675 Art. 34 verbietet allen Organen und dem Personal der MIGA die Einmischung in die politischen Angelegenheiten eines Mitglieds. Die Vorschrift wird dem Sinn nach auch von der Weltbank bei der Beurteilung von Kreditanträgen zugrundegelegt[1]. Art. 34 wird insbesondere im Zusammenhang mit Art. 12 d (iv) relevant, wonach die MIGA den Abschluß eines Garantievertrages von den Investitionsbedingungen im Gastland abhängig zu machen hat. Politische Implikationen können aber auch die Maßnahmen der MIGA im Rahmen der Investitionsförderung gemäß Art. 23 auslösen.

676 Eine Kollision mit Art. 34 scheidet zunächst aus, soweit es um die zuletzt genannten Investitionsförderungsmaßnahmen geht. Die MIGA wird hierbei in der Regel nur auf Veranlassung bzw. mit Zustimmung des Gaststaates tätig. Von einer Einmischung in die politischen Angelegenheiten dieses Staates kann deshalb keine Rede sein. Dagegen können die Investitionsbedingungen im Rahmen von Art. 12 d (iv) grundsätzlich auch ohne Mitwirkung des Gastlandes bewertet werden. Art. 34 S. 1 verbietet, die Beurteilung der Investitionsbedingungen allein von der politischen Ausrichtung des Gastlandes abhängig zu machen. Wenn dessen Politik aber eindeutig investitionsfeindliche oder -hemmende Ziele verfolgt, steht Art. 34 einer negativen Entscheidung im Rahmen des Art. 12 d (iv) nicht entgegen. Entscheidend ist, daß die politische Einstellung des Gastlandes nur insoweit eine Rolle spielen darf, als sie sich konkret in den Investitionsbedingungen niederschlägt.

Artikel 35
Beziehungen zu internationalen Organisationen

Die Agentur arbeitet im Rahmen der Bestimmungen dieses Übereinkommens mit den Vereinten Nationen und anderen zwischenstaatlichen Organisationen, die auf verwandten Gebieten besondere Aufgaben haben, insbesondere der Bank und der Internationalen Finanz-Corporation, zusammen.

---

1 Vgl. *Chatterjee*, The Convention Establishing the Multilateral Investment Guarantee Agency, Int'l & Comp. L.Q. 36 (1987), 76 ff. (80).

Gliederung

I. Allgemeines 677
II. Die Zusammenarbeit mit einzelnen internationalen Organisationen. 681
  1. Die Weltbank (Internationale Bank für Wiederaufbau und Entwickung) 681
  2. Die International Finance Corporation (IFC) 685
  3. Die Internationale Entwicklungsorganisation (IDA) . . . 691
  4. Der Internationale Währungsfonds (IMF). 692
  5. Das International Centre for Settlement of Investment Disputes (ICSID) 697
  6. Der UNIDO-Investment Promotion Service 698
  7. Das Entwicklungsprogramm der Vereinten Nationen (UNDP) 702
  8. Die United Nations Commission on Transnational Corporations (UNCTC). 704
  9. Regionale Entwicklungsbanken 706
  10. Das EG-Zentrum für industrielle Entwicklung 708

I. Allgemeines

Art. 35 verpflichtet die MIGA zur Zusammenarbeit mit den Vereinten Nationen und anderen internationalen Organisationen. Die einzelnen Behörden sollen sich in ihrer Tätigkeit ergänzen, sich gegenseitig unterstützen, ihre Aufgaben miteinander abstimmen und nach Möglichkeit Synergieeffekte erzielen. Die MIGA ist hierbei die einzige Organisation, welche die Förderung ausländischer Investitionen in Entwicklungsländern zum alleinigen Ziel hat. Außerdem sind die Aktivitäten anderer internationaler Organisationen bisher wenig koordiniert und fragmentarisch[1]. Mit der MIGA kann die Weltbankgruppe dagegen nunmehr ein komplettes Programm zur Unterstützung ihrer Mitglieder bei der Bewertung und Anlockung ausländischer Direktinvestitionen anbieten[2]. Eine Zusammenarbeit kommt insbesondere im Bereich der Investitionsförderung gemäß Art. 23 zum Tragen[3].

Als Kooperationspartner kommen hauptsächlich die übrige Weltbankgruppe, der Internationale Währungsfonds (IMF), das United Nations Centre for Transnational Corporations (UNCTC), die United Nations Industrial Development Organization (UNIDO), das United Nations Development Programme (UNDP) sowie die Europäische Gemeinschaft in Betracht[4]. Die Zusammenarbeit kann sich zum einen auf technische Aspekte der Investitionsförderung beziehen, zum anderen aber auch die organisatorische und personelle Kooperation betreffen[5].

---

1 Vgl. *Shihata*, MIGA and Foreign Investment, 1988, S. 192.
2 So der Präsident der Weltbank, Mr. Barber B. Conable, in seiner Grußadresse auf der MIGA-Eröffnungssitzung am 8. Juni 1988 in Washington, D.C.
3 Siehe hierzu auch oben Art. 23, RdNr. 504 f.
4 Vgl. *Voss*, The Multilateral Investment Guarantee Agency: Status, Mandate, Concept, Features, Implications, J.W.T.L. 21 (1987), 5 ff. (16).
5 Siehe hierzu auch oben Art. 23, RdNr. 504 f.

Organisation und Geschäftsführung

679 Die MIGA wird ihre Kriterien zur Vergabe von Garantien vor allem mit den Programmen des Internationalen Währungsfonds und der Weltbank zu koordinieren haben. Hierbei besteht die Gefahr, daß die Schuldnerländer die MIGA als neues Mitglied in einem „Konditionierungskartell" betrachten und ihr von daher ablehnend gegenüberstehen. Ohnehin sind die Anpassungsprozesse nach Ansicht vieler Entwicklungsländer an die Grenzen dessen gestoßen, was unter wirtschaftlichen, sozialen und innenpolitischen Aspekten noch tragbar ist. Vereinzelte Einstellungen der Schuldendienstzahlungen bzw. deren Begrenzung auf bestimmte Quoten zeigen möglicherweise den Anfang einer Entwicklung an, die zu einer kollektiven Zahlungsverweigerung führen könnte. Auch wenn diese Gefahr derzeit nicht akut ist, so vermögen doch plötzliche krisenhafte Entwicklungen in den Schuldnerstaaten, eventuell verbunden mit einem Regierungsumsturz, einen derartigen Prozeß auszulösen.

680 Gegenüber dem Internationalen Währungsfonds und der Weltbank besitzt die MIGA den Vorteil, daß sie sich bei der Bereitstellung von Versicherungsschutz nicht mit bloßen Anpassungsankündigungen des Gaststaates begnügt. Sie darf vielmehr Versicherungsschutz erst dann gewähren, wenn sie sich davon überzeugt hat, daß die Investitionsbedingungen im Gaststaat ein erfolgreiches Tätigwerden ermöglichen. Die Effizienz der MIGA hängt demnach wesentlich von der Kooperationsbereitschaft des Gastlandes ab und seiner Entschlossenheit, marktwirtschaftliche Reformmaßnahmen durchzuführen.

II. Die Zusammenarbeit mit einzelnen internationalen Organisationen

1. Die Weltbank (Internationale Bank für Wiederaufbau und Entwicklung)

681 Die Weltbank finanziert Projekte und Programme in Entwicklungsländern, die sie als förderungswürdig und produktiv erachtet. Im Geschäftsjahr 1985 gewährte sie Darlehen in Höhe von 11,4 Mrd. US-Dollar zur Finanzierung von 131 Projekten in 44 Entwicklungsländern. Die Darlehen werden nach einer internationalen Ausschreibung der Projekte vergeben[6]. Darüber hinaus führt die Weltbank mit den Schuldnerstaaten einen verstärkten politischen Dialog, um Investitionshindernisse abbauen und wirtschaftspolitische Reformmaßnahmen verwirklichen zu helfen. In diesem Zusammenhang ist sie in letzter Zeit zunehmend dazu übergegangen, neben den Projektdarlehen auch längerfristige Strukturanpassungs- und Sektordarlehen zu vergeben[7]. Damit will sie die kurzfristigen

---

6 Vgl. *Bundesministerium für wirtschaftliche Zusammenarbeit*, Deutsche Unternehmen und Entwicklungsländer, 3. Aufl. 1987, S. 115.

7 Vgl. *Frank*, Strategien zur Vermeidung neuer Verschuldungskrisen – Aufgaben des Internationalen Währungsfonds und multilateraler Entwicklungshilfe-Organisationen, in: *Edition Dräger Stiftung* (Hrsg.), Die internationale Verschuldungskrise, Ursachen, Auswirkungen, Lösungsperspektiven, 1987, S. 323 ff.; *Schulmann*, Aufgaben des Internationalen Währungsfonds und multilateraler Entwicklungshilfe-Organisationen – Eine vorläufige Analyse des

Beziehungen zu internationalen Organisationen

Stabilisierungsmaßnahmen des IMF ergänzen[8]. Hinzu kommt eine Mobilisierung von Mitteln Dritter im Wege der Kofinanzierung.

682 Einem Erfolg dieser Bemühungen stehen jedoch erhebliche Hindernisse entgegen. Es herrscht ein Mangel an „bankfähigen" Projekten und Programmen. Das Instrument der Sektorhilfen und der Strukturanpassungsdarlehen ist vergleichsweise neu. Die Weltbank hat sich mit der teilweisen Hinwendung vom projekt- zum makroökonomischen Ansatz auf ein schwieriges Gebiet begeben. Außerdem beginnen die Entwicklungsländer, sich aus Sorge um zusätzliche oder gar wechselseitig sich verschärfende Konditionierungen gegen jede Form einer Kooperation und Kompetenzüberlappung zwischen Internationalem Währungsfonds und Weltbank zu wehren. Damit ist aber der Übergang von kurzfristiger, durch den Internationalen Währungsfonds initiierter Anpassung zur notwendigen langfristigen Strukturanpassung gefährdet[9].

683 Die Weltbank hat weiterhin eher prozyklisch reagiert, indem sie auf eine Verschlechterung der finanziellen Rahmenbedingungen mit einer Rücknahme bzw. Einschränkung ihrer Kredite geantwortet hat. Ihrer Rolle als „Lender of Last Resort" hätte es eher entsprochen, antizyklisch zu reagieren, wenn die Kräfte des Marktes erlahmen[10].

684 Die MIGA dürfte mit der Weltbank schon aufgrund der bestehenden institutionellen Verknüpfung eng zusammenarbeiten. Insbesondere im Rahmen von Art. 12 d (i), (iv) wird die MIGA zu prüfen haben, ob das Investitionsprojekt den marktwirtschaftlichen Anforderungen und Auflagen der Weltbank genügt. Umgekehrt kann die Weltbank bei ihrer Entscheidung darüber, ob das betreffende Projekt förderungswürdig ist, den Abschluß eines Garantievertrages mit der MIGA berücksichtigen. Außerdem können sie und die übrigen Mitglieder der Weltbankgruppe auf Informationen zurückgreifen, die sie von der MIGA im Hinblick auf einzelne ökonomische und institutionelle Investitionshindernisse erhalten haben[11].

Baker-Plans, in: *Edition Dräger Stiftung* (Hrsg.), Die internationale Verschuldungskrise, Ursachen, Auswirkungen, Lösungsperspektiven, 1987, S. 343 ff.
8 Siehe hierzu nachfolgend RdNr. 692 ff.
9 Vgl. *Frank*, Strategien zur Vermeidung neuer Verschuldungskrisen – Aufgaben des Internationalen Währungsfonds und multilateraler Entwicklungshilfe-Organisationen, in: *Edition Dräger Stiftung* (Hrsg.), Die internationale Verschuldungskrise, Ursachen, Auswirkungen, Lösungsperspektiven, 1987, S. 323 ff. (333 ff.).
10 Vgl. *Schulmann*, Aufgaben des Internationalen Währungsfonds und multilateraler Entwicklungshilfe-Organisationen – Eine vorläufige Analyse des Baker-Plans, in: *Edition Dräger Stiftung* (Hrsg.), Die internationale Verschuldungskrise, Ursachen, Auswirkungen, Lösungsperspektiven, 1987, S. 343 ff. (348).
11 So der Präsident der Weltbank, Mr. Barber B. Conable, in seiner Grußadresse auf der MIGA-Eröffnungskonferenz am 8. Juni 1988 in Washington, D. C.

Organisation und Geschäftsführung

2. Die International Finance Corporation (IFC)

685 Die IFC hat seit ihrer Gründung im Jahre 1956 als Tochter der Weltbank für über 800 Projekte in 80 Entwicklungsländern weit über 7 Mrd. US-Dollar bereitgestellt. Zum Leistungsangebot der IFC gehören:

– Projektermittlung und -förderung;

– Übernahme von Beteiligungen an Unternehmen in Entwicklungsländern[12];

– Zusammenführung von Partnern aus Industrie- und Enwicklungsländern sowie

– Hilfe bei der Vermittlung von Finanzierungen.

686 Versicherungsähnliche Wirkung kommt der „Guaranteed Recovery of Investment Principal" (GRIP) zu. Dieses Programm wird von der International Finance Corporation seit dem Sommer 1986 angeboten und stellt einen neuen Service zur Absicherung ausländischer Kapitalbeteiligungen an Gemeinschaftsunternehmen in der Dritten Welt dar. Die Funktionsweise des GRIP-Programms beruht darauf, daß der Investor seine Finanzmittel der International Finance Corporation zur Verfügung stellt und sich letztere an dem joint venture-Projekt beteiligt, während der Kapitalgeber von der International Finance Corporation einen Schuldschein erhält. Die Kapitalgewinne und Dividenden werden zwischen dem Kapitalgeber und der International Finance Corporation geteilt. Nach Ablauf der vereinbarten Laufzeit erhält der Kapitalgeber seine Einlage zurück oder die Parteien einigen sich auf eine Vertragsverlängerung. Die eventuellen Verluste des Investors beschränken sich auf den entgangenen Gewinn und das Inflationsrisiko. Jedoch bleibt er von den gerade in den Entwicklungsländern bestehenden hohen Abwertungsrisiken verschont, da die indirekten Beteiligungen nur in harten Währungen, zunächst ausschließlich in US-Dollars, gehalten werden können[13].

687 Darüber hinaus kann die Beteiligung der IFC an Projekten in Entwicklungsländern auch insofern von Interesse sein, als sie in einigen Ländern, die ausländische Beteiligungen über einen bestimmten Prozentsatz hinaus verbieten, wegen ihres multilateralen Charakters nicht als ausländischer Partner betrachtet wird[14].

688 Neben den speziellen Finanzhilfen und der begleitenden Unterstützung für einzelne Projekte bietet die IFC in letzter Zeit auch eine allgemeine Investitionsberatung an. Zu nennen sind hierbei das „Policy Advisory Program", das „Investment Promotion Program" sowie die „Foreign Investment Advisory Services". Sie betreffen sowohl Konsultationen mit den Gaststaaten über die Verbesserung der Investitionsbedingungen als auch die Information potentieller Investoren über günstige Investitionsgelegenheiten[15].

---

12 Siehe speziell zum GRIP-Service nachfolgend RdNr. 686.
13 Vgl. *Ebenroth*, Code of Conduct – Ansätze zur vertraglichen Gestaltung internationaler Investitionen, 1987, RdNr. 48 a–c; *Siebert*, Neuer attraktiver Finanzdienst, DIE WELT Nr. 200 vom 29. August 1986, S. 10.
14 Vgl. zum Ganzen: *Bundesministerium für wirtschaftliche Zusammenarbeit*, Deutsche Unternehmen und Entwicklungsländer, 3. Aufl. 1987, S. 67 f.
15 Vgl. *Shihata*, MIGA and Foreign Investment, 1988, S. 193.

Aufgrund ihres Auftrags und ihrer Struktur ist zu erwarten, daß die IFC von **689**
allen internationalen Organisationen am engsten mit der MIGA zusammenarbeiten wird. Als weltweit bedeutendste Organisation zur Investitionsförderung in den Entwicklungsländern bzw. als einzige multilaterale Investitionsversicherungsagentur kommt es für die IFC und die MIGA darauf an, ihre sich teilweise überschneidenden Aufgabengebiete zu ergänzen und zu koordinieren. Zu diesem Zweck hat das Direktorium im September 1988 beschlossen, einen gemeinsamen Beratungsdienst für ausländische Direktinvestitionen für einen Zeitraum von zunächst zwei Jahren einzurichten. Danach soll über das weitere Verfahren erneut beraten werden.

Die MIGA und die IFC können sich daneben z. B. bei der Auswahl von **690**
geeigneten Förderprojekten und der Zusammenführung der Partner ergänzen. Weiterhin kann die MIGA mit Abschluß des Garantievertrages aber auch die Voraussetzung dafür schaffen, daß sich die IFC selbst an dem Investitionsprojekt beteiligt. Mit deren Partizipation dürfte umgekehrt das Haftungsrisiko der MIGA sinken, da die IFC als multilaterale Organisation ebenfalls eine Schutzschirmfunktion entfalten kann.

3. Die Internationale Entwicklungsorganisation (IDA)

Die IDA gehört zur Weltbankgruppe. Sie vergibt besonders günstige Entwicklungshilfekredite. Im Geschäftsjahr 1985 hat sie 105 Kredite in Höhe von 3 Mrd. **691**
US-Dollar für Projekte in 45 Entwicklungsländern gewährt. Auch die MIGA und die IDA können die Garantie- bzw. Kreditvergabe aufeinander abstimmen[16].

4. Der Internationale Währungsfonds (IMF)

Die Bedeutung des IMF hat seit Beginn der Verschuldungskrise ständig zugenommen. Er spielt eine Schlüsselrolle, um die erforderlichen Anpassungsmaß- **692**
nahmen der Entwicklungsländer sicherzustellen, unmittelbare finanzielle Unterstützung zu gewähren und um Gläubiger und Schuldner zum Zwecke der Schuldenreorganisation zusammenzubringen. Die Strategie des IMF beruht auf der kurzfristigen Bereitstellung finanzieller Mittel unter der Auflage, daß das Empfängerland Anpassungsmaßnahmen durchführt. Darüber hinaus hat der IMF auch neue Programme zur Technischen Hilfe entwickelt. Hierfür wurden die Statistiken zur Sammlung und Auswertung externer Verschuldungsdaten verbessert und die Konsultationen mit den betroffenen Ländern vertieft[17].

---

16 Vgl. *Bundesministerium für wirtschaftliche Zusammenarbeit*, Deutsche Unternehmen und Entwicklungsländer, 3. Aufl. 1987, S. 115.
17 Vgl. *Frank*, Strategien zur Vermeidung neuer Verschuldungskrisen – Aufgaben des Internationalen Währungsfonds und multilateraler Entwicklungshilfe-Organisationen, in: *Edition Dräger Stiftung* (Hrsg.), Die internationale Verschuldungskrise, Ursachen, Auswirkungen, Lösungsperspektiven, 1987, S. 323 ff. (341).

Organisation und Geschäftsführung

693 Bei seiner Politik begnügt sich der Fonds, wie zuletzt im Brasilien-Paket, mehr und mehr mit bloßen Anpassungsankündigungen der Schuldnerländer. Er begründet dies mit der sogenannten motivierten Zahlungsbilanzlehre. Nach ihr sind die Zahlungsbilanzprobleme der Entwicklungsländer weitgehend extern verursacht und nachhaltig nur über eine Veränderung der weltwirtschaftlichen Rahmenbedingungen zu beseitigen, wenn also Entwicklungsrückstände aufgeholt sowie Terms of Trade-Verschlechterungen, außenpolitische und außenwirtschaftliche Turbulenzen überwunden werden.

694 Der Fonds trug mit seiner nachgiebigen Finanzierungs- und Auflagenpolitik nicht nur dazu bei, daß die Schuldnerländer die Grenzen einer volkswirtschaftlich vertretbaren Verschuldung aus den Augen verloren haben. Darüber hinaus ließ sich auch der private Bankensektor zwischen 1973 und 1981 im Zuge der Rückführung der Leistungsbilanzüberschüsse der OPEC-Staaten von der Schuldnerfreundlichkeit des Fonds mitreißen. Die wachsende Kreditbereitschaft der internationalen Finanzmärkte war nicht durch eine verbesserte Bonität der Schuldnerländer begründet. Die Banken vertrauten darauf, daß die Kreditfähigkeit der Schuldnerländer auch künftig durch eine großzügige Kreditvergabe von seiten des Fonds und der Weltbank abgesichert sein würde. Unter der Führung des Fonds in dessen Rolle als „Lender of Last Resort" trugen demnach auch die Banken dazu bei, notwendige Strukturanpassungen in den Entwicklungsländern zu verzögern.

695 Der Geschäftsführende Generaldirektor des Internationalen Währungsfonds, Michel Camdessus, ist immer noch der Denktradition der motivierten Zahlungsbilanzlehre verhaftet, wenn er die Mißerfolge bei den Anpassungsbemühungen nach 1982 in erster Linie unverschuldeten äußeren Faktoren zuweist, welche die Schuldner um die Früchte ihrer Anstrengungen gebracht hätten. Diese Äußerungen übersehen, daß es unter den Bedingungen des Preisdirigismus und der Devisenbewirtschaftung an wirksamen Anreizen und Kontrollen für eine volkswirtschaftlich sinnvolle Verwendung der Auslandskredite fehlt.

696 Der somit erforderliche Anpassungsdruck kann vom Internationalen Währungsfonds derzeit kaum geleistet werden, weil er in seiner heutigen Gestalt an der Reihenfolge Kredit vor Auflagenerfüllung nichts ändern kann. Er hat sich nach 1973 in beschleunigtem Maße zu einer Entwicklungsbank mit einer mehrpoligen Machtstruktur und mit mächtigen bürokratischen Eigeninteressen verwandelt. Seine Rolle ist weitgehend auf eine Stundungsunterstützungsfunktion zusammengeschmolzen. Dies kann die Zusammenarbeit mit der MIGA beeinträchtigen.

5. Das International Centre for Settlement of Investment Disputes (ICSID)

697 Die Weltbank hat mit der Konvention zur Beilegung von Investitionsstreitigkeiten zwischen Staaten und Angehörigen anderer Staaten vom 18. März 1965[18] ein

---

18 Abgedruckt in ILM 4 (1965), 432 ff. Die Konvention ist am 14. Oktober 1966 in Kraft getreten.

internationales Vergleichs- und Schiedszentrum mit Sitz in Washington, D.C. geschaffen. Es bietet den organisatorischen Rahmen für die Beilegung von Investitionsstreitigkeiten[19]. Die MIGA wird bei der organisationsinternen Streitschlichtung hierauf weitgehend zurückgreifen[20].

6. Der UNIDO-Investment Promotion Service

Die UNIDO berät Unternehmen bei Industrievorhaben in Entwicklungsländern, die ausländisches Kapital, Know-how und Management erfordern und für ein Engagement ausländischer Unternehmen geeignet sind. Neben der Vermittlung allgemeiner und spezieller Informationen kann die UNIDO unter anderem folgende Leistungen anbieten: **698**

– Marktstudien;

– technisch-ökonomische Studien (feasibility-studies);

– Lösung von technischen oder Management-Problemen, insbesondere während der Anlaufphase eines Vorhabens.

Im einzelnen können die Maßnahmen insbesondere umfassen: **699**

– Suche nach Investitionspartnern und/oder Know-how für Industrieprojekte im Auftrag von interessierten Unternehmen aus den Entwicklungsländern;

– Auskünfte an interessierte Unternehmen und Regierungsstellen der Entwicklungsländer über Möglichkeiten der Kooperation mit ausländischen Firmen;

– Information der Unternehmen über Projekte in Entwicklungsländern;

– Unterstützung der Firmen bei der Suche nach Projekten und Partnern in Entwicklungsländern sowie Hilfe bei der Entwicklung von Projekten;

– Hinweise auf und Vermittlung von Finanzierungsmöglichkeiten, insbesondere der öffentlichen Hand sowie von Finanzierungsinstituten, die Industrieprojekte in Entwicklungsländern finanzieren sowie

– Vermittlung von Kontakten zu Regierungen sowie zu privaten und öffentlichen Institutionen in den Entwicklungsländern.

Insgesamt zielt das UNIDO-Fördersystem darauf ab, in Entwicklungsländern Marktlücken zu schließen, das Warenangebot zu diversifizieren sowie Beschäftigungs- und Einkommensmöglichkeiten zu schaffen. Seit 1978 verfügt die **700**

---

19 Siehe hierzu *Pirrung*, Die Schiedsgerichtsbarkeit nach dem Weltbankübereinkommen für Investitionsstreitigkeiten, 1972, S. 3 ff.; *Shihata*, The Role of ICSID and the Projected Multilateral Investment Guarantee Agency (MIGA), Außenwirtschaft 41 (1986), 105 ff.; *Baker/Ryans*, The International Centre for Settlement of Investment Disputes, J.W.T.L. 10 (1976), 65 ff.; *Delaume*, Le Centre International pour le Réglement des Différents Relatifs aux Investissements (CIRDI): La Pratique de CIRDI, J.D.I. 1982, 775 ff.; *Mengel*, Probleme der Zuständigkeit des International Centre for Settlement of Investment Disputes (ICSID), RIW 1986, 941 ff.

20 Vgl. nachfolgend Art. 57 f., RdNr. 814 ff.

Organisation und Geschäftsführung

UNIDO, die ihren Hauptsitz in Wien hat, unter anderem auch über ein Service-Büro in Köln[21].

701 Die UNIDO übt sowohl für das Gastland als auch für Unternehmen aus den Industrie- und Entwicklungsländern Beratungsdienste aus. Sie kann hierzu in einen Erfahrungsaustausch mit der MIGA eintreten. Sie kann weiterhin die Beteiligten am Investitionsprojekt über die Erhältlichkeit des MIGA-Versicherungsschutzes informieren.

7. Das Entwicklungsprogramm der Vereinten Nationen (UNDP)

702 Das UNDP erstellt in Zusammenarbeit mit den betroffenen Regierungen Entwicklungsprogramme für die Staaten der Dritten Welt. Sie haben eine Laufzeit von fünf Jahren und geben einen kurzen Überblick über die allgemeinen Entwicklungsziele des Landes, die entwicklungspolitischen Gegebenheiten sowie die in den einzelnen Sektoren vorgesehenen Programme und Finanzmittel. In begrenztem Umfang vergibt das UNDP auch Consultingaufträge[22].

703 Die MIGA kann zum einen die vom UNDP durchgeführten Recherchen in ihre Projektprüfung gemäß Art. 12 d einbeziehen. Zum anderen kann das UNDP in seinen Analysen und Veröffentlichungen aber auch auf die MIGA und ihre Dienste aufmerksam machen.

8. Die United Nations Commission on Transnational Corporations (UNCTC)

704 Innerhalb der Vereinten Nationen werden seit geraumer Zeit internationale Verhaltenskodizes[23] ausgearbeitet, die ebenfalls auf eine Verbesserung des Ressourcentransfers zwischen den Kapitalexport- und den Kapitalimportstaaten gerichtet sind. Dabei verdient der Entwurf eines „Code of Conduct on Transnational Corporations" besondere Beachtung, da er ebenso wie die MIGA-Konvention Direktinvestitionen zum zentralen Regelungsgegenstand hat. Der Code etabliert internationale Verhaltensstandards für ausländische Investoren und

---

21 Vgl. *Bundesministerium für wirtschaftliche Zusammenarbeit*, Deutsche Unternehmen und Entwicklungsländer, 3. Aufl. 1987, S. 69 f.
22 Vgl. *Bundesministerium für wirtschaftliche Zusammenarbeit*, Deutsche Unternehmen und Entwicklungsländer, 3. Aufl. 1987, S. 123.
23 Es handelt sich hierbei um: (1) Die Dreigliedrige Grundsatzerklärung des Internationalen Arbeitsamtes über multinationale Unternehmen und Sozialpolitik vom 16. November 1977 (abgedruckt in: ILM 17 [1978], 423 ff.; deutsche Fassung in RdA 1978, 253 ff.); (2) den Kodex zur Kontrolle wettbewerbsbeschränkender Geschäftspraktiken vom 22. April 1980 (abgedruckt in deutscher und englischer Fassung in: WuW 1982, 32 ff.); (3) den Spezialkodex für Muttermilchersatzprodukte vom 21. Mai 1983 (abgedruckt in: ILM 21 [1982], 1004 ff.); (4) den Verhaltenskodex für die Verteilung und Anwendung von Pestiziden vom 26. November 1985 (FAO-Doc. C 85/25-Rev. 1). Zwei weitere Kodizes von zentraler Bedeutung befinden sich noch im Verhandlungsstadium. Es sind dies: (1) der Verhaltenskodex für transnationale Unternehmen (der jüngste Entwurf stammt vom 2. Juni 1983; vgl. UN-EcoSoc-Doc. E/C.10/1983/S/5 vom 2. Juni 1983) sowie (2) der Technologietransferkodex (der jüngste Entwurf stammt vom 5. Juni 1985; vgl. UN-Doc. CODE TOT/47 vom 20. Juni 1985).

Gaststaaten. Er erfaßt nahezu alle investitionsrelevanten Regelungsbereiche[24] und versucht, zu einem ausgewogenen Verhältnis der gegenseitigen Rechte und Pflichten zu finden. Auf diese Weise sollen bestehende Investitionshindernisse beseitigt und die Investitionsströme in die Kapitalimportländer erhöht werden[25]. Das gleiche Anliegen verfolgt innerhalb der OECD die „Declaration on International Investment and Multinational Enterprises" vom 21. Juni 1976[26]. Die MIGA kann sowohl durch ihre Versicherungsentscheidungen als auch ihre sonstigen Investitionsförderungsmaßnahmen die Verabschiedung des Code of Conduct fördern[27].

Die UN-Commission on Transnational Corporations hat außerdem das United Nations Centre on Transnational Corporations gegründet. Es hat ein technisches Kooperationsprogramm entwickelt, das die Entwicklungsländer im Umgang mit transnationalen Unternehmen unterstützen soll[28]. Auch insoweit kommen Synergieeffekte mit der MIGA in Betracht. **705**

9. Regionale Entwicklungsbanken

Während die Weltbankgruppe global tätig wird, finanzieren die drei regionalen Entwicklungsbanken und deren Sonderfonds nur Projekte und Programme in den Mitgliedstaaten ihrer Regionen. Es handelt sich hierbei um **706**

– die Asiatische Entwicklungsbank, Manila;

– die Afrikanische Entwicklungsbank, Abidjan;

– die Interamerikanische Entwicklungsbank, Washington, D.C., sowie ihre Tochtergesellschaft, die Interamerikanische Investitionsgesellschaft[29].

Die regionalen Entwicklungsbanken können bei der Mittelbereitstellung bzw. den Darlehenskonditionen in Betracht ziehen, ob die MIGA für Projekte in dem betreffenden Staat Versicherungsschutz gewährt. Da sich die MIGA aus Mitgliedern verschiedener Staatengruppen zusammensetzt, könnte hierdurch zugleich der Entstehung von Wettbewerbsverzerrungen aufgrund der konkurrierenden Finanzierungstätigkeiten der einzelnen Banken entgegengewirkt werden. **707**

---

24 Zu nennen sind vor allem das Niederlassungsrecht, Konzernrecht, Steuerrecht, Bilanzrecht, Technologietransferrecht, Wettbewerbsrecht, der Verbraucherschutz, der Umweltschutz, das Enteignungsrecht sowie Fragen der Jurisdiktionsgewalt.
25 Vgl. hierzu im einzelnen *Ebenroth*, Code of Conduct – Ansätze zur vertraglichen Gestaltung internationaler Investitionen, 1987, RdNr. 72 ff.
26 Abgedruckt bei *Ebenroth*, Code of Conduct – Ansätze zur vertraglichen Gestaltung internationaler Investitionen, 1987, S. 631 ff.
27 Vgl. oben Art. 12 d (iv), RdNr. 267 ff., 279 f.
28 Vgl. *Shihata*, MIGA and Foreign Investment, 1988, S. 194.
29 Vgl. *Bundesministerium für wirtschaftliche Zusammenarbeit*, Deutsche Unternehmen und Entwicklungsländer, 3. Aufl. 1987, S. 118; *Deutsche Bundesbank*, Internationale Organisationen und Abkommen im Bereich von Währung und Wirtschaft, 1986, S. 79 ff.

Organisation und Geschäftsführung

10. Das EG-Zentrum für industrielle Entwicklung

708 Es wurde 1977 im Rahmen des Abkommens der Europäischen Gemeinschaften mit den AKP-Staaten errichtet. Das Zentrum hat die Hauptaufgabe, diese mit der EG besonders verbundenen Staaten beim industriellen Aufbau sowie bei der Vermittlung technischen und kaufmännischen Wissens zu unterstützen. Es wurde von den AKP- und EG-Staaten als gemeinsame Institution gegründet und kann von europäischen Unternehmen, die an einer Zusammenarbeit mit den AKP-Staaten interessiert sind, sei es als Investor, joint venture-Partner, Lieferant von Know-how oder kompletten Anlagen, Management- oder Marketing-Partner, in Anspruch genommen werden.

709 Das Zentrum hilft unter anderem bei der

- Auswahl des geeigneten AKP-Standortlandes sowie geeigneter AKP-Geschäftspartner;
- Organisation von Informationsreisen in AKP-Länder;
- Ausarbeitung und Mitfinanzierung von Projektstudien;
- Regelung rechtlicher Probleme und Aushandlung von Verträgen;
- Vermittlung von Finanzierungen, die über die Eigenmittel des Investors hinaus notwendig werden;
- Ausbildung von technischem und kaufmännischem Personal aus AKP-Ländern[30].

710 Das Zentrum kann die Erhältlichkeit von Versicherungsschutz durch die MIGA in seine Investitionsberatung, insbesondere in die Vermittlung von Finanzierungsmöglichkeiten, einbeziehen. Es kann weiterhin mit der MIGA den Austausch von Informationen und sonstigen Dienstleistungen vereinbaren.

Artikel 36

Hauptsitz

a) Der Hauptsitz der Agentur befindet sich in Washington, D. C., sofern nicht der Rat mit besonderer Mehrheit beschließt, ihn an einem anderen Ort zu errichten.

b) Die Agentur kann andere für ihre Arbeit notwendige Geschäftsstellen errichten.

---

30 Vgl. *Bundesministerium für wirtschaftliche Zusammenarbeit*, Deutsche Unternehmen und Entwicklungsländer, 3. Aufl. 1987, S. 71.

Die MIGA hat bisher neben ihrem Hauptsitz keine weiteren Geschäftsstellen eröffnet. Sie kann ihre Organisation z. B. auch dadurch dezentralisieren, daß sie mit nationalen Versicherern gemäß Art. 19 bzw. mit internationalen Organisationen gemäß Art. 35 Kooperationsvereinbarungen trifft[1]. Andererseits kann diese Zusammenarbeit aber auch erst die Notwendigkeit zur Errichtung einer Geschäftsstelle begründen, etwa dann, wenn sich die MIGA in einem Land oder einer Region in besonders starkem Umfang durch Mit- und Rückversicherungen engagiert. **711**

Artikel 37
Hinterlegungsstellen für Vermögenswerte

Jedes Mitglied bestimmt seine Zentralbank als Hinterlegungsstelle für Guthaben der Agentur in seiner Währung oder andere Vermögenswerte der Agentur; hat es keine Zentralbank, so bestimmt es hierfür ein anderes der Agentur genehmes Institut.

Bei den Vermögenswerten der Agentur handelt es sich um den Fördertreuhandfonds sowie um andere, von ihr zur Erreichung ihrer Ziele verwaltete Vermögenswerte (Art. 45 c), insbesondere das von den Mitgliedern eingezahlte Kapital und die von ihr getätigten Investitionen[1]. Die MIGA selbst verfügt wie auch die Weltbank über keine eigenen Konten. Die MIGA hat demnach keinen unmittelbaren Zugriff auf ihr Vermögen, ist jedoch insoweit abgesichert, als letzteres gegen Eingriffe des Hinterlegungsstaates weitgehend immun ist (Art. 45). **712**

Artikel 38
Verbindungsstelle

a) Jedes Mitglied bezeichnet eine geeignete Stelle, mit der sich die Agentur in jeder sich aus diesem Übereinkommen ergebenden Angelegenheit in Verbindung setzen kann. Die Agentur kann sich auf Erklärungen dieser Stelle als Erklärungen des Mitglieds verlassen. Die Agentur konsultiert auf Antrag eines Mitglieds

---

1 Vgl. Ziffer 29 des MIGA-Kommentars, nachfolgend S. 352 f.
1 Siehe oben Art. 28, RdNr. 612 ff.

Organisation und Geschäftsführung

dieses Mitglied in bezug auf die in den Artikeln 19 bis 21 behandelten Angelegenheiten, die sich auf Rechtsträger oder Versicherer dieses Mitglieds beziehen.

b) Ist die Genehmigung eines Mitglieds erforderlich, bevor die Agentur tätig werden kann, so gilt die Genehmigung als erteilt, wenn das Mitglied nicht innerhalb einer angemessenen Frist, die von der Agentur bei der Unterrichtung des Mitglieds über die vorgesehene Handlung festgelegt wird, Widerspruch erhebt.

713 Die Kontakte zwischen der MIGA und einem Mitglied können vielfältiger Natur sein. In Betracht kommen z. B. ein Aufnahmeantrag (Art. 4), der Abruf des gezeichneten Kapitals (Art. 7, 8), Rückzahlungen von Anteilen (Art. 10), die Prüfung der Versicherbarkeitsvoraussetzungen (Art. 11 ff.), die Genehmigung des Vertrages durch das Gastland (Art. 15), die Geltendmachung von Regreßansprüchen (Art. 18), der Abschluß von Mit- und Rückversicherungsverträgen mit staatlichen und privaten Versicherern (Art. 19–21), Investitionsförderungsmaßnahmen (Art. 23), die Verwaltung von gesponsorten Investitionen (Art. 24), die Verteilung der Nettoeinnahmen (Art. 27 b), die Verwaltung des MIGA-Kapitals (Art. 37), der Austritt aus der Agentur (Art. 51), die Suspendierung der Mitgliedschaft (Art. 52), die Abwicklung der gegenseitigen Forderungen und Verbindlichkeiten (Art. 53), die Auflösung der Agentur (Art. 55), die Beilegung von Streitigkeiten (Art. 56–58) sowie Änderungen der Konvention (Art. 59, 60).

714 Art. 38 a S. 1 verpflichtet jedes Mitglied dazu, eine Verbindungsstelle zu benennen, an die sich die MIGA in den vorstehend genannten Angelegenheiten wenden und auf deren Erklärungen sie vertrauen kann (Art. 38 a S. 2). Die MIGA ihrerseits ist gemäß Art. 38 a S. 3 dazu verpflichtet, dem Konsultationswunsch eines Mitglieds im Hinblick auf eine Zusammenarbeit gemäß Art. 19–21 zu entsprechen.

715 Die Benennung einer Verbindungsstelle obliegt dem einzelnen Mitglied. In Betracht kommen z. B. die jeweiligen Wirtschaftsministerien, sonstige Fachressorts[1] oder andere spezielle Einrichtungen.

---

[1] In der Bundesrepublik Deutschland ist das Bundesministerium für wirtschaftliche Zusammenarbeit federführend. Soweit allerdings der operative Bereich der MIGA betroffen ist, liegt die Zuständigkeit beim Bundesministerium für Wirtschaft.

Kapitel VI
Abstimmung, Anpassung der Zeichnungsbeträge und Vertretung

Artikel 39
Abstimmung und Anpassung der Zeichnungsbeträge

a) Um Abstimmungsregelungen zu treffen, welche die gleichberechtigten Interessen der in Anhang A aufgeführten zwei Kategorien von Staaten sowie die Bedeutung der finanziellen Beteiligung jedes Mitglieds widerspiegeln, hat jedes Mitglied 177 Mitgliedschaftsstimmen zuzüglich einer Stimme für jeden von dem Mitglied gezeichneten Anteil.

b) Beträgt zu irgendeiner Zeit innerhalb von drei Jahren nach Inkrafttreten dieses Übereinkommens die Gesamtsumme der Mitgliedschafts- und Anteilsstimmen der Mitglieder, die einer der in Anhang A aufgeführten zwei Kategorien von Staaten angehören, weniger als vierzig v. H. der Gesamtstimmenzahl, so erhalten die Mitglieder dieser Kategorie so viele zusätzliche Stimmen, wie notwendig sind, um die Gesamtstimmenzahl der Kategorie auf diesen Hundertsatz der Gesamtstimmenzahl zu bringen. Diese zusätzlichen Stimmen werden unter den Mitgliedern der Kategorie im Verhältnis der Anteilsstimmen jedes einzelnen zu den gesamten Anteilsstimmen der Kategorie aufgeteilt. Die zusätzlichen Stimmen werden automatisch angepaßt, um sicherzustellen, daß dieser Hundertsatz aufrechterhalten bleibt; nach Ablauf der obengenannten Dreijahresfrist werden sie gestrichen.

c) Im Verlauf des dritten Jahres nach Inkrafttreten dieses Übereinkommens überprüft der Rat die Zuteilung der Anteile; in seinem Beschluß läßt er sich von folgenden Grundsätzen leiten:

i) Die Stimmen der Mitglieder müssen die tatsächlichen Zeichnungen auf das Kapital der Agentur und die Mitgliedschaftsstimmen nach Buchstabe a widerspiegeln;

ii) Anteile, die Ländern zugeteilt werden, die das Übereinkommen nicht unterzeichnet haben, werden zur Neuverteilung an solche Mitglieder und in einer solchen Weise zur Verfügung gestellt, daß Stimmengleichheit zwischen den obengenannten Kategorien möglich wird;

iii) der Rat wird Maßnahmen ergreifen, die es den Mitgliedern erleichtern, die ihnen zugeteilten Anteile zu zeichnen.

Abstimmung, Anpassung der Zeichnungsbeträge und Vertretung

d) Innerhalb der unter Buchstabe b vorgesehenen Dreijahresfrist werden alle Beschlüsse des Rates und des Direktoriums mit besonderer Mehrheit gefaßt; Beschlüsse, für die aufgrund dieses Übereinkommens eine größere Mehrheit erforderlich ist, werden jedoch mit der größeren Mehrheit gefaßt.

e) Wird das Grundkapital der Agentur nach Artikel 5 Buchstabe c erhöht, so wird jedes Mitglied auf Antrag ermächtigt, einen Teil der Erhöhung zu zeichnen, der dem Verhältnis seines vorher gezeichneten Kapitals zum Grundkapital der Agentur entspricht; die Mitglieder sind jedoch nicht verpflichtet, einen Teil des erhöhten Kapitals zu zeichnen.

f) Der Rat erläßt Vorschriften über die zusätzlichen Anteilszeichnungen nach Buchstabe e. Diese Vorschriften sehen angemessene Fristen für die Vorlage der Anträge auf diese Zeichnungen durch die Mitglieder vor.

716 Art. 39 will sicherstellen, daß keine der beiden in der MIGA vertretenen Staatengruppen (Industriestaaten, Entwicklungsländer) die andere beherrschen kann. Nach dem früheren Vorschlag zur Errichtung einer „International Investment Insurance Agency"[1] sollten die Industriestaaten die Mehrheit der Stimmrechte innehaben[2]. Bei der Ausarbeitung des MIGA-Konventionsentwurfs hatte die Weltbank zunächst vorgesehen, die Stimmrechte zwischen Gast- und Heimatstaaten von Investoren gleichmäßig zu verteilen und jedem Staat das Recht einzuräumen, seine Klassifizierung als Gast- oder Heimatstaat vorbehaltlich der Zustimmung durch den Rat selbst vorzunehmen. Dabei ergab sich jedoch das Problem der konkreten Zuteilung von Stimmrechten, da die relative Größe einer jeden Gruppe nicht vorausgesagt werden kann[3].

717 Der jetzige Art. 39 verbindet das Prinzip von **Anteilsstimmrechten** mit dem Grundsatz der **gleichmäßigen Vertretung** von Ländergruppen. Gemäß Art. 39 a wird jedem Mitglied eine Basisstimmzahl von 177 Stimmen sowie je eine weitere Stimme pro gezeichnetem Kapitalanteil zugewiesen. Entsprechend der Aufteilung der Zeichnungsbeträge gemäß Anhang A führt dieses System zu einer Stimmengleichheit von Industriestaaten und Entwicklungsländern, wenn alle mitgliedsberechtigten Staaten der Konvention beigetreten sind. Bis dahin wird die tatsächliche Stärke der Entwicklungsländer wesentlich davon abhängen, ob die großen Schwellenländer Brasilien, Indien und Mexiko der Konvention noch beitreten[4].

---

1 Vgl. oben Art. 1, RdNr. 36.
2 Vgl. *Alsop,* The World Bank's Multilateral Investment Guaranty Agency, Col. J. Transnat'l L. 25 (1986), 101 ff. (131).
3 Vgl. *Shihata,* The Role of ICSID and the Projected Multilateral Investment Guarantee Agency (MIGA), Außenwirtschaft 41 (1986), 105 ff. (116); *ders.,* MIGA and Foreign Investment, 1988, S. 306 ff.
4 Vgl. *Shihata,* MIGA and Foreign Investment, 1988, S. 322.

Das System von Anteilsstimmrechten entspricht dem „Bretton Woods"-Modell, das sowohl von der Weltbankgruppe und dem IMF als auch von den meisten anderen internationalen Finanzinstitutionen zugrunde gelegt wird[5]. Hierbei richtet sich das relative Gewicht von Basis- und Kapitalstimmrechten nach der Anzahl der Basisstimmrechte und der Höhe sowie der Stückelung des Aktienkapitals[6].

718

Das System der gleichmäßigen Berücksichtigung von Ländergruppen findet auf die meisten internationalen Rohstoff-Abkommen Anwendung. Z. B. unterscheiden die internationalen Kaffee-, Kakao- und Juteabkommen zwischen Mitgliedstaaten, die vorwiegend Exporteure oder Importeure des betreffenden Rohstoffes sind. Jeder Gruppe werden 1000 Stimmen zugeordnet, die dann nach unterschiedlichen Schlüsseln auf die einzelnen Mitglieder aufgeteilt werden[7].

719

Bis zum Beitritt aller mitgliedsberechtigten Staaten sieht Art. 39 einen abgestuften Schutz der Minderheitsgruppe vor:

720

Während der ersten drei Jahre der Existenz der MIGA wird jeder Staatengruppe gemäß Art. 39 b ein Stimmenanteil von 40 % garantiert, gegebenenfalls durch die Bereitstellung zusätzlicher Stimmrechte und deren Anpassung an Veränderungen in der Mitgliederzahl. Die zusätzlichen Stimmrechte sind demnach wieder zu streichen, wenn eine Staatengruppe die 40 %-Grenze durch tatsächliche Kapitalzeichnungen erreicht[8]. Gemäß Art. 39 d i. V. m. Art. 3 a bedarf es während dieses Zeitraums für alle Entscheidungen einer Mehrheit von zwei Dritteln aller Stimmen, die mindestens 55 % aller Anteile am Aktienkapital der MIGA repräsentieren. Hierdurch soll sichergestellt werden, daß während der besonders wichtigen Anlaufphase der MIGA Entscheidungen nur mit Zustimmung von Staaten aus beiden Gruppen getroffen werden können[9].

721

Nach Ablauf der ersten drei Jahre überprüft der Rat die Zuteilung der Anteile. Es entfallen nunmehr die zusätzlichen Stimmen sowie das besondere Mehrheitserfordernis (Art. 39 b letzter Halbs., Art. 39 d). Gemäß Art. 39 c (i) sollen sich die Stimmrechtsanteile jetzt allein nach dem oben genannten „Bretton Woods"-Modell richten. Außerdem sind die Anteile von Staaten, die die Konvention nicht unterzeichnet haben, den Mitgliedern anzubieten. Hierzu zählen auch die Staaten, welche die Konvention zwar unterzeichnet, aber nicht fristgemäß ratifiziert haben[10].

722

---

5 Vgl. *Voss*, The Multilateral Investment Guarantee Agency: Status, Mandate, Concept, Features, Implications, J. W. T. L. 21 (1987), 5 ff. (19).
6 In der Weltbank hat jedes Mitglied 250 Basisstimmrechte und eine Stimme pro Aktie im Nenn- und Ausgabewert von 100 000,– US-Dollar; vgl. *Voss*, Die Multilaterale Investitionsgarantie-Agentur, RIW 1987, 89 ff. (92).
7 Vgl. *Voss*, The Multilateral Investment Guarantee Agency: Status, Mandate, Concept, Features, Implications, J. W. T. L. 21 (1987), 5 ff. (20).
8 Vgl. Ziffer 63 des MIGA-Kommentars, nachfolgend S. 359.
9 Vgl. *Voss*, The Multilateral Investment Guarantee Agency: Status, Mandate, Concept, Features, Implications, J. W. T. L. 21 (1987), 5 ff. (20).
10 Vgl. *Shihata*, MIGA and Foreign Investment, 1988, S. 320 f.

Abstimmung, Anpassung der Zeichnungsbeträge und Vertretung

723 Die Minderheitsgruppe wird dadurch begünstigt, daß ihr die Anteile gemäß Art. 39 c (ii) bevorzugt anzubieten sind mit dem Ziel, Stimmengleichheit zwischen beiden Staatengruppen zu erzielen[11]. Der Rat soll diesen Staaten außerdem die Zeichnung der Anteile erleichtern (Art. 39 c [iii]). Hierbei sind jedoch die Art. 7, 8 zu beachten. Art. 39 c (ii), (iii) gibt den Entwicklungsländern demnach die Chance, ihren Stimmrechtsanteil vorrangig zu erhöhen. Der Preis hierfür wäre allerdings ein im Verhältnis zu ihrer wirtschaftlichen Leistungsfähigkeit größeres finanzielles Engagement als das der Industriestaaten[12].

724 Art. 39 c spricht lediglich davon, daß die Stimmrechtsstruktur innerhalb einer Frist von drei Jahren zu **überprüfen** ist. Dies könnte dahingehend zu verstehen sein, daß eventuelle **Entscheidungen** hierzu auch noch später ergehen können[13]. Damit würden aber die Überprüfung und die Entscheidung unterschiedlichen Mehrheitserfordernissen unterliegen[14] mit der Folge, daß für letztere einfache Mehrheit genügt, obwohl sie den stärkeren Eingriff darstellt. Dieses Ergebnis dürfte von Art. 39 c wohl nicht gedeckt sein. Vielmehr ist auch die Entscheidung innerhalb der Dreijahresfrist zu treffen.

725 Gemäß Art. 39 e hat jedes Mitglied die Möglichkeit, bei einer Erhöhung des Grundkapitals gemäß Art. 5 c einen seinem bisherigen Anteil am gezeichneten Grundkapital entsprechenden Teil der Erhöhung zu zeichnen. Dadurch soll einer Erosion der Stimmrechte infolge einer allgemeinen Erhöhung des gezeichneten Kapitals vorgebeugt werden[15]. Andererseits kann Art. 39 e das Ziel, zwischen Industriestaaten und Entwicklungsländern Stimmengleichheit herzustellen, gefährden[16]. Der Rat sollte deshalb gemäß Art. 39 f vorsehen, daß die zusätzliche Zeichnungsmöglichkeit bevorzugt den Entwicklungsländern zugute kommt. Auch ist daran zu denken, daß entsprechenden Anträgen von Industriestaaten jedenfalls nicht in vollem Umfang entsprochen wird.

726 Die Bedeutung der Stimmrechtsstruktur wird dadurch relativiert, daß Abstimmungen nicht häufig erforderlich sind und Einstimmigkeit im Interesse der Organisation, insbesondere der Gastländer, liegt[17]. Das der MIGA entgegengebrachte Vertrauen wird um so größer sein, je stärker es ihr gelingt, nach außen hin Einigkeit und Entschlossenheit zu demonstrieren.

---

11 Siehe aber auch nachfolgend RdNr. 725.
12 Vgl. *Voss*, Die Multilaterale Investitionsgarantie-Agentur, RIW 1987, 89 ff. (92).
13 So *Shihata*, MIGA and Foreign Investment, 1988, S. 321 f.
14 Vgl. Art. 39 d.
15 Vgl. Ziffer 65 des MIGA-Kommentars, nachfolgend S. 360.
16 Vgl. *Shihata*, MIGA and Foreign Investment, 1988, S. 321.
17 Vgl. *Shihata*, MIGA and Foreign Investment, 1988, S. 314.

Artikel 40
Abstimmung im Rat

a) Jeder Gouverneur ist berechtigt, die Stimme des von ihm vertretenen Mitglieds abzugeben. Sofern in diesem Übereinkommen nichts anderes bestimmt ist, werden die Beschlüsse des Rates mit der Mehrheit der abgegebenen Stimmen gefaßt.

b) Der Rat ist beschlußfähig, wenn auf der Sitzung die Mehrheit der Gouverneure anwesend ist, die mindestens zwei Drittel der Gesamtstimmenzahl innehaben.

c) Der Rat kann durch Verordnung ein Verfahren festlegen, wonach das Direktorium, wenn es der Ansicht ist, daß diese Maßnahme im Interesse der Agentur liegt, einen Beschluß des Rates über eine bestimmte Frage verlangen kann, ohne eine Sitzung des Rates anzuberaumen.

Gliederung

I. Die Abstimmung im Rat.	727	2. Die formlose Abstimmung.	730
1. Allgemeines	727	II. Die Beschlußfähigkeit des Rates	732

I. Die Abstimmung im Rat

1. Allgemeines

Gemäß Art. 40 a werden die Beschlüsse des Rates grundsätzlich mit einfacher Mehrheit gefaßt. Die Anzahl der Stimmrechte der einzelnen Mitglieder bestimmt sich nach Art. 39. Die besondere Mehrheit (Art. 3 d) ist zunächst für alle Beschlüsse des Rates, die er innerhalb der ersten drei Jahre der Existenz der MIGA trifft, erforderlich (Art. 39 d). Anschließend ist die besondere Mehrheit vonnöten für die Erhöhung des Grundkapitals (Art. 5 c), die Rückzahlung des eingezahlten Kapitals (Art. 10 a [iii]), die Festlegung von Höchstbeträgen für Garantien (Art. 22 a), die Verteilung der Nettoeinnahmen (Art. 27 b), die Verlegung des Hauptsitzes der Agentur (Art. 36 a), die Auflösung der Agentur (Art. 55 a) sowie die Änderung der Anhänge A und B der Konvention (Art. 59 b). **727**

Eine noch größere Mehrheit als die besondere Mehrheit gemäß Art. 3 d ist erforderlich bei Änderungen der Konvention mit Ausnahme der Anhänge A und B (Art. 59 a). **728**

729 Eine Mehrheit, die größer ist als die einfache Mehrheit, jedoch geringer als die besondere Mehrheit, wird für die Suspendierung der Mitgliedschaft verlangt (Art. 52 a).

2. Die formlose Abstimmung

730 Auf jeder Sitzung kann der Vorsitzende anstelle einer formellen Abstimmung die allgemeine Meinung des Rates feststellen. Jedoch soll auf Wunsch eines Ratsmitglieds eine formelle Abstimmung durchgeführt werden. Falls eine formelle Abstimmung erforderlich ist, soll der schriftliche Text des Antrages, über den eine Entscheidung herbeizuführen ist, an die anwesenden Mitglieder verteilt werden.

731 Kein Ratsmitglied oder dessen Stellvertreter darf bei einer Sitzung durch einen Bevollmächtigten oder in sonstiger Weise, sondern nur in eigener Person abstimmen. Ein Mitglied kann jedoch Vorsorge für die Ernennung eines zeitweiligen Stellvertreters treffen, der anstelle des betreffenden Ratsmitglieds auf jeder Sitzung des Rates abstimmt, bei der ersterer nicht anwesend sein kann[1].

II. Die Beschlußfähigkeit des Rates

732 Gemäß Art. 40 b ist der Rat unter zwei Voraussetzungen beschlußfähig. Es muß die Mehrheit der Gouverneure anwesend sein, und diese Mehrheit muß zwei Drittel der Gesamtstimmenzahl innehaben. In Verbindung mit Art. 39 b ist dadurch sichergestellt, daß Beschlußfähigkeit stets nur dann gegeben ist, wenn Gouverneure aus beiden Staatengruppen anwesend sind.

733 Ausnahmsweise ist der Rat gemäß Art. 40 c auch ohne Zusammenkunft beschlußfähig. Voraussetzung hierfür ist, daß die Angelegenheit nach Auffassung des Direktoriums keinen Aufschub bis zum nächsten Jahrestreffen des Rates duldet, andererseits aber auch keine Sondersitzung des Rates gerechtfertigt ist. Das Direktorium soll den Antrag mit der vorgeschlagenen Vorgehensweise jedem Mitglied durch rasche Kommunikationsmittel zuleiten.

734 Die Abstimmung soll innerhalb des vom Direktorium vorgegebenen Zeitraums stattfinden. Nach Ablauf der betreffenden Zeitspanne soll das Direktorium das Ergebnis festhalten und sein Vorsitzender alle Mitglieder hierüber informieren. Der Antrag soll als abgelehnt gelten, wenn die eingegangenen Antworten nicht eine Mehrheit der Räte darstellen, die zwei Drittel aller Stimmrechte innehaben, die für das Quorum des Rates erforderlich sind[2].

---

1 Vgl. Abschnitt 8 der „By-Laws of the Multilateral Investment Guarantee Agency", nachfolgend S. 425.
2 Vgl. Abschnitt 9 a–d der „By-Laws of the Multilateral Investment Guarantee Agency", nachfolgend S. 425.

Artikel 41
Wahl der Direktoren

a) Die Direktoren werden in Übereinstimmung mit Anhang B gewählt.

b) Die Direktoren bleiben so lange im Amt, bis ihre Nachfolger gewählt sind. Wird das Amt eines Direktors mehr als neunzig Tage vor Ablauf seiner Amtszeit frei, so wird für den Rest der Amtszeit von den Gouverneuren, die den früheren Direktor gewählt haben, ein anderer Direktor gewählt. Für die Wahl ist die Mehrheit der abgegebenen Stimmen erforderlich. Solange das Amt unbesetzt ist, übt der Stellvertreter des früheren Direktors dessen Befugnisse mit Ausnahme der Befugnis zur Ernennung eines Stellvertreters aus.

Das Verfahren zur Wahl der Direktoren ist in Anhang B geregelt. Vorschlags- und wahlberechtigt sind die Gouverneure (Ziff. 1, 2). Die Wahl ist nicht geheim (vgl. Ziff. 9). Jeder Gouverneur kann seine Stimmen pro Wahlgang stets nur einem Bewerber geben (Ziff. 3). Es sind mindestens 12 Direktoren zu wählen (Art. 32 b)[1]. **735**

Bei der Wahl kommen zwei verschiedene Verfahren zur Anwendung: Ein Viertel aller Direktoren wird getrennt gewählt, und zwar je einer von jedem der Gouverneure der Mitglieder mit der größten Anzahl von Anteilen (Ziff. 4). Nach den in Anhang A genannten Anteilen können demnach die USA, Japan und die Bundesrepublik Deutschland je einen Direktor stellen. **736**

Schwierigkeiten entstehen, wenn mehrere Mitglieder gleichviel Anteile innehaben und aufgrund der Höchstgrenze gemäß Ziffer 4 nicht für jedes Mitglied ein eigener Direktor gewählt werden kann. Anhang B trifft für diesen Fall keine Regelung. Die betreffenden Mitglieder sollten bei dieser Sachlage versuchen, sich auf einen gemeinsamen Kandidaten zu verständigen. Gelingt dies nicht, sollte das nachfolgend für die übrigen Direktoren geltende Wahlsystem zur Anwendung kommen: **737**

Der Rat legt zunächst einen bestimmten Mindesthundertsatz der Gesamtstimmen fest, der für die Wahl erforderlich ist. Es sind alle Direktoren gewählt, die diese Grenze überschreiten. Sind dies mehr, als Direktorenposten zur Verfügung stehen, entscheidet die größte Anzahl der Stimmen (Ziff. 7). **738**

Die Anforderungen an das Erreichen des Mindesthundertsatzes sind ausnahmsweise geringer, wenn die Anzahl der Bewerber der Anzahl der noch zu wählenden Direktoren entspricht. In diesem Fall ist grundsätzlich jeder Kandidat gewählt, der zumindest eine Stimme erhält, es sei denn, ein Bewerber überschreitet einen bestimmten, vom Rat festgelegten **Höchst**hundertsatz der **739**

---
1 Siehe aber nachfolgend Art. 62, RdNr. 850.

Gesamtstimmen. Dann sind nur diejenigen gewählt, die den **Mindest**hundertsatz erreichen (Ziff. 6). Hierdurch soll verhindert werden, daß einzelne Direktoren im Verhältnis zu anderen durch das Wahlergebnis zu schwach demokratisch legitimiert sind.

740 Werden im ersten Wahlgang nicht alle Direktoren sofort gewählt, finden weitere Wahlgänge statt, bei denen die im vorherigen Wahlgang nicht gewählten Bewerber erneut wählbar sind (Ziff. 8, 11). Dabei sind jedoch nur diejenigen Gouverneure wahlberechtigt, deren Kandidat entweder nicht gewählt wurde oder für dessen Wahl ihre Stimmen nicht ausschlaggebend waren (Ziff. 9, 10). Ist bei einem Wahlgang nur noch ein Bewerber vorhanden, genügt die einfache Mehrheit der verbliebenen Reststimmen (Ziff. 11).

741 Die Mehrheit der abgegebenen Stimmen genügt stets, wenn vor Ablauf der regulären Amtszeit eines Direktors für den Rest der Wahlperiode ein neuer Direktor gewählt werden muß (Art. 41 b). In diesem Fall soll der Vorsitzende des Direktoriums die Mitglieder, die den bisherigen Direktor gewählt haben, von der frei gewordenen Stelle in Kenntnis setzen. Der Vorsitzende des Direktoriums kann eine Sitzung der Räte aus diesen Staaten ausschließlich zum Zwecke der Wahl eines neuen Direktors einberufen oder er kann durch rasche Kommunikationsmittel um Nominierungen bitten und Wahlen durchführen. Weitere Wahlgänge sollen stattfinden, bis ein Kandidat die Mehrheit auf sich vereinigt. Nach jedem Wahlgang soll der Kandidat mit der geringsten Stimmenzahl vom nächsten Wahlgang ausgeschlossen sein. Ist ein neuer Direktor benannt, scheidet auch der bisherige Vertreter des Vorgängers aus. Der neue Direktor soll einen neuen Stellvertreter ernennen[2].

Artikel 42
Abstimmung im Direktorium

a) Jeder Direktor ist berechtigt, die Stimmen der Mitglieder abzugeben, deren Stimmen bei seiner Wahl anfielen. Alle Stimmen, die ein Direktor abgeben kann, sind als Block abzugeben. Sofern in diesem Übereinkommen nichts anderes bestimmt ist, werden Beschlüsse des Direktoriums mit der Mehrheit der abgegebenen Stimmen gefaßt.

b) Das Direktorium ist beschlußfähig, wenn auf einer Sitzung die Mehrheit der Direktoren anwesend ist, die mindestens die Hälfte der Gesamtstimmenzahl innehaben.

---

2 Vgl. Abschnitt 14 der „By-Laws", nachfolgend S. 426.

c) Das Direktorium kann durch Verordnung ein Verfahren festlegen, wonach sein Vorsitzender, wenn er der Ansicht ist, daß diese Maßnahme im Interesse der Agentur liegt, einen Beschluß des Direktoriums über eine bestimmte Frage verlangen kann, ohne eine Sitzung des Direktoriums anzuberaumen.

Jeder Direktor ist in seinem Abstimmungsverhalten frei. Seine Position wird jedoch entscheidend durch das von ihm erzielte Wahlergebnis beeinflußt. Ihm stehen bei Abstimmungen so viele Stimmen zu, als bei der Wahl auf ihn entfallen sind (Art. 42 a). Dies gibt den Industriestaaten in der Regel ein Übergewicht[1]. 742

Ebenso wie beim Rat genügt für Abstimmungen grundsätzlich die einfache Mehrheit der abgegebenen Stimmen (Art. 42 a S. 2). Abweichend vom Rat ist das Direktorium bereits dann beschlußfähig, wenn auf einer Sitzung die Mehrheit der Direktoren anwesend ist, die mindestens die Hälfte der Gesamtstimmenzahl innehat (Art. 42 b). 743

Die besondere Mehrheit des Direktoriums (Art. 3 d) ist zunächst während der ersten drei Jahre der Geschäftstätigkeit der MIGA erforderlich (Art. 39 d). Anschließend ist die besondere Mehrheit vorgeschrieben für die Ausweitung der Deckung auf sonstige nichtkommerzielle Risiken (Art. 11 b), auf sonstige mittel- und langfristige Investitionsformen (Art. 12 b) sowie auf Investoren aus dem Gaststaat (Art. 13 c), die Festlegung von Höchstbeträgen für Eventualverpflichtungen, die von der Agentur in bezug auf Rückversicherungsverträge übernommen werden können (Art. 20 a S. 2), die Genehmigung von Investitionsförderungsverträgen zwischen der MIGA und einem Gaststaat (Art. 23 b [ii]) sowie die Genehmigung einer Übereinkunft zwischen der MIGA und einem Mitglied über ein besonderes Streitschlichtungsverfahren (Art. 57 b). 744

Auf jeder Sitzung soll der Vorsitzende anstatt einer formellen Abstimmung die allgemeine Meinung der Teilnehmer feststellen. Auf Bitte eines Direktors soll er jedoch eine formelle Abstimmung veranlassen. In diesem Fall soll der schriftliche Text des Antrages, über den eine Entscheidung herbeizuführen ist, an die anwesenden Direktoren verteilt werden. Jeder Direktor, der entgegen der Mehrheit abstimmt, kann verlangen, daß seine abweichende Meinung im Sitzungsprotokoll festgehalten wird[2]. 745

Falls nach Meinung des Vorsitzenden das Direktorium für die MIGA eine Maßnahme ergreifen muß, die nicht bis zur nächsten ordentlichen Sitzung aufgeschoben werden kann, andererseits aber auch nicht die Einberufung einer Sondersitzung rechtfertigt, soll der Vorsitzende das Direktorium darum bitten, ohne eine Zusammenkunft abzustimmen (Art. 42 c). 746

Der Vorsitzende soll jedem Direktor durch rasche Kommunikationsmittel den Antrag vorlegen, der die vorgeschlagene Maßnahme zum Gegenstand hat. Es kann innerhalb des vom Vorsitzenden vorgesehenen Zeitraums abgestimmt 747

---
1 Vgl. oben Art. 32, RdNr. 645 ff.
2 Vgl. Abschnitt 4 der „Rules of Procedure for Meetings of the Board of Directors", nachfolgend S. 433.

Abstimmung, Anpassung der Zeichnungsbeträge und Vertretung

werden. Anschließend soll der Vorsitzende das Ergebnis festhalten und es allen Direktoren bekanntgeben. Falls die eingegangenen Antworten nicht eine Mehrheit der Direktoren darstellen, die 50 % der Stimmrechte ausüben, die für das Quorum des Direktoriums erforderlich sind, soll der Antrag als abgelehnt gelten[3].

748 Falls das Direktorium eine Frage im Sinne von Art. 56 a zu diskutieren hat, die insbesondere ein Mitglied berührt, das nicht anderweitig durch einen eigenen Staatsangehörigen im Direktorium vertreten ist, soll das Mitglied unverzüglich durch rasche Kommunikationsmittel von dem Termin in Kenntnis gesetzt werden, zu welchem die betreffende Frage erörtert werden soll. Das Direktorium soll zu der Frage keine Entscheidung treffen, bevor dem Mitglied eine vernünftige Gelegenheit gegeben wurde, seine Auffassung darzulegen und auf einer Sitzung des Direktoriums, die ihm rechtzeitig bekanntgegeben wurde, vorzutragen[4].

---

3 Vgl. Abschnitt 5 a–d der „Rules of Procedure for Meetings of the Board of Directors", nachfolgend S. 434.
4 Vgl. Ziffer 15 der „By-Laws", nachfolgend S. 427.

Kapitel VII
Vorrechte und Immunitäten

Artikel 43
Zweck des Kapitels

Um der Agentur die Erfüllung ihrer Aufgaben zu ermöglichen, werden ihr im Hoheitsgebiet jedes Mitglieds die Vorrechte und Immunitäten gewährt, die in diesem Kapitel vorgesehen sind.

Internationalen Organisationen wird in den Gründungsverträgen ganz überwiegend umfassende Befreiung von staatlicher Gerichtsbarkeit zugebilligt[1]. Dies gilt etwa für die Vereinten Nationen[2], den Internationalen Währungsfonds[3] oder das International Centre for Settlement of Investment Disputes[4], soweit sie nicht ausdrücklich auf ihre Immunität verzichten. Es wird deshalb vielfach von einem Satz des Völkergewohnheitsrechts gesprochen, wonach internationale Organisationen staatlicher Gerichtsbarkeit vollständig entzogen sind[5]. Seine Rechtfertigung hat dies darin, daß ihre Tätigkeit in der Regel nur auf die Erfüllung der in den jeweiligen Satzungen genannten Hoheitsaufgaben, auf deren Wahrnehmung die betreffenden Staaten verzichtet haben, gerichtet sein darf[6]. Internationalen Organisationen ist die Entfaltung erwerbswirtschaftlicher Aktivitäten demnach grundsätzlich nicht gestattet. Deshalb bedarf es bei der ihnen zukommenden

749

---
1 Vgl. *Damian*, Staatenimmunität und Gerichtszwang, 1985, S. 84.
2 Vgl. Abschnitt 2, Satz 1 des Übereinkommens über die Vorrechte und Immunitäten der Vereinten Nationen vom 13. Februar 1946, BGBl. 1980 II 943 f.
3 Vgl. Art. IX, Abschnitt 3 des Übereinkommens über den Internationalen Währungsfonds vom 1./22. Juli 1944, BGBl. 1952 II 638, geändert gemäß Gesetz vom 23. Dezember 1968, BGBl. II 1225, für alle Parteien in Kraft getreten am 28. Juli 1969 gemäß Bekanntmachung vom 15. August 1969, BGBl. II 1552; Neufassung genehmigt vom Gouverneursrat am 30. April 1976, BGBl. II 13.
4 Vgl. Abschnitt 6, Art. 20 des Übereinkommens zur Beilegung von Investitionsstreitigkeiten zwischen Staaten und Angehörigen anderer Staaten vom 18. März 1965, BGBl. 1969 II 371.
5 Vgl. *Seidl-Hohenveldern*, Das Recht der Internationalen Organisationen, 4. Aufl. 1984, RdNr. 1905 f.; *ders.*, Dienstrechtliche Klagen gegen Internationale Organisationen, in: *von Münch* (Hrsg.), Staatsrecht – Völkerrecht – Europarecht, Festschrift für *Hans-Jürgen Schlochauer*, 1981, S. 615 ff. (628 ff.); *Lalive,* L'Immunité de Jurisdiction des Etats et des Organisations Internationales, RdC 1953, 205 ff., 388 ff.
6 Vgl. *Herndl*, Zur Problematik der Gerichtsbarkeit über fremde Staaten, in: *Miehsler/Mock u. a.* (Hrsg.), Ius humanitatis, Festschrift zum 90. Geburtstag von *Alfred Verdross*, 1980, S. 421 ff. (438 f.).

Vorrechte und Immunitäten

Immunität in der Regel auch nicht der für Staaten üblichen Unterscheidung zwischen dem Tätigwerden auf hoheitlichem und privatwirtschaftlichem Gebiet[7].

750 Die MIGA unterscheidet sich von den meisten sonstigen internationalen Organisationen dadurch, daß sie in wesentlichem Umfang Tätigkeiten ausübt, die primär erwerbswirtschaftlichen Charakter haben. Dies gilt für den gesamten Bereich ihrer Versicherungsaktivitäten, darüber hinaus jedenfalls zum Teil auch für die Investitionsförderung gemäß Art. 23, wobei hier allerdings eine klare Grenzziehung schwer möglich ist. Überwiegend hoheitlichen Charakter haben insoweit lediglich die Tätigkeiten gemäß Art. 23 b, vor allem gemäß Art. 23 b (ii). Eine absolute Immunität wäre für die MIGA deshalb nicht gerechtfertigt.

751 Art. 43 spricht zunächst den allgemeinen Grundsatz aus, daß der MIGA Immunität nur in dem Maß zukommt, wie es darum geht, ihr die Erfüllung ihrer Aufgaben zu ermöglichen. Die MIGA kann sich deshalb nicht auf Immunität berufen, wenn sie außerhalb des durch Art. 2 abgesteckten Rahmens tätig wird.

Artikel 44

Gerichtliche Verfahren

Klagen gegen die Agentur, ausgenommen solche aus dem Geltungsbereich der Artikel 57 und 58, können nur vor einem zuständigen Gericht im Hoheitsgebiet eines Mitglieds erhoben werden, in dem die Agentur eine Geschäftsstelle besitzt oder einen Vertreter für die Entgegennahme gerichtlicher Urkunden ernannt hat. Klagen gegen die Agentur können nicht erhoben werden i) von Mitgliedern oder von Personen, die für Mitglieder handeln oder von diesen Rechte ableiten oder ii) in bezug auf Personalangelegenheiten. Das Eigentum und die Vermögenswerte der Agentur, gleichviel wo und in wessen Besitz sie sich befinden, sind jeder Form der Beschlagnahme, Pfändung oder Vollstreckung entzogen, solange nicht ein rechtskräftiges Urteil oder ein rechtskräftiger Schiedsspruch gegen die Agentur ergangen ist.

Gliederung

I. Der Anwendungsbereich von Art. 44 752
II. Der Klageausschluß. 755
III. Sonstiges 762

---

[7] Siehe allgemein zur Unterscheidung zwischen „acta iure gestionis" und „acta iure imperii" BVerfGE 16, 27 ff.; 46, 342 ff. sowie *Verdross/Simma*, Universelles Völkerrecht, 3. Aufl. 1984, S. 1168 ff.; *Ress*, Entwicklungstendenzen der Immunität ausländischer Staaten, ZaöRV 40 (1980), 217 ff.; *Sinclair*, The Law of Sovereign Immunity, Recent Developments, RdC 1980-II, 113 ff.

I. Der Anwendungsbereich von Art. 44

Art. 44 räumt der MIGA grundsätzlich keine Immunität ein. Die Vorschrift trägt damit dem Umstand Rechnung, daß die MIGA primär im erwerbswirtschaftlichen Bereich tätig wird. Art. 44 entspricht weitgehend der korrespondierenden Regelung im Weltbanküberkommen[1]. 752

Soweit es um Streitigkeiten zwischen der Agentur und (ehemaligen) Mitgliedern geht, ist die Sonderregelung in Art. 57 zu beachten. Für Streitigkeiten zwischen den Parteien eines Garantie- oder Rückversicherungsvertrages ist Art. 58 vorrangig. Beide Vorschriften sehen keine Immunität für die MIGA vor. 753

Für den Anwendungsbereich von Art. 44 verbleiben demnach Streitigkeiten zwischen der MIGA und sonstigen Dritten, z. B. über Maßnahmen im Bereich der Investitionsförderung, wie die Vergabe von Studienprojekten an Private, die Durchführung von Symposien und sonstigen Veranstaltungen, die Zusammenarbeit mit anderen internationalen Organisationen, Streitigkeiten zwischen der MIGA und dem Personal, zwischen einzelnen Organen der MIGA, zwischen der MIGA und einem Nichtmitglied sowie die Zusammenarbeit mit privaten Versicherern und Rückversicherern, soweit sie nicht auf den Abschluß oder die Durchführung eines konkreten Garantie- oder Rückversicherungsvertrages gerichtet ist. In Betracht kommen auch Forderungen aus Delikt. Die Klage kann jedoch nur beim Gericht eines Mitglieds erhoben werden, in dem die Agentur eine Geschäftsstelle besitzt oder einen Vertreter für die Entgegennahme gerichtlicher Urkunden ernannt hat. Derzeit kann die MIGA demnach nur in ihrem Sitzstaat, den USA, verklagt werden. 754

II. Der Klageausschluß

In den vorstehend genannten Angelegenheiten steht der MIGA grundsätzlich keine Immunität zu. Eine Ausnahme besteht zunächst für Klagen von Mitgliedern. Die Immunitätsgewährung ist insoweit unbedenklich, weil ein besonderes Klageverfahren gemäß Art. 57, 58 zur Verfügung steht. Gleiches gilt für Klagen von Personen, die lediglich für Mitglieder handeln. 755

Keinerlei Klagemöglichkeiten bestehen dagegen 756

– für Personen, die von Mitgliedern Rechte ableiten (z. B. Ansprüche aus einem Rückversicherungsvertrag werden von einem Mitglied an eine Privatgesellschaft abgetreten) sowie
– in bezug auf Personalangelegenheiten.

---

[1] Vgl. Art. VII, Abschnitt 3 des Abkommens über die Internationale Bank für Wiederaufbau und Entwicklung vom 1./22. Juli 1944, BGBl. 1952 II 664, geändert gemäß Gesetz vom 30. Juli 1965, BGBl. 1965 II 1089, für alle Parteien in Kraft getreten am 17. Dezember 1965 gemäß Bekanntmachung vom 8. Februar 1966, BGBl. II 97.

Vorrechte und Immunitäten

757 Der Ausschluß von Klagen aus abgeleitetem Recht entspricht der korrespondierenden Regelung im Weltbank-Übereinkommen[2]. Die Immunitätsgewährung ist gerechtfertigt, da die MIGA ansonsten auf einem Umweg außerhalb des von ihr gewünschten Verfahrens in Anspruch genommen werden könnte. Die MIGA hat ein berechtigtes Interesse daran, ihr Verhalten nicht auf eine unüberschaubare Anzahl unterschiedlicher Rechtsordnungen abstellen zu müssen. Der Anspruchsteller kann sich im Abtretungsvertrag hinreichend absichern.

758 Eine absolute Immunitätsgewährung in Personalangelegenheiten findet sich dagegen im Weltbank-Übereinkommen nicht. Ein Totalausschluß wäre bedenklich, weil auch Staaten in der Regel Immunität in Personalangelegenheiten nur insoweit zuerkannt wird, als es sich um Bedienstete handelt, die mit der Befugnis zum Erlaß von Hoheitsakten ausgestattet sind[3]. Ausnahmsweise ist auch die Klage eines mit der Erfüllung nichthoheitlicher Aufgaben befaßten Personalangehörigen unzulässig, wenn über die Begründetheit des geltend gemachten Anspruchs ohne eine die Funktionsfähigkeit der Behörde gefährdende Untersuchung und Bewertung interner Vorgänge nicht entschieden werden könnte[4].

759 Die umfassende Immunitätsgewährung hätte zur Folge, daß das Personal gegenüber der Organisation rechtlos gestellt wäre. Dies hat dazu geführt, daß nahezu alle internationalen Organisationen interne Rechtsschutzeinrichtungen geschaffen haben. Unabhängige Persönlichkeiten, die ansonsten mit der Organisation nicht in Verbindung stehen, entscheiden dort über Beschwerden von Dienstnehmern der Organisation. Neben und anstelle dieser Schiedsstelle ist die Anrufung eines nationalen Arbeitsgerichts und die Berufung auf das am Arbeitsplatz geltende nationale Recht grundsätzlich schon deshalb unzulässig, weil dadurch eine Gleichbehandlung des Personals der Organisation nach einheitlichem Recht nicht mehr gesichert wäre[5]. Dies aber erfordert der Arbeitsfriede in der Organisation[6].

760 Bei Streitigkeiten zwischen der Organisation und einem ihrer Bediensteten, bei der ihm Disziplinarverfehlungen vorgeworfen werden, entscheidet vielfach ein aus Vertretern der Organisation und ihren Bediensteten zusammengesetz-

---

2 Vgl. Art. VII, Abschnitt 3 des Abkommens über die Internationale Bank für Wiederaufbau und Entwicklung vom 1./22. Juli 1944 (vgl. Fn. 1).
3 Vgl. Art. 5 Abs. 1 des Europäischen Übereinkommens über Staatenimmunität vom 16. Mai 1972, abgedruckt in: European Conventions and Agreements, Bd. 3, S. 28 ff.; Sect. 4 (1) des United Kingdom State Immunity Act 1978, ILA 17 (1978), 1123 ff.; siehe auch *Damian*, Staatenimmunität und Gerichtszwang, 1985, S. 110.
4 Vgl. *Steinmann*, Ein Beitrag zu Fragen der zivilrechtlichen Immunität von ausländischen Diplomaten, Konsuln und anderen bevorrechtigten Personen sowie von fremden Staaten, die durch ihre Missionen oder auf ähnliche Weise in der Bundesrepublik Deutschland tätig werden, MDR 1965, 706 ff., 795 ff. (796); siehe auch LAG Hamburg, IPRspr. 1978, 314 ff. Die vorstehenden Ausführungen beziehen sich allerdings nicht unmittelbar auf internationale Organisationen.
5 Siehe etwa Mendaro v. The World Bank, 717 F. 2d 610 (C. A. D. C., 1983).
6 Vgl. *Seidl-Hohenveldern*, Das Recht der Internationalen Organisationen, 4. Aufl. 1984, RdNr. 1351, 1351 a.

ter Disziplinarrat bzw. die Anstellungsbehörde nach Anhörung des Disziplinarrates. Gegen solche Entscheidungen ist sodann der Rechtszug an die Schiedsstelle der Organisation zulässig[7].

761 Die MIGA-Konvention sieht ein derartiges Gremium für Personalangelegenheiten nicht vor. Jedoch wurde auf der ersten Sitzung des Direktoriums am 22. Juni 1988 beschlossen, das MIGA-Personal im Hinblick auf die allgemeinen Anstellungsbedingungen, die Gehaltsskala und Gratifikationen, die Ruhestandsregelung und den Zugang zu einer unabhängigen Personalschiedsstelle den Angehörigen der Weltbank und der International Finance Corporation gleichzustellen. Es ist deshalb insbesondere zu erwarten, daß die MIGA mit der Weltbank eine Vereinbarung dahingehend trifft, daß sie deren Personalschiedsstelle in Anspruch nehmen kann[8].

III. Sonstiges

762 Art. 44 S. 3 läßt Maßnahmen der Zwangsvollstreckung erst dann zu, wenn ein rechtskräftiges Urteil oder ein rechtskräftiger Schiedsspruch gegen die MIGA ergangen ist. Die Vorschrift entspricht weitgehend dem Weltbank-Übereinkommen, das allerdings nur ein Urteil genügen läßt[9]. Die Regelungen stellen eine Abweichung von der allgemeinen Regel des Völkerrechts dar, derzufolge der Gerichtsstaat nicht generell daran gehindert ist, aufgrund eines in einem Verfahren des vorläufigen Rechtsschutzes ergangenen Titels zur Sicherung des vom Gläubiger geltend gemachten Anspruchs Zwangsmaßnahmen in Vermögensgegenstände eines fremden Staates zu betreiben[10].

763 Vom Problem der Staatenimmunität zu unterscheiden sind die Sachurteilsvoraussetzungen der internationalen Zuständigkeit, also die Frage, ob das angerufene Gericht nach der lex fori zur Entscheidung des Falles international zuständig ist. Insoweit können die Staatsangehörigkeit des Klägers, sein gewöhnlicher Aufenthaltsort oder der Ort, an welchem die betreffende Handlung oder Leistung zu erbringen ist, ausschlaggebend sein.

764 Art. 44 schreibt nicht vor, daß Streitigkeiten zwischen der MIGA und Dritten zwingend im Klageweg vor einem staatlichen Gericht auszutragen sind. Die Bestimmung hindert die Parteien nicht daran, eine anderweitige Methode der Streitschlichtung, etwa durch Vereinbarung eines Schiedsgerichts, vorzusehen[11].

---

7 Vgl. *Seidl-Hohenveldern*, Das Recht der Internationalen Organisationen, 4. Aufl. 1984, RdNr. 1354.
8 Vgl. *Shihata*, MIGA and Foreign Investment, 1988, S. 281.
9 Vgl. Art. VII, Abschnitt 3 des Abkommens über die Internationale Bank für Wiederaufbau und Entwicklung vom 1./22. Juli 1944 (vgl. Fn. 1).
10 Vgl. BVerfGE 64, 1 ff. (36 ff.); Trendtex Trading Corporation Ltd. v. Central Bank of Nigeria, Entscheidung des englischen Court of Appeal vom 13. Januar 1977, (1977) 2 W. L. R. 356; ILM 16 (1977), 471 ff.; Hispano Americana Mercantil S. A. v. Central Bank of Nigeria, Entscheidung des englischen Court of Appeal 1979, (1979) 2 Lloyd's Rep. 277; B. Y. I. L. 50 (1979), 221 ff.; *Damian*, Staatenimmunität und Gerichtszwang, 1985, S. 188 ff.
11 Vgl. *Shihata*, MIGA and Foreign Investment, 1988, S. 281.

Artikel 45
Vermögenswerte

a) Das Eigentum und die Vermögenswerte der Agentur, gleichviel wo und in wessen Besitz sie sich befinden, sind der Durchsuchung, Beschlagnahme, Einziehung, Enteignung oder jeder sonstigen Form des Zugriffs durch die vollziehende oder die gesetzgebende Gewalt entzogen.

b) Soweit es die Durchführung der Geschäftstätigkeit aufgrund dieses Übereinkommens erfordert, sind das gesamte Eigentum und alle Vermögenswerte der Agentur von Beschränkungen, Verwaltungsvorschriften, Kontrollen und Moratorien jeder Art befreit; Eigentum und Vermögenswerte, welche die Agentur als Rechtsnachfolger (successor or subrogee) eines Garantienehmers, eines rückversicherten Rechtsträgers oder eines bei einem rückversicherten Rechtsträger versicherten Investors erwirbt, sind von anwendbaren Devisenbeschränkungen, Verwaltungsvorschriften und Kontrollen, die im Hoheitsgebiet des betreffenden Mitglieds in Kraft sind, befreit, soweit der Garantienehmer, Rechtsträger oder Investor, an dessen Stelle die Agentur getreten ist, Anspruch auf eine solche Behandlung hatte.

c) Im Sinne dieses Kapitels umfaßt der Ausdruck „Vermögenswerte" die Vermögenswerte des in Anlage I genannten Fördertreuhandfonds sowie andere von der Agentur zur Erreichung ihres Zieles verwaltete Vermögenswerte.

765 Art. 45 schützt die Vermögenswerte der MIGA[1] vor Eingriffen der Legislative und der Exekutive. Es würde das Vertrauensverhältnis der Mitgliedstaaten zur Organisation und untereinander stören, wenn ein Mitglied durch Maßnahmen, die ihm die Satzung nicht einräumt, die Tätigkeit der Organisation beeinträchtigen oder hieraus besondere, ihm kraft Satzung nicht zustehende finanzielle Vorteile ziehen könnte[2]. Auch würde die Funktionsfähigkeit der MIGA erheblich gestört. Dabei genügt es, wenn ein Mitgliedstaat ein derartiges potentielles Druckmittel in der Hand hält. Mit der Einräumung von Immunität im legislativen und exekutiven Bereich entspricht die MIGA im Grundsatz den korrespondierenden Regelungen im Weltbank-Übereinkommen[3] sowie im IMF-Abkommen[4]. Der ICSID-Vertrag enthält keine derartige Vorschrift.

---

1 Zum Begriff der „Vermögenswerte" vgl. Art. 45 c sowie oben Art. 37, RdNr. 712.
2 Vgl. *Seidl-Hohenveldern*, Das Recht der Internationalen Organisationen, 4. Aufl. 1984, RdNr. 1901.
3 Vgl. Art. VII, Abschnitte 4, 6 des Abkommens über die Internationale Bank für Wiederaufbau und Entwicklung vom 1./22. Juli 1944 (vgl. Art. 44, Fn. 1).
4 Vgl. Art. IX, Abschnitte 4, 6 des Abkommens über die Internationale Bank für Wiederaufbau und Entwicklung vom 1./22. Juli 1944 (vgl. Art. 44, Fn. 1).

Art. 45 a, b unterscheiden zwischen „Durchsuchung, Beschlagnahme, Entziehung, Enteignung und jeder sonstigen Form des Zugriffs" einerseits sowie „Beschränkungen, Verwaltungsvorschriften, Kontrollen und Moratorien jeder Art" andererseits. Dabei fällt auf, daß in der zuletzt genannten Alternative Immunität nur gewährt werden darf, wenn es die Geschäftstätigkeit der MIGA erfordert. Die Unterscheidung dürfte jedoch ohne Bedeutung sein, da die allgemeine Vorschrift des Art. 43 der MIGA Immunität nur zu dem Zweck einräumt, ihr die Erfüllung ihrer Aufgaben zu ermöglichen. Nicht von Art. 45 erfaßt werden gerichtliche Maßnahmen[5]. 766

Soweit die MIGA den betreffenden Vermögenswert als Rechtsnachfolgerin eines Garantienehmers, eines rückversicherten Rechtsträgers oder eines bei einem rückversicherten Rechtsträger versicherten Investors erworben hat, besteht Immunität im Rahmen des Art. 45 b nur, wenn sie auch der Rechtsvorgänger beanspruchen konnte. Die Vorschrift kommt demnach z. B. nicht zur Anwendung, wenn die MIGA das Eigentum von einer dritten Person, insbesondere einer Versicherungsgesellschaft, die das Investitionsobjekt **mit**versichert hat, erworben hat. 767

Artikel 46
Archive und Nachrichtenverkehr

a) Die Archive der Agentur sind unverletzlich, wo immer sie sich befinden.

b) Jedes Mitglied gewährt dem amtlichen Nachrichtenverkehr der Agentur dieselbe Behandlung wie dem amtlichen Nachrichtenverkehr der Bank.

Art. 46 schützt die Archive der Agentur und statuiert ein Zensurverbot. Art. 46 b verweist hierzu auf die entsprechende Vorschrift im Weltbank-Übereinkommen. Gemäß dessen Art. VII, Abschnitt 7 hat jedes Mitglied den amtlichen Nachrichtenverkehr der Bank in derselben Weise zu behandeln wie den amtlichen Nachrichtenverkehr anderer Mitgliedstaaten[1]. Die MIGA kann demnach die Unverletzlichkeitsgarantien des Rechts der diplomatischen Beziehungen für sich in Anspruch nehmen. Art. 24 WÜD[2] garantiert unter anderem die Unverletzlichkeit der Schriftstücke diplomatischer Vertretungen. Gemäß Art. 27 Abs. 1 S. 1 WÜD ist außerdem die amtliche Korrespondenz der Mission unver- 768

---

5 Vgl. Ziffer 68 des MIGA-Kommentars, nachfolgend S. 360.
1 Dieselbe Regelung sieht Art. IX, Abschnitt 7 des IMF-Statuts vor. Die ICSID-Konvention enthält im Ergebnis die gleiche Bestimmung, indem sie die Behandlung anderer internationaler Organisationen zum Vergleichsmaßstab erhebt (vgl. Abschnitt 6, Art. 23).
2 Wiener Übereinkommen über diplomatische Beziehungen, BGBl. 1964 II 958.

Vorrechte und Immunitäten

letzlich, und gemäß Abs. 3 ist es dem Empfangsstaat untersagt, diplomatisches Kuriergepäck zu öffnen oder zurückzuhalten. Der diplomatische Schutz erstreckt sich auch auf das Vermögen der MIGA[3].

Artikel 47
Steuern

a) Die Agentur, ihre Vermögenswerte, ihr Eigentum und ihre Einnahmen sowie ihre durch dieses Übereinkommen zugelassenen Geschäfte und Transaktionen sind von allen Steuern und Zöllen befreit. Die Agentur ist ferner von der Verpflichtung zur Einziehung oder Entrichtung von Steuern oder Abgaben befreit.

b) Außer im Fall von Inländern unterliegen die von der Agentur den Gouverneuren oder ihren Stellvertretern gezahlten Aufwandsentschädigungen oder die von ihr dem Vorsitzenden des Direktoriums, den Direktoren, ihren Stellvertretern, dem Präsidenten oder dem Personal der Agentur gezahlten Gehälter, Aufwandsentschädigungen oder sonstigen Vergütungen keiner Art von Besteuerung.

c) Von der Agentur garantierte oder rückversicherte Investitionen (einschließlich etwaiger Erträge) oder von der Agentur rückversicherte Versicherungspolicen (einschließlich etwaiger Prämien und sonstiger Erträge), gleichviel in wessen Besitz sie sich befinden, unterliegen keiner Art von Besteuerung, i) die eine solche Investition oder Versicherungspolice nur deshalb benachteiligt, weil sie von der Agentur garantiert oder rückversichert wurde, oder ii) deren rechtliche Grundlage allein der Sitz einer Geschäftsstelle oder eines Büros der Agentur ist.

769 Ein Mitgliedstaat, in dessen Gebiet die Organisation ihren Sitz hat oder einen Teil ihrer Tätigkeit ausübt, soll hieraus keinen besonderen Vorteil gegenüber den übrigen Mitgliedstaaten ziehen. Daher ist das Vermögen der Organisation von direkten und meist auch von indirekten Steuern befreit. Aus dem gleichen Grund genießt die Organisation auch Befreiung von jedwedem Zoll[1]. Art. 47 entspricht demnach allgemein üblicher Praxis[2]. Dies gilt auch im Hinblick auf die Befreiung von der Verpflichtung zur Einziehung oder Entrichtung von Steuern oder Abgaben. Soweit die MIGA im Wege der Abtretung vom Investor Vermögensgegenstände erwirbt, hat sie hierauf gleichfalls keine Steuern zu entrichten[3].

---

3 Vgl. Ziffer 70 des MIGA-Kommentars, nachfolgend S. 360.

1 Vgl. *Seidl-Hohenveldern*, Das Recht der Internationalen Organisationen, 4. Aufl. 1984, RdNr. 1916.
2 Vgl. etwa Art. VII, Abschnitt 9 a des Weltbank-Übereinkommens; Art. IX, Abschnitt 9 a des IMF-Statuts sowie Abschnitt 6, Art. 24 Abs. 1 der ICSID-Konvention.
3 Vgl. Ziffer 71 des MIGA-Kommentars, nachfolgend S. 361.

Aus dem oben genannten Grund wird in der Regel auch den Bediensteten der 770
internationalen Organisation in bezug auf ihre Tätigkeit Steuerbefreiung
gewährt. Gemäß Art. 47 b gilt dies jedoch nicht in bezug auf Inländer, d. h.
Angehörige des Sitzstaates der Organisation. Die Bestimmung hat zur Folge, daß
innerhalb derselben Organisation für die gleiche Arbeitsleistung je nach der
Nationalität ein unterschiedlicher Nettolohn gezahlt wird. Die Vorschrift trägt
aber auch dem Interesse des Sitzstaates an der innerstaatlichen Steuergerechtig-
keit für seine Staatsangehörigen Rechnung[4]. Sie entspricht im übrigen den
korrespondierenden Regelungen im Weltbank-Übereinkommen[5], im IMF-Statut[6] sowie in der ICSID-Konvention[7]. Im Gegensatz zur ICSID-Konvention
enthält Art. 47 keine Bestimmungen über eine eventuelle Steuerbefreiung für
eine Vermittler- oder Schiedsrichtertätigkeit[8].

Art. 47 c will verhindern, daß die betreffende Investition oder Versicherungspo- 771
lice allein aufgrund der Tatsache, daß Versicherungsschutz durch die MIGA in
Anspruch genommen worden ist, einer bzw. einer höheren Besteuerung unterworfen wird. Art. 47 c verbietet sowohl einen Besteuerungstatbestand, der
ausschließlich an der MIGA als Versicherer anknüpft, als auch eine Besteuerung, deren rechtliche Grundlage allein der Sitz einer Geschäftsstelle oder eines
Büros der Agentur ist. Vielmehr ist es erforderlich, daß für den betreffenden
Steuergegenstand ein allgemeiner Steuertatbestand existiert.

Die Steuerbefreiung zugunsten der MIGA ist insofern bedenklich, als sie einer 772
Organisation zugute kommt, die neben privaten Versicherungsgesellschaften auf
dem Markt tätig ist. Die hiermit verbundene Subventionierung kann die MIGA
dazu in die Lage versetzen, günstigere Versicherungskonditionen als private
Versicherer anzubieten und birgt damit das Risiko in sich, daß es zu einer
Verdrängung der privaten Konkurrenz kommt[9].

Artikel 48
Amtsträger der Agentur

Alle Gouverneure, Direktoren, Stellvertreter, der Präsident und das Personal der Agentur
i) genießen Immunität von der Gerichtsbarkeit hinsichtlich ihrer in amtlicher Eigenschaft vorgenommenen Handlungen;

---

4 Siehe hierzu *Seidl-Hohenveldern*, Das Recht der Internationalen Organisationen, 4. Aufl. 1984, RdNr. 1927.
5 Vgl. Art. VII, Abschnitt 9 b.
6 Vgl. Art. IX, Abschnitt 9 b.
7 Vgl. Abschnitt 6, Art. 24 Abs. 2.
8 Vgl. Abschnitt 6, Art. 24 Abs. 3.
9 Vgl. *Sinn*, Der Vorschlag der Weltbank zur Gründung der Multilateralen Investitions-Garantie-Agentur: Analyse und Kritik, Die Weltwirtschaft Heft 2/1987, S. 126 ff. (136 f.). Siehe im übrigen auch die Ausführungen zu Art. 21, RdNr. 459 ff.

Vorrechte und Immunitäten

ii) genießen, wenn sie nicht Inländer sind, die gleiche Befreiung von Einwanderungsbeschränkungen, von der Meldepflicht für Ausländer und von den Verpflichtungen zur nationalen Dienstleistung sowie die gleichen Erleichterungen in bezug auf Devisenbeschränkungen, wie sie die betreffenden Mitglieder den in vergleichbarem Rang stehenden Vertretern, Amtsträgern und Bediensteten anderer Mitglieder gewähren;

iii) genießen in bezug auf Reiseerleichterungen die gleiche Behandlung, wie sie die betreffenden Mitglieder den in vergleichbarem Rang stehenden Vertretern, Amtsträgern und Bediensteten anderer Mitglieder gewähren.

773 Art. 48 will die Unabhängigkeit der MIGA stärken. Art. 48 (i) sieht hierfür vor, daß den Organen und dem Personal der Agentur Immunität gegenüber staatlicher Gerichtsbarkeit eingeräumt wird. Die Befreiung von der Gerichtsbarkeit gilt in jedem Staat, also auch im Heimatstaat des Bediensteten. Hierdurch soll seine Unparteilichkeit sichergestellt werden. Die Objektivität seiner Entscheidungen wäre nicht gewährleistet, wenn er damit rechnen müßte, von seinem Heimatstaat hierfür eventuell zur Rechenschaft gezogen zu werden[1]. Entsprechende Regelungen finden sich im Weltbank-Übereinkommen[2], im IMF-Statut[3] sowie in der ICSID-Konvention[4].

774 Die Immunität wird nur im Hinblick auf Amtshandlungen gewährt. Ob eine solche vorliegt, ist von der MIGA selbst oder einem internationalen Schiedsgericht zu entscheiden[5]. Ansonsten könnte die Immunitätsgewährung durch den Gerichtsstaat zunichte gemacht werden.

775 Der Schutz für Handlungen im Dienste der Organisation bleibt auch nach dem Ausscheiden des Bediensteten bestehen[6]. Die Vorschrift sollte sinngemäß für Experten und sonstige Dritte gelten, die offizielle Aufgaben der MIGA übernehmen. Hierbei kommen vor allem Tätigkeiten im Rahmen des Art. 23 a in Betracht. Die Immunität kann gemäß Art. 50 aufgehoben werden.

776 Art. 48 (ii) verleiht den Organen und dem Personal diplomatischen Status. Das Privileg gilt naturgemäß nicht für Angehörige des betreffenden Staates. Nach den diplomatischen Vorschriften steht es lediglich höherrangigen Bediensteten zu. Es gilt nicht für untergeordnetes sowie örtlich rekrutiertes Personal[7]. Soweit

---

1 Vgl. *Seidl-Hohenveldern*, Das Recht der Internationalen Organisationen, 4. Aufl. 1984, RdNr. 1918 f.
2 Vgl. Art. VII, Abschnitt 8 (i).
3 Vgl. Art. IX, Abschnitt 8 (i).
4 Vgl. Abschnitt 6, Art. 21 a. Die vorstehend genannten Bestimmungen sehen zusätzlich vor, daß die betreffende Organisation die Immunität aufheben kann.
5 Vgl. *Seidl-Hohenveldern*, Das Recht der Internationalen Organisationen, 4. Aufl. 1984, RdNr. 1922.
6 Vgl. *Seidl-Hohenveldern*, Das Recht der Internationalen Organisationen, 4. Aufl. 1984, RdNr. 1920.
7 Vgl. *Damian*, Staatenimmunität und Gerichtszwang, 1985, S. 87.

Art. 48 (ii) von „Erleichterungen in bezug auf Devisenbeschränkungen" spricht, bedeutet dies, daß der Bedienstete zumindest einen angemessenen Teil seines Gehalts frei transferieren kann[8]. Die Vorschrift entspricht den korrespondierenden Regelungen im Weltbank-Übereinkommen[9], im IMF-Statut[10] sowie in der ICSID-Konvention[11].

Art 48 (iii) lehnt sich ebenfalls an die betreffenden Regelungen im Weltbank-Übereinkommen[12], im IMF-Statut[13] und in der ICSID-Konvention an[14]. Im Gegensatz zu Art. 48 (ii) kommen die Reiseerleichterungen auch Inländern zugute. Für Ausländer kommt insbesondere das Recht zur beliebigen und ungehinderten Heimkehr in Betracht.

777

Artikel 49
Anwendung dieses Kapitels

Jedes Mitglied trifft diejenigen Maßnahmen, die in seinem Hoheitsgebiet erforderlich sind, um entsprechend seinen eigenen Rechtsvorschriften den in diesem Kapitel enthaltenen Grundsätzen Wirksamkeit zu verleihen, und unterrichtet die Agentur über die einzelnen von ihm getroffenen Maßnahmen.

Das Völkerrecht stellt es den Mitgliedstaaten einer internationalen Organisation frei, deren Recht generell in innerstaatliches Recht zu transformieren oder es unter grundsätzlicher Belassung seines völkerrechtlichen Charakters durch Anwendungsbefehl im innerstaatlichen Recht wirksam werden zu lassen, es zu adaptieren[1]. Darüber hinaus können auch zusätzliche innerstaatliche Ausführungsverordnungen erforderlich sein.

778

Nach Völkerrecht sind die Mitgliedstaaten verpflichtet, die innerstaatliche Regelung möglichst rasch zu erlassen und sie nicht einseitig wieder aufzuheben oder abzuändern[2]. Bereits vor Umsetzung in das nationale Recht entfaltet die Kon-

779

---

8 Vgl. *Seidl-Hohenveldern*, Das Recht der Internationalen Organisationen, 4. Aufl. 1984, RdNr. 1926.
9 Vgl. Art. VII, Abschnitt 8 (ii).
10 Vgl. Art. IX, Abschnitt 8 (ii).
11 Vgl. Abschnitt 6, Art. 21 b.
12 Vgl. Art. VII, Abschnitt 8 (iii).
13 Vgl. Art. IX, Abschnitt 8 (iii).
14 Vgl. Abschnitt 6, Art. 21 b. Allerdings werden hiernach die Reiseerleichterungen nur Personen, die nicht Inländer sind, gewährt.

1 Vgl. *Seidl-Hohenveldern*, Das Recht der Internationalen Organisationen, 4. Aufl. 1984, RdNr. 1701 b.
2 Vgl. *Seidl-Hohenveldern*, Das Recht der Internationalen Organisationen, 4. Aufl. 1984, RdNr. 1707.

Vorrechte und Immunitäten

vention insofern Wirkung, als die Mitgliedstaaten daran gehindert sind, neue gesetzgeberische Maßnahmen zu ergreifen, die mit den Zielen des Abkommens unvereinbar wären. Der Agentur stehen Sanktionsmöglichkeiten zu, falls ein Mitglied seinen Verpflichtungen aus Art. 49 nicht nachkommen sollte[3].

Artikel 50
Aufhebung

Die in diesem Kapitel vorgesehenen Immunitäten, Befreiungen und Vorrechte werden im Interesse der Agentur gewährt; sie können in dem Maße und zu den Bedingungen, welche die Agentur bestimmt, in den Fällen aufgehoben werden, in denen die Aufhebung die Interessen der Agentur nicht beeinträchtigen würde. Die Agentur hat die Immunität eines Mitglieds ihres Personals in den Fällen aufzuheben, in denen nach ihrer Auffassung die Immunität verhindern würde, daß der Gerechtigkeit Genüge geschieht, und in denen sie ohne Beeinträchtigung der Interessen der Agentur aufgehoben werden kann.

780   Art. 50 unterscheidet zwischen der fakultativen und obligatorischen Aufhebung von Immunitäten, Befreiungen und Vorrechten.

781   Die Privilegien gemäß Art. 43–48 **können** gemäß Art. 50 S. 1 von der MIGA aufgehoben werden, sofern dies nicht die Interessen der Agentur beeinträchtigt. Eine Aufhebung kommt z. B. im Zusammenhang mit der Besteuerung eines Einzelvorganges oder speziellen Devisenbeschränkungen in Betracht, wenn dies im Interesse des Gastlandes erforderlich ist.

782   Gemäß Art. 50 S. 2 ist die MIGA **verpflichtet**, auch gegen den Willen des betreffenden Bediensteten auf dessen Immunität zu verzichten, falls ihrer Ansicht nach die Immunität den Lauf der Gerechtigkeit hindern würde und auf sie ohne Schädigung der Interessen der Organisation verzichtet werden kann. Die Vorschrift kommt insbesondere zur Anwendung, wenn eindeutige Anhaltspunkte dafür sprechen, daß sich ein Bediensteter strafbar gemacht hat. In diesem Fall würde die Aufrechterhaltung der Immunität dem Ansehen der MIGA schaden.

---

3 Siehe hierzu Art. 52.

Kapitel VIII
Austritt, Suspendierung der Mitgliedschaft und Beendigung der Geschäftstätigkeit

Artikel 51
Austritt

Jedes Mitglied kann nach Ablauf von drei Jahren nach Inkrafttreten dieses Übereinkommens für dieses Mitglied jederzeit durch eine an die Hauptgeschäftsstelle der Agentur gerichtete schriftliche Anzeige aus der Agentur austreten. Die Agentur unterrichtet die Bank als Verwahrer des Übereinkommens von dem Eingang einer solchen Anzeige. Ein Austritt wird neunzig Tage nach Eingang der Anzeige bei der Agentur wirksam. Ein Mitglied kann die Anzeige widerrufen, solange sie noch nicht wirksam geworden ist.

Nach allgemeinem Vertragsrecht kann der Austritt aus einem multilateralen Vertrag grundsätzlich nur durch einen Vertrag zwischen allen Partnern erklärt werden[1]. Die internationale Staatenpraxis erkennt mittlerweile allerdings ein einseitiges Austrittsrecht aus internationalen Organisationen an[2]. Die Rechtsfolgen des Austritts richten sich nach Art. 53. Das ausgeschiedene Mitglied hat außerdem sein innerstaatlich transformiertes Recht aufzuheben. Auch nachdem die Widerrufsfrist des Art. 51 S. 4 abgelaufen ist, kann das ausgeschiedene Mitglied einen erneuten Antrag auf Mitgliedschaft stellen.

783

Artikel 52
Suspendierung der Mitgliedschaft

a) Kommt ein Mitglied einer nach diesem Übereinkommen bestehenden Verpflichtung nicht nach, so kann der Rat mit der Mehrheit seiner Mitglieder, welche die Mehrheit der Gesamtstimmen innehaben, dessen Mitgliedschaft suspendieren.

---

[1] Vgl. Art. 65 der Wiener Konvention über das Recht der Verträge vom 23. Mai 1969, BGBl. 1985 II 926, für die Bundesrepublik Deutschland in Kraft getreten am 20. August 1987 durch Bekanntmachung vom 26. Oktober 1987, BGBl. 1987 II 757.
[2] Vgl. etwa Art. VI, Abschnitt 1 des Weltbank-Übereinkommens, Art. XXVI, Abschnitt 1 des IMF-Statuts sowie Kapitel X, Art. 71 der ICSID-Konvention.

Austritt, Suspendierung der Mitgliedschaft und Beendigung der Geschäftstätigkeit

b) Während der Suspendierung hat ein Mitglied keine Rechte aus diesem Übereinkommen mit Ausnahme des Austrittsrechts und anderer in diesem Kapitel und in Kapitel IX vorgesehener Rechte; es hat jedoch weiterhin allen seinen Verpflichtungen nachzukommen.

c) Für die Zwecke der Feststellung, ob eine Garantie oder Rückversicherung nach Kapitel III oder Anlage I erteilt werden kann, wird ein suspendiertes Mitglied nicht als Mitglied der Agentur behandelt.

d) Die Mitgliedschaft des suspendierten Mitglieds erlischt automatisch ein Jahr nach dem Zeitpunkt seiner Suspendierung, sofern nicht der Rat beschließt, die Zeit der Suspendierung zu verlängern oder das Mitglied wieder in den vorigen Stand einzusetzen.

784 Nach allgemeinem Völkerrecht können Staaten auf den Vertragsbruch eines Mitglieds auf zweierlei Weise reagieren. Sie können das vertragsbrüchige Mitglied am Vertrag festhalten und es zur Erfüllung seiner vertraglichen Pflichten anhalten. Hierzu können sie ihm z. B. die Vorteile verweigern, die es ansonsten aus dem Vertrag ziehen könnte. Sie sind auch berechtigt, Unrecht mit Unrecht zu vergelten, ihm gegenüber also diejenigen Handlungen vorzunehmen, die nach dem Vertrag verboten sind. Ziel und gleichzeitig Grenze derartiger Repressalien ist die Wiederherstellung des durch den Vertragsbruch gestörten Gleichgewichts[1]. Die Staaten können das vertragsbrüchige Mitglied auch ausschließen. Sieht die Satzung allein diese Sanktionsmöglichkeit vor, sind sonstige Strafmaßnahmen ausgeschlossen.

785 Art. 52 folgt im Grundsatz der zweiten Alternative, schwächt die Sanktionsmöglichkeit zugunsten des vertragsbrüchigen Mitglieds aber ab. Im Falle eines Vertragsbruchs kommt es demnach zunächst zu einer Suspendierung der Mitgliedschaft.

786 Die Suspendierung kann vom Rat gemäß Art. 52 a nur mit der Mehrheit seiner Mitglieder, welche zugleich die Mehrheit der Gesamtstimmen innehaben, ausgesprochen werden. Vorher soll die Angelegenheit vom Direktorium erörtert werden. Das Direktorium soll das betreffende Mitglied in angemessener Zeit von der gegen ihn erhobenen Beschwerde informieren und ihm eine adäquate Gelegenheit einräumen, seinen Fall vor dem Direktorium vorzutragen. Das Direktorium soll dem Rat die seiner Meinung nach angebrachten Maßnahmen empfehlen. Das Mitglied soll hierüber sowie über den Termin, an welchem sich der Rat mit der Angelegenheit befaßt, unterrichtet werden. Gleichzeitig soll ihm eine ausreichende Frist eingeräumt werden, um vor dem Rat vorstellig zu werden. Jedes Mitglied kann auf die ihm nach dieser Vorschrift zustehenden Rechte verzichten[2].

---

1 Vgl. *Seidl-Hohenveldern*, Das Recht der Internationalen Organisationen, 4. Aufl. 1984, RdNr. 2002 f.
2 Vgl. Abschnitt 18 der „By-Laws", nachfolgend S. 427 f.; siehe auch Art. XXVI, Abschnitt 2, Art. V Abs. 5 des IMF-Statuts.

Die MIGA hat außerdem die Streitbeilegungsvorschriften gemäß Art. 56–58 zu **787** beachten. Die MIGA-Konvention stellt nicht ausdrücklich klar, ob zuerst das Verfahren gemäß Art. 56–58 und dann die Suspendierung durchzuführen sind oder umgekehrt. Jedenfalls ist die Durchführung eines Streitschlichtungsverfahrens gemäß Art. 52 b auch noch nach der Suspendierung zulässig. Jedoch sollte die Suspendierung als stärkere Sanktion zurückgestellt werden.

Vor der Suspendierung ist dem Mitglied eine Frist zur Korrektur seines Verhaltens einzuräumen, soweit dies nicht bereits in der Entscheidung gemäß Art. 56–58 geschehen ist. **788**

Gemäß Art. 52 b bestehen für ein Mitglied während der Suspendierung alle Verpflichtungen fort. Seine Rechte beschränken sich dagegen auf das Austrittsrecht, den Verteilungsanspruch gemäß Art. 55 sowie die Durchführung von Streitschlichtungsverfahren gemäß Art. 56–58. **789**

Die mit der Suspendierung gegenüber dem Mitglied bezweckte Sanktion würde **790** weitgehend leerlaufen, wenn es weiterhin die Möglichkeit hätte, als Gastland für versicherbare Investitionen in Betracht zu kommen oder dessen Staatsangehörige bzw. Unternehmen für die von ihnen in anderen Mitgliedern vorgenommenen Investitionen noch Versicherungsschutz beanspruchen könnten. Derartige Maßnahmen blieben auch nach der Suspendierung der Rechte des **Mitglieds** gemäß Art. 52 b zulässig. Art. 52 c entzieht deshalb dem vertragsbrüchigen Staat bereits während der Suspendierung die Mitgliedschaft im Hinblick auf die genannten Garantievergaben.

Gemäß Art. 52 d erlischt die Mitgliedschaft grundsätzlich ein Jahr nach dem **791** Zeitpunkt der Suspendierung. Dies gilt auch dann, wenn das Mitglied das beanstandete Verhalten abgestellt hat. Die Vollmitgliedschaft lebt erst dann wieder auf, wenn der Rat dies ausdrücklich beschließt.

Die Konvention nimmt nicht dazu Stellung, ob das Mitglied unter bestimmten **792** Voraussetzungen einen Anspruch auf Wiederherstellung der Vollmitgliedschaft hat. Dies ist zu verneinen. Insbesondere bei wiederholten und/oder besonders schwerwiegenden Vertragsverstößen muß die MIGA die Möglichkeit haben, sich endgültig von dem Mitglied zu trennen. Die MIGA hat hierüber nach pflichtgemäßem Ermessen zu entscheiden.

Auch bei wiederholten und/oder schwerwiegenden Verstößen kommt es **793** zunächst lediglich zu einer Suspendierung der Mitgliedschaft. Ein sofortiger Ausschluß ist in der Konvention nicht vorgesehen und kann als gegenüber der Suspendierung stärkere Sanktion auch nicht als stillschweigender Konventionsinhalt betrachtet werden.

Ist zweifelhaft, ob das vertragsbrüchige Mitglied endgültig ausgeschlossen werden soll, hat die MIGA die Möglichkeit, die Zeitdauer der Suspendierung gemäß Art. 52 d zu verlängern. Dies kommt insbesondere bei leichten und mittelschweren Verstößen in Betracht, soweit noch Aussicht besteht, daß sich das Mitglied künftig vertragskonform verhalten wird., Die Suspendierung darf aber nicht so lange ausgedehnt werden, daß sie praktisch einem Ausschluß gleichkommt. **794**

795 Bei der Entscheidung, ob das Mitglied endgültig ausgeschlossen werden soll, hat der Rat zu berücksichtigen, daß von der Ausschließung nicht allein das Mitglied betroffen ist. Die Tatsache, daß die MIGA nunmehr lediglich in einem kleiner gewordenen Kreis wirken kann, beeinträchtigt den Nutzen der Tätigkeit der Organisation auch für die übrigen vertragstreuen Mitglieder[3] und schadet der Zielsetzung der MIGA im allgemeinen[4].

796 Die Sanktionsmöglichkeit des Ausschlusses wiegt für solche Mitgliedstaaten nicht sonderlich schwer, die der Gewährung von Versicherungsschutz für die Vornahme von Direktinvestitionen auf ihrem Territorium keine besondere Bedeutung beimessen oder generell meinen, auf ausländische Direktinvestitionen künftig verzichten zu können. Derartige Staaten könnten deshalb versucht sein, zunächst möglichst viele Investitionen anzulocken, um sie dann zu Lasten der Steuerzahler in den übrigen Mitgliedstaaten zu enteignen. Es sollte deshalb überlegt werden, ob bei eklatanten Verstößen gegen den Förderzweck der Konvention zusätzliche Sanktionen ergriffen werden können. Allerdings stellt nicht bereits die Vornahme einer Enteignung an sich einen Verstoß gegen die Konvention dar. Ein solcher ist aber z. B. dann anzunehmen, wenn die Enteignung diskriminierenden Charakter hat oder der Gaststaat sich weigert, eine angemessene Entschädigung zu leisten. In diesen Fällen wäre etwa daran zu denken, daß die Weltbank- und/oder IMF-Subskriptionen des Mitglieds als Pfand einbehalten werden und/oder es keine weiteren Weltbank- oder IMF-Kredite mehr erhält[5].

Artikel 53
Rechte und Pflichten der Staaten, deren Mitgliedschaft erlischt

a) Erlischt die Mitgliedschaft eines Staates, so bleibt er für alle seine Verbindlichkeiten einschließlich der Eventualverpflichtungen aufgrund dieses Übereinkommens haftbar, die vor Erlöschen seiner Mitgliedschaft wirksam waren.

b) Unbeschadet des Buchstabens a trifft die Agentur eine Vereinbarung mit dem betreffenden Staat zur Regelung ihrer jeweiligen Forderungen und Verbindlichkeiten. Eine solche Vereinbarung bedarf der Genehmigung des Direktoriums.

---

3 Vgl. *Seidl-Hohenveldern*, Das Recht der Internationalen Organisationen, 4. Aufl. 1984, RdNr. 2034.
4 Vgl. die Präambel.
5 Vgl. *Vaubel*, Die Wissenschaft denkt, die Politik lenkt; Der Fall MIGA, in: *Streit* (Hrsg.), Wirtschaftspolitik zwischen ökonomischer und politischer Rationalität, Festschrift für *Herbert Giersch*, 1988, S. 110.

Art. 53 regelt die Abwicklung des Mitgliedschaftsverhältnisses. Art. 53 a stellt klar, daß das Erlöschen der Mitgliedschaft den betreffenden Staat nicht von den Verbindlichkeiten befreit, die vor seinem Ausscheiden gegen ihn begründet waren. Entscheidend dürfte hierbei der Zeitpunkt sein, zu welchem ein Versicherungsfall ausgelöst wurde, nicht dagegen, wann der Versicherungsvertrag abgeschlossen worden ist. Das ausgeschiedene Mitglied haftet auch für die Verbindlichkeiten, die während der Zeit seiner Suspendierung entstanden sind, sowie für die Forderungen aus abgetretenem Recht gemäß Art. 18, sofern die Verpflichtung des Mitglieds zumindest gegenüber dem Versicherungsnehmer vor seinem Ausscheiden aus der Agentur begründet wurde.

797

Gemäß Art. 53 b ist zwischen der Agentur und dem ausgeschiedenen Mitglied ein Abwicklungsvertrag zu schließen. Hierbei geht es zunächst um den Ausgleich der gegenseitigen Ansprüche. Die finanziellen Forderungen des Mitglieds richten sich vor allem auf die Rückzahlung des eingezahlten Kapitals und des ihm zustehenden Anteils am Fördertreuhandfonds[1], soweit beide seine Verbindlichkeiten gegenüber der Agentur übersteigen. Dagegen besteht kein Anspruch auf Rückzahlung eines entsprechenden Anteils an den Nettoeinnahmen, da die Agentur gemäß Art. 27 b über ihre Verwendung frei entscheiden kann.

798

Die Abwicklung hat sich neben den finanziellen Aspekten auch auf die sonstigen zwischen der Agentur und dem Mitglied noch bestehenden Beziehungen zu richten. In Betracht kommt z. B. das Ausscheiden von Organen aus dem Mitgliedstaat sowie von Personal, das mit der Wahrnehmung amtlicher Funktionen betraut ist. Sonstiges Personal muß aber nicht zwangsläufig entlassen werden. Zu regeln ist z. B. auch die Abwicklung von investitionsschützenden Vereinbarungen zwischen der MIGA und dem Mitglied gemäß Art. 23 b (ii). Derartige Verträge erlöschen grundsätzlich nicht automatisch mit der Beendigung der Mitgliedschaft. Der MIGA steht aber nach allgemeinen Grundsätzen („clausula rebus sic stantibus") ein Kündigungsrecht zu, da nach den übereinstimmenden Vorstellungen beider Vertragspartner Maßnahmen zur Investitionsförderung lediglich Mitgliedern zugute kommen sollen.

799

Artikel 54
Einstellung der Geschäftstätigkeit

a) Das Direktorium kann, wenn es dies für gerechtfertigt hält, die Übernahme neuer Garantien für eine bestimmte Zeit einstellen.

b) In einer Notlage kann das Direktorium die gesamte Tätigkeit der Agentur für eine Zeit einstellen, die nicht länger dauern darf, als die Notlage besteht; jedoch müssen die notwendigen Regelungen zum Schutz der Interessen der Agentur und Dritter getroffen werden.

---
[1] Vgl. hierzu die detaillierte Regelung in Art. VI, Abschnitt 4 des Weltbank-Übereinkommens.

Austritt, Suspendierung der Mitgliedschaft und Beendigung der Geschäftstätigkeit

c) Der Beschluß, die Geschäftstätigkeit einzustellen, hat keine Auswirkung auf die Verbindlichkeiten der Mitglieder aufgrund dieses Übereinkommens oder auf die Verbindlichkeiten der Agentur gegenüber Garantie- oder Rückversicherungsnehmern oder gegenüber Dritten.

800 Gemäß Art. 54 a kann das Direktorium die Übernahme **neuer Garantien** in berechtigten Fällen vorübergehend einstellen. Die Einstellung der gesamten Versicherungstätigkeit ist für eine besondere Fallgestaltung bereits in Art. 22 im Zusammenhang mit den Höchstbeträgen für Garantien zwingend vorgeschrieben. Art. 54 a kommt nicht zur Anwendung im Zusammenhang mit der sonstigen Tätigkeit der MIGA zur Investitionsförderung (Art. 23). Die Regelung erfaßt außerdem nur die Einstellung der Ausgabe neuer Garantien **insgesamt**. Im Einzelfall bestehen bereits gemäß Art. 11–15 Ablehnungsgründe.

801 Die vorübergehende Einstellung gemäß Art. 54 a ist z. B. dann gerechtfertigt, wenn die Ausgabe neuer Garantien nicht mehr für erforderlich gehalten wird, weil der Investitionsfluß in die Entwicklungsländer das gewünschte Niveau erreicht hat oder der Investitionsschutz in den Gaststaaten als ausreichend erscheint. Art. 54 a kommt weiterhin dann in Betracht, wenn konkret zu befürchten ist, daß demnächst in erheblichem Umfang Entschädigungsansprüche auf die MIGA zukommen mit der Folge, daß die Ausgabe neuer Garantien das Haftungsrisiko für die MIGA in unvertretbarem Ausmaß erhöhen würde oder wenn zwischen den Mitgliedern ernsthafte Meinungsverschiedenheiten über die Fortsetzung der Versicherungstätigkeit bestehen bzw. eine Änderung der Konvention kurz bevorsteht.

802 Eine Notlage gemäß Art. 54 b liegt insbesondere dann vor, wenn die MIGA zahlungsunfähig oder überschuldet ist. Das Direktorium kann in diesem Fall die **gesamte** Tätigkeit der MIGA vorübergehend einstellen. Dies führt nicht automatisch zur Liquidation der Organisation. Vielmehr hat die MIGA ihre Tätigkeit wieder aufzunehmen, wenn die Notlage vorüber ist. Kommt das Direktorium zu dem Ergebnis, daß sie nicht mehr zu beheben ist, kann die MIGA gemäß Art. 55 aufgelöst werden. Besteht Streit, ob die Geschäftstätigkeit der MIGA lediglich vorübergehend eingestellt oder die MIGA aufgelöst werden soll, entscheidet letztlich die Auffassung des Rates (vgl. Art. 56 b S. 1).

803 Während des Ruhens der Geschäftstätigkeit dürfen die Vermögensgegenstände der MIGA grundsätzlich nicht veräußert werden. Dies ist eine notwendige Sicherungsmaßnahme zum Schutz der Interessen der Agentur und Dritter i. S. v. Art. 54 b, 2. Halbsatz. Auch muß dafür Sorge getragen werden, daß bestehende Verträge soweit als möglich abgewickelt werden (Art. 54 c). Insbesondere sind noch ausstehende Prämien und Gebühren für bereits erbrachte Versicherungsleistungen und sonstige Tätigkeiten einzuziehen.

Artikel 55
Auflösung

a) Der Rat kann mit besonderer Mehrheit beschließen, die Geschäftstätigkeit zu beenden und die Agentur aufzulösen. Danach beendet die Agentur sofort ihre gesamte Tätigkeit mit Ausnahme der Arbeiten, welche die ordnungsgemäße Verwertung, Sicherstellung und Erhaltung der Vermögenswerte sowie die Regelung der Verbindlichkeiten betreffen. Bis zur endgültigen Regelung und Verteilung der Vermögenswerte bleibt die Agentur bestehen, und alle Rechte und Verpflichtungen der Mitglieder aufgrund dieses Übereinkommens bleiben unberührt.

b) Eine Verteilung der Vermögenswerte an die Mitglieder erfolgt erst, wenn alle Verbindlichkeiten gegenüber Garantienehmern und anderen Gläubigern erfüllt sind oder hierfür Vorsorge getroffen ist und wenn der Rat beschlossen hat, die Verteilung vorzunehmen.

c) Vorbehaltlich der vorstehenden Bestimmungen verteilt die Agentur ihre verbleibenden Vermögenswerte an die Mitglieder im Verhältnis des Anteils jedes Mitglieds am gezeichneten Kapital. Die Agentur verteilt auch etwaige verbleibende Vermögenswerte des in Anlage I genannten Fördertreuhandfonds an die fördernden Mitglieder im Verhältnis der von jedem von ihnen geförderten Investitionen zu den gesamten geförderten Investitionen. Ein Mitglied hat erst dann Anspruch auf seinen Anteil an den Vermögenswerten der Agentur oder des Fördertreuhandfonds, wenn es alle ausstehenden Forderungen der Agentur ihm gegenüber beglichen hat. Jede Verteilung der Vermögenswerte erfolgt zu vom Rat bestimmten Zeiten und in der von ihm als recht und billig erachteten Weise.

Art. 55 regelt das Verfahren bei Auflösung der MIGA. Sie erfordert einen Beschluß des Rates, der die sofortige Einstellung der Geschäftstätigkeit der MIGA zur Folge hat. Eine Ausnahme gilt lediglich für Sicherungs- und Verwertungsmaßnahmen im Hinblick auf ihre Vermögenswerte (Art. 55 a S. 2, 1. Alt.) und die Abwicklung von Forderungen und Verbindlichkeiten (Art. 55 a S. 2, 2. Alt., 55 b, c).

804

Die Maßnahmen gemäß Art. 55 a S. 2 betreffen zum einen die Aufrechterhaltung des Kontakts zu den Zentralbanken der Mitgliedstaaten als Verwalter des Guthabens der Agentur sowie die ordnungsgemäße Verwaltung des sonstigen beweglichen und unbeweglichen Vermögens der Agentur mit dem Ziel, es zu veräußern. Dagegen darf die MIGA keine neuen Garantien ausgeben und keine sonstigen Maßnahmen zur Investitionsförderung gemäß Art. 23 in Angriff nehmen. Die MIGA ist auch nicht berechtigt, bereits begonnene Vertragsverhandlungen fortzusetzen. Dies kann dazu führen, daß sich die MIGA unter dem Gesichtspunkt des Vertrauensschutzes schadensersatzpflichtig macht[1]. Eine Haf-

805

---
1 Nach deutschem Recht wäre eine Haftung aus culpa in contrahendo zu prüfen.

Austritt, Suspendierung der Mitgliedschaft und Beendigung der Geschäftstätigkeit

tung der MIGA kommt insbesondere in Betracht, wenn der Versicherungsnehmer eine Option für eine Stand-by-Deckung[2] innehat und er berechtigt ist, sie noch nach dem Zeitpunkt des Auflösungsbeschlusses auszuüben.

806 Gemäß Art. 55 a S. 2, 2. Alt. hat die MIGA weiterhin für die Erfüllung der bestehenden Verbindlichkeiten zu sorgen. Dies gilt sowohl im Hinblick auf ihre eigenen Forderungen als auch bezüglich der gegen sie gerichteten Ansprüche. Zu diesem Zweck kann die MIGA auch noch gerichtliche Verfahren bzw. sonstige Streitbeilegungsverfahren gemäß Art. 56–58 durchführen.

807 Die MIGA hat alle Gläubiger aus ihrem Vermögen zu befriedigen bzw. hierfür Vorsorge zu treffen (Art. 55 b). Die MIGA hat hierzu ihre Forderungen als Teil ihrer Vermögenswerte gegenüber den Schuldnern geltend zu machen und gegebenenfalls einzutreiben. Reichen die Vermögenswerte gleichwohl nicht aus, hat die MIGA weitere, noch ausstehende Kapitalanteile der Mitglieder abzurufen (Art. 7 [ii]). Genügt dies noch immer nicht, dürften die Gläubiger entsprechend ihrer Forderungshöhe anteilsmäßig zu befriedigen sein. Gläubiger und Garantienehmer sind vor Mitgliedern zu befriedigen (Art. 55 b).

808 Die Befriedigung von Mitgliedern aus den verbleibenden Vermögenswerten ist im Verhältnis des Anteils des Mitglieds am gezeichneten Kapital vorzunehmen (Art. 55 c S. 1). Für die Verteilung des verbleibenden Vermögens aus dem Fördertreuhandfonds ist das Verhältnis der von dem Mitglied geförderten Investitionen zu den gesamten geförderten Investitionen maßgeblich (Art. 55 c S. 2).

809 Zeitpunkt und Form der Verteilung der verbleibenden Vermögenswerte an die Mitglieder werden vom Rat festgelegt (Art. 55 c S. 4). Die Bestimmung, wonach die Verteilung recht und billig zu sein hat, ist dahingehend zu verstehen, daß eine wirtschaftliche Verteilung der Vermögenswerte angestrebt wird. Die Vermögensgegenstände sollen nach anerkannten Geschäftspraktiken von unabhängigen Gutachtern bewertet und auf den Anteil des Mitglieds an der Vermögensliquidation angerechnet werden[3]. Bestehen die Vermögenswerte nicht in Geld, sind sie zunächst zu veräußern. Der erzielte Erlös ist anschließend zu verteilen. Dies hat nicht notwendigerweise in frei verwendbarer Währung zu geschehen. Es können auch Ratenzahlungen vorgesehen werden[4].

---

2 Siehe hierzu oben Art. 16, RdNr. 330 ff.
3 Vgl. Ziffer 75 des MIGA-Kommentars, nachfolgend S. 361.
4 Vgl. zum Ganzen auch die korrespondierende Regelung in Art. VI, Abschnitt 5 d–h des Weltbank-Übereinkommens.

Kapitel IX
Beilegung von Streitigkeiten

Artikel 56
Auslegung und Anwendung des Übereinkommens

a) Alle Fragen der Auslegung oder Anwendung dieses Übereinkommens, die zwischen einem Mitglied der Agentur und der Agentur oder zwischen Mitgliedern der Agentur auftreten, werden dem Direktorium zur Entscheidung vorgelegt. Ein von der Frage besonders betroffenes Mitglied, das sonst nicht von einem Staatsangehörigen im Direktorium vertreten ist, kann einen Vertreter zur Teilnahme an jeder Sitzung entsenden, auf der die Frage beraten wird.

b) Hat das Direktorium eine Entscheidung nach Buchstabe a getroffen, so kann jedes Mitglied verlangen, daß die Frage dem Rat vorgelegt wird; dessen Entscheidung ist endgültig. Bis die Entscheidung des Rates vorliegt, kann die Agentur, soweit sie dies für notwendig hält, auf der Grundlage der Entscheidung des Direktoriums handeln.

Art. 56 sieht für Fragen zur Auslegung und Anwendung des Übereinkommens ein MIGA-internes Entscheidungsverfahren vor. Die Vorschrift kommt nur im Verhältnis zwischen einem Mitglied und der Agentur oder zwischen Mitgliedern der Agentur zum Tragen. Die Frage ist zunächst vom Direktorium zu klären. Die letzte Entscheidungskompetenz liegt beim Rat, der allerdings nur auf Antrag eines Mitglieds tätig werden darf. Die Agentur ist dagegen nicht berechtigt, gegen eine für sie ungünstige Entscheidung des Direktoriums den Rat anzurufen. 810

Art. 56 gibt dem Direktorium die Befugnis zur Interpretation bestehender Vorschriften. Das Auslegungsrecht findet seine Grenze, wo es auf eine Änderung der Konvention hinausliefe. Hierfür gilt Art. 59. Das Direktorium kann weiterhin im Rahmen des Art. 56 über die Anwendung des Übereinkommens entscheiden, soweit die Konvention zu einer bestimmten Frage keine Regelung enthält und dies zum Zeitpunkt der Verabschiedung der Konvention nicht vorhersehbar war. Allerdings kann die Gesetzeslücke auch durch eine Änderung des Abkommens geschlossen werden. Das Direktorium hat zu entscheiden, welcher Weg gewählt werden soll. Insofern steht ihm eine Kompetenz-Kompetenz zu[1]. 811

---

1 Vgl. *Shihata*, MIGA and Foreign Investment, 1988, S. 259.

812 Die Auslegungskompetenz des Direktoriums bzw. des Rates soll die MIGA nach Möglichkeit davor schützen, daß ihr Recht durch unterschiedliche Interpretationen vor Gerichten verschiedener Staaten aufgesplittert wird[2]. Eine organisationsinterne Auslegung ist aber auch deshalb sinnvoll, weil eigene Organe aufgrund ihrer Fachkompetenz besser als Außenstehende dazu geeignet sind, ein Urteil über Detailfragen abzugeben. Der Rat kann zugleich vermittelnd tätig werden. Auch hat er die Möglichkeit, ihm mißlich erscheinende Konsequenzen der bisherigen Rechtslage durch deren gegebenenfalls sogar rückwirkende Änderung umgehend zu beseitigen. Da das Direktorium bzw. der Rat im Rahmen von Art. 56 nicht als Streitschlichter auftreten, kann ihnen schließlich auch nicht entgegengehalten werden, sie würden als Richter in eigener Sache tätig[3].

813 Soweit Fragen zwischen einem Mitglied und der Agentur zur Entscheidung anstehen, kann es zu Abgrenzungsschwierigkeiten zwischen dem Anwendungsbereich von Art. 56 und Art. 57 kommen. Für die Entscheidung, ob ein Verfahren gemäß Art. 56 oder Art. 57 durchzuführen ist, kommt es darauf an, ob zwischen den Parteien hinsichtlich der Auslegung und Anwendung des Abkommens lediglich Unklarheit oder vielmehr Streit besteht. Ausschlaggebend dürfte sein, ob es den Parteien primär darum geht, den Inhalt einer MIGA-Vorschrift, über den sie im unklaren sind, zu ermitteln, oder ob sie zu einer Bestimmung bereits dezidierte Auffassungen vertreten, die zueinander in Widerspruch stehen.

Artikel 57
Streitigkeiten zwischen der Agentur und Mitgliedern

a) Unbeschadet des Artikels 56 und des Buchstabens b des vorliegenden Artikels wird jede Streitigkeit zwischen der Agentur und einem Mitglied oder einer Agentur desselben und jede Streitigkeit zwischen der Agentur und einem Land (oder einer Agentur desselben), dessen Mitgliedschaft erloschen ist, in Übereinstimmung mit dem in Anlage II festgelegten Verfahren beigelegt.

b) Streitigkeiten über Forderungen der Agentur als Rechtsnachfolger eines Investors werden entweder i) nach dem in Anlage II festgelegten Verfahren oder ii) nach einer zwischen der Agentur und dem betreffenden Mitglied zu schließenden Übereinkunft über andere Methoden der Beilegung solcher Streitigkeiten beigelegt. Im letzteren Fall dient Anlage II als Grundlage für eine solche Übereinkunft, die im Einzelfall vom Direktorium mit besonderer Mehrheit genehmigt wird, bevor die Agentur im Hoheitsgebiet des betreffenden Mitglieds eine Geschäftstätigkeit durchführt.

---

[2] Vgl. hierzu *Seidl-Hohenveldern*, Das Recht der Internationalen Organisationen, 4. Aufl. 1984, RdNr. 1372.

[3] Vgl. *Seidl-Hohenveldern*, Das Recht der Internationalen Organisationen, 4. Aufl. 1984, RdNr. 1312 b, 1313.

Gliederung

I. Allgemeines 814
II. Einzelheiten zum Schiedssystem . 817
   1. Allgemeine Streitigkeiten . . . 817
   2. Streitigkeiten aus abgetretenem Recht 829
   3. Streitigkeiten mit ausgeschiedenen Mitgliedern 833

I. Allgemeines

Art. 57 institutionalisiert für Streitigkeiten zwischen der MIGA und (ehemaligen) Mitgliedern bzw. ihren Agenturen einen besonderen Streitschlichtungsmechanismus. Die Bestimmung sieht eine Streitbeilegung vor einem internationalen Gremium vor und trägt damit dem Umstand Rechnung, daß sowohl die MIGA als auch ihre Mitglieder Völkerrechtssubjekte sind. In diesen Fällen ist eine internationale Streitschlichtung das übliche Verfahren. Sie wird auch von den Anhängern der Calvo-Doktrin akzeptiert[1]. Die Vorschrift gilt nicht für Streitigkeiten, die sich aus einem Garantie- oder Rückversicherungsvertrag zwischen den daran beteiligten Personen ergeben[2], sonstige Streitigkeiten zwischen der MIGA und privaten Rechtsträgern[3], Streitigkeiten zwischen Mitgliedern[4] sowie Streitigkeiten zwischen den einzelnen MIGA-Organen[5].

814

Soweit Private nicht am Versicherungsvertrag beteiligt sind, kommt ein Klageverfahren in Betracht, wobei allerdings die Immunitätsvorschriften der Art. 43 ff. zu beachten sind. Sie können im übrigen auch ohne einschlägige Bestimmungen in der Satzung mit der Organisation ein Schiedsverfahren vertraglich vereinbaren. Eine derartige Bestimmung bietet dem Privaten aber keinen sicheren Schutz. Unter Mißbrauch ihrer Privilegien und Immunitäten könnte die Organisation sich möglicherweise weigern, als Beklagte vor dem Schiedsgericht zu erscheinen oder die Vollstreckung eines gegen sie ergangenen Schiedsspruchs zu dulden[6].

815

Die Durchführung eines Schiedsverfahrens ist in den nationalen Versicherungssystemen nicht vorgesehen. Auch frühere Vorschläge zur Errichtung einer internationalen Versicherungsagentur enthielten keine vernünftigen Mechanis-

816

---

1 Vgl. *Shihata*, MIGA and Foreign Investment, 1988, S. 264.
2 Siehe hierzu Art. 58.
3 Siehe hierzu Art. 43, 44.
4 Nach allgemeinem Völkerrecht können Streitigkeiten zwischen Staaten einer einvernehmlich bestellten Schiedsinstanz unterbreitet werden. Staaten können ferner auch den Ständigen Haager Schiedshof oder den Internationalen Gerichtshof anrufen. Hierzu ist allerdings die Zustimmung beider Streitparteien erforderlich; vgl. *Seidl-Hohenveldern*, Das Recht der Internationalen Organisationen, 4. Aufl. 1984, RdNr. 1323.
5 Die MIGA-Konvention sieht für derartige Organstreitigkeiten kein besonderes Verfahren vor. Jedoch dürfte entsprechend der ratio der Art. 31 a, 56 b die letzte Entscheidung bei solchen Konflikten beim Rat liegen.
6 Vgl. *Seidl-Hohenveldern*, Das Recht der Internationalen Organisationen, 4. Aufl. 1984, RdNr. 1371.

men für die Übertragung von Streitigkeiten an international anerkannte Schiedsinstitutionen[7]. Die Schiedsgerichtsbarkeit stellt ein wesentliches Element zur Verbesserung und zur Stabilisierung des Investitionsklimas dar. Sie besteht unabhängig von der Existenz eines Investitionsvertrages zwischen dem Investor und dem Gaststaat oder eines Investitionsschutzvertrages zwischen dem Gaststaat und dem Heimatstaat des Investors.

II. Einzelheiten zum Schiedssystem

1. Allgemeine Streitigkeiten

817 Das Schiedssystem gemäß Art. 57 i. V. m. Anlage II ist hierarchisch aufgebaut[8]. Anlage II entspricht weitgehend der ICSID-Konvention. Die Parteien sollen zunächst eine Lösung des Konflikts auf dem **Verhandlungswege** anstreben (vgl. Anlage II, Art. 2). Scheitert dies, können die Parteien ein Vergleichsverfahren durchführen (Art. 3). Die Verhandlungen gelten gemäß Anlage II, Art. 2 S. 2 auch dann als gescheitert, wenn sie nicht innerhalb von 120 Tagen nach dem Ersuchen um ihre Aufnahme erfolgreich abgeschlossen werden konnten. Schlägt auch das Vergleichsverfahren fehl bzw. verzichten die Parteien von vornherein auf seine Durchführung, kommt es zu einem Schiedsverfahren (Art. 4). Die Parteien haben aber in jedem Stadium des Verfahrens die Möglichkeit, wieder an den Verhandlungstisch zurückzukehren[9].

818 Zur Durchführung des **Vergleichsverfahrens** haben sich die Parteien auf einen Vermittler zu verständigen. Gelingt ihnen dies nicht, können sie entweder den Generalsekretär des Internationalen Zentrums zur Beilegung von Investitionsstreitigkeiten oder den Präsidenten des Internationalen Gerichtshofs ersuchen, einen Vermittler zu bestellen. Wird er nicht innerhalb von 90 Tagen nach der Einigung über die Durchführung eines Vergleichsverfahrens ernannt, gilt es als gescheitert[10].

819 Bei der Ausgestaltung des Vergleichsverfahrens hat der Vermittler gemäß Anlage II, Art. 3 c einen relativ großen Gestaltungsspielraum. Seine Entscheidung besteht gemäß Anlage II, Art. 3 d, e lediglich in einer Empfehlung. Er hat hierfür 180 Tage Zeit. Den Parteien steht gemäß Anlage II, Art. 3 f, g für die Annahme der Empfehlung eine Frist von 60 Tagen zu.

820 Das **Schiedsverfahren** wird durch eine Mitteilung der das Schiedsverfahren begehrenden Partei an die gegnerische Partei eingeleitet. Jede Partei bestellt je einen Schiedsrichter, ein dritter wird von beiden Parteien gemeinsam gewählt (vgl. Anlage II, Art. 4 a).

---

7 Vgl. *Alsop,* The World Bank's Multilateral Investment Guaranty Agency, Col. J. Transnat'l L. 25 (1986), 101 ff. (130).
8 Vgl. *Chatterjee*, The Convention Establishing the Multilateral Investment Guarantee Agency, Int'l & Comp. L. Q. 36 (1987), 76 ff. (88).
9 Vgl. *Shihata*, MIGA and Foreign Investment, 1988, S. 260.
10 Vgl. Anlage II, Art. 3 b.

Anlage II, Art. 4 b will sicherstellen, daß keine Partei die Durchführung eines **821** Schiedsverfahrens durch die Weigerung, einen Schiedsrichter zu benennen, verhindern kann. Der Schiedsrichter kann deshalb gegebenenfalls auch ohne Zutun einer Partei durch den Generalsekretär des ICSID, hilfsweise durch den Präsidenten des Internationalen Gerichtshofs, ernannt werden.

Gemäß Anlage II, Art. 4 e hat sich das Schiedsgericht eine eigene Verfah- **822** rensordnung zu geben. Orientierungsrahmen hierfür ist die Schiedsordnung der ICSID-Konvention, soweit in Anlage II nichts Gegenteiliges bestimmt ist und die Parteien keine anderweitige Regelung getroffen haben. Insbesondere sind Kapitel I und VII der ICSID-Schiedsordnung über die Errichtung des Schiedsgerichts bzw. die Auslegung und Überprüfung des Schiedsspruchs nicht anwendbar[11].

Gemäß Anlage II, Art. 4 f entscheidet das Schiedsgericht über seine eigene **823** Zuständigkeit. Erhebt eine Partei jedoch die Einrede, daß die Zuständigkeit des Direktoriums oder des Rates nach Art. 56 oder eines sonstigen gemäß Art. 57 b (ii) benannten Schiedskörpers gegeben sei, ist dessen bindende Entscheidung einzuholen.

Anlage II, Art. 4 g bestimmt das vom Schiedsgericht anzuwendende materielle **824** Recht. Die Vorschrift nennt die MIGA-Konvention, einschlägige Übereinkünfte zwischen den Parteien, die Satzung und Vorschriften der Agentur, die anwendbaren Regeln des Völkerrechts, das innerstaatliche Recht des betreffenden Mitglieds sowie die anwendbaren Bestimmungen eines etwaigen Investitionsvertrages. Bei Einwilligung der Agentur und des betroffenen Mitglieds kommt auch eine Entscheidung ex aequo et bono in Betracht.

Anlage II, Art. 4 g nimmt nicht ausdrücklich dazu Stellung, in welcher Reihen- **825** folge die vorstehend genannten Rechtsquellen anzuwenden sind. Spezielle Vorschriften gehen allgemeinen Regelungen vor. Dabei ist jedoch stets der Vorrang höheren Rechts zu beachten. Höherrangiges Recht kommt allerdings nur insoweit zur Anwendung, als es um die Korrektur oder Ausfüllung von Lücken des nachrangigen Rechts geht[12].

Das Völkerrecht hat gegenüber dem staatlichen Recht auch dann Vorrang, wenn **826** die MIGA aus abgetretenem Recht Ansprüche des Investors gegenüber dem Mitglied geltend macht. Dies gilt zunächst dann, wenn der Investor und das Mitglied ihre Rechtsbeziehung ausdrücklich oder konkludent dem Völkerrecht unterstellt haben. Aber auch andernfalls kommt das Völkerrecht zur Anwendung, denn sowohl die MIGA als auch das Mitglied sind Völkerrechtssubjekte, und die MIGA geht dieser Eigenschaft nicht dadurch verlustig, daß sie Ansprüche des Investors geltend macht[13]. Bedenken lateinamerikanischer Staaten gegen die Anerkennung der Existenz von Völkerrecht im Bereich des Investitionsschut-

---

[11] Vgl. *Shihata*, MIGA and Foreign Investment, 1988, S. 266.
[12] Vgl. *Shihata*, MIGA and Foreign Investment, 1988, S. 268 f.; Ziffer 78 des MIGA-Kommentars, nachfolgend S. 362 f.; siehe auch Klöckner v. Cameroon, Entscheidung des ICSID-Ad-Hoc-Komitees vom 3. Mai 1985, ICSID-Rev. – FILJ 1 (1986), 89 ff. (112).
[13] Siehe hierzu auch *Shihata*, MIGA and Foreign Investment, 1988, S. 269 f.

Beilegung von Streitigkeiten

zes aufgrund der Calvo-Doktrin kann im Wege von Art. 57 b (ii) Rechnung getragen werden[14].

827 Anlage II, Art. 4 h bestimmt, daß die Entscheidung des Schiedsgerichts für die Parteien endgültig und bindend ist. Sie unterliegt auch keiner Überprüfung durch ein staatliches Gericht.

828 Anlage II, Art. 4 j sieht schließlich vor, daß die Mitglieder die nach Anlage II ergangenen Schiedssprüche anerkennen und sie in ihrem Hoheitsgebiet wie Urteile ihrer eigenen Gerichte vollstrecken[15]. Die MIGA kann demnach einen zu ihren Gunsten ergangenen Schiedsspruch in jedem beliebigen Mitgliedstaat exekutieren.

2. Streitigkeiten aus abgetretenem Recht

829 Soweit sich die Streitigkeit auf Forderungen der Agentur als Rechtsnachfolgerin eines Investors insbesondere gemäß Art. 18 bezieht, haben die Parteien die Möglichkeit, statt des in Anlage II vorgesehenen Verfahrens ein anderweitiges Streitschlichtungsverfahren auf der Grundlage von Anlage II zu vereinbaren. Eine derartige Abrede muß aber bereits getroffen worden sein, bevor die MIGA in dem betreffenden Staat im Hinblick auf die jeweilige Investition geschäftlich tätig wird.

830 Die Parteien sollen sich bemühen, die Abweichungen von Anlage II so gering wie möglich zu halten[16]. Z. B. können sie vereinbaren, als Schiedsspruch die Auffassung des Internationalen Gerichtshofs zu akzeptieren[17].

831 Die Übereinkunft zwischen den Parteien soll gemäß Art. 23 b (ii) auch eine Meistbegünstigungsklausel enthalten. Damit kommt eine Verbesserung der Streitschlichtung zwischen einem Mitglied und einem Dritten über das mit der MIGA vereinbarte Niveau hinaus auch der Agentur zugute[18].

832 Art. 57 b (ii) trägt schließlich den Bedenken vieler lateinamerikanischer Staaten aufgrund der von ihnen vertretenen Calvo-Doktrin Rechnung. Das Gastland kann mit der MIGA gemäß Art. 57 b (ii) eine Vereinbarung dahingehend treffen, daß vor Durchführung eines Schiedsverfahrens gemäß Anlage II der nationale Rechtsweg im Gaststaat auszuschöpfen ist. Anlage II, Art. 4 g, stellt weiterhin sicher, daß im Rahmen der Berücksichtigung des nationalen Rechts allein das Recht des Gaststaates zur Anwendung kommt. Hierzu zählt auch dessen Kollisionsrecht[19]. Die nach der Calvo-Doktrin untersagte Gewährung diplomatischen Schutzes wäre schließlich unvereinbar mit dem institutionellen Ziel der MIGA, der Erhöhung des Kapitalflusses in die Entwicklungsländer. Da die MIGA den Investor vor Durchführung des Schiedsverfahrens bereits befriedigt hat, bedarf

---

14 Vgl. nachfolgend RdNr. 832.
15 Vgl. die korrespondierende Regelung in Art. 54 Abs. 1 der ICSID-Konvention.
16 Vgl. *Shihata*, MIGA and Foreign Investment, 1988, S. 270.
17 Vgl. Ziffer 76 c des MIGA-Kommentars, nachfolgend S. 362.
18 Vgl. *Shihata*, MIGA and Foreign Investment, 1988, S. 270 f.
19 Vgl. Ziffer 78 des MIGA-Kommentars, nachfolgend S. 362 f.

es keiner Vorschrift wie Art. 27 der ICSID-Konvention, wonach sich der Investor nicht mehr auf diplomatischen Schutz berufen kann, wenn ein Schiedsverfahren bereits begonnen hat[20].

3. Streitigkeiten mit ausgeschiedenen Mitgliedern

Art. 57 kommt grundsätzlich auch für Streitigkeiten zwischen der MIGA und einem ausgeschiedenen Mitglied zur Anwendung. Art. 57 erfaßt hierbei auch die Fälle der Auslegung und Anwendung des Übereinkommens, die ansonsten vom Direktorium bzw. Rat gemäß Art. 56 zu entscheiden wären. Ausgeschiedene Mitglieder unterstehen nicht mehr dieser organisationsinternen Entscheidungsgewalt[21]. **833**

Allerdings kann mit ausgeschiedenen Mitgliedern keine Vereinbarung gemäß Art. 57 b (ii) getroffen werden. Gemäß Art. 57 b (ii) ist eine derartige Abrede unzulässig, wenn die MIGA im Hinblick auf die konkrete Investition bereits tätig geworden ist. Nach Ausscheiden des Mitglieds kommt eine Tätigkeit aber überhaupt nicht mehr in Betracht, so daß eine Vereinbarung gemäß Art. 57 b (ii) ins Leere ginge[22]. **834**

Artikel 58
Streitigkeiten, an denen Garantie- oder Rückversicherungsnehmer beteiligt sind

Jede Streitigkeit, die sich aus einem Garantie- oder Rückversicherungsvertrag zwischen den daran beteiligten Parteien ergibt, wird einem Schiedsverfahren zur endgültigen Entscheidung entsprechend den Vorschriften unterworfen, die in dem Garantie- oder Rückversicherungsvertrag vorgesehen oder bezeichnet sind.

Art. 58 sieht für Streitigkeiten aus einem Garantie- oder Rückversicherungsvertrag zwischen den hieran Beteiligten ein besonderes Streitschlichtungsverfahren vor. Im Garantievertrag soll festgelegt werden, daß Streitigkeiten zwischen den Parteien einem Schiedsgericht zur endgültigen und bindenden Entscheidung vorgelegt werden. Es soll aus einem oder mehreren Schiedsrichtern bestehen. Das Schiedsgericht wie auch der Ablauf des Verfahrens sollen in Übereinstimmung mit den im Garantievertrag vorgesehenen Regeln eingesetzt bzw. abgewickelt werden. Der Standard-Garantievertrag wird auf die „Institution and Arbitration-Rules" des ICSID Bezug nehmen, jedoch unter dem Vorbehalt, daß der Generalsekretär des Ständigen Schiedsgerichtshofs in Den Haag das Recht hat, **835**

---
20 Vgl. *Alsop*, The World Bank's Multilateral Investment Guaranty Agency, Col. J. Transnat'l L. 25 (1986), 101 ff. (133).
21 Vgl. *Shihata*, MIGA and Foreign Investment, 1988, S. 272.
22 Vgl. *Shihata*, MIGA and Foreign Investment, 1988, S. 272.

Beilegung von Streitigkeiten

den oder die Schiedsrichter zu ernennen, die nicht anderweitig durch diese Bestimmung berufen worden sind. Auch ist der Generalsekretär nicht an die in der ICSID-Liste aufgeführten Namen gebunden. Der Versicherungsvertrag kann außerdem sonstige notwendige Modifikationen der „Institution and Arbitration-Rules" enthalten. Des weiteren können auch andere Schiedsordnungen, wie etwa die der UNCITRAL oder der ICC vereinbart werden[1]. Jedes Mitglied soll den endgültigen und bindenden Charakter des Schiedsspruchs anerkennen.

836 Das Bestimmungsrecht des Generalsekretärs rechtfertigt sich daraus, daß nach den ICSID-Regeln die Weisungsbefugnis subsidiär zu den Vertragsparteien dem Vorsitzenden des ICSID-Verwaltungsrates zusteht. Dieser ist ex officio der Präsident der Weltbank. Letzterer ist aber auch zugleich der Vorsitzende des MIGA-Direktoriums und derzeitiger MIGA-Präsident. Eine vollständige Übernahme der ICSID-Regeln hätte demnach die Unparteilichkeit des Schiedsgerichts gefährdet[2].

837 In materieller Hinsicht soll das Schiedsgericht den Garantievertrag, die Konvention und hilfsweise die allgemeinen Rechtsgrundsätze anwenden, wobei der Garantievertrag eine derartige Bestimmung enthalten soll[3].

838 Die allgemeinen Rechtsgrundsätze stellen gemäß Art. 38 Abs. 1 c des IGH-Statuts neben den Verträgen und dem Gewohnheitsrecht eine eigenständige völkerrechtliche Rechtsquelle dar. Es handelt sich hierbei um die Prinzipien, die von den großen Kulturkreisen und den hauptsächlichen Rechtssystemen der Welt anerkannt werden[4]. Ihr Inhalt ist durch eine vergleichende Rechtsanalyse oder eine Untersuchung der in dem betreffenden Wirtschaftszweig allgemein vorherrschenden Praktiken zu ermitteln[5].

839 Für die Rangfolge der vorstehend genannten Rechtsquellen gilt wiederum, daß die speziellere Regelung allgemeinen Bestimmungen vorgeht[6]. Soweit es um die Vereinbarkeit von Bestimmungen des Garantievertrages mit der MIGA-Konvention geht, hat der Garantievertrag eine Nichtangriffsklausel zu enthalten[7]. Dagegen haben sich sowohl der Versicherungsvertrag als auch die Konvention an den allgemeinen Rechtsgrundsätzen messen zu lassen. Ein Konfliktfall ist hierbei aber kaum denkbar.

840 Der Garantievertrag soll keinem nationalen Recht unterstehen. Dies rechtfertigt sich daraus, daß sich der Vertragszweck aus einem internationalen Abkommen ergibt. Zudem ist ein Vertragspartner stets eine internationale Organisation[8]. Umgekehrt fehlt es an einer besonderen Beziehung zwischen dem Garantiever-

---

1 Vgl. Ziffer 77 des MIGA-Kommentars, nachfolgend S. 362.
2 Vgl. § 2.16 der „Operational Regulations", nachfolgend S. 386 f.
3 Vgl. § 2.17 der „Operational Regulations", nachfolgend S. 387.
4 Vgl. Art. 9 des IGH-Statuts.
5 Vgl. *Shihata*, MIGA and Foreign Investment, 1988, S. 278 f.
6 Vgl. oben Art. 57, RdNr. 825.
7 Vgl. § 2.02 der „Operational Regulations", nachfolgend S. 382.
8 Vgl. *Shihata*, MIGA and Foreign Investment, 1988, S. 276 f.

trag und einem bestimmten staatlichen Recht⁹. Weiterhin kommt es den Parteien des Garantievertrages gerade darauf an, ihn gegen staatliche Reglementierung abzuschirmen. Die MIGA könnte ihrem Entwicklungsauftrag schwerlich gerecht werden, wenn es ein einzelner Staat in der Hand hätte, die rechtliche Grundlage ihrer Versicherungstätigkeit im konkreten Fall zu beseitigen. Auch wäre die Verhandlungsposition der MIGA im Rahmen von Art. 23 b erheblich beeinträchtigt. Schließlich ist die gemäß Art. 58 vorgesehene Bestellung eines internationalen Schiedsgerichts nur dann konsequent ausgeführt, wenn das Schiedsgericht nicht nur in prozessualer, sondern auch in materieller Hinsicht von der Rechtsordnung des Sitzstaates befreit ist¹⁰.

841 Gemäß Art. 26, 53 der ICSID-Konvention unterliegen die aufgrund der ICSID-Schiedsordnung ergangenen Schiedssprüche nicht der Überprüfung durch ein staatliches Gericht. Die Partner eines Versicherungsvertrages gemäß Art. 58 können sich hierauf jedoch nicht berufen, denn die ICSID-Konvention bindet allein die Vertragsstaaten¹¹. Letztere sind mit den Mitgliedern der MIGA aber nicht identisch. Die Parteien des Versicherungsvertrages müssen deshalb damit rechnen, daß die von ihnen gewählte Schiedsordnung von der lex fori nicht oder jedenfalls nicht in vollem Umfang anerkannt wird¹². Sie sollten deshalb für den Sitz des Schiedsgerichts einen Staat vorsehen, der die Parteiautonomie auch im Hinblick auf die Verfahrensordnung anerkennt¹³. Auch sollten sie durch eine entsprechende Formulierung klarstellen, daß mit der Wahl des Sitzstaates keine Festlegung auf sein Verfahrensrecht verbunden ist¹⁴.

---

9 Siehe auch *Delaume*, Transnational Contracts, 1986, Kap. III; ders., State Contracts and Transnational Arbitration, Am. J. Int'l L. 75 (1981), 784 ff.
10 Vgl. von *Mehren/Kourides*, International Arbitrations Between States and Foreign Private Parties: The Libyan Nationalization Cases, Am. J. Int'l L. 75 (1981), 476 ff.; *Lalive*, Contrats entre Etats ou Entreprises Etatiques et Personnes Privées: Développements Récents, RdC 1983, 9 ff.
11 Vgl. *Delaume*, ICSID Arbitration and the Courts, Am. J. Int'l L. 77 (1983), 784 ff.
12 Vgl. B. P. v. Libyan Arab Republic, ILR 53 (1979), 297 ff.; Kuwait v. The American Independent Oil Company, ILM 21 (1982), 976 ff.
13 Vgl. *Shihata*, MIGA and Foreign Investment, 1988, S. 274 f.
14 Z. B. durch den Zusatz „. . .or any other place agreed by the parties"; vgl. *Shihata*, MIGA and Foreign Investment, 1988, S. 289; Fn. 47 sowie Art. VI, § 1 der „US-Iran Claims Settlement Declaration", ILM 20 (1981), 230.

Kapitel X
Änderungen

Artikel 59
Änderungen durch den Rat

a) Dieses Übereinkommen und seine Anlagen können mit den Stimmen von drei Fünfteln der Gouverneure, die vier Fünftel der Gesamtstimmenzahl innehaben, geändert werden; jedoch

>i) bedarf jede Änderung des Rechts zum Austritt aus der Agentur nach Artikel 51 oder der Haftungsbeschränkung nach Artikel 8 Buchstabe d der Zustimmung aller Gouverneure und

>ii) bedarf jede Änderung der Verlustaufteilungsregelung nach den Artikeln 1 und 3 der Anlage I, die eine Erhöhung der Haftung eines Mitglieds nach jenen Bestimmungen zur Folge hat, der Zustimmung des Gouverneurs jedes solchen Mitglieds.

b) Die Anhänge A und B können vom Rat mit besonderer Mehrheit geändert werden.

c) Berührt eine Änderung eine Bestimmung der Anlage I, so sind der Gesamtstimmenzahl die zusätzlichen Stimmen hinzuzurechnen, die nach Artikel 7 der Anlage den fördernden Mitgliedern und den Gastländern von geförderten Investitionen zugeteilt worden sind.

842 Die Bestimmungen sichern die Flexibilität der MIGA und damit letztlich ihre Existenz. Sie streben einen Ausgleich an zwischen dem Bedürfnis bzw. der Notwendigkeit, die Konvention der Tätigkeit der MIGA anzupassen, und dem Erfordernis, die Mitglieder vor einem unkontrollierten Anwachsen ihrer Pflichten bzw. einer Aushöhlung ihrer Rechte zu schützen[1].

843 Je nach Bedeutung der zu ändernden Bestimmungen sind unterschiedliche Mehrheiten für eine Änderung erforderlich[2]. Am leichtesten ist danach eine Änderung der Anhänge A und B möglich (Art. 59 b). Am schwierigsten gestalten sich Änderungen im Hinblick auf das Austrittsrecht (Art. 51), die Haftungsbeschränkung auf den nicht eingezahlten Teil des Ausgabepreises der Anteile

---

1 Vgl. Ziffer 79 des MIGA-Kommentars, nachfolgend S. 363.
2 Von der Konventions*änderung* ist die Konventions*interpretation* zu unterscheiden. Siehe hierzu Art. 56, RdNr. 810 ff.

(Art. 8 d) sowie die Verlustaufteilungsregelung gemäß Art. 1, 3 der Anlage I (Garantien für geförderte Investitionen nach Artikel 24). Für alle sonstigen Änderungen ist die in Art. 59 a genannte Mehrheit erforderlich. Bei einer Änderung der Anlage I kommt es außerdem zu einer Umgestaltung der Stimmrechtsstruktur (Art. 59 c).

Der Rat hat die Tätigkeit der Agentur sowie die erzielten Ergebnisse regelmäßig umfassend zu prüfen, um die Notwendigkeit eventueller zweckdienlicher Änderungen der Konvention festzustellen (Art. 67 a). **844**

Artikel 60

Verfahren

Alle Vorschläge zur Änderung dieses Übereinkommens, gleichviel ob sie von einem Mitglied, einem Gouverneur oder einem Direktor ausgehen, sind dem Vorsitzenden des Direktoriums zuzuleiten, der sie dem Direktorium vorlegt. Wird der Änderungsvorschlag vom Direktorium empfohlen, so wird er dem Rat zur Genehmigung nach Artikel 59 vorgelegt. Ist die Änderung vom Rat ordnungsgemäß genehmigt worden, so bestätigt die Agentur dies in einer an alle Mitglieder gerichteten amtlichen Mitteilung. Änderungen treten für alle Mitglieder neunzig Tage nach dem Tag der amtlichen Mitteilung in Kraft, sofern nicht der Rat einen anderen Zeitpunkt festlegt.

Die Vorschrift regelt die Zuständigkeit und das Inkrafttreten von Änderungen der Konvention. Entscheidungsbefugt ist demnach der Rat, der allerdings nur aufgrund einer Empfehlung des Direktoriums tätig werden darf. Dieses Verfahren ist auch dann einzuhalten, wenn der Änderungsvorschlag vom Rat selbst stammt. Die Änderung tritt grundsätzlich 90 Tage, nachdem die Agentur hiervon alle Mitglieder amtlich benachrichtigt hat, in Kraft. Der Rat kann jedoch auch einen anderen Zeitraum vorsehen. **845**

Kapitel XI

Schlußbestimmungen

Artikel 61
Inkrafttreten

a) Dieses Übereinkommen steht allen Mitgliedern der Bank sowie der Schweiz zur Unterzeichnung offen; es bedarf der Ratifikation, Annahme oder Genehmigung durch die Unterzeichnerstaaten nach Maßgabe ihrer verfassungsrechtlichen Verfahren.

b) Dieses Übereinkommen tritt an dem Tag in Kraft, an dem mindestens fünf Ratifikations-, Annahme- oder Genehmigungsurkunden für die Unterzeichnerstaaten in Kategorie Eins und mindestens fünfzehn solcher Urkunden für die Unterzeichnerstaaten in Kategorie Zwei hinterlegt sind; die Gesamtzeichnungsbeträge dieser Staaten müssen jedoch mindestens ein Drittel des in Artikel 5 vorgeschriebenen genehmigten Kapitals der Agentur ausmachen.

c) Für jeden Staat, der seine Ratifikations-, Annahme- oder Genehmigungsurkunde nach Inkrafttreten dieses Übereinkommens hinterlegt, tritt das Übereinkommen am Tag der Hinterlegung in Kraft.

d) Ist dieses Übereinkommen zwei Jahre nach dem Zeitpunkt, an dem es zur Unterzeichnung aufgelegt wurde, nicht in Kraft getreten, so beraumt der Präsident der Bank eine Konferenz der interessierten Länder an, um das weitere Vorgehen festzulegen.

846 Die Konvention wurde am 31. Oktober 1985 zur Unterzeichnung aufgelegt. Sie war zwei Jahre später noch nicht in Kraft. Auf einer am 30. Oktober 1987 abgehaltenen Konferenz in Washington, D. C., wurde deshalb gemäß Art. 61 d beschlossen, die Zeichnungsfrist bis zum 30. April 1988 zu verlängern.

847 Die Konvention ist am 12. April 1988 mit der Hinterlegung der Ratifikationsurkunden durch Großbritannien und die USA in Kraft getreten. Die Gesamtzeichnungsbeträge der Mitglieder erreichten zu diesem Zeitpunkt 53,38 % des genehmigten Grundkapitals. Dies entspricht einer Summe von rund 560 Mio. US-Dollar.

848 Bis zum 15. August 1988 haben 44 Staaten, darunter 12 Kapitalexport- und 32 Kapitalimportstaaten, die Mitgliedschaft bei der MIGA erworben. Die Gesamtzeichnungsbeträge der Mitglieder belaufen sich auf 63,47 % des genehmigten

Inkrafttreten

Grundkapitals. Weitere 29 Staaten haben bis zum o. g. Zeitpunkt die Konvention unterzeichnet, aber noch nicht endgültig ratifiziert.

Die Konvention ist bis zum 15. August 1988 von den folgenden Staaten unterzeichnet bzw. ratifiziert worden: **849**

Staat	Unterzeichnung	Hinterlegung der Ratifikationsurkunde	Zeichnungsbeträge in Prozent des genehmigten Kapitals
Ägypten	06. 06. 1986	21. 09. 1987	0,459
Äquatorialguinea	07. 04. 1986		0,050
Arab. Republik Jemen	01. 10. 1986		0,067
Bahrain	06. 08. 1986	12. 11. 1986	0,077
Bangladesh	13. 03. 1987	13. 03. 1987	0,340
Barbados	23. 05. 1986	23. 05. 1986	0,068
Benin	17. 04. 1986		0,061
Bolivien	05. 05. 1986		0,125
Bundesrepublik Deutschland	24. 07. 1986	06. 10. 1987	5,071
Burkina Faso	02. 10. 1987		0,061
Chile	10. 04. 1986	29. 03. 1988	0,485
Volksrepublik China	28. 04. 1988	30. 04. 1988	3,138
Dänemark	27. 08. 1986	18. 08. 1987	0,718
Dominikanische Republik	29. 04. 1988		0,050
Ecuador	11. 10. 1985	15. 01. 1986	0,182
Elfenbeinküste	29. 05. 1986	07. 06. 1988	0,176
Fiji	03. 10. 1986		0,071
Finnland	13. 05. 1988		0,600
Frankreich	22. 07. 1986		4,860
Ghana	25. 06. 1986	29. 04. 1988	0,245
Grenada	31. 01. 1986	28. 01. 1988	0,050
Griechenland	18. 07. 1986		0,280
Guyana	05. 08. 1988		0,084
Haiti	30. 09. 1987		0,075
Indonesien	26. 06. 1986	26. 09. 1986	1,049
Irland	18. 09. 1986		0,369
Italien	19. 02. 1986	29. 04. 1988	2,820
Jamaika	11. 09. 1986	15. 12. 1987	0,181
Japan	12. 09. 1986	05. 06. 1987	5,095
Jordanien	05. 02. 1986	16. 12. 1986	0,097
Kamerun	27. 01. 1988		0,107
Kanada	10. 04. 1986	29. 10. 1987	2,965
Kenia	02. 10. 1987		0,172

Schlußbestimmungen

Staat	Unterzeichnung	Hinterlegung der Ratifikationsurkunde	Zeichnungsbeträge in Prozent des genehmigten Kapitals
Kolumbien	27. 05. 1986		0,437
Kongo	07. 06. 1988		0,065
Korea	11. 10. 1985	24. 11. 1987	0,449
Kuwait	06. 03. 1987	06. 07. 1987	0,930
Lesotho	22. 12. 1986	30. 01. 1987	0,050
Madagaskar	27. 05. 1987	08. 06. 1988	0,100
Malawi	12. 02. 1987	14. 05. 1987	0,077
Malta	16. 09. 1986		0,075
Marokko	11. 04. 1986		0,348
Niederlande	03. 02. 1986	09. 09. 1987	2,169
Nigeria	23. 09. 1986	08. 03. 1988	0,844
Norwegen	06. 06. 1988		0,699
Oman	21. 06. 1988		0,094
Pakistan	07. 07. 1986	01. 12. 1986	0,660
Philippinen	15. 09. 1986		0,484
Portugal	01. 10. 1987	06. 06. 1988	0,382
Sambia	07. 10. 1986	06. 06. 1988	0,318
Saudi Arabien	08. 04. 1986	06. 08. 1986	3,137
Schweden	02. 04. 1987	31. 12. 1987	1,049
Schweiz	07. 07. 1986	08. 02. 1988	1,500
Senegal	30. 10. 1985	10. 03. 1987	0,145
Sierra Leone	04. 12. 1985		0,075
Spanien	27. 04. 1988	29. 04. 1988	1,285
Sri Lanka	03. 10. 1986	27. 05. 1988	0,271
St. Christopher & Nevis	18. 04. 1986		0,050
St. Lucia	13. 01. 1986	25. 07. 1988	0,050
Sudan	10. 03. 1987		0,206
Togo	30. 05. 1986	15. 04. 1988	0,077
Türkei	11. 10. 1985	03. 06. 1988	0,462
Tunesien	01. 10. 1986	07. 06. 1988	0,156
Ungarn	10. 03. 1987	21. 04. 1988	0,564
Uruguay	08. 04. 1986		0,202
USA	18. 06. 1986	12. 04. 1988	20,519
Vanuatu	07. 03. 1986	27. 07. 1988	0,050
Vereinigtes Königreich	09. 04. 1986	12. 04. 1988	4,860
Westsamoa	12. 09. 1986	17. 03. 1987	0,050
Zaire	26. 03. 1986		0,338
Zypern	25. 06. 1986	11. 03. 1987	0,104

Artikel 62
Eröffnungssitzung

Nach Inkrafttreten dieses Übereinkommens beraumt der Präsident der Bank die Eröffnungssitzung des Rates an. Diese Sitzung findet innerhalb von sechzig Tagen nach Inkrafttreten des Übereinkommens oder so bald wie möglich danach am Hauptsitz der Agentur statt.

Die Eröffnungssitzung fand am 8. Juni 1988 in Washington, D.C., statt. Hierbei wurden die „By-Laws" und die Beitrittsbedingungen für künftige Mitglieder verabschiedet. Außerdem wurden der Vorsitzende des Gouverneursrates sowie das Direktorium gewählt. Es besteht derzeit aus 14 Mitgliedern. Sie stammen aus Barbados, Chile, der Volksrepublik China, der Bundesrepublik Deutschland, Großbritannien, Indonesien, Italien, Japan, Kuwait, den Niederlanden, Nigeria, Saudi-Arabien, Ungarn und den USA. Die Zahl von 14 Mitgliedern soll während der dreijährigen Anfangsphase der MIGA beibehalten werden. Im Falle von Ratifikationen weiterer Staaten ist eine vorzeitige Vergrößerung des Direktoriums aber nicht ausgeschlossen. So wurde auf der Sitzung des Direktoriums vom 7. September 1988 beschlossen, den bis vier Monate vor der Jahresversammlung 1989 wirksam beitretenden neuen Mitgliedstaaten die Möglichkeit zu eröffnen, unter sich oder mit bislang nicht im Direktorium vertretenen Staaten Stimmrechtsgruppen zu bilden. 850

Artikel 63
Verwahrer

Die Ratifikations-, Annahme- oder Genehmigungsurkunden zu diesem Übereinkommen und Änderungen desselben werden bei der Bank hinterlegt; diese ist Verwahrer des Übereinkommens. Der Verwahrer übermittelt den Mitgliedstaaten der Bank sowie der Schweiz Abschriften des Übereinkommens.

Schlußbestimmungen

Artikel 64
Registrierung

Der Verwahrer läßt dieses Übereinkommen nach Artikel 102 der Charta der Vereinten Nationen und den dazu von der Generalversammlung erlassenen Vorschriften im Sekretariat der Vereinten Nationen registrieren.

851 Art. 102 der Charta der Vereinten Nationen hat folgenden Wortlaut:

Registrierung von Übereinkünften

(1) Alle Verträge und sonstigen internationalen Übereinkünfte, die ein Mitglied der Vereinten Nationen nach dem Inkrafttreten dieser Charta schließt, werden sobald wie möglich beim Sekretariat registriert und von ihm veröffentlicht.

(2) Werden solche Verträge oder internationalen Übereinkünfte nicht nach Absatz 1 registriert, so können sich ihre Vertragsparteien bei einem Organ der Vereinten Nationen nicht auf sie berufen.

Artikel 65
Notifikation

Der Verwahrer notifiziert allen Unterzeichnerstaaten und nach Inkrafttreten dieses Übereinkommens der Agentur folgendes:

a) die Unterzeichnungen des Übereinkommens;

b) die Hinterlegungen von Ratifikations-, Annahme- und Genehmigungsurkunden nach Artikel 63;

c) den Tag des Inkrafttretens des Übereinkommens nach Artikel 61;

d) die Ausschlüsse vom räumlichen Geltungsbereich nach Artikel 66;

e) den Austritt eines Mitglieds aus der Agentur nach Artikel 51.

Artikel 66
Räumlicher Geltungsbereich

Dieses Übereinkommen gilt für alle Hoheitsgebiete, die der Hoheitsgewalt eines Mitglieds unterstehen, einschließlich der Hoheitsgebiete, für deren internationale Beziehungen ein Mitglied verantwortlich ist, mit Ausnahme derjenigen, die das Mitglied entweder im Zeitpunkt der Ratifikation, Annahme oder Genehmigung oder später durch schriftliche Mitteilung an den Verwahrer des Übereinkommens ausgeschlossen hat.

Gemäß Art. 66 gilt das Abkommen für das Hoheitsgebiet eines Mitglieds einschließlich der Hoheitsgebiete, für deren internationale Beziehungen ein Mitglied verantwortlich ist[1]. Das Mitglied hat jedoch das Recht, den Geltungsbereich einzuschränken. Damit wird dem Mitglied die Möglichkeit eröffnet, die Investitionsströme bevorzugt für bestimmte Teile seines Territoriums anzulokken. Die Vorschrift beruht auf Art. 15, wonach jede Versicherungsentscheidung von der Zustimmung des Gastlandes abhängt.   852

Die Einschränkung des Geltungsbereichs kann im Extremfall dazu führen, daß Versicherungen für Investitionen auf dem Territorium des betreffenden Mitglieds generell ausscheiden, während umgekehrt Investoren aus diesem Staat weiterhin gemäß Art. 13 berücksichtigungsfähig sind. Das Mitglied könnte auf diese Weise den einheimischen Investoren die Vorteile des Versicherungsschutzes zugute kommen lassen, ohne andererseits als Gaststaat von Investoren Verpflichtungen aus der Konvention zu unterliegen. Eine derartige Verzerrung des Rechte-/Pflichten-Verhältnisses dürfte durch Art. 66 jedoch nicht mehr gedeckt sein. Die Grenze einer zulässigen Einschränkung des Geltungsbereichs dürfte dann überschritten sein, wenn Investitionen auf dem Hoheitsgebiet des betreffenden Mitglieds nur noch ausnahmsweise in Betracht kommen.   853

---

1 Siehe hierzu oben Art. 14, RdNr. 294.

Schlußbestimmungen

Artikel 67
Regelmäßige Überprüfungen

a) Der Rat führt regelmäßig umfassende Überprüfungen der Tätigkeit der Agentur sowie der erzielten Ergebnisse durch zu dem Zweck, etwa erforderliche Änderungen vorzunehmen, um die Agentur bei der Erreichung ihrer Ziele zu unterstützen.

b) Die erste Überprüfung findet fünf Jahre nach Inkrafttreten dieses Übereinkommens statt. Der Zeitpunkt späterer Überprüfungen wird vom Rat festgelegt.

854 Die Vorschrift will die Flexibilität der MIGA sicherstellen und sie dazu in die Lage versetzen, ihre Aktivitäten möglichst rasch an veränderte Gegebenheiten anzupassen. Zu diesem Zweck führt der Rat regelmäßig umfassende Überprüfungen der Tätigkeit der Agentur und der erzielten Ergebnisse durch. Gegebenenfalls kann er anschließend durch einen Gouverneur ein Verfahren zur Änderung der Konvention gemäß Art. 60 in Gang bringen.

Annex I

Commentary on the Convention Establishing the Multilateral Investment Guarantee Agency

Submitted to Governments by the Board of Governors of the International Bank for Reconstruction and Development, October 11, 1985

Contents

Introduction
I. Status, Establishment, and Purposes
II. Membership and Capital
    Membership
    Capital
III. Operations
    Scope of Covered Risks and Eligibility
    Host Country Approval and Subrogation
    Payment of Claims
    Relationship to National and Regional Entities as well as Private Political Risk Insurers
    Reinsurance
    Limits of Guarantee
    Investment Promotion
    Guarantees of Sponsored Investments
IV. Financial Provisions
V. Organization and Management
VI. Voting, Adjustment of Subscriptions and Representation
VII. Privileges and Immunities
VIII. Withdrawal, Suspension of Membership and Cessation of Operations
IX. Settlement of Disputes
X. Amendments
XI. Final Provisions
    Entry into Force
    Territorial Application

Introduction

Considerable attention has been focused in recent years on the need to remove barriers impeding the growth of foreign investment in developing countries. Many countries have enacted new laws to promote foreign investment and entered into bilateral investment treaties with capital exporting countries for this purpose.

The concept of providing foreign investors with financial guarantees against non-commercial risks in developing countries has emerged as a means of improving the investment climate in these countries and, hence, of stimulating investment flows to them. Almost all

Annex I

developed countries and two developing countries have established official schemes to provide guarantees against non-commercial risks to their nationals for investments into developing countries. In addition, the Inter-Arab Investment Guarantee Corporation provides guarantees on a regional basis. A private political risk insurance market has also been operating internationally for over a decade. The activities of these entities are subject to several limitations and the perception of political risk remains a significant barrier to investment in developing countries. There is need for a multilateral investment guarantee agency to complement these schemes and improve the investment climate by issuing guarantees and engaging in other investment promotion activities.

The idea of establishing a multilateral investment guarantee agency emerged in the 1950s. It was discussed in the International Bank for Reconstruction and Development (referred to in this Commentary as the Bank) on several occasions during the 1962–1972 period, but no decision was taken about creating such an agency. President Clausen revived the concept in his first address to the Bank's Annual Meeting in 1981. After detailed studies by the Bank staff and informal discussions with the Bank's Executive Directors, a paper entitled "Main Features of a Proposed Multilateral Investment Guarantee Agency" was distributed to the Executive Directors in May 1984. The paper presented a number of key features distinguishing the proposal from the schemes previously discussed in the Bank. This proposal, with modifications following discussions with the Executive Directors, was subsequently embodied in a "Draft Outline of the Convention Establishing the Multilateral Investment Guarantee Agency," which was circulated in October 1984. On the basis of that document, consultations were held with member governments of the Bank. These consultations resulted in a revised draft of the Convention which was circulated to the member governments in March 1985. Between June and September 1985, the Executive Directors, assisted by experts from member governments, convened in a Committee of the Whole to discuss the draft Convention. In September 1985, the Executive Directors finalized the draft Convention and recommended to the Board of Governors that it adopt a resolution opening the Convention for signature.

The provisions of the Convention are for the most part self-explanatory. This Commentary describes some of its principal features to aid interpretation of its provisions.

I. Status, Establishment, and Purposes

1. The Convention establishes the Multilateral Investment Guarantee Agency (referred to in this Commentary as the Agency) as an autonomous international organization with "full juridical personality" under international law and the domestic laws of its members (Article 1) with the main objective of encouraging the flow of investments for productive purposes among its member countries and in particular to its developing member countries (Article 2). The reference to "investments for productive purposes" emphasizes the Agency's concentration on concrete projects and programs in all sectors of the economy. It does not imply a restriction of its operations to the manufacturing sector. In addition to guaranteeing investments in these member countries against non-commercial risks, the Agency is to carry out complementary activities to promote investment flows (Article 2 (b)). Article 23 of the Convention sets out the promotional activities the Agency will provide.

Commentary

II. Membership and Capital

Membership

2. Membership in the Agency is open to all members of the Bank and to Switzerland (Article 4 (a)). There is, however, no obligation for Bank members to join the Agency. The Convention recognizes the importance attached to participation by both capital-exporting and capital-importing members particularly in the provisions for its entry into force (Article 61 (b)) and for voting (Article 39).

Capital

3. Earlier Bank proposals envisaged the Agency as having no share capital and conducting its operations on behalf of the member countries which would sponsor investments for guarantee by the Agency. Under the Convention the Agency will have a share capital (Article 5) and can issue guarantees in its own right which will be supplemented by guarantees issued for investments sponsored by members; with respect to the latter, the Agency will act only as administrator (Article 24 and Annex I to the Convention). The subscribed capital can be leveraged, allowing for guarantee coverage several times its size (see Article 22).

4. The Convention provides for an authorized capital of one billion Special Drawing Rights, divided into 100,000 shares having a par value of SDR 10,000 each. Members' payment obligations with respect to capital stock will, however, be settled on the basis of the average value of the SDR in terms of U.S. dollars for the period January 1, 1981 to June 30, 1985, i.e. $ 1.082, the former date being the date of the introduction of the current basket of currencies of the SDR (Article 5 (a)). Once the initially authorized amount is fully subscribed, the authorized capital will be increased automatically to the extent necessary to provide for subscriptions by acceding members (Article 5 (b)). The authorized capital may also be increased at any time by the Council of Governors (referred to in this Commentary as the Council) by the special majority of at least two-thirds of the voting power representing at least fifty-five percent of capital subscriptions (Article 5 (c) and Article 3 (d)).

5. The amount of subscribed capital will determine the Agency's underwriting capacity (see Article 22). It is anticipated that the authorized capital will be subscribed within a reasonable time after the Agency commences operations and that it will be able to operate successfully on that basis.

6. Every member shall subscribe to the capital stock of the Agency. Article 6 provides for a minimum subscription of 50 shares (SDR 500,000). This will give all members a stake in the Agency. Initial subscriptions of original members are set out in Schedule A to the Convention. The subscriptions of acceding members will be determined by the Agency's Council. While shares will be issued at par to original members, the Council is authorized to determine the terms and conditions of acceding members' subscriptions provided that the issue price shall not be less than par. Issue prices above par might be appropriate if the Agency has accumulated reserves at the time of the accession (Article 6).

7. The Convention provides that ten percent of the price of the subscribed shares is to be paid in cash and that an additional ten percent is to be paid in the form of non-negotiable, non-interest-bearing promissory notes or similar obligations to be encashed pursuant to a decision of the Board. The cash payment is designed to cover start-up costs, administrative expenditures and possible claims arising out of the Agency's guarantees. The arrangement

Annex I

for additional payment in the form of non-negotiable instruments allows the funds to remain within the members' central banking systems and provides a cushion in the event that a large claim occurs during the Agency's formative years. The purpose of this provision is to strengthen the Agency's standing as a financially sound insurer from the outset. The remaining eighty percent of the subscribed shares is subject to call by the Agency to meet its obligations (Article 7). It should be emphasized that actual recourse to the non-negotiable instruments and the callable capital is not anticipated because the Agency is expected to conduct its activities on a sound business basis and maintain under all circumstances its ability to meet its financial obligations (see Article 25). Article 8 (c) provides that in case of default by a member on a call, the Agency is authorized to make successive calls on unpaid subscriptions.

8. Subject to the limited exception discussed below, payments on the paid-in and callable portions of subscriptions must be made in a freely usable currency as defined in the Convention (Articles 3 (e) and 8). This is essential to ensure the Agency's financial viability and its recognition as a credible insurer. The Board of Directors (referred to in this Commentary as the Board) has the discretion, after consultation with the International Monetary Fund, to designate as "freely usable" currencies other than those so designated by the International Monetary Fund. The Board can make this decision if it is satisfied that the currency concerned can be readily used for the purposes of the Agency and if the country whose currency is involved agrees (Article 3 (e)). In order to reduce the financial burden of developing member countries, the Convention allows developing countries to pay up to twenty-five percent of the paid-in cash portion of their subscription in their local currencies. In view of the small amounts likely to be involved, this is not expected to have adverse effects on the Agency's finances.

9. To reduce the financial burden on all members, the Convention provides that under certain circumstances the Agency will refund to members amounts paid on a call on subscribed capital. These refunds would be made in a freely usable currency in proportion to the payments made by members under calls made prior to such refund (Article 10 (b)). In the case of recovery of payments from a host country in a currency which is not freely usable, it is envisaged that the Agency would make the refund once it succeeds in converting such payments into usable currencies. To the extent amounts are refunded, members' callable capital obligations would be re-established so that the situation existing before the respective call is restored (Article 10 (c)).

III. Operations

10. The Convention establishes the general framework for the Agency's guarantee operations and enables the Board to define more precisely the scope of these operations by issuing policies, rules and regulations which can be amended from time to time. This provides the Agency with the necessary flexibility to adapt, within this general framework, to changing circumstances and maintain its financial viability. For example, the Agency could limit the scope of its coverage on commencing operations and expand it as it gained experience and built up financial reserves. Moreover, the details of each guarantee operation and the specific arrangements reached between the Agency and the investor would be incorporated into the contract of guarantee entered into between the Agency and the investor. Article 16 provides that the Agency cannot cover under a contract of guarantee the total loss sustained by an investor. This provision is designed to discourage possible irresponsible conduct by investors relying on total loss cover (commonly referred to as "moral hazard"). In determining the appropriate percentage of possible indemnifica-

tion, the Agency may find some guidance in the rules of national investment guarantee schemes which typically indemnify between seventy and ninety-five percent of a loss.

11. As stated above, the policies, rules and regulations applicable to guarantee operations will be determined by the Board. Contracts of guarantee, concluded on the basis of these principles, will be approved by the President of the Agency under the direction of the Board.

Scope of Covered Risks and Eligibility

12. The Convention provides for coverage of the three generally accepted categories of non-commercial risks: the currency transfer risk resulting from host government restrictions and delays in converting and transferring local currency earned by an investor, expropriation, and the risk of war and civil disturbance. The Convention adds to these traditionally covered risks the risk of breach or repudiation of a contractual commitment by the host government towards an investor under the limited conditions mentioned in paragraph 15 below (Article 11 (a)).

13. The currency transfer risk is broadly defined in Article 11 (a)(i). It is intended to encompass all forms of new direct restrictions, including additions to existing restrictions, as well as indirect or disguised restrictions, whether such restrictions are imposed by law or in fact. The restriction must be "attributable to the host government"; restrictions imposed by public agencies and other public organs of the host country are intended to be covered by this language. The provision is also intended to include the failure of the host government to act within "a reasonable period of time" on a transfer application. The provision does not define the specific period but it is expected that this will be accomplished in the rules and regulations to be issued by the Board and specifically in the contracts of guarantee. In determining what constitutes a "reasonable period", the Agency will need to reconcile the investors' interest in a speedy transfer with the fact that certain delays in the processing of applications by governments may be justified.

14. Article 11 (a)(ii) defines the expropriation risk. It would encompass measures attributable to the host government such as nationalization, confiscation, sequestration, seizure, attachment and freezing of assets. The phrase "any legislative or administrative action" in the provision includes measures by the executive, but not measures taken by judicial bodies in the exercise of their functions. Measures normally taken by governments to regulate their economic activities such as taxation, environmental and labor legislation as well as normal measures for the maintenance of public safety, are not intended to be covered by this provision unless they discriminate against the holder of the guarantee. In defining these measures, the Agency's practice would not be meant to prejudice the rights of a member country or of investors under bilateral investment treaties, other treaties and international law.

15. The breach of contract risk is contained in Article 11 (a)(iii). Indemnification is available only when an investor has no forum to pursue the contractual claim against the government or when recourse to such a forum is hampered by an unreasonable delay as defined in the guarantee contract or when, after obtaining a final decision in his favor, the investor is unable to enforce it.

16. Article 11 (a)(iv) encompasses the risk of war and civil disturbance. It is intended to include revolutions, insurrections, coups d'état and similar political events which are typically outside the control of the host government. Acts of terrorists and similar activities which are specifically directed against the holder of the guarantee are, how-

Annex I

ever, not intended to be covered by this provision but may be covered under Article 11 (b), which is discussed below.

17. The Convention provides additional flexibility by allowing the coverage of other specific non-commercial risks, but only at the joint request of the investor and the host country and with approval of the Board by special majority (Article 11 (b)). Such approval may be issued on a case by case basis or in the form of regulations specifying the cases to be covered under this provision.

18. Events occurring before the conclusion of the contract of guarantee, governmental action to which the holder of the guarantee has agreed or for which he is responsible, and losses resulting from currency devaluation and depreciation are specifically excluded by Article 11 (b) and (c).

19. Article 12 defines the type of investments eligible for cover by the Agency. This provision endeavors to strike a balance between the need to preserve the Agency's scarce capital to promote flows of direct investment and the need to assure future flexibility by allowing the Board to extend coverage to other types of investment. It is envisaged that the Agency will focus on guaranteeing investments eligible under Article 12 (a), i.e. equity investment different forms of direct investment, and medium- or long-term loans made or guaranteed by owners of equity in the enterprise concerned (so-called equity-type or sponsored loans). The term "direct investment" is a generic term whose precise scope will have to be determined by the Board. The Board is expected to be guided by the International Monetary Fund's definition of foreign direct investment as an "investment that is made to acquire a lasting interest in an enterprise operating in an economy other than that of the investor, the investor's purpose being to have an effective voice in the management of the enterprise." The Board may consider as direct investment such new forms of investment as service and management contracts as well as franchising, licensing, leasing, and production-sharing agreements where the investor's return depends on the performance of the enterprise. In any case, it is immaterial whether the investment is made in monetary form or in kind such as the contribution of machinery, services, technical processes and technology.

20. Article 12 (b) gives the Board flexibility, in the future, to extend the Agency's coverage to other forms of investment. It authorizes the Board, by special majority, to extend coverage to any medium- or long-term form of investment except loans which are not related to a specific investment covered or to be covered by the Agency. To conserve the Agency's scarce resources, the Agency would not guarantee or reinsure any export credit, regardless of its form, which is provided, guaranteed or reinsured by a government or an official export credit agency. Because the coverage of the Agency is restricted to investments, exports will be covered (within the limits of the preceding sentence) only to the extent that they represent a contribution to a specific investment. An agency or distributorship arrangement, which is designed primarily to promote exports, and in which an investor has an inconsequential equity interest, would not be covered by the Agency. The Agency would function as an investment guarantee agency, and would not function as an export credit agency which could compete with official export credit agencies.

21. To serve its objective without undermining its financial viability, the Agency will limit its guarantees to sound investments. It should satisfy itself that the investment concerned will contribute to the economic and social development of the host country, comply with the laws and regulations of that country, and be consistent with the country's declared development objectives. It should also be satisfied that appropriate investment conditions, including the availability of fair and equitable treatment and legal protection, will apply to

the investment concerned (Article 12 (d)). In case no such protection is assured under the laws of the host country or under bilateral investment treaties, the Agency will issue the guarantee only after it reaches agreement with the host country pursuant to Article 23 (b)(ii) or otherwise on the treatment to be extended to the investments convered by the Agency. Investments guaranteed by the Agency should also be new, that is implemented subsequent to the registration of the application for the guarantee by the Agency (Article 12 (c)). The exclusion of pre-existing investments would not bar the Agency from covering investments made to develop an existing investment or from covering the reinvestment earnings which could otherwise be transferred outside the host country. The term "earnings" in Article 12 (c)(ii) is intended to include royalties and license fees.

22. To qualify for a guarantee, investors who are natural persons must be nationals of members other than the host country. If investors are juridical persons, they must be incorporated and have their principal place of business in a member country other than the host country or have the majority of their capital owned by a member country or its nationals, other than the host country or its nationals. Privately and publicly owned investments are eligible as long as they are operated on a commercial basis (Article 13 (a)(iii)). It is expected, however, that the bulk of guaranteed investments will be privately owned.

23. Article 13 (c) provides an exception to the requirement that investors may not be linked to the host country in the case of assets transferred from abroad by nationals of the host country or juridical persons incorporated in the host country or owned by host country nationals, provided that the investor and the host country jointly apply for a guarantee and the Board approves it by special majority. This exception is consistent with the Agency's central objective of channelling the flow of investments to developing countries, some of which now have nationals living abroad with considerable off-shore funds. It would also help in the repatriation of capital to developing countries.

24. Article 14 limits the Agency's own guarantee operations to investments made in the territory of a developing member country. A developing member country is defined in Article 3 (c) as a member listed as such in Schedule A to the Convention. During discussions by the Executive Directors, it was understood that the Agency would develop policies on eligibility whereby priority in its operations would be given to lesser developed countries. It was also agreed that, for purposes of Article 14, dependent territories for whose international relations a non-developing country is responsible, should be treated as developing members, if the non-developing member country so requests. However, investments of that member in its dependent territories would be excluded from cover.

Host Country Approval and Subrogation

25. Article 15 provides that the Agency will not conclude any contract of guarantee before "the host government has approved the issuance of the guarantee by the Agency against the risks designated for cover." Any host government may withhold its approval. This enables the host country to evaluate a proposed investment before giving its consent. The Agency is expected to establish procedures for obtaining consents under this provision. These may include requesting approvals on a no objection basis (Article 38 (b)). Although the approval of the home country of the investor is not required, it would not be appropriate for the Agency to cover an investment if informed by the investor's home country that it would be financed with funds transferred outside such country in violation of its laws.

Annex I

26. Article 18 (a) provides that where the Agency compensates or agrees to compensate an investor under a contract of guarantee, it assumes the rights that the investor acquired against the host country as a result of the event giving rise to the claim against the Agency. Subrogation is an accepted principle of insurance law. It provides for the assignment of an existing claim from the guaranteed investor to the Agency and the Agency as subrogee acquires the same rights as the investor had. The contracts of guarantee will define the terms and conditions of subrogation. These terms and conditions are of special significance for the investor in view of the fact that the Agency will compensate investors only for part of their losses (Article 16). Article 18 (b) provides for the recognition of the Agency's right of subrogation by all members.

27. Under Article 18 (c), the Agency has the right to treatment as favorable as would be given the holder of the guarantee with respect to the use and transfer of local currencies of host countries received by the Agency as subrogee. In addition, the Agency is authorized to use these currencies for the payment of its administrative expenditures or other costs and is directed to seek to enter into agreements with host countries on other uses of these currencies if they are not freely usable. Such other uses could include the sale of the currencies to other institutions (such as international lending agencies), foreign investors in these countries or to importers of goods from these countries. The Agency's ability to use effectively, or otherwise dispose of, local currencies may be of significance in its operations in the unlikely case it should acquire substantial amounts of such currencies.

Payment of Claims

28. In order to ensure prompt payment of claims, decisions will be taken by the President in accordance with the contracts of guarantee and such policies as the Board may adopt (Article 17) and, in cases of dispute, final determination may depend on the outcome of arbitration between the Agency and the investor concerned (Article 58). It is envisaged that these policies will require the holder to seek such administrative remedies as may be appropriate under the circumstances, if they are readily available under the laws of the host country, and may provide for reasonable periods of time to elapse so as to maximize the prospects for amicable settlement of claims between investors and host countries (Article 17). It is expected that the specific time limits, to be included in the guarantee contracts, would be consistent with the practice of other political risk insurers. This provision reflects established practices of national investment guarantee schemes and should not impose an undue burden on investors since they are not required to exhaust all local remedies before obtaining compensation from the Agency. The time limits would depend on the type of risk involved and the complexity of the particular case. The above time limits must be distinguished from the maximum periods allowed between the filing of a claim and the Agency's decision on the claim. These time limits are not specified in the Convention because of the difficulty in determining specific periods which would be appropriate in all situations. However, the Agency may establish such time limits in its rules and regulations and may incorporate them into the contracts of guarantee in order to increase the attractiveness of its services.

Relationship to National and Regional Entities as well as Private Political Risk Insurers

29. The Agency will complement national and regional programs rather than compete with them (Article 19). It is therefore expected to focus on guaranteeing investments from members without a national program (chiefly capital-exporting developing member countries), co-guaranteeing investments with national and regional agencies, providing reinsur-

ance for national and regional agencies, guaranteeing investments which fail eligibility tests of the national and regional program concerned despite their soundness and developmental character, and guaranteeing investments financed by investors from different member countries. To contain its overhead and enhance its efficiency, the Agency may avail itself of the administrative support of national or regional entities and may enter into appropriate cooperative agreements with them (Article 19). For example, national administrative agencies might assist in processing applications of local investors for multilateral guarantees and any resulting claims. This would reduce the possible need for the Agency to establish offices away from its headquarters. It is clear, however, that the Agency would have to rely on its own risk assessments and reserve to itself decisions on issuance of guarantees and on payment of claims.

30. Article 19 defines the institutions the Agency may cooperate within this respect as "national entities of members and regional entities the majority of whose capital is owned by members, which carry out activities similar to those of the Agency." This includes any agency that issues investment guarantees against non-commercial risks or that promotes private investment to developing countries. As a result, the Agency might cooperate with more than one institution in the same country. It should be noted that cooperation between a national entity and the Agency does not result in the entity automatically becoming the channel of communication between the member country and the Agency under Article 38. This provision requires each member to designate an appropriate authority for communication on all matters arising under the Convention.

31. The Agency may cooperate with private political risk insurers to enhance its own operations and to encourage those insurers to provide political risk insurance in developing members of the Agency on conditions similar to those of the Agency (Article 21 (a)). For example, with respect to the former objective, private insurance companies might assist the Agency in marketing its program. With respect to the latter objective, the Agency is expected to play a catalytic role in mobilizing private underwriting capacity, for example, by entering with private underwriters into coinsurance arrangements. The Agency will in particular seek to guarantee investments for which comparable coverage on reasonable terms is not available from private insurers.

32. The purpose of Article 19 to 21 is to establish the Agency as a facility designed to cooperate with and increase the efficiency and effectiveness of both public and private political risk insurers. How cooperation will be achieved will depend on the administrative structure and the situation of the insurance market in the country concerned. In some countries governments play a role in coordinating public and private insurance activities, and Article 38 (a) requires the Agency to consult with member governments, at their request, on the matters set out in Articles 19 to 21. These include the Agency's complementary role in the design of its own guarantee operations, coinsurance, reinsurance, sponsorship operations and administrative cooperation. Where appropriate, the Agency may enter into an "umbrella agreement" with a government providing the framework for the Agency's cooperation with the public and private insurers of that member.

Reinsurance

33. The Agency is authorized under Articles 20 and 21 (a) to provide reinsurance to institutions of members issuing investment guarantees, to regional investment guarantee agencies (of which the sole example at present is the Inter-Arab Investment Guarantee Corporation), and to private insurers in member countries. As stated in paragraph 31 of this Commentary, the Agency's arrangements with private insurers, including arrangements for reinsurance, are intended to encourage them to offer investors guarantees on

Annex I

conditions similar to those offered by the Agency. Reinsurance is intended to diversify the Agency's own risk portfolio as well as that of the reinsured entity. It should also allow the reinsured entity to expand its operations.

34. It should be noted that reinsurance provided by the Agency must always relate to "a specific investment." The intention here is to exclude the reinsurance of portions of primary underwriters' risk portfolios (commonly referred to as treaty reinsurance). It should also be noted that reinsurance operations are intended to comprise only a predetermined part of the Agency's overall operations. Article 20 (a) therefore provides that maximum amounts shall be set from time to time by the Board by special majority. In the case of investments completed more than one year prior to receipt of the application for reinsurance by the Agency, the Convention establishes an initial limit of ten percent of the total coverage which the Agency may provide on its own account, i. e. without resort to sponsorship. These limites apply to the reinsurance of both public entities and private insurers. They may be changed by the Board by special majority whenever deemed appropriate.

35. The conditions determining eligibility with respect to risks, investment, investor and host country applicable to Agency guarantees will apply to reinsured investments; for technical reasons, reinsured investments need not be implemented subsequent to the application for reinsurance (Article 20 (a)).

36. Article 20 (c) provides that, to the extent possible, reinsurance arrangements will be structured so that the Agency or the reinsured entity will have equivalent rights of subrogation and arbitration to those the Agency would have if it were the primary guarantor. However, the Agency's rights as subrogee will not be effective without the host country's prior approval of the reinsurance by the Agency (Article 20 (c)). In some cases, it might be impracticable for the Agency to be subrogated to the rights of the reinsured entity. In other cases, it might be expedient for the Agency to let the reinsured entity enforce the subrogated rights acquired by the Agency as its agent. Article 20 (c) requires contracts of reinsurance to provide that the reinsured entity will pursue recovery remedies with due diligence.

37. Under Article 21 (b), the Agency may reinsure any guarantees issued by it with public or private insurers. Such reinsurance would allow it further to diversify its risk portfolio. It is expected to use this authority only where it can obtain reinsurance cover at appropriate terms and reasonable cost.

Limits of Guarantee

38. Under accepted principles of insurance and banking, the incurring of aggregate liabilities in excess of the insurer's or bank's equity is permitted. The basis for this principle is that it cannot reasonably be expected that all guaranteed or insured risks will become losses. Under the Convention, this principle is applied to the Agency. Article 22 (a) provides that the maximum aggregate amount of contingent liability which may be assumed by the Agency may not exceed one hundred and fifty percent of its subscribed capital and reserves as well as, possibly, a portion of reinsurance cover, unless the Council determines otherwise by special majority. Since the Agency is expected to build up its portfolio over time, the Board is called upon to review from time to time the actual spread of risks and the loss potential with a view to determining whether a higher risk-asset ratio should be recommended to the Council. However, any decision to increase the ratio is, as stated above, subject to a special majority vote and the maximum risk-asset ratio may not exceed one-to-five.

39. Article 22 (b)(i) provides that the Board may prescribe the maximum amount of contingent liability for all guarantees issued to investors of individual members. The objective of this provision is to maintain an equilibrium between the relative contributions of a member to the Agency and the benefits from the Agency accruing to its investors. In setting limits, the Board is required to give "due consideration" to a member's capital subscription; however, "due consideration" is also to be given to the need of applying these limits more liberally to developing member countries when they or their nationals invest in other developing members.

40. A third category of limits may be established by the Board in order to achieve a viable overall spread of risk and to avoid undue concentrations of risk. Thus limits may be placed on the Agency's exposure with respect to the size of individual projects, total investments in individual host countries, types of investment or risk or other factors (Article 22 (b)(ii)). Since these limits serve solely to diversify risk, any limit on investments in individual host countries is not to be affected by such countries' relative capital subscriptions.

Investment Promotion

41. One of the features that distinguishes the Agency from earlier proposals is its obligation to carry out activities complementary to issuing guarantees to promote the flow of investments to and among member countries (Article 2 (b)). The Agency has a responsibility under Article 23 (a) to conduct research and disseminate information on investment opportunities in developing member countries, as well as to undertake other activities to promote foreign investment. In addition, the Agency, at the request of a member, may provide technical assistance and advice with the objective of improving investment conditions. This could include advice on such matters as the drafting of investment codes and reviewing investment incentive programs. Such complementary services may be provided against appropriate fees or may be extended at no cost to the beneficiary countries when warranted.

42. In carrying out its promotional activities, the Agency will be guided by the relevant investment agreements among its members and will seek to remove impediments among its members to investment flows. In addition, the Agency has a duty to coordinate with other agencies concerned with the promotion of foreign investment, particularly the International Finance Corporation (Article 23 (a)). This would help to avoid duplication in the Agency's activities.

43. Article 23 (b)(i) places a duty on the Agency to encourage the amicable settlement of disputes between investors and host countries. It may also provide information on available dispute settlement and conciliation mechanisms. The Agency is also directed to promote and facilitate the conclusion of investment protection treaties among its members. For example, it could undertake studies on existing agreements and assist member governments in the analysis of the implications of and benefits from such agreements.

44. Under Article 23 (b)(ii), the Agency will endeavor to enter into bilateral and multilateral agreements with its members in order to assure that the investments guaranteed by it will receive treatment at least as favorable as that accorded by the member concerned to the most favored investment guarantee agency or State. In determining the most favored agency or State, the Agency will consider agreements as a whole, and not their individual provisions. Agreements under Article 23 (b)(ii) require the Board's approval by special majority. It is anticipated that these agreements would be concluded when the investments covered by the Agency would not otherwise benefit from existing bilateral treaties or when the standards provided in such treaties are deemed by the Agency to be inadequate.

Annex I

Guarantees of Sponsored Investments

45. Earlier Bank proposals to establish an international investment insurance agency contemplated that the Agency would have conducted its operations solely on behalf of sponsoring member countries. Under the Convention, guarantees of sponsored investments play a supplemental but important role to operations conducted by the Agency on its own behalf. In addition to the latter operations, the Agency may, under Article 24, guarantee other investments, and provide additional reinsurance, if a member or members agree to sponsor these investments. The specific provisions relating to sponsorship operations are set out in Annex I, which is an integral part of the Convention. It must be emphasized that the assets held and administered by the Agency in the Sponsorship Trust Fund mentioned below are required under Article 2 (c) of Annex I to be kept separate and apart from the assets of the Agency and that the Agency cannot incur any liability with respect to its own assets under the sponsorship operations (Article 6 of Annex I).

46. The mechanics of sponsorship are as follows: A member proposing to the Agency the guarantee of an investment will incur a loss-sharing contingent obligation in the amount of the guarantee sponsored by it. Premiums and other revenues attributable to sponsored guarantees will be accumulated in separate trust fund called the Sponsorship Trust Fund. The administrative expenses and payments on claims related to sponsored investments would be paid out of this Fund. After depletion of the Fund, any loss incurred on a sponsored guarantee would be shared by all sponsoring members, each in the proportion which the total amount of guarantees sponsored by it bears to the total amount of guarantees sponsored by all members. Each sponsor's maximum liability is, however, limited to the total maximum contingent liability under all guarantees sponsored from time to time by that member. Articles 1 and 3 of Annex I provide limitations on a member's obligations to share in losses under the sponsorship arrangement.

47. Sponsorship enables members to provide investment insurance protection in several instances. Members which do not have a national scheme may use this system to provide coverage to their investors. For other members, sponsorship might be used as a risk diversification device since it would allow them to substitute the pro rata share in all contingent liabilities of the Sponsorship Trust Fund for the entire contingent liability for the investments if insured by their national scheme.

48. In general, the provisions of the Convention relating to guarantee operations and financial management which are applicable to the Agency's own operations will also apply to sponsored guarantees (Article 6 of Annex I). In particular, the eligibility requirements under Article 11 and 12 of the Convention also govern sponsored investments. However, guarantees relating to sponsored investments are not limited to nationals of member countries. Article 1 (a) of Annex I provides that such investments may be made "by an investor of any nationality or by investors of any or several nationalities." The host country may co-sponsor an investment. Co-sponsorship indicates a strong developmental interest by the host country in the investment, and an intention to improve its risk profile. Article 1 (c) of Annex I places a duty on the Agency to give priority treatment to the coverage of investments co-sponsored by the host country.

49. The limitation provided in Article 14 of the Convention restricting coverage to investments in developing countries applies to operations on the Agency's own account and does not extend to sponsorship operations. Members may sponsor investments in any member country, but a special emphasis is placed on operations in developing member countries. The rationale for allowing sponsorship operations in developed countries is that guarantees for sponsored investments in developed countries, which are of particular

interest to some capital-exporting developing countries, do not absorb scarce underwriting capacity and would not therefore reduce the Agency's capacity to guarantee investments in developing countries. In some circumstances, an investment in a developed country corporation may facilitate joint ventures with that corporation or its subsidiary in developing countries. Investments in developed countries also have the advantage of improving the risk profile of the Sponsorship Trust Fund's portfolio and enabling it to achieve a greater measure of diversification.

50. Article 5 (a) of Annex I authorizes the Agency to issue reinsurance to members and their agencies, regional agencies of members and private insurers in member countries on the basis of sponsorship. These reinsurance operations are subject to the same conditions as reinsurance operations on the Agency's own account. Reinsurance on the basis of sponsorship diversifies risk. The sponsorship of privately insured investment for reinsurance can be used by members as a substitute for the reinsurance of these investments on their own account. All sponsoring members would share pro rata in any loss under the reinsurance policies, irrespective of whether the loss arises from a sponsored guarantee or a sponsored reinsurance policy.

51. Article 6 of Annex I provides that sponsorship operations will be carried out in accordance with the same sound business and financial practices governing the Agency's guarantee operations based on its own capital and reserves. As in the case of underwriting for its own account, the Agency would not be expected to cover sponsored investment involving unacceptably high risks or that would unbalance its risk portfolio. Sponsorship operations would also benefit from the credit of the sponsoring members which, it is assumed, would be among the most creditworthy members. Article 1 (c) of Annex I specifically directs the Agency to "pay due regard to the prospects that the sponsoring member will be in a position to meet its sponsorship obligations." Moreover, sponsorship operations are expected to be financially as sound as the Agency's own guarantee operations.

52. Article 1 (d) of Annex I requires the Agency to consult periodically with sponsoring member countries on matters related to sponsorship operations. Moreover, voting allocations will be modified for the purpose of decisions on sponsored investment in that each sponsoring member and each member hosting a sponsored investment will be allocated one additional vote for each SDR 10,000 of any investment sponsored or hosted by it (Article 7 of Annex I). Theoretically, therefore, there is a possibility that the terms and conditions adopted by the Board for sponsorship operations may not be identical to those concerning operations on the Agency's own account.

IV. Financial Provisions

53. Article 25 directs the Agency to "carry out its activities in accordance with sound business and prudent financial management practices with a view to maintaining under all circumstances its ability to meet its financial obligations." It is anticipated that the Agency would become financially self-sufficient. Management is expected to endeavor to avoid calls on members' subscribed capital. The experience of national investment guarantee agencies and the private insurance market indicates that this is a realistic objective.

54. The Agency will need to charge adequate premiums, fees and other charges under Article 26 in order to become financially viable and self-sufficient. The Convention does not prescribe how premiums and fees are to be determined and the rates applicable to each type of risk will need to be established and periodically reviewed by the Agency. It has

Annex I

considerable discretion to decide on the level and structure of its premiums and fees, including charges for its promotional activities.

55. The Agency's financial standing is enhanced by the requirement in Article 27 (a) that all net income is to be retained as reserves until they amount to five times the subscribed capital of the Agency. An exception to this provision is that the Council, by special majority, may decide to use part of its revenues to return to members amounts paid on calls on subscribed capital if the financial position of the Agency would so permit (Article 10 (a)(iii)). After these reserves have reached the above-mentioned limit, the Council can determine under Article 27 (b) whether to allocate any excess net income to reserves, make a distribution to the members or otherwise dispose of such income.

V. Organization and Management

56. The basic structure of the Agency follows that of other international financial institutions, especially the Bank and the International Finance Corporation. The Agency has a three-tiered structure, consisting of a Council of Governors, a Board of Directors and a President and staff (Article 30).

57. The Council is composed of one Governor from each member and his Alternate (Article 31). The Convention does not place any restriction on members in the appointment of its Governor and Alternate. The Council meets at least annually and can be convened at any other time by the Council or the Board. The Council is vested with all the powers of the Agency, except those specifically conferred by the Convention on another organ of the Agency. However, the Council may delegate to the Board the exercise of any of its powers except the specific powers listed in Article 31 (a) reserved to the Council, such as admission and suspension of members, classification of members for voting purposes or as developing member countries, changes in capitalization, increases of the ratio provided in Article 22 (a), determination of Director's compensation, amendments to the Convention, cessation of operations and liquidation of the Agency, and distribution of assets to members upon liquidation.

58. The Board is elected in accordance with Article 41 (a) and Schedule B and is responsible for the general operations of the Agency (Article 32 (a)), a responsibility which covers all matters related to the Agency's policies and regulations but not its day-to-day management which is the responsibility of the President and staff. The Board may take any action required or permitted under the Convention. The Council determines the term of office of Directors under Article 32 (c). The Board will consist of not less than twelve Directors. The Council will determine the number of Directors, which it may adjust to take into account changes in membership. Of the total number of Directors, one-fourth would be elected separately, one by each of the members having the largest number of shares. The remaining Directors would be elected by the other members (Schedule B). Each Director may appoint an Alternate (Article 32 (b)). The Board will meet at the initiative of the Chairman or at the request of three Directors (Article 32 (d)). It is anticipated that during the formative years of the Agency, the volume of business might not justify a Board sitting in continuous session. This would reduce administrative costs since, under those circumstances, the Directors and Alternates would receive compensation only for attendance at the meetings and the discharge of other specific official functions (Article 32 (e)).

59. The President of the Agency is appointed by the Board. The Board would decide on this appointment on the Chairman's nomination (Article 33 (b)). The President is responsible for conducting the ordinary business of the Agency under the general control of the

Commentary

Board and for the appointment, organization and dismissal of staff (Article 33 (a)). It is intended that the number of staff would be kept small to increase the Agency's effectiveness and viability. The salary and terms of the contract of the President are to be determined by the Council (Article 33 (b)). This follows the practice of the Bank.

60. Article 34 is based on similar provisions in the Articles of Agreement of the Bank and the International Finance Corporation, and prohibits any interference by the Agency and its President and staff in the "political affairs" of any member. This does not prevent the Agency, however, from taking into consideration all circumstances relevant to its underwriting decisions and its promotional activities.

61. The principal office of the Agency will be located in Washington, D. C., unless the Council, by special majority, decides to establish it in another location (Article 36 (a)). In addition, the Agency may, under Article 36 (b), establish such other offices as may be necessary for its work.

62. While previous proposals envisaged a number of organizational links between the Bank and the Agency, the Convention establishes only a minimal organizational link between the two institutions. The President of the Bank would serve *ex officio* as Chairman of the Agency's Board (Article 32 (b)). It is intended that this relationship would promote the role of the Agency as an international developmental institution and assist it to gain recognition without affecting the different roles of the two institutions. The Agency might find it advisable to enter into a cooperative agreement with the Bank or the International Finance Corporation or both to take advantage of their technical and administrative services and facilities as required (see Article 35).

VI. Voting, Adjustment of Subscriptions and Representation

63. The voting structure of the Agency reflects the view that Category One and Category Two countries have an equal stake in foreign investment, that cooperation between them is essential, and that both groups of countries should, when all eligible countries become members, have equal voting power (50/50). It is also recognized that a member's voting power should reflect its relative capital subscription. The Convention, therefore, provides that each member is to have 177 membership votes plus one subscription vote for each share of stock held by it (Article 39 (a)). The number of membership votes is computed so as to ensure that if all Bank members joined the Agency, developing countries as a group would have the same voting power as developed countries as a group. In order to protect the minority group before such equality is reached, this group would receive, during the three years after entry into force of the Convention, supplementary votes which would allow it to have as a group 40 percent of the total voting power. These supplementary votes would be distributed among the members of the group concerned in porportion to their relative subscription votes and would be automatically increased or decreased, as the case may be, so as to maintain the 40 percent voting power of the group (Article 39 (b)). Even during the transition period, such supplementary votes would be cancelled whenever the group reached 40 percent of the total voting power through subscription and membership votes. In any case, supplementary votes would be cancelled at the end of the three-year period. During this three-year period, all decisions of the Council and the Board would be taken by a special majority of at least two-thirds of the total voting power representing at least fifty-five percent of total subscriptions, except if a specific decision was subject to a higher majority under the Convention, in which case, the higher majority would be controlling (Article 39 (d)). An example of the latter would be certain amendments to the Convention (Article 59 (a)).

Annex I

64. During the third year after entry into force of the Convention, the Council is required under Article 39 (c) to review the allocation of shares and to be guided in its decisions by three principles: (a) the voting power of members is to reflect actual subscriptions and membership votes; (b) the shares originally allocated to countries which have not signed the Convention at the time of the review are to be made available for reallocation so as to make possible voting parity between developing and developed members; and (c) the Council will take appropriate measures to facilitate the members' subscriptions to the shares allocated to them. The purpose of the reallocation is in time to achieve voting parity between both groups on the basis of relative subscription and membership votes.

65. To protect members' voting rights against erosion as a result of a general increase in capital, Article 39 (e) entitles each member to new subscriptions of the increase in proportion to its relative subscription to the Agency's capital before the increase.

66. The voting procedures applicable to the Council and the Board under Article 40 to 42 generally correspond to those of other international financial institutions, notably the Bank. One distinguishing feature is the provision that allows the Executive Directors to take decisions without a meeting (Article 42 (c)). This is provided in view of the possibility that the Agency would initially have a non-resident Board.

VII. Privileges and Immunities

67. The provisions on the privileges and immunities of the Agency are patterned closely on those of the International Finance Corporation. The necessary differences from the privileges and immunities of the Corporation reflect special features of the Agency's operations.

68. The Convention provides that actions (other than actions arising in relation to disputes between parties to a contract of guarantee or reinsurance which are subject to arbitration under Article 58 and disputes between the Agency and a member concerning a guaranteed or reinsured investment, which are suject to arbitration or agreement on alternative procedures under Article 57), may be brought against the Agency only in a court of competent jurisdiction in the territories of members where the Agency has certain specified ties (Article 44). It is specifically provided that no action may be brought by members or those deriving claims from members or in respect of personnel matters. The latter exclusion represents a codification of existing practice applicable to international organizations. Article 45 (a) provides that the assets of the Agency, which for purposes of this Chapter are defined as including Sponsorship Trust Fund assets, are immune from search, requisition, confiscation, expropriation, or any other form of seizure by executive or legislative action; this immunity does not, however, extend to judicial action.

69. As a general rule, the Agency's property and assets are free from restrictions, regulations, controls, and moratoria. It should be noted, however, that assets acquired by the Agency exercising its rights as successor to or subrogee of an investor are free from applicable controls of the host country only to the extent that the investor whose rights the Agency acquired through subrogation was entitled to such treatment (Article 45 (b)).

70. Article 46 provides that the Agency's archives are to be inviolable and that its official communications are to be accorded the same treatment as is accorded to those of the Bank. As in the Articles of Agreement of the Bank and IFC, no mention is made of the status of the Agency's premises. It is understood, however, that the Agency's premises will receive the same treatment that is accorded to the premises of other international organizations.

71. Article 47 exempts the Agency, its assets, property and income, as well as its operations and transactions from taxes and customs duties. This is not meant to provide for an exemption from taxes or duties which are in fact no more than charges for services rendered. With respect to assets acquired by the Agency from an investor through subrogation, it should be noted that these assets are acquired by the Agency net of taxes and duties owned by the investor. Once such assets become the property of the Agency, they shall be exempted from taxes and customs duties. The Agency is not expected to acquire non-cash assets through subrogation, as it would claim compensation from the host country only for amounts paid to the investor. In the exceptional case that the Agency does acquire such assets, the expectation is that the Agency would convert these into cash expeditiously.

72. It should be noted that privileges and immunities are bestowed on the Agency for the purpose of enabling it to carry out its functions (Article 43), and that the Agency may waive these immunities where such a waiver would not prejudice its interests. Moreover, the Agency is directed to waive the immunities of its staff where in its view the immunity would impede the course of justice and the waiver would not prejudice the interests of the Agency (Article 50).

VIII. Withdrawal, Suspension of Membership and Cessation of Operations

73. The provisions of the Convention on withdrawal from the Agency, suspension of membership and cessation of operations are generally patterned on those of the Bank. Any member may withdraw from the Agency at any time by notifying the Agency in accordance with Article 51. However, to ensure the Agency's continuity, especially in its formative years, a member may not withdraw within the first three years of its membership. The Council has power under Article 52 (a) to suspend a member which has failed to fulfill any of its obligations under the Convention. A suspended member has no rights and privileges under the Convention other than procedural rights and the right of withdrawal and remains subject to all of its obligations (Article 52 (b)). Every former member remains liable for its existing or contingent obligations towards the Agency incurred before the cessation of its membership, unless other arrangements have been made with the Agency (Article 53).

74. Article 54 enables the Board to suspend the Agency's guarantee operations and other activities. Under Article 55 the Council, by special majority, may decide to place the Agency into liquidation. No assets can be distributed to members after liquidation until all liabilities of the Agency have been discharged or otherwise settled (Article 55 (b)).

75. Article 55 (c) provides that any distribution of the Agency's remaining assets to members are to be made in proportion to each member's share in the subscribed capital. Similarly, any distribution of remaining assets of the Sponsorship Trust Fund must be made to sponsoring members in proportion to the relative amounts of investment sponsored by them. Members still having obligations towards the Agency would be entitled to their share in the assets only after settlement of these obligations. In practice, the Agency's claim against the member concerned could be offset against its claim to the share in the Agency's assets so that the Agency would be required to pay out only the balance. This Article also authorizes the Agency to distribute assets "in such manner as the Council shall deem fair and equitable." This provision is intended to provide for the most economical disposition of assets. It is intended that accepted corporate practice

Annex I

would be followed so that the value of assets given to an individual member in kind would be assessed by independent appraisers and credited against that member's share in the distribution.

IX. Settlement of Disputes

76. The Convention establishes procedures for four different types of disputes:

(a) following the example of the Bank and other international financial institutions, questions of interpretation or application of the Convention arising between any member and the Agency or among any members will be decided by the Board subject to the possibility of appeal to the Council (Article 56);

(b) disputes arising under a contract of guarantee or reinsurance between the Agency and the other party will, if not solved amicably, be submitted to arbitration in accordance with the rules contained or referred to in the contracts of guarantee or reinsurance (Article 58);

(c) disputes between the Agency as subrogee of an investor and a member shall be settled either in accordance with Annex II to the Convention or in accordance with an agreement to be entered into between the Agency and that member on alternative dispute settlement mechanisms (Article 57 (b)). Such an agreement (which must be approved by the Board by special majority before the Agency undertakes operations in the territory of the member concerned) would be negotiated between the parties taking Annex II as a basis. To the extent that such arrangements are satisfactory to the Agency, the agreement could, for example, provide that the Agency first seek remedies available to it under the domestic laws of the host country and seek recourse to arbitration only if it has not obtained relief under such remedies within a specified period of time. Such an agreement should assure that the Agency is treated at least as favorably, with respect to rights to proceed to arbitration, as in the arrangements which the member concerned has agreed for the most favored investment guarantee agency or any State party to an agreement related to investment. The agreement may also provide for alternative methods to arbitration such as seeking an advisory opinion from the International Court of Justice; and

(d) disputes other than those under (a), (b) or (c), which arise between the Agency and any member or agency thereof as well as all disputes between the Agency and a former member will be settled in accordance with Annex II, i. e., through negotiations and failing this, according to conciliation and arbitration (Article 57 (a)).

77. The Convention does not provide specific procedures to govern arbitration between the Agency and holders of a guarantee or a reinsurance policy. It is anticipated that the contracts of guarantee and reinsurance would normally refer to an internationally recognized body of rules for commercial arbitration, such as the ICSID rules, the rules developed by the United Nations Commission on International Trade Law (UNCITRAL) or the rules of the International Chamber of Commerce.

78. Annex II, which like Annex I is an integral part of the Convention, requires that the parties first attempt to negotiate a settlement before resorting to arbitration (Article 2 of Annex II). In fact, it is anticipated that all such disputes would be settled amicably through negotiations as is the case in the practice of other international financial institutions. Failing negotiation, the parties have the option of attempting a settlement through conciliation or proceeding to arbitration. Where the parties agree to use conciliation, they may proceed to arbitration only when conciliation fails (Article 3 of Annex II). Article 4 (g) of Annex II provides that the arbitral tribunal (the Tribunal) shall "apply the provisions of this Convention, any relevant agreement between the parties to the dispute,

the Agency's by-laws and regulations, the applicable rules of international law, the domestic law of the member concerned as well as the applicable provisions of the investment contract, if any." The reference to domestic law includes the member's conflict of laws rules. In case of a conflict between rules of international law and rules unilaterally issued by either of the parties to the dispute, international tribunals apply rules of international law. Arbitral awards are final and binding upon the parties (Article 4 (h) of Annex II) and they are enforceable within the territories of every member as if they were final judgements of a court of the member concerned; however, they can be executed only according to the laws of the country where execution is sought (Article 4 (j) of Annex II). This arrangement reflects the common interest of all members in the Agency's financial viability.

X. Amendments

79. The provisions of the Convention relating to amendments (Articles 59 and 60) strike the necessary balance between allowing modifications to the Convention that might be desirable or necessary for the operation of the Agency while protecting the members from increased obligations and dilution of their rights against their will. Thus amendments may generally be approved by three-fifths of the Governors having four-fifths of the total voting power, while certain amendments require unanimous approval and others require the approval of those members whose liability would be increased. Amendments to Schedules A and B require a special majority.

XI. Final Provisions

Entry into Force

80. The Convention provides for its entry into force when it is ratified, accepted or approved by five States classified in Category One and fifteen States classified in Category Two if the total subscription of these countries amounts to not less than one-third of the authorized capital (Article 61 (b)). This threshhold constitutes only the minimum requirement for the effectiveness of the Convention, based on a judgment that it will be possible to begin operations on a modest scale and that an early start of operations is desirable. It is expected that the Agency will exceed these minimum requirements in a reasonably short period of time.

Territorial Application

81. The Convention applies to all territories "under the jurisdiction of a member." This includes territories which, though not necessarily part of a member's territory in the strict legal sense, are subject to a country's jurisdiction for economic purposes under international law.

Annex II

Operational Regulations of the Multilateral Investment Guarantee Agency

Contents

Definitions	S. 368

Part I: Guarantee Operations

	Paragraph
Chapter One: Eligibility Requirements	
Section I: Eligible Investments	1.01–1.13
General Requirements.	1.01
Type of Investment	1.02–1.08
Eligible Investments under Article 12(a)	1.02
Equity Interests	1.03–1.04
Non-Equity Direct Investment	1.05
Criteria for Non-Equity Direct Investment	1.06–1.07
Other Investments.	1.08
Resources to be Invested.	1.09–1.10
Investment in Monetary Form	1.09
Investment in Kind.	1.10
Time of the Investment	1.11–1.13
Date of Implementation of the Investment	1.11
Other Criteria for New Investment	1.12–1.13
Section II: Eligible Investors	1.14–1.19
Type of Investor	1.14
Nationality of the Investor	1.15–1.16
Ownership of the Investor	1.17–1.18
Mode of Operations of the Investor	1.19
Section III: Eligible Host Countries	1.20–1.21
Developing Member Countries	1.20
Dependent Territories	1.21
Section IV: Eligible Risks	1.22–1.57
Eligible Risks Under Article 11(a).	1.22

The numbered notes to these draft Regulations compare provisions of the draft to the practice of various national investment guarantee programs. The national programs referred to in these notes include those of Australia (AL), Austria (A), Belgium (B), Canada (Ca), France (F), Germany (G), Japan (J), Netherlands (NL), Switzerland (CH), United Kingdom (UK) and United States (US).

	Paragraph
Currency Transfer Risk	1.23–1.28
Covered Causes of Loss	1.23–1.25
Duties of Guarantee Holders	1.26
Currency and Exchange Rate for the Guaranteed Conversion	1.27–1.28
Risk of Expropriation and Similar Measures	1.29–1.41
Covered Causes of Loss	1.29–1.31
Additional Criteria for Covered Causes of Loss	1.32–1.35
Governmental Regulations	1.36–1.38
Scope of Coverage	1.39–1.41
Breach of Contract Risk	1.42–1.45
Covered Causes of Loss	1.42
Denial of Justice	1.43–1.44
Duties of Guarantee Holders	1.45
War and Civil Disturbance Risk	1.46–1.52
Covered Causes of Loss	1.46
Military Action	1.47
Civil Disturbance	1.48–1.49
Place of Covered Events	1.50
Scope of Coverage	1.51–1.52
Other Non-Commercial Risks	1.53
Agreement or Responsibility for Actions or Omissions	1.54
Exclusion of the Risk of Devaluation and Depreciation of Currencies	1.55
Exclusion of Events before the Conclusion of the Contract	1.56–1.57

Chapter Two: Contracts of Guarantee

Section I: Scope of Contracts of Guarantee	2.01–2.02
Content	2.01
Consistency with Convention and Regulations	2.02
Section II: Period of Guarantee; Termination and Adjustment	2.03–2.06
Period of Guarantee	2.03–2.04
Termination and Adjustment	2.05–2.06
Section III: Amount and Currency of Guarantee; Standby Coverage	2.07–2.12
Amount of Guarantee	2.07–2.10
Calculation of the Amount of Guarantee	2.07–2.09
Changes in the Amount of Guarantee	2.10
Currency of Guarantee	2.11
Standby Coverage	2.12
Section IV: Warranties and Undertakings of the Guarantee Holder	2.13–2.15
Warranties in Connection with Applications or Claims	2.13
Other Undertakings	2.14
Breach	2.15
Section V: Disputes and Applicable Law	2.16–2.17
Disputes	2.16
Applicable Law	2.17

Annex II

	Paragraph
Chapter Three: Underwriting	
Section I: Scope	3.01–3.03
Assessments	3.02
Procedures	3.03
Section II: Project Assessment	3.04–3.10
Assessments Required by Article 12(d)(i)–(iii)	3.04
Economic Soundness and Contribution to Development	3.05–3.08
Compliance with Legal Requirements and Consistency with Development Objectives	3.09–3.10
Section III: Risk Assessment	3.11–3.19
Nature of Risk Assessment	3.11–3.12
Factors Relating to the Investment Project	3.13–3.14
Factors Relevant to All Risks	3.13
Factors Relevant to Specific Risks	3.14
Factors Relating to the Host Country	3.15–3.18
Factors Relevant to All Risks	3.15–3.17
Factors Relevant to Specific Risks	3.18
Relationship between Factors Relating to the Investment Project and Factors Relating to the Host Country	3.19
Section IV: Procedures Relating to Underwriting Decisions	3.20–3.35
Filing and Consideration of Applications	3.20–3.21
Obtaining Host Country Approval	3.22–3.25
Facilitating Prompt Underwriting Decisions	3.26–3.29
Confidentiality	3.30–3.31
Enhancement of Risk Profile	3.32–3.34
Approval of Contracts of Guarantee	3.35
Section V: General Principles of Premiums and Fees	3.36–3.37
Objectives	3.36
Review of Premiums and Fees	3.37
Section VI: Premiums	3.38–3.45
Calculation and Payment of Premiums	3.38
Types of Premium Rates	3.39
Standby Premiums	3.40
Adjustment of Premium Rates	3.41
Establishment of Premium Rates	3.42–3.45
Premium Ranges for Eligible Risks under Article 11(a)	3.43–3.44
Premium Ranges for Other Risks	3.45
Section VII: Fees	3.46–3.47
Application Fees	3.46
Fees for Special Services	3.47
Section VIII: Guarantee Capacity and its Allocation	3.48–3.57
Limit of Guarantee Capacity	3.48–3.53
Reinsurance Limits	3.51
Review	3.52–3.53
Allocation of Guarantee Capacity Among Members	3.54–3.57
Investors' Countries	3.55–3.56
Host Countries	3.57

Operational Regulations

	Paragraph
Section IX: Portfolio Diversification	3.58–3.60
General Requirements	3.58
Risk-Diversification Measures	3.59–3.60
Chapter Four: Claims	
Section I: Objectives	4.01–4.02
Section II: Claims Administration	4.03–4.14
Actions on Notice of Imminent Losses and on Receipt of Claims	4.03–4.04
Filing of Claims	4.05–4.06
Prompt Determination and Settlement	4.07
Decisions on Claims	4.08
Pursuit of Remedies by Guarantee Holders	4.09–4.10
Amount of Compensation	4.11–4.12
Documenting Claims and Revising Payments	4.13–4.14
Section III: Subrogation and Assignment	4.15–4.19
Scope and Time of Subrogation and Assignment	4.15–4.17
Extent of Subrogation and Assignment; Recovery in Excess of Payment	4.18–4.19
Section IV: Recovery from Host Countries	4.20–4.24
Decisions on Seeking Recovery	4.20
Procedures	4.21–4.24
Chapter Five: Parallel and Joint Underwriting, Reinsurance and Administrative Cooperation	
Section I: General Principles	5.01–5.02
Section II: Cooperation with other Guarantors/Insurers	5.03–5.19
Mechanism and Forms of Cooperation	5.03–5.05
Parallel and Joint Underwriting	5.06–5.08
Reinsurance	5.09–5.14
Administrative Cooperation and Brokerage	5.15–5.19
Section III: Administrative Cooperation with the World Bank and the IFC	5.20–5.23
Chapter Six: Guarantees of Sponsored Investments	6.01–6.02

Part II: Consultative and Advisory Activities

Chapter Seven: Investment Promotion, Advisory and Consultative Programs	
Section I: Mandate	7.01
Section II: Programs	7.02
Section III: General Principles and Priorities	7.03–7.08
Priorities	7.05–7.07
Policy Consultation	7.05
Technical and Advisory Services	7.06
Support of Guarantee Program	7.07
Coordination	7.08
Section IV: Organization	7.09–7.11
Programming and Budgeting	7.09
Conflict of Interest	7.10
Reporting	7.11
Anhang zu den Operational Regulations – Guidelines for Determination of Premium Rates	S. 414

Annex II

Definitions

In these Regulations, unless the context requires otherwise,

(a) "Convention" means the Convention Establishing the Mulitlateral Investment Guarantee Agency;

(b) "Commentary" means the Commentary on the Convention;

(c) "Agency" means the Multilateral Investment Guarantee Agency;

(d) "Council" means the Council of Governors of the Agency;

(e) "Board" means the Board of Directors of the Agency;

(f) "President" means the President of the Agency;

(g) "Host country" or "host government" means a member, its government, or any public authority of a member in whose territories, as defined in Article 66 of the Convention, an investment which has been guaranteed or reinsured, or is considered for guarantee or reinsurance, by the Agency is to be located;*

(h) "Applicant" means any person who applies for, or inquires into the availability of, a guarantee from the Agency for his own account, or any person on whose behalf such application or inquiry is made;

(i) "Investment Project" means the project or set of projects in which the investment covered or under consideration for coverage is made or to be made;

(j) "Project Enterprise" means a corporation, association, partnership or any other entity which holds title to, or the power to dispose of, the assets contributed to the Investment Project;

(k) "Underwriting Authority" means the President or any official or officials of the Agency designated by the President to make the decision on the issuance of a guarantee and on related matters;

(l) "Guarantee holder" means the holder of a guarantee issued by the Agency;

(m) "World Bank" means the International Bank for Reconstruction and Development;

(n) "IFC" means the International Finance Corporation; and

(o) The sign "$" means dollars in the currency of the United States of America.

---

* See Convention, art. 3(b).

Part I: Guarantee Operations

Chapter One
Eligibility Requirements

Section I
Eligible Investments

General Requirements

1.01 To qualify for coverage under Article 12 of the Convention, investments must meet certain requirements with respect to (a) the type of investment, (b) the resources to be invested and (c) the time of the investment.

Type of Investment

Eligible Investments under Article 12(a)

1.02 Article 12 (a) of the Convention provides that eligible investments shall include (i) equity interests and (ii) non-equity direct investment. In addition, Article 12 (b) of the Convention authorizes the Board to decide on the eligibility of other forms of investment under the conditions referred to in Paragraph 1.08 below.

Equity Interests

1.03 Equity interests are eligible for cover irrespective of the legal form of the Projekt Enterprise and there is no minimum requirement with respect to the share of the Applicant in the Investment Project.

1.04 Cover extends to the following forms of equity interests:

(i) shares in a corporation or other entity with juridical personality which is established in the host country;

(ii) rights to participation in the profits and liquidation proceeds of any joint venture in the host country;

(iii) ownership rights in the assets of an unincorporated branch or other establishment of the investor in the host country[1];

(iv) portfolio as well as direct equity investments, including minority participations in joint ventures, preferred stock and shares resulting from the conversion of debt instruments with preference, among portfolio investments, given to those associated with foreign direct investment[2];

(v) loans made by holders of equity in the Project Enterprise to the Project Enterprise provided that such loans have mean repayment periods of not less than three years or such shorter period as the Board may in special circumstances authorize. "Mean repayment period" as used in these Regulations will be determined as follows:

---

1 G has a similar approach but requires that participation rights accord voting, control or co-management rights.
2 This is different from G, which limits eligibility to direct investment. UK covers portfolio equity only if the investor holds or acquires at least 10 percent of the shares of the capital of the project company. US covers both direct and portfolio equity investments as well as preferred stock.

Annex II

(a) if the financing involved has a single repayment date, the mean repayment period shall be the period from the date of the contract for such financing to the date of the repayment, and

(b) if the financing involved is to be repaid on more than one date, the mean repayment period shall be the average of the periods between (i) the date of the contract for such financing, and (ii) the respective dates of repayment of such financing, such periods being weighted by the amount of repayments at the end of the respective periods;

(vi) guarantees provided by holders of equity in the Project Enterprise of loans made to the Project Enterprise provided that such loans have mean repayment periods of not less than three years or such shorter period as the Board may in special circumstances authorize. For the purpose of this Subparagraph, the term "guarantees" includes any collateral or security provided by the holder of equity[3].

Non-Equity Direct Investment

1.05 Subject to the criteria stated in Paragraphs 1.06 and 1.07 below, the Agency's guarantees may be issued for the following forms of non-equity direct investment:

(i) *production-sharing contracts* where the contractor makes contributions to the Investment Project and his remuneration substantially depends on a share of the production of the Investment Project, including his right to purchase such share at a predetermined price or a price to be determined under an agreed formula[4];

(ii) *profit-sharing contracts* where the contractor makes contributions to the Investment Project and his remuneration substantially depends on the revenues or profits of the Investment Project[5];

(iii) *management contracts* where the contractor assumes responsibility for the management of the Investment Project or a significant part of its operations and where his remuneration substantially depends on the production, revenues or profits of the Investment Project[6];

(iv) *franchising agreements* where the franchiser provides the franchisee with a package of resources such as trademarks, know-how and management assistance and where his remuneration substantially depends on the production, revenues or profits of the Investment Project[7];

(v) *licensing agreements* where the licensor provides the licensee with technology and where the licensor's remuneration substantially depends on the production, revenues or profits of the Investment Project, or where the licensing agreement is associated with an otherwise eligible investment of the licensor in the Investment Project[8];

(vi) *turnkey contracts* where the contractor is responsible for setting up a complete production or service unit in the host country and where either the contractor's remuneration substantially depends on the production, revenues or profits of the Investment Project

---

3 Coverage of equity-type loans is provided for in the Convention, art. 12 (a). Loans provided or guaranteed by equity holders are covered by, e. g., US, UK, G, Ca and F. UK relies mainly on maturities of three years or more, while US and Ca have recently relaxed this requirement. G requires that loans "by their purpose and magnitude have the character of participations."

4 Covered by US, G and Ca.

5 Covered by US, G and Ca.

6 Covered by US, and, if made in conjunction with an equity investment, by Ca.

7 Covered by US, and, if made in conjunction with an equity investment, by Ca.

8 Covered by US, Ca.

Operational Regulations

or where the contractor assumes responsibility for the operation of the Investment Project at specified standards of efficiency for a period of at least three years after its completion[9];

(vii) *operating leasing agreements* with terms of at least three years where the lessor leases capital goods to a lessee and where rental payments are substantially dependent on the production, revenues or profits of the Investment Project[10];

(viii) *subordinated debentures* with mean repayment periods of not less than three years which are issued by the Project Enterprise to an equity investor or a person making any other eligible form of non-equity direct investment in the Investment Project;

(ix) *such other forms of non-equity direct investment,* the remuneration for which substantially depends on the performance of the Investment Project, as may be recommended by the President and approved by the Board; and

(x) *guarantees or other securities provided for loans* to the Project Enterprise, which satisfy the requirements as to repayment periods set out in Paragraph 1.04 (v), and which are made by a person making any of the foregoing forms of non-equity direct investment in the Investment Project.

Criteria for Non-Equity Direct Investment

1.06 In determining the eligibility of non-equity direct investments, the Underwriting Authority shall issue coverage only for investments that (i) have terms of at least three years and (ii) depend substantially on the production, revenues or profits of the Investment Project for repayment[11]. In this respect, special attention shall be given to investment arrangements of long duration and high developmental potential. In no case shall the Agency provide coverage of this type which, in its judgment and in the light of appropriate consultation, can be obtained from a government or an official export credit insurance agency[12].

1.07 The Applicant may contribute resources to an Investment Project under various arrangements. For example, a joint venture partner might undertake to manage the venture under a management agreement, or a contractor might furnish a plant under a turnkey contract and provide the operator of the plant with technology under a licensing agreement. In such cases, the Underwriting Authority shall, subject to Paragraphs 1.05 and 1.06, take into account the extent of the Applicant's overall business interests in the Investment Project.

---

9 Covered by US.
10 US has recently introduced coverage for international leasing arrangements which is broader than suggested above and, in particular, includes capital lease transactions.
11 Export credit programs generally insure service contracts of the types described in Paragraph 1.05 (i)–(vii), but only as to default on payment of fixed fees or production-related fees which have been earned but not paid at the time of an insured event of loss. Both commercial and political causes of loss are covered. Export credit insurance does not normally insure the rights a contractor may have to fees after the contract is breached. It also does not insure a contractor's right to a share of revenues or profits of a foreign enterprise (whether already earned at the time of breach or anticipated). Neither export credit insurance nor national investment insurance programs have offered protection of the "asset value" or capitalized value of contributions of technology through contractual forms of investment in a foreign enterprise.
12 See Commentary, para. 20.

Annex II

Other Investments

1.08 Any other medium or long-term form of investment which does not qualify for coverage under Article 12 (a) of the Convention may, pursuant to Article 12 (b) of the Convention, be covered if the Board so approves by special majority, except that loans other than those eligible for cover under Article 12 (a) of the Convention may be eligible only if they are related to a specific investment covered or to be covered by the Agency. The Board's approval for the coverage of such other forms of investment may be issued either with respect to a particular case or as a general authorization for cover.

Resources to be Invested

Investment in Monetary Form

1.09 Investments eligible for coverage may be made in any freely usable currency within the meaning of Article 3 (e) of the Convention or in any other currency that, at the time of the decision on the issuance of the guarantee, is freely convertible[13].

Investment in Kind

1.10 Investments, to qualify for cover, need not be made in monetary form. They may take the form of contributions to the Investment Project of any tangible or intangible assets that have a monetary value, such as machinery, patents, processes, techniques, technical services, managerial know-how, trademarks and marketing channels[14]. For the purpose of coverage, the monetary value of such investment in kind must be determined in terms of the currency in which the guarantee is issued. In this respect, the Underwriting Authority may accept a credible valuation furnished by the Applicant or make its own evaluation or require an independent appraisal.

Time of the Investment

Date of Implementation of the Investment

1.11 In accordance with Article 12 (c) of the Convention, an investment is eligible for cover only if it is a new investment. An investment is a new investment if its implementation begins subsequent to the Agency's registration of the preliminary application for a guarantee or, if the Applicant decides not to file a preliminary application, after registration of the definitive application filed in accordance with Paragraph 3.20 below. The implementation of an investment shall be deemed to have begun either when resources have been transferred to the Project Enterprise or when the contribution of such resources to the Investment Project has been irrevocably committed[15]. Appraisal, planning and exploration costs incurred prior to either of those dates do not disqualify the subsequent investment from cover.

---

13 US, UK, G and Ca cover investments made in the currency of the host country provided that such currency is freely convertible at the time of the issuance of the guarantee.

14 Coverage of investment in kind is envisaged in the Commentary, para. 19. As far as ascertained, such investment is accepted under all national investment guarantee programs.

15 US generally excludes from cover investments which are irrevocably committed at the time of the registration; G excludes investments that are already transferred to the host country at the time of the receipt of the application for cover.

Other Criteria for New Investment

1.12 The Underwriting Authority may consider as new an investment in an existing Investment Project if, *inter alia*, the investment is used to modernize, expand, enhance the financial viability or otherwise develop an existing Investment Project[16]. The Underwriting Authority may also consider as new an investment for the purpose of acquiring an existing Project Enterprise in whole or in part provided that the acquisition (i) accompanies an expansion, modernization or other enhancement of the Project Enterprise, (ii) serves the financial restructuring of the Project Enterprise, notably the improvement of its debt/equity ratio, or (iii) assists the host country in restructuring its public sector.

1.13 The Underwriting Authority may consider as new investment earnings from an existing foreign investment in the host country if such earnings could otherwise be transferred outside the host country at the time of the decision on the issuance of the guarantee for such earnings[17].

Section II
Eligible Investors

Type of Investor

1.14 Investors eligible to receive a guarantee may be either natural or juridical persons. Partnerships which are not treated in essential respects as juridical persons under the law governing them, unincorporated associations and branches are not eligible as such. In such cases eligibility is confined to the individual partners, members of the association and owners of the branch. Where in these cases some investors are eligible while others are not, a guarantee may be issued for such portion of the investment as corresponds to the eligible investors' share in the Investment Project.

Nationality of the Investor

1.15 In accordance with Article 13 (a) of the Convention and subject to Paragraph 1.16 below, a natural person, to qualify for a guarantee, must be a national of a member of the Agency other than the host country. A juridical person (i) must be incorporated and have its principal place of business in a member of the Agency other than the host country or, if such person does not meet this test, (ii) the majority of its capital must be owned by a member or members or nationals of a member or members other than the host country. In either case, the Agency shall advise the host country of the Applicant's link with the host country together with the request made in accordance with Paragraph 3.22 below for the host country's approval of the issuance of the guarantee.

1.16 In accordance with Article 13 (c) of the Convention, the Board, by special majority, may upon the joint application of the investor and the host country, extend eligibility to a natural person who is a national of the host country or a juridical person which is not eligible under Paragraph 1.15 above and is incorporated in the host country or the majority of whose capital is owned by its nationals, provided that the assets to be invested are transferred from outside the host country.

---

16 See Convention, art. 12 (c)(i).
17 See Convention, art. 12 (c)(ii).

Annex II

Ownership of the Investor

1.17 In determining ownership of an investor, the Underwriting Authority shall have regard to beneficial rather than record ownership[18]. In the case of a share corporation, a person shall be deemed to be the beneficial owner if the benefits from the shares accrue to him and he has the right of recapturing the shares. For example, in the case of shares held by brokers or banks for their customers, the customer, rather than the intermediary, shall be deemed to be the owner. If, however, the beneficial owners of the Applicant cannot be identified without undue cost or delay, the beneficial owners may be presumed to have the same nationality as the record owners. If neither beneficial nor record ownership can be determined without undue cost or delay, as in the case of bearer shares, the Applicant may be presumed to be chiefly owned by nationals of members other than the host country if such nationals have held the majority of the votes registered at the most recent shareholders' meeting of the Applicant.

1.18 In accordance with Article 13 (a) of the Convention, juridical persons need not be privately owned to qualify for coverage. They may also be owned:

(i) jointly by a member and private persons;
(ii) wholly by a member;
(iii) jointly by several members; or
(iv) jointly by several members and private persons.

For the purpose of this Paragraph, the term "member" includes any agency or entity owned or controlled by a member.

Mode of Operations of the Investor

1.19 Article 13 (a)(iii) of the Convention provides that in all cases the investor must operate on a commercial basis. Where the majority of the equity in the investor is privately owned, the investor may be assumed to operate on a commercial basis, provided that in the case of a non-profit organization a guarantee may only be issued if it is established that the specific investment for which coverage is sought will be carried out on a commercial basis. Where the majority of the equity in the investor is publicly-owned, the Underwriting Authority must determine whether the Applicant operates on a commercial basis. Where the investor carries out some operations on a commercial basis and others on a non-commercial basis, it shall be eligible only in respect of investments that form part of its commercial operations.

Section III
Eligible Host Countries

Developing Member Countries

1.20 In accordance with Article 14 of the Convention, an investment to qualify for coverage, must be made in the territory of a member which is listed as a developing member country in Schedule A to the Convention as this Schedule may be amended from time to time.

---

18 A beneficial owner is a person who does not have title to property but has rights in the property which are the normal incidents of owning the property. (Paragraph 1.17 addresses beneficial ownership in the context of shares of a corporate investor.) A record owner or trustee would in this case hold title to the property for the beneficial owner and have a fiduciary responsibility to the beneficial owner.

Operational Regulations

Dependent Territories

1.21 A dependent territory for whose international relations a member is responsible may be designated by the Board as a developing member country for the purposes of Article 14 of the Convention if the member so requests, provided, however, that investments of that member in the dependent territory shall be excluded from cover[19].

Section IV
Eligible Risks

Eligible Risks Under Article 11(a)

1.22 The Convention provides that guarantees may be issued against losses resulting from non-commercial risks. Four types of such risks are specified in Article 11 (a) of the Convention as eligible for cover. These are (a) the currency transfer risk, (b) the risk of expropriation and similar measures, (c) the breach of contract risk and (d) the war and civil disturbance risk. The Board is authorized to decide on the eligibility of other non-commercial risks under the conditions referred to in Paragraph 1.53 below.

Currency Transfer Risk

Covered Causes of Loss

1.23 In accordance with Article 11 (a)(i) of the Convention, the Underwriting Authority may provide coverage for losses arising from any introduction attributable to the host government of restriction on the conversion of local currency into a freely usable currency or into another currency acceptable to the guarantee holder and/or on the transfer outside the host country of either the local currency or the foreign currency into which the local currency was converted. In all cases, the restrictions must have been introduced after the date of the contract of guarantee and must apply to currency which represents returns on, or repatriated capital of, the guaranteed investment.

1.24 Coverage may be provided against active as well as passive restriction on conversion and/or transfer. An active restriction is a decision by the host government denying conversion and/or transfer of local currency or authorizing such conversion and transfer at an exchange rate less favorable than the lowest exchange rate determined under the contract of guarantee in accordance with Paragraph 1.28 below[20]. A passive restriction is a failure by the host country's exchange authority to act on conversion and/or transfer within ninety days from the date on which the guarantee holder applies for conversion and/or transfer in accordance with Paragraph 1.26 below or such other period as the contract of gurarantee may provide.

1.25 Currency transfer risk coverage shall not be available for the freezing of assets of the guarantee holder or of the Project Enterprise. This risk may be covered under coverage for expropriation or similar measures under Paragraphs 1.29 through 1.41 below.

---

19 See Commentary, para. 24.
20 Ca, and UK cover such exchange rate discrimination.

Annex II

Duties of Guarantee Holders

1.26 Contracts of guarantee shall require the guarantee holder to apply for conversion and/or transfer in accordance with the laws of the host country and to seek appropriate administrative remedies to obtain conversion and/or transfer. Contracts of guarantee shall also require the guarantee holder or the Project Enterprise to carry out instructions of the Agency, including instructions to transfer to the Agency, as a condition for or upon receipt of payment from it, rights to the local currency covered by the guarantee or to deposit such currency in an account of the Agency or of any person designated by the Agency[21].

Currency and Exchange Rate for the Guaranteed Conversion

1.27 Contracts of guarantee shall specify the currency into which conversion is guaranteed[22]. Such currency may be a freely usable currency within the meaning of Article 3 (e) of the Convention or any other currency of a member agreed upon between the Underwriting Authority and the Applicant.

1.28 Contracts of guarantee shall also specify the basis, and the date, for determining the exchange rate or rates to be applied in calculating a claim[23]. Normally, the rate shall be the rate pravailing in the host country on the date on which the host government denies or is deemed to have denied conversion and/or transfer under Paragraph 1.24 above for the category of exchange rate that applied to the investment when the guarantee was issued. However, contracts of guarantee may provide, in the absence of such a category of exchange rates on the aforementioned date, an alternative basis for calcuiating a claim[24].

Risk of Expropriation and Similar Measures

Covered Causes of Loss

1.29 In accordance with Article 11 (a)(ii) of the Convention, the Underwriting Authority may provide coverage for losses arising from measures attributable to the host government which have the effect of depriving the guarantee holder of his ownership or control of, or a substantial benefit from, his investment. Coverage may encompass, but is not limited to, measures of expropriation, nationalization, confiscation, sequestration, seizure, attachment and freezing of assets.

---

21 US and private insurers require delivery of the local currency to the insurer or a designated point in the host country; F, G, UK require only deposit of the local currency with any solvent bank in the host country.

22 National programs generally guarantee conversion into the currency of the country that operates the program.

23 The practice of existing investment insurers in this respect varies: Ca, AL, NL and private political risk insurers take the beginning of a waiting period; G, F, J and B adopt the end of a waiting period; and US relies on the rate of exchange prevailing sixty days prior to the filing of the claim. The choice of the specific date determines whether the Agency or the holder of the guarantee bears the exchange rate risk during the waiting period.

24 Most national programs primarily apply the official rate, e. g., US, UK, G (different, e. g., Ca which primarily relies on the free market exchange rate). Most programs also provide for subsidiary rates of exchange if an official exchange rate is either not quoted or not actually applied to currency conversions. Such subsidiary rates include rates prevailing on an effective and legal parallel market (US), rates agreed with the investor or settled by arbitration (Ca) or rates quoted at the national exchange or published by the central bank of the country operating the program (G). F uses the category of exchange rate which applied to the investment on the date of its implementation, regardless of subsequent changes.

Operational Regulations

1.30 Coverage may be provided against measures which prevent the guarantee holder from exercising his rights of ownership or control over his investment[25], as well as measures which deprive him of the rights themselves. Such measures may take the form of breach of contract. In the case of equity interests, covered rights may take the form of rights to dividends and profits, rights of control and the right freely to dispose of the equity interest. In the case of non-equity direct investments, such rights may take the form of claims against the Project Enterprise for agreed payments, the right to transfer such claims to third parties and rights of participation in the management of the Investment Project. Coverage may be provided against measures which prevent the guarantee holder from using his funds or enforcing claims against debtors in the host country[26].

1.31 Coverage may also be provided against measures which deprive the guarantee holder of a substantial benefit from his investment to the extent specified in the contract of guarantee pursuant to Paragraph 1.39 below. Such measures may affect (i) funds and tangible assets of the Project Enterprise, (ii) the operations or profitability of the Investment Project, or (iii) where the investment is a non-equity direct investment, the ability of the Project Enterprise to fulfill its obligations to the guarantee holder.

Additional Criteria for Covered Causes of Loss

1.32 In accordance with Article 11 (a)(ii) of the Convention, covered measures may include legislative or administrative actions. Legislative actions by themselves may be covered only if the expropriatory or similar legislation requires no further legislation or regulation for its implementation. Covered measures may also include administrative omissions where the administrative authority is under a legal obligation to act and has been notified by the investor, but not legislative omissions or decisions of independent courts or arbitral tribunals.

1.33 In the case of an administrative omission, a covered measure shall be deemed to have taken place ninety days after the date by which the administrative authority had an obligation to act or such other period as may be specified in the contract of guarantee.

1.34 In all cases, the measure must be attributable to the host government. A measure may be attributed to the host government not only where the government itself takes or omits to take an action, but also where it approves, authorizes, ratifies or directs the action or omission[27].

1.35 For the purposes of Paragraph 1.34 above, the term "host government" may be defined in a contract of guarantee as extending to, for example, a de facto government over the territory in which the Investment Project is located[28].

Governmental Regulations

1.36 In accordance with Article 11 (a)(ii) of the Convention, coverage shall not be provided against non-discriminatory measures of general application which governments normally take in the public interest for the purpose of regulating economic activity in their territories, such as the *bona fide* imposition of general taxes, tariffs and price controls and other economic regulations as well as environmental and labor legislation and measures for the maintenance of public safety. Coverage may, however, be provided against a measure

---
25 F and Ca, for example, specifically refer to the exercise of the rights. F, US and some private insurers limit coverage to the deprivation of "fundamental rights".
26 Moratoria are specifically included by G and Ca.
27 Some private US insurers specifically provide for this.
28 This option is specifically provided in the US terms and conditions.

Annex II

which, although an exercise of the host government's regulatory powers, does not meet all of the above criteria, especially if it discriminates against the guarantee holder or is designed to have a confiscatory effect such as causing the investor to abandon his investment or to sell it at a distressed price.

1.37 Coverage may also be provided against a series of measures by the host government which in their combined effect are expropriatory even if each individual measure, taken alone, would appear to fall within the exception set forth in Paragraph 1.36 above.

1.38 In applying Paragraph 1.36 above, the Agency shall ensure that it does not prejudice the rights of a member country or of investors under bilateral investment treaties, other treaties and international law[29].

Scope of Coverage

1.39 Contracts of guarantee shall specify the scope of coverage against expropriation and similar measures. The Underwriting Authority may, depending on the circumstances, elect to provide for coverage in cases of partial or total loss of the investment.

1.40 A total loss of the investment may be deemed to have occurred if, as a result of a covered measure, (i) the guarantee holder has been unable to exercise a fundamental covered right for a period of three hundred sixty-five consecutive days or such other period as the contract of guarantee may provide, or (ii) the Investment Project has ceased operations for such period. A total loss of the investment may also be deemed to have taken place if after the occurrence of a covered event the Agency agrees that the guarantee holder assign to it all his rights, claims or other interests related to the covered portion of the investment.

1.41 Coverage may be provided in cases of partial or total loss in the event of permanent deprivation of (i) covered rights of the guarantee holder or (ii) funds and other tangible assets of the Project Enterprise. Coverage shall normally be limited to cases of total loss of the investment in the event of measures (i) preventing the guarantee holder from exercising covered rights or (ii) substantially diminishing the operations or profitability of the Investment Project[30]. In respect of non-equity direct investments, coverage may be provided in cases of partial or total loss resulting from measures of the host government against the Project Enterprise which make it impossible for the guarantee holder to receive his remuneration from the Project Enterprise for a period of three hundred sixty-five consecutive days or such other period as the contract of guarantee may provide.

---

29 See Commentary, para. 14
30 The approaches of national investment guarantee programs and private political risk insurers as to the coverage of losses from expropriation differ. UK and F provide coverage in cases of both partial and total loss. G provides coverage in cases of both partial and total loss from measures infringing on the rights of the investor while it covers loss from measures against the Investment Project only in cases where such measures make it permanently impossible to operate the Investment Project without loss. The leading political risk underwriter of Lloyd's of London covers losses in cases where there is a permanent deprivation of all or part of (i) the investor's shareholding in the Project Enterprise or (ii) the Project Enterprise's fixed and/or current assets; otherwise this underwriter requires that the expropriatory act causes the "permanent and total cessation of the activities" of the Investment Project. US and Ca require the investor, prior to payment of an expropriation claim, to assign all his covered interests in the Investment Project to the guarantee agency, which in effect limits coverage to cases of total loss of the investment; however, in case of an expropriation of funds constituting proceeds from the guaranteed investment, US extends coverage to cases of partial loss.

Breach of Contract Risk

Covered Causes of Loss

1.42 In accordance with Article 11 (a)(iii) of the Convention, the Underwriting Authority may provide coverage against losses arising from a repudiation or breach by the host government of a contract with the guarantee holder in the cases set forth in Paragraph 1.43 below. In some cases, a breach by the host government of a covered obligation may also meet the criteria for currency transfer and expropriation risks. In such cases, a guarantee holder may base his claim on any of the applicable coverages.

Denial of Justice

1.43 In accordance with Article 11 (a) (iii) of the Convention, cover shall be limited to cases where (i) the guarantee holder does not have recourse to a judicial or arbitral forum to determine the claim of repudiation or breach; or (ii) a decision by such forum is not rendered within such reasonable period as shall be specified in the contract of guarantee, which shall be not less than two years from the initiation of a proceeding by the guarantee holder and the final decision by the forum; or (iii) a final decision cannot be enforced.

1.44 For the purposes of Paragraph 1.43 above,

(i) a judicial or arbitral tribunal forum shall be any competent court or arbitral tribunal which is independent from the executive branch of the host government, acts judicially and is authorized to make a final and binding decision;

(ii) a guarantee holder may be deemed to lack recourse to such a forum where access to it is denied because, for example, the host government has established unreasonable procedural impediments; and

(iii) a final decision may be deemed unenforceable where the measures to be taken by the guarantee holder in accordance with Paragraph 1.45 below have not resulted in enforcement after ninety days from the date of the initiation of such measures or such other period as may be specified in the contract of guarantee.

Duties of Guarantee Holders

1.45 Contracts of guarantee shall specify the measures which a guarantee holder shall take to enforce a judicial or arbitral decision rendered in his favor on a claim of repudiation or breach, as well as the periods within which such measures shall be taken. Where the measures would appear to be futile in the judgment of the Agency, the Agency need not insist that they be taken.

War and Civil Disturbance Risk

Covered Causes of Loss

1.46 In accordance with Article 11 (a)(iv) of the Convention, the Underwriting Authority may provide coverage against losses arising from any military action or civil disturbance in the territory of the host country. Contracts of guarantee shall in each case specify the covered events.

Annex II

Military Action

1.47 Coverage against military action or war shall extend to hostilities between armed forces of governments of different countries, or, in the case of civil war, between armed forces of rival governments in the same country, including both declared and undeclared wars.

Civil Disturbance

1.48 Coverage against civil disturbance shall normally extend to organized violence directed against the government which has as its objective the overthrow of such government or its ouster from a specific region, including revolutions, rebellions, insurrections and coups d'état[31]. Coverage may also be provided against civil disturbance which takes the form of:

(i) *riot:* an assemblage of individuals who commit public acts of violence in defiance of lawful authority;

(ii) *civil commotion:* events which have all the characteristics of a riot but which are more widespread and of longer duration, without, however, attaining the status of civil war, revolution, rebellion or insurrection[32].

1.49 In all cases, the civil disturbance must have been caused or carried out by groups primarily pursuing broad political or ideological objectives. Acts undertaken to further labor, student or other specific interests[33] and acts of terrorism, kidnapping or similar acts directed against the guarantee holder[34] shall not qualify for coverage as civil disturbance, but, if politically motivated, may be covered if the Board so decides under Paragraph 1.53 below.

Place of Covered Events

1.50 A military action or civil disturbance occurring primarily outside the host country may be deemed to take place in the host country, and qualify for coverage, if it destroys, injures or damages tangible assets of the Investment Project which are located in the host country or interferes in the operation of the Investment Project. For example, coverage may be provided against military actions or civil disturbances which occur in a country contiguous to the host country and which affect an Investment Project located close to the border between the two countries[35] or against military actions or civil disturbances outside the host country which, for the period specified in the contract of guarantee, make it impossible to use transportation links which are vital to the operation of the Investment Project.

---

31 These events represent the core of the coverage provided unter the national programs, with the exception of coups d'état. The latter are expressly covered by the Inter-Arab Investment Guarantee Corporation.
32 Coverage of civil strife is provided by J and by the Inter-Arab Investment Guarantee Corporation under the heading of "Civil Disorder", and was recently introduced by the US for an additional premium; it is expressly excluded by Ca and the UK and implicitly excluded by G and F.
33 Such acts are usually not covered under the national programs; they are specifically excluded by the US.
34 Coverage of such events is provided by private political risk insurers.
35 Such acts appear to be implicitly included under the terms and conditions of the US, G and F; UK, on the other hand, requires the host country to be a participant in the war.

Operational Regulations

Scope of Coverage

1.51 Contracts of guarantee may limit the scope of coverage against the risk of war and civil disturbance. They may confine covered loss to (i) a specified amount or a percentage of the investment[36], (ii) goods essential to the operation of the Investment Project[37], (iii) a total destruction of the Investment Project or such substantial damage as would render impossible the Investment Project's continued profitability[38], or (iv) losses calculated on the basis of the historical cost of the damaged or destroyed assets of the Investment Project[39].

1.52 In all cases, coverage shall be restricted to cases where the assets of the Investment Project have been removed, destroyed or physically damaged or where there have been other forms of substantial interference with the operation of the Investment Project. Although coverage may be extended to the costs of business interruption, a mere reduction in business opportunities or a deterioration of operating conditions as a result of military action or civil disturbance shall not be covered[40].

Other Non-Commercial Risks

1.53 Other specific non-commercial risks which do not qualify for coverage under the four types of non-commercial risk specified in Article 11 (a) of the Convention may, pursuant to Article 11 (b) of the Convention, be covered at the joint request of an investor and a host country if the Board so approves by special majority. Such other risks may, for example, include acts of terrorism or kidnapping specifically directed against the guarantee holder, but shall in no case include the risks excluded under Paragraphs 1.54 through 1.57 below. The Board's approval for the coverage of such other risks may be issued either with respect to a particular case or as a general authorization for cover[41].

Agreement or Responsibility for Actions or Omissions

1.54 In accordance with Article 11 (c)(i) of the Convention, contracts of guarantee shall exclude from coverage losses arising from any host government action or omission to which the guarantee holder has agreed or for which he has been responsible. The guarantee holder shall, in particular, be deemed to have been responsible for any such action or omission reasonably attributable to conduct which is (i) prohibited under the law of the host country and (ii) carried out by the guarantee holder, persons acting on his behalf, or the Project Enterprise to the extent that the guarantee holder could have exercised his rights to prevent such conduct by the Project Enterprise.

---

36 For example, US covers any losses in excess of $ 5,000 and G only losses in excess of DM 4,000.
37 For example, items such as precious metals, gems, works of art or documents are specifically excluded by the US and Ca.
38 G and F, e. g., require either the destruction of all assets of the Investment Project or the destruction of so many assets that the Project is permanently unable to operate without loss. UK requires alternatively either (a) the removal or destruction of tangible property; or (b) the inability physically to operate the Investment Project for one year or to operate it at a profit for 3 consecutive years.
39 E. g., G and US; the latter, however, has recently introduced compensation at replacement cost up to a maximum of 200 percent of the historical cost of the asset concerned.
40 This exclusion appears to reflect the common practice of national investment insurers.
41 See Commentary, para. 17.

Annex II

Exclusion of the Risk of Devaluation and Depreciation of Currencies

1.55 In accordance with Article 11 (b) of the Convention, losses arising from the risk of devaluation or depreciation of currency shall not be covered.

Exclusion of Events Before the Conclusion of the Contract

1.56 In accordance with Article 11 (c)(ii) of the Convention, contracts of guarantee shall exclude from coverage losses arising from any host government action or omission or other specific event occurring before the conclusion of the contract of guarantee. In particular, no currency transfer coverage shall be issued under Paragraphs 1.23 through 1.28 above if the Applicant, on the date of the conclusion of the contract of guarantee, would only have been able to convert the currency of the host country accruing from his investment into the currency of guarantee at a rate below the lowest rate authorized by the exchange authority of the host country.

1.57 The exclusion referred to in Paragraph 1.56 need not affect the validity of contracts of guarantee in cases of events unknown to both the Agency and the Applicant at the time of the conclusion of the contract of guarantee, or circumstances at the time of the conclusion of the contract which lead only thereafter to a specific covered event giving rise to a loss.

Chapter Two
Contracts of Guarantee

Section I
Scope of Contracts of Guarantee

Content

2.01 The mutual rights and obligations of the Agency and a guarantee holder shall be set forth in a contract of guarantee between them. Contracts of guarantee shall specify the scope of coverage and the type of loss to be compensated, including any restriction of coverage to cases of total loss of the investment or any extension to the costs of business interruption. Contracts of guarantee shall also include provisions on the period of guarantee, termination and adjustment of the contract, amount and currency of guarantee, any standby coverage, warranties and undertakings of the holder of a guarantee, disputes and applicable law, as well as provisions on premiums and claims. A standard form or forms for contracts of guarantee shall be approved by the Board before the initiation of guarantee operations.

Consistency with Convention and Regulations

2.02 Contracts of guarantee shall be presumed to be consistent with the Convention and these Regulations. Contracts of guarantee shall provide that such presumption shall not be challenged by either party thereto.

Section II
Period of Guarantee; Termination and Adjustment

Period of Guarantee

2.03 The period of guarantee shall commence on the date of conclusion of the contract of guarantee unless the contract provides for a later date or the coverage is provided on a standby basis pursuant to Paragraph 2.12 below[42].

2.04 The period of guarantee shall not be less than three years nor more than fifteen years, provided that in special circumstances the Underwriting Authority and the Applicant may agree on (i) a longer period of up to twenty years, or (ii) such period as corresponds to the shorter period authorized under Paragraphs 1.04 (v) and (vi) for the investment under consideration[43]. Where the period of guarantee specified in a contract of guarantee is below the maximum limit, it may subsequently be extended up to that limit[44].

Termination and Adjustment

2.05 A guarantee holder may terminate the contract of guarantee three years after the conclusion of the contract and thereafter at each contract anniversary date[45]. Unless the contract of guarantee provides otherwise, the Agency may adjust terms of the contract upon any extension of the period of guarantee.

2.06 Contracts of guarantee shall specify cases in which either party may terminate, adjust or request a renegotiation of the contract. These shall include termination by the Agency in cases of default in the payment of premiums and untrue statements in the application for guarantee to the extent that the Agency has reasonably relied on them in making its decision on the issuance of the guarantee.

Section III
Amount and Currency of Guarantee; Standby Coverage

Amount of Guarantee

Calculation of the Amount of Guarantee

2.07 The amount of guarantee shall be agreed upon between the Underwriting Authority and the Applicant but shall in no case exceed[46]:

---

42 Coverage under national programs (e. g., US, G, Ca) normally commences with the execution of the contract of guarantee.
43 Most national agencies offer periods up to 15 or 20 years, e. g., US (up to 20), G (15 which possibility of extension up to 20), UK (up to 15), Ca (up to 15). Private insurers offer only periods of up to 3 years with rare exceptions for contract coverage.
44 This is similar to the terms of US and G; J and F seem to allow for extension without limit; Ca does not extend coverage beyond the initial period.
45 US, G and Ca allow for annual termination by the holder of the guarantee.
46 All national agencies have upper limits. US, G, J, B and Ca allow investors to limit their application to an arbitrary percentage of the investment; UK and F do not permit underinsurance.

Annex II

(i) for equity interests other than loans and guarantees of loans: the amount contributed by the guarantee holder to the Investment Project plus earnings included in the coverage less the uncovered amount as defined in Paragraph 2.09 below[47].

(ii) for non-equity direct investments other than loans and guarantees of loans: the value of the resources contributed by the guarantee holder to the Investment Project less the uncovered amount; and

(iii) for loans and guarantees of loans: the principal plus the interest to be accumulated over the lifetime of the loan less the uncovered amount[48].

2.08 The value of the resources referred to in Paragraph 2.07 (ii) above may be any fixed fees or royalties plus the value of the share of the production, revenues or profits of the Investment Project to which the guarantee holder is entitled, both amounts appropriately adjusted so as to make this valuation comparable to that used for equity interests[49].

2.09 For the purposes of Paragraphs 2.07 above, the term "uncovered amount" means the portion of the investment which is not guaranteed by the Agency. The uncovered amount shall be agreed upon between the Underwriting Authority and the Applicant in each case[50], but shall in no case be less than ten percent of the investment[51].

Changes in the Amount of Guarantee

2.10 The amount of guarantee may be increased through the exercise by the guarantee holder of a standby option which he may have obtained pursuant to Paragraph 2.12 below[52]. The amount of guarantee shall be reduced by the amount of any payment of a claim by the Agency under the contract of guarantee and may be reduced in other circumstances if the contract so provides. For example, a contract of guarantee may entitle the guarantee holder to reduce the amount of guarantee on each contract anniversary date; or a contract of guarantee will, when practicable, provide for periodic reductions on a fixed schedule[53] or in accordance with established accounting principles to reflect depreciation of assets, amortization of accounting principles to reflect depreciation of assets, amortization of loans, disinvestments and the like[54].

---

47 Common approach of national agencies.
48 In case of a loss, US has an option of either paying the maturities of the loan in accordance with the payment schedule provided in the loan agreement or paying in a lump sum the principal and the interest outstanding at the time of its payment; in the latter case, US does not compensate for any interest which becomes due after its payment.
49 See preliminary background paper, "Amount of Guarantee and of Covered Loss in Non-Equity Direct Investments."
50 As far as ascertained, all national agencies as well as private insurers provide for an uncovered amount (exception: US for institutional lenders) but its amount varies, e. g., US: 10 percent with possibility of increase in cases of large and/or risky projects or large exposure in the host country concerned; UK and Ca: 10 percent; G: normally 5 percent, but 10 percent for riskier host countries and 30 percent for service contracts.
51 See Convention, art. 16.
52 Practice under most national programs which offer standby coverage; as far as ascertained only the UK allows for a negotiated increase if an objective revaluation of assets is possible. Private insurers are generally willing to adjust covered amounts to inflation on the renewal of coverage.
53 Reductions at ratios ranging from 5 to 25 percent per year are provided under the programs of B, CH and NL.
54 Practice under the programs of G and, to some extent, J and F.

Currency of Guarantee

2.11 The amount of guarantee shall be expressed in terms of the currency of guarantee, which shall be the currency in which claims shall be paid. The currency of guarantee may be any of the currencies referred to in Paragraph 1.09 above.

Standby Coverage

2.12 A contract of guarantee which covers an initial investment by the guarantee holder may provide the holder with an option to obtain coverage for additional contributions to the Investment Project and earnings retained in the Investment Project which, respectively, qualify as new investment under Paragraphs 1.12 and 1.13 above. Such standby coverage should normally not exceed one hundred percent of the initial amount of guarantee and shall in no case exceed such higher percentage as the Board shall from time to time determine. The contract of guarantee shall specify a time within the initial period of guarantee by which the standby option must be exercised[55]. The contract of guarantee may limit the exercise of the standby option in other respects, such as requiring its exercise promptly upon implementation of the additional investment. The contract may also entitle the Agency to issue coverage upon exercise of the option on terms different from those applicable to the initial investment. The contract of guarantee shall provide for termination of the standby option upon the occurrence of the covered event and may entitle the Agency to cancel or modify the option in case of an imminent covered event.

Section IV
Warranties and Undertakings of the Guarantee Holder

Warranties in Connection with Applications or Claims

2.13 Contracts of guarantee shall contain warranties by the guarantee holder with respect to the accuracy and completeness of his statements in connection with the filing of a definitive application for a guarantee or the filing of a claim. Such warranties may, for example, refer to eligibility criteria, such as the nationality of shareholders, or to the valuation of investment in kind.

Other Undertakings

2.14 Contracts of guarantee shall also provide for undertakings by the guarantee holder that he will exercise due diligence to avoid and minimize covered losses and that he will cooperate with the Agency in the event of a claim or in efforts by the Agency to recover a payment from the host country. Contracts of guarantee shall in particular provide for undertakings by the guarantee holder:

(i) to comply with the laws and regulations of the host country[56];

(ii) to exercise this control over the Project Enterprise with a view to avoiding the likelihood of a covered loss and minimizing such loss;

(iii) to maintain proper records for the documentation of a claim and make them available to the Agency upon request;

---

55 Standby coverage is offered by e. g., the US, UK and Ca.
56 See Convention, art. 12 (d)(ii).

Annex II

(iv) to notify Agency of any event that might give rise to a covered loss or significantly increase the likelihood of such a loss promptly upon learning of such an event;

(v) in case of an imminent event that might give rise to a covered loss, to seek such administrative, judicial or other remedies as are readily available to him under the law of the host country to avoid or minimize the loss;

(vi) in case of the occurrence of an event giving rise to a covered loss, to seek available remedies with a view to reducing the amount of the loss and/or preserving the rights or claims related to the guaranteed investment that the guarantee holder has against the host country and other obligors[57];

(vii) not to assign the contract of guarantee or his interest in the Investment Project or to compromise rights subject to subrogation without the prior consent of the Agency; and

(viii) to retain on his own account, throughout the period of guarantee, with no insurance cover other than casualty insurance, a portion of the risk equivalent to at least ten percent of the amount of the guaranteed investment.

Recourse to the remedies referred to in Subparagraphs (v) and (vi) above shall not in itself alter the investor's rights against the Agency. Undertakings of the guarantee holder other than those specifically mentioned above may be included in contracts of guarantee, such as undertakings to submit periodic reports to the Agency and to facilitate the Agency's inspection and monitoring of the Investment Project.

Breach

2.15 Contracts of guarantee shall specify the consequences of a misrepresentation or of a breach of an undertaking by the guarantee holder. For example, a breach of an undertaking to avoid or minimize a covered loss will normally result in a proportionate forfeiture of coverage to the extent that the loss could have been avoided or minimized through the exercise of due diligence.

Section V
Disputes and Applicable Law

Disputes

2.16 In accordance with Article 58 of the Convention, contracts of guarantee shall provide for the submission of disputes arising between the parties thereunder to arbitration for final and binding determination. Disputes shall be submitted to an Arbitral Tribunal of one or more arbitrators. The Arbitral Tribunal shall be appointed, and the proceeding conducted, in accordance with such rules as shall be specified in the contract of guarantee. The standard contract of guarantee will refer to the Institution and Arbitration Rules of the International Centre for Settlement of Investment Disputes (ICSID), provided that the Secretary-General of the Permanent Court of Arbitration at The Hague shall be the appointing authority of the arbitrator or arbitrators not otherwise appointed pursuant to such Arbitration Rules and that such appointing authority shall not be limited in his choice of arbitrators to the names on ICSID's Panel of Arbitrators[58]. The contract will also include such other modifications of the Institution

---

57 See Concention, art. 17.
58 Under the ICSID Arbitration Rules, the parties either appoint the arbitrators under a mutual agreement or in accordance with a procedure set forth in the Rules. If the

Operational Regulations

and Arbitration Rules as may be required[59]. The award of the Arbitral Tribunal shall be final and binding on the parties. Each member of the Agency shall recognize the finality and binding nature of such an award.

Applicable Law

2.17 The Arbitral Tribunal shall apply the contract of guarantee, the Convention, and, to the extent that issues in dispute are not covered by the contract or the Convention, general principles of law and the contract of guarantee shall so provide[60].

Chapter Three
Underwriting

Section I
Scope

3.01 This Chapter sets out guidelines to be followed in making underwriting decisions, including the determination of premiums to be charged for guarantees issued by the Agency. Such decisions are by their nature business decisions as distinguished from the legal determinations made under Chapter One.

Assessments

3.02 In making an underwriting decision, the Underwriting Authority shall assess the Investment Project, the risks to be covered by the proposed guarantee, and the effect of the proposed guarantee on the Agency's guarantee capacity and risk portfolio.

Arbitral Tribunal is not constituted by the parties within a certain time, because for example one party decides not to participate in the appointment of arbitrators, the Chairman of ICSID's Administrative Council, a position held *ex officio* by the President of the World Bank, will at the request of either party appoint the arbitrator or arbitrators not yet appointed. The text in Paragraph 2.16 above is justified by the fact that the President of the World Bank is also *ex officio* the Chairman of MIGA's Board of Directors. Application of ICSID rules in this respect does **not** imply acceptance by the host country of the ICSID Convention or its acceptance of the jurisdiction of ICSID in disputes with the investor concerned.

59 National investment guarantee programs provide, as far as ascertained, either for domestic commercial arbitration or for the jurisdiction of domestic courts; e. g., US: final arbitration in Washington, D. C. in accordance with the prevailing rules of the American Arbitration Association (AAA), Ca: final arbitration under the Arbitrations Act of Ontario, G: ordinary German courts. Private political risk insurers usually provide for arbitration in the United States under the rules of AAA or arbitration in London in accordance with the rules of the London Court of Arbitration.

60 National investment guarantee programs provide, as far as ascertained, for the application of the laws of the country whose agency operates the program, which is also the investor's home country. Private political risk insurers usually refer to either US law or English law.

Annex II

Procedures

3.03 In accordance with Article 15 of the Convention, a guarantee may only be issued if the host country has previously approved the issuance of the guarantee by the Agency against the risks designated for cover. Procedures for obtaining such approvals, as well as other procedures relating to underwriting decisions, are set forth in Paragraphs 3.20 through 3.35 below.

Section II
Project Assessment

Assessments Required by Article 12 (d) (i)–(iii)

3.04 In accordance with Article 12 (d) of the Convention, the Underwriting Authority must satisfy itself as to the Investment Project's (i) economic soundness, (ii) contribution to the development of the host country, (iii) compliance with the host country's laws and regulations and (iv) consistency with the declared development objectives and priorities of the host country.

Economic Soundness and Contribution to Development

3.05 In determining whether an Investment Project is economically sound and contributes to the development of the host country, the Underwriting Authority shall assess the Investment Project's technical feasibility and its financial and economic viability over the proposed period of guarantee. Such assessment shall have regard to all relevant economic and financial factors, including the need for a reasonable economic rate of return, regardless of external factors such as trade concessions or subsidies[61]. In carrying out such assessments, the Agency shall have due regard to the need for prompt underwriting decisions.

3.06 In determining whether an Investment Project will contribute to the development of the host country, the Underwriting Authority shall have regard to such factors as the Investment Project's potential to generate revenues for the host country; the contribution of the Investment Project to maximizing the host country's productive potential, and in particular to producing exports or import substitutes and reducing vulnerability to external economic changes; the extent to which the Investment Project will diversify economic activities, expand employment opportunities and improve income distribution; the degree to which the Investment Project will transfer knowledge and skills to the host country; and the effects of the Investment Project on the social infrastructure and environment of the host country.

3.07 The Underwriting Authority shall give particular attention to the need to encourage (i) investments in lesser developed countries[62], (ii) investments among developing member countries[63], and (iii) joint ventures freely agreed between foreign and domestic investors.

---

61 US has a policy to deny coverage for projects which are substantially affected by incentives and performance requirements; G excludes from coverage risks connected with import restriction assurances.
62 See Commentary, para. 24.
63 Cf. Convention, art. 23 (c).

Operational Regulations

3.08 Investments of a military or highly speculative nature or in legally prohibited activities such as narcotics production shall not be covered[64].

Compliance with Legal Requirements and Consistency with Development Objectives

3.09 The Underwriting Authority shall, in accordance with the procedures set forth in Paragraphs 3.28 and 3.29 below, satisfy itself as to the Investment Project's compliance with the host country's laws and regulations and its consistency with the declared development objectives and priorities of the host country at the time of the underwriting decision.

3.10 The Underwriting Authority shall deny coverage if the government of the Applicant's home country notifies the Agency that the investment would be financed with funds transferred from the home country in violation of its laws[65].

Section III
Risk Assessment

Nature of Risk Assessment

3.11 The Underwriting Authority shall assess the risks to be assumed under each proposed guarantee. In accordance with Article 25 of the Convention, the Underwriting Authority shall apply sound business and prudent financial management practices in making this assessment. The risk assessment shall be an independent business decision made only on the basis of the investment's vulnerability to covered risks.

3.12 The Underwriting Authority's risk assessment shall have regard to factors which relate to (i) the Investment Project and (ii) the host country. The Underwriting Authority shall in particular guard against accumulating bad risks and providing coverage which would reduce the Applicant's self-interest in loss avoidance and loss minimization.

Factors Relating to the Investment Project

Factors Relevant to All Risks

3.13 In the assessment of all risks, the Underwriting Authority shall have regard to such factors relating to the Investment Project as the economic sector of the Investment Project and the Investment Project's size relative to such sector in the host country; the size of the Investment Project relative to the gross national product of the host country; the experience and reputation of the Applicant and the Project Enterprise; participation in the Investment Project of other investors, foreign or domestic; and the nature, including the mobility, of the assets contributed to the Investment Project.

Factors Relevant to Specific Risks

3.14 The Underwriting Authority shall also have regard to factors relating to the Investment Project which are particularly relevant to the specific risks proposed for cover. Such additional factors may include:

---

64 US excludes investments in real estate speculation, military facilities and narcotics production.
65 See Commentary, para. 25.

Annex II

(i) for the *currency transfer risk:* the Investment Project's potential to earn freely usable currency through exports; any arrangements for the accumulation of export proceeds in accounts outside the host country or in free accounts in the host country; and any agreements with the host government giving the Applicant or the Project Enterprise guaranteed or preferential access to foreign exchange;

(ii) for the *expropriation and breach of contract risks:* the degree to which the continuity and profitability of the Investment Project is dependent on actions or omissions of the host government or on the continued participation of the Applicant; the nature and terms of any agreement between the Applicant and the host government, and in particular the fairness and flexibility of such terms; any provisions in such agreement for the settlement of disputes by international arbitration, especially under the Convention on the Settlement of Investment Disputes between States and Nationals of Other States; and the likelihood that the host country will be able to compensate for an expropriation out of the earnings, and in particular the foreign exchange earnings, of the Investment Project;

(iii) for the *war and civil disturbance risk:* the strategic importance of the Investment Project; the location of the Investment Project and its vulnerability to physical damage; and the security arrangements for the Investment Project.

Factors Relating to the Host Country

Factors Relevant to All Risks

3.15 An eligible investment may be guaranteed under this Chapter when the legal protection of foreign investment in the host country is adequate. In the assessment of all risks, the Underwriting Authority shall, in accordance with Article 12 (d)(iv) of the Convention, satisfy itself as to the investment conditions in the host country, including the availability of fair and equitable treatment and legal protection for the investment.

3.16 An investment will be regarded as having adequate legal protection if it is protected under the terms of a bilateral investment treaty between the host country and the home country of the investor. When there is no such treaty, adequate legal protection should be ascertained by the Agency in the light of the consistency of the law and practice of the host country with international law. Such assessment shall be conducted in strict confidentiality and its outcome shall be shared only with the government concerned with a view to enabling it to improve the investment conditions in its territory.

3.17 If the Underwriting Authority is not satisfied as to the availability of fair and equitable treatment and legal protection for the investment, it shall only issue coverage after the Agency has concluded an agreement with the host country under Article 23 (b)(ii) of the Convention and Paragraph 3.33 (i) below[66].

---

66 Only the US strictly requires a bilateral agreement with the host country concerned as a precondition for coverage; these agreements (which exist with 108 developing countries) provide for the subrogation of the investment guarantee agency to the rights of the investor upon payment of a claim and for ultimate submission to international arbitration of disputes between the agency and host countries; however, they do not entail substantive standards as to the treatment of guaranteed investments. G, F and NL normally require a bilateral investment protection treaty with the host country concerned which provides for substantive standards in addition to subrogation and international arbitration, but all these agencies allow for exceptions where they issue guarantees in reliance on the domestic laws and the past record of the host country.

Operational Regulations

Factors Relevant to Specific Risks

3.18 The Underwriting Authority shall also have regard to factors relating to the host country which are particularly relevant to the specific risks proposed for cover. Such additional factors may include:

(i) for the *currency transfer risk:* the foreign exchange position of the host country, including its likely development over the proposed period of guarantee; any relevant record of transfer delays for investment in general and in particular for the type of project and investment under consideration; and the potential for recovery, including the Agency's ability to use the local currency;

(ii) for the *expropriation and breach of contract risks:* any recent record of interventions in foreign investments and defaults on contracts of the type proposed to be guaranteed; the relevant record of the host country on the settlement of expropriation and breach of contract claims; and any relevant pending disputes, and in particular any pending disputes with the Agency, national investment guarantee agencies or private political risk insurers;

(iii) for the *war and civil disturbance risk:* the existence or likelihood of an armed conflict involving the host country or an insurgency; and any internal tensions which might lead to civil disturbance.

Relationship between Factors Relating to the Investment Project and Factors Relating to the Host Country

3.19 The Underwriting Authority's risk assessment shall have regard to the relationship between factors relating to the Investment Project and factors relating to the host country. For example, a currency transfer risk might be acceptable despite the unfavorable foreign exchange position of the host country if the Investment Project can earn freely usable currency through exports; a risk of expropriation might be alleviated by the host country's interest in continuing cooperation with the Applicant; and an existing insurgency might not exclude a guarantee against the risk of war and civil disturbance if the Investment Project is located in a region sufficiently protected by the host government.

Section IV
Procedures Relating to Underwriting Decisions

Filing and Consideration of Applications

3.20 Applicants shall, unless they proceed directly to filing a definitive application, file a preliminary application with the Agency providing basic information on the Applicant, the prospective investment, and the risks against which coverage is sought. The preliminary application, or if no such application if filed, the definitive application, shall be registered by the Agency if it appears to the Agency that the investment is eligible for underwriting. Where a preliminary application is filed, the Applicant's definitive application shall be filed within three months of the notice of registration unless this period is extended by the Agency.

3.21 Unless eligibility is dependent on a decision by the Board under Paragraph 3.35 below, an investment shall normally be considered for underwriting only after the Underwriting Authority has determined that the investment is eligible for coverage.

Annex II

Obtaining Host Country Approval

3.22 To the extent that the Applicant does not provide evidence of the host country approval referred to in Paragraph 3.03 above, the Underwriting Authority shall request such approval from the host country. Such approval may be requested by any rapid means of official communication. The Underwriting Authority may seek from individual host countries advance approvals for the coverage of all or certain types of investments or risks. To the extent that such an advance approval has not been obtained, the request for approval shall:

(i) identify the Applicant, including any link of the type referred to in Paragraph 1.15 above that the Applicant may have with the host country, and identify the Investment Project and the Project Enterprise if different from the Applicant;

(ii) specify the amount of guarantee under consideration and any contemplated standby coverage;

(iii) specify the proposed period or periods of guarantee; and

(iv) designate the risks proposed for coverage.

3.23 Unless the host country states otherwise, the Underwriting Authority may deem approval of a certain coverage to include approval of any lesser coverage of the same risk.

3.24 In the absence of an applicable advance approval by the host country, the Underwriting Authority shall also obtain, or require the guarantee holder to obtain, the host country's approval for any increase in the amount of guarantee other than an increase resulting from the exercise of a standby option, and for any extension of the period of guarantee or any issuance of coverage for additional types of risk.

3.25 In accordance with Article 38 (b) of the convention, the Underwriting Authority may deem the approval to be given if the host country presents no objection within a reasonable period to be specified by the Agency. Such period shall normally be agreed between the Agency and the authority designated by the host country pursuant to Article 38 (a) of the Convention but shall in no case be less than thirty days from the date of the request for approval and shall be extended at the request of the host country.

Facilitating Prompt Underwriting Decisions

3.26 The President shall institute procedures to expedite the processing of applications for guarantees and the taking of decisions thereon. Such procedures shall require the Underwriting Authority to endeavor to reach a prompt decision on the issuance of a guarantee. To the extent possible, the decision shall be made within one hundred twenty days of receipt by the Agency of a definitive application which meets all the requirements of the Agency. After receipt of an application, the President will arrange for the speedy dispatch of a non-binding indication as to the likelihood of cover being offered or not offered.

3.27 To facilitate a prompt underwriting decision, the Underwriting Authority may, in making its assessment of the Investment Project, rely to the extent appropriate on statements of the Applicant, the accuracy and completeness of which the Applicant shall be required to warrant in the contract of guarantee pursuant to Paragraph 2.13 above. Where the proposed amount of guarantee is less than $ 10 million, the Agency may base its assessment of the Investment Project on appraisals or documents of other reliable institutions.

3.28 The Underwriting Authority may also rely on a statement by the host country as evidence that the Investment Project conforms to the laws, regulations, objectives and priorities referred to in Article 12 (d) of the Convention and Paragraph 3.09 above.

3.29 In appropriate cases, the Underwriting Authority may deem the Investment Project to comply with the laws and regulations, including in particular any investment codes, of the host country in the light of other evidence, such as an investment contract between the Applicant and the host country or a formal admission of the investment by the host country. The Underwriting Authority may also rely on its own analysis of the host country's laws and regulations or on an independent legal opinion.

Confidentiality

3.30 The Agency shall safeguard information received on a confidential basis and shall in particular safeguard business information of a proprietary character received from Applicants or guarantee holders so as to avoid its disclosure to actual or potential competitors.

3.31 Requests to a prospective host country for its approval of a proposed investment or arrangements for advance approval by a host country and arrangements for parallel or joint underwriting and reinsurance shall incorporate appropriate safeguards for the purposes of Paragraph 3.30.

Enhancement of Risk Profile

3.32 If the Underwriting Authority has concerns with respect to the risks related to an investment under consideration it shall, before denying coverage, and after consultation with the Applicant where applicable, seek where warranted to (i) advise the host government on measures which would improve the risk profile of the investment, or (ii) advise the Applicant, in consultation with the host country as appropriate, on the structuring of the investment or Investment Project in a manner which will diminish its vulnerability to the risk or risks to be covered, or, after considering possibilities under (i) and (ii) above, (iii) design coverage in a manner which diminishes risk but still encourages the Applicant to proceed with the investment. In cases where the size of the Agency's exposure in a single project or host country is an impediment to the issuance of the guarantee, the Agency shall examine the possibility of overcoming this impediment through coinsurance or reinsurance arrangements.

3.33 With a view to enhancing its ability to issue guarantees, the Agency may agree with the host country on:

(i) the treatment of guaranteed investment in accordance with Article 23 (b) (ii) of the Convention;

(ii) the use of local currency which the Agency may receive in future as subrogee of the guarantee holder, as provided in Article 18 (c) of the Convention.

Before discussions on such agreements are initiated, the Board will be advised. Such agreements may apply to one or more guaranteed investment in the host country. Under agreements of the type referred to in Subparagraph (ii) above, the Agency may seek to obtain the host country's consent to the sale by the Agency of local currency to international lending or other institutions or to foreign investors in, or importers of goods from, the host country[67].

---

67 See Commentary, para. 27.

Annex II

The host country may also undertake under such an agreement to redeem the local currency for a freely usable currency within a specified period and at a specified rate of exchange.

3.34 Methods of designing coverage to diminish risk may include:

(i) a reduction of the period or amount of guarantee[68];

(ii) provision for the termination or adjustment of the contract of guarantee by the Agency within specified limits;

(iii) the exclusion of certain risks or types of risk from coverage[69];

(iv) the restriction of coverage to specific types of loss;

(v) provision for additional or extended periods before payment of a claim;

(vi) the incorporation into the contract of guarantee of specific obligations of the Applicant or Project Enterprise on loss avoidance or loss minimization;

(vii) limitation of the compensation to be paid within stated time periods for currency transfer losses; and

(viii) provision for first-loss deductibles.

Approval of Contracts of Guarantee

3.35 (a) In accordance with Article 16 of the Convention, approval of the contracts of guarantee shall be the responsibility of the President under the direction of the Board. The President shall therefore only approve contracts of guarantee which are consistent with the limitations and priorities approved by the Board in these Regulations and in future guidelines which the Board may issue from time to time.

(b) Board approval shall be required according to these Regulations on the following matters:

(i) coverage of non-commercial risks other than those referred to in Article 11(a) of the Convention and those which have been generally authorized by the Board for cover under Article 11(b) of the Convention;

(ii) coverage of investments other than those referred to in Article 12(a) of the Convention and those which have been generally authorized by the Board for cover under Article 12(b) of the Convention;

(iii) issuance of a guarantee to a national of the host country under Article 13(c) of the Convention;

(iv) coverage of an investment in a dependent territory for whose international relations a member is responsible, to the extent that the Board has not already designated the territory as a developing member country under Paragraph 1.21 above;

(v) exceptions from the limits established by or pursuant to Paragraphs 2.12, 3.55, 3.59 and 3.60;

(vi) premium rates outside the ranges set out in Paragraph 3.43; and

---

68 Practice of the US and Ca.
69 Frequently done by the UK and occasionally by G. G also generally excludes the risk of a breach of import restriction assurances.

(vii) coverage of loans and debentures the mean repayment period of which is less than three years as provided in Paragraphs 1.04 (v), (vi), and 1.05 (viii).

c) The President shall circulate to the Directors a report on each guarantee- he plans to approve including information on the host country, the investment as well as the amount, terms and conditions of the guarantee. Each such report shall include a statement by the President to the effect that the proposed guarantee is consistent with the Convention, these Regulations and the policies approved by the Board, together with an indication of any new policy issues involved. Any guarantee covering an amount exceeding $ 25 million shall, before it is approved by the President, be submitted to the Board for its concurrence that the guarantee is within the guidelines and policies approved by the Board. Guarantees in lesser amounts shall be submitted to the Board for consideration of the policy issues involved if three Directors so request within 21 days of dispatch of the report to them. The Board shall discuss the issues raised by such requests and may give guidance to the President with regard to such issues which may include a directive not to proceed with the issuance of the guarantee.

(d) Each quarter, the President shall prepare and submit to the Board for its review a report on the guarantees approved during the preceding quarter.

Section V
General Principles of Premiums and Fees

Objectives

3.36 Pursuant to Article 26 of the Convention, premiums and application fees shall be charged for guarantees issued by the Agency. The Agency may charge additional fees for special services provided in connection with its guarantees, and shall normally also charge fees for services rendered under Part II of these Regulations. Premiums and fees shall, pursuant to Article 25 of the Convention, be established in accordance with sound business and prudent financial management practices and with due regard to the need to (i) cover the Agency's administrative expenditures and (ii) build up sufficient reserves to pay claims without recourse to the callable portion of the Agency's capital[70].

Review of Premiums and Fees

3.37 The Board shall annually review the levels of premiums and fees to determine whether they are consistent with the Agency's purpose of encouraging investment and its obligation to maintain a sound financial position. The President shall, no later than five years after the issuance of the first contract of guarantee, submit to the Board a study of the impact of the periods of guarantee offered and premiums quoted by the Agency on the policies and volume of business of private and public political risk insurers in member countries.

---

70 See background paper, "The Determination of Premiums".

Annex II

Section VI
Premiums

Calculation and Payment of Premiums

3.38 Premiums charged by the Agency for each guarantee shall be calculated on an annual basis as a percentage of the amount of guarantee[71]. Unless provided otherwise in a contract of guarantee, premiums shall be payable in annual installments, with the first installment being due on or before the conclusion of the contract of guarantee and subsequent installments being due on or before each contract anniversary date[72].

Types of Premium Rates

3.39 Premium rates shall be established for the coverage of each type of risk referred to in Article 11 (a) of the Convention. The Agency may provide coverage for, and in appropriate cases restrict coverage to, a combination of types of risk as a package[73]. In these cases, the premium rate for the package shall be established in accordance with Paragraph 3.43 below, less such discount within the limit set forth in Paragraph 3.43 as would reflect the advantages to the Agency of a package, particularly the alleviation of the hazard of adverse selection against the Agency and the more favorable ratios of premium to incremental liability and to use of guarantee capacity as compared with individual coverages.

Standby Premiums

3.40 An additional premium shall be charged for any standby coverage provided under Paragraph 2.12 above. Such standby premium shall be calculated as a percentage of the amount of standby coverage. Standby premiums may range from twenty-five to fifty percent of the rate or rates determined by the Underwriting Authority for the actual coverage of the same type of risk in the guaranteed investment or of the risk package, as the case may be[74].

Adjustment of Premium Rates

3.41 Contracts of guarantee shall specify the applicable premium rate or rates and the schedule for the payment of premiums. Premium rates shall only be increased during the period of guarantee to the extent that covered losses or the likelihood of such losses necessitate such increases to maintain the Agency's financial soundness, subject to the

---

71 As far as ascertained, practice under all national investment guarantee programs, except that some of them (e. g. G) compute premiums on the basis of the full amount of the guaranteed investment.
72 Normal practice of national investment guarantee programs except that, e. g., US sometimes collects premiums on a quarterly basis (for oil and gas projects) or on a semiannual basis; in case of leasing arrangements, it also accepts up front payment of the total premium.
73 Most national investment guarantee programs (e. g., J, G, F, UK, A, B, NL) offer only package coverage. US, Ca and AL provide separate coverage of the three principal categories of risk (currency transfer, expropriation and war/civil disturbance). Breach of contract is normally not covered as such, but may, in certain circumstances, be included in the expropriation coverage. Private political risk insurers offer separate coverage of various types of risk.
74 National investment guarantee agencies compute premiums for standby coverage directly as a percentage of the amount of the standby option. US charges 0.2 to 0.3 percent for each type of risk, Ca 0.175 percent for each type of risk and UK 0.25 percent for the total risk package.

Operational Regulations

limitations specified below. For this purpose, contracts of guarantee may entitle the Agency, five years after the conclusion of the contract and thereafter at each contract anniversary date, to increase premiums as required; provided, however, that the increases shall (a) only be applied to broadly defined types of risk, forms of investment, economic sectors or groups of host countries and (b) in no case exceed in the aggregate one hundred percent of the applicable premium rate initially specified in the contract of guarantee[75]. Premiums may be adjusted downwards in accordance with sound business principles, within the ranges provided in Paragraph 3.43 below, provided that such adjustment (a) may only be made at each contract anniversary date following the fourth such date and (b) may in no case exceed in the aggregate fifty percent of the applicable premium rate initially specified in the contract of guarantee.

Establishment of Premium Rates

3.42 Premium rates shall be established by the Underwriting Authority within the ranges set forth in, or determined pursuant to, Paragraphs 3.43 through 3.45 below for each type of risk, on the basis of an evaluation, undertaken in accordance with the rating factors listed in the guidelines attached to these Regulations, of the actual risks assumed by the Agency under the contract of guarantee[76].

Premium Ranges for Eligible Risks under Article 11 (a)

3.43 On the basis of the evaluation referred to in Paragraph 3.42 above, contracts of guarantee shall establish annual premium rates for each type of risk referred to in Article 11 (a) of the Convention. Such rates shall not be less than 0.3 percent nor more than 1.5 percent of the amount of guarantee for each individually covered type of risk. A discount of up to fifty percent of the sum of individual rates determined by the Agency to be appropriate for the investment may be given for packages including all or several of such types of risk[77].

---

75 US reserves the right to increase premiums by up to 50 percent during the first ten years of the contract of guarantee and by up to 100 percent during the second ten-year period; Ca is about to introduce a system under which it could increase premiums by 25 percent after 5 years, and by an additional 25 percent after 10 years.
76 US differentiates strictly on the basis of its risk assessment, F takes also policy considerations into account. Rates of private political risk insurers are more a reflection of market conditions than straight risk assessment: demand for coverage, available underwriting capacity (especially reinsurance coverage), risk perception and general business variables. See background paper, "The Determination of Premiums" for an elaboration of premium rating.
77 US, Ca and AL simply add up the rates for coverage of the individual types of risk. US departs from this approach to the benefit of institutional lenders when it offers coverage of the whole risk package for a base rate of 1 percent p. a. while the rates of the individual types of risk would add up to 1.25 percent. Private political risk insurers usually offer discounts on risk packages. Annual flat rates for risk packages charged under national investment guarantee programs range from 0.4 percent (F, with provision for upward adjustment up to 0.6 percent) to 1 percent (UK, with provision for downward adjustment to 0.7 percent) of the amount of the guaranteed investment.
US charges the highest rates and allows for the most variations to reflect the actual loss potential. "Base rates" have been established for five major industry categories; these base rates may vary within a range of plus or minus 33 percent depending on a case-by-case assessment of the risks involved in the guaranteed investment. The base rates are, in terms of a percentage of the amount of guarantee:
(i) for manufacturing/services projects: 0.3 for inconvertibility, 0.6 for expropriation, 0.6 for war/revolution/insurrection (0.75 if civil strife is included);

Annex II

3.44 In exceptional circumstances, the President may recommend to the Board that it approve premium rates outside the foregoing ranges.

Premium Ranges for Other Risks

3.45 Rates for the coverage of types of risk referred to in Article 11 (b) of the Convention shall be established by the Underwriting Authority within the range set by the Board in its decision to extend coverage to the type of risk concerned.

Section VII
Fees

Application Fees

3.46 In addition to premiums, a fee shall be charged for every definitive application for a guarantee filed with the Agency in accordance with Paragraph 3.20 above. Such application fee shall be 0.05 percent of the requested amount of guarantee, including any standby coverage, provided that the application fee shall in no case be less than $ 250 or more than $ 10,000. The application fee or part thereof shall be refunded if the Agency declines to issue a guarantee because of guarantee limits established under Sections VIII and IX below. No fee shall be charged for registering preliminary applications under Paragraph 3.20 above.

Fees for Special Services

3.47 The Agency may charge fees for special services rendered to an investor in conjunction with a guarantee, and the Agency may agree with the investor on fees for other services.

(ii) for natural resource projects other than oil and gas: 0.3, 0.9, 0.6 (0.75), respectively;
(iii) for oil and gas projects: 0.3, 1.5, 0.6 (0.75), respectively (reduced rates during the exploration phase);
(iv) for instituational loans: 0.25, 0.3, 0.6 (0.75), respectively and 1.0 for total risk package; and
(v) for contractors: 0.3, 0.6, 0.6 (0.75), respectively and 0.8 for breach of contract.
Ca's annual rates are 0.3 percent each for inconvertibility and war risk and 0.4 percent for expropriation risk. Ca is about to introduce a new system which will establish premium ranges within which rates will be differentiated in accordance with factors related to the host country and the sector of the investment project. J has recently replaced its flat rate of 0.55 percent for the risk package by a range of between 0.55 and 0.75 percent for such package; within this range, it now determines actual rates on the basis of an assessment of the host country and the size of the guaranteed investment. Private political risk insurers' annual rates vary from 0.1 to 9 percent or more of the insured amount per risk coverage, with a median rate for confiscation risk in developing countries clustering around 2.5 percent; private rates are presently moving upward.

Operational Regulations

Section VIII
Guarantee Capacity and its Allocation

Limit of Guarantee Capacity

3.48 In accordance with Article 22 (a) of the Convention, the Underwriting Authority shall not issue any guarantee, including reinsurance, which would raise the outstanding aggregate amount of contingent liabilities above one hundred fifty percent of the sum of the Agency's unimpaired subscribed capital and reserves, plus such portion of reinsurance cover obtained by the Agency as shall be determined pursuant to Paragraph 3.50 below. This sum shall be the initial limit of the Agency's guarantee capacity, pending review and decision pursuant to Paragraph 3.52 below.

3.49 For the purpose of calculating the guarantee capacity, the amount of contingent liability assumed by the Agency under a contract of guarantee shall be deemed to be the largest of the limits of liability stated therein for compensation of a loss under any covered type of risk, plus fifty percent of the amount of standby coverage issued against the same type of risk, subject to adjustment by the Board in the light of experience and to continuing review of the Agency's ability to provide coverage, within the limits of its guarantee capacity, in case the standby option is exercised.

3.50 (i) The amount of reinsurance obtained by the Agency which may be deemed to constitute an addition to the guarantee capacity shall be ninety percent of the reinsurance which satisfies the following conditions: financial reliability, consonance with the terms and conditions of a reinsured contract or contracts of guarantee, including expiry according to its terms no sooner than the reinsured contracts of guarantee or applicable portions thereof, and either:

(a) covers all of the risks covered by the reinsured contract of guarantee, or

(b) covers one or more types of risk covered by the reinsured contract or contracts of guarantee, in which case only the potential contribution of such reinsurance to the reduction of the excess of the Agency's contingent liability for the largest type of risk over the next largest type of risk may be credited to the Agency's capacity.

(ii) The President shall from time to time review the Agency's reinsurance coverage and recommend to the Board such revisions of this provision as he deems appropriate, including any addition to guarantee capacity that may properly be attributed to reinsurance which may expire before a reinsured contract or contracts of guarantee or which is otherwise not fully consonant with a reinsured contract or contracts.

Reinsurance Limits

3.51 The aggregate amount of contingent liability assumed by the Agency through its issuance of reinsurance shall not exceed twenty-five percent of its guarantee capacity. The aggregate amount of contingent liability assumed by the Agency on account of reinsurance which it may issue in respect of investments which have been completed more than twelve months before the request for such reinsurance shall at no time exceed ten percent of the Agency's aggregate contingent liability calculated in accordance with Paragraphs 3.49 and 3.50.

Annex II

Review

3.52 The President shall maintain a status report of the current amount, utilization, and projected changes in the Agency's guarantee capacity and make recommendations to the Board regarding changes in the provisions of Paragraphs 3.48 through 3.51 above that he may believe to be indicated by experience. In order to assist the Board in its consideration of whether changes in the limit of guarantee capacity, within the overall limit provided for in Article 22 (a) of the Convention, should be recommended to the Council, the President shall, at least semi-annually, inform the Board of the risk profile of the Agency's portfolio and of any significant constraints on the Agency's fulfillment of its mandate attributable to the limit of guarantee capacity.

3.53 In projecting the Agency's guarantee capacity, the President shall make prudent allowances for potential changes in the exchange relationships between the currencies of its guarantees and reinsurance and the currencies held in its reserves. The International Monetary Fund and the World Bank shall be consulted in making such allowances. The President shall consider possible measures designed to mitigate the effects on the Agency of large changes in exchange rates and shall recommend to the Board such measures as he may deem appropriate.

Allocation of Guarantee Capacity Among Members

3.54 The Agency shall endeavor to distribute the benefits of its guarantee capacity among members as broadly as may be permitted by the distribution of investment opportunities, the decisions of investors and host countries, and the Agency's other policies. The Agency shall give due regard to the needs of the lesser developed among its developing member countries.

Investors' Countries

3.55 The President shall, in light of the Agency's experience, submit to the Board not later than one year after the Agency's establishment, a paper on the total amount of guarantees that may be held by investors from a single member for discussion with a view to adopting appropriate guidelines pursuant to Article 22 (b) (i) of the Convention[78].

3.56 For the purpose of attributing a guarantee to a member in cases where a corporate Applicant's place of incorporation and principal place of business differs from the country of which the owners of the majority of its capital are nationals or where the nationality of such owners cannot be proved by the Applicant, the Agency shall deem the Applicant to be from (i) the member in which the Applicant is incorporated and has its principal place of business or, if the Applicant is incorporated and has its principal place of business in a non-member, (ii) the member under whose official investment guarantee program the Applicant is eligible for coverage, or (iii) the member or members on which the Applicant's eligibility otherwise depends.

Host Countries

3.57 The Agency shall endeavor to encourage investment in as large a number of host countries as possible, consistent with its developmental objective and prudent risk management subject to the requirements of Paragraphs 3.58 through 3.60 below.

---

78 It is considered premature to fix a formula for allocation of capacity among home countries of investors until the composition of membership and the demand for guarantees are better known. In the interim, general guidance is provided by Article 22 (b) (i) of the Convention.

Section IX
Portfolio Diversification

General Requirements

3.58 The Underwriting Authority shall, in accordance with Article 22 (b)(ii) of the Convention, endeavor to diversify the guarantee portfolio so as to restrict the concentration of exposure to loss in individual projects, host countries, sectors, and types of guaranteed risk. For this purpose, the Agency shall seek to accelerate the growth of the portfolio, especially by promoting investments suitable for the Agency's support, by joining other agencies in providing support for investments, and by reinsuring eligible investments insured by others.

Risk-Diversification Measures

3.59 The President shall report to the Board semi-annually on the measures taken for the purpose of avoiding and mitigating excessive concentration of risks. He shall recommend, no later than the Board's first meeting one year after the Agency is established, operational guidelines including appropriate quantitative limits on the concentration of exposure in respect of such factors specified in Paragraph 3.58 above as may be appropriate.

3.60 As an interim measure, the Underwriting Authority shall limit the maximum contingent liability which may be assumed by the Agency in respect of an individual Investment Project to five percent of the amount of the Agency's capacity to issue guarantees as defined in Paragraph 3.48 above.

Chapter Four
Claims

Section I
Objectives

4.01 In administering claims and recovering payments from host countries, the Agency's objectives shall be to:

(i) maintain a sound financial position and endeavor to meet its financial obligations from its revenues, reserves and capital paid in cash;

(ii) inspire and maintain the confidence of investors in the Agency's guarantee protection; and

(iii) encourage the negotiated settlement of disputes relating to guaranteed investment and promote increased investment in the host country.

4.02 To further the foregoing objectives, the Agency shall:

(i) cooperate with guarantee holders and host governments with a view to avoiding covered losses;

Annex II

(ii) be prepared to provide its good offices in the settlement of disputes between guarantee holders and host governments;

(iii) require guarantee holders to protect their assets and preserve and pursue their rights as diligently as if they had no guarantee protection;

(iv) assess claims on the basis of their legal merits and promptly pay valid claims;

(v) pursue, in accordance with sound business practices[79], recovery of payments from host countries; and

(vi) make reasonable efforts to reach amicable settlements in accordance with sound business practices with host countries on rights and claims acquired through subrogation.

Section II
Claims Administration

Actions on Notice of Imminent Losses and on Receipt of Claims

4.03 Upon receiving a notification of the type referred to in Paragraph 2.14 (iv) above, or upon learning by other means of an event which might give rise to a covered loss, the Agency shall, where appropriate, consult with the host government and the guarantee holder on ways to avert or minimize a claim.

4.04 Upon receiving a claim, the Agency shall normally, after completing a preliminary examination of the claim, (i) advise the guarantee holder of any evidence which may be needed to sustain the claim, and, where appropriate, (ii) consult with the guarantee holder on steps which may facilitate withdrawal or minimization of a claim and the preservation of his rights against the host country or other obligors and (iii) consult with the host government on the accuracy and completeness of information provided by the guarantee holder regarding the claim and on measures which may be taken to facilitate withdrawal or minimization of a claim, including mediation by the Agency of a negotiated settlement between the host government and the guarantee holder.

Filing of Claims

4.05 Contracts of guarantee shall require the guarantee holder to document a claim, including evidence as to the occurrence of any event giving rise to a covered loss and the amount of such loss. The Agency shall promptly advise the guarantee holder of the information required to establish a claim and to facilitate negotiation of a settlement with the host country.

4.06 Contracts of guarantee shall entitle the Agency to deny payment of any claim which is filed more than three years after the occurrence of the covered event or after such other period as the contract of guarantee may provide. Investors shall also notify the Agency of an event which may give rise to a covered loss as provided in Paragraph 2.14 (iv).

Prompt Determination and Settlement

4.07 The Agency shall expeditiously make a determination as to its liability to pay a claim within the time limits provided below after all the evidence substantiating the claim which

---

79 See Convention, art. 25.

Operational Regulations

the Agency may require has been submitted by the guarantee holder or otherwise obtained. Contracts of guarantee shall specify periods for such determination which normally shall be, with respect to currency transfer risk and war and civil disturbance risk, not less than thirty nor more than ninety days, and for expropriation and breach of contract risks, not less than sixty nor more than three hundred sixty-five days.

Decisions on Claims

4.08 Decisions on claims shall be made by the President on the recommendation of a Claims Commitee appointed by him and chaired by the Agency's chief legal officer. The President shall endeavor to reach a prompt decision on each claim. The President's decision may be to (i) pay the claim as filed, (ii) deny the claim, (iii) authorize the negotiation of a settlement with the guarantee holder, or (iv) proceed otherwise. The President shall keep the Board informed of claims and decisions thereon, and shall inform the Board of likely claims that come to the Agency's attention.

Pursuit of Remedies by Guarantee Holders

4.09 Contracts of guarantee may require guarantee holders to follow instructions of the Agency in pursuing the remedies referred to in Paragraphs 2.14 (v) and 2.14 (vi) above. A claim may be paid while a proceeding to obtain such a remedy is pending, but the Agency may delay or deny payment if the guarantee holder has not promptly initiated and diligently pursued such proceeding as instructed by the Agency.

4.10 Where rights or claims of a guarantee holder referred in Paragraph 4.15 below are subject to an agreement providing for arbitration in a forum which may not be available to the Agency, the Agency may, upon notifying the guarantee holder of its decision to pay the claim, require the guarantee holder to pursue these rights or claims in such forum and make such arrangements with the guarantee holder as may be necessary for this purpose[80]. The Agency may make an advance payment to the guarantee holder while the arbitration proceeding is pending subject to the right of the Agency to reimbursement under such conditions as may be agreed upon between the guarantee holder and the Agency. The Agency may reimburse a guarantee holder for all or part of the expenses he incurs in pursuing the remedies referred to in this Paragraph and in Paragraph 4.09 above.

Amount of Compensation

4.11 Contracts of guarantee shall provide or refer to rules and principles, including appropriate accounting principles, for the calculation of the amount of compensation. Such amount shall in no case exceed the amount of guarantee referred to in Paragraph 2.07 above. Nor shall it exceed:

(i) *for equity interests (other than loans and guarantees of loans):* the value of the guaranteed investment immediately before the loss *less* the amount representing the uncovered portion referred to in Paragraph 2.09 above;

(ii) *for non-equity direct investments other than loans and guarantees of loans:* the fixed fees earned and not received at the time of settlement of the claim by the Agency and the adjusted value of the guarantee holder's remaining rights to a share of the production, revenues or profits of the Investment Project as assessed immediately before the covered event, *less* (a) any future expenses averted as a result of the covered loss and (b) the amount representing the uncovered portion[81]; and

---

[80] US has a similar provision.
[81] See preliminary background paper, "Amount of Guarantee and of Covered Loss in Non-Equity Direct Investments."

Annex II

(iii) *for loans and guarantees of loans:* the amount of principal and interest outstanding at the time of payment of the claim *less* the amount representing the uncovered portion[82].

For the purposes of Subparagraph (i) above, the value of a guaranteed investment shall be the net book value or the fair market value of the guaranteed investment, or either value as adjusted, as the contract of guarantee shall provide in each case[83]. The adjusted value of the guarantee holder's remaining rights referred to Subparagraph (ii) above shall be determined in accordance with rules provided in the contract of guarantee. In all cases, the relevant value shall be determined as of the time immediately before the occurrence of the loss[84].

4.12 In cases where the guarantee holder agrees to reinvest in the Investment Project any compensation by the Agency for damage to tangible assets, contracts of guarentee may provide for compensation on the basis of replacement value. Contracts of guarantee may also provide for compensation for losses arising from an interruption in the operation of the Investment Project, but in no case shall total compensation exceed any of the ceilings referred to in Paragraph 4.11 above.

Documenting Claims and Revising Payments

4.13 The Agency may obtain evidence on a claim through consultations with the host government or by other means. If the Agency and a guarantee holder disagree on the valuation of an asset or assets, they may agree to rely on an impartial appraisal[85].

4.14 If the Agency determines that compensation is payable but conditions in the host country prevent the Agency from ascertaining within a reasonable period all facts necessary to determine the precise amount due, it may calculate the amount of compensation on the basis of the information then available[86]. In such a case, the Agency may, in the

---

82 US computes the amount of compensation on the basis of the insured portion of the scheduled payment in default, plus interest on such portion accruing from the date of the scheduled payment or a date 60 days or 6 months (depending on the type of coverage) prior to the date of receipt of a completed application for compensation, whichever is later; in no event does the maximum amount of compensation exceed 200 percent of the principal amount of the loan.

83 US, UK and Ca compute the amount of compensation on the basis of the lesser of the "current insured amount" or "current amount" (equivalent to the "amount of guarantee" referred to in paragraph 2.07 above) and the "net book value," "current equity investment" or "net investment" at the time of the loss (basically the initial value of the resources contributed by the holder of the guarantee to the Investment Project (contribution value), plus covered retained earnings, less remitted earnings, less depreciation of assets or other commercial losses). G calculates the amount of compensation on the basis of the lesser of the "contribution value" and the "fair market value" of the guaranteed investment at the time of the loss.

84 The determination of the adjusted value of the equity holder's remaining rights is discussed in the preliminary background paper, "Amount of Guarantee and of Covered Loss in Non-Equity Direct Investments." The final background paper, which will also address the concepts of net book and fair market value, will be circulated in September 1986.

85 Practice of US.

86 Practice of US; B has a similar rule if a calculation of the loss is delayed by more than 12 months.

light of subsequently received information, revise its calculation and reclaim or add to a payment accordingly. Contracts of guarantee may also entitle the Agency, in case new evidence is discovered which shows that there was an error in determining the payment, to reclaim such payment to the extent of the error within a specified period not exceeding five years from the date of payment.

Section III
Subrogation and Assignment

Scope and Time of Subrogation and Assigment

4.15 In accordance with Article 18 (a) of the Convention, contracts of guarantee shall provide that, at the time specified in the contract of guarantee pursuant to Paragraph 4.17 below, (i) the Agency shall be subrogated to such rights or claims related to the guaranteed investment as the guarantee holder may have had against the host country or other obligors and (ii) the guarantee holder shall forthwith assign to the Agency all such rights or claims.

4.16 Contracts of guarantee shall also provide for the assignment by the guarantee holder to the Agency of (i) funds or other assets related to the guaranteed investment which are received from or deposited for the account of the guarantee holder by the Project Enterprise, the host country or any other person after the occurrence of the event giving rise to the covered loss and (ii) securities, titles, contracts or other documents which evidence the interest of the guarentee holder in, or his rights against, the Project Enterprise and his ownership of assets contributed to the Investment Project, or which are otherwise relevant to rights, claims or assets related to the guaranteed investment[87].

4.17 Subject to any arrangements entered into between the Agency and a guarantee holder under Paragraph 4.10 above, such subrogation and assignment shall take place upon payment of a claim or within such period following notice by the Agency of its decision to make a payment as the contract of guarantee may provide[88].

Extent of Subrogation and Assignment; Recovery in Excess of Payment

4.18 The rights, claims and other interests acquired in accordance with Paragraphs 4.15 and 4.16 above shall represent such portion of the relevant rights, claims and other interests as corresponds to the portion of the investment which is covered by the guarantee. For example, if the guarantee covers ninety percent of the investment, the Agency will be subrogated to and assigned ninety percent of the rights, claims and other interests. With the approval of the host country, the Agency (i) may agree with a guarantee holder and/or coinsurer on the assignment to the Agency of the remaining portion of such rights, claims or other interests, and (ii) may pursue such rights, claims or interests for the account of the guarantee holder and/or coinsurer. In determining whether to enter into such agreements and in pursuing rights under them, the Agency shall pay due regard to the need to maintain its ability to reach a negotiated settlement with the host country.

---

87 Such assignments reflect, as far as ascertained, standard practices under national investment guarantee and private political risk insurance programs.
88 G and UK require subrogation upon payment; US requires subrogation within 60 days of notice of compensation.

Annex II

4.19 In some cases, rights acquired by the Agency through subrogation and/or assignment may entitle it to recovery in excess of the payment made by it to the guarantee holder. In such a case, the Agency should normally pursue its rights as acquired and pay the guarantee holder any such excess recovery (less expenses)[89].

Section IV
Recovery from Host Countries

Decisions on Seeking Recovery

4.20 Decisions on seeking recovery of payments from host countries shall be made by the President on the recommendation of the Claims Committee referred to in Paragraph 4.08 above. In seeking such recovery, the Agency shall make every effort to reach a negotiated settlement on a sound financial and business basis with the host country concerned. Settlements involving a write-off of more than $ 1 million shall require the approval of the Board.

Procedures

4.21 Unless the Agency and the host country have concluded an agreement on the settlement of disputes in accordance with Article 57 (b) of the Convention, the Agency shall follow the procedures set forth in Paragraphs 4.22 through 4.24 below in seeking recovery of payments from host countries.

4.22 The Agency shall first request the host country to enter into negotiations on a settlement in accordance with Article 2 of Annex II to the Convention. The Agency shall in no case institute conciliation or arbitration proceedings before the expiry of a period of one hundred twenty days from the date of the request to enter into negotiations. The Agency may extend the negotiations over a reasonable period if it appears to the Agency that this would facilitate a settlement.

4.23 If negotiations fail, the Agency shall either:

(i) before submitting the dispute to arbitration, propose to the host government that the dispute be submitted to conciliation in accordance with Article 3 of Annex II to the Convention; or

(ii) submit the dispute directly to arbitration in accordance with Article 4 of Annex II to the Convention.

4.24 The Agency should normally respond positively to a request by the host government for conciliation before submitting the dispute to arbitration. The Agency shall propose conciliation whenever it appears that conciliation could lead to a settlement and shall throughout conciliation or arbitration proceedings be prepared to resume negotiations.

---

[89] This is, as far as ascertained, the practice of most national investment guarantee and private risk insurance programs.

Chapter Five
Parallel and Joint Underwriting, Reinsurance, and Administrative Cooperation

Section I
General Principles

5.01 The Agency shall cooperate with other institutions in encouraging increased and more productive foreign investment in developing countries so as to maximize the effectiveness of its resources and those of others. In accordance with Articles 2, 19, 21 and 23 of the Convention, the Agency shall, consistent with the purposes of the Convention, complement and supplement the activities of the World Bank, the IFC, other multilateral agencies national agencies of members and private insurers and reinsurers.

5.02 The Agency shall endeavor to:

(i) strengthen, through its participation, the confidence of other parties to and guarantors of Investment Projects in their security;

(ii) supplement existing capacity to guarantee foreign investment against non-commercial risks in developing member countries, especially in new productive projects of high development impact;

(iii) extend the benefits of the Agency's guarantee capacity by sharing coverage of investments with other official and private insurers to the extent feasible and consistent with its developmental mandate;

(iv) complement the types of protection currently available from other insurers for both equity and non-equity forms of investment against non-commercial risks which pose significant deterrents to investment, thereby encouraging forms of investment appropriate to particular opportunities and compatible with the policies of particular host countries;

(v) through example, joint responses to individual investors, and broader consultation, stimulate improvements in the scope of investment guarantees and other support for foreign investment offered by both official and private agencies; and

(vi) effect administrative economies by sharing information and support functions with cooperating agencies, as may be feasible and appropriate.

Section II
Cooperation with other Guarantors/Insurers

Mechanism and Forms of Cooperation

5.03 As provided by Articles 19 and 21 of the Convention, the Agency may enter into arrangements, both with respect to an individual investment project and of broader scope, to facilitate cooperation with national investment guarantee programs of members, regional investment guarantee agencies and private insurers. Such arrangements may deal with one or several aspects of cooperation, such as parallel underwriting, joint underwriting, reinsurance and similar risk-pooling, or brokerage and other intermediation functions.

Annex II

5.04 The Agency's primary objectives in cooperative arrangements with other insurers shall be to enhance the capacities and effectiveness of participating agencies in encouraging productive foreign investment in developing countries, to harmonize or adapt to the divergent terms, conditions and administrative practices of the various insurers of an investment, to effect administrative economies, and to afford greater convenience to applicants for insurance by two or more agencies.

5.05 The President ist authorized to initiate or accept on behalf of the Agency proposals for *ad hoc* cooperative arrangements with other parties as may be required to further the objectives of the Agency. Approval of the Board shall be required for framework cooperative arrangements and for the Agency's membership in organizations providing continuing forums of consultation among agencies engaged in similar activities.

Parallel and Joint Underwriting

5.06 The Underwriting Authority shall endeavor to realize the objecives stated in Paragraphs 5.01 and 5.02 above and to diversify the guarantee portfolio in accordance with Paragraph 3.58 above by sharing risks through parallel and joint underwriting with official and private insurers.

5.07 The Agency shall seek to participate sufficiently to fulfill the purposes of Paragraph 5.02 (i) above and, in particular, seek to provide amounts and types of risk-coverage which are not adequately available from other reliable insurers on terms and conditions likely to encourage investment for development purposes.

5.08 The Agency shall endeavor to harmonize with co-guarantors of a single investment the principal conditions and procedures of guarantee, claims payment and recovery, without prejudice to the requirements of the Convention and these Regulations. When the Agency acts as guarantor of a part of an investment or part of the risks covered, it shall apply these Regulations only to the portion or portions of the investment that it guarantees, except that the assessments required by Sections II und III of Chapter Three shall be made with respect to the whole Investment Project.

Reinsurance

5.09 In accordance with Articles 20 and 21 of the Convention, the Agency may cooperate with investment guarantee agencies of members, regional agencies the majority of whose capital is owned by members, and private entities through reinsurance and similar risk-pooling arrangements. The Agency may obtain reinsurance in respect of its guarantees, or portions thereof, from any appropriate entity on either an individual or composite basis. The Agency also may issue reinsurance in respect of guarantees of specific investments issued by an official agency of a member, or by a regional agency the majority of whose capital is owned by members, or by a private insurer whose principal place of business is in a member country, subject to the provisions of Article 20 of the Convention, the limit set by Paragraph 3.50 above, and Paragraphs 5.11 through 5.13 below.

5.10 In obtaining reinsurance, the President shall give primary consideration to achieving a reduction of exposure to losses proportionate to the cost of reinsurance and to expanding the Agency's guarantee capacity, as defined in Paragraph 3.48 above. The President shall negotiate reinsurance premiums that reflect the distinctive elements of security as well as particular risks in the Agency's guarantees to be reinsured.

5.11 Reinsurance issued by the Agency shall be restricted to investments which are consistent with the purposes of the Convention and meet the eligibility requirements of Articles 11 through 14 of the Convention and Chapter One of these Regulations, except that the investment in respect of which reinsurance is issued need not be implemented subsequent to the application for reinsurance. The Board shall approve each issuance of a contract of reinsurance in respect of an investment made prior to the Agency's receipt of the application for such reinsurance[90].

5.12 In issuing reinsurance, the President shall give primary consideration to diversifying the risks in the Agency's portfolio and to expanding the capacity and readiness of cooperating public agencies and private insurers to cover non-commercial risks important to particular investment decisions on terms and conditions likely to encourage investment. With regard to the latter objective and in accordance with Article 21 (a) of the Convention, preference shall be given to issuing reinsurance in respect of investments covered by long-term guarantees and guarantees containing significant improvements in the scope or quality of coverages theretofore issued by the reinsured entity.

5.13 Except in special circumstances, the Agency shall not reinsure more than fifty percent of the amount of a guarantee.

5.14 The President shall report to the Board the terms and conditions of each contract of reinsurance issued by the Agency and shall submit to the Board an annual evaluation of its reinsurance activities.

Administrative Cooperation and Brokerage

5.15 In order to facilitate access by investors to the Agency, the President shall endeavor to establish arrangements with appropriate public or private entities in the home countries of investors for the distribution of information on the Agency's services and for the receipt and referral to the Agency of inquiries and preliminary applications for guarantees. Such administrative arrangements shall not prevent a prospective investor from communicating directly with the Agency.

5.16 The President also may conclude arrangements with appropriate public or private entities of member countries under which they undertake to provide services in regard to aspects of the Agency's guarantee operations, such as receipt and clarification of definitive applications, obtaining warranties and representations from Applicants, and negotiating with an Applicant at the direction of the Agency. Such arrangements shall not transfer to agents the Agency's responsibilities for decisions in underwriting, contracting or claims management.

5.17 Compensation for administrative services provided by other official entities may be made through reciprocal services, through division of application fees and premiums, or through fees related to the volume or other measures of service received.

5.18 Cost estimates for the Agency's use of agents and brokerage services shall be subject to the approval of the Board in its review of the annual budget, in accordance with Section 4 of the Agency's Financial Regulations.

5.19 The President shall submit to the Board annually an evaluation of the costs and benefits of types of brokerage and related services obtained by the Agency, including a comparison of Agency's practices and experience and those of other investment insurers.

---

90 See Convention, art. 20(b).

Section III
Administrative Cooperation with the World Bank and the IFC

5.20 The Underwriting Authority shall seek to encourage investment supportive of programs assisted by the World Bank and the IFC. Pursuant to Paragraph 5.01 above and Part II of these Regulations, the Agency shall make arrangements for systematic consultation and exchange of relevant information with the World Bank and the IFC, subject to safeguards regarding the confidentiality of information available to each institution.

5.21 The Agency's cooperation with the World Bank and the IFC shall not prejudice these agencies' relations with their members or the Agency's relations with its members, nor shall it affect the Agency's independent responsibility for underwriting and claims management.

5.22 In order to effect economy and avoid duplication, the Agency shall seek to establish administrative arrangements under which, in agreement with the institution involved, it will make use of the facilities, personnel and services of the World Bank, the IFC and the International Centre for Settlement of Investment Disputes[91]. Such arrangements also may provide for assistance by personnel of the Agency to these institutions.

5.23 Pending the employment of the Agency's permanent staff, special arrangements may be made for use by the Agency of personnel of the World Bank and the IFC.

Chapter Six
Guarantees of Sponsored Investments

6.01 To the extent that they do not conflict with any provision of the Convention regarding the Sponsorship Trust Fund provided for in Article 24 and Annex I of the Convention, these Regulations shall apply mutatis mutandis to operations under such Fund.

6.02 Within one year of the Agency's establishment, the President shall prepare and submit to the Board for its approval regulations for operations under the Sponsorship Trust Fund, with due regard to the need to protect the special interest of sponsoring members and of host countries of sponsored investments in these operations.

---

91 Comparable arrangements have provided for a variety of services by the World Bank to the IFC, with reimbursement by the IFC, including office space and equipment, maintenance, short-term investment of capital, payrolling and other technical functions of personnel administration, and other support.

Part II: Consultative and Advisory Activities

Chapter Seven
Investment Promotion, Advisory and Consultative Programs[92]

Section I
Mandate

7.01 Pursuant to Articles 2 and 23 of the Convention, the Agency shall carry out advisory and technical programs for the purpose of helping developing member countries to obtain increased flows of foreign investment for productive purposes. These programs are principally intended to complement the programs of the World Bank, the IFC and other development agencies in improving conditions and institutions in developing countries for the encouragement of foreign investment, including the reduction of impediments to investment. The Agency's technical programs shall support its guarantee operations by strengthening assurance of fair and stable treatment of guaranteed investments in individual host countries and by extending knowledge among potential investors of opportunities for investment in developing member countries.

Section II
Programs

7.02 In addition to guarantee operations, the Agency is authorized to conduct programs pursuant to Paragraph 7.01 in the following fields:

(a) research;

(b) dissemination of information;

(c) technical advice and assistance;

(d) consultation with and among interested members on investment policies and programs; and

(e) negotiation of agreements between the Agency and individual members on the Agency's rights as subrogee to the claims of a compensated investor or on the treatment of guaranteed investments, which issue shall be addressed by the Board at an early date with a view to establishing the minimum requirements of such agreements.

These activities shall be carried out under the general control of the Board and shall be initiated as rapidly and comprehensively as may be feasible in the light of the Agency's initial financial and administrative limitations, in accordance with the following guidelines.

---

92 For a more complete discussion of these activities, see background paper, "MIGA's Technical Programs in Support of Foreign Investment".

Annex II

Section III
General Principles and Priorities

7.03 The Agency's technical programs shall be so conducted as to be mutually reinforcing. For example, research will both serve the operational needs of the guarantee program and draw evidence from experience in guarantee operations applicable to the Agency's technical advisory and assistance services. The information program will promote interest in investment and in the Agency's guarantee service. The Agency will, in appropriate cases, disseminate the conclusions of the Agency's research and consultative activities. Research and technical assistance will illuminate common problems of member's programs of investment promotion and regulation and thus help to orient the Agency's intergovernmental consultative processes on practical means of encouraging investment.

7.04 The Agency's technical assistance, advisory, information and research services shall concentrate on aspects of investment issues in which it has comparative advantage and which are not adequately served by other institutions, such as the identification of policies which discourage foreign investment. In further delineating its fields of specialization in technical assistance and advisory services, the Agency will be guided by the requests of members, the availability of expertise and financial support, and the insights on investment promotion questions gained from the operation of its guarantee and research programs, from the multilateral consultations undertaken within the Council and the Board, and from consultations with investors.

Priorities

Policy Consultation

7.05 Consultations on investment policy and program issues shall examine members' experiences as to the costs and benefits of particular incentives or disincentives and their impact on the efficiency of resource allocation. Priority shall be given to the examination of national measures that have proved to be effective in enhancing the flows of international investment to developing countries have resulted in social and economic benefits to such countries. The Agency's consultations shall in particular address the policies of both developed and developing countries which have had significant positive or negative effects on the volume and developmental quality such flows. The Agency shall draw on these consultations in devising a framework for providing policy advice to interested members.

Technical and Advisory Services

7.06 Priority in the advisory and technical assistance program shall be given to activities offering the promise of large multiplier effects on the environment for foreign investment, such as helping a requesting member to identify and correct deficiencies in institutions or policies broadly affecting its attractiveness to foreign investment. If the Agency assists a member to attract potential investors to an individual project or sector, it shall take care not to impair its credibility or its objectivity and prudence in conducting the guarantee program.

Support of Guarantee Program

7.07 Priority in research activities and consultation with or among members on national environments for investment shall initially be given to the operational needs of the guarantee program. The Agency's internal requirements will direct its initial research

toward acquiring the knowledge essential to conducting an effective and viable guarantee program, such as assessments of a host country's investment policies, including nationalizations and any disputes it has had with other investment insurers; tax and regulatory regimes; judicial and other mechanisms for the settlement of disputes; human and natural resource endowments; and other economic factors relevant to prospective guaranteed investments. Research on particular countries also will facilitate the Agency's development of a program of collaborative research with members on comparative assessments of particular national measures for investment promotion or regulation. Consultations undertaken by the Agency's management with a member or organized by it among members shall initially address the conditions in member countries requisite or conducive to effective operation of the guarantee program and generally to attracting foreign investment.

Coordination

7.08 The Agency shall cooperate with, rather than duplicate, the work of other agencies of established competence in the economic and financial aspects of national environments for foreign investment. Such cooperation may include exchages of information with the appropriate agency on members' needs or requests for technical advisory services, exchanges of specialists required to meet requests for technical services, and joint staffing of advisory missions. The Agency shall consult regularly with the World Bank and the IFC with a view to maintaining consistency in the advice that it and these agencies offer to a member on investment matters and coordinating other aspects of technical services. The Agency also shall consult as appropriate with the relevant agencies of the United Nations and relevant national agencies in determining the Agency's fields of specialization in technical assistance for institutional development.

Section IV
Organization

Programming und Budgeting

7.09 The authorized technical services shall be carried out under operational programs primarily serving the Agency's internal requirements and external service programs primarily serving the needs of a requesting member or members. Plans and financial estimates for both programs shall be prepared by the President and included in the annual budget submitted to the Board for approval in accordance with Section 4 of the Agency's Financial Regulations; provided, however, that the President may increase the approved programs insofar as expenditure of the Agency's own funds is not thereby increased. External services shall be funded by the requesting member, or members, investors or donor institutions, except that part or all of the costs of such services to a low-income country may be borne by the Agency.

Conflict of Interest

7.10 Staff members directly engaged in promoting interest on the part of potential investors or Project Enterprises in particular investment opportunities shall not have decision-making responsibility in respect of the Agency's issuance of guarantees of the particular investments so promoted.

Annex II

Reporting

7.11 The President shall report periodically to the Board and annually to the Council on current and completed operational and external service programs, drawing from the Agency's experience suggestions for future activity.

Anhang zu den Operational Regulations
Guidelines for Determination of Premium Rates Procedures

1. Premium rates shall primarily be determined with a view to reflecting the Agency's actual exposure to loss under the guarantee to be issued, i.e., the probability times the magnitude of an underwriting loss. Premium rates so determined may be adjusted with a view to balancing the Agency's portfolio of guarantees and satisfying the Agency's financial requirements. To a limited extent, premium rates may also be adjusted to the terms of coinsurers and reinsurers.

2. The President shall institute administrative procedures to (i) ensure the objectivity, thoroughness and consistency of premium rating; (ii) facilitate the efficiency of the rating process; (iii) protect the confidentiality of information entrusted to the Agency for underwriting and rating purposes; and (iv) avoid explicit judgments about host countries. These procedures shall provide for (i) the development of risk appraisals and recommendations by the Agency's underwriting staff; (ii) where appropriate, the verification of the original staff recommendations; (iii) the review of the staff recommendations; and (iv) final decision by the President or, in the case of larger investments, a rating committee to be appointed and chaired by the President.

3. The exposure to loss under each guarantee to be issued shall first be assessed by at least one underwriting officer whose assessment shall be reviewed by the chief underwriting officer. The assessment shall take into account (i) the impact on the exposure to loss of the form, structure, size and other features of the investment; (ii) the features, sector and size of the investment project; (iii) the experience, reputation and other characteristics of the Applicant; (iv) the conditions in the host country to the extent of their relevance to the specific guarantee; (v) the terms and conditions of the guarantee; and (vi) the potential for recoupment. These aspects shall be addressed on the basis of the rating factors listed below. Additional factors may be taken into account. The list of rating factors may from time to time be amended by the President. The factors shall be applied flexibly with the objective of arriving at a sound overall assessment of the probability and likely magnitude of an underwriting loss. Due regard shall be given to offsetting and reinforcing interactions of factors.

4. Credit shall be given to the following factors which normally reduce risk:

(i) periods of guarantee which fall short of the maximum period of 15 years provided in Paragraph 2.04 of the Regulations as well as provisions in contracts of guarantee on periodic reductions of the amount of guarantee;

(ii) provisions in contracts of guarantee which entitle the Agency, in case of change of circumstances resulting in a material increase of the likelihood of a covered loss, to terminate or renegotiate the contract of guarantee or to adjust its terms and conditions;

Operational Regulations

(iii) provisions in contracts of guarantee for additional or extended periods before payment of a claim;

(iv) provisions in contracts of guarantee which exclude certain risks from coverage, restrict coverage to certain types of loss, or limit compensation to losses above stated minimum amounts or up to stated maximum amounts;

(v) with respect to standby coverage, provisions in contracts of guarantee which entitle the Agency to issue coverage upon exercise of the standby option on terms different from those applicable to the initial investment or to cancel the standby option if a covered event becomes imminent before exercise of the option;

(vi) agreements between guarantee holders and host countries on international arbitration and provisions in contracts of guarantee requiring the guarantee holder to institute arbitral proceedings against the host country in accordance with Paragraph 4.10 of the Regulations before final payment of a claim by the Agency; and

(vii) any agreement between the Agency and the host country under Article 23 (b) (ii) or Article 18 (c) of the Convention that is applicable to the investment to be guaranteed.

5. Before the end of the Agency's first fiscal year, the President shall review the experience gained with the premium rating system outlined in these Guidelines. He shall report the results of this review to the Board and may recommend any improvements of the system which he deems appropriate in the light of experience.

Rating Factors

I. Currency Transfer Risk

A. Investment

1. Type of investor's claim to return on investment, e.g., dividends, share in profits, revenues or production volume of investment project, fixed royalties or fees, prepayment of loan.

2. Amounts of expected transfers and time schedule: e.g., earnings forecasts, repayment schedules.

3. Amounts of expected transfers relative to host country's foreign exchange position.

B. Investment Project

1. Potential for earning export proceeds in freely usable currency.

2. Ratio of such export proceeds to projected remittances.

3. Agreement with host country on accumulation of export proceeds in offshore accounts.

4. Agreement with host country on preferential access to freely usable currency.

5. Contribution of project to balance of payments of host country: especially import substitution effects.

Annex II

6. Importance of investment project to host country, especially preferred investment status.
7. Financial structure, especially relative amounts of claims to freely usable currency of various creditors and shareholders.
8. Shareholders and long-term creditors, especially participation of local partners, public domestic institutions (e.g. export credit agencies, national investment guarantee agencies), international institutions (such as World Bank, IFC).
9. Prospective amount of guarantee holder's claim to freely usable currency relative to such claims of other shareholders and/or creditors of the investment project.
10. Sectoral priority in host country policies.

C. Guarantee Holder

1. Degree of control over investment project, especially parent-subsidiary relationship.
2. Long-term interests in investment project, especially likelihood or remittances vs. reinvestments, likelihood of disinvestment.
3. Potential for using local currency.
4. Overall interests in host country, especially export-related interests.
5. Guarantee holder's ongoing contribution to the investment project, especially his control of key technologies or command over marketing channels important to investment project.
6. Overall interest of host country in cooperation with guarantee holder.
7. Experience, reputation and record.

D. Host Country

1. Basic exchange control system.
2. Transfer delay experience for type of investment and type of project.
3. General payment record on foreign debt, especially debt reschedulings.
4. Liquidity position and its likely development over period of guarantee, especially balance of payments, foreign exchange reserves, debt service ratio, vulnerability to commodity price swings, change in trade patterns and world-wide economic trends, economic management.
5. General policies toward foreign investment and their likely stability.
6. Special transfer guarantees covering the guaranteed investment, especially in an investment protection treaty with guarantee holder's home country or the Agency in accordance with Article 23 (b) (ii) of the Convention.

E. Terms and Conditions of Guarantee

1. Periods between guarantee holder's application for transfer with host country's exchange authority and payment by the Agency.
2. Limitation of amount of compensation per stated period of time.
3. Reference rate of exchange.

Operational Regulations

4. Date for determining exchange rate.
5. Period of guarantee.
6. Level of coinsurance by guarantee holder.
7. Undertakings of guarantee holder to avert and minimize loss.

F. Potential for Recoupment

1. Arrangement with Agency on the use of local currency under Article 18(c) of the Convention.
2. Actual potential of Agency to use local currency, including likely exchange rate losses.
3. Prospects for ultimate repayment by host country, including time horizon.

II. Risk of Expropriation and Similar Measures

A. Investment

1. Form of investment, especially equity/non-equity.
2. Size of investment, including its size relative to the (i) investment project and (ii) host country's gross national product.
3. Investment agreement with host government, especially dispute resolution mechanism (international arbitration), fairness to host country, clarity, flexibility (renegotiation clauses).

B. Investment Project

1. Sector, especially hydrocarbons, mining, public utilities, natural resources, manufacturing, services.
2. Importance of sector for host economy.
3. Size, including size relative to (i) host country's gross national product; and (ii) pertinent sector in host economy.
4. Position in host economy, e. g., monopoly or part of an oligopoly.
5. Relationship to locally or state-owned enterprises.
6. Contribution to host economy, especially generation of export revenues, import substitution.
7. Economic viability.
8. Dependence on incentives or trade restrictions.
9. Dependence on host government, e. g. as monopoly supplier or monopoly purchaser.
10. Exposure to host governmental regulation, such as price controls, export and import quotas, performance requirements, tax regime, environmental protection, labor legislation, capital market regulation.
11. Vulnerability to adverse economic developments.
12. Importance to labor market in host country.

Annex II

13. Potential for disinvestment, especially mobility of assets.
14. Profitability, including lead times and volatility of profits.
15. Ownership and control, especially joint venture, wholly-owned subsidiary or sole proprietorship of guarantee holder, majority/minority participation, management contract.
16. Joint venture partners, e. g. host government, domestic investors, investors of different nationalities, third country institutions, international institutions.
17. Providers of long-term financing, including the duration of their exposure in relation to the period of guarantee.
18. Visibility as foreign-owned enterprise.

C. Guarantee Holder

1. On-going contributions to investment project, especially on-going control over key technologies, technical processes employed in investment project, or channels for marketing of goods and services produced in or provided by investment project.
2. Interest in investment project, e.g., profit maximization, export promotion, raw material procurement.
3. Overall interest in host country, especially other investments, export interests.
4. Overseas experience, reputation, record.
5. Reasons for seeking coverage.

D. Host Country

1. Legal protection of guaranteed investment under domestic law, especially specific legal assurances covering particular vulnerability of investment project, likely stability of protective law (constitution, statutes, decrees, etc.), enforceability of protective laws (judicial and administrative procedures).
2. Judicial system, especially independence, predictability, efficiency.
3. Investment protection agreement with home country of guarantee holder including its extension to coverage of investment under consideration against the risks to be covered.
4. Agreement with the Agency on the treatment of the guaranteed investment under Article 23 (b) (ii) of the Convention.
5. Record of interventions in foreign investments, including settlement record.
6. Pending investment disputes, especially those involving the Agency itself or national or regional investment guarantee agency.
7. General attitude of host government toward foreign investment.
8. Relationship with guarantee holder's home country including host country's interest in cooperation with home country.
9. Dissident elements inclined toward expropriatory action including their strength at present and over period of guarantee as well as degree of hostility to foreign investment.

E. Terms and Conditions of Guarantee

1. Amount of compensation, expecially its computation on basis of net book value or fair market value and applicable accounting principles.
2. Covered loss, especially limitation to total loss or extension to business interruption cost.
3. Period(s) between first expropriatory action and payment of claim.
4. Delimitation of "indirect" and "creeping" expropriation, especially any exclusions of potential events from coverage.
5. Point in time for determining loss in case of "creeping" expropriation.
6. Required nexus between expropriatory measure and loss, especially delimitation of measure from deterioration of business environment.
7. Undertakings of guarantee holder to avert or minimize loss.
8. Remedies required to be pursued by guarantee holder, especially requirement to pursue arbitral proceedings.
9. Responsibility for documenting claims and burden-of-proof rules.
10. Level of coinsurance by guarantee holder.
11. Period of guarantee.
12. Reductions of amount of guarantee over time.
13. Rights of Agency to premium increase or adjustment of other terms in case of change of circumstances.
14. Reference rate of exchange for compensation and date for its determination.

F. Potential for Recoupment

1. Agreement between Agency and host country under Article 23(b)(ii) of the Convention.
2. Concurrence between the Agency's rights as subrogee of guarantee holder and its obligations toward guarantee holder under contracts of guarantee.
3. Liquidity position of host country and its likely development over period of guarantee.
4. Capacity of host country to compensate from earnings of investment project.
5. Record of host country in honoring arbitral awards.
6. Interest of host country in relations with Agency.
7. Co-exposure of third country agency or international institution in investment project, expecially as joint or parallel underwriter with Agency.
8. Level of guarantee holder's coinsurance and home country's investment protection policies.

III. Breach of Contract Risk

Note: The factors listed in Section II in respect of the expropriation risk are normally also relevant to the breach of contract risk, although there may be differences in relative

Annex II

weight. The following is limited to such factors which (i) are frequently of particular importance to the breach of contract risk; or (ii) should be taken into account in addition to the factors listed in Section II.

A. Investment

1. Type of the guaranteed contract, including its relationship to other investment (e.g. concession agreement in conjunction with equity investment).
2. Nature of the host government's obligations under the guaranteed contract, e. g. payments, omissions, specific measures of private or public character.
3. Terms and conditions of guaranteed contract, especially comprehensiveness, clarity of mutual rights and obligations, consistency of terms with common practice, fairness, flexibility (well-defined renegotiation clauses), covenants which may cause particular problems (e.g. provisions on import restriction, force majeure, penalties).
4. Fairness and openness of contract negotiations.
5. Enforceability of guaranteed contract, especially dispute resolution mechanism (international arbitration).
6. Complexity of potential disputes under guaranteed contract, including potential defenses of host government as a result of, e.g., default of guarantee holder.

B. Investment Project

1. Status of contracting party, e.g., state, subdivisions of state, parastatal.
2. Creditworthiness of contracting party other than state, i.e. whether it could meet its obligations without state support.
3. Stability of contracting party other than state and its support by state.
4. Third party guarantees (including state guarantee) or other collateral securing performance of obligations to guarantee holder.
5. Duration of guaranteed contract.

C. Guarantee Holder

1. Reliability regarding performance of his part of guaranteed contract.
2. Credit and collections procedures, policies and record.

D. Host Country

1. Availability of judicial or arbitral forum with respect to all possible disputes under guaranteed contract throughout period of guarantee, including possibility of sovereign immunity defense and possibility of changes in judicial system.
2. Independence of such forum.
3. Record of host country in meeting its obligations toward foreign contracting parties.
4. Record of applicable forum in rendering decisions within the period prescribed as reasonable in guaranteed contract.

5. Enforceability of possible decisions in favor of guarantee holder, including (i) legal possibility of enforcement of potential awards (debtor protection, sovereign immunity defense), and (ii) actual enforceability (liquidity of host country, host country assets in third countries).

E. Terms and Conditions of Guarantee

1. Exclusions or limitations of coverage with respect to specific obligations of host government under guaranteed contract.
2. Time period prescribed as „reasonable" for arbitral or judicial decision.
3. Precise measures that guarantee holder is required to take to (i) seek and expedite judicial or arbitral decision; and (ii) enforce such decision.

F. Potential for Recoupment

In addition to factors listed in Section II: Potential for recoupment from contracting party other than state, from third parties (guarantors) or out of collateral.

IV. War and Civil Disturbance Risk

A. Investment

1. Type of investment, especially equity/non-equity.
2. Impact of war/civil disturbance on covered rights of guarantee holder in case of contractual investment (e.g. force majeure clauses).

B. Investment Project

1. Geographic location (especially its proximity to possible acts of violence).
2. Dependence on vulnerable transportation links, raw material or energy sources.
3. Strategic importance to both host government and its potential adversaries (military and political importance).
4. Vulnerability to damage, especially fire and explosion potential.
5. Security arrangements, both by project management and host government.
6. Mobility of assets.
7. Insurance coverage of assets, especially fire and casualty insurance.
8. Visibility as foreign-owned project.

C. Guarantee Holder

1. Overseas experience.
2. Relationship to host government.
3. Relationship to internal dissidents and external adversaries of host government.
4. Overall interest in investment project and host country.

Annex II

D. Host Country

1. Likelihood of armed conflict with another country.
2. Existing insurgency, revolution or other violent opposition.
3. Extent of tensions which might erupt in violent action as indicated, e.g., by terrorist activities, student or labor unrest.
4. Existence or likelihood of armed conflict outside host country which may affect investment project.

E. Terms and Conditions of Guarantee

1. Scope of covered risk, especially extension to riot and civil commotion and delimitation of covered event from acts of terrorism and the like.
2. Extension of coverage to action outside host country.
3. Limitations of coverage to certain types of loss or restrictive provisions as to computation of loss.
4. Extension of coverage to business interruption costs and other consequential loss.
5. Limitations with respect to types of loss and required nexus between covered event and loss, especially delimitation of covered event from deterioration of business environment.
6. Responsibility for documenting claims and burden-of-proof rules, especially admissibility of prima facie evidence.
7. Undertakings of guarantee holder to avert or minimize loss.
8. See also factors E 8, 9, 10, 11, 12 under Section II.

F. Potential for Recoupment

1. Possible claims and rights which Agency may acquire through subrogation against (i) host country, (ii) organizations or individuals responsible for damage to investment project, (iii) third parties (such as invading neighbouring country).
2. Enforceability of such claims and rights.

Annex III

By-Laws of the Multilateral Investment Guarantee Agency*

Contents

Section 1. Meetings of the Council of Governors
Section 2. Notice of Meetings of the Council of Governors
Section 3. Attendance at Meetings of the Council of Governors
Section 4. Agenda of Meetings of the Council of Governors
Section 5. Selection of Chairman and Vice-Chairman
Section 6. Secretary and Minutes
Section 7. Annual Report
Section 8. Voting
Section 9. Voting without Meeting
Section 10. The Board of Directors
Section 11. Terms of Service
Section 12. Delegation of Authority
Section 13. Policy Guidelines, Rules and Regulations
Section 14. Vacant Directorships
Section 15. Representation of Members not Represented by a National in the Board of Directors
Section 16. Budget and Audits
Section 17. Application for Membership by Non-Original Members
Section 18. Suspension of Membership
Section 19. Amendment to By-Laws

These By-Laws are adopted under the authority of, and are intended to be complementary to, the Convention Establishing the Multilateral Investment Guarantee Agency (the Convention) and they shall be construed accordingly. In the event of a conflict between anything in these By-Laws and any provision or requirement of the Convention, the Convention shall prevail.

Section 1. Meetings of the Council of Governors

(a) The annual meeting of the Council of Governors shall be held at such time and place as the Council of Governors shall determine; provided, however, that, if the Board of Directors shall, because of special circumstances, deem it necessary to do so, the Board of Directors may change the time and place of such annual meeting.

(b) Special meetings of the Council of Governors may be called at any time by the Council of Governors or the Board of Directors and shall be called by the Board of Directors upon the request of five members of the Agency or of members of the Agency having in the aggregate one-fourth of the total voting power. Whenever any member of the Agency shall request the Board of Directors to call a special meeting of the Council of Governors, the Chairman of the Board of Directors shall notify all members of the Agency of such request and of the reasons which shall have been given therefore.

---

* These draft By-Laws are largely based on the IBRD and IFC By-Laws.

Annex III

(c) A quorum for any meeting of the Council of Governors shall be a majority of the Governors, exercising not less than two-thirds of the total voting power. Any meeting of the Council of Governors at which a quorum shall not be present may be adjourned from time to time by a majority of the Governors present, and notice of the adjourned meeting need not be given.

(d) Except as otherwise specifically directed by the Council of Governors, the Chairman of the Council of Governors jointly with the Chairman of the Board of Directors shall have charge of all arrangements for the holding of meetings of the Council of Governors.

Section 2. Notice of Meetings of the Council of Governors

The Chairman of the Board of Directors shall cause notice of the time and place of each meeting of the Council of Governors to be given to each member of the Agency by any rapid means of communication which shall be dispatched not less than forty-two days prior to the date set for such meeting, except that in urgent cases such notice shall be sufficient if dispatched by any rapid means of communication not less than ten days prior to the date set for such meeting.

Section 3. Attendance at Meetings of the Council of Governors

(a) The Directors and their Alternates may attend all meetings of the Council of Governors and may participate in such meetings, but a Director or an Alternate of a Director shall not be entitled to vote at any such meeting unless entitled to vote as a Governor or as an Alternate or a temporary Alternate of a Governor.

(b) The Chairman of the Council of Governors, in consultation with the Board of Directors, may invite observers to attend any meeting of the Council of Governors.

Section 4. Agenda of Meetings of the Council of Governors

(a) Under the direction of the Board of Directors, the Chairman of the Board of Directors shall prepare an agenda for each meeting of the Council of Governors and shall cause the agenda to be transmitted to each member of the Agency with the notice of the meeting.

(b) Additional subjects may be placed on the agenda for any meeting of the Council of Governors by any Governor provided that he shall give notice thereof to the Chairman of the Board of Directors not less than seven days prior to the date set for such meeting. In special circumstances, the Chairman of the Board of Directors, by direction of the Board of Directors, may place additional subjects on the agenda for any meeting of the Council of Governors. The Chairman of the Board of Directors shall cause notice of the addition of any subjects to the agenda for any meeting of the Council of Governors to be given as promptly as possible to each member of the Agency.

(c) The Council of Governors may at any time place any subject on the agenda for any meeting of the Council of Governors even though the notice required by this Section shall not have been given.

Section 5. Selection of Chairman and Vice-Chairman

(a) At each annual meeting the Council of Governors shall select a Governor to act as Chairman and at least two other Governors to act as Vice-Chairman until the end of the next annual meeting.

(b) In the absence of the Chairman, the Vice-Chairman designated by the Chairman shall act in his place.

Section 6. Secretary and Minutes

The Secretary of the Agency shall serve as Secretary of the Council of Governors and, under the direction of the Chairman of the Council of Governors, the Secretary shall be responsible for the preparation of a summary record of proceedings of the Council of Governors which shall be available to all members and which shall be filed with the Board of Directors for its guidance.

Section 7. Annual Report

The Board of Directors shall have the annual report of the Agency prepared for presentation at the annual meeting of the Council of Governors. Such report shall discuss the operations and policies of the Agency and shall make recommendations to the Council of Governors on outstanding issues.

Section 8. Voting

(a) At any meeting the Chairman of the Council of Governors may ascertain the sense of the meeting in lieu of a formal vote but he shall require a formal vote upon the request of any Governor. Whenever a formal vote is required, the written text of the motion shall be distributed to the members present.

(b) No Governor or Alternate may vote at any meeting by proxy or by any other method than in person, but a member may make provision for the designation of a temporary Alternate to vote for the Governor at any meeting of the Council of Governors at which the regularly designated Alternate is unable to be present.

Section 9. Voting without Meeting

(a) Whenever, in the judgment of the Board of Directors, any action by the Agency must be taken by the Council of Governors which should not be postponed until the next annual meeting of the Council of Governors and does not warrant the calling of a special meeting of the Council of Governors, the Board of Directors shall request the Governors to vote without meeting.

(b) The Board of Directors shall present to each member by any rapid means of communication a motion embodying the proposed action.

(c) Votes shall be cast during such period as the Board of Directors may prescribe.

(d) At the expiration of the period prescribed for voting, the Board of Directors shall record the results and the Chairman of the Board of Directors shall notify all members. If the replies received do not include a majority of the Governors exercising two-thirds of the total voting power, which is required for a quorum of the Council of Governors, the motion shall be considered lost.

Section 10. The Board of Directors

(a) The Board of Directors shall consist of [. . .] Directors. The number of Directors may be increased by the Council of Governors to take into account changes in membership. The initial term of the first Directors to be elected shall run until October 31, 1990; subsequent terms of the Directors shall be determined by the Council.

(b) The Board may appoint such committees as it deems advisable. Membership of such committees need not be limited to Governors or Directors or their Alternates.

(c) In the event that both a Director and his Alternate are unable to attend any meeting of the Board of Directors or a committee thereof, the Director may designate a temporary Alternate Director to attend and act for him at such meeting.

Section 11. Terms of Service

(a) Until such time as the Council decides that there shall be a resident Board of Directors which functions in continuous session, Directors and their Alternates shall receive compensation only for reasonable expenses incurred in attending meetings of the Board of Directors and in performing other official functions on behalf of the Agency.

(b) The salary of the President of the Agency shall be determined by the Council of Governors and shall be included in his contract. The Agency shall also pay any reasonable expenses incurred by the President in the interest of the Agency, including travel and transportation expenses for himself, his family and his personal effects in moving once to the seat of the Agency during or immediately before his term of office and in moving once from the seat during or immediately after his term of office. The initial contract of the President shall be for a term of five years. Any renewal of the contract may be for the same or for a shorter term.

(c) An individual claiming reimbursement pursuant to this Section for any expenses incurred by him shall include in his claim a representation that he has not received and will not claim reimbursement in respect to those expenses from any other source.

Section 12. Delegation of Authority

The Board of Directors is authorized by the Council of Governors to exercise all the powers of the Agency except those reserved to the Council of Governors and the President by the Convention. The Board of Directors shall not take any action pursuant to powers delegated by the Council of Governors which is inconsistent with any action taken by the Council of Governors.

Section 13. Policy Guidelines, Rules and Regulations

The Board of Directors may adopt such policy guidelines, rules and regulations as may be necessary or appropriate to conduct the business of the Agency.

Section 14. Vacant Directorships

(a) Whenever because of a vacancy a new Director must be elected, the Chairman of the Board of Directors shall notify the members who elected the former Director of the existence of the vacancy. The Chairman of the Board of Directors may convene a meeting of the Governors of such countries exclusively for the purpose of electing a new Director; or he may request nominations by any rapid means of communication and conduct ballots by any rapid means of communication. Successive ballots shall be cast until one candidate has a majority; and after each ballot, the candidate with the smallest number of votes shall be dropped from the next ballot.

(b) When a new Director is named, the office of Alternate shall be deemed to be vacant and an Alternate shall be appointed by the newly elected Director.

Section 15. Representation of Members not Represented by a National in the Board of Directors

Whenever the Board of Directors is to consider a question of the type referred to in Article 56 (a) of the Convention which particularly affects a member not otherwise represented by a national in the Board, the member shall be promptly informed by any rapid means of communication of the date set for consideration of the question. No decision on the question shall be taken by the Board of Directors until the member has been offered a reasonable opportunity to present its views and to be heard at a meeting of the Board of Directors of which the member has had reasonable notice. Any member, so electing, may waive this provision.

Section 16. Budget and Audits

In accordance with financial regulations to be adopted by the Board of Directors:

(a) the annual budget of revenues and expenditures shall be prepared by the President of the Agency, presented to the Board of Directors for approval and incorporated as approved in the Agency's annual report;

(b) a summary statement of the Agency's financial position and a profit and loss statement showing the results of its operations shall be circulated at appropriate intervals to members; and

(c) annual financial statements of the accounts of the Agency and of the Sponsorship Trust Fund shall be audited by independent auditors and incorporated as audited in the Agency's annual report.

Section 17. Application for Membership by Non-Original Members

(a) Original members of the Agency shall be the States which are listed in Schedule A to the Convention and become parties to the Convention on or before October 30, 1987. Such members shall subscribe to the number of shares of capital stock set forth opposite their names in Schedule A to the Convention. Each other member shall subscribe to such number of shares of capital stock as may be determined by the Council of Governors in accordance with Article 6 of the Convention.

(b) Any State eligible for membership in the Agency which does not become an original member of the Agency may apply for membership by filing with the Agency an application setting forth all relevant facts.

(c) After consultations have taken place with the applicant State, the Board of Directors shall report on all such applications to the Council of Governors. When the application is submitted to the Council of Governors with the recommendation that the applicant State be admitted to membership, the Board of Directors shall recommend to the Council of Governors the number of shares of capital stock to be subscribed, the designations for the purposes of Articles 3 (c) and 39 (a) of the Convention and such other conditions as, in the opinion of the Board of Directors, the Council of Governors may wish to prescribe.

Section 18. Suspension of Membership

Before any member is suspended from membership in the Agency, the matter shall be considered by the Board of Directors which shall inform the member in reasonable time of the complaint against it and allow the member an adequate opportunity to present its case to the Board of Directors. The Board of Directors shall recommend to the Council of

Annex III

Governors the action it deems appropriate. The member shall be informed of the recommendation and the date on which its case will be considered by the Council of Governors and shall be given a reasonable time within which to present its case to the Council of Governors. Any member so electing may waive this provision.

Section 19. Amendment to By-Laws

These By-Laws may be amended by the Council of Governors at any meeting thereof or by vote without a meeting as provided in Section 9.

Annex IV

Financial Regulations of the Multilateral Investment Guarantee Agency*

Contents

Section 1. Definitions
Section 2. Applicability
Section 3. Fiscal Year
Section 4. The Administrative Budget
Section 5. Investment of Funds

Section 6. Internal Control
Section 7. Accounts and Statements
Section 8. External Audit
Section 9. Amendments

Pursuant to Section 16 of the By-Laws of the Agency, the Board of Directors hereby adopts the following Financial Regulations of the Agency:

Section 1. Definitions

For the purposes of these Regulations,

(a) "Board" means the Board of Directors of the Agency;

(b) "Bank" means the International Bank for Reconstruction and Development;

(c) "Chairman" means the President of the Bank acting as Chairman of the Board; and

(d) "President" means the President of the Agency.

Section 2. Applicability

(a) These Regulations shall govern the financial administration of the Agency, which shall be carried out in accordance with sound business and prudent financial management practices with a view to maintaining under all circumstances the Agency's ability to meet its financial obligations.

(b) The management of the Agency's operations, including the determination of premiums and the administration of claims, is governed by the Operational Regulations of the Agency.

---

* These draft Financial Regulations are largely based on provisions of financial regulations of other international organizations which possess such regulations, including the International Centre for Settlement of Investment Disputes.

Annex IV

Section 3. Fiscal Year

The fiscal year of the Agency shall run from July 1 of each year to June 30 of the following year; provided, however, that the first fiscal year of the Agency shall run from . . . ., 19. . to . . . ., 19. . .

Section 4. The Administrative Budget

(a) Before the end of each fiscal year, the President shall prepare and submit, for approval by the Board, an administrative budget for the following fiscal year. This budget is to indicate the expected revenues and administrative expenditures of the Agency.

(b) If, during the course of a fiscal year, the President determines that the expected administrative expenditures will exceed those authorized in the budget, or if he should wish to incur administrative expenditures not previously authorized, he shall, in consultation with the Chairman, prepare a supplementary budget or budgets which he shall submit to the Board for approval.

(c) The approval of a budget constitutes authority for the President to make expenditures and incur obligations for the purposes and within the limits specified in the budget. Subject to priorities and limitations established by the Board, the President may exceed the amount specified for any given budget item, provided (i) that he notifies the Board of any such action; and (ii) that the total amount of the budget is not exceeded.

(d) If the budget is not approved by the Board by the beginning of the fiscal year to which it relates, the President may incur expenditures for the purposes and within the limits specified in the budget he submitted to the Board, up to one quarter of the amount authorized to be expended in the previous fiscal year.

(e) The administrative budget as approved by the Board shall be included in the Agency's annual report.

Section 5. Investment of Funds

(a) The President shall be authorized to invest the funds of the Agency and may for this purpose enter into arrangements with the Bank or with other qualified institutions for the investment of such funds on behalf of the Agency.

(b) Investment of funds of the Agency may be made in bank deposits and other unconditional obligations of banks and other financial institutions and in marketable bonds, notes and similar obligations, with due regard to the need for security, convertibility, liquidity and, given the foregoing, best possible yield.

(c) The Board will periodically review the investment position of the Agency, and will issue such further guidelines for the investment of funds as may be required.

Section 6. Internal Control

(a) The President, who shall be responsible for the execution of the administrative budget of the Agency and the administration of its assets, shall:

(i) designate the officers who may incur obligations and make payments on his behalf; and

Financial Regulations

(ii) maintain an internal financial control and internal audit which shall provide for an effective current examination and/or review of financial transactions in order to ensure the regularity of the receipts, custody and disposal of all funds and other financial resources of the Agency; the conformity of obligations and expenditures with the budget and these Regulations; and the economical use of the resources of the Agency.

(b) The President may establish detailed financial rules and procedures in order to ensure effective financial administration and the exercise of economy.

Section 7. Accounts and Statements

(a) The President shall maintain such accounting records as are necessary and shall prepare annual financial statements of the accounts of the Agency and of the Sponsorship Trust Fund, showing for the fiscal year to which they relate the income and expenditure of such accounts. The President shall also include in the financial statements such other information as may be appropriate to indicate the financial position of the Agency at the close of the fiscal year, including information on pending but unpaid claims and recoveries.

(b) The President shall prepare and submit to the Board reports on the Agency's finances. Such reports shall be submitted semi-annually in the first two years of the Agency's operations and thereafter on a quarterly basis. At appropriate intervals, the President shall also prepare and circulate to members a summary statement of the Agency's financial position and a profit and loss statement showing the results of the Agency's operations.

Section 8. External Audit

The Board shall have an audit of the annual financial statements made in conformity with generally accepted auditing standards by independent auditors appointed by the Board. The financial statements as audited shall be included in the Agency's annual report.

Section 9. Amendments

These Regulations may be amended by the Board of Directors at any meeting thereof or by vote without a meeting as provided in Section 5 of the Rules of Procedure for Meetings of the Board of Directors.

Annex V

Rules of Procedure for Meetings of the Board of Directors of the Multilateral Investment Guarantee Agency*

Contents

Section 1. Definitions
Section 2. Meetings
Section 3. Agenda for Meetings
Section 4. Voting
Section 5. Voting without Meeting

Section 6. Secretary and Minutes
Section 7. Notices to Directors and Alternates
Section 8. Publicity
Section 9. Amendments

Pursuant to Section 13 of the By-Laws of the Agency, the Board of Directors hereby adopts the following Rules of Procedure for meetings of the Board of Directors:

Section 1. Definitions

For the purposes of these Rules,

(a) "Board" means the Board of Directors of the Agency;

(b) "Bank" means the International Bank for Reconstruction and Development;

(c) "Chairman" means the President of the Bank acting as Chairman of the Board or, in his absence, the President of the Agency; and

(d) "President" means the President of the Agency.

Section 2. Meetings

(a) The Chairman shall call not less than three regular meetings of the Board in each year. Special meetings of the Board shall be called by the Chairman acting on his own initiative or upon the request of any three Directors. The Chairman shall by any rapid means of communication give notice of each meeting of the Board to each Director not less than fourteen days prior to the date fixed for such meeting, except that in special circumstances the notice shall be given not less than seven days prior to such date[1].

---

* These draft Rules of Procedures are largely based on the IBRD/IDA Rules of Procedure for Meetings of the Executive Directors and the IFC Rules of Procedure for Meetings of the Board of Directors, with adjustments to meet the needs of a non-resident Board.
1 Auf der ersten Sitzung des Direktoriums am 22. Juni 1988 wurde beschlossen, die Frist zur Einberufung von Sitzungen auf drei Wochen zu erweitern.

(b) A quorum for any meeting of the Board shall be a majority of the Directors, exercising not less than one-half the total voting power of the Board.

(c) Any meeting of the Board at which a quorum shall not be present may be adjourned by a majority in voting power of those Directors attending and notice of any such adjourned meeting need not be given[2].

(d) If the Directors present at a meeting where there is no quorum represent at least a majority of the members of the Board, they may discuss the matters on the agenda and prepare for submission to the Board in its next meeting their recommendations on matters where there is unanimity. The Board shall begin its next meeting by considering the recommendations submitted to it under this procedure.

(e) During the three-year period referred to in Article 39 (d) of the Convention, the procedures set forth in paragraphs (c) and (d) of this Section may also be applied in cases where there is a quorum but where Directors present exercise less than two-thirds of the total voting power and represent members subscribing less than fifty-five percent of the subscribed shares of capital stock of the Agency.

(f) Meetings shall be open to attendance only by Directors and their Alternates, the Chairman, the President and such members of the staff as the President may designate, representatives of members appointed under Article 56 (a) of the Convention, and such other persons as the Board may invite.

(g) The Board shall meet at the principal office of the Agency unless it decides that a particular meeting shall be held elsewhere.

(h) Except as otherwise in these Rules expressly provided, any reference in these Rules to a Director shall be deemed to include his Alternate when such Alternate acts for such Director.

Section 3. Agenda for Meetings

(a) An agenda for each meeting of the Board shall be prepared by the Chairman, or on his instructions, and a copy of such agenda shall be given to each Director together with the notice of the meeting. Additional subjects may be placed on the agenda by any Director provided that he shall give notice thereof to the Chairman not less than seven days prior to the date fixed for the meeting.

(b) Any matter not included on the agenda for a meeting of the Board may be presented to the Board by the Chairman or any Director and may be acted upon by the Board at such meeting unless the Chairman or a Director objects thereto.

(c) Any item included on the agenda for a meeting of the Board, consideration of which has not been completed at that meeting, shall, unless the Board decides otherwise, be automatically included on the agenda for the next meeting.

Section 4. Voting

At any meeting the Chairman may ascertain the sense of the meeting in lieu of a formal vote but he shall require a formal vote upon the request of any Director. Whenever a formal vote is required, the written text of the motion shall be distributed to the Directors present. Any Director dissenting from the decision of the Board may require that his views be recorded in the minutes of the meeting.

---

2 Auf der ersten Sitzung des Direktoriums am 22. Juni 1988 wurde beschlossen, daß für eine Vertagung außerdem ein Antrag von mindestens drei Direktoren vorliegen muß.

Annex V

Section 5. Voting without Meeting

(a) Whenever, in the judgment of the Chairman, any action by the Agency must be taken by the Board which should not be postponed until the next regular meeting of the Board and does not warrant the calling of a special meeting of the Board, the Chairman shall request the Board to vote without meeting.

(b) The Chairman shall present to each Director by any rapid means of communication a motion embodying the proposed action.

(c) Votes shall be cast during such period as the Chairman may prescribe.

(d) At the expiration of the period prescribed for voting, the Chairman shall record the results and shall notify all Directors. If the replies received do not include a majority of the Directors exercising one-half of the voting power, which is required for a quorum of the Board, the motion shall be considered lost.

Section 6. Secretary and Minutes

(a) The Secretary of the Agency shall act as Secretary of the Board and, under the direction of the Chairman, the Secretary shall be responsible for the preparation of a summary record of proceedings of the Board.

(b) Verbatim records will be kept only if a Director requests that his remarks be taken down.

(c) Draft minutes will be circulated to all Directors as promptly as possible after meetings. Such minutes shall be presented to the Board for approval.

Section 7. Notices to Directors and Alternates

(a) Any notice required by these rules to be given to any Director shall be deemed to have been sufficiently given when it shall have been delivered in writing or in person or by telephone at the address which each Director shall from time to time specify to the Agency for the purpose of receiving such notices.

(b) Any notice which is required by these Rules to be given to any Director (including notices with regard to meetings and the agenda for meetings) may be waived by such Director or his Alternate in writing at any time, whether before or after the meeting to which such notice relates.

Section 8. Publicity

The proceedings of the Board are confidential and should not be published except where the Board decides to authorize the Chairman to arrange for suitable publicity in respect of particular decisions.

Section 9. Amendments

These Rules may be amended by the Board at any meeting thereof or by vote without a meeting as provided in Section 5.

Literaturverzeichnis

Adede, A. O.	Legal Trends in International Lending and Investment in the Developing Countries, RdC 1983-II, 9 ff.
Agarwal, Jamuna P.	Determinants of Foreign Direct Investment: A Survey, WA 1980, 760 ff.
Ders.	Ausländische Direktinvestitionen und industrielle Entwicklung in der Dritten Welt, Die Weltwirtschaft 1/1988, 146 ff.
Aharoni, Yair	The Foreign Investment Decision Process, Boston 1966.
Akinsanya, Adeoye	International Protection of Direct Foreign Investment in the Third World, Int'l & Comp. L. Q. 36 (1987), 58 ff.
Alenfeld, Justus	Die Investitionsförderungsverträge der Bundesrepublik Deutschland, Frankfurt/M. 1971.
Alsop, Richard B.	The World Bank's Multilateral Investment Guaranty Agency, Col. J. Transnat'l L. 25 (1986), 101 ff.
Arrow, Kenneth J.	Uncertainty and the Welfare Economics of Medical Care, American Economic Review 53 (1963), 941 ff.
Ders.	The Economics of Moral Hazard: Further Comment, American Economic Review 58 (1968), 537 ff.
Asante, Samuel K. B.	Stability of Contractual Relations in the Transnational Investment Process, Int'l & Comp. L. Q. 28 (1979), 401 ff.
Baumbach, Adolf / Hefermehl, Wolfgang	Warenzeichenrecht, 12. Aufl., München 1985.
Böckstiegel, Karl-Heinz	Der Staat als Vertragspartner ausländischer Privatunternehmen, Frankfurt / M. 1971.
Ders.	Die Bestimmung des anwendbaren Rechts in der Praxis internationaler Schiedsgerichtsverfahren, in: Festschrift für Günther Beitzke, Berlin / New York 1979, S. 443 ff.
Ders.	Rechtsschutz der Auslandsinvestitionen durch Schiedsgerichte, in: Esser, Jacob/Meessen, Karl-Matthias (Hrsg.), Kapitalinvestitionen im Ausland – Chancen und Risiken, Köln 1984, S. 135 ff.

Literaturverzeichnis

Ders.	Hardship, Force Majeure and Special Risks Clauses in International Contracts, in: Horn, Norbert (Hrsg.), Adaptation and Renegotiation of Contracts in International Trade and Finance, Deventer 1985, S. 159 ff.
Ders.	Das UNCITRAL-Modell-Gesetz für die internationale Wirtschaftsschiedsgerichtsbarkeit, RIW 1984, 670 ff.
Borggrefe, Siegfried	Neue Deckungspraxis der Projektfinanzierung, Handelsblatt vom 25. Februar 1988, S. 7.
Borner, Silvio	Wie kann die schweizerische Wirtschaft im weltweiten Konkurrenzkampf bestehen?, NZZ Nr. 176 vom 2. /3. August 1986, S. 30.
Brander, James A. / Spencer, Barbara J.	Foreign Direct Investment with Unemployment and Endogenous Taxes and Tariffs, Journal of International Economics 22 (1987), 257 ff.
Braun, Hans-Gert	Veränderte Einstellung der Entwicklungsländer zu Auslandsinvestitionen?, in: Edition Dräger Stiftung (Hrsg.), Zielsetzung Partnerschaft, Die weltwirtschaftliche Bedeutung von Auslandsinvestitionen und Technologietransfer, Stuttgart 1985, S. 289 ff.
Brewer, William C.	The Proposal for Investment Guarantees by an International Agency, Am. J. Int'l L. 58 (1964), 62 ff.
Brower, Charles N.	Current Developments in the Law of Expropriation and Compensation: A Preliminary Survey of Awards of the Iran-United States Claims Tribunal, Int. Lawyer 21 (1987), 639 ff.
Bundesministerium für Wirtschaft (Hrsg.)	Exportfibel, Bonn, Stand: Juli 1987.
Bundesministerium für wirtschaftliche Zusammenarbeit (Hrsg.)	Deutsche Unternehmen und Entwicklungsländer, 3. Aufl., Bonn 1987.
Burkhardt, Hans-Martin	Auslandsinvestitionsschutz durch bilaterale Verträge und Risikoabsicherung, in: Esser, Jacob/ Meessen, Karl-Matthias (Hrsg.), Kapitalinvestitionen im Ausland – Chancen und Risiken, Köln 1984, S. 125 ff.
Ders.	Investment Protection Treaties: Recent Trends and Prospects, Außenwirtschaft 41 (1986), Heft I, 99 ff.
Catranis, Alexander	Probleme der Nationalisierung ausländischer Unternehmen vor internationalen Schiedsgerichten, RIW 1982, 19 ff.
Caves, Richard E.	Multinational Enterprise and Economic Analysis, Cambridge 1982.

Ders.	Multinational Enterprises and Technology Transfer, in: Rugman, Alan M. (Hrsg.), New Theories of the Multinational Enterprise, London 1982, S. 254 ff.
Chatterjee, S. K.	The Convention Establishing the Multilateral Investment Guarantee Agency, Int'l & Comp. L. Q. 36 (1987), 76 ff.
Christie, G. C.	What Constitutes a Taking of Property under International Law?, B. Y. I. L. 1962, 307 ff.
Clagett, Brice M.	The Expropriation Issue Before the Iran-United States Claims Tribunal: Is "Just Compensation" Required by International Law or Not?, L. & Pol'y Int'l Bus. 16 (1984), 813 ff.
Ders.	Just Compensation in International Law: The Issues Before the Iran – United States Claims Tribunal, in: Lillich (Hrsg.), The Valuation of Nationalized Property in International Law, Vol. IV, 1987, S. 31 ff.
Cline, William R.	International Debt: Systematic Risk and Policy Response, Institute for International Economics, Washington, D. C., 1984.
Coing, Helmut	Zur Nationalisierung in Frankreich, WM 1982, 378 ff.
Creel, Jr., Louis J.	"Mexicanization": A Case of Creeping Expropriation, Southwestern Law Journal 22 (1968), 281 ff.
Damian, Helmut	Staatenimmunität und Gerichtszwang, Berlin 1985.
Delaume, George R.	Transnational Contracts, New York 1986.
Demsetz, Harold	Information and Efficiency: Another View-point, Journal of Law and Economics 1969, 1 ff.
Ders.	State Contracts and Transnational Arbitration, Am. J. Int'l L. 75 (1981), 784 ff.
Ders.	Le Centre International pour le Règlement des Différents Relatifs aux Investissements (CIRDI): La Pratique de CIRDI, J. D. I. 1982, 775 ff.
Ders.	ICSID Arbitration and the Courts, Am. J. Int'l L. 77 (1983), 874 ff.
Deutsche Bundesbank	Die deutschen Direktinvestitionen im Ausland, in: Monatsberichte der Deutschen Bundesbank, 17. Jg., Nr. 12 (Dez. 1965).
Dolzer, Rudolf	Eigentum, Enteignung und Entschädigung im geltenden Völkerrecht, Berlin / Heidelberg / New York / Tokio 1985.
Ders.	Nationale Investitionsversicherung und völkerrechtliches Enteignungsrecht, ZaöRV 42 (1982), 480 ff.

Literaturverzeichnis

Ders.	New Foundations of the Law of Expropriation of Alien Property, Am. J. Int'l L. 75 (1981), 553 ff.
Ders.	Indirect Expropriation of Alien Property, ICSID Review – Foreign Investment Law Journal 1986, 41 ff.
Donges, Juergen B.	Auslandsinvestitionen – Instrument internationaler Arbeitsteilung und wirtschaftlicher Entwicklung, in: Esser, Jacob / Meessen, Karl-Matthias (Hrsg.), Kapitalinvestitionen im Ausland – Chancen und Risiken, Köln 1984, S. 37 ff.
Ders.	Rendite darf kein Reizwort sein, FAZ Nr. 193 vom 20. August 1988, S. 13.
Dornbusch, Rüdiger / Park, Yung Chul	Korean Growth Policy, Brooking Papers on Economic Activity 2, 1987, S. 389 ff.
Ebenroth, Carsten Thomas	Banking on the Act of State, Konstanz 1985.
Ders.	Code of Conduct – Ansätze zur vertraglichen Gestaltung internationaler Investitionen, Konstanz 1987.
Ders.	Competing Institutional Arrangements and Internationalization, in: Vosgerau (Hrsg.), New Institutional Arrangements for the World Economy, Heidelberg 1989, S. 438 ff.
Ders.	Rechtliche Probleme bei der Bewältigung der Schuldenkrise – Aktuelle Herausforderungen im internationalen Finanz- und Wirtschaftsrecht, in: Edition Dräger-Stiftung (Hrsg.), Zielsetzung Partnerschaft, Die weltwirtschaftliche Bedeutung von Auslandsinvestitionen und Technologietransfer, Stuttgart 1985, S. 333 ff.
Ders.	Zur Bedeutung der Multilateral Investment Guarantee Agency für den internationalen Ressourcentransfer, JZ 1987, 641 ff.
Ders.	Zum Verhältnis zwischen joint venture-Vertrag, Gesellschaftssatzung und Investitionsvertrag, JZ 1987, 265 ff.
Ebenroth, Carsten Thomas / Karl, Joachim	International Investment Contracts and the Debt Crisis, Int. Lawyer 22 (1988), 179 ff.
Ebenroth, Carsten Thomas / Teitz, Louise Ellen	Winning (or Losing) by Default: The Act of State Doctrine, Sovereign Immunity and Comity in International Financial Transactions, Int. Lawyer 19 (1985), 225 ff.
Edwards, Sebastian	Structural Adjustment Policies in Highly Indebted Countries, NBER Working Paper Series 2502, 1987.

Fales, Haliburton	A Comparison of Compensation for Nationalization of Alien Property with Standards of Compensation under United States Domestic Law, in: Lillich, Richard B. (Hrsg.), The Valuation of Nationalized Property in International Law, Vol. IV, 1987, S. 173 ff.
Fikentscher, Wolfgang	Wirtschaftsrecht, Bd. I, München 1983.
Fischer, Peter	Die internationale Konzession, Wien / New York 1974.
Ders.	Staatsunternehmen im Völkerrecht, BerGesVR 25 (1984), 7 ff.
Förger, Hans-Rainer	Probleme des Art. VIII Abschn. 2b des Abkommens über den Internationalen Währungsfonds im Realkreditgeschäft, NJW 1971, 309 ff.
Frank, Werner	Strategien zur Vermeidung neuer Verschuldungskrisen – Aufgaben des Internationalen Währungsfonds und multilateraler Entwicklungshilfe-Organisationen, in: Edition Dräger Stiftung (Hrsg.), Die internationale Verschuldungskrise, Ursachen, Auswirkungen, Lösungsperspektiven, Baden-Baden 1987, S. 323 ff.
Frick, Helmut	Bilateraler Investitionsschutz in Entwicklungsländern, Berlin 1975.
Gattiker, Heinrich	Behandlung und Rolle von Auslandsinvestitionen im geltenden Völkerrecht: Eine Standortbestimmung, Schweizerisches Jahrbuch für internationales Recht 37 (1981), S. 25 ff.
Glaubitt, Klaus / Lütkenhorst, Wilfried	Private Direktinvestitionen und das Verschuldungsproblem der Entwicklungsländer – Empirische Studien und wirtschaftspolitische Optionen, in: Schäfer, H.-B. (Hrsg.), Gefährdete Weltfinanzen, Bonn 1980, S. 199 ff.
Glossner, Ottoarndt	Contract Adaptation Through Third Party Intervenor; The Referee Arbitral, in: Horn, Norbert (Hrsg.), Adaptation and Renegotiation of Contracts in International Trade and Finance, Deventer 1985, S. 191 ff.
Gold, Joseph	Das Währungsabkommen von Bretton Woods vom 22. 7. 1944 in der Rechtsprechung, RabelsZ 1957, 601 ff.
Golsong, Heribert	Eine multilaterale Investitionsversicherungsagentur?, in: Esser, Jacob / Meessen, Karl-Matthias (Hrsg.), Kapitalinvestitionen im Ausland – Chancen und Risiken, Köln 1984, S. 163 ff.

Literaturverzeichnis

Gramlich, Ludwig	Das Übereinkommen zur Errichtung einer „Multilateral Investment Guarantee Agency". Grenzüberschreitender Investitionsschutz und Enwicklungszusammenarbeit Hand in Hand, Österr. Zs. f. öff. Recht u. Völkerrecht 38 (1987), 1 ff.
Großfeld, Bernhard	Internationales Unternehmensrecht, Heidelberg 1986.
Gudgeon, K. Scott	Valuation of Nationalized Property Under United States and Other Bilateral Investment Treaties, in: Lillich, Richard B. (Hrsg.), The Valuation of Nationalized Property in International Law, Vol. IV, 1987, S. 133 ff.
Gutowski, Arnim	Vor einer neuen Runde von Verschuldungskrisen?, in: Edition Dräger Stiftung (Hrsg.), Die internationale Verschuldungskrise, Ursachen, Auswirkungen, Lösungsperspektiven, Baden-Baden 1987, S. 29 ff.
Ders. (Hrsg.)	Die internationale Schuldenkrise, Ursachen – Konsequenzen – Historische Erfahrungen, Berlin 1986.
Hermes Kreditversicherungs-AG	Merkblatt „Ausfuhrgewährleistungen des Bundes", Hamburg 1986.
Herndl, Kurt	Zur Problematik der Gerichtsbarkeit über fremde Staaten, in: Miehsler, Herbert / Mock, Erhard u. a. (Hrsg.), Ius humanitatis, Festschrift zum 90. Geburtstag von Alfred Verdross, Berlin 1980, S. 421 ff.
Herrmann, Gerold	The UNCITRAL Conciliation Rules: An Aid also in Contract Adaptation (and Performance Facilitation), in: Horn, Norbert (Hrsg.), Adaptation and Renegotiation of Contracts in International Trade and Finance, Deventer 1985, S. 217 ff.
Hiemenz, Ulrich	Strategien zur Vermeidung neuer Verschuldungskrisen – Anpassungsmaßnahmen der Schuldnerländer, in: Edition Dräger Stiftung (Hrsg.), Die internationale Verschuldungskrise, Ursachen, Auswirkungen, Lösungsperspektiven, Baden-Baden 1987, S. 171 ff.
Higgins, Rosalyn	The Taking of Property by the State: Recent Developments in International Law, RdC 1982-III, 259 ff.
Hoffmann, Gerhard	Der Durchgriff auf die Mitgliedstaaten internationaler Organisationen für deren Schulden, NJW 1988, 585 ff.
von Hoffmann, Bernd	Staatsunternehmen im Völkerrecht, BerGesVR 25 (1984), 35 ff.

Literaturverzeichnis

Holthus, Manfred / Kebschull, Dietrich / Menck, Karl Wolfgang	Multilateral Investment Insurance and Private Investment in the Third World, Hamburg 1984.
Horn, Norbert (Hrsg.)	Adaptation and Renegotiation of Contracts in International Trade and Finance, Deventer 1985.
Ders.	Rechtsfragen internationaler Umschuldungen, WM 1984, 713 ff.
Internationaler Währungsfonds	Balance of Payments Statistics, Washington D. C., 1987.
Juhl, Paulgeorg	Die Bedeutung von Investitionsschutzabkommen für Direktinvestitionen und den Technologietransfer in Entwicklungsländer, ZfbF 1981, 77 f.
Karl, Joachim	Die Potentialorientierung beim internationalen Ressourcentransfer, Konstanz 1987.
Ders.	Les Codes Internationaux de Bonnes Conduites, in: Institut Universitaire International Luxembourg (Ed.), Session de Juillet 1987, Luxembourg 1987, S. 61 ff.
Ders.	Die Joint-Venture-Gesetzgebung in der Sowjetunion und der Volksrepublik China, Osteuropa-Recht 1/1988, 19 ff.
Kebschull, Dietrich et al.	Wirkungen von Privatinvestitionen in Entwicklungsländern, Baden-Baden 1980.
Ders.	Thoughts on the Establishment of the Multilateral Investment Guarantee Agency, Intereconomics 1986, 46 ff.
Kerr, Michael	Arbitration and the Courts: The UNCITRAL Model Law, Int'l & Comp. L. Q. 24 (1985), 1 ff.
Kimminich, Otto	Das Völkerrecht und die neue Weltwirtschaftsordnung, AVR 20 (1982), 1 ff.
Kipp, Heinrich	Verträge zwischen staatlichen und nichtstaatlichen Partnern, BerGesVR 5 (1964), 133 ff.
Kirchhof, Paul	Besteuerung und Eigentum, VVDStRL 39 (1981), 213 ff.
Kleiner, Beat	Internationales Devisen-Schuldrecht, Zürich 1985.
Krueger, Anne O.	Origins of the Developing Countries' Debt Crisis 1970 to 1982, Journal of Development Economics 27 (1987), 165 ff.
Kühn, Jürgen	Neubesinnung der Entwicklungsländer gegenüber Auslandsinvestitionen, in: Edition Dräger Stiftung (Hrsg.), Zielsetzung Partnerschaft, Die weltwirtschaftliche Bedeutung von Auslandsinvestitionen und Technologietransfer, Stuttgart 1985, 229 ff.

Literaturverzeichnis

Lalive, Jean-Flavien	L'Immunité de Juridiction des Etats et des Organisations Internationales, RdC 1953, 205 ff.
Ders.	Contrats entre Etats ou Entreprises Etatiques et Personnes Privées: Développements Récents, RdC 1983, 9 ff.
Langen, Eugen	Außenwirtschaftsgesetz (Loseblattsammlung), München 1962 ff.
Leffson, Ulrich / Rückle, Dieter / Großfeld, Bernhard (Hrsg.)	Handwörterbuch unbestimmter Rechtsbegriffe im Bilanzrecht des HGB, Köln 1986.
Lillich, Richard B. (Hrsg.)	The Valuation of Nationalized Property in International Law, Vol. IV, Charlottesville 1987.
Mann, Frederick Alexander	The Legal Aspect of Money, 4. Aufl., Oxford 1982.
Ders.	The Theoretical Approach Towards the Law Governing Contracts Between States and Private Persons, Rev. belg. dr. int'l 11 (1975), 562 ff.
Ders.	Der Internationale Währungsfonds und das Internationale Privatrecht, JZ 1981, 327 ff.
Ders.	Staatsunternehmen in internationalen Handelsbeziehungen, RIW 1987, 186 ff.
Ders.	Die juristische Person des Völkerrechts, Ein Beitrag zum Recht der internationalen Organisationen, ZHR 152 (1988), 303 ff.
Marcantonio, Barrigan J.	ICSID as a Forum for the Renegotiation and Adaptation of Contracts, in: Horn, Norbert (Hrsg.), Adaptation and Renegotiation of Contracts in International Trade and Finance, Deventer 1985, S. 235 ff.
Matthias, Annette	Die internationalen Auswirkungen von Verstaatlichungsmaßnahmen, RIW 1982, 640 ff.
Meessen, Karl-Matthias	Zu den Grundlagen des internationalen Wirtschaftsrechts, AöR 1985, 398 ff.
Ders.	Domestic Law Concepts in International Expropriation Law, in: Lillich, Richard B. (Hrsg.), The Valuation of Nationalized Property in International Law, Vol. IV, 1987, S. 157 ff.
von Mehren, Robert B. / Kourides, P. Nichlas	International Arbitrations Between States and Foreign Private Parties: The Libyan Nationalization Cases, Am. J. Int'l L. 75 (1981), 476 ff.
Mendelson, M. H.	What Price Expropriation?, Am. J. Int'l L. 79 (1985), 414 ff.
Mengel, Hans-Joachim	Erhöhter völkerrechtlicher Schutz durch Stabilisierungsklauseln in Investitionsförderungs-

	verträgen zwischen Drittstaaten und privaten Investoren?, RIW 1983, 739 ff.
Ders.	Probleme der Zuständigkeit des International Centre for Settlement of Investment Disputes (ICSID), RIW 1986, 941 ff.
Menzel, Eberhard / Ipsen, Kurt	Völkerrecht, 2. Aufl., München 1979.
Mezger, Ernst	The ICC Rules for the Adaptation of Contracts, in: Horn, Norbert (Hrsg.), Adaptation and Renegotiation of Contracts in International Trade and Finance, Deventer 1985, S. 205 ff.
MIGA Preparatory Committee	Operational Regulations of the Multilateral Investment Guarantee Agency, Washington, D. C., 19. September 1986.
Morgan Guaranty Trust Company	World Financial Markets, Juni 1983.
Muller, Maarten H.	Compensation for Nationalization: A North-South Dialogue, Col. J. Transnat'l L. 19 (1981), 35 ff.
Münchener Kommentar zum Bürgerlichen Gesetzbuch	hrsg. von Kurt Rebmann, Franz-Jürgen Säcker, Bd. 1–7, 1.–2. Aufl., München 1980–1987 (zitiert: MünchKomm-Bearbeiter).
Nussbaum, Arthur	Money in the Law: National and International, Brooklyn 1950.
Ohmae, Kenichi	Macht der Triade, Die neue Form weltweiten Wettbewerbs, Wiesbaden 1985.
Oman, Charles	New Forms of International Investment in Developing Countries, Paris 1984.
Patzina, Reinhard	Rechtlicher Schutz ausländischer Privatinvestoren gegen Enteignungsrisiken in Entwicklungsländern, Heidelberg / Hamburg 1981.
Paul, Douglas, A.	New Developments in Private Political Risk Insurance and Trade Finance, Int. Lawyer 21 (1987), 709 ff.
Pauly, Mark V.	The Economics of Moral Hazard: Comment, American Economic Review 58 (1968), 531 ff.
Petersmann, Hans-G.	Die Multilaterale Investitions-Garantie-Agentur (MIGA), Ein neues Instrument zur Fortbildung des internationalen Wirtschaftsrechts, ZaöRV 46 (1986), S. 758 ff.
Pfaff, Dieter	Technologietransfer und „das" Wesen „der" Lizenzverträge, RIW 1982, 381 ff.
Pirrung, Jörg	Die Schiedsgerichtsbarkeit nach dem Weltbankübereinkommen für Investitionsstreitigkeiten, Berlin 1972.

Literaturverzeichnis

P. W. A.	The U.S.-Iran Records and The Taking Clause of the Fifth Amendment, Virginia Law Review 68 (1982), 1537 ff.
Rabinowitz, Victor	The Impact of the Cuban Nationalizations on Compensation and Valuation Standards, in: Lillich (Hrsg.), The Valuation of Nationalized Property in International Law, Vol. IV, 1987, S. 133 ff.
Radcliffe, Julian G. Y.	Coverage of Political Risk by the Private Insurance Industry, Außenwirtschaft 41 (1986), 135 ff.
Reisen, Helmut	Über das Transferproblem hochverschuldeter Entwicklungsländer, Baden-Baden 1987.
Ress, Georg	Entwicklungstendenzen der Immunität ausländischer Staaten, ZaöRV 40 (1980), 217 ff.
Rüssmann, Helmut	Auslandskredite, Transferverbote und Bürgschaftssicherung, WM 37 (1983), 1126 ff.
Sachs, Jeffrey	Trade and Exchange Rate Policies in Growth Oriented Adjustment Programs, National Bureau of Economic Research, NBER Working Paper Series 2226, Cambridge, M. A., April 1987.
Schachter, Oscar	Compensation Cases – Leading and Misleading, Am. J. Int'l L. 79 (1985), 420 ff.
Ders.	Compensation for Expropriation, Am. J. Int'l L. 78 (1984), 121 ff.
Schanze, Erich	Investitionsverträge im internationalen Wirtschaftsrecht, Frankfurt/M. 1986.
Schmidt, Helmut	Für einen Marshall-Plan der Industriestaaten, DIE ZEIT Nr. 39 vom 23. September 1988, S. 37 ff.
Schulmann, Horst	Aufgaben des Internationalen Währungsfonds und multilateraler Entwicklungshilfe-Organisationen – Eine vorläufige Analyse des Baker-Plans, in: Edition Dräger Stiftung (Hrsg.), Die internationale Verschuldungskrise, Ursachen, Auswirkungen, Lösungsperspektiven, Baden-Baden 1987, S. 343 ff.
Seelig, Wolfgang	Begrüßungsansprache, in: Esser, Jacob / Meessen, Karl-Matthias (Hrsg.), Kapitalinvestitionen im Ausland – Chancen und Risiken, Köln 1984, S. 29 ff.
Seidl-Hohenveldern, Ignaz	Internationales Konfiskations- und Enteignungsrecht, Berlin / Tübingen 1952.
Ders.	Das Recht der Internationalen Organisationen, 4. Aufl., Köln / Berlin / Bonn / München 1984.
Ders.	Völkerrecht, 5. Aufl., Köln / Berlin / Bonn / München 1984.
Ders.	Subrogation under the MIGA Convention, ICSID Review-Foreign Investment Law Journal 1987, S. 111 ff.

Ders.	Dienstrechtliche Klagen gegen Internationale Organisationen, in: von Münch, Ingo (Hrsg.), Staatsrecht – Völkerrecht – Europarecht, Festschrift für Hans-Jürgen Schlochauer, Berlin 1981, S. 615 ff.
Ders.	Probleme der Anerkennung ausländischer Devisenbewirtschaftungsmaßnahmen, Österreichische Zeitschrift für öffentliches Recht 1957, 82 ff.
Ders.	The Theory of Quasi-International and Partly International Agreements, Rev. belg. dr. int'l 11 (1975), 567 ff.
Ders.	Anmerkung zu OGH Wien, RIW 1986, 464 ff.
Shihata, Ibrahim F. I.	MIGA and Foreign Investment, Dordrecht/Boston/Lancaster 1988.
Ders.	Arab Investment Guarantee Corporation – A Regional Investment Insurance Project, J.W.T.L. 6 (1972), 185 ff.
Ders.	The Multilateral Investment Guarantee Agency, Int. Lawyer 20 (1986), 485 ff.
Ders.	The Role of ICSID and the Projected Multilateral Investment Guarantee Agency (MIGA), Außenwirtschaft 41 (1986), 105 ff.
Ders.	Increasing Private Capital Flows to LDC's, Finance and Development 24 (1984), 6 ff.
Ders.	Factors Influencing the Flow of Foreign Investment and the Relevance of a Multilateral Investment Guarantee Scheme, Int. Lawyer 21 (1987), 671 ff.
Ders.	Eligibility Requirements for MIGA's Guarantees, ICSID Review – Foreign Investment Law Journal, Volume 2, 1987, 373 ff.
Ders.	The Multilateral Investment Guarantee Agency, RdC 1987-III, 107 ff.
Siebert, Horst	Neuer attraktiver Finanzdienst, DIE WELT Nr. 200 vom 29. August 1986, S. 10.
Siebert, Horst	Güterwirtschaftliche Anpassungsprozesse zur Lösung der Verschuldungsfrage, Mimeo, Konstanz, 1988.
Siegwart, Hans / Mahari, Julian I. / Caytas, Ivo G.	Internationales Management politischer Risiken, Frankfurt/Main 1987.
Sinclair, Ian	The Law of Sovereign Immunity, Recent Developments, RdC 1980-II, 113 ff.
Sinn, Stefan	Der Vorschlag der Weltbank zur Gründung der Multilateralen Investitions-Garantie-Agentur: Analyse und Kritik, Die Weltwirtschaft Heft 2/1987, 126 ff.

Literaturverzeichnis

Ders.	Second Thoughts on MIGA, Intereconomics 1986, 269 ff.
Soley, David A.	ICSID Implementation: An Effective Alternative to International Conflict, Int. Lawyer 19 (1985), 521 ff.
Späth, Lothar / Dräger, Heinrich (Hrsg.)	Zielsetzung Partnerschaft, Die weltwirtschaftliche Bedeutung von Auslandsinvestitionen und Technologietransfer, Dokumente zum Malenter Symposium 1984, Edition Dräger Stiftung Band 9, Stuttgart 1985, zitiert: Edition Dräger Stiftung (Hrsg.)
Dies. (Hrsg.)	Die internationale Verschuldungskrise, Ursachen, Auswirkungen, Lösungsperspektiven, Baden-Baden 1987, zitiert: Edition Dräger Stiftung (Hrsg.)
von Staudinger, Julius	Kommentar zum Bürgerlichen Gesetzbuch mit Einführungsgesetz und Nebengesetzen, 12. Aufl., Berlin 1981 (zitiert: Staudinger-Bearbeiter).
Steeg, Helga	Internationale Verhaltensregeln für internationale Investitionen und multinationale Unternehmen, ZGR 1985, 1 ff.
Steinmann, Georg	Ein Beitrag zu Fragen der zivilrechtlichen Immunität von ausländischen Diplomaten, Konsulen und anderen bevorrechtigten Personen sowie von fremden Staaten, die durch ihre Missionen oder auf ähnliche Weise in der Bundesrepublik Deutschland tätig werden, MDR 1965, 706 ff.
Stewart, David P.	The Iran-United States Claims Tribunal: A Review of Developments 1983–84, L. & Pol'y Int'l Bus. 16 (1984), 677 ff.
Stoll, Jutta	Vereinbarungen zwischen Staat und ausländischem Investor, Berlin / Heidelberg / New York 1982.
Tesón, Fernando R.	State Contracts and Oil Expropriations: The Aminoil-Kuwait Arbitration, Va. J. Int'l L. 24 (1984), 323 ff.
Treuarbeit AG	Merkblatt für die Übernahme von Bundesgarantien für Kapitalanlagen im Ausland (Fassung September 1986), Hamburg 1986.
Dies.	Bundesgarantien für Kapitalanlagen im Ausland (1960–1987), 1988.
UN-Centre on Transnational Corporations	Transnational Corporations in World Development, 3. Aufl., New York 1983.
United Nations Industrial Development Organization	Industry and Development – Global Report 1987, Wien 1987.

Vagts, Detlev F.	Foreign Investment Risk Reconsidered: The View from the 1980s, ICSID-Review – Foreign Investment Law Journal 2 (1987), 1 ff.
Vaubel, Roland	Die Wissenschaft denkt, die Politik lenkt; Der Fall MIGA, in: Streit, Manfred E. (Hrsg.), Wirtschaftspolitik zwischen ökonomischer und politischer Rationalität, Festschrift für Herbert Giersch, 1988, S. 107 ff.
Ders.	The International Organizations and the International Debt Problem: The Next Steps, in: Global Economic Action Institute (Hrsg.), The Report of the Technical Committee of the Global Economic Action Institute, 1985, S. 21 ff.
Verdross, Alfred / Simma, Bruno	Universelles Völkerrecht, 3. Aufl., Berlin 1984.
Viehe, Karl William	The Multilateral Investment Guarantee Agency, International Financial Law Review 1987, 37 f.
Vosgerau, Hans-Jürgen, (Hrsg.)	New Institutional Arrangements for the World Economy, Heidelberg 1989.
Voss, Jürgen	The Protection and Promotion of European Private Investment in Developing Countries – An Approach towards a Concept for a European Policy on Foreign Investment, Common Market Law Review 18 (1981), S. 363 ff.
Ders.	The Protection and Promotion of Foreign Direct Investment in Developing Countries: Interests, Interdependencies, Intricacies, Int'l & Comp. L. Q. 31 (1982), 686 ff.
Ders.	Introductory Note, ILM 24 (1985), 1598 ff.
Ders.	MIGA and the Code of Conduct, The CTC-Reporter, No. 22, 1986, 51 ff.
Ders.	Die Multilaterale Investitionsgarantie-Agentur, RIW 1987, 89 ff.
Ders.	The Multilateral Investment Guarantee Agency: Status, Mandate, Concept, Features, Implications, J.W.T.L. 21 (1987), 5 ff.
Wengler, Wilhelm	Internationales Privatrecht, Bd. 2, Darmstadt 1981.
Weston, Burns H.	"Constructive Takings" under International Law: A Modest Foray into the Problems of "Creeping Expropriation", Va. J. Int'l L. 1975–76, 103 ff.
The World Bank	World Development Report 1985, Washington D. C., 1985.
Dies.	World Debt Tables 1987–1988 – External Debt of Developing Countries, Washington D. C., 1988.

Literaturverzeichnis

Wulff, Otto	Rechtspositionen der Entwicklungsländer und der Industriestaaten zur Konstituierung einer neuen Weltwirtschaftsordnung, AVR 23 (1985), 337 ff.
Wurmstich, Jörg-Dietrich	Coverage of Political Risk by National Insurance Agencies: The German Investment Guarantee Scheme, Außenwirtschaft 41 (1986), Heft I, 123 ff.
Young, Richard / Owen, William L.	Valuation Aspects of the Aminoil Award, in: Lillich, Richard B. (Hrsg.), The Valuation of Nationalized Property in International Law, Vol. IV, 1987, S. 3 ff.
Zöllner, Wolfgang	Wertpapierrecht, 14. Aufl., München 1987.
Zweigert, Konrad	Verträge zwischen staatlichen und nichtstaatlichen Partnern, BerGesVR 5 (1964), 194 ff.
(Ohne Verf.)	„Höhere Verschuldung der Entwicklungsländer", FAZ Nr. 16 vom 20. Januar 1988, S. 13.
(Ohne Verf.)	„Neue Hermes-Bürgschaften für Großprojekte", FAZ Nr. 39 vom 16. Februar 1988, S. 11.
(Ohne Verf.)	„Defizit bei Hermes größer als befürchtet", FAZ Nr. 45 vom 23. Februar 1988, S. 13.
(Ohne Verf.)	„Die Weltwirtschaft wächst nur langsam", FAZ Nr. 88 vom 15. April 1988, S. 12.
(Ohne Verf.)	„Die Weltbank wirbt für eine expansivere Fiskalpolitik", FAZ Nr. 155 vom 7. Juli 1988, S. 12.

Sachregister

Die Ziffern beziehen sich auf die Randnummern.

Abhängiges Gebiet, s. Gebiet, abhängiges
Abtretung   347, 369 ff., 447, 769
- Umfang   372 ff.
- Wirkungen   377 ff.
- Zeitpunkt   376
Abwicklung des Mitgliedschaftsverhältnisses   797 ff.
Acquired right   164
Administrative Zusammenarbeit   437 ff.
AKP-Staaten   46, 708 f.
Allgemein anerkannte Rechtsgrundsätze   165, 266, 341, 837 f.
Änderung der Konvention   842 ff.
Anlageverbote   89
Annexkompetenz   48
Anteilsrechte   197
Arbeitsrecht   124, 133
Archive   768
Argentinien   15
Asset-Exposure-Strategie   388
Aufenthaltsrecht   124, 158
Auflösung   804 ff.
Ausfuhrgewährleistung   436
Auslegung   810 ff., 833
Auslegungskompetenz   47
Außenwirtschaftspolitik   34
Austritt   783; s. auch Abwicklung des Mitgliedschaftsverhältnisses

Baker-Plan   1
Beratungsdienste   25, 493, 496 ff.
Besteuerung   130, 133, 158, 459, 769 ff.
Betätigung, politische   675 f.
Beteiligungsrechte   197
Bewertungsproblematik   322 ff., 540
Binnenmarktorientierung   6
Brasilien   15
Bretton-Woods-Modell   718, 722
Bridge-Financing   50
Bruttoinlandsprodukt   5
Bundesrepublik Deutschland   12, 58, 70, 506, 624, 647, 736, 778, 850
Bürgschaften   200

Calvo-Doktrin   358, 814, 826, 832
Clausula rebus sic stantibus   168

Clearingzwang   89
Code of Conduct   105, 216, 254, 266, 704
Co-Finanzierung   681
Counter Trading   464
Creeping expropriation   112, 132, 580
Crowding Out-Problem   28, 459 ff.

Darlehen   195, 198 ff., 208, 414, 416, 464
- beteiligungsähnliche   196
- kommerzielles   157
Debt Equity Swaps   1, 197, 325, 464
Devisenkontrollen   7, 22, 24, 153 ff.
Devisentermingeschäfte   190
Devisentransfer   87 ff., 186, 262, 463 ff.
Devisentransferkontrollen   323
Dienste, technische   25, 492, 497 ff.
Dienstleistungsverträge   206, 414
Diplomatische Beziehungen   768
Diplomatischer Schutz   115, 119, 283, 425, 776, 832
Direktinvestitionen, sonstige   201 ff., 363 f.
Direktoren   735 ff., 773 ff.
- Abstimmung   742 ff.
- Wahlverfahren   735 ff.
Direktorium   643 ff., 667 f.
- Abstimmung   742 ff.
- Sitzungen   652 ff.
- Wahlverfahren   735 ff.
- Zusammensetzung   645 ff.
- Zuständigkeit   643 ff.
Diskriminierungsverbot   112 f., 133, 142
Dividendenanspruch   128
Dotationskapital   196, 414

Economies of scale   392, 423, 458, 556, 672
EG-Zentrum für industrielle Entwicklung   708 ff.
Eigentumsschutz   280, 513
- internationaler   32, 207
Einstellung der Geschäftstätigkeit   800 ff.; s. auch Auflösung
Enklaven-Projekt   218
Enteignungen   22, 24, 109, 265, 385, 796
Enteignungsentschädigung   113, 148 ff., 261, 262, 276, 298

Sachregister

Enteignungsrisiko 110 ff., 272, 276, 278, 354, 418, 463, 576 ff.
Entschädigungshöhe 114, 363 ff., 580
Entwicklungsbank, interamerikanische 35
Entwicklungsbanken, regionale 706 f.
Entwicklungsbeitrag 223 ff., 235
Entwicklungsorganisation, internationale 691
Entwicklungspotential, endogenes 30, 292
Entwicklungsprioritäten 245 ff.
Entwicklungsstrategie 8
Europäische Gemeinschaft 35, 46
Exportförderung 223
Exportkreditversicherung 206, 571

Faktorausstattung 249 ff.
Finanzverwaltung 517 ff., 546 ff.
Fiskalpolitik 9, 11
Fluchtkapital 26, 291, 292, 325
Force majeure 167, 583, 589
Fördertreuhand-Fonds 530 f., 712, 798, 808; s. auch: Sponsorship-Versicherungen
Förderzweck 45
Forderungsabtretung, s. Abtretung
Forderungsbefriedigung 346 ff., 530 ff.
Forderungskomitee 355, 379
Foreign Investment Advisory Service 260
Forschungstätigkeit 490
Franchise-Verträge 204

Garantiekapazität 466 ff.
Garantiesumme 83, 319 ff., 363, 552
Gaststaaten 293 ff.
Gebiet, abhängiges 294, 342
Geldpolitik 9
Geltungsbereich, räumlicher 852 f.
General Agreement on Tariffs and Trade 13, 34
Gentlemen's Agreement 22
Genuine Link Approach 283
Gerichtsbarkeit 22, 749, 752 ff.; s. auch: Schiedsgerichtsbarkeit, Streitschlichtung
Gerichtshof, internationaler 283, 818, 821, 830, 838
Geschäftsjahr 606
Geschäftstätigkeit, Einstellung 800 ff.
Geschäftsunterbrechung 183 f.

Gewerblicher Rechtsschutz 115
Gewinn, entgangener 142
Gewinnaufteilungsverträge 204
Gewinnrepatriierung 7, 19, 230
Gewinntransfer 17
Goodwill-Erklärung 22, 120
Goodwill-Strategie 388
Großbritannien 37, 58
Grundkapital, genehmigtes 63 ff.
Gründungskapital 59
Gründungsmitglieder 57, 70
Guaranteed Recovery of Investment Principal 686

Handelsbilanz 4
Hardship 167
Haushalt 605 ff.
Hermes-Export-Kreditversicherung 206, 431
Hinterlegungsstellen 712
Höchstbeträge für Versicherungen, s. Garantiekapazität
Hull-Rule 113 f.

Immunität 425, 459, 586, 597, 749 ff., 765 ff., 773 ff., 780 ff.
Importsubstitution 14, 223, 230, 251, 571, 577
Inflation 10 f., 81
Informationsdienste 25, 491, 497 ff.
Infrastrukturmaßnahmen 6
Inhaberaktien 289
Inkrafttreten der Konvention 846 ff.
Inländerbehandlung 262, 265
Interamerikanische Entwicklungsbank 35
Interarabische Investitionsgarantiegesellschaft 35
International Centre for Settlement of Investment Disputes 46, 268, 276, 340, 697, 749, 765, 770, 773, 776 f., 817 f., 821 f., 832, 835 ff., 841
– Chamber of Commerce 268, 835
– Finance Corporation 42, 46, 260, 504, 505, 571, 615, 646, 672, 685 ff., 761
– Investment Insurance Agency 36, 716
Internationale Entwicklungsorganisation 691
– Organisationen 677 ff.
– Regelungskonflikte 22
– Zuständigkeit 763
Internationaler Eigentumsschutz 32, 207
– Gerichtshof 283, 818, 821, 830, 838

Sachregister

- Währungsfonds 1, 3, 32, 33, 54, 99, 105, 108, 202, 229, 389, 475, 679, 681, 682, 692 ff., 718, 749, 765, 770, 773, 776 f., 796
Internationales Schiedsgericht, s. Schiedsgerichtsbarkeit, Streitschlichtung
Investitionsanreize 247
Investitionsbedingungen 249 ff.
Investitionseigentum 288 ff.
Investitionsförderung 485 ff.
Investitionsformen 193 ff.
Investitionsgarantiegesellschaft, interarabische 35
Investitionsgesetze 238
Investitionsklima 25, 26
Investitionsrisiken, sonstige 185 ff., 298
Investitionsschutzstandards 254 ff.
Investitionsschutzverträge 23, 25, 29, 43, 102, 105, 115, 132, 135, 137, 155, 196, 259, 262 f., 266, 328, 382, 425, 500 ff., 513, 565, 573, 579, 597, 630, 816
Investitionsvertrag 102, 123, 160, 162, 169, 186, 238, 264, 301, 318, 341, 351, 364, 382, 419, 420, 576, 816, 824
Investitionswert 319 ff., 363, 552
Investoren 281 ff.

Jahresbericht 617 ff.
Japan 12, 58, 70, 647, 736, 850
Joint venture 159 f., 162, 197, 236, 290, 412 f., 506, 526, 577, 686, 708
Juristische Person 281

Kapital, gezeichnetes 63, 66
Kapitalanlagegarantien, staatliche 408 ff.
Kapitalbeteiligungen 195 ff., 198
Kapitalflucht 7, 10, 230, 292
Kapitalrepatriierung 30
Kapitaltransfer 261, 265
Kapitalverkehrsbilanz 19
Know-how-Vertrag 111, 125, 157
Kollisionsrecht 91, 97, 139
Kommerzielles Darlehen 157
Kommerzielle Tätigkeit 285 ff.
Komparative Vorteile 20 f., 34, 455 ff.
Konsensuale Lenkungsmechanismen 22
Konvention
 - Änderungen 842 ff.
 - Inkrafttreten 846 ff.
Konvertibilität 20
Konzessionsvertrag 162

Kooperationsformen, neue 111, 115, 125, 157 ff., 207
Kooperationsgebot 45
Kostendeckungsprinzip 546
Kriegsrisiko 24, 90, 177 ff., 273, 277, 278, 298, 354, 462, 589 ff.
Kursschwankungen 90

Lateinamerika 3
Leasing-Verträge 204
Leistungsbilanzdefizit 4, 19
Lenkungsmechanismen, konsensuale 22
Lex fori 97, 176, 763, 841
Lizenzverträge 125, 157, 204
Local Remedies Rule 106, 107, 143, 358, 832

Maklergeschäft 437 ff.
Managementverträge 111, 125, 157, 204
Marktwert 150, 151 f., 364, 374, 580
Marktwirtschaft 8
Meistbegünstigungsklausel 262, 389, 511
Mexiko 1, 3, 15
Mindestkapital 63, 67
Minimumstandard 113, 265, 279
Mitgliedschaftsverhältnis, Abwicklung 797 ff.
Mitversicherung 311, 318, 393, 403 ff., 565, 574, 595
Moral Hazard-Problem 27, 32, 255, 319, 383 ff.
Moratorien 3
Motivierte Zahlungsbilanzlehre 693 ff.
Multilateralisierungsfunktion 220, 279 f., 513

Nachrichtenverkehr 768
Nettobuchwert 150, 364, 374, 580
Nettoeinnahmen 601 ff.
Nichtangriffsklausel 306, 839
Nichtkommerzielle Risiken 27, 185
Nutzungsbeschränkungen 128 ff.

OECD 35, 36, 46, 105, 704
Ökonomische Analyse 20
OPEC 555, 694
Organisationen, internationale 677 ff.

Pariser Verbandsübereinkunft 115
Personal 665 ff., 675, 756 ff., 770, 773 ff., 799
Politische Betätigung 675 f.

451

Sachregister

Politische Risiken 22
Portofolioinvestition 126, 128, 195, 196, 415
Prämienhöhe 557 ff.
Prämienkalkulation 566 ff.
Präsident 665 ff., 773 ff.
Primärgüter 12
Product-sharing-Verträge 157
Produktionsauflagen 124
Produktionsaufteilungsverträge 204
Projektfinanzierung 157, 203, 206, 416, 428 ff., 464
Protektionismus 8, 13, 19, 20, 22, 34

Räumlicher Geltungsbereich 852 f.
Rahmenbedingungen, weltwirtschaftliche 12 ff.
Rat 626 ff., 667, 668, 727 ff., 773 ff.
– Abstimmungen 641, 727 ff.
– Beschlußfähigkeit 641, 732 ff.
– personelle Zusammensetzung 633 f.
– Sitzungen 635 ff.
– Zuständigkeit 626
Realgüterwirtschaft 5 ff.
Realzinsen 10
Rechnungslegung 617 ff.
Rechtsgrundsätze, allgemein anerkannte 165, 266, 341, 837 f.
Rechtsschutz 106 f., 170 ff., 239, 249 ff., 358 ff.
– gewerblicher 115
Regelungskonflikte, internationale 22
Regionale Entwicklungsbanken 706 f.
Regreßforderung 425 f., 539
Renegotiation clause 168 f.
Ressourcenallokation 40
Risiken
– nichtkommerzielle 27, 185
– politische 22
– versicherbare 417 ff.
Risikodiversifikation 218, 423, 480 ff., 524, 526, 565, 596
Risiko-Portfolio 314, 387, 403, 445, 474, 551
Rückversicherung 311, 318, 393, 400, 442 ff., 470 ff., 541 ff., 565, 595

Sanktionen 29, 32, 60, 242, 386, 389, 779, 784 ff.
Schadensprophylaxe 75
Schadensverhütung 60
Schenkungen 15, 49

Schiedsgericht, internationales, s. Schiedsgerichtsbarkeit, Streitschlichtung
Schiedsgerichtsbarkeit 102, 114, 151, 261, 266, 268, 361, 377, 447, 568, 576, 580, 583, 586; s. auch Streitschlichtung
Schulden
– Export-Quote 16
– Inlandsprodukt-Quote 17
– Output-Quote 16
Schuldenerlaß 1
Schuldenindikatoren 5
Schuldenzyklus 4
Schuldschein 73, 204
Schuldstatut 176
Schuldverschreibungen 73, 77
Secondary Market Trading 1
Selbstbeschränkungsabkommen 22
Serviceverträge 111, 157
Singapur 8
Sitztheorie 282
Softlaw 22
Solawechsel 74
Sonderziehungsrechte 64, 65, 68, 71, 86
Sozialbindung 112
Sozialisierung 458, 596
Sperrkontenzwang 89
Sponsorship-Versicherungen 43, 47, 522 ff.
Staatliche Kapitalanlagegarantien 408 ff.
Staatsanleihen 1
Staatsunternehmen 6
Stabilisierungsklausel 164, 419 f.
Stand-by-Versicherung 302 f., 305, 316, 327, 330 ff., 484, 561, 568, 598, 805
Steuern, s. Besteuerung
Streiks 90
Streitschlichtung 41, 47, 83, 262, 340 f., 350 ff., 369, 373, 379 ff., 426, 457, 507 f., 597, 787 ff., 796, 806, 810 ff., 814 ff., 835 ff.; s. auch Auslegung, Schiedsgerichtsbarkeit
Strukturanpassungsdarlehen 682
Subsidiaritätsprinzip 45
Subventionierung 13, 27, 29, 31, 77, 131, 222, 458, 459 ff., 461, 519, 549, 550, 596, 772
Südkorea 8
Südostasien 8
Suspendierung 784 ff.; s. auch Austritt
Synergie-Effekte 45

Sachregister

Tätigkeit, kommerzielle 285 ff.
Technische Dienste 25, 492, 497 ff.
Technologietransfer 29, 124, 158, 223, 260
Teilenteignung 144 ff.
Terrorismus 179, 185
Thailand 8
Turn-key-Verträge 204

Überbewertungsproblematik 7, 11, 83, 230, 322 ff.
Überzeichnung 68
Umrechnungseinheß 101
Umschuldungsverhandlungen 3
Umwandlungswährung 94
Umweltschutz 133
UNCITRAL 268, 835
UNCTAD 35
UN-Deklarationen 151
United Nation Centre for Transnational Corporations 46, 704 f.
United Nations Development Program 46, 702 f.
United Nations Industrial Development Organisation 46, 698 ff.
Unruhen 24, 90
USA 12, 37, 58, 65, 70, 119, 139 f., 647, 736, 754, 847, 850

Verbindungsstelle 304, 713 ff.
Vereinte Nationen 266, 704 f., 749, 851
Verjährungsfristen 130
Vermögenswerte 765 ff., 803, 804 ff.
Verschuldungskrise 1 ff.
Versicherbare Risiken 417 ff.
Versicherbarkeitskriterien, sonstige 421 ff.
Versicherer
– private 179, 272, 385, 387, 390 ff., 754
– staatliche 217, 290, 309, 385, 387, 390 ff.
Versicherungsberechtigte 412 f.
Versicherungsgegenstand 414 ff.
Versicherungskosten 455 ff.
Versicherungsprämie 27, 148, 339, 389, 400, 550 ff.
Versicherungsvertrag 305 ff.
Versicherungswährung 329
Verteilungspolitik 246
Vertragsbruchsrisiko 24, 153 ff., 157 ff., 272, 276, 298, 354, 385, 419 f., 463, 582 ff.

Vertragsgenehmigung 342 ff.
Vertragsstatut 91
Vertrauensschutz 134
Verwaltungsbudget 607 ff.
Verwaltungsermessen 22
Visibility-Strategie 388
Völkerrecht 266 f., 269, 280, 378, 385, 502, 512, 749, 762, 778, 779, 784, 814, 824, 826, 838
Vollenteignung 144 ff.
Vorteile, komparative 20 f., 34, 455 ff.
Vorzugsaktien 197

Wachstumsprozeß 34
Währung, frei verwendbare 54, 78, 82, 83, 85, 209
Währungsfonds, internationaler 1, 3, 32, 33, 54, 99, 105, 108, 202, 229, 389, 475, 679, 681, 682, 692 ff., 718, 749, 765, 770, 773, 776 f., 796
Währungspolitik 230
Währungsrisiko 87 ff.
Währungsstatut 96
Währungstransferrisiko 271, 275, 278, 298, 354, 570 ff.
Wechselkurs 82, 102
Weltbank 33, 35, 37, 39, 41 f., 46, 237, 379, 389, 475, 504, 505, 571, 612, 646, 649, 658, 670, 672, 681 ff., 712, 716, 718, 752, 757, 758, 761, 762, 765, 768, 770, 773, 776 f., 796
Welttextilabkommen 13
Weltwirtschaftliche Rahmenbedingungen 12 ff.
Wettbewerbsrecht 158
Wiederbeschaffungswert 365
Wirtschaftspolitik 229 ff.
Wirtschaftsregulierung 22
Wirtschaftsverwaltung 132 ff.

Zahlungsbilanzlehre, motivierte 693 ff.
Zeichnungsbeträge 716 ff.
Zentralbank 102
Zentrum für industrielle Entwicklung 46
Zusammenarbeit
– administrative 437 ff.
– mit privaten Versicherern 451 ff.
– mit staatlichen Versicherern 397 ff.
Zwangsabtretungen 89
Zwangskurs 89
Zweigniederlassung 197
Zwischenprodukte 8, 19

453

Schriftenreihe
Recht der Internationalen Wirtschaft

Band 4	Eisemann/Schütze **Das Dokumenten-Akkreditiv im Internationalen Handelsverkehr** (3. Auflage)
Band 5	Fischler/Vogel **Schwedisches Handels- und Wirtschaftsrecht mit Verfahrensrecht** (3. Auflage)
Band 6	Grützmacher/Schmidt-Cotta/Laier **Der Internationale Lizenzverkehr** (7. Auflage)
Band 8	Stumpf **Eigentumsvorbehalt und Sicherungsübertragung im Ausland** (5. Auflage)
Band 11	Graf von Westphalen **Rechtsprobleme der Exportfinanzierung** (3. Auflage)
Band 14	Stumpf **Internationales Handelsvertreterrecht**, 2 Teile (6./4. Auflage)
Band 15	Triebel **Englisches Handels- und Wirtschaftsrecht** (2. Auflage)
Band 17	Birk/Siehr **Italienisches Handels- und Wirtschaftsrecht**
Band 18	Gotzen **Niederländisches Handels- und Wirtschaftsrecht**
Band 19	Sandrock **Handbuch der Internationalen Vertragsgestaltung,** 2 Bände
Band 21	Graf von Westphalen **Die Bankgarantie im Internationalen Handelsverkehr** (2. Auflage)
Band 22	Kropholler **Europäisches Zivilprozeßrecht** (2. Auflage)
Band 23	Fischer/Fischer **Spanisches Handels- und Wirtschaftsrecht**
Band 24	Scheftelowitz **Israelisches Handels- und Wirtschaftsrecht**
Band 25	Sandrock **Vertikale Konzentrationen im US-amerikanischen Antitrustrecht**
Band 26	Elsing **US-amerikanisches Handels- und Wirtschaftsrecht**
Band 27	Schütze **Rechtsverfolgung im Ausland**
Band 28	Lange/Black **Der Zivilprozeß in den Vereinigten Staaten**
Band 29	Schütze **Handels- und Wirtschaftsrecht von Singapur und Malaysia**
Band 30	Aden **Internationale Handelsschiedsgerichtsbarkeit**
Band 31	Heidenberger **Deutsche Parteien vor amerikanischen Gerichten**
Band 32	Ebenroth/Karl **Die multilaterale Investitions-Garantie-Agentur**
Band 33	Boguslawskij **Internationaler Technologietransfer: Rechtliche Regelung**

**Verlag Recht und Wirtschaft
Heidelberg**

Abhandlungen zum Recht der Internationalen Wirtschaft

Herausgeber: Prof. Dr. Otto Sandrock,
unter Mitwirkung von Prof. Dr. Bernhard Großfeld
und Reinhold Trinkner

Band 1 **Unternehmereinsatzformen im Industrieanlagenbau**
Von Dr. Bernhard Hautkappe

Band 2 **Risiken beim Internationalen Anlagenvertrag**
Von Dr. Hans-Joachim Flocke

Band 3 **Auslandszusammenschlüsse im internationalen und materiellen Kartellrecht**
Von Dr. Johannes Kevekordes

Band 4 **Discovery im deutsch-amerikanischen Rechtsverkehr**
Von Dr. Abbo Junker

Band 5 **Anlagenverträge im Osthandel**
Von Dr. Hein Krumm

Band 6 **Warenverkehrslenkung nach dem Außenwirtschaftsgesetz im Rahmen des Europäischen Gemeinschaftsrechts**
Von Dr. Andre Vollbrecht

Band 7 **Garantieklauseln und Risikoverteilung im internationalen Anlagenvertrag**
Von Dr. Harald Michaelis de Vasconcellos

Band 8 **Die Europäische Wirtschaftliche Interessenvereinigung**
Von Dr. Michael O. E. Scriba

Band 9 **US-amerikanische Exportkontrollen**
Von Dr. Matthias Klaus Hentzen

Band 10 **Das Recht der Schiedsgerichtsbarkeit in Kanada**
Von Dr. Thomas Nöcker

Band 11 **Die Abwehr von Dumping**
Von Dr. Stephan Koch

Band 12 **Staatenimmunität und Schiedsgerichtsbarkeit**
Von Jochen H. Langkeit

**Verlag Recht und Wirtschaft
Heidelberg**